全国高等教育自学考试指定教材
营养、食品与健康专业（专科）

医学基础总论

（2006年版）

（附：医学基础总论自学考试大纲）

全国高等教育自学考试指导委员会　组编

主　编　王卫国
副主编　吕梦翔
编　者　（按姓氏笔画为序）
　　　　王　玲　　王卫国　　王雨生
　　　　田德润　　刘　皓　　吕梦翔
　　　　张文霞　　杜建颖　　杨　慧
　　　　郝洪谦　　徐淑梅
秘　书　王　璇
主　审　朱文玉
参　审　吕证宝　于英心

北京大学医学出版社

YIXUE JICHU ZONGLUN

图书在版编目（CIP）数据

医学基础总论（2006年版）/王卫国主编．—北京：
北京大学医学出版社，2006.（2024.12重印）
 全国高等教育自学考试指定教材
 ISBN 978-7-81116-076-5

Ⅰ．基…　Ⅱ．王…　Ⅲ．基础医学－高等教育－自学考试－教材　Ⅳ．R3

中国版本图书馆 CIP 数据核字（2006）第 090344 号

医学基础总论（2006年版）

主　　编：王卫国
出版发行：北京大学医学出版社
地　　址：(100191) 北京市海淀区学院路 38 号　北京大学医学部院内
电　　话：发行部 010-82802230；图书邮购 010-82802495
网　　址：http://www.pumpress.com.cn
E - mail：booksale@bjmu.edu.cn
印　　刷：北京溢漾印刷有限公司
经　　销：新华书店
责任编辑：朱吕于　　责任校对：靳新强　　责任印制：罗德刚
开　　本：787mm×1092mm　1/16　印张：22.25　字数：548千字
版　　次：2006 年 10 月第 1 版　2024 年 12 月第 9 次印刷
书　　号：ISBN 978-7-81116-076-5
定　　价：46.00 元

版权所有，违者必究

（凡属质量问题请与本社发行部联系退换）

组编前言

21世纪是一个变幻莫测的世纪，是一个催人奋进的时代。科学技术飞速发展，知识更替日新月异。希望、困惑、机遇、挑战，随时随地都有可能出现在每一个社会成员的生活之中。抓住机遇，寻求发展，迎接挑战，适应变化的制胜法宝就是学习——依靠自己学习，终身学习。

作为我国高等教育组成部分的自学考试，其职责就是在高等教育这个水平上倡导自学、鼓励自学，为每一个自学者铺就成才之路。组织编写供读者学习的教材就是履行这个职责的重要环节。毫无疑问，这种教材应当适合自学者增强创新意识、培养实践能力、形成自学能力，也有利于学习者学以致用，解决实际工作中所遇到的问题。具有如此特点的书，我们虽然沿用了"教材"这个概念，但它与那种仅供教师讲、学生听，教师不讲、学生不懂，以"教"为中心的教科书相比，已经在内容安排、形式体例、行文风格等方面都大不相同了。希望读者对此有所了解，以便从一开始就树立起依靠自己学习的坚定信念，不断探索适合自己的学习方法，充分利用已有的知识基础和实际工作经验，最大限度地发挥自己的潜能，达到学习的目标。

祝每一位读者自学成功。

本教材由全国考委医药学类专业委员会遴选作者、安排编写、组织审稿，保证了医药学类自考教材的质量。

欢迎读者提出意见和建议。

全国高等教育自学考试指导委员会
2006年4月

前　言

《医学基础总论》是依据 2005 年"国家自学考试《营养、食品与健康》专业考试计划"的课程说明和相应的考试大纲基本要求所编写，是国家组织的该专业自学考试必修课程的指定教材。《医学基础总论》课程主要介绍以人体解剖学和生理学为主的基础医学知识，系统阐述人体形态与结构和人体各种生命活动的现象、规律、发生原理及其在整体活动中的意义。通过该课程的学习使考生能够完整地认识人体，建立人体结构和功能相关的整体性最基本概念。

《医学基础总论》的编写工作始终是在全国高等教育自学考试指导委员会医药学类专业委员会和相关专家工作组的直接指导下进行的。编者都具有多年丰富的教学经验，而且多数老师还有参加自学考试的社会助学经历。但编写一册适合《营养、食品与健康》专业考试用的这种体裁教材还是第一次，因无此先例，具有一定难度，接受这一工作无疑是我们每位编者都要面临的一个挑战。

《医学基础总论》的编写宗旨系从人体整体出发，全面概要阐明人体结构与功能活动的基本原理。为保证教材的有效知识含量，又便于自修，在思想性、科学性和启发性等方面都作了一定的努力。从教材结构方面，课程分作 12 章；先从整体概念出发（第一章），以细胞结构与功能开路（第二章），以人体各功能系统为线索，纲举目张，分解知识块面，展开课程内容，便于自学者能全面、整体地认识人体。从教材内容方面，在"够用为度"的前提下，选择必要的基础知识，以叙述人体各系统正常结构与功能为主线，先结构，后功能，从宏观和微观两方面深入浅出地阐述，准确表达基本概念；章前做宏观性学习引导，章节末复习思考题提示重点学习内容。从教材行文方面，在篇幅允许的范围内，力求通俗易懂，辅以精选插图，便于自学理解，无师自通。此外，各位编者还广泛涉猎国内外近年出版的有关学科教科书，汲取其中营养，尽力丰富和完善本教材。

这本新教材的诞生是这一编写团队集体智慧和个人辛勤劳作的结晶。在编写过程中，为确保本教材的质量，同时也为符合自学考试的特点，各位编写者都在百忙中倾心尽力，绞尽脑汁，发挥才智，不厌其烦地多易其稿。此外，李金茹、王俊艳、谷超和王璇等老师也参与了部分内容的编写，王璇老师还同时承担大量秘书工作。值此完稿之际，我谨向本书所有编者表示衷心的感谢！尤其是还要向北京大学朱文玉教授、吕证宝教授和丁英心教授致以诚挚的谢意！因为作为此书的专家工作组，始终从整体与细微之处认真把握教材内容的深度与广度，无论在教材编写、审定还是修改的过程中，他们随时给予我悉心指导和严谨教诲，使我处处受益匪浅，时时深感编写任何层面的教材同样都是一个重新学习的过程。

教材事关重大，从不敢误人子弟，从不敢掉以轻心。虽竭尽全力，但囿于本人学识、水平和能力，书中难免出现疏漏、存在不足，甚至错误。此外，也为本人在组稿过程中未能尽善尽美，如愿以偿地表达各位参编者的意图表示歉意。诚恳地希望读者和同行们不吝赐教，批评指正，以便再版时修正。万分感谢！

王卫国

2006 年 6 月

目　　录

医学基础总论

第一章　概论 ··· (1)
　第一节　人体组成与生命活动基本特征 ······································· (1)
　　一、人体的组成 ··· (1)
　　二、人体生命基本特征 ··· (4)
　第二节　内环境稳态与人体功能调节 ··· (5)
　　一、体液与内环境 ·· (5)
　　二、人体功能的调节 ··· (6)
　第三节　人体解剖学方位及基本术语 ··· (8)
　　一、解剖学姿势 ··· (8)
　　二、轴和面 ·· (9)
　　三、方位术语 ·· (10)
　　四、体腔与内脏 ··· (10)
　　五、胸部标志线和腹部分区 ··· (10)
第二章　细胞与组织的结构与功能 ·· (12)
　第一节　细胞 ··· (12)
　　一、细胞基本结构 ··· (13)
　　二、细胞增殖周期 ··· (15)
　第二节　基本组织 ··· (17)
　　一、上皮组织 ·· (18)
　　二、结缔组织 ·· (21)
　　三、肌组织 ··· (24)
　　四、神经组织 ·· (27)
　第三节　物质跨细胞膜转运 ··· (31)
　　一、单纯扩散 ·· (32)
　　二、易化扩散 ·· (32)
　　三、主动转运 ·· (33)
　　四、膜泡转运 ·· (34)
　第四节　细胞通讯与信号跨膜传递 ··· (35)
　　一、细胞通讯 ·· (35)
　　二、跨细胞膜信号传递 ·· (36)
　第五节　细胞膜生物电活动 ··· (38)

一、生物电的记录与观察 …………………………………………………… (39)
　　二、静息电位及其产生原理 ………………………………………………… (39)
　　三、动作电位及其产生原理 ………………………………………………… (41)
　　四、细胞兴奋的引起 ………………………………………………………… (42)
　　五、兴奋过程中兴奋性的变化 ……………………………………………… (43)
　　六、兴奋的传导 ……………………………………………………………… (44)
第三章　支持与运动系统 ……………………………………………………………… (46)
　第一节　人体骨骼 ………………………………………………………………… (46)
　　一、骨学总论 ………………………………………………………………… (46)
　　二、躯干骨及其骨连结 ……………………………………………………… (50)
　　三、颅骨及其骨连结 ………………………………………………………… (53)
　　四、上肢骨及其骨连结 ……………………………………………………… (57)
　　五、下肢骨及其骨连结 ……………………………………………………… (58)
　第二节　人体骨骼肌 ……………………………………………………………… (62)
　　一、肌学总论 ………………………………………………………………… (62)
　　二、头肌 ……………………………………………………………………… (63)
　　三、躯干肌 …………………………………………………………………… (64)
　　四、上肢肌 …………………………………………………………………… (68)
　　五、下肢肌 …………………………………………………………………… (70)
　第三节　骨骼肌收缩的基本原理 ………………………………………………… (72)
　　一、骨骼肌细胞兴奋的发生 ………………………………………………… (72)
　　二、骨骼肌收缩的原理 ……………………………………………………… (74)
　　三、肌肉收缩的形式 ………………………………………………………… (75)
　　四、影响肌肉收缩的因素 …………………………………………………… (76)
　第四节　皮　肤 …………………………………………………………………… (77)
　　一、皮肤的结构 ……………………………………………………………… (77)
　　二、皮肤附属器 ……………………………………………………………… (79)
　　三、皮肤的血管、淋巴管和神经 …………………………………………… (80)
　　四、皮肤的再生与愈合 ……………………………………………………… (80)
　　五、皮肤的功能 ……………………………………………………………… (80)
第四章　神经系统 ……………………………………………………………………… (82)
　第一节　神经系统的组成与形态结构 …………………………………………… (82)
　　一、神经系统概貌 …………………………………………………………… (82)
　　二、中枢神经系统 …………………………………………………………… (83)
　　三、周围神经系统 …………………………………………………………… (91)
　　四、感觉与运动传导通路 …………………………………………………… (96)
　第二节　神经系统的基本活动 …………………………………………………… (101)
　　一、神经纤维的活动 ………………………………………………………… (102)
　　二、神经元之间的相互作用 ………………………………………………… (102)

三、神经反射活动……………………………………………………………（105）
　第三节　感觉分析功能………………………………………………………（108）
　　一、感受器的分类与生理特征………………………………………………（108）
　　二、特殊感觉功能……………………………………………………………（110）
　　三、普通感觉功能……………………………………………………………（117）
　第四节　躯体运动控制功能…………………………………………………（120）
　　一、脊髓对躯体运动的调控…………………………………………………（120）
　　二、脑干对肌紧张的调控……………………………………………………（121）
　　三、小脑对运动的调控………………………………………………………（121）
　　四、基底核对运动的调控……………………………………………………（122）
　　五、大脑皮质对躯体运动的调控……………………………………………（122）
　第五节　内脏活动调节功能…………………………………………………（123）
　　一、自主神经系统活动特征…………………………………………………（123）
　　二、脊髓与低位脑干对内脏活动的调节……………………………………（124）
　　三、下丘脑对内脏功能的调节………………………………………………（124）
　　四、大脑皮质对内脏活动的调节……………………………………………（125）
　第六节　脑的高级整合功能…………………………………………………（126）
　　一、脑的电活动………………………………………………………………（126）
　　二、条件反射…………………………………………………………………（127）
　　三、大脑皮质的语言功能……………………………………………………（128）
　　四、睡眠………………………………………………………………………（129）

第五章　内分泌系统……………………………………………………………（130）
　第一节　激素…………………………………………………………………（130）
　　一、激素的化学分类…………………………………………………………（131）
　　二、激素的一般作用及作用特征……………………………………………（132）
　　三、激素的作用机制…………………………………………………………（133）
　　四、激素分泌的调节…………………………………………………………（133）
　第二节　下丘脑与垂体内分泌………………………………………………（134）
　　一、下丘脑-腺垂体系统………………………………………………………（135）
　　二、下丘脑-神经垂体系统……………………………………………………（138）
　第三节　甲状腺内分泌………………………………………………………（139）
　　一、甲状腺的位置与形态构造………………………………………………（139）
　　二、甲状腺激素的代谢………………………………………………………（139）
　　三、甲状腺激素的生理作用…………………………………………………（141）
　　四、甲状腺功能的调节………………………………………………………（142）
　第四节　甲状旁腺、甲状腺C细胞内分泌与维生素D_3………………………（142）
　　一、甲状旁腺激素……………………………………………………………（143）
　　二、降钙素……………………………………………………………………（143）
　　三、维生素D_3………………………………………………………………（144）

  第五节　肾上腺内分泌……………………………………………………………(144)
    一、肾上腺的位置与组织结构……………………………………………………(144)
    二、肾上腺皮质内分泌……………………………………………………………(144)
    三、肾上腺髓质内分泌……………………………………………………………(147)
  第六节　胰岛内分泌……………………………………………………………(147)
    一、胰岛素…………………………………………………………………………(147)
    二、胰高血糖素……………………………………………………………………(149)
  第七节　其他内分泌腺与激素…………………………………………………(150)
    一、松果体…………………………………………………………………………(150)
    二、胸腺……………………………………………………………………………(150)
    三、前列腺素………………………………………………………………………(150)
    四、功能器官内分泌………………………………………………………………(151)

第六章　血　液……………………………………………………………………(152)
  第一节　血液的基本组成与功能………………………………………………(152)
    一、血液的基本组成………………………………………………………………(152)
    二、血液的基本功能………………………………………………………………(153)
  第二节　血浆……………………………………………………………………(153)
    一、血浆的主要成分及作用………………………………………………………(154)
    二、血浆的理化特性………………………………………………………………(154)
  第三节　血细胞…………………………………………………………………(156)
    一、红细胞…………………………………………………………………………(156)
    二、白细胞…………………………………………………………………………(158)
    三、血小板…………………………………………………………………………(159)
  第四节　生理止血………………………………………………………………(160)
    一、生理性止血……………………………………………………………………(160)
    二、血液凝固………………………………………………………………………(161)
  第五节　血型与输血……………………………………………………………(163)
    一、ABO 血型系统…………………………………………………………………(163)
    二、Rh 血型系统…………………………………………………………………(165)

第七章　循环系统…………………………………………………………………(166)
  第一节　循环系统器官形态结构………………………………………………(166)
    一、心血管系统与血液循环途径…………………………………………………(166)
    二、心……………………………………………………………………………(166)
    三、血管……………………………………………………………………………(170)
    四、淋巴系统………………………………………………………………………(175)
  第二节　心肌的生理特性与心脏的泵血功能…………………………………(177)
    一、心室肌细胞的生物电现象及其原理…………………………………………(177)
    二、心肌细胞的生理特性…………………………………………………………(178)
    三、心脏的泵血功能………………………………………………………………(180)

四、心音与心电图···(185)
　第三节　血管与血液的循环·····································(187)
　　一、血管的功能性分类·······································(187)
　　二、血流的形成与影响因素···································(188)
　　三、动脉血压···(189)
　　四、微循环与组织液生成的原理·······························(191)
　　五、淋巴的生成与意义·······································(194)
　　六、静脉血压与血流···(195)
　第四节　心血管功能的调节·····································(196)
　　一、神经调节···(196)
　　二、体液调节···(200)
　　三、自身调节···(201)
　第五节　器官循环···(202)
　　一、冠脉循环···(202)
　　二、脑循环···(204)

第八章　呼吸系统···(206)
　第一节　呼吸系统器官形态结构·································(206)
　　一、呼吸道···(207)
　　二、肺···(209)
　　三、胸腔与胸膜腔···(211)
　　四、纵隔···(211)
　第二节　肺通气···(212)
　　一、肺通气原理···(212)
　　二、肺通气功能评价···(217)
　第三节　气体交换与气体在血液中的运输·························(219)
　　一、气体交换的原理与过程···································(219)
　　二、气体在血液中的运输·····································(221)
　第四节　呼吸运动的节律与调节·································(224)
　　一、呼吸中枢···(224)
　　二、呼吸的反射性调节·······································(225)

第九章　消化系统···(228)
　第一节　消化系统器官的形态结构·······························(228)
　　一、消化管···(228)
　　二、消化腺···(236)
　第二节　消化管运动与消化腺分泌·······························(238)
　　一、消化管的运动···(239)
　　二、消化腺的分泌···(243)
　第三节　消化系统功能的调节···································(248)
　　一、消化功能的神经调节·····································(248)

二、胃肠激素……………………………………………………………（249）
　　三、消化管运动的调节…………………………………………………（249）
　　四、消化液分泌的调节…………………………………………………（250）
　　五、摄食的调节…………………………………………………………（251）
　第四节　食物消化与营养吸收………………………………………………（252）
　　一、食物的消化…………………………………………………………（252）
　　二、营养吸收的基本原理………………………………………………（252）
　　三、主要营养物质的吸收………………………………………………（253）

第十章　能量代谢与体温………………………………………………………（257）
　第一节　能量代谢……………………………………………………………（257）
　　一、机体能量的来源和利用……………………………………………（257）
　　二、能量代谢的测定……………………………………………………（258）
　　三、影响能量代谢的因素………………………………………………（260）
　　四、基础代谢……………………………………………………………（260）
　第二节　体温及其调节………………………………………………………（261）
　　一、体温…………………………………………………………………（261）
　　二、体热平衡……………………………………………………………（262）
　　三、体温的调节…………………………………………………………（265）

第十一章　泌尿系统……………………………………………………………（267）
　第一节　泌尿系统器官形态结构……………………………………………（267）
　　一、肾……………………………………………………………………（267）
　　二、输尿管………………………………………………………………（270）
　　三、膀胱…………………………………………………………………（271）
　　四、尿道…………………………………………………………………（271）
　第二节　尿生成的过程………………………………………………………（272）
　　一、肾小球的滤过功能…………………………………………………（272）
　　二、肾小管和集合管的重吸收功能……………………………………（275）
　　三、肾小管和集合管的分泌功能………………………………………（278）
　第三节　尿液浓缩与稀释……………………………………………………（279）
　第四节　尿生成过程的调节与尿液的排放…………………………………（280）
　　一、尿生成过程的调节…………………………………………………（280）
　　二、尿液的排放…………………………………………………………（281）

第十二章　生殖系统与遗传……………………………………………………（283）
　第一节　生殖系统器官的形态结构…………………………………………（283）
　　一、男性生殖器…………………………………………………………（283）
　　二、女性生殖器…………………………………………………………（286）
　第二节　男性生殖功能………………………………………………………（288）
　　一、睾丸的生精功能……………………………………………………（289）
　　二、睾丸的内分泌功能…………………………………………………（290）

三、睾丸功能的调节 …………………………………………………………… (291)
第三节　女性生殖功能 ……………………………………………………………… (291)
　　一、卵巢的功能及其调节 ………………………………………………………… (292)
　　二、月经周期 ……………………………………………………………………… (293)
　　三、受精与植入 …………………………………………………………………… (294)
　　四、妊娠与胚胎发育 ……………………………………………………………… (296)
　　五、分娩与哺乳 …………………………………………………………………… (298)
　　六、生育控制 ……………………………………………………………………… (298)
第四节　遗传 ………………………………………………………………………… (299)
　　一、遗传的细胞基础——染色质与染色体 …………………………………… (299)
　　二、遗传的分子基础——基因 ………………………………………………… (301)
　　三、人类遗传病 …………………………………………………………………… (302)
　　四、遗传咨询 ……………………………………………………………………… (303)
后　　记 ……………………………………………………………………………… (304)

附　医学基础总论自学考试大纲

医学基础总论课程自学考试大纲出版前言 ………………………………………… (307)
目录 …………………………………………………………………………………… (308)
Ⅰ　课程性质与设置目的 …………………………………………………………… (309)
Ⅱ　课程内容与考核目标 …………………………………………………………… (310)
Ⅲ　关于大纲的说明与考核实施要求 ……………………………………………… (332)
附录　试题类型举例 ………………………………………………………………… (337)
后　　记 ……………………………………………………………………………… (339)

第一章 概 论

医学（medicine）是研究人类生命过程以及同疾病作斗争的一门科学体系，属于自然科学范畴。可以这样认为，医学是人类在长期的医疗实践中所积累的丰富经验的系统总结，是从人的整体以及人同外界环境的辩证关系出发，用实验研究、现场调查、临床观察等方法，不断总结经验，研究人类生命活动和外界环境的相互关系，研究人类疾病的发生、发展及其防治、消灭的规律，以及增进健康，延长寿命和提高劳动能力的有效措施。按照研究内容、对象和方法，医学可分为基础医学、临床医学和预防医学，分别又包括不同的学科。

基础医学由研究人体结构和功能、疾病发生的原因和病变、药物作用及机制等有关学科组成。基础医学有十余门课程，涉及人体形态结构和功能的**人体解剖学**、**组织胚胎学**、**生物化学**、**生理学**等；涉及疾病发生原因的**微生物学**、**人体寄生虫学**以及**免疫学**等；涉及疾病病变的**病理解剖学**、**病理生理学**等；涉及疾病药物治疗的**药理学**等等。学习基础医学课程可为进一步学习后续的课程奠定基础知识，学会用所学的知识去分析、预见正常和异常人体结构和功能的变化。

营养、食品与人体的健康息息相关，因此要学好这门专业课程，首先必须对正常的人体有一个基本和全面的认识。人体结构与功能的基本知识将使我们清楚，人体是由什么组成的？正常人体内各种生命活动的过程、规律和机制，即各器官和系统是如何工作的？机体又是如何应对各种刺激发生反应的？有什么生存意义？等等。在系列教材的分工中，《医学基础总论》教程的内容主要从人体功能系统出发，系统阐述关于正常人体形态结构与功能活动原理的基本知识，主要包括人体解剖学与生理学的知识。**人体解剖学**（human anatomy）是研究人体正常形态和结构的学科，其基本任务是探讨和阐明人体器官组织的形态学特点、位置、毗邻关系，生长发育的规律和应用的意义。如心脏的外部形态、内部构造，血管的形态、分类、走行等。只有对人体的构造有基本的认识，才能进一步了解人体的生命活动原理。**生理学**（physiology）是研究机体（即生物体）正常生命活动现象和规律的学科。生理学是生物学的分支，其任务是借助物理、化学等学科的理论方法，通过实验和观察阐明生命现象及其发生、发展的基本原理与规律，在分子、细胞、器官、系统等水平研究功能活动的发生原理，以及作为一个整体，机体各系统之间的相互协调并与外界环境相适应过程的规律和机制。解决诸如，血液为什么能够在体内不停地循环流动？心脏通过什么机制推送血液？血管又有什么作用？血液循环对整体生命活动有什么意义？如何适应整体活动的需要？等一系列问题。

第一节 人体组成与生命活动基本特征

一、人体的组成

人体是以物质为基础有机组成的高级生物体，对人体的各项研究是在不同的层次进行的,这样才能更全面、完整地认识人体,了解人体生命活动的奥秘。

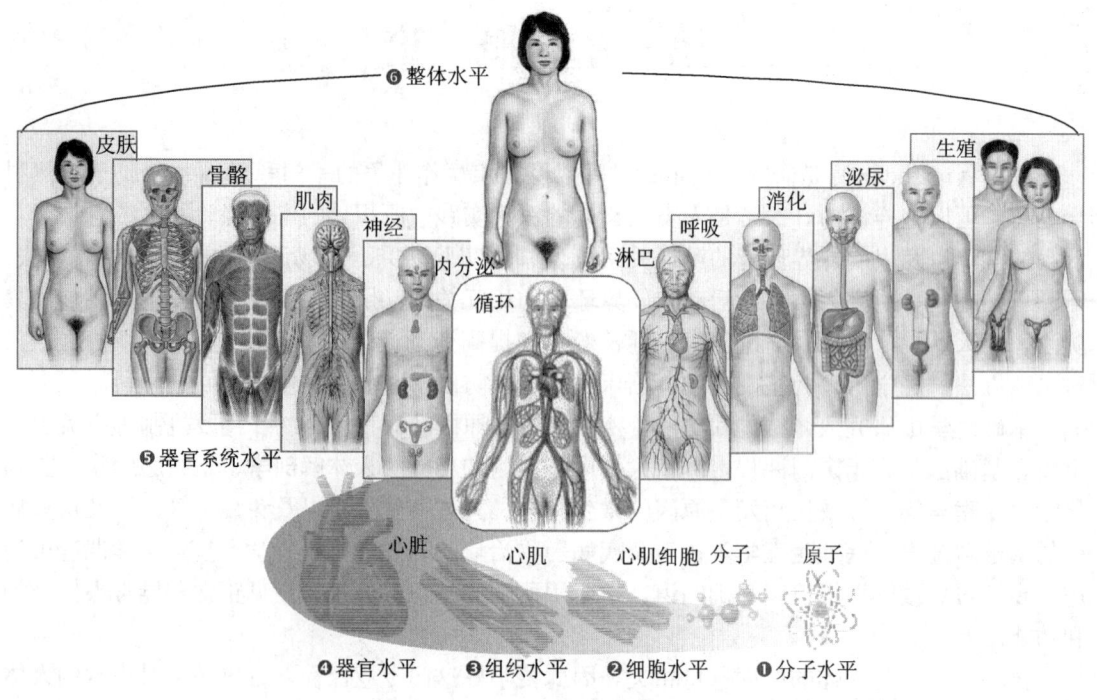

图1-1 人体的组成

◆ **分子与细胞水平** 人体与世间万物相同,也是由自然界中存在的基本元素组成的。目前已知,人体含有92种天然元素中的二十多种(表1-1),都是生命所必需的。人体的组成除了水和无机盐外,主要是蛋白质、脂类等各种有机组分(表1-2),所以氧、碳、氢、氮、钙、磷等元素含量多。人体物质可分两大类:水、无机盐、糖、脂肪和氨基酸等**小分子物质**和结构复杂的蛋白质、核酸等**生物大分子**。生物大分子十分复杂,据估计仅蛋白质的种类至少也在十万种以上。生物大分子载有生命的信息,是机体行使各种生理功能的有机化合物,因此也称为**生命大分子**。但即使是最复杂的分子,只要脱离了生物体就不会表现出丝毫的生命现象。

表1-1 人体的元素及所占比例

元素	占体重(%)	元素	占体重(%)	元素	占体重(%)
氧(O)	65.0	磷(P)	1.0	镁(Mg)	0.06
碳(C)	18.6	钾(K)	0.4	铁(Fe)	0.007
氢(H)	9.7	钠(Na)	0.2	碘(I)	0.0002
氮(N)	3.2	氯(Cl)	0.2	Si、F、Cu、Mn、Zn、Co、Mc、Se、	微量
钙(Ca)	1.8	硫(S)	0.04	Cd、Cr、Sn、Al、B等元素	

细胞是机体最基本的结构与功能单位,是最小的生命单元。人体大约有200余种细胞,估计总数达10^{15}之多。各种分子相互有机结合成为细胞器,而各具特定功能的细胞器是细胞结构与功能的组分,如心肌、骨骼肌细胞的收缩功能是因为细胞内含有收缩蛋白细丝。一些

形态相似、功能近似的细胞和细胞间质组成**组织**。人体内的组织可归纳为四大类，上皮组织、结缔组织、肌肉组织和神经组织。如肌肉组织即由肌细胞为主组成，肌细胞兴奋时表现收缩，通过收缩执行器官的特定功能，如心脏的泵血、骨骼肌的运动。

表1-2 人体的主要组分

组分	占体重（%）	组分	占体重（%）
水分	55~67	糖	1~2
蛋白质	15~18（包括核酸）	无机盐	3~4
脂类	10~15		

◆ **器官和系统水平** 几种不同组织有机组合进一步构成有特定形态和功能的器官，如皮肤、心、肝、胃、肾等器官。其中的心脏就是肌肉组织为主构成的空腔器官，而心内膜、包裹心脏的心包却是由上皮组织和结缔组织为主构成的。心脏犹如一台泵，通过其自动节律性，不停地收缩舒张而将静脉内的血液泵入动脉系统中，从而推动血液形成循环血流。多个功能相互联系的器官组成执行特定任务的系统，如心脏、血管和血液等共同构成循环系统，担负着机体物质运输和多器官功能联络的重要使命。目前将人体明确地归纳为11个系统（表1-3），本教程即以系统为线索，先"形态"后"功能"展开相关内容。

表1-3 人体的系统及其主要功能

系统	占体重	主要组成器官	主要功能
皮肤	16%	皮肤	覆盖保护整体；对抗损伤和外物入侵；防脱水；调节体温；感受刺激
骨骼	20%	骨、软骨、韧带、关节	支持身体；保护内脏；储备矿物质；造血
肌肉	44%	骨骼肌	维持姿势；产生动作；完成运动；产热
神经	2%	脑、脊髓、周围神经、神经节、特殊感觉器官	调节与协调机体各种功能；快速检测内、外环境变化；意识；认知等
内分泌	0.15%	分泌激素的腺体与内脏器官	调控生长、物质代谢、生殖；器官和系统功能的长期调节与协调
循环	9%	心、血管、血液	运输、分配和汇集血液，联系各脏器功能
淋巴（免疫）	0.3%	淋巴管、淋巴结、白细胞、脾、胸腺等	防御异体生物入侵，回收组织液
呼吸	1.7%	鼻、咽、喉、气管、支气管、肺	与环境交换O_2、CO_2；调节血液酸碱度
消化	6%	口、咽、食管、胃、肠、唾液腺、胰、肝、胆	摄取和消化食物；吸收营养成分
泌尿	0.7%	肾、输尿管、膀胱、尿道	滤清血液，排泄代谢废物及多余成分；维持水、电解质和酸碱平衡
生殖	0.15%	男：睾丸、附属管道、腺体与阴茎 女：卵巢、输卵管、子宫、阴道、腺体及乳腺	产生与输送精子 产生与输送卵子；孵育胚胎；哺育婴儿

◆ **整体水平** 各具不同功能的系统构成最高水平的宏观功能结构——**机体**，简言之即有生命的个体。机体是一个整体，各系统的活动都相互影响、协调。就生物学的角度而言，所有系统的工作目的就是支持机体整体的生命活动，能够以独立的姿态生活在大自然环境之中。

二、人体生命基本特征

在自然界中，人们似乎并不难界定有生命的"活"生物和无生命的非生物。但生命活动的错综复杂，以致不同学科的科学家对生命有不同的认识。虽然至今还没有关于生命定义的共识，不过仍然能够从生命现象中归纳出一些普遍的、共性的基本生命过程特征。与非生物相比，人体的生命特征至少包括以下几方面。

◆ **新陈代谢** **新陈代谢**是体内化学反应过程的总称，包括**分解代谢**与**合成代谢**两方面。通过分解代谢，机体将自身复杂的化学物质破解为简单的成分，同时破坏和清除衰老的结构；而合成代谢则相反，机体将从环境中摄取的简单成分建造成大的、复杂的物质，重建自身新结构。物质在分解过程中将蕴藏在物质中的化学能释放出来，作为机体各种生理活动的能量来源，如为物质合成过程提供所需能量，并用于维持体温。可见，新陈代谢过程中物质转变（物质代谢）和能量转换（能量代谢）密不可分。总而言之，新陈代谢就是机体与环境间不断进行物质交换和能量转换，实现自我更新的过程。新陈代谢是在细胞水平进行的，一旦新陈代谢停止细胞的生命活动也将终止。

◆ **反应性** **反应性**是机体在检测到环境变化时自身发生改变的特性，只有这样机体才能适应多变的环境而维持生存。如人突然进入较冷的环境中，机体的感受装置（感受器）检测到这种变化后，使肌肉发生不随意的紧张性收缩（寒战），释放更多的热以维持体温；同时皮肤血管收缩，避免热的散失等一系列保温变化。在这里，能引起机体发生一定反应的环境条件变化称为**刺激**，刺激引起机体自身产生的变化称**反应**。对于人类，刺激的性质多为物理性、化学性、生物性和心理性等。反应表现两种形式——**兴奋**与**抑制**，前者为反应的增强趋势，而后者则相反。

组织、细胞受刺激后所产生的兴奋性反应的表现并不同，如神经细胞产生和传导冲动、肌细胞收缩带动关节运动、腺体则分泌激素或其他物质。但相同的是，在这些现象出现时都要先产生电活动，也就是产生动作电位。生理学中将组织细胞受到刺激产生动作电位的能力统称为**兴奋性**，能因刺激产生动作电位的组织统称**可兴奋组织**。

◆ **生长** **生长**是因为细胞数量增加和体积的增大所致的身体增大。不仅如此，生长也包括细胞内外物质的增加等现象。如生长中的骨，矿物质沉积在骨细胞之间，使骨长度和矿物质都会增长。

◆ **分化** **分化**是细胞向特化状态的发育。200余种类型的细胞都具有特化的结构与功能，不同于其前体细胞。例如血液中的红细胞和某些类型的白细胞均由骨髓中的前体细胞——造血干细胞分化而来。通过分化，一枚受精卵可发育为胚胎，进而成为胎儿、新生儿、儿童，最后成人。

◆ **生殖** **生殖**是机体生长发育到一定阶段时，产生与自己相似的子代个体的生物过程。通过生殖活动可以延续生物的种系。在人类，需要男性和女性发育成熟的生殖细胞——精子与卵子相互融合后，再继续生长发育为新的子代个体，从而繁衍后代，保持个体有限生命得以绵延不已。

◆ 遗传　遗传指人体的亲代性状在子代中得到表现的现象。遗传物质（脱氧核糖核酸，即 DNA）从亲代传给子代，子代有了特定结构的 DNA，通过表达特定结构的蛋白质，使子代具有与亲代相似的形态结构和生理特性。

第二节　内环境稳态与人体功能调节

一、体液与内环境

1. 体液　**体液**是分布于体内，含有复杂化学成分的水溶液。在成年男性，体液大约占体重的 60%，女性为 55%，而婴儿达到 75%。体液分两大部分，在细胞内分布的体液大部分为**细胞内液**，包围在细胞外的体液为**细胞外液**。细胞外液被分隔于不同的部位，其中大部分挤在狭窄的组织细胞之间，称为**间质液**或**组织液**；在心血管中的**血浆**，淋巴管中的**淋巴液**；包围脑和脊髓的**脑脊液**；关节腔、腹腔、心包腔、胸膜腔等体腔内和眼球中的**体腔液**。

2. 内环境及其稳态　细胞新陈代谢的各种化学反应都在细胞内液中进行，而细胞必须在不断与其周围环境进行物质交换的前提下，才能保证新陈代谢的正常进行。与单细胞生物不同，属于多细胞生物体的人体细胞几乎都不能直接与整体生存的大气环境进行物质交换，而是直接与包绕在细胞周围的细胞外液进行物质交换，从细胞外液摄取 O_2 和代谢所需原料，代谢产生的 CO_2 等物质也同时排入细胞外液，不断实现自我更新。因而，相对于整体生存的自然环境——外环境，将细胞外液看作细胞生存所必需的环境——内环境。所以，**内环境**是指多细胞生物体细胞直接生存的环境。内环境既是细胞与外环境间接交流的必经途径，也是细胞生活和发挥自身功能的必要场所。

法国生理学家 Bernard 早在 100 多年前就发现，尽管哺乳动物整体直接生存的外环境波动很大，但其内环境总是能保持相对不变的状态。他提出了"内环境的稳定是机体自由和独立生活的首要条件"的著名论断。以后美国生理学家 Cannon 又发展了这一概念，称之为**内环境自稳态**或**稳态**。稳态是具有普遍意义的一个基本概念，揭示了生命活动的一个重要规律。

简单讲，**稳态**指机体内环境理化性质的相对稳定状态。稳态是一个动态平衡的状态，即不断被有生命的细胞活动所破坏，又不断被机体通过各功能系统的活动得以恢复和维持。细胞从内环境中不断地摄取营养物质和氧，进行新陈代谢，同时产生大量的热，并排出代谢产物，因而不断地扰乱或破坏内环境。外环境的改变也会扰乱内环境，如气温的升高或降低可影响内环境的温度。但正常状态下，内环境各种理化因素（如细胞外液的渗透压、酸碱度、温度、各种电解质及成分的浓度等）却总是在很狭小的范围内波动，保持相对稳定，确保从细胞到整个机体的正常生命活动。因此稳态为细胞新陈代谢为基础的生命活动提供了一个可靠的"平台"，也是机体自由独立生活的必要前提。

内环境稳态何以能保持相对稳定？这完全有赖于机体各功能系统动态活动的结果，"所有的生命机制尽管多种多样，但只有一个目标，就是保持内环境中生活条件的稳定。"虽然各系统组织细胞的新陈代谢不断地利用和扰乱内环境，但同时也从不同角度为稳态作出贡献。例如血液循环系统在不同的器官之间运输物质；呼吸系统补充组织细胞代谢消耗的 O_2 并排出产生的 CO_2；消化系统摄取营养成分补充代谢所需物质；泌尿系统生成和排出尿，排除各种代谢终末产物等（图1-2）。各功能系统活动相互依存，而且在神经、内分泌和免疫系统的有序调节下，协调统一，维持整体的功能。因此，内环境稳态的维持是一个复杂的生理过程，在不断失衡中求得平衡，保持动态的、相对的稳定状态。

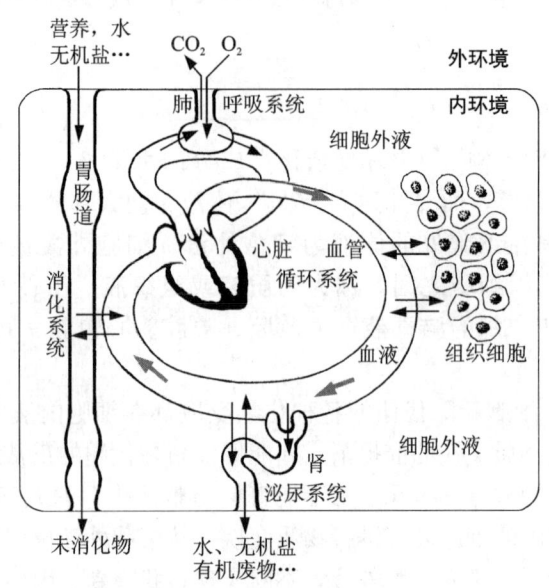

图1-2　内环境及维持稳态的主要功能系统

当环境剧烈变化或器官功能障碍不能维持稳态时，内环境理化性质可发生较大的变化，整个机体的功能也将出现障碍，发生疾病，严重时可危及生命。例如肾功能衰竭时，由于代谢产物不能通过尿排出体外，可引起尿毒症；胰岛功能障碍造成代谢失调，发生糖尿病等等。在人的一生中，稳态维持机制的效能并不相同，新生儿器官系统尚在生长发育中，体内许多调节机制也不尽完善，如尿浓缩的机制不如成人，因此不能很好耐受缺水；随着衰老，器官功能的逐渐衰退，老年人稳态机制减弱，对应激或温度变化的耐受力弱于年青人。

二、人体功能的调节

人体能够很自然地检测各种刺激，做出相应的反应，不断调整自身以适应环境变化，保证个体正常生存。如手一碰到热东西就会不由自主地避开它，以免伤害自身。内外环境变化时，机体各系统器官的功能及相互关系也将发生相应改变，以维持内环境稳态，使机体适应环境。机体针对刺激产生的适应性反应过程称为**调节**。就各器官功能而言，它们不仅能接收来自神经系统活动和体液所含物质的调节作用，还能相对独立地进行自身调节。

1. **人体功能的调节方式**

◆ **神经调节**　神经调节是通过神经系统活动进行调节的方式，是机体功能调节的主导途径。神经调节以神经反射为基础，**反射**是指在中枢神经系统参与下，机体对内外环境变化所产生的规律性反应。反射弧是完成反射活动的结构基础，其中的感受器犹如换能器，将感受到的各种性质刺激都转换为电信号（神经冲动），经传入神经传至中枢；中枢位于脑和脊髓，负责整合传入信息，经过分析综合后将调节指令由传出神经传到效应器，改变效应器的活动。如在亮光下，眼的光感受器受刺激，信息传入中枢整合，再经传出神经至瞳孔括约肌，引起瞳孔缩小（瞳孔光反射）。这种反射可防止强光对视网膜的损伤，是起到保护作用的一种本能性调节反应，使机体能适应光亮环境。

　　反射分为非条件反射和条件反射。**非条件反射**与生具有，多为维持生命的本能性反应，其反射弧和反应都较固定，像进食时的唾液分泌。**条件反射**则是个体在长期生活过程中所建立，属于后天获得，例如人们在谈论美味食品时，虽无入口的具体刺激，但食物的色、香、味也会引起唾液分泌，再如"望梅止渴"。条件反射建立在非条件反射基础上，通过高级神经活动极大地扩展了机体适应环境的能力。

　　神经调节的特点是反应迅速、准确，作用时间短暂。

　　◆ **体液调节**　　**体液调节**是体内生成的某些化学物质经体液输送而实现调节的方式。参与调节的化学物质主要来源有：①内分泌细胞分泌的激素，如胰岛素、肾上腺素等；②组织细胞产生的特殊化学物质，如 5-羟色胺、细胞因子等；③细胞代谢产物如腺苷、CO_2 等。激素等主要是通过血液循环被输送到器官和组织细胞起作用，有些则直接进入组织液，影响其邻近细胞的功能。

　　激素虽然通过血液循环输送到全身，但也只对特定的作用目标——**靶细胞**产生调节作用，因为靶细胞才含有激素的特异性受体，对激素的调节作用产生反应。与神经调节相比，体液调节反应较缓慢，作用时间较持续，作用范围也较广。

　　人体内很多内分泌腺的活动直接或间接地受神经的支配和调节，因此内分泌腺往往是神经反射传出通路的延伸。例如交感神经系统兴奋时，除可通过传出神经支配直接增强心脏的活动外，同时交感神经也通过对肾上腺髓质的支配，促进肾上腺素的分泌，经血液循环增强心脏的活动。这种神经和体液联合作用的调节方式就称为**神经-体液调节**。

　　◆ **自身调节**　　**自身调节**是指细胞或组织器官自身对内外环境变化产生适应性反应的过程。这种调节方式完全是自身功能状态的变化所致，不依赖于神经和体液的调节，例如在一定范围内，心脏输出的血量随心室充盈血量的增加而增加。这种现象在离体心脏标本也同样存在，说明这完全是由心肌自身特性所决定的调节方式。自身调节较为局限，调节幅度小、灵敏度较低。

　　2. **功能调节的自动控制**　　体内的各种调节方式多与工程中的自动控制相似，特别体现在内环境稳态的维持上。犹如电冰箱、空调器等自动恒温设备的状态。我们可以借助电冰箱自动恒温的原理来理解稳态的维持机制。电冰箱的微电脑（控制器）能下发指令控制空气压缩机（受控器），温度传感器（检测器）可监测电冰箱内温度变化并随时报告控制器。当电冰箱内温度高于已设定的温度值（调定点）时，微电脑接收到相关信息后进行计算，发现偏差即发出指令启动空气压缩机，使冷凝系统工作而降低电冰箱内的温度；温度降低到调定点以下的信息反过来又"阻止"微电脑发布指令，结果冷凝系统停止工作。当电冰箱内温度受环境影响再次高于调定点时，"阻止"作用消除，这一自动控制系统再度工作，结果总是能使电冰箱内的温度保持在狭窄的波动范围内。在自动控制系统中，控制器和受控器之间形成闭环式的回路系统，控制器发出指令调控受控器工作状态，受控器活动产生的信息也可返回影响控制器，后一过程即为**反馈**。由于反馈机制，使冰箱温度得以精确的调节。机体功能的自动调节过程也如此，通常将神经中枢或内分泌腺看作是控制器，而效应器或靶细胞被看作受控器（图1-3a）。自动控制系统中，反馈信息对控制器的影响表现为负反馈和正反馈两种形式。

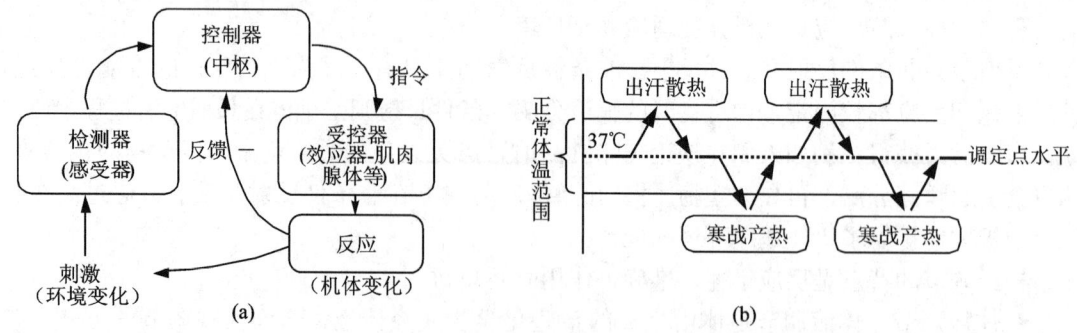

图1-3 自动控制环路与体温稳态维持的反应
(a) 高度简化的机体负反馈自动控制环路；
(b) 机体通过引起两种相反的调节效应，维持体温的稳态

◆ **负反馈** **负反馈**是自动控制系统中，受控器发出的反馈信息对控制器的控制指令产生反向影响的过程。反馈信息作用与控制指令作用方向相反，起到纠正、制约控制信息的作用，其意义在于维持机体功能活动的相对稳定。负反馈普遍存在于机体各种功能的调节过程中，通过引起两种相互抗衡的相反调节效应来维持机体内环境的稳态。例如，体温因环境温度而降低时，通过神经和体液调节机制使机体产热活动增强（如出现寒战），同时减少体热的发散，提高体温；反之，体温过高时则散热过程增强（如汗腺分泌），产热减少，结果使体温降低，从而维持体温在正常范围内的相对稳定状态（图1-3b）。

◆ **正反馈** **正反馈**是指在自动控制系统中，受控器发出的反馈信息对控制器的控制指令产生同向影响的过程。反馈信息作用与控制指令作用方向一致，起到加强先前控制信息的作用，其意义在于激起机体某种功能活动迅速达到特定的需求状态，而不是稳定。例如在排尿过程中，尿液通过尿道时，对后尿道感受器的刺激信息又返回到排尿中枢而加强膀胱逼尿肌收缩，使膀胱进一步收缩，直到尿液排尽为止。正常时，通过正反馈调节的实例相对较少，除上述的排尿过程外，还有分娩过程等。但在病理情况下，正反馈可引起恶性循环，导致疾病发生和加重。

第三节 人体解剖学方位及基本术语

人体由许多器官组成，为了正确描述人体器官的位置关系和形态结构，必须统一解剖学基本术语。

一、解剖学姿势

为描述人体各部和诸结构的位置关系而特别规定的一种标准姿势称为**解剖学姿势**，即身

体直立，两眼平视前方，上肢自然下垂于躯干两侧，手掌向前，两足并拢，足尖向前。无论人体处于何种体位，均应按解剖学姿势描述各种方位（图1-4）。

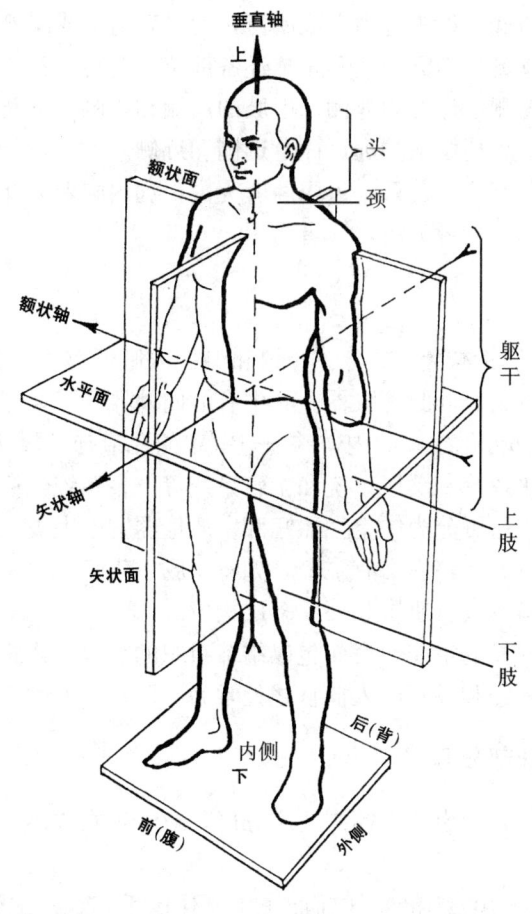

图1-4 人体解剖学姿势、分部、轴面和方位

二、轴和面

1. 轴　轴是描述某些器官的形态、特别是关节运动时常用的术语。按照解剖学姿势，人体可设有互相垂直的三种轴，即**矢状轴**、**冠状轴**和**垂直轴**（图1-4）。**垂直轴**为上下方向垂直于地平面的轴，与身体长轴平行。**矢状轴**为前后方向垂直于垂直轴的轴。**冠状轴**又称**额状轴**，为左、右方向并垂直于上述两轴的轴。

2. 面　根据上述三个轴，人体可设有互相垂直的**矢状面**、**冠状面**和**水平面**三种面（图1-4）。矢状面按矢状轴方向，将人体分为左、右两部分的纵切面，该切面与地平面垂直。将人体分为左、右对等两半的切面为正中矢状面。冠状面是按冠状轴方向，将人体分为前、后两部分的断面，也称**额状面**。水平面与上述两面垂直，与地平面平行，将人体横断为上、下两部分的断面，也称**横切面**。

9

三、方位术语

为描述各结构的相互位置关系，按照解剖学姿势规定了相对的方位术语。

上和**下**是指部位的高低，近头者为上或颅侧，近足者为下或尾侧。近身体腹面者为**前**或**腹侧**，近背面者为**后**或**背侧**。**内侧**和**外侧**是描述各部位或器官与身体正中面相对距离位置的关系术语，近正中者为**内侧**，远者为**外侧**。上肢的尺侧和桡侧，下肢的胫侧和腓侧分别相当于内侧和外侧。在四肢以距离躯干的远近而分**远侧**和**近侧**。

内和**外**是描述空腔器官位置关系，近内腔者为内，远内腔者为外。**浅**和**深**是指与皮肤表面的相对距离关系，距体表近者为浅，远者为深。

四、体腔与内脏

1. 体腔　人体含有许多体腔，支持、容纳和保护内脏器官，如脑位于颅腔中，胸腔中的肺和心脏，腹腔中的胃肠、肝胆等脏器。其中有的向外界开放，如鼻腔和口腔。

2. 内脏　内脏的大部分位于体腔内，并通过一定的孔道与外界相通，各具特定的功能。内脏包括呼吸系统、消化系统、泌尿系统和生殖系统等。各系统包括很多器官，虽然形态和功能不尽相同，但按其构造可分为中空性器官和实质性器官两大类。

中空性器官呈管状或囊状，内部有空腔，如胃、肠、气管、膀胱等。以消化管为例，由内向外依次为粘膜、粘膜下层、肌层和外膜多层构成。

实质性器官内没有明显的空腔，表面包以结缔组织的被膜或浆膜，如肝、胰、肾及生殖腺等。血管、淋巴管、神经和导管出入器官之处常为一凹陷，称为门，如肝门。

五、胸部标志线和腹部分区

通常在胸、腹部体表，画出若干标志线和分区，对于正常描述、临床诊断和病理检查有重要意义。

1. 胸部标志线　**前正中线**为沿身体前面正中所作的垂直线。**胸骨线**为沿胸骨外侧缘所作的垂直线。**锁骨中线**通过锁骨中点所作的垂直线。**胸骨旁线**通过胸骨线与锁骨中线之间连线的中点所作的垂直线。**腋前线**为通过腋前襞所作的垂直线。**腋后线**通过腋后襞所作的垂直线。**腋中线**为通过腋前、后线之间连线的中点所作的垂直线。**肩胛线**为通过肩胛骨下角所作的垂直线。**后正中线**是沿身体后面正中所做的垂直线。

2. 腹部分区　通常用两条水平线和两条垂直线将腹部划分为三部九区。上水平线为经两侧肋弓最低点的连线，下水平线为经两侧髂结节的连线，将腹部分为**腹上部**、**腹中部**和**腹下部**。两条垂直线为经左、右两侧腹股沟韧带中点所作的垂直线。上述4线相交将腹部分为9区：腹上部分为中间的**腹上区**和两侧的**左、右季肋区**；腹中部分为中间的**脐区**和两侧的**左、右腰区**；腹下部分为中间的**腹下区**和两侧的**左、右髂区**（图1-5）。

临床上也常采用"四分法"，即通过脐的水平线和垂直线将腹部分为**左上腹、右上腹、左下腹和右下腹**。

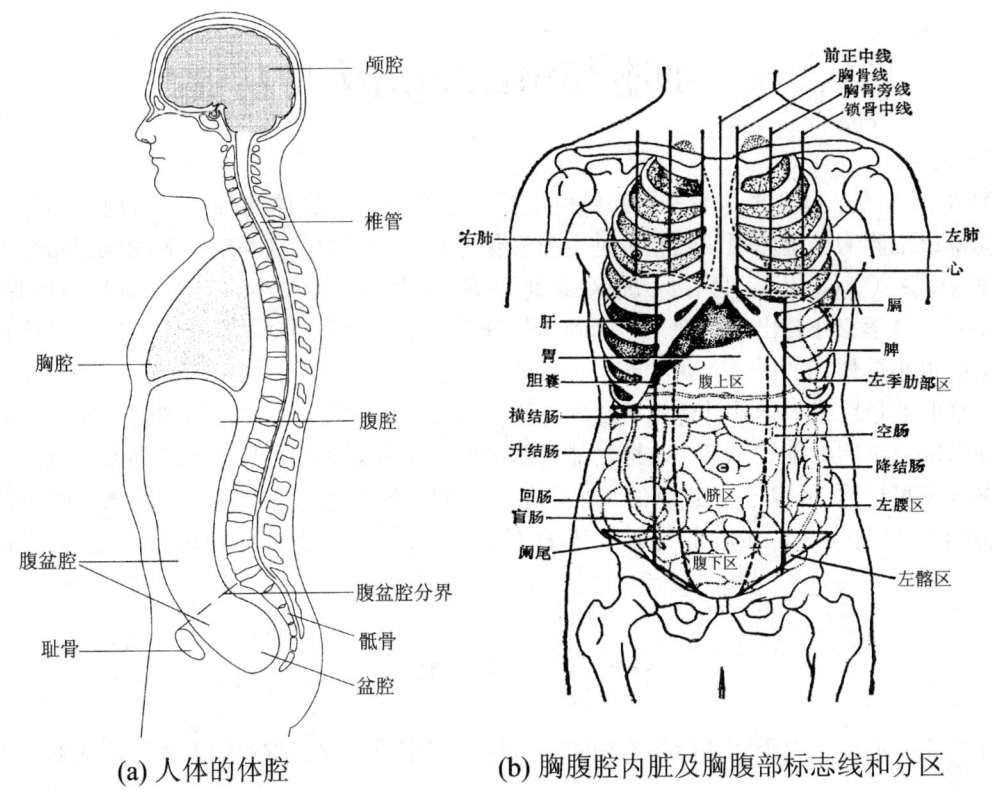

(a) 人体的体腔　　(b) 胸腹腔内脏及胸腹部标志线和分区

图1-5　人体的体腔与胸腹腔内脏及胸腹部标志线和分区

复习思考题
1. 人体主要有哪些系统？各有何重要功能？
2. 机体的生命活动主要表现哪些重要的特征？
3. 何谓内环境？内环境稳态是如何维持的？
4. 何谓负反馈？负反馈在机体功能活动的调节中有何重要意义？
5. 何谓解剖学姿势？能够将人体分成左、右两半的断面是什么面？

（于卫国　田德润）

第二章 细胞与组织的结构与功能

细胞（cell）是人体生长发育和形态结构的最基本单元，生物体的各种生命现象和一切生理活动都以细胞为单位体现。细胞也是生命进化过程中的产物。人类对细胞的认识始于英国科学家 Hook（1665 年），他用放大镜观察到干燥软木片中数千微小的空室，并称为细胞。一百多年后，科学家才提出细胞理论，明确指出细胞是所有植物与动物的基本构筑，是执行生理活动的最小单位。

人体细胞数量巨大，据估计达 10^{15} 之多，可分辨出约 210 种形态各异的细胞，如随血液流动呈球形的血细胞，细长形具有收缩功能的肌细胞，接受刺激并传导冲动的神经细胞，神经细胞的轴突可长达 1m 以上。细胞的大小也不同，大多数细胞的直径只有数微米，较小的淋巴细胞直径只有 $4\sim5\mu m$，而人卵细胞直径可达 $120\mu m$，最大的骨髓细胞直径可达 $300\mu m$。

第一节 细 胞

人体细胞的形态、大小和功能各不相同，但均有细胞膜、细胞质和细胞核三种基本结构（图 2-1）。

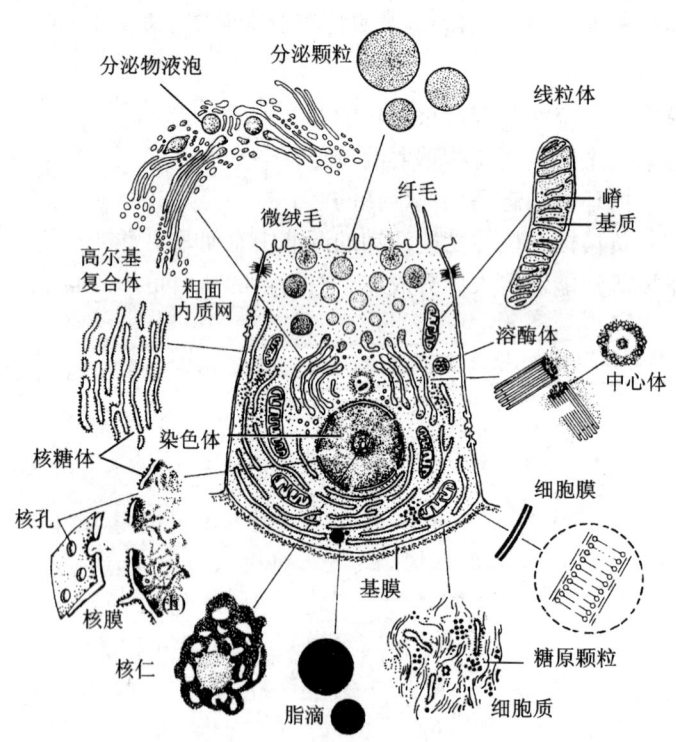

图 2-1 细胞超微结构模式图

一、细胞基本结构

1. 细胞膜　　细胞膜又称**质膜**，是包围在细胞质外表面的一层**生物膜**。在电镜下，生物膜呈现厚约7.5nm的"两暗一淡"夹层结构，内、外两层电子密度高，中间层电子密度低。细胞的各种膜相结构的膜基本一致，因此也称**单位膜**。细胞膜是细胞的屏障，将细胞内物质与细胞外隔绝开，保持其自身结构与功能的独立和稳定。细胞内其他的膜结构也有类似的作用。

◆ 细胞膜的化学组分　　细胞膜的主要化学成分为脂质、蛋白质和糖，分别称为膜脂、膜蛋白和膜糖，各种膜结构中三种成分的构成比不同。膜内蛋白质与脂质的比例与膜的功能活动水平有关，功能活跃的膜的蛋白质比例高，如线粒体内膜蛋白质占膜化学组分总量的75%；而功能简单的膜，如神经髓鞘脂质占75%，蛋白质仅18%。

膜脂　　磷脂是膜脂的主要成分，此外还含胆固醇和糖脂等。卵磷脂、脑磷脂等均为双亲性分子，其头端的极性基团由磷酸与碱基构成，亲水性强；尾端由非极性脂肪酸链构成，具有疏水性。磷脂分子在水溶液中时，亲水的头端与水分子相互吸引，疏水的尾端则受排斥，结果造成分子头端排列在膜两侧，而疏水的尾部两相对应朝向膜中心，形成了脂质双层分子。形成电镜下密度高的内、外两层和电子密度低的中间层。

膜蛋白　　根据膜蛋白与膜的联结方式，分内在蛋白和外在蛋白两大类。内在蛋白约占膜蛋白的70%~80%，因为肽链中的疏水性氨基酸片段可一次或反复多次以α-螺旋穿越嵌于脂质层，很难与膜分离，故又称**镶嵌蛋白**。内在蛋白参与物质转运、信号识别和代谢酶的组成等功能，也称**整合蛋白**。**外在蛋白**又称**边周蛋白**，主要分布在细胞膜内表面。外在蛋白主要构成细胞骨架，在维持细胞形态和调节细胞功能方面发挥作用。

膜糖　　糖类约占细胞膜总重量2%~10%，主要与膜蛋白或膜脂结合形成糖蛋白或糖脂。糖链常突出裸露于细胞膜外表面，形成**细胞衣**。糖链以其单糖排列顺序上的特殊性，具有不同的功能，作为抗原决定簇，体现某种免疫信息；作为膜受体的可识别部分，能特异地与递质、激素或其他化学信号分子结合等。

◆ 细胞膜结构模型　　**液态镶嵌模型**是目前大多数生物学家公认的分子结构（图2-2）。液态镶嵌模型理论认为，构成膜的脂质双层分子在生理条件下为液晶态，既具有晶态分子的有序性排列，也有液态分子的可移动性，即流动的脂质双分子层构成膜的连续主体；球形的膜蛋白以各种镶嵌形式与脂膜相结合，有的"镶"附于膜的内表面，有的不同程度地"嵌"入膜中；糖类则附于膜外表面并形成糖蛋白或糖脂。膜的流动性有助于承受相当大的张力和变形而不致破裂，即使有些较小破裂也能自动融合修复。如，血液中的吞噬细胞通过变形穿越血管壁进入组织；红细胞可通过比自身直径小的毛细血管等。

细胞膜具有多方面功能。作为细胞的界膜，细胞膜维持细胞的形态，构成细胞的支架，构成细胞屏障，限制外界某些物质的进入，防止细胞内某些物质的散失。细胞膜还可选择性地与细胞外微环境进行物质交换，维持细胞的正常新陈代谢。质膜还与信息传递、能量转换、细胞识别、细胞分化、细胞运动、细胞分裂、细胞老化以及细胞癌变等密切相关。细胞膜参与细胞的吞噬、分泌和排泄等功能。细胞膜上的受体可与神经递质、激素、抗原和药物等特异性结合，受体蛋白分子的构像变化可进一步在细胞内传递信号，实现对细胞功能和物质代谢的调控。

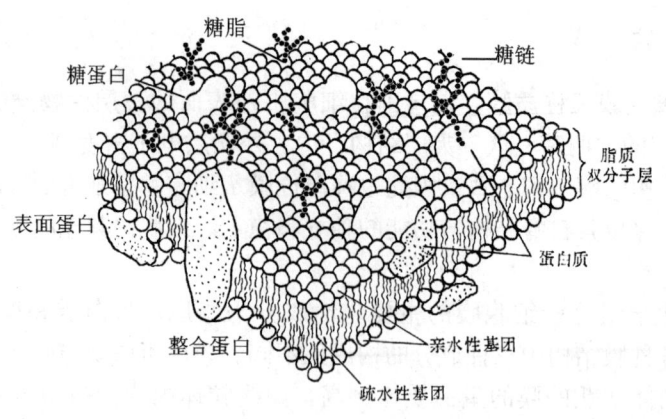

图 2-2 细胞膜的液态镶嵌模型

2. **细胞质** 细胞质存在于细胞膜与细胞核之间，又称细胞浆，生活状态下为半流动、透明的胶样物质。细胞质包括基质、细胞器和包含物（图 2-1）。

◆ **基质** 基质是细胞质的无定形的胶状物质，由可溶性蛋白质、糖、脂类、无机盐和大量水分组成。

◆ **细胞器** 细胞器是悬浮于基质中具有特定形态、执行一定生理功能的结构，包括线粒体、核糖体、内质网、高尔基复合体、溶酶体、微丝、微管、中间丝、中心体和微体等。扩大了的细胞器概念将细胞核、核仁、染色体等也视为细胞器。

线粒体 **线粒体**在光学显微镜（简称光镜）下呈杆状或颗粒状。线粒体参与细胞的生物氧化过程，细胞各种生命活动所需能量的 95% 来自线粒体，故线粒体被看作细胞的"供能站"。

核糖体 **核糖体**又称核蛋白体，呈颗粒状，主要由核糖核酸（RNA）和蛋白质组成。核糖体的功能是合成蛋白质。

内质网 **内质网**是由单位膜围成的小管状或扁囊状结构，在细胞质中互相沟通，连接成网。表面附有核糖体的为粗面内质网，否则为滑面内质网。粗面内质网是合成分泌蛋白质的主要部位。内质网不仅彼此互相沟通，与核膜的外层以及高尔基复合体、溶酶体和微体相连接，形成了内膜系统。不仅为各种代谢过程提供互不干扰的内部环境，也扩大了内膜系统的表面积，给细胞内的各种生物化学反应提供有利的空间。

高尔基复合体 **高尔基复合体**呈网状，一般位于细胞核一侧，中心体附近。高尔基复合体与细胞的分泌功能和溶酶体的形成有密切关系。

溶酶体 **溶酶体**是大小不等有膜包裹的致密小体，内含多种水解酶，具有极强的消化和分解物质的能力，又称为细胞内消化器。

微体 **微体**又称过氧化物酶体，是由一层单位膜围成的圆形或卵圆形小体，其内存在的酶可达 20 余种，主要有过氧化物酶、过氧化氢酶和多种氧化酶。微体与细胞内物质的氧化有关。

中心体 **中心体**是位于细胞核的附近的球形小体，由中心粒和中心球构成，在细胞进行有丝分裂时特别明显，与纺锤体的形成及染色体移动有关。

其他 **微丝**为实心的丝状结构，主要由肌动蛋白构成，也称为肌动蛋白丝，多分布于细胞膜内面呈网格状。**微管**是微管蛋白为主构成的空心圆柱状结构，粗细均匀，无分支。**中等**

纤维是一种直径介于微丝和微管之间的实心的细丝状结构，长短不一，散在或成束分布，存在于大多数细胞内。上皮细胞中的张力原纤维、神经细胞中的神经丝均属中等纤维。微丝、微管、中等纤维等以不同形式构成细胞内细胞骨架，维持细胞的特定形态和细胞内各种成分的空间定位，并直接参与细胞运动、物质转运、细胞分裂分化和发育。

◆ **包含物** 包含物为存在于细胞质中的非细胞器结构，多是一些代谢产物或细胞储存的物质，包括糖原、脂滴、色素和分泌颗粒等。包含物数量可随细胞的功能状态而有所改变。

3. **细胞核** 细胞核是细胞中最大的细胞器。除了成熟的红细胞外，人体所有细胞均有细胞核。细胞核是细胞遗传和代谢活动的控制中心，在细胞的生命活动中起着重要的作用。多数细胞只有一个核，位于中央。有的细胞有两个或多个核。细胞核由核膜、核仁、染色质和核液组成。

◆ **核膜** 核膜包围在核表面，由两层单位膜构成。两层膜之间为核周隙，外层核膜附有核糖体，其结构与粗面内质网相似。核周隙某些部位可与粗面内质网腔相连通。核膜上有核孔，核孔并非单纯的孔洞，而是一个复杂的可变性结构，可调控大分子物质出入细胞核。

◆ **核仁** 光镜下**核仁**呈圆球形或卵圆形，多见一个，其大小及在核内的位置，随细胞功能而变化。核仁的化学成分主要是蛋白质与核糖核酸（RNA）。核仁的主要功能是合成核糖体核糖核酸和装配核糖体亚单位，参与核糖体的合成。

◆ **染色质和染色体** **染色质**是细胞分裂间期中，在核内分布不太均匀、易被碱性染料着色的细丝状结构。染色质化学成分主要是蛋白质和脱氧核糖核酸（DNA）。在分裂间期的细胞核 DNA 分子螺旋化程度不同，螺旋松散、伸展、伸长的部分在光镜下较稀疏，染色淡，不易观察到的为**常染色质**；螺旋紧密的部分，光镜下观察着色深，呈颗粒状或团块状，叫**异染色质**。在细胞进行有丝分裂时，染色质细丝的双螺旋全部盘曲缠绕成为条状或粗棒状的**染色体**。所以，染色质和染色体实际上是细胞周期中不同时期的同一种物质。

人体成熟的生殖细胞有 23 条染色体，称为**单倍体**。体细胞的染色体为 46 条，组成 23 对，称为**二倍体**，其中 44 条（22 对）为**常染色体**，另外 2 条（一对）为**性染色体**。男性体细胞染色体核型为 46，XY；女性为 46，XX。每条染色体的两条染色单体都借助着丝点相连接。染色体是遗传的物质基础，对遗传信息的贮存和传递及蛋白质合成有重要作用。

◆ **核液** 核液为充满于细胞核内的粘稠性液体，又称核基质，是核内代谢的微环境。核基质除含水、蛋白质和无机盐外，还有由酸性蛋白构成的核内骨架，对细胞核起支架作用。此外，对核仁、染色体可能还有定位和调整作用，有利于 DNA 复制功能。

二、细胞增殖周期

人体的生长是因为细胞增殖所致。**细胞增殖**是细胞通过生长并分裂成两个子细胞的过程，子细胞具有与母细胞相同的遗传特性。人体的细胞增殖主要表现为无丝分裂、有丝分裂和减数分裂三种方式。连续分裂的细胞从前一次分裂结束到下一次分裂结束所经历的过程为**细胞增殖周期**，也称**细胞周期**。经过细胞周期，DNA 复制并平均分配到两个子细胞中。每个周期包括分裂期和分裂间期。分裂期是细胞分裂开始到形成两个子细胞的一段过程，即有丝分裂。分裂间期是细胞两次分裂之间的时期，曾因光镜下见不到明显形态学变化而称静止期。而实际上，此期的细胞正在执行特别的功能，细胞核内的染色质最活跃，基因表达活跃，大量蛋白质合成。细胞周期可分 $G_1 \rightarrow S \rightarrow G_2 \rightarrow M$ 期四个阶段（图 2-3）。

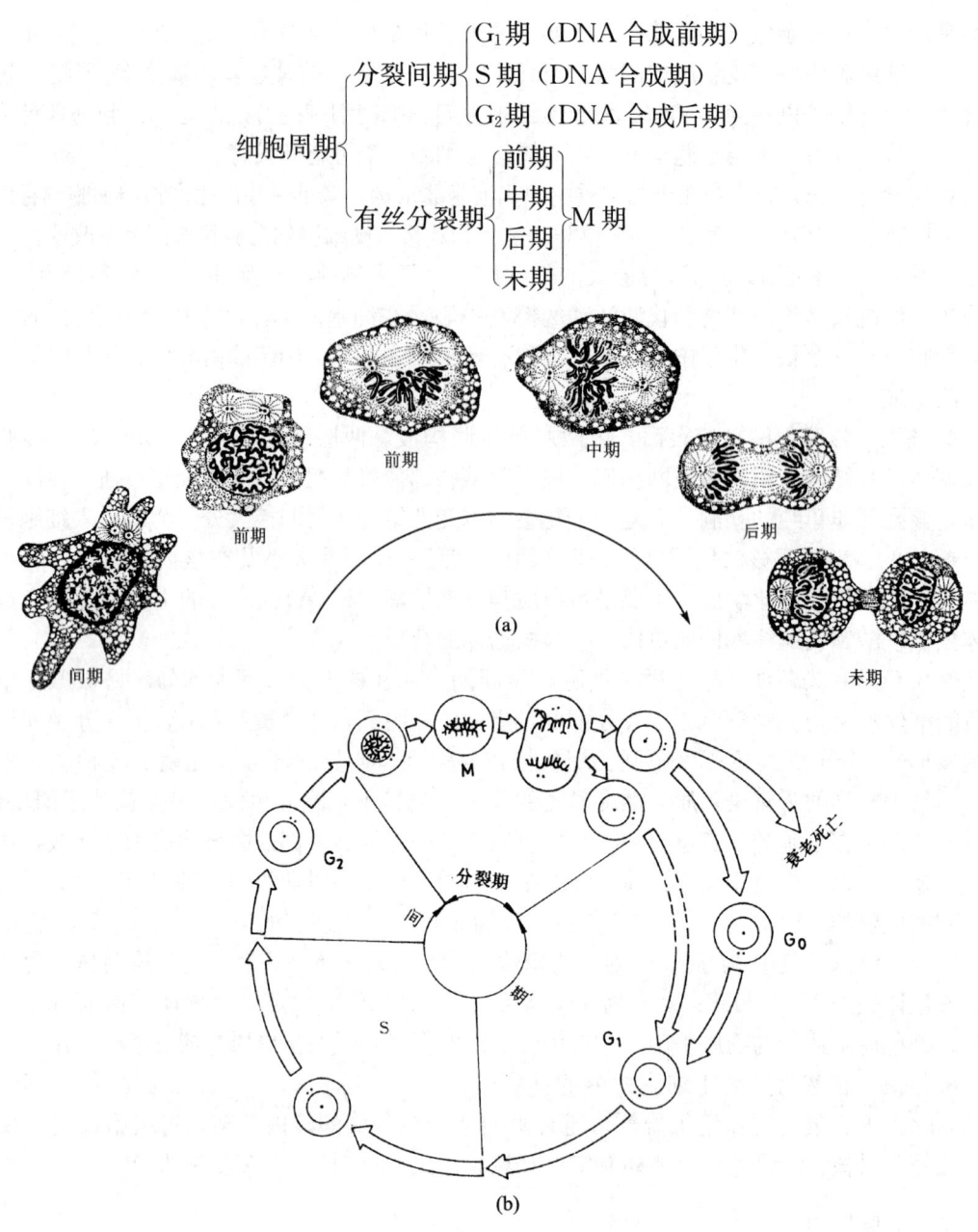

图 2-3 细胞有丝分裂与细胞周期
(a) 细胞分裂模式图；(b) 细胞周期

1. G_1 期　为 DNA 合成前期。此期是从细胞分裂完成后到 DNA 合成开始之间的时期。细胞的生化变化剧烈，主要表现 RNA 含量迅速增加，以及一些蛋白质的合成，特别是合成 DNA 所需的酶都在此期合成，这些变化是启动 S 期的必要条件。处于 G_1 期的细胞对一些不利因子较为敏感，可因此停止在 G_1 期不再分裂。

2. S 期　为 DNA 合成阶段。在此期内，染色体所含的全部基因组 DNA 进行复制，合成另一套完全相同的基因组。若 S 期中 DNA 合成、复制发生错误，细胞分裂将受到抑制或引起变异，形成异常细胞。有些药物可特定地作用于 S 期，从而干扰肿瘤细胞的分裂。

3. G_2期 为 DNA 合成后期，即有丝分裂准备期。此时 DNA 合成终止，但有少量的 RNA 和组蛋白合成，如合成一些与有丝分裂有关的物质，如染色体凝集和有丝分裂装置（纺锤体微管蛋白和有丝分裂因子）构成所必需的组分等。

4. M 期 即有丝分裂期。M 期的重要意义在于将 S 期中倍增的遗传物质（DNA）进一步凝集成染色体，再精确、均等地分配到两个子细胞中，使分裂后的细胞与母细胞保持遗传上的一致性。有丝分裂期又包括前、中、后和末期四个连续变化的阶段。①**前期**是从染色质凝集开始到核膜解体的时期，主要特征是染色体的组装、分裂极的确定、核仁的消失和核膜的解体。②**中期**是从核膜解体到全部染色体以着丝粒排列到赤道面的时期。其重要特征是有丝分裂器的形成。有丝分裂器是由中心粒、纺锤体和染色体组成的复杂细胞器，是一种暂时性的结构，专一执行有丝分裂的功能。③**后期**是姐妹染色单体分开并移向两极的时期。这一时期包括两个重要事件，即姐妹染色单体的极向移动和两极的远离运动。④**末期**是指从染色体到达两极开始，至形成两个子细胞的时期（图 2-3a）。

通过 M 期，细胞一分为二，然后可继续进入下一细胞周期。但需要说明的，并非所有细胞分裂后都能进入细胞周期，继续分裂，可表现三种现象：①呼吸、消化和生殖等系统管腔的被覆细胞以及骨髓造血干细胞等**不稳定细胞**继续进入 G_1 期→S 期……，再经细胞周期周而复始，持续分裂；②**稳定细胞**可暂时退出细胞周期，处于静止休眠状态，即进入 G_0 期，当细胞大量死亡或损伤需要补充时，以及某些特殊因子的刺激下再返回细胞周期，继续分裂，如肝、肾和内分泌腺等各种腺体或腺样器官的实质细胞；③**永久性细胞**终生停止在 G_1 期，不再继续分裂，如神经细胞、骨骼肌和心肌细胞等一旦遭受破坏将永久缺失。

细胞周期各阶段时间因细胞种类和状态而不同。一般说，细胞周期中，S 期和 M 期持续时间较恒定，而 G_1 期的持续时间可表现很大差异，如小鼠食管上皮细胞 G_1 期达 103 小时，而十二指肠上皮细胞此期仅 6 小时。某些分裂速度很慢的细胞，可在 G_1 期停留数天，甚至数年。增殖的人体细胞周期约为 24 小时，其中 G_1 期约 11 小时、S 期 8 小时、G_2 期 4 小时、M 期 1 小时。细胞周期完全是一个动态的过程，各阶段相互接续，不可分隔，任一阶段受干扰，细胞增殖都将发生障碍。单细胞生物细胞周期受营养、温度等生长条件影响；多细胞生物受信号分子的调节，如激素、生长因子和增殖抑制因子等。各种信号分子通过信号传递途径激活特定调控蛋白，开启与增殖有关的一系列基因转录，最终控制细胞的增殖周期。某些进入人体的物质，如不同的抗癌药就是根据细胞周期各阶段的特征，有针对性地阻止癌细胞分裂繁殖。

复习思考题

1. 细胞膜是如何组成的？主要含有哪些成分？
2. 细胞内主要有哪些细胞器？各有何功能？
3. 何谓细胞周期？简述其各期的主要变化。

（王俊艳 刘皓 谷超）

第二节 基本组织

组织是指形态和功能相似的众多细胞由细胞间质有机地组合在一起所构成的细胞群体。人体有四种基本组织，上皮组织、结缔组织、肌组织和神经组织。

一、上皮组织

上皮组织由大量细胞和极少量细胞外基质构成。上皮细胞呈明显的极性，朝向身体表面或空腔器官的腔面，称游离面；与游离面相对的一面，称基底面。基底面附着于基膜上，并借此与深部结缔组织相连。上皮组织多不含血管，细胞所需营养依赖结缔组织中的血管透过基膜供给。上皮组织内一般富有感觉神经末梢。上皮组织主要分为被覆上皮和腺上皮两大类，具有保护、吸收、分泌和排泄等功能。

1. 被覆上皮　**被覆上皮**分布在身体表面和有腔器官的腔面，可根据上皮细胞的排列层数和在垂直切面上细胞的形状进行分类（表2-1）。单层上皮由一层细胞组成，包括单层扁平上皮、单层立方上皮、单层柱状上皮和假复层纤毛柱状上皮（图2-4）。复层上皮有复层扁平上皮和变移上皮（图2-5）。

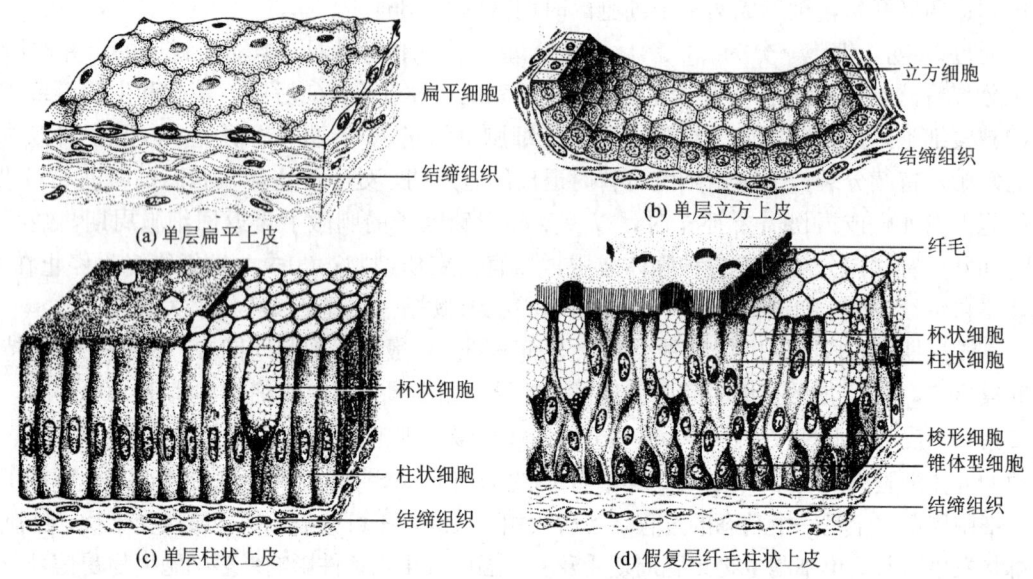

图2-4　几种单层上皮的模式图

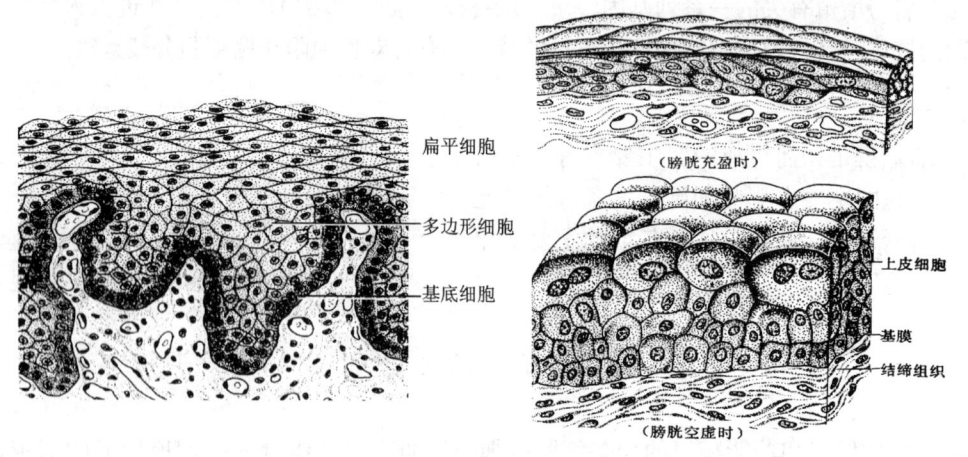

图2-5　复层上皮的模式图

表2-1 被覆上皮的分类、结构特征和功能

分类		结构特征	分布	功能
分层	类型			
单层	单层扁平上皮	由一层扁平细胞组成。从表面观察，细胞呈不规则形或多边形，核椭圆形，位于细胞中央；细胞边缘呈波浪状，互相嵌合。从垂直切面观察，细胞扁薄，胞质很少，含核部分略厚（图2-4a）	内皮：心、血管和淋巴管的腔面 间皮：胸膜、腹膜和心包膜的表面 其它：肺泡上皮和肾小囊壁层上皮	保持器官表面光滑，利于血液和淋巴的流动，减少器官间相互摩擦，利于物质交换
	单层立方上皮	由一层近似立方形的细胞组成。从表面观察，细胞呈六角形或多角形；从垂直切面观察，细胞呈立方形，核圆，居中（图2-4b）	肾小管和甲状腺滤泡上皮等处	吸收、分泌
	单层柱状上皮	由一层棱柱状细胞组成。从表面观察，细胞呈六角形或多角形；从垂直切面观察，细胞为柱状，核长圆形，位于细胞近基底部（图2-4c）	胃、肠、胆囊和子宫等腔面	吸收、分泌
	假复层纤毛柱状上皮	由柱状细胞、杯状细胞、棱形细胞和锥形细胞组成，柱状细胞最多，游离面有纤毛。细胞形态不同，高矮不一，核的位置不在同一水平上，但基底部均附着于基膜，因此在垂直切面上观察貌似复层，而实为单层（图2-4d）	呼吸管道等的腔面	纤毛定向节律性摆动可将吸入的灰尘和细菌推向咽部，保护作用
复层	复层扁平上皮	由多层细胞组成。从垂直切面观察，紧靠基膜的一层基底细胞为矮柱状，具有增殖分化能力。以上为数层多边形细胞，再上为几层棱形或扁平细胞（图2-5a）	未角化的：口腔、食管和阴道等腔面 角化的：皮肤的表皮	具有耐摩擦和防止异物侵入等作用，受损伤后，有很强的再生修复能力
	变移上皮	分为表层细胞、中间层细胞和基底细胞。细胞层数和形状可随器官的收缩与扩张状态而变化。如膀胱收缩时，上皮变厚，细胞层数较多，细胞呈大立方形；膀胱扩张时，上皮变薄，细胞层数减少，细胞呈扁棱形（图2-5b）	肾盏、肾盂、输尿管和膀胱等	保护

2. 腺上皮和腺 由腺细胞组成的以分泌功能为主的上皮称**腺上皮**，以腺上皮为主要成分的器官称**腺**，腺细胞的分泌物有酶类、粘液和激素等。根据腺有无导管和分泌物作用途径分外分泌腺和内分泌腺（图2-6）。外分泌腺的分泌物经导管排至器官腔内或体表发挥作用，如唾液腺、汗腺等；内分泌腺没有导管，其分泌物直接释放到血液或其他体液中发挥作

用,如甲状腺、肾上腺等。

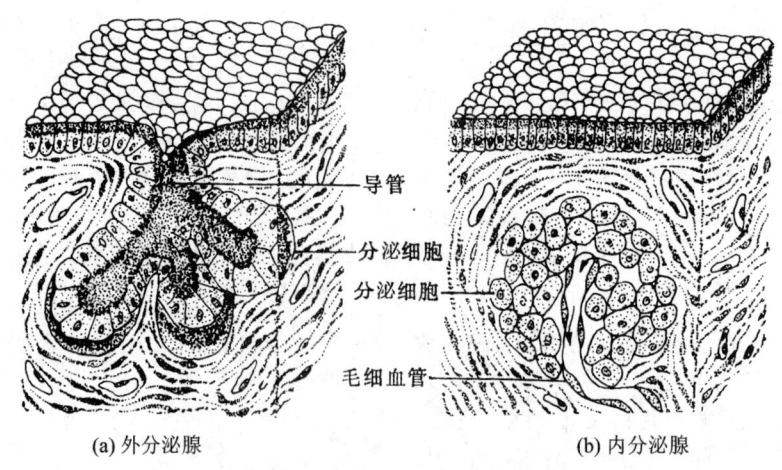

(a) 外分泌腺　　　　　　　(b) 内分泌腺

图2-6　腺上皮与腺的模式图

3. 细胞表面特化结构　　上皮细胞具有极性,在细胞各表面形成了与其功能相适应的结构(表2-2,图2-7)。

表2-2　上皮细胞特化结构

细胞方位	特化结构	结构特点	主要功能
游离面	微绒毛	细胞膜和细胞质伸出的微细指状突起(图2-7);胞质中有许多纵行微丝,微丝上端附着于微绒毛顶部,下端插入胞质中	扩大细胞表面积,利于细胞的吸收功能
	纤毛	细胞膜和细胞质伸出的粗而长的突起(图2-1),电镜下可见纤毛中央有纵向排列的微管	具有节律性定向摆动的能力
侧面	紧密连接	位于细胞侧面顶端(图2-7);相邻细胞膜形成约2~4个点状融合,融合处细胞间隙消失,非融合处有极窄的细胞间隙	阻挡物质穿过细胞间隙,具有屏障作用
	中间连接	位于紧密连接下方(图2-7);相邻细胞间有15~20nm间隙,内有中等电子密度的丝状物;细胞膜胞质面有薄层致密物质和微丝附着,微丝组成终末网	粘着、保持细胞形状、传递细胞收缩力
	桥粒	位于中间连接深部(图2-7);细胞间隙约20~30nm,内有低密度丝状物,中央有一条与细胞膜平行的致密线,由丝状物质交织而成;细胞膜胞质面致密物质组成的附着板,许多张力细丝附着于板上,并折成袢状返回胞质,起固定和支持作用	是一种很牢固的细胞间连接方式,多见于易受机械性刺激和摩擦较多的部位
	缝隙连接	相邻细胞膜高度平行,细胞间隙约2~3nm,内有许多间隔大致相等的连接点(图2-7);此处胞膜中有许多规律分布的连接小体,连接小体相互对接形成跨细胞通道,成为细胞间直接交通的管道	传递化学信息和电学信号

续表 2-2

细胞方位	特化结构	结构特点	主要功能
基底面	基膜	是上皮细胞基底面与深部结缔组织之间共同形成的薄膜,由靠近上皮的基板和与结缔组织相连的网板构成;基板由上皮细胞产生,主要成分有层粘连蛋白,网板由结缔组织的成纤维细胞产生,主要由网状纤维和基质构成	支持、连接和固着作用,能引导上皮细胞移动。基板的半透膜有利于上皮细胞与深部结缔组织进行物质交换。
	质膜内褶	细胞膜折向胞质所形成的许多内褶,内褶间含有与其平行的长杆状线粒体	扩大基底面表面积,利于水和电解质转运
	半桥粒	为桥粒结构的一半;质膜内也有附着板,张力细丝附着于板上,折成袢状返回胞质	将上皮细胞固定于基膜上

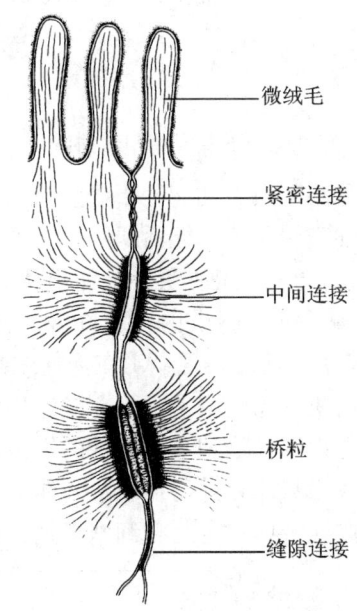

图 2-7 单层柱状上皮细胞连接和微绒毛超微结构模式图

二、结缔组织

结缔组织由细胞和大量的细胞外基质构成。细胞散在于细胞外基质中,无极性。广义的结缔组织包括固有结缔组织、血液、骨和软骨。一般所说的结缔组织是指固有结缔组织,分疏松结缔组织、致密结缔组织、脂肪组织和网状组织。细胞外基质包括细丝状的纤维和均质状的基质。

1. **疏松结缔组织** 疏松结缔组织特点是细胞种类较多,纤维数量较少,排列稀疏。疏松结缔组织广泛分布于器官之间和组织之间,有连接、支持、防御和修复等功能。疏松结缔组织中有多种类型细胞、未分化的间充质细胞以及胶原纤维和弹力纤维等(图 2-8)。

◆ **成纤维细胞** 成纤维细胞是疏松结缔组织中最主要的细胞。成纤维细胞形态不规则,体积较大,细胞扁平多突起;胞核较大,卵圆形,染色淡,核仁明显;胞质弱嗜碱性。成纤

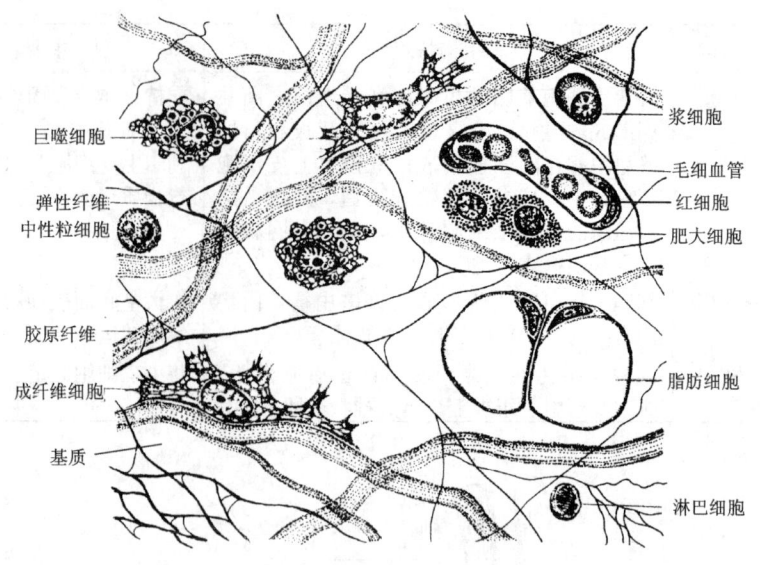

图 2-8 疏松结缔组织铺片

维细胞功能活跃，可形成纤维和分泌基质。功能处于静止状态的成纤维细胞称**纤维细胞**。在组织损伤后的修复过程中，纤维细胞转化为功能活跃的成纤维细胞。

◆ 巨噬细胞　**巨噬细胞**形态多样，功能活跃者常伸出伪足而形态不规则；胞核较小而圆，染色较深；胞质丰富，多呈嗜酸性。胞质内含有许多溶酶体、吞噬体、吞饮泡、残余体、微丝和微管等（图2-9）。其主要功能表现：①在炎症或某些刺激下，巨噬细胞受细菌代谢产物和组织损伤后变性的蛋白质等趋化因子吸引，发生趋化性变形运动向着产生该物质的区域作定向运动。②巨噬细胞能识别异物和衰老变性的细胞，将之粘附在细胞表面，伸出伪足将其包围并**吞噬**到细胞内形成吞噬体，并与初级溶酶体融合形成次级溶酶体，进行细胞内消化，不能被消化分解的物质成残余体。③巨噬细胞识别、吞噬侵入机体的病原微生物等

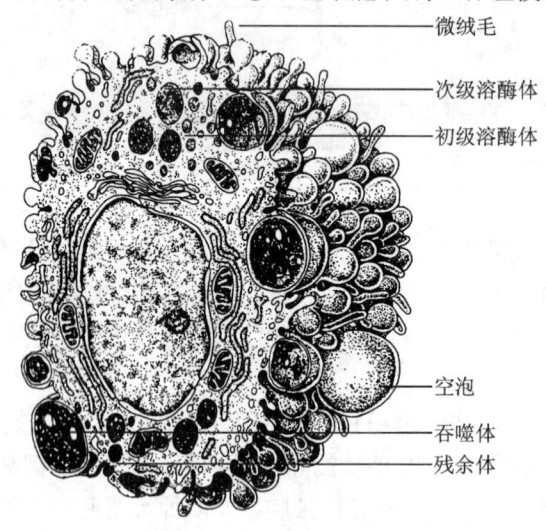

图 2-9 巨噬细胞超微结构模式图

具有抗原性的物质，加工处理后呈递给淋巴细胞，引起免疫应答，起到**抗原提呈作用**。④巨噬细胞能合成和分泌溶菌酶、补体、多种细胞因子（如白介素1）等多种生物活性物质。

◆ 浆细胞　**浆细胞**呈圆形或卵圆形；核圆，常偏居细胞一侧，染色质致密呈块状，多位于核膜内面，呈辐射状排列；胞质强嗜碱性，核旁有一浅染区。浆细胞能合成和分泌免疫球蛋白即抗体，参与体液免疫反应。

◆ 肥大细胞　**肥大细胞**体积较大，胞质内充满粗大的嗜碱性颗粒，颗粒具有异染性，可被醛复红等染成紫色。其中颗粒含肝素、组胺和嗜酸性粒细胞趋化因子及白三烯等。组胺和白三烯可使皮肤的微静脉及毛细血管扩张，通透性增加，大量液体渗出血管，导致水肿，形成荨麻疹，还可使支气管平滑肌收缩，导致哮喘。这些病症统称过敏反应。肝素具有抗凝血作用。

◆ 脂肪细胞　**脂肪细胞**体积大，呈球形；胞质内脂肪聚集成大滴位于细胞中央，其余胞质被挤到细胞周缘；细胞核被挤压成扁圆形，位于细胞一侧。在 HE 染色标本上，因脂滴被溶解，细胞呈空泡状。脂肪细胞可合成和贮存脂肪。

◆ 未分化的间充质细胞　间充质为胚胎早期出现，分散存在的中胚层细胞。未分化的间充质细胞常分布在小血管、特别是毛细血管的周围。是成体结缔组织中的干细胞，保留间充质细胞多向分化的潜能。

◆ 白细胞　结缔组织中常见各种白细胞，其中以淋巴细胞和嗜酸性粒细胞较多见。

◆ 胶原纤维　**胶原纤维**数量最多，胶原纤维粗细不等，呈波浪形，有分支并交织成网，韧性大，抗拉力强。胶原纤维主要成分为胶原蛋白。胶原蛋白于细胞外聚合成胶原原纤维，再经少量粘合质粘结成胶原纤维。胶原纤维的形成需要维生素 C，外伤或手术后患者补充维生素 C 有助于伤口愈合。

◆ 弹性纤维　**弹性纤维**含量较胶原纤维少，弹性纤维较细，可有分支交织成网，富于弹性。

◆ 网状纤维　**网状纤维**很细，分支多，交织成网，用银染法可使网状纤维染成黑色，故又称为**嗜银纤维**。

◆ 基质　**基质**是一种无定形的胶状质，充满于纤维与细胞之间，主要为蛋白多糖和糖蛋白（纤维粘连蛋白、层粘连蛋白和软骨粘连蛋白等）。多糖成分包括透明质酸、硫酸软骨素、硫酸角质素和肝素等，总称糖胺多糖。透明质酸长链分子曲折盘绕分布在基质中，形成主干，其他糖胺多糖以蛋白质为核心构成亚单位，附着在主干上，形成有微小孔隙的分子筛，糖蛋白也参与分子筛的构成。小于孔隙的水和营养物、气体分子、激素和代谢产物等可以通过，大于孔隙的大分子物质、细菌等不能通过，所以基质有重要的防御功能。

◆ 组织液　在毛细血管动脉端，溶解有电解质、单糖和气体分子等小分子的水通过毛细血管壁渗入基质内，成为组织液；在毛细血管的静脉端或毛细淋巴管回流入血液和淋巴。

2. 致密结缔组织　**致密结缔组织**以排列紧密的粗大纤维为主要成分。细胞主要是成纤维细胞，纤维主要是胶原纤维和弹性纤维。根据纤维排列规则与否，分为规则致密结缔组织和不规则致密结缔组织。规则致密结缔组织纤维平行排列，纤维间可见成行排列的成纤维细胞（腱细胞），如肌腱和腱膜。反之则为不规则致密结缔组织，如皮肤的真皮、巩膜和器官的被膜等处。

3. 脂肪组织　**脂肪组织**是含有大量脂肪细胞的疏松结缔组织。疏松结缔组织将成群的脂肪细胞分隔成脂肪小叶。结缔组织小隔内含有丰富的毛细血管网。

4. 网状组织　**网状组织**主要由网状细胞和网状纤维构成。网状细胞为星形多突起的细胞，胞核较大，着色淡，核仁明显。胞质较多，粗面内质网较发达。相邻的网状细胞彼此以突起连接成网。网状纤维由网状细胞产生。网状纤维交织成网。网状组织构成造血和淋巴组织的基本组成成分，为血细胞发生和淋巴细胞发育提供适宜的微环境。

三、肌组织

肌组织由肌细胞构成。肌细胞呈细长纤维形，故称**肌纤维**，其细胞膜称肌膜，细胞质称肌浆。肌细胞之间有少量结缔组织、血管、淋巴管及神经。肌组织分为骨骼肌、心肌和平滑肌三类，前两种属横纹肌。骨骼肌受躯体运动神经支配，属随意肌；心肌和平滑肌受自主神经支配，为不随意肌。

1. 骨骼肌　**骨骼肌**借肌腱附着于骨骼上。在每条肌纤维外周包有少量结缔组织形成的肌内膜。若干肌纤维平行排列形成肌束，外包结缔组织称肌束膜。若干肌束组成一块肌肉，外包的结缔组织称肌外膜。

骨骼肌纤维为直径 10～100μm，长 1～40mm 的长圆柱状细胞。每条肌纤维含有几十个甚至几百个核，核呈扁椭圆形，位于细胞周缘，靠近肌膜（图 2-10）。肌浆内有沿肌纤维长轴平行排列的细丝状**肌原纤维**，直径为 1～2μm。每条肌原纤维上的明带和暗带都准确地排列在同一平面，构成了骨骼肌纤维明暗相间、分布规则的横纹。**明带**又称 **I 带**，明带中央有一条深色的 Z 线，将肌原纤维分隔为**肌节**。**暗带**又称 A 带，其中央有一浅色窄带，称 **H 带**，H 带中央（肌节中心）有一条深色的 M 线。每个肌节都由 A 带及其邻旁的半个 I 带组成，长 2～2.5μm。肌节是骨骼肌纤维结构和功能的基本单位（图 2-11）。

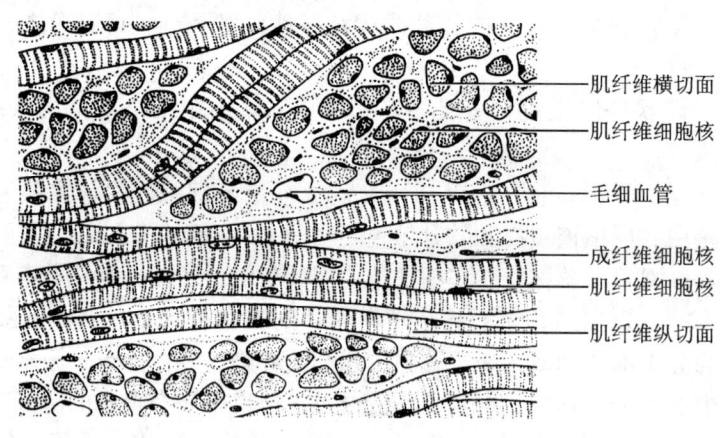

图 2-10　骨骼肌纵切及横切面

目前认为骨骼肌纤维的收缩是依据肌丝滑动原理进行的。与骨骼肌收缩直接相关的超微结构涉及肌原纤维的肌节和肌管系统。肌节内有规律地排列、穿插着大量粗肌丝和细肌丝。粗肌丝主要由肌球蛋白构成，并由 M 线向 Z 线延伸，两端游离，形成 A 带；细肌丝主要由肌动蛋白、原肌球蛋白和肌钙蛋白组成，其一端固定于 Z 线，另一端向 M 线延伸、游离，插入粗肌丝之间，止于 H 带外缘（图 2-11）。当神经冲动经运动终板传来时，钙通道开始，肌浆内钙离子浓度升高，激活肌球蛋白，使粗肌丝牵拉细肌丝向 M 线方向滑行，I 带和 H

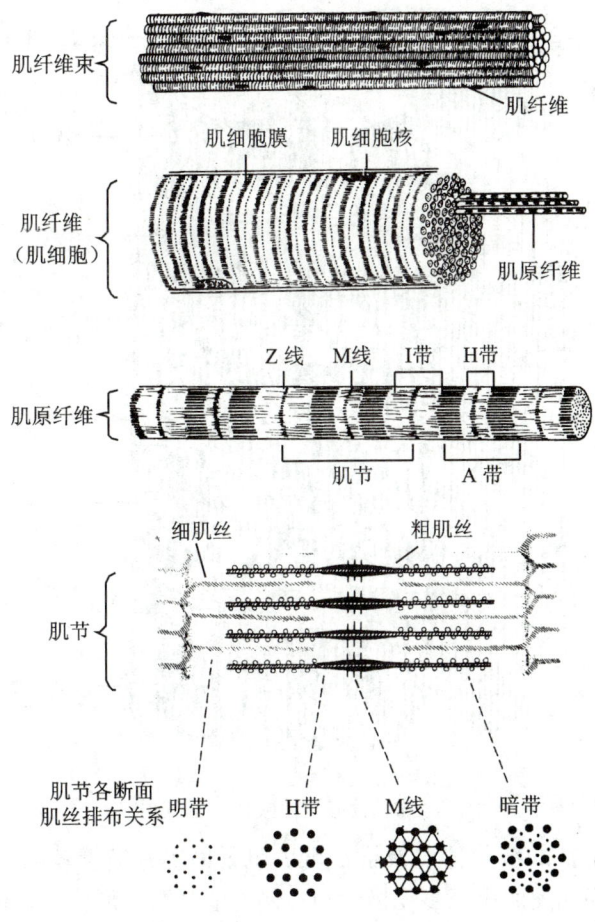

图 2-11 骨骼肌结构示意图

带宽度同步缩窄，而 A 带宽度不变，Z 线间距缩短，肌节缩短，肌纤维收缩。收缩完毕后，肌浆网膜钙泵将肌浆内的钙再泵回肌浆网，细肌丝与粗肌丝分离并退回原位肌节复原，肌纤维舒张。肌管系统包括横管（T 管）和肌浆网。**横管**由肌膜向肌浆内凹陷形成，与肌原纤维相垂直，位于肌节交界处，同一水平横管互相吻合环绕在肌原纤维周围。横管的作用是将肌膜的电兴奋迅速、同步地传至每个肌节。**肌浆网**是肌纤维内特化的滑面内质网，又称纵管（L 管），与肌原纤维平行，分布在相邻横管之间。靠近横管两侧的纵管扩大成环形扁囊，称**终池**。每条横小管及其两侧的终池组成**三联体**（图 2-12）。肌浆网内含有高浓度 Ca^{2+}，肌浆网膜上有钙通道和钙泵蛋白。钙通道开放时 Ca^{2+} 释放，可使肌浆中 Ca^{2+} 浓度升高；而钙泵则可逆浓度差将肌浆中的 Ca^{2+} 转运回到肌浆网，使肌浆中 Ca^{2+} 浓度降低。正是 Ca^{2+} 浓度的变化决定肌节的状态（见第三章）。除肌原纤维外，肌浆内还有大量线粒体、糖原、少量脂滴和肌红蛋白。

2. 心肌 心肌组织主要由心肌纤维构成，其间有薄层结缔组织和丰富的毛细血管，分布于心壁及邻近心脏的大血管根部。不同于骨骼肌，心肌纤维呈短柱状、通过分支互连成网。彼此连接处染色较深，称**闰盘**。多数心肌纤维只有 1 个核，位于细胞中央，少数为双核。心肌纤维也呈明暗相间的规则横纹（图 2-13）。心肌的肌原纤维粗细不等，界线不很

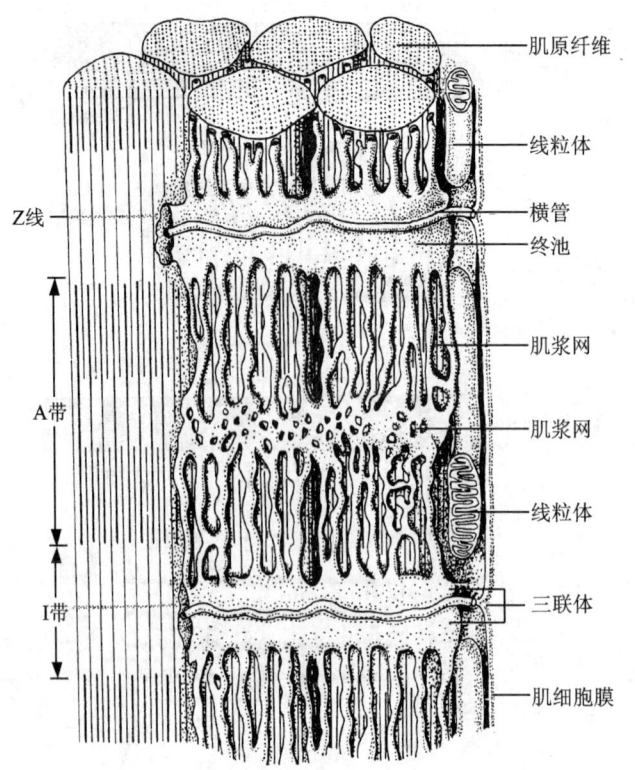

图2-12 骨骼肌超微结构示意图

分明，肌原纤维间有丰富的线粒体以及横小管、肌浆网等；横管较粗，位于Z线水平；肌浆网稀疏，不发达，终池少而小，多见横管与一侧终池紧贴，形成二联体；闰盘的横位部分位于Z线水平，有中间连接和桥粒，使心肌纤维间连接牢固；闰盘纵位部分存在缝隙连接，能传递化学和电学信号，有助于众多心肌细胞产生同步兴奋与收缩。

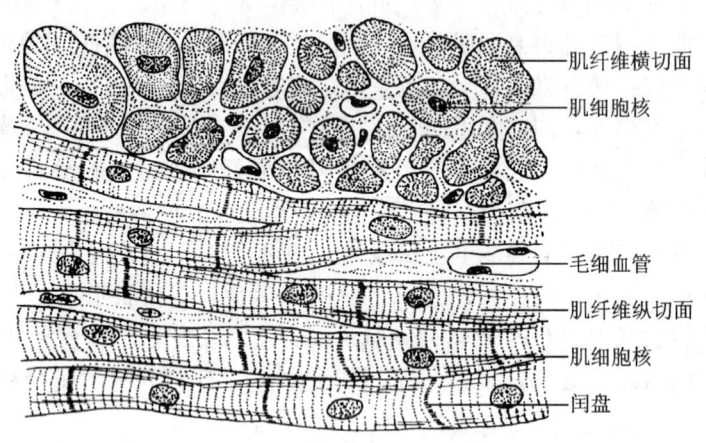

图2-13 心肌纵切及横切面

3. 平滑肌　平滑肌纤维呈长梭形，无横纹；胞核椭圆形或杆状，位于细胞中央（图2-14）。平滑肌纤维内无肌原纤维，可见大量密斑、密体、中间丝、细肌丝和粗肌丝。密斑位于肌膜下，密体位于肌浆中，中间丝连接于密斑、密体之间，形成细胞骨架，粗肌丝与细肌丝聚集形成肌丝单位，又称收缩单位。平滑肌纤维表面可见肌膜向胞质形成的浅凹。

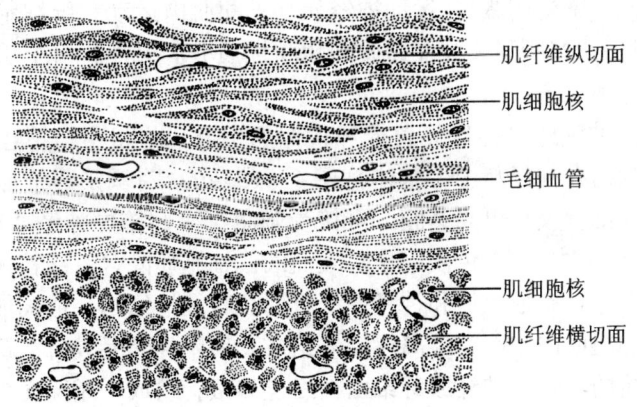

图 2-14　平滑肌纵切及横切面

四、神经组织

神经组织由神经细胞和神经胶质细胞构成。神经细胞又称**神经元**，具有接受刺激，整合信息和传导冲动的功能，是神经系统结构和功能的基本单元。**神经胶质细胞**对神经元起支持、营养、保护和绝缘等作用。

1. 神经元　神经元形态各异，但都包括**胞体**和**突起**（树突和轴突）两部分（图2-15）。可从不同角度分类神经元。按突起数目可分多极神经元（一个轴突和多个树突）、双极神经

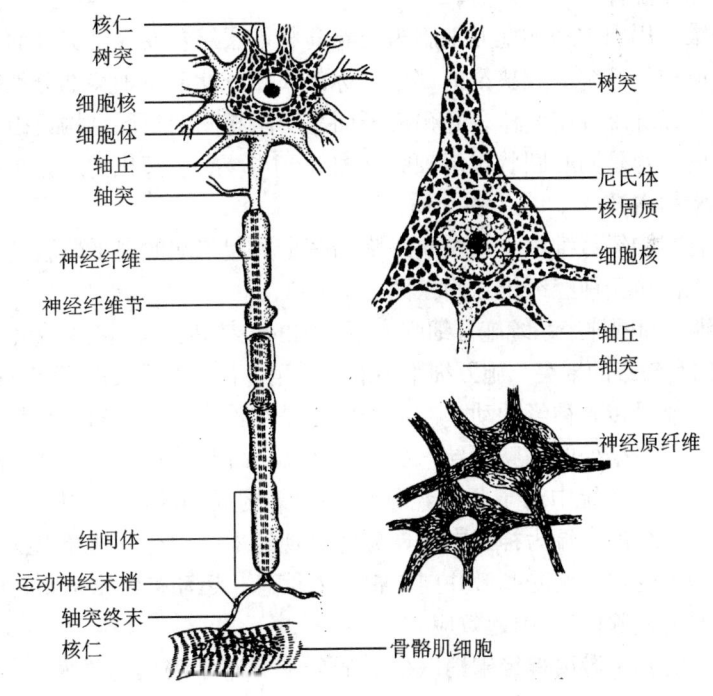

图 2-15　神经元和神经纤维结构模式图

元（轴突和树突各一个）和假单极神经元（从胞体发出一个突起，呈T形分支，其进入中枢神经系统一支为中枢突；另一支分布到周围器官，称周围突）。按神经元在神经活动中的功能分为感觉神经元（感受刺激）、运动神经元（支配肌肉运动和腺细胞分泌）和中间神经元（传递和加工信息）。按所释放神经递质的化学性质分胆碱能、肾上腺素能、胺能、氨基酸能和肽能神经元等。

◆ **胞体**　神经元的胞体是神经元营养和代谢的中心，位于中枢神经系统、周围神经的神经节以及消化管的内在神经丛中。胞体直径 4～120μm，有圆形、锥形、梭形及星形等及大小的差别。神经元细胞膜是可兴奋膜，可接受刺激产生和传导神经冲动。细胞核大而圆，位于胞体中央，常染色质多，着色浅，核仁大而圆。细胞质除含有线粒体、高尔基复合体及溶酶体等细胞器外，还含有尼氏体和神经原纤维两种特征性结构。尼氏体为强嗜碱性小块状或颗粒状，由发达的粗面内质网和游离核糖体组成，表明神经元具有活跃的合成酶、神经递质及一些分泌蛋白质的功能。**神经原纤维**由神经丝和微管组成，相互交织成网，伸入轴突和树突内，构成神经元的细胞骨架，并参与物质运输。

◆ **树突**　树突呈树枝状分支而名，分支上有棘状小突起，称**树突棘**。每个神经元可有一个或多个树突，胞质结构与胞体相似。树突的功能主要是接受刺激。

◆ **轴突**　每个神经元只有一个由胞体发出的**轴突**。胞体发出轴突的部位呈圆锥形，称**轴丘**，此区无尼氏体，染色淡。轴突直径较均一，有侧支呈直角分支。轴突末端分支较多，形成**轴突终末**。轴突的细胞膜称**轴膜**，其内的胞质称**轴浆**，无尼氏体和高尔基复合体，故不能合成蛋白质。轴突的主要功能是传导神经冲动，并在胞体和轴突终末之间运输物质（轴浆运输）。长轴突及包绕其周围的神经胶质细胞构成**神经纤维**，可根据神经胶质细胞是否形成髓鞘而分为有髓和无髓神经纤维两类。

有髓神经纤维　周围神经的施万细胞为长卷筒状，层层包卷在轴突外面。相邻施万细胞不完全连接，形成神经纤维上较狭窄的部位，称**郎飞结**，此部位轴突部分裸露。相邻两个郎飞结之间的一段神经纤维称结间体。髓鞘横断面呈明暗相间的板层结构，由施万细胞无核部分的胞膜融合而成，并呈同心圆状绕轴突（图 2-16b 左），其化学成分主要是脂蛋白，称髓磷脂，其中类脂约占 80%，余为蛋白质。

中枢神经的有髓神经纤维由少突胶质细胞的多个突起末端的扁平薄膜包卷轴突形成，可包卷多个轴突，胞体位于神经纤维之间（图 2-16a）。

无髓神经纤维　周围神经系统施万细胞为不规则的长柱状，表面有数量不等，深浅不同的纵行凹沟，纵沟内有较细的轴突，施万细胞不形成髓鞘，神经纤维无郎飞结（图 2-16b 右）。

神经纤维的功能是传导神经冲动，冲动的传导是在轴膜上进行的。有髓神经纤维轴膜上的神经冲动只能在郎飞结处的轴膜传导，从一个郎飞结跳到另一个郎飞结，故传导速度快。

◆ **神经**　周围神经系统中若干条神经纤维束聚集构成**神经**，负责中枢与外周之间的信息联络。周围神经纤维的末端为**神经末梢**，分感觉神经末梢和运动神经末梢。**感觉神经末梢**和周围组织构成的感受器，接受刺激并向中枢传入信息；**运动神经末梢**则将中枢传出的信息传递到效应器（肌肉或腺体），引起效应。

感觉神经末梢有：①**游离神经末梢**以裸露的分支分布于表皮、角膜、骨膜、牙髓等处，感受冷、热、疼痛等刺激。②**触觉小体**分布于皮肤真皮乳头层，手指掌侧最多，呈卵圆形，长轴与皮肤垂直，内有许多扁平横列的细胞，外包结缔组织被囊，有髓神经纤维进入小体前

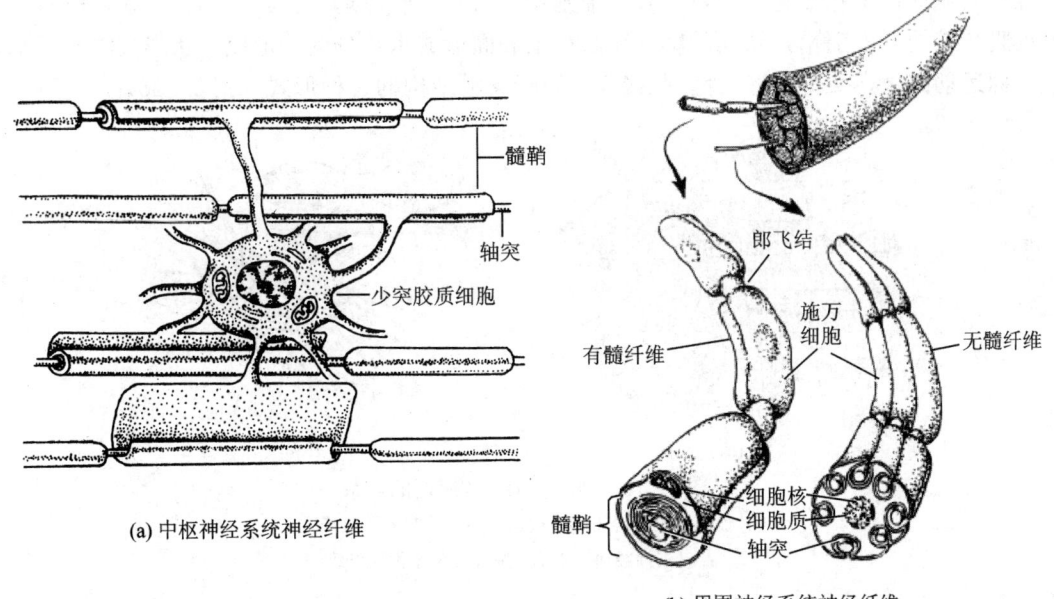

图 2-16 神经纤维模式图

失髓鞘，盘绕于扁平细胞之间，感受触觉刺激。③**环层小体**分布于皮下组织、肠系膜等处，呈卵圆形，中央有一条均质状圆柱体，周围有同心圆排列的扁平细胞，裸露的轴突伸入圆柱体内，能感受压力和振动的刺激。④**肌梭**是分布于骨骼肌内的梭形结构，表面有结缔组织被囊，内含若干条较细的梭内肌纤维。肌梭是一种本体感受器，能感受肌纤维的牵引、伸展及收缩的变化，在调节骨骼肌的活动中起重要作用（图 2-17）。

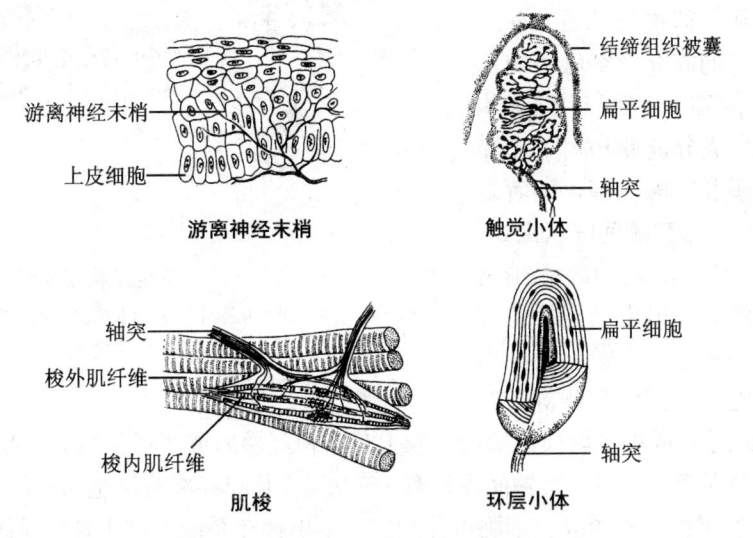

图 2-17 各种感觉神经末梢

运动神经末梢是运动神经元轴突在肌组织和腺体的终末结构。内脏运动神经末梢分布于心肌、平滑肌和腺体，其纤维较细，无髓鞘，分支末端呈串珠样膨体，即**曲张体**，贴附于肌纤维表面或穿行于腺细胞之间，与效应细胞建立联系。躯体运动神经末梢分布在骨骼肌，在接近肌纤维处失去髓鞘，裸露的轴突在肌纤维表面形成爪状分支，形成扣状膨大附着于肌膜上，称**运动终板**，又称神经-骨骼肌接头，属于突触结构的一种形式（图 2-18）。

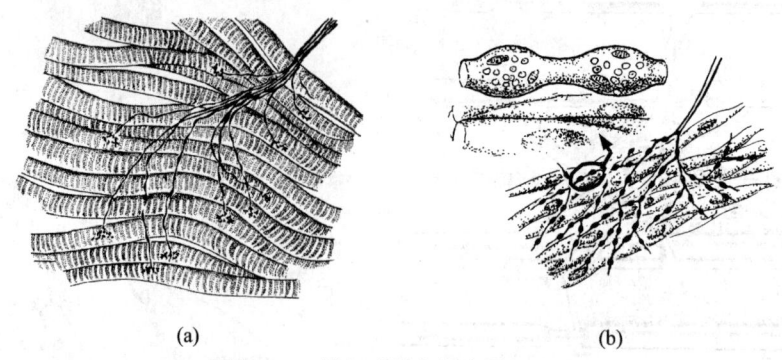

图 2-18 神经末梢与效应器的联系
a：躯体运动神经末梢通过运动终板控制骨骼肌纤维；
b：自主神经通过末梢的膨体支配平滑肌纤维

◆ **突触** 突触（synapse）是神经元之间或神经元与效应细胞之间联系并传递信息的部位。最常见形式为一个神经元的轴突终末分别与另一神经元的树突、树突棘或胞体连接，形成轴-树突触、轴-棘突触或轴-体突触，也可形成轴-轴突触。突触可分为**化学性突触**和**电突触**两类，化学性突触以化学物质（即神经递质）作为细胞间传递信息的媒介。突触由突触前成分、突触间隙和突触后成分构成。突触前、后成分彼此相对的胞膜分别称**突触前膜**和**突触后膜**，两者之间有约 15～30nm 的**突触间隙**（图 2-19）。突触前成分一般是神经元轴突终末，呈球状膨大，银染呈棕黑色圆形颗粒，称突触小体。突触前成分内含许多突触小泡，少量线粒体等，突

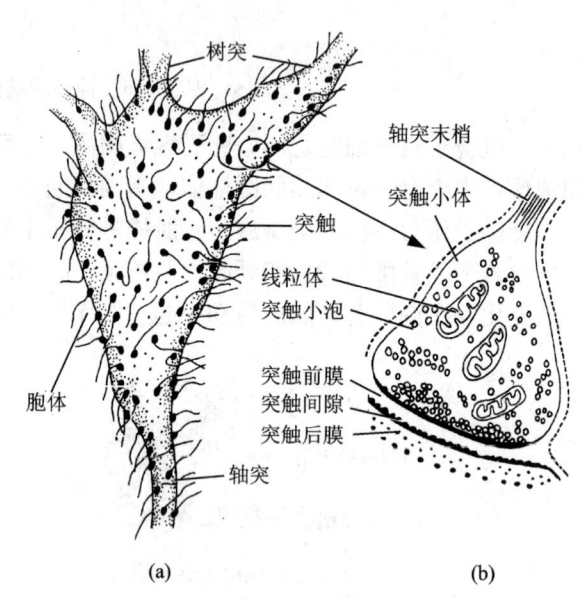

图 2-19 突触结构模式图
a：神经元胞体及突起表面分布的突触；
b：突触的基本结构

触小泡内含神经递质或神经调质。突触后膜上分布神经递质或调质的特异性受体及离子通道等结构。电突触即缝隙连接，突触间隙只有 2～4nm，其间存在跨细胞通道结构。

2. 神经胶质细胞　神经胶质细胞可分别位于中枢神经系统与周围神经系统。

◆ **中枢神经胶质细胞**　中枢内的神经胶质细胞分**星形胶质细胞**、**少突胶质细胞**、**小胶质细胞**和**室管膜细胞**等几种（图 2-20）。胶质细胞从多方面辅助和支持神经元活动，如参与修复再生，具有免疫应答与吞噬、保护等功能。星形胶质细胞还能包绕毛细血管壁，与脑

内连续型毛细血管内皮及其基膜共同构成血-脑屏障,在血液和脑组织之间设立屏障,限制某些物质进入脑组织,维护脑内的微环境相对独立。

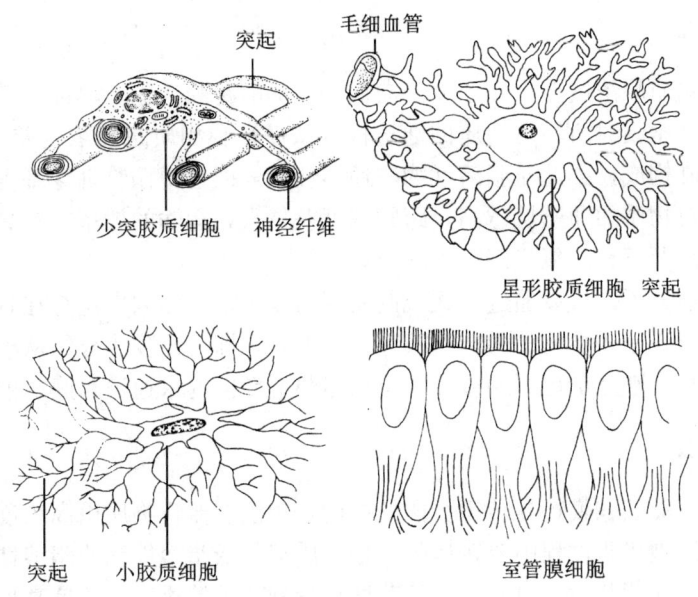

图 2-20 中枢神经系统的几种神经胶质细胞

◆ 周围神经胶质细胞　周围神经的胶质细胞包括施万细胞（Schwann cell）和卫星细胞,前者参与构成周围神经纤维的髓鞘,后者参与神经节的组成。

复习思考题
1. 简述上皮组织的特点和被覆上皮的分类。
2. 描述疏松结缔组织的组成成分。
3. 描述骨骼肌和心肌的基本结构。
4. 描述神经元的基本结构。
5. 简述周围神经系统有髓神经纤维的结构。
6. 描述化学性突触的基本结构。

（李金茹　刘皓）

第三节　物质跨细胞膜转运

活细胞新陈代谢所涉及的物质交换都要跨越细胞膜,因此跨细胞膜转运物质是细胞膜最基本的生理功能。细胞膜可有选择地允许或阻止一些物质通过细胞膜,细胞膜允许物质穿行的性能称为膜的**通透性**。细胞膜有选择的通透性对物质进出细胞起着调节和控制作用,这样就维持了细胞内、外液成分的差异,从而保证细胞正常生命活动的进行。

物质跨细胞膜转运主要表现四种基本形式：单纯扩散、易化扩散、主动转运和膜泡转运。单纯扩散与易化扩散的动力来源于浓度梯度（即跨膜势能）,不需要细胞代谢直接提供能量,所以称为**被动运输**。而主动转运和膜泡转运则都需要通过细胞的某种主动耗能过程提供能量。

一、单纯扩散

单纯扩散是物质顺浓度差由高浓度侧向低浓度侧的跨膜运输。单纯扩散进行的跨膜运输效率主要取决于细胞膜对所转运物质的通透性(条件)和物质跨膜浓度差(动力)。细胞膜以脂质分子为基础构成,因此对脂溶性物质通透性高,而且遵循物理学基本原理,如与温度等有关。细胞膜对物质的通透性越高,跨膜浓度差越大,运输的效率就越高。通过单纯扩散跨膜运输的物质涉及氧、二氧化碳、乙醇及尿素等。

水分子为中性分子,可以通过渗透机制实现跨膜扩散。体内广泛存在具有半透膜性质的生物膜等结构,只要这些结构的两侧溶液存在浓度差,即可出现小分子从溶液低浓度一侧向高浓度侧的净转移。水分子还可通过存在于细胞膜上专门的水通道跨膜扩散。

二、易化扩散

易化扩散是借助细胞膜特异转运蛋白的帮助,顺浓度差将物质由高浓度侧向低浓度侧的跨膜运输。因为细胞代谢过程中要转运的多数物质都是低脂溶性和非脂溶性的,不易通过脂质构成的细胞膜,如葡萄糖、氨基酸、核苷酸和各种离子等物质由浓度高处向低处移动时都不能以单纯扩散的方式出入细胞,因此需要细胞膜上转运蛋白"帮助"才能使"困难"事变得更"容易",从而实现跨膜转运。依据介导易化扩散所需转运蛋白的作用特征,分**载体易化扩散**和**通道易化扩散**。

1. 载体易化扩散 载体易化扩散是借助载体蛋白顺浓度差跨膜转运物质的方式。载体蛋白存在于细胞膜上,在与所需转运的特定分子(如葡萄糖、氨基酸等)结合时,载体蛋白构像发生变化,将物质从膜的高浓度侧移至膜的另一侧。载体蛋白与物质分离后,又可恢复原有的构象,继续结合并转运该物质。

载体易化扩散主要表现三方面特征:①特异性体现在载体蛋白对所转运的物质有选择性地结合;②饱和性表现为转运量的极限,在一定范围内跨膜转运量与物质的浓度差成正比,但达到饱和后,即使再提高跨膜浓度差,也不会再提高运输效率,因为细胞膜上载体的数量相对恒定(图 2-21);③竞争性主要表现为结构类似的物质同时与一种载体蛋白竞争结合,而降低其中应转运物质运输效率的现象。

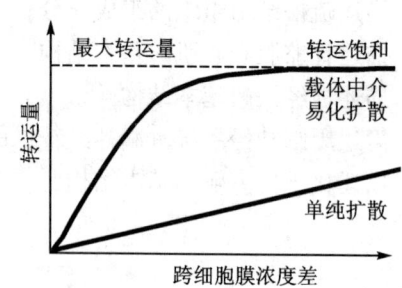

图 2-21 载体易化扩散与单纯扩散的转运效率

2. 通道易化扩散 通道易化扩散是借助通道蛋白顺浓度差跨膜转运物质的方式。通道蛋白跨膜形成亲水性通道,其中心存在对离子有高度亲和力的孔隙,允许特定的离子顺浓度差通过,故又称**离子通道**(图 2-22)。离子通道的"门"有"开放(或激活)"和"关闭(或失活)"两种基本状态,通道的"门"受多种因素控制,因此称为门控通道。电压门控通道的开和关受细胞膜两侧电位变化控制;化学门控通道的开和关受特定化学物质控制,化学物质可以是神经递质或激素等分子;机械门控通道的开和关受细胞膜机械变形控制。通道易化扩散表现一定的选择性,如神经元细胞膜存在的 Na^+ 通道只对 Na^+ 有通透性,而其它离子不能经此通道跨膜转移。浓度差是离子扩散的基本动力,但带电物质扩散造成的电位差同时也影响离子的进一步转移,最终可达到电化学平衡,而不表现离子跨细胞膜的净转移。

离子通道还可与某些化学物质结合,而使通道活性改变。如某种药物与离子通道结合后,能阻止相应离子的跨膜扩散,则这种药物就是该离子通道的阻断剂。

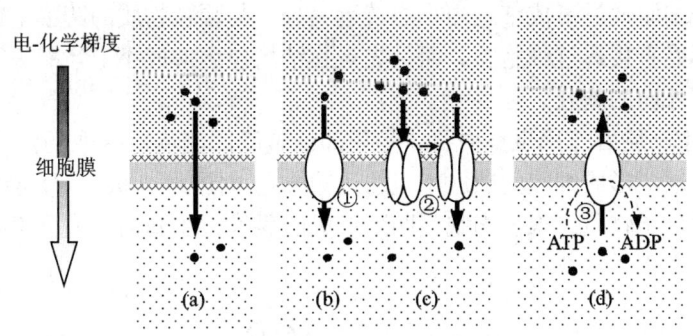

图 2-22 跨细胞膜物质转运方式示意图

a:单纯扩散;b:载体蛋白① 中介的易化扩散;c:通道蛋白②中介的易化扩散;d:泵蛋白③可催化 ATP 分解,获取能量,逆浓度差及电位差主动转运离子

三、主动转运

主动转运是借助细胞膜泵蛋白,通过消耗细胞能量将物质逆浓度差从膜的低浓度侧向高浓度侧的跨膜运输,也称**原发性主动转运**。主动转运的现象普遍存在,泵蛋白具有载体和 ATP 酶的双重功能,一方面可以结合需要跨膜转运的物质,另一方面可以催化 ATP 分解为 ADP 和磷酸,释放其所含能量,供物质逆浓度差的主动转运之用。由于泵蛋白主要是逆浓度差转运离子,所以常称**离子泵**。已知人体细胞普遍存在 Na^+-K^+ 泵、Ca^{2+} 泵,胃腺的壁细胞等存在 H^+ 泵,甲状腺滤泡细胞存在碘泵等。

1. Na^+-K^+ 泵 Na^+-K^+ 泵在体内分布广泛,其本质就是可被 Na^+ 和 K^+ 激活的 ATP 酶,所以又称 **Na^+-K^+-ATP 酶**。细胞外液 K^+ 或细胞内液 Na^+ 浓度的升高都可以激活 Na^+-K^+ 泵,后者不仅催化 ATP 水解,获得能量,而且通过其构象变化将细胞内的 Na^+ 泵出细胞外,同时又将细胞外的 K^+ 摄入细胞内(图 2-22)。

Na^+-K^+ 泵活动具有广泛的生理意义,其中最重要的就是为细胞的其它功能提供势能储备。一方面,在细胞膜两侧形成 Na^+ 和 K^+ 的浓度差,即建立离子的跨细胞膜扩散的化学势能,以便一定条件下离子迅速跨膜扩散,为可兴奋细胞的电活动奠定基础。另一方面,细胞外高 Na^+ 状态也为一些物质逆浓度差的**继发性主动转运**提供能量。在细胞膜上有些转运蛋白常常需要逆浓度差转运物质,但却不都能像泵蛋白那样催化 ATP 分解直接获得能量,因此需要借助外力协助。例如,小肠粘膜细胞吸收葡萄糖的过程就是 Na^+ 依赖性葡萄糖转运体实现的继发性主动转运(见第九章)。我们可以将葡萄糖转运体看作能够驱动磨盘转动的水车,但水车的动力来源于水流的冲击,而水流的形成是高水位蓄能后的能量释放所致。Na^+-K^+ 泵活动所致的 Na^+ 内向性化学势能就是驱动转运蛋白活动的能源,Na^+ 的内向性扩散带动了结合葡萄糖的转运蛋白,逆浓度差转运葡萄糖,形成所谓 Na^+ 转运体-葡萄糖三位一体的联合转运。

2. Ca^{2+} 泵　Ca^{2+} 泵是 Ca^{2+}-ATP 酶，存在于细胞膜或细胞内，如存在于红细胞细胞膜上和肌细胞的肌质网膜上。Ca^{2+} 泵可逆浓度差转运 Ca^{2+}，维持多数细胞内外 Ca^{2+} 的浓度梯度，或肌细胞的肌质网与细胞质间的 Ca^{2+} 梯度。

四、膜泡转运

膜泡转运是细胞通过形成细胞内小泡转运大分子与颗粒物质的跨膜运输方式。如蛋白质等大分子物质不能直接透过细胞膜，而是先被膜结构包裹形成小泡才能进行跨膜转运，可分为内向的胞吞和外向的胞吐。

1. 胞吞作用　胞吞作用也称**内吞**，是局部细胞膜凹陷将所摄取的液体或颗粒物质包裹于小的膜区内，逐渐形成细胞内独立小泡的运输方式（图 2-23a）。人类和动物的许多细胞都靠内吞摄取大分子物质。根据细胞膜凹陷形成的囊泡大小和内容成分不同，胞吞作用可分胞饮作用和吞噬作用。

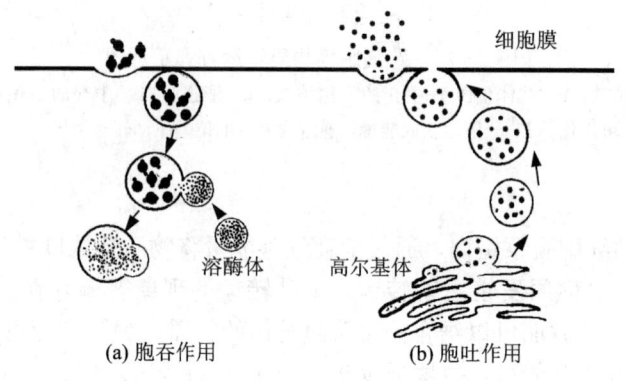

图 2-23　膜泡转运过程模式图

胞饮作用是指溶质或液体物质与质膜小区形成较小的内吞小泡进行运输的方式。胞饮现象常发生在粘液细胞、小肠和肾小管上皮细胞、毛细血管内皮细胞、成纤维细胞和肿瘤细胞中。

吞噬作用是指颗粒性物质，如微生物、损伤组织的碎片和小胶粒溶质等与质膜小区形成内吞泡进行运输的方式。吞噬作用为各种具有变形、吞噬能力的细胞所特有。人的巨噬细胞、中性粒细胞能吞噬侵入体内的微生物而起到防御作用。吞噬作用需要消耗能量，可随温度的升高而增强。

2. 胞吐作用　胞吐作用也称**外吐**，与内吞方向相反（图 2-23b）。胞吐广泛存在于机体的各种细胞生活过程中。细胞内生成的分泌物质、未消化的残渣和病毒等，可经高尔基体包装在小泡中，小泡膜与质膜接近并融合通过胞吐作用释放到胞外。所以胞吐是细胞分泌激素、酶，以及胞内外源性颗粒等转运出细胞的重要方式，胞吐过程需要 ATP 供能。

复习思考题

1. 简述细胞膜物质转运的形式及机制。
2. 比较单纯扩散和易化扩散的异同点。

3. 细胞膜是如何逆浓度差主动转运 Na^+ 与 K^+ 的？有何生理意义？

（王卫国）

第四节　细胞通讯与信号跨膜传递

人体细胞的数目和种类繁多、分工精细、各司其职，但各个细胞的新陈代谢和功能活动必须协调一致，才能有效地适应多变的内、外环境而生存。为此，机体的神经系统和内分泌系统等都需要在细胞间畅通无阻地传输调节信息。各种信号不仅在细胞之间传递，还需要作用于细胞，并触发细胞的功能活动，分别通过细胞通讯与信号跨膜传递实现。

一、细胞通讯

细胞通讯泛指多细胞生物之间通过精巧复杂的信息网络，协调细胞之间代谢与功能的信息传输。细胞通讯可以直接通过电传递方式进行，也可以通过化学物质间接实现。

1. 直接通讯　缝隙连接是直接通讯的重要结构。缝隙连接借助连接蛋白在细胞之间对接形成内径约为 1.5nm 的跨细胞通道（图 2-24）。带电离子，如 Na^+、K^+、Cl^- 等可经缝隙连接跨越细胞，形成离子电流，在两细胞间双向、迅速、直接地传输电信号，即**电传递**。单糖、氨基酸、核苷酸和维生素等水溶性小分子也能通过跨细胞通道，在相邻细胞之间进行交流和转运。直接通讯的重要意义在于使邻近细胞活动同步，如心肌各自的独立收缩功能可通过闰盘处缝隙连接实现共同收缩，神经元间电信号的快速传递有赖于电突触的缝隙连接。

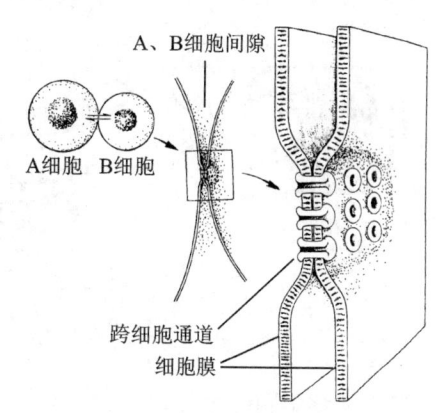

图 2-24　缝隙连接模式图

2. 间接通讯

间接通讯是通过细胞分泌多种化学物质作为信息分子，并以体液为媒介在细胞间传输信息，因此也称**化学传递**，它是高等动物细胞通讯的主要方式。信息分子种类繁多，主要有神经递质、激素与细胞因子等。**神经递质**是由神经元合成并释放到突触间隙传递信息的一类化学物质。**激素**通常由内分泌细胞生成和分泌，是在细胞间递送信息并发挥调节作用的一大类高效能生物活性物质。间接通讯的意义不仅在于完成远距离的细胞通讯，而且使机体功能的调节更加多样和更加精确。

虽然执行间接通讯任务的化学物质十分繁杂，但却非常有序。因为细胞都存在称为**受体**的特定结构，分别与各种生物活性物质特异性结合，引起细胞的反应。只有含有某种受体的细胞，才能从体液中有选择地识别并与特定的生物信息分子产生反应。相对于受体而言，这些信息分子统称为**配体**。

配体通过多种途径在细胞间递送信息。大多数激素递送信息的方式为**内分泌**，即激素经血液运输至机体远隔特定部位的递送信息方式，也称**远距分泌**。但某些激素可不经血液运输，仅通过组织液直接作用于相邻细胞，这种方式为**旁分泌**。如果某内分泌细胞分泌的激素在局部扩散后，又返回作用于该细胞自身的方式为**自分泌**。神经递质由神经末梢释放，经突触间隙作用于突触后神经元或效应器细胞，短距离发挥作用，属于**神经分泌**方式。在神经系统，如下丘脑的一些神经元可通过轴突末梢将所产生的神经激素直接释放到血液中再发挥调节作用，称为**神经内分泌**。这一类具有内分泌功能的神经元称**神经分泌细胞**（图2-25）。

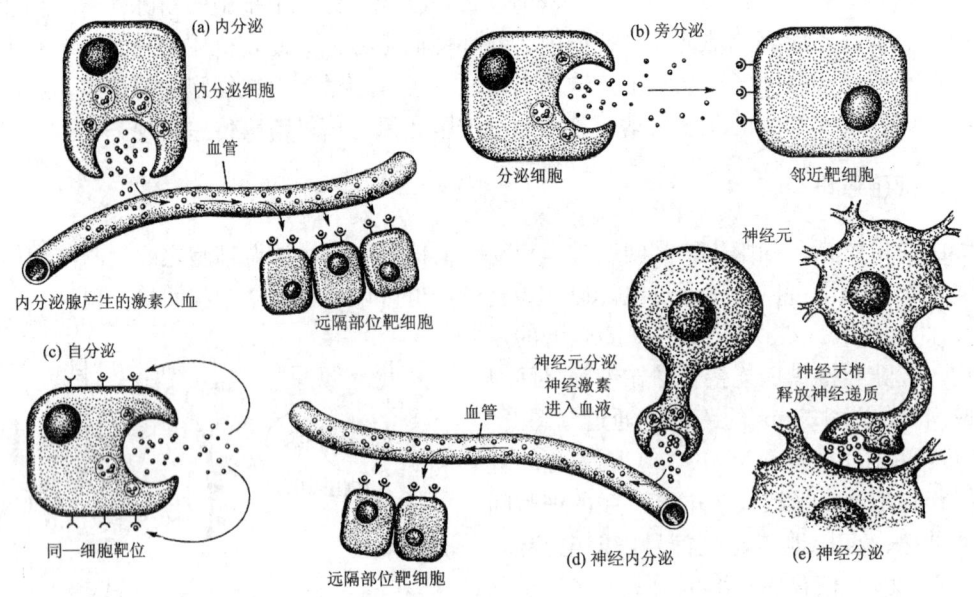

图2-25 实现间接通讯信号递送的主要途径

二、跨细胞膜信号传递

无论神经递质还是激素，各种配体都要与效应器细胞或靶细胞的受体结合才能引起调节反应。受体识别并与配体结合后构象改变，可再进一步引发后续系列变化，直到细胞的活动发生变化。结果，将细胞间递送的某种信号转化为细胞的特定反应，即实现**跨细胞膜信号传递**。整个过程中，受体起到中介作用，将细胞外信息导入到细胞内。由于配体分子的化学性质差异，水溶性强的分子一般不能跨越脂质分子为主构成的细胞膜，因此需要经细胞膜受体介导传递信号，如肽类、胺类物质等；而脂溶性强的分子可直接穿越细胞膜，进入细胞核内完成跨细胞膜信号传递。

1. 细胞膜受体介导的信号跨膜传递　细胞**膜受体**，也称**膜表面受体**，都是镶嵌在细胞膜上的糖蛋白，膜外部分具有识别并与配体发生结合特定结构。细胞膜受体具有不同的结构与功能特性，可分多种类型，如G蛋白耦联型受体、酶关联型受体，还有些膜受体本身就是通道蛋白。

◆ G蛋白耦联型受体介导的信号跨膜传递　**G蛋白耦联型受体**是指需要通过G蛋白活化传递配体所携带信号的一类膜受体。

G蛋白是能与鸟苷酸结合的一种调节蛋白，具有鸟苷酸酶的活性，其活化后可调控细胞内效应蛋白活性，从而进一步完成后续的细胞反应。细胞内**效应蛋白**既可以是酶，也可以是离子通道等。G蛋白耦联型受体介导的配体作用机制是在早年"第二信使学说"的基础上逐渐完善的。第二信使学说主要认为激素是"**第一信使**",其对靶细胞活动的调节作用是通过细胞内所产生共性成分"**第二信使**"实现的。第二信使也因G蛋白所激活的效应蛋白(酶)不同而不同。如腺苷酸环化酶系统的第二信使是环-磷酸腺苷(cAMP),而磷脂酶C系统的第二信使是三磷酸肌醇(IP_3)、二酰甘油(DAG)和Ca^{2+}等。(图2-26)。

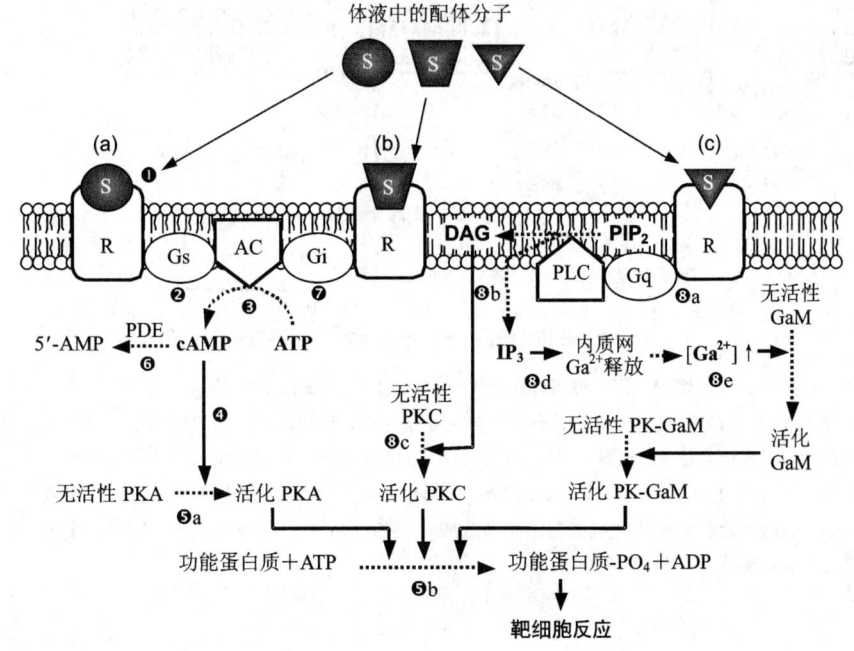

图2-26 G蛋白耦联型受体介导的跨膜信号传递
a、b:腺苷酸环化酶系统;c:磷脂酯C系统

① 配体分子(S)作为第一信使,在细胞外与靶细胞膜表面的相应受体(R)结合;②配体-受体复合物形成后即可激活Gs蛋白;③活化的Gs蛋白再激活效应蛋白,如腺苷酸环化酶(AC)等;④腺苷酸环化酶催化胞质中的ATP转变为环-磷酸腺苷(cAMP),cAMP作为第二信使将配体的调节信息向下游传递;⑤a cAMP通过激活蛋白激酶A(PKA),催化细胞内的功能蛋白质磷酸化(活化),如核蛋白;⑤b功能蛋白质磷酸化后,即能引起靶细胞产生固有和各种生理生化反应;⑥cAMP可被磷酸二酯酶(PDE)降解为5'-AMP而失活,配体的调节效应中断。⑦配体-受体复合物若激活Gi蛋白,则效应蛋白AC受到抑制,活性降低,第二信使生成减少,表现配体对细胞产生抑制效应。⑧a 若配体-受体复合物激活Gq蛋白可使磷脂酶C活化(PIC);⑧b 催化膜磷脂酰二酯肌醇(PIP_2)分解,生成作为第二信使的二酰甘油(DAG)和三磷酸肌醇(IP_3);⑧c DAG 直接激活蛋白激酶C(PKC);⑧d IP_3使胞内钙池释放Ca^{2+}浓度,提高胞质中Ca^{2+}浓度;⑧ e 通过Ca^{2+},或者Ca^{2+}与钙结合蛋白,如钙调蛋白(GaM)等结合激活钙调蛋白酶(PK-GaM),再进一步调节细胞的功能活动

—→表示促进; - - -→表示转化

◆ **酶联型受体介导的信号跨膜传递**　酶关联型受体的特征是受体本身结构就同时具有酶的活性片段,可直接催化下游的系列级联反应,最终产生生物调节效应。因此,与G蛋白耦联型受体不同,酶联型受体不需要G蛋白即能传递跨膜信号。酶联受体也分多种类型,如酪氨酸激酶型受体、鸟苷酸环化酶型受体等(图2-27)。

◆ **离子通道受体介导的信号跨膜传递**　这一类信号跨膜传递系统中,其受体本身就是离子通道,故也称为**受体离子通道**。

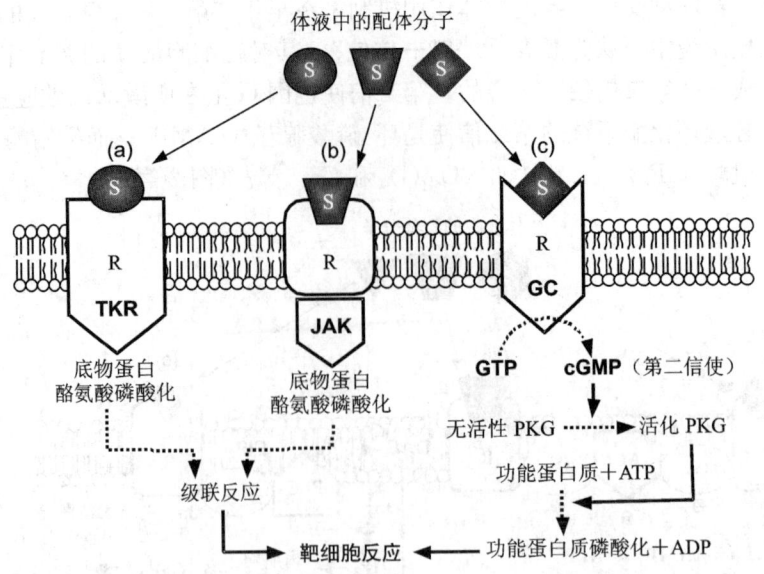

图 2-27 细胞膜酶联型受体介导的跨膜信号传递

a：胰岛素等激素（R）与酪氨酸激酶型受体（TKR）结合后，膜内结构发生自身磷酸化而活化，随后引起细胞内一系列信号转导级联反应及生物反应；b：生长激素等受体膜内部分需要受体与激素结合后可吸附胞浆中具有酶活性的成分，如 JAK 激酶等，再经一系列过程引起细胞生物反应；c：心房钠尿肽等受体为鸟苷酸环化酶型受体，与激素结合鸟苷酸环化酶（GC）自我激活，进而催化产生第二信使 cGMP 实现信号转导，引起细胞生物反应

──→表示促进； ---→表示转化

2. 细胞内受体介导的信号跨膜传递　细胞内受体也是蛋白质，可分别定位在细胞质或细胞核内，即使存在于细胞质，在与激素结合后最终也进入细胞核内发挥作用。类固醇类激素与甲状腺激素等脂溶性小分子，都能穿越细胞膜，与细胞内相应受体结合产生调节效应。类固醇激素等进入细胞后，主要影响 DNA 转录过程，调控基因表达，从而合成功能蛋白质发挥作用，故以往曾称**基因表达学说**。

复习思考题

1. 何谓细胞通讯？主要有哪些途径？
2. 何谓第一信使与第二信使？目前已知的第二信使主要有哪些？

（王卫国）

第五节　细胞膜生物电活动

生物电是指生物体出现的电现象，是生命活动的重要指征，普遍存在于生物界中。机体各器官的生物电主要是以可兴奋细胞为单位产生的，心电图、脑电图和肌电图等记录到的电变化就是构成器官的许多细胞生物电活动的综合表现。不同细胞产生的生物电具有不同的意义，如肌细胞电活动是激发肌肉收缩必须的，神经细胞的电活动则以电信号的形式，远距离地、迅速地传输调节信息。

一、生物电的记录与观察

记录与观察组织或细胞生物电活动的方法分细胞外和细胞内记录。对生物电活动的研究和分析常在细胞水平进行。

1. 细胞外记录　此法将测量电极均安置在细胞外液中，相当于测量细胞外表面不同点之间的电位差。在细胞安静状态下，作为记录装置的示波器显示屏只出现等电位扫描线迹；但在细胞受刺激发生一次兴奋时，则在等电位扫描线基础上出现一过性电位波动，表明两测量电极下出现了电位差。这种方法常用于在体器官或组织的无创伤性检查中，如临床上用于辅助性诊断的心电图、脑电图及神经干传导速度的测定等。

2. 细胞内记录　细胞内记录以单细胞为记录单位，常采用玻璃微电极。玻璃微电极为尖端直径小于 $1\mu m$ 的空心细管，内充导电液，因此可刺入细胞内并引导细胞内电变化。细胞处于安静状态下时，微电极刺入细胞膜内的瞬间，原先在细胞外记录到的等电位扫描线即刻偏离，出现电位差。此时因电极分别被安置在细胞膜内外两侧，所以记录到的是细胞膜内侧和外侧的电位差，因此称为**跨膜电位**，简称膜电位。如果细胞外的浸浴液接地，则细胞膜内的电位低于细胞外，较膜外为负。这种安静状态下即存在于细胞膜内外的电位差就称**静息电位**。当可兴奋细胞受到有效刺激时，在静息电位基础上所产生的一次迅速的、可逆性电位波动称**动作电位**。可兴奋细胞无论在安静时，还是在活动时都表现这些电变化。细胞的生物电活动是器官生物电产生的基础。

二、静息电位及其产生原理

1. 静息电位　静息电位都表现为膜内低于膜外，是负电位，膜外相对为正，即"内负外正"状态。若规定细胞外电位为0，细胞的静息电位多在 $-10\sim-100mV$ 之间。骨骼肌和心室肌细胞静息电位约 $-90mV$，神经纤维约 $-70\sim-90\ mV$，平滑肌细胞为 $-50\sim-60mV$，红细胞为 $-10mV$ 等。多数细胞的静息电位是稳定的直流电位，不会随时间变化。只要细胞未受到外来刺激并保持正常的新陈代谢，静息电位就维持在相对恒定的水平。

通常以膜内电位负值的绝对值来表述静息电位的大小，如，膜电位从 $-90mV$ 到 $-70mV$ 的变化称静息电位减小，从 $-70mV$ 到 $-90mV$ 称静息电位增大。细胞生物电活动的变化还可根据膜两侧电荷分布状态来表述。安静时，膜两侧内负外正的状态称为**极化**；静息电位增大，表明膜两侧相反性质的电荷分布密度加大，称为**超极化**，因膜内负电性增强所致；静息电位减小称**去极化**，意味膜两侧电荷分布密度减小，极化状态消除导致膜内正电性增强；细胞膜去极化后再向静息电位方向恢复称为**复极化**，即膜内负电性的复原过程；膜电位发生倒转，为"外负内正"状态时则称**反极化**（图2-28）。

2. 静息电位产生原理　静息电位的产生是因为安静时细胞膜两侧存在电位差，电位差又是因细胞膜两侧电荷分布差异所致。是什么原因造成这种差异呢？研究表明这种差异是膜两侧体液中带电荷的离子跨膜转移所形成的离子电流所致。离子跨膜转移取决于两点：①细胞膜对离子的通透性；②离子的跨膜浓度差和电位差，离子跨膜浓度差取决于细胞膜两侧各种离子的不均衡分布（表2-3）。

表 2-3 神经细胞的细胞内外液中主要离子浓度

离子	细胞内浓度（mmol）	细胞外浓度（mmol）
K^+	140	3
Na^+	7	140
Cl^-	7	140
Ca^{2+}	0.0001	1.5

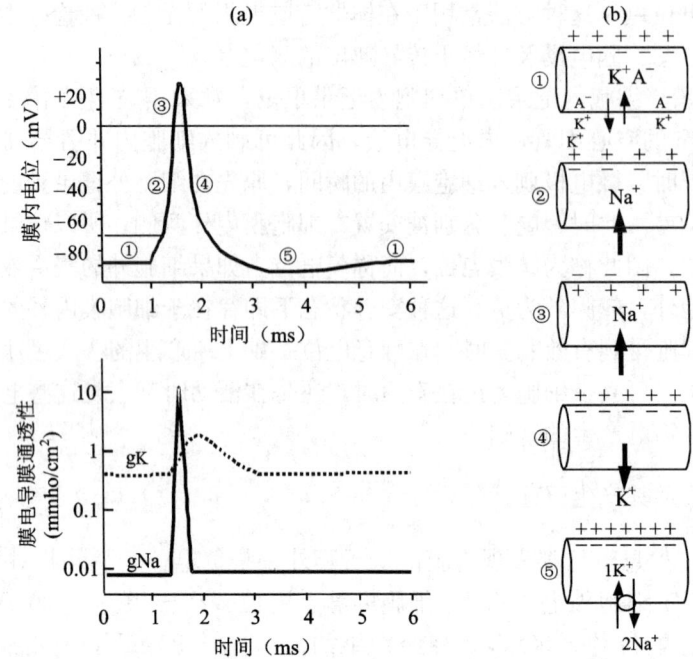

图 2-28 神经细胞跨膜电位形成的基本原理
a：跨膜电位与细胞膜对离子通透性的关系；b：跨膜电位形成中主要离子的跨膜转移与膜两侧的电荷分布状态
① 静息电位；② 去极化；③ 反极化；②-③ 形成动作电位上升支（去极相）；④ 复极化形成动作电位下降支（复极相）；⑤ 超极化

安静状态下，细胞膜对 K^+ 的通透性较高，对其它离子通透性低，如对 Na^+ 通透性仅为其 1/100～1/50；而细胞内液 K^+ 的浓度是细胞外液的 30 余倍，使 K^+ 自然具有向细胞外扩散的趋势。结果在跨膜浓度差驱动下，K^+ 向细胞外扩散，但是由于通透性的缘故，细胞内的有机负离子（A^-）却不能随 K^+ 向细胞外扩散，已经扩散到细胞膜外的 K^+ 使膜内电位变负而膜外变正。随着 K^+ 向外扩散形成的"内负外正"电位差又阻碍了 K^+ 继续扩散，当促使 K^+ 外流的动力（化学势能）和阻止 K^+ 外流的阻力（电势能）达到电-化学平衡时，K^+ 跨膜出入量相等，不再向膜外净扩散，净通量为零，此时膜两侧电位差稳定于某一数值不变，此电位差称为 **K^+ 的电-化学平衡电位**，简称 **K^+ 平衡电位**（图 2-28b①）。

在实验中，人为地改变离体神经纤维浸浴液中 K^+ 的浓度，静息电位值也随之变化。增加浸浴液 K^+ 浓度，即相当于增加细胞外液 K^+ 浓度时，静息电位变小；若降低浸浴液 K^+ 浓度，则静息电位变大。应用四乙胺阻断 K^+ 通道时，则静息电位消失。但改变浸浴液中 Na^+

或 Cl⁻ 浓度时，静息电位值不变。这都说明，细胞内高 K^+ 和安静时膜对 K^+ 的通透性，是细胞产生静息电位的原因。简单讲，静息电位主要是由于 K^+ 跨膜扩散达到电-化学平衡所形成的。

三、动作电位及其产生原理

可兴奋细胞的动作电位是在静息电位基础上产生的瞬时跨膜电位波动。其基本产生原理与静息电位相同，也取决于离子跨膜转移时所引起的膜两侧电荷分布改变。

1. **动作电位的组成**　各种细胞的静息电位不同，产生的动作电位也不尽相同。从时间看，神经纤维动作电位的时程多在 1 ms 左右，骨骼肌细胞在几毫秒，而心室肌细胞的动作电位时程可长达几百毫秒（图 2-29）。神经纤维受刺激兴奋时产生的动作电位由锋电位与后电位组成。**锋电位**是膜内电位瞬间升高，随之降低所形成的脉冲样电位，因形似双刃剑锋而名，是动作电位的主要部分，膜内电位在不到 1ms 时间内升高达 100mV。锋电位上升支为去极化时相，膜内电位由 -70mV 去极化达最高 +30mV，其时膜内电位由静息电位时约 -70mV 变为零电位的过程为去极化，由零电位反转为正电位的过程为**超射**（反极化）；下降支因膜内电位从 +30 mV 向静息电位 -70 mV 恢复的复极化过程所致（图 2-28）。在神经细胞膜上传导的锋电位称**神经冲动**。**后电位**出现在锋电位后，是膜内电位完全恢复到静息电位水平之前的低幅度电位波动，持续时间较长，幅度最高也不足锋电位的 6%。动作电位或锋电位是可兴奋细胞的兴奋标志，因此，兴奋、动作电位和锋电位都是代表细胞发生兴奋的概念。

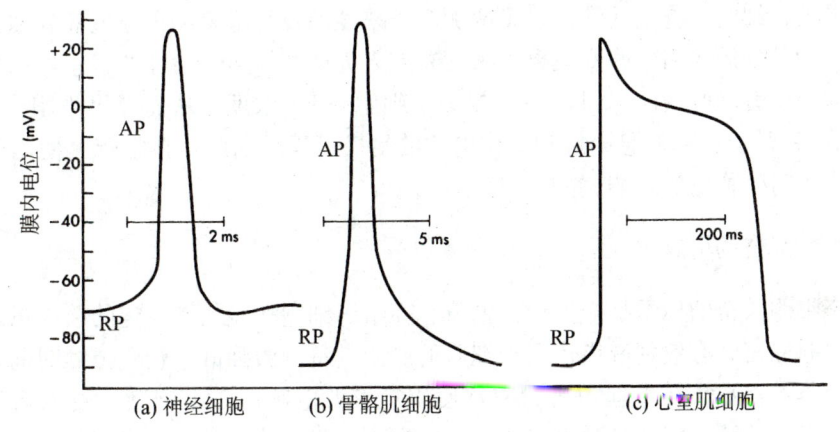

图 2-29　几种可兴奋细胞的跨膜电位
RP：静息电位；AP：动作电位

2. **动作电位形成的原理**　动作电位产生的基本原理与静息电位相同，也取决于离子跨膜转移时所引起的膜两侧电荷分布改变，所不同的是可兴奋细胞在受到刺激后，细胞膜对离子的通透性发生一过性可逆变化，主要是是膜对 Na^+ 与 K^+ 通透性发生一系列改变（图 2-28）。当 Na^+ 内流时引起去极化的上升支，K^+ 外流引起复极化的下降支。

哺乳动物神经细胞内 Na^+ 浓度为 5~15mmol/L，而膜外为 140mmol/L，存在很大 Na^+ 浓度差，使 Na^+ 具有向细胞内扩散的趋势。当神经纤维受刺激时，膜上少量 Na^+ 通道先被激活开放，少量Na^+向膜内扩散，膜内电位轻度升高，使细胞膜去极化产生局部电位。当膜内电位升高到一定程度（约$-50mV\sim-70mV$，即达到阈电位）时，使大量电压门控Na^+通道被激活开放，细胞膜对Na^+的通透性显著增强。膜对Na^+的通透性超过了对K^+的通透性，在浓度差所致的化学驱动力和静息时膜内原有负电场共同作用下，大量Na^+通过易化扩散进入细胞内。随着Na^+内流的增加，膜进一步去极化，而去极化又正反馈性促进更多的Na^+通道开放和Na^+内流的增加，膜对Na^+通透性进一步增大，如此反复促进Na^+内流。这种正反馈作用使膜以极高的速率去极化，形成动作电位的上升支。Na^+内流使膜去极化，造成膜内负电位的迅速消失，直到内流的Na^+在膜内形成的正电位足以阻止Na^+的内流和Na^+通道失活（关闭）时为止。此时形成的动作电位的超射值与Na^+平衡电位的数值很接近。人为地增加细胞浸浴液中Na^+浓度，超射值增大；反之超射值减小，当浸浴液中缺Na^+，则不能引起动作电位。如用Na^+通道阻断剂河豚毒（TTX）阻断Na^+通道时，细胞受刺激时不能产生动作电位，即丧失兴奋性，因此河豚毒是毒性极强的生物毒素。

Na^+通道短暂开放所致的膜电位变化又能使电压门控K^+通道开放，随着膜对K^+通透性的增强，膜内K^+顺电-化学驱动力向膜外扩散，使膜内电位由正值向静息电位水平的负值转变，形成动作电位的下降支。

在锋电位后，产生了微弱而持续时间较长的后电位。后电位的产生与细胞内外离子分布的恢复性转运有关，如膜内Na^+浓度的轻度升高增强了Na^+-K^+泵活动，以3个Na^+换2个K^+的比例，逆浓度差使Na^+过度外流，造成膜电位呈轻度超极化趋势。后电位结束后，膜电位恢复到静息水平，而且膜内外Na^+和K^+的分布也恢复到静息状态，便于再次接受刺激发生兴奋。

综上可见，细胞生物电活动是以膜两侧离子浓度差及细胞膜离子通道开放和关闭改变离子的通透性为基础的。因此改变膜离子浓度差或人为地调控离子通道的状态，都将影响生物电活动。如给患者静脉输注KCl溶液，提高了细胞外K^+浓度，从而减小细胞内外K^+浓度差，可影响与K^+有关的静息电位和动作电位的复极过程。因此，在临床上使用电解质溶液时要考虑离子对生物电的影响。

四、细胞兴奋的引起

可兴奋细胞兴奋的标志是产生动作电位。在组织细胞功能状态一定的前提下，需要有效刺激才能引起兴奋。有效刺激指作用于细胞的刺激具备**刺激强度**、**刺激持续时间和刺激强度变化率**三个基本参数。在生理学实验中常使用矩形波电脉冲作为刺激，便于调整这三个参数。通常将刺激持续时间和刺激强度变化率固定于一定数值，只通过改变刺激强度来测定细胞的兴奋性高低。

1. 阈强度与兴奋性关系　**阈强度**是指引起细胞发生兴奋，即产生动作电位时的最小刺激强度，也称**阈值**。只有刺激达到阈值，才能引起细胞兴奋，具有阈强度大小的刺激称为**阈刺激**。阈值与细胞兴奋性成反变关系，阈值低意味兴奋性高，反之亦然。因此可用引起细胞兴奋的阈值来衡量和比较兴奋性的高低。

2. 阈刺激与阈电位　阈刺激能引起细胞兴奋是因为使细胞膜去极化达到一定的临界状态，激发动作电位的产生。这一临界状态的膜电位就是**阈电位**，即刺激使细胞产生动作电位时的临界膜电位数值，也就是能使Na^+通道突然大量开放产生动作电位瞬间的临界膜电位。

可兴奋细胞的阈电位一般比静息电位的绝对值小 10~20mV，如神经纤维的静息电位为 −70mV，阈电位为 −55mV。只要膜的去极化达到阈电位水平，随后的去极化就不再依赖于刺激强度，膜电位的变化即成为自动的过程，直至动作电位结束。因此，引起细胞兴奋或产生动作电位的关键在于使静息电位减小到阈电位水平，而与导致膜电位减小的刺激方式无关。可见，阈刺激只起触发作用，而阈电位可视为动作电位的"燃点"。

动作电位的幅度主要决定于静息电位水平和 Na^+ 通道状态，与引起动作电位的刺激强度无关。所以，只要动作电位产生，其幅度就不会随刺激强度改变，而刺激所致的去极化若达不到阈电位，就不能产生动作电位。这就是动作电位的"全或无"特性，而且动作电位在整个细胞的传播不会因距离延长而衰减，十分安全可靠。

3. 局部电位　阈刺激能使细胞膜去极化达到阈电位，引起"全或无"特性的动作电位。而阈下刺激仅在受刺激膜局部引起低幅度的去极化反应，称局部电位或局部兴奋。因为这时只有少量 Na^+ 通道开放，少量 Na^+ 内流，低幅度的去极化作用被外流的 K^+ 所抵消，因而不能达到阈电位，不能发展成动作电位。与动作电位相比，局部电位的特点主要表现为，①等级性反应：局部电位的幅度随阈下刺激的强度而增减，呈等级性而非"全或无"的。②电紧张扩布：发生于受刺激部位的局部电位随着扩布距离的增加迅速衰减和直至消失，不能在膜上远距离扩布。③总和：同一部位同时受到数个阈下刺激作用，所引起的局部电位可以叠加为更大的局部电位，称为**空间总和**；而某一部位受到连续多个阈下刺激，而每一刺激引起的去极化可与尚未消失的前一个刺激所引起的去极化叠加，则引起**时间总和**。

五、兴奋过程中兴奋性的变化

在细胞产生动作电位的兴奋过程中，自身的兴奋性也发生有规律的变化。神经纤维兴奋时依次出现绝对不应期、相对不应期、超常期和低常期（图 2-30）。

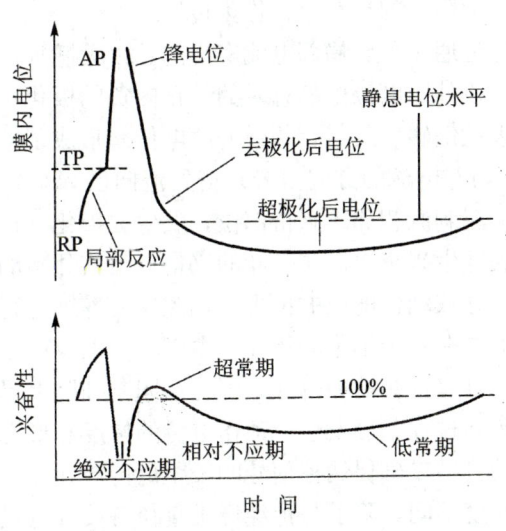

图 2-30　神经纤维一次兴奋过程中跨膜电位变化与兴奋性的对应关系
AP：动作电位；RP：静息电位；TP：阈电位

◆ **绝对不应期**　在细胞一次兴奋的初期，无论接受多么强大的刺激，都不能在当时产生再次兴奋，此时的细胞兴奋性为零，因为细胞膜上的 Na^+ 通道正处于失活状态。绝对不应期相当于动作电位的锋电位所持续的时间，所以锋电位不会发生叠加。

◆ **相对不应期** 在绝对不应期之后的短暂时间内，用阈刺激不能引起细胞再兴奋，而用阈上强刺激则能引起细胞产生动作电位。表明细胞的兴奋性有所恢复，但仍低于正常水平。此期的发生是因为部分 Na^+ 通道已从失活状态开始逐渐复活，但通道数量和开放能力尚未完全恢复，故需阈上强刺激才能引起兴奋。

◆ **超常期** 相对不应期之后为超常期。此时只要用阈下刺激就可以引起细胞再度兴奋，表明细胞兴奋性高于正常。因为，此期的膜电位接近阈电位，Na^+ 通道也基本恢复到可被大量激活的备用状态。

◆ **低常期** 神经纤维超常期后的较长的一段时间内，需用阈上刺激才能引起细胞产生动作电位。此期主要由于钠泵生电性活动增强，细胞膜处于超极化状态，与阈电位的距离增大，兴奋性低于正常。

绝对不应期对所有细胞在单位时间内能够接受刺激产生兴奋的次数起决定作用。细胞在单位时间产生兴奋的最高次数通常都低于其绝对不应期的倒数，如哺乳动物的神经纤维的绝对不应期约为 0.5 毫秒，理论上每秒钟最多可产生 2000 次兴奋，实际上最多产生千次左右的兴奋。心室肌细胞的不应期可长达 300 毫秒，因此每秒钟最多可产生 3 次兴奋。对不同的细胞，不应期长短分别有不同的生理意义。神经纤维能够高频率的传导神经冲动，而心室则要完成节律性的泵血功能，假如发生高频率兴奋，心室肌的强直收缩就不可能完成正常功能。

六、兴奋的传导

当可兴奋细胞任何一点发生兴奋时，动作电位都将迅速沿着细胞膜向周围扩布，使整个细胞兴奋。动作电位在同一细胞上的扩布过程称为传导。

可兴奋细胞的兴奋传导是通过形成局部电流实现的。以无髓神经纤维为例，当神经纤维受到刺激产生动作电位时，该处膜电位由静息时的外正内负的极化状态，转变为外负内正的反极化状态。局部膜电位极性倒转使其与相邻膜的膜电位间形成了电位差，便产生了局部电流（图 2-31a）。在膜外，局部电流的方向由未兴奋处流向已兴奋处，在膜内由已兴奋处流向未兴奋处。形成的局部电流刺激相邻未兴奋部位，发生去极化，达到阈电位时就会产生动作电位，使邻接安静部位膜发生兴奋。而这一新的兴奋点与其邻接的未兴奋部位之间又出现电位差，形成的局部电流又导致动作电位的出现，如此反复连续进行，相当于形成无数次动作电位次，即表现为动作电位在整个细胞的传导。由于动作电位产生的电位变化幅度和速率相当大，且细胞内、外液均具有良好的导电性，因此在同一细胞上局部电流的强度超过阈强度数倍，所以动作电位的传导过程十分安全。动作电位的幅度和形态在长距离传导中保持不变，表现动作电位不衰减的传导，确保调控信号的长距离传导。

不同神经纤维的传导速度不同，除了与神经纤维直径有关外，还与神经纤维外是否包有髓鞘相关。有髓神经纤维在轴突外面包有多层具有绝缘性的髓鞘。每段髓鞘长约 1~2mm，两段髓鞘之间有 1~2mm 的轴突膜裸露区，即郎飞结。该处轴突膜上的电压门控 Na^+ 通道密集，容易产生动作电位。因此动作电位由一个郎飞结跳到另一个结，这种传导方式称为**跳跃式传导**（图 2-31a）。所以，有髓神经纤维传导神经冲动的速度比在无髓神经纤维上要

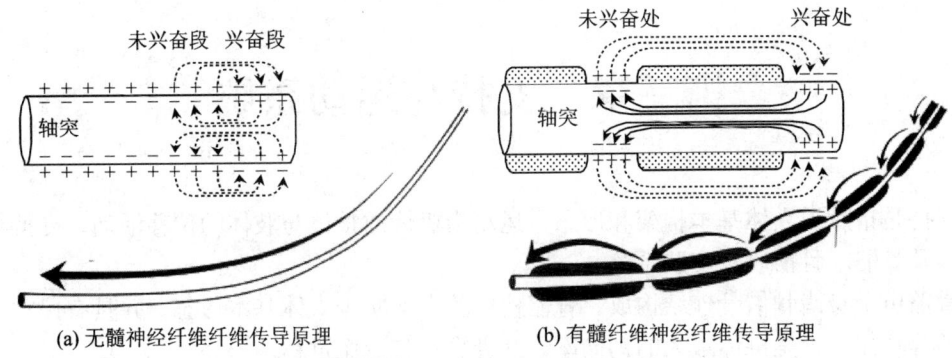

图 2-31 神经纤维传导兴奋的原理

快,最高传导速度可达 100m/s,而无髓神经纤维不到 1m/s。

神经纤维传导动作电位的过程表现为"全或无"现象,一方面阈下刺激不能引起可兴奋细胞产生动作电位,而动作电位一旦产生则其幅度即达最大值,不会因刺激强度增加而增大;另一方面,动作电位在同一细胞上传导时,也不因传导距离增加而有所衰减,即**不衰减传导**。

复习思考题

1. 何谓静息电位?简述其产生原理。
2. 简述神经纤维动作电位的组成及其形成机制。
3. 简述引起可兴奋细胞兴奋的条件。
4. 可兴奋细胞兴奋过程中,兴奋性会有哪些变化?有何生理意义?
5. 区分阈刺激、阈电位、局部电位与动作电位的概念。

(王卫国)

第三章　支持与运动系统

支持是指赋予人体基本构架和形态，运动指机体的整体与肢体的位移活动。支持与运动功能涉及骨骼、骨骼肌和皮肤系统。

骨骼由全身诸骨借骨连结构成。骨骼构成的支架赋予人体基本形态，并具有保护、支持和运动等功能。骨是机体最大的钙储库，红骨髓参与造血过程。

骨骼肌通过其收缩完成机体所有的运动功能。骨骼肌占人体重的40％，在神经系统的控制下可随意识舒缩，属随意肌。骨骼肌的收缩和舒张活动与骨和关节相配合，完成各种躯体运动，如坐、立、行，谈话、唱歌、弹琴、跳舞、进食等；骨骼肌还可产生大量的热，参与体温调节。

皮肤包被人体的外表面，是直接与生存环境接触的巨大器官。皮肤不仅是人体与环境间的屏障，通过多种机制保护体内器官免受自然环境中有害因素的伤害，而且可以感受环境的变化，为神经系统整合功能提供信息，如皮肤的各类感受器。汗腺和皮肤血管等结构参与体温调节。

第一节　人体骨骼

一、骨学总论

骨是由骨组织为主构成的器官，外被骨膜，内容骨髓，含有丰富的血管、淋巴管及神经。

1. 骨的分类　成人有206块骨，可分为**颅骨**、**躯干骨**及**附肢骨**三大部分。颅骨及躯干骨合称中轴骨。附肢骨包括上肢骨和下肢骨（图3-1）。骨按其形态，又可分为长骨、短骨、扁骨和不规则骨四类。

长骨　呈管状，主要分布于四肢，如股骨和肱骨。长骨分一体两端。中间为**体**，又称骨干，内有骨髓腔，容纳骨髓；两端膨大称**骺**。幼年时，骺与骨干之间留有透明软骨，称**骺软骨**。成年后，骺软骨骨化，骨干与骺融为一体，其间遗留的痕迹称**骺线**。

短骨　形似立方体，其内没有骨髓腔，通常成群连结在一起，分布于既承受重量又能灵活运动的部位，如腕骨和跗骨。

扁骨　呈板状，有保护内部器官的作用，如顶骨和胸骨。

不规则骨　其形状无规则，如椎骨。有些不规则骨内具有含气的腔，称含气骨，如上颌骨和筛骨。

2. 骨的构造　骨主要由骨质、骨膜、骨髓以及血管和神经等构成（图3-2）。

骨质分**骨密质**和**骨松质**。骨密质分布于骨的表层，结构致密坚硬，能耐受较大的压力和张力。骨松质呈海绵状，由许多骨小梁交织排列而成，分布于骨的内部。

骨膜由纤维结缔组织构成，覆盖骨的表面（关节面除外）。富含血管和神经，对骨的发

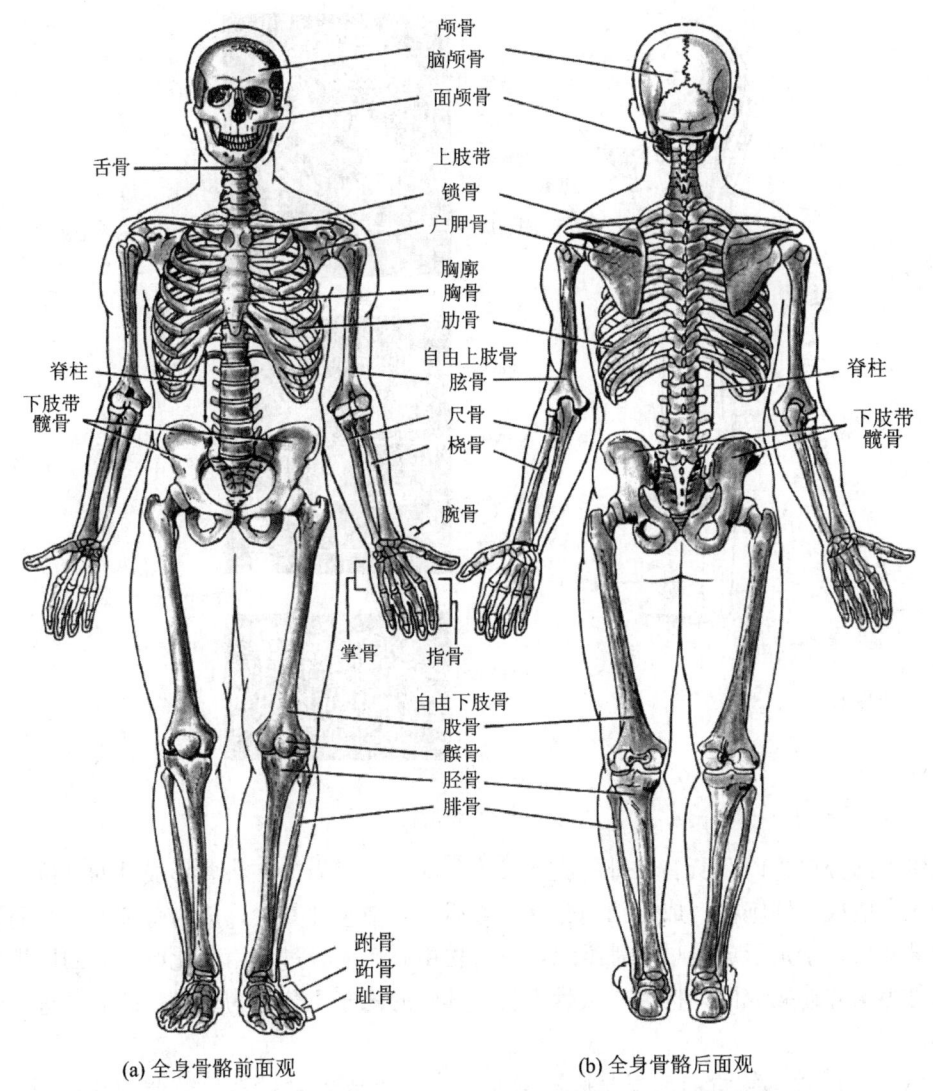

(a) 全身骨骼前面观　　　(b) 全身骨骼后面观

图3-1　人体骨骼系统概貌

育、再生有重要的作用。

骨髓 包括存在于骨髓腔的黄骨髓和骨松质间隙内的红骨髓。黄骨髓为脂肪组织构成。红骨髓具有造血功能。

3. 骨的化学成分与理化性质　骨质由65%无机质和35%有机质组成。无机质主要有磷酸钙和碳酸钙，使骨具有硬度；有机质主要由胶原纤维和粘多糖蛋白组成，使骨具有韧性和一定的弹性。一生中骨的无机质与有机质不断变化，年龄愈大，其无机质的比例愈高。因此年幼者骨易变形，年长者易发生骨折。

4. 骨的发生与发育　骨起源于胚胎时期的间充质，出生后仍继续生长发育，直到成年才停止加长和增粗，但骨的内部改建持续终身，改建速率随年龄增长逐渐减慢。骨的发生有膜内成骨和软骨内成骨两种方式。

◆ **膜内成骨**　膜内成骨是以胚胎性结缔组织膜为基础直接发育成骨，也称直接成骨。

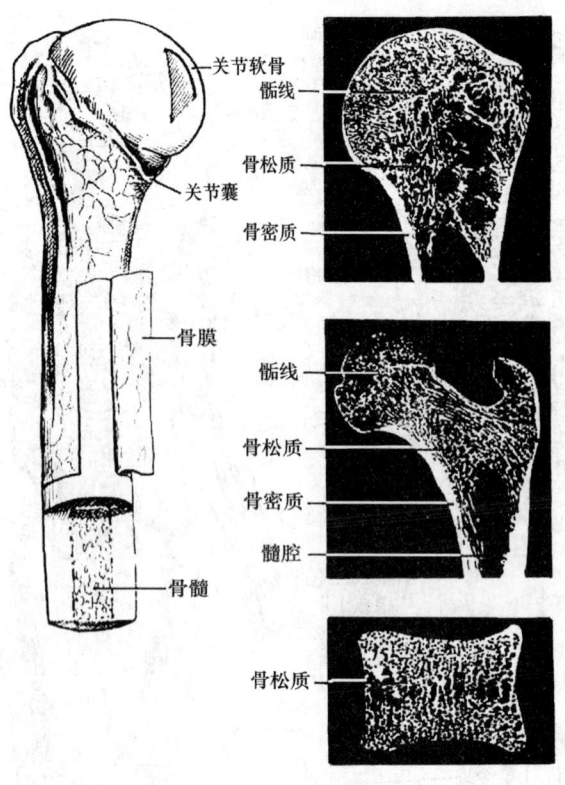

图 3-2 骨的构造

见于人体大部分扁骨以及所有长骨的膜下成骨,即长骨增粗。在将要形成骨的部位,间充质细胞分化变成成骨细胞群,成骨细胞分泌类骨质,并被包埋其中,成为骨细胞;继而类骨质钙化成骨基质,于是形成最早的骨组织,称**骨化中心**。成骨过程由骨化中心向四周扩展,继之形成骨小梁并连接成网,构成初级骨松质,其外的间充质分化为骨膜。此后骨进一步生长并改建。

◆ 软骨内成骨　**软骨内成骨**是胚胎间充质先分化成软骨,然后软骨再逐渐骨化成骨,也称间接成骨。见于人体长骨、短骨及不规则骨等的发生。在将形成骨的部位,间充质细胞密集并先分化成外形与将要形成的骨相似的**软骨雏形**。然后,在软骨雏形的中段软骨膜内层分化为成骨细胞,并在软骨表面形成薄层原始骨组织,犹如领圈包绕软骨雏形中段,故名**骨领**。随着成骨细胞不断分化,使骨领逐渐增厚增长,逐渐改建成骨干的骨密质。骨领内面不断地被破骨细胞溶解吸收,形成骨髓腔,并不断地增宽、加大。同时,在软骨中央出现**初级骨化中心**。其两端的软骨不断生长,初级骨化中心的成骨过程也从骨干向两端推移,从而使长骨不断增长。出生前后有些长骨的两端软骨中央又出现次级骨化中心,次级骨化中心的骨化从中央向四周呈辐射状进行,最后大部分软骨被初级骨松质取代,使骨干两端变成骨骺。骨骺表面始终保留薄层透明软骨,即关节软骨。骨骺和骨干之间也保留一层软骨,称**生长板**或**骺板**(图 3-3)。骺板是长骨继续增长的基础。骺板的软骨细胞不断分裂增殖,生成新的软骨,并依骨干两端软骨内成骨的过程骨化,使骨不断增长。到 17～20 岁时,骺板停止生长并被骨组织取代,长骨因而不再增长。在长骨的骨干和骨骺之间，可见一条骨化的骺板痕迹，称为**骺线**。骨骺通过改建，表面变为薄层骨密质，内部形成骨松质。骨的增粗是由骨膜向骨表面不断形成外环骨板的方式而实现的，一般在 25～30 岁时停止增粗。

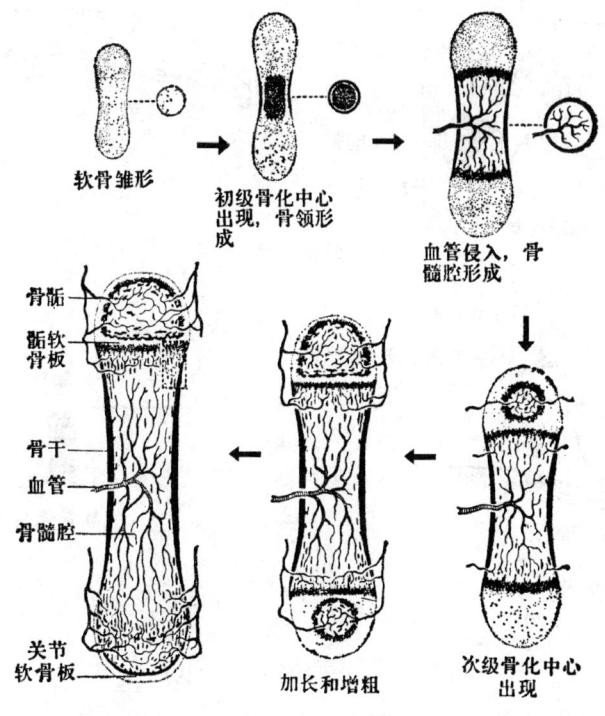

图 3-3 长骨的软骨内成骨过程

5. 影响骨生长发育的因素　骨的生长发育除受遗传因素的控制外，也受激素、维生素和其他活性物质的影响。

◆ 激素　生长激素和甲状腺激素可促进骨的生长，若成年前生长激素分泌过多，可导致巨人症。甲状旁腺激素和降钙素分别从不同的角度调节骨代谢活动及血钙水平。若甲状旁腺激素分泌过多，骨盐大量释放而导致纤维性骨炎。雌激素和雄激素能增强成骨细胞活动，参与骨的生长和成熟。雌激素不足与老年妇女的骨质疏松症有关。此外，糖皮质激素对骨的形成有抑制作用。

◆ 维生素　维生素 A 能协调成骨细胞和破骨细胞的活动，维持骨的正常生长和改建，严重缺乏时骺板生长缓慢，骨生长迟缓或停止。维生素 A 过多则使破骨细胞过度活跃而易发生骨折。维生素 C 与成骨细胞合成骨胶纤维和基质有关，严重缺乏时骨干变薄变脆，骨折后愈合缓慢。维生素 D 能促进肠道对钙、磷的吸收，提高血钙和血磷水平，有利于软骨基质和类骨质的钙化。儿童期缺乏维生素 D 可导致佝偻病，成人缺乏可引起骨软化症。

◆ 其他生物活性物质　骨内存在一些生物活性物质，与骨的生长和改建密切相关，其中有些由成骨细胞分泌，可激活或抑制成骨细胞和破骨细胞，通过旁分泌或自分泌发挥作用。如成骨细胞分泌的转化生长因子R抑制破骨细胞的骨吸收，刺激成骨细胞的骨形成。

6. **骨连结** 骨与骨之间的连结装置称**骨连结**，包括直接连结和间接连结（图 3-4）。

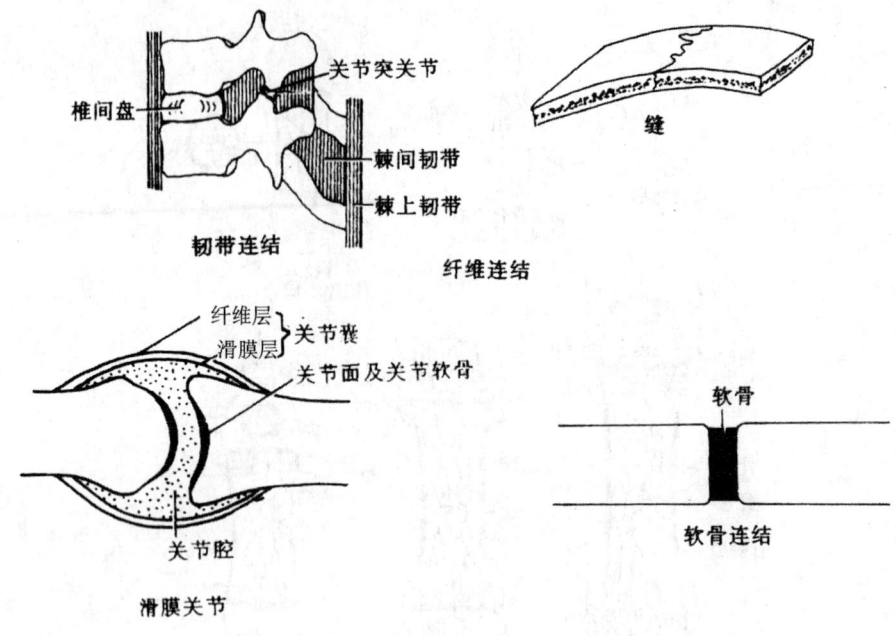

图 3-4 骨连结的分类及构造

◆ **直接连结** 骨与骨之间借纤维组织、软骨和骨组织形成连结。相连骨的对接面或缘之间无空隙，连接比较牢固，但不能活动或仅有微动。

◆ **间接连结** 间接连结又名**滑膜关节**，简称**关节**。在结构上的特点是相对骨面间互相分离，具有充以滑液的腔隙，仅借其周围的结缔组织相连结。因而一般具有较大的活动性。

关节的基本结构包括关节面、关节囊和关节腔（图 3-4）。**关节面**构成关节的骨面，表面覆盖一薄层关节软骨。**关节囊**由结缔组织构成，内层为**滑膜层**，可分泌滑液；外层为**纤维层**附着于关节面周缘及其附近骨面上，封闭关节腔。**关节腔**是由关节囊滑膜层和关节软骨共同围成的密闭窄隙，内有少量滑液。

除上述基本结构外，某些关节为适应其功能还存在一些辅助结构。**韧带**由致密结缔组织构成，位于关节囊外或关节囊内。**关节盘**是位于两关节面之间的纤维软骨板。**关节唇**为附着于关节窝周围的纤维软骨环，有加深关节窝，并扩大关节面的作用。

关节的**屈**和**伸**通常沿冠状轴运动。**内收**和**外展**通常是关节沿矢状轴运动。运动时向正中面靠拢者称内收；反之称外展。**旋内**和**旋外**为骨环绕垂直轴进行运动称旋转。骨的前面转向内侧的动作称旋内；反之称旋外。

二、躯干骨及其骨连结

1. **躯干骨** 包括椎骨、胸骨及肋三部分，分别参与脊柱、骨盆及胸廓的构成。

◆ **椎骨** 幼年时共33块椎骨，包括7块颈椎、12块胸椎、5块腰椎、5块骶椎及4块尾椎。成年后，骶椎融合成1块骶骨，尾椎融合为1块尾骨。椎骨由**椎体**和**椎弓**构成。椎体位于前部，椎弓位于后部。椎弓向前连于椎体的部分称**椎弓根**。椎弓根上、下缘称**椎上切迹**和**椎下切迹**。相邻椎上、下切迹围成**椎间孔**，有脊神经及血管通过。椎弓与椎体共同围成**椎孔**，全部椎孔连贯起来形成**椎管**，其内容纳脊髓。由椎弓发出7个突起：**横突**1对，伸向两侧；一对**上关节突**和一对**下关节突**；**棘突**1个，伸向后方（图3-5）。

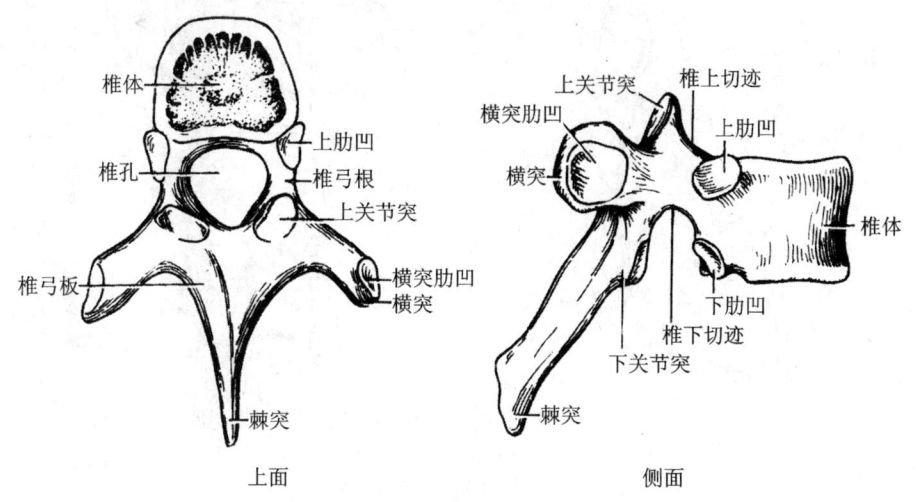

图3-5 胸椎

颈椎横突上有**横突孔**，有椎动脉和椎静脉通过。第2~6颈椎棘突较短，末端分叉。第1颈椎又名**寰椎**，寰椎无椎体，由前弓、后弓和两个侧块构成。第2颈椎又名**枢椎**，椎体上面有一向上的较长突起，称为**齿突**。第7颈椎又名**隆椎**，棘突末端不分叉，活体易于触及，常作为计数椎骨序数的标志。

胸椎椎体侧面的后部和横突末端的前面，有与肋相连的关节面。棘突较长，伸向后下方（图3-4）。

腰椎椎体粗壮，棘突宽厚呈板状，平伸向后，棘突间空隙较大。

骶骨呈三角形。底向上，接第5腰椎。尖向下接尾骨。骶骨外侧缘上份的关节面称**耳状面**，与髋骨的耳状面相关节。骶骨中央有纵贯全长的**骶管**，骶管下口开向后下方，称**骶管裂孔**。

尾骨由4块尾椎融合而成。

◆ **胸骨** 是扁骨，由**胸骨柄**、**胸骨体**及**剑突**组成。胸骨柄与体相接处形成微向前突的角，称**胸骨角**。该角平对第2肋软骨，是确认肋的重要标志。

◆ **肋** 由肋骨和肋软骨组成，共12对。第1~7肋前端均与胸骨相连接，称**真肋**。第8~12肋前端不直接与胸骨相连接，称**假肋**。其中第8~10肋的肋软骨依次连于上位肋软骨上，共同形成**肋弓**。第11、12肋末端游离，又称**浮肋**。每个肋骨后端膨大称**肋头**，与胸椎椎体肋凹相关节，肋头外侧稍细的部分称**肋颈**，再转向前方为**肋体**，颈体交界处的后外侧有突出的**肋结节**，其上的关节面与胸椎横突肋凹相关节。肋体内面近下缘处有一浅沟称**肋沟**，肋间神经与肋间后动脉、静脉行于其中。体的后份急转处称**肋角**。

2. 躯干骨的连结 **脊柱**由颈椎、胸椎、腰椎、骶骨和尾骨借骨连结形成。

◆ **椎骨间的连结** 椎骨之间借椎间盘、韧带和关节突关节相连（图3-6）。

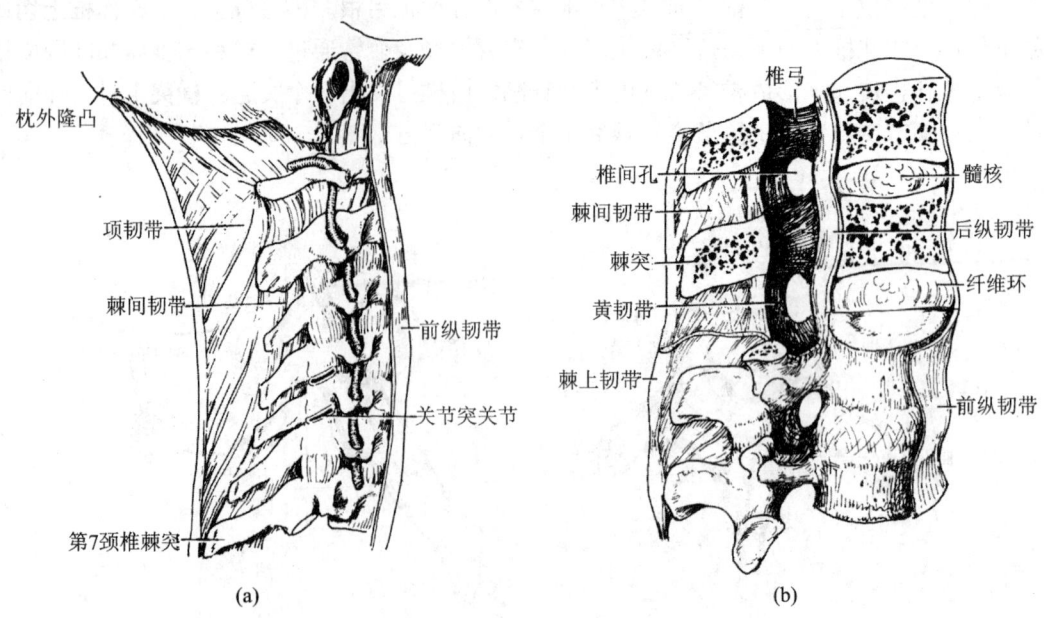

图3-6 椎骨间的连结
a：脊柱的韧带；b：椎间盘

椎间盘为相邻两椎体间借椎间盘牢固相连。椎间盘外部为**纤维环**，内部为**髓核**（图3-6b）。

前纵韧带为全身最长的韧带，起自枕骨大孔前缘，沿椎体前面向下至骶骨，有限制脊柱过分后伸的作用（图3-6a）。

后纵韧带位于椎体后面，细长而坚韧，有限制脊柱过分前屈的作用（图3-6a）。

黄韧带由弹性纤维构成，连结相邻的椎弓板（图3-6b）。

棘间韧带为连结相邻棘突间的薄层纤维（图3-6b）。

棘上韧带呈细带状，附着于各椎骨棘突的尖端。至颈部增宽，呈矢状位的膜状结构，称**项韧带**（图3-6a）。

关节突关节由相邻椎骨的上、下关节突构成，允许两椎骨之间有少量运动。

◆ **脊柱的整体观** 成人脊柱约长70cm，女性及老年人的略短。脊柱的长度可因姿势不同而略有差异。脊柱侧面观可见颈、胸、腰和骶四个生理性弯曲，其中颈曲和腰曲凸向前，胸曲和骶曲凸向后。脊柱的弯曲使脊柱更具有弹性，可减轻震荡并与维持人体的重心有关（图3-7）。

3. 胸廓 胸廓由12块胸椎、12对肋、1块胸骨和它们之间的连结共同构成。两侧肋弓在中线相接，组成向下开放的**胸骨下角**，角间夹有剑突。相邻二肋之间的窄隙称**肋间隙**（图3-8）。

◆ **肋椎关节** 运动时，使肋体和前端上下升降，以扩大和缩小胸腔的容积。

◆ **肋与胸骨的连结** 第1肋软骨与胸骨柄为软骨结合。第2～7肋软骨与胸骨分别构成微动的胸肋关节。第8～10肋软骨与上位肋软骨构成软骨间连结（图3-8）。

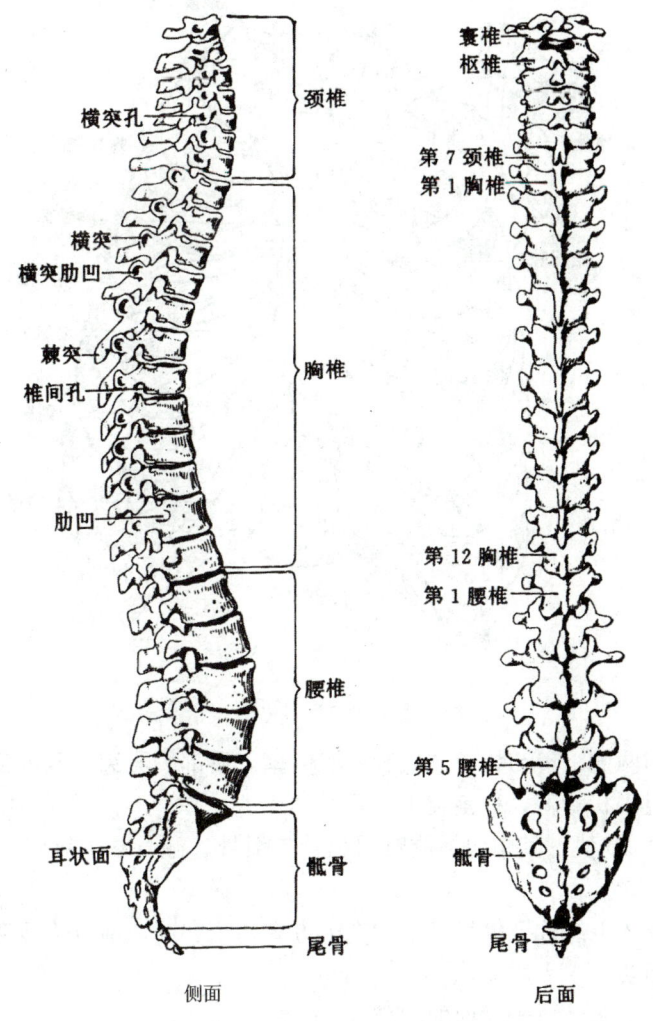

图 3-7 脊柱

三、颅骨及其骨连结

1. **颅骨** 共 23 块（3 对听小骨不计其内），除下颌骨和舌骨外，各颅骨间彼此借缝或软骨牢固连结。分为后上部的脑颅及前下部的面颅两部分（图 3-9a，b，c）。

◆ **脑颅骨** 共 8 块，包括成对的顶骨和颞骨，不成对额骨、筛骨、蝶骨及枕骨。脑颅骨围成颅腔，容纳和保护脑。

额骨位于颅的前上部，参与构成颅腔前壁及眶的上壁。

筛骨为最脆弱的含气骨。位于两眶之间，呈"巾"字形。分三部分：**筛板，垂直板，筛骨迷路**。迷路内侧壁上有上、下两个向下卷曲的**上、中鼻甲**。

蝶骨呈蝶形，嵌于颅底中部，分四部分：**蝶骨体，大翼，小翼和翼突**。

顶骨位于颅顶中部，呈瓦状四边形的扁骨。

枕骨位于颅的后下部，呈勺状。前下部有**枕骨大孔**。

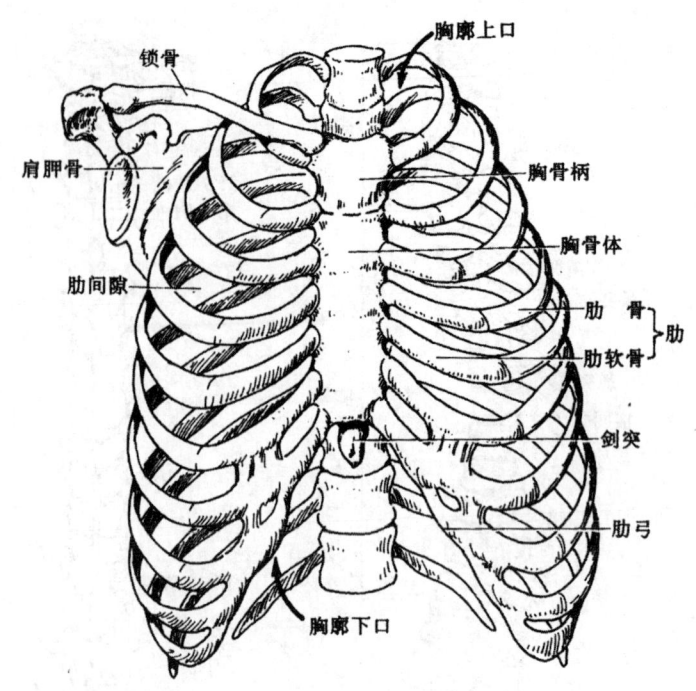

图 3-8 胸廓

颞骨位于颅的两侧,参与构成颅底和颅腔侧壁。后部为**乳突**,其内含有许多小腔,称**乳突小房**。下面有粗刺状骨棘,称**茎突**。

◆ 面颅骨 共15块。其中包括成对的鼻骨、泪骨、颧骨、上颌骨、下鼻甲及腭骨和不成对的犁骨、下颌骨及舌骨。

下颌骨的下颌体上缘称**牙槽弓**。下颌支上方有两个突起,前方为**冠突**,后方为**髁突**,髁突上端膨大为**下颌头**。

上颌骨成对,上颌骨位于颜面的中部。

舌骨位于颈部前方,借肌和韧带悬系于下颌骨下方,呈马蹄铁形。

犁骨为斜方形小骨片,位于鼻中隔后下份。

泪骨为位于眶内侧壁前部的方形小骨片。

鼻骨是位于两眶之间的构成鼻背的条形小骨片。

颧骨位于眶的外下方,呈菱形,形成面部的骨性隆凸。

下鼻甲位于鼻腔外侧壁的下方,为一卷曲的骨片。

腭骨为"L"形骨,其水平板参与构成口腔顶部骨腭的后份,其垂直板构成鼻腔外侧壁的后份。

◆ 颅的整体观 顶面观颅顶前窄后宽,额骨和顶骨连接处是**冠状缝**,两顶骨连接处是**矢状缝**,两顶骨和枕骨相接处是**人字缝**。新生儿颅有许多骨尚未发育完全,骨与骨之间的间隙较大,由膜弥补,称为**颅囟**。最大的囟位于两侧顶骨与额骨相接处,呈菱形,称为**前囟**,前囟在生后1~2岁期间闭合。两侧顶骨与枕骨相接处有三角形的**后囟**,生后3~6月闭合(图3-9d)。

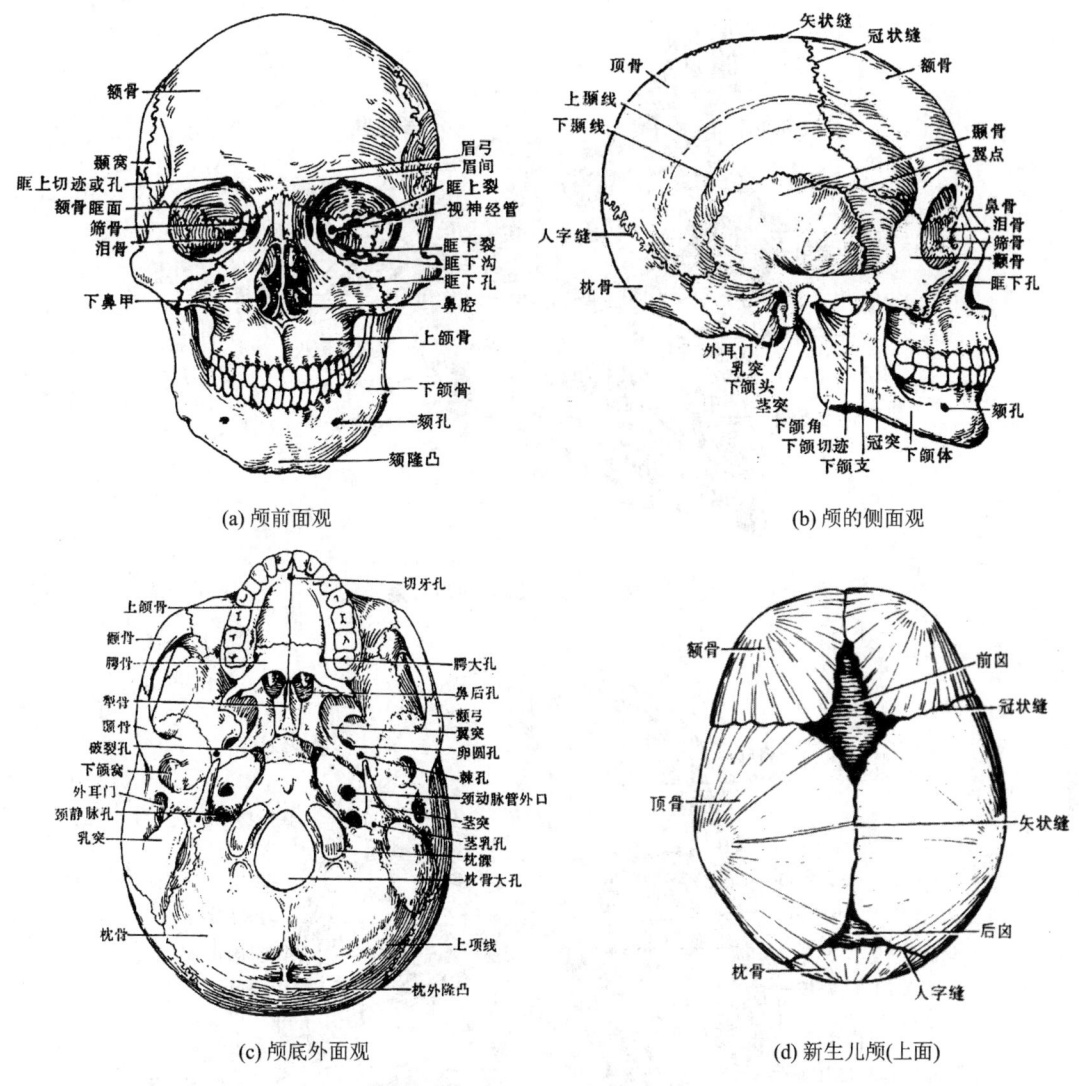

图 3-9 颅骨

前面观可见额骨及大部分面颅骨，由上而下分为额区、眶、骨性鼻腔和骨性口腔（图3-9a）。

骨性鼻腔正中有**鼻中隔**将腔分为左、右两部分，前方开口称**梨状孔**，后方有两个**鼻后孔**。鼻腔外侧壁自上而下有**上鼻甲**、**中鼻甲**和**下鼻甲**。各自的下方为鼻道，分别称**上鼻道**、**中鼻道**和**下鼻道**。在上鼻甲的后方有**蝶筛隐窝**。

在鼻腔的周围，有些骨内有含气的空腔，都与鼻腔相通，称为**鼻旁窦**，共有4对：**额窦，蝶窦，筛窦和上颌窦**（图3-10）。

侧面观上部为一浅窝，称**颞窝**。此窝内侧壁前部有额、顶、颞、蝶四骨相交形成"H"形的骨缝，称**翼点**。此处为颅腔侧壁的最薄弱处，其内面恰有脑膜中动脉前支经过，此处破损极易损伤此动脉（图3-9b）。

◆ 颅底内面观　颅底内面呈阶梯状地高低不平，可分为**颅前窝**、**颅中窝**及**颅后窝**（图3-11）。

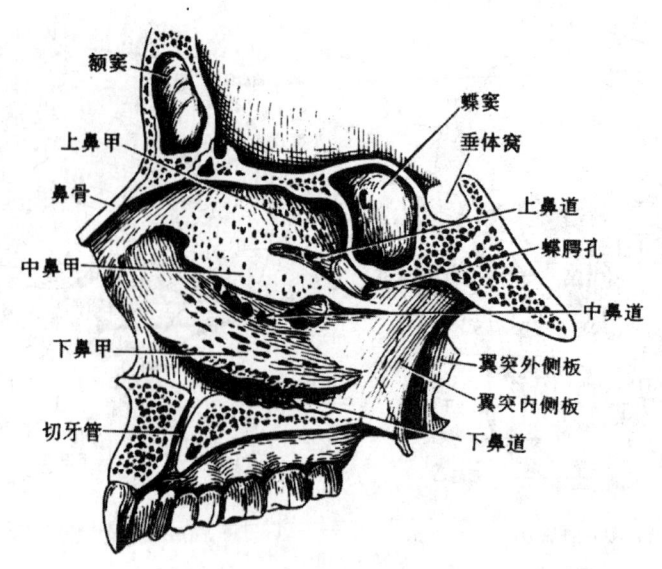

图 3-10 鼻腔外侧壁和鼻旁窦

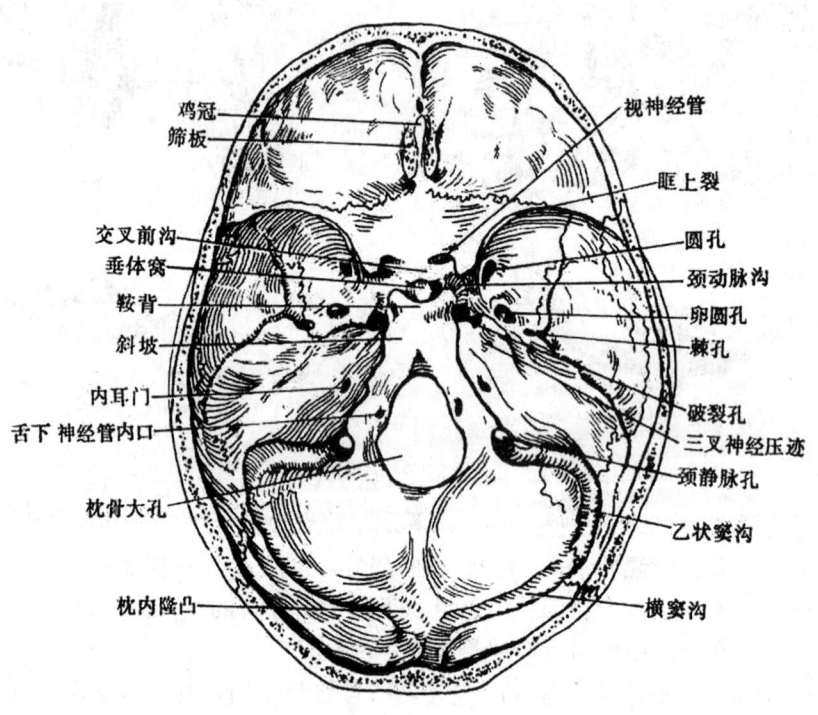

图 3-11 颅底内面观

颅前窝正中线上有鸡冠，两侧的筛板上有许多小孔，称**筛孔**。

颅中窝较深，中间部较狭窄，位于蝶骨体的上面，称**蝶鞍**，中央凹陷称**垂体窝**。此窝前外侧有视神经管通入眶腔。蝶骨大、小翼之间的裂隙称**眶上裂**。由此向后外分别有**圆孔**、**卵圆孔**及**棘孔**。

颅后窝中央有**枕骨大孔**。前外侧缘上有舌下神经管内口,后方十字形隆起的交会处称**枕内隆凸**,由此向外侧是**横窦沟**,继而向下折转,续于**乙状窦沟**,终于**颈静脉孔**。枕骨大孔前外侧有一卵圆形的孔,称**内耳门**,由此向前伸入**内耳道**。

2. 颅骨的连结　各颅骨之间多借缝、软骨和骨相连结,彼此之间结合较为牢固。舌骨借韧带和肌与颅底相连。只有下颌骨和颞骨之间形成关节,即颞下颌关节。

颞下颌关节由下颌骨的下颌头与颞骨的下颌窝和关节结节构成。关节囊内有关节盘(图3-12)。

两侧颞下颌关节可使下颌骨完成上提与下降、前进与后退和侧方运动。

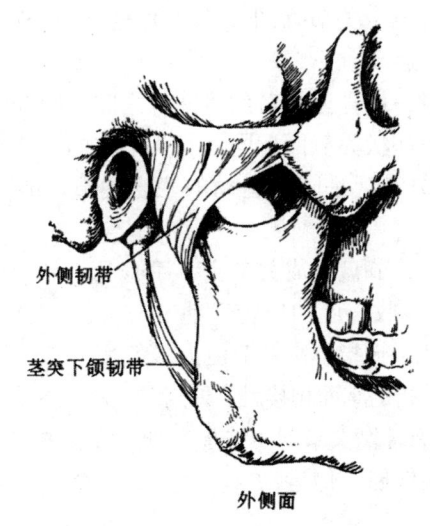
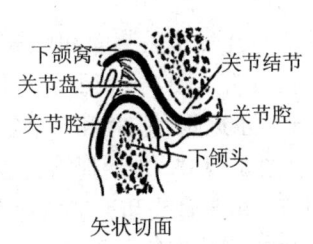

图3-12　颞下颌关节

四、上肢骨及其骨连结

1. 上肢骨　由上肢带骨(锁骨和肩胛骨)和自由上肢骨(肱骨、桡骨、尺骨和手骨:腕骨、掌骨及指骨)组成。

锁骨　为一横置的"S"形骨,全长均可于体表扪及。

肩胛骨　为三角形的扁骨。上角平对第2肋;下角平对第7肋;外侧角末端呈浅环状的关节面,称**关节盂**,与肱骨头构成肩关节。

肱骨　上端有半球状的肱骨头。下端外侧有肱骨小头;内侧有肱骨滑车。下端的内、外侧各有一骨突,分别称为**内上髁**及**外上髁**。

桡骨　上端称桡骨头,头上面有关节凹。下端较大,下面有腕关节面,外侧有向下的突起,称**茎突**。

尺骨　上端较膨大,后上方有大的突起,称**鹰嘴**;前下方有较小的突起,称**冠突**。两突起间大而深陷的关节面,称**滑车切迹**。下端较小,称**尺骨头**。头的后内侧有向下的小突起,称**茎突**。

腕骨　共8块,均属短骨,排成两列。

掌骨　共5块,属于长骨。

指骨 共14块，属于长骨。

2. 上肢骨连结

胸锁关节 是上肢与躯干之间惟一的滑膜关节（图3-13a）。

锁骨的胸骨端为关节头，胸骨柄的锁切迹和第1肋软骨为关节窝。胸锁关节可作前、后，上、下，和旋转以及环转运动。胸锁关节运动时，肩部随锁骨同时活动。

肩关节 由肱骨头和肩胛骨的关节盂构成。关节头大而圆，关节窝小而浅，关节囊薄而松。关节盂周缘有盂唇附着（图3-13b）。肩关节可作屈、伸；收、展；和旋内、旋外运动。此外，肩关节还能作环转运动。

肘关节 是一个复关节，一个关节囊内有三个关节（图3-13c）。**肱尺关节、肱桡关节**和**桡尺近侧关节**，可作屈、伸，和旋前、旋后运动。

前臂骨间膜 是坚韧的纤维膜，连结在桡、尺骨体相对的骨间缘之间（图3-13d）。

桡尺远侧关节 由桡骨的尺切迹与尺骨头环状关节面连同尺骨头下方的关节盘共同构成（图3-13d）。桡尺远侧、近侧关节连同肱桡关节，是同时运动的联合关节，能使前臂作旋前和旋后运动（图3-13d）。

桡腕关节 桡骨腕关节面和尺骨头下方的关节盘组成关节窝，手舟骨、月骨和三角骨的近侧面组成关节头（图3-13d）。可作屈、伸、收、展和环转运动。

腕掌关节 由远侧列腕骨和5个掌骨底构成。拇指腕掌关节由大多角骨和第1掌骨底构成，属鞍状关节（图3-16），能使拇指尖与其他末节指的掌面相接触，即对掌运动（图3-13e）。

掌指关节 由掌骨头和近节指骨底构成，属球窝关节。可作屈、伸、收、展和环转运动。

指骨间关节 是相邻指骨间的关节，只能作屈、伸运动。

五、下肢骨及其骨连结

1. 下肢骨 由下肢带骨（髋骨）和自由下肢骨（股骨、胫骨、腓骨和足骨；跗骨、跖骨及趾骨）组成。

髋骨 胎儿时期的髋骨由髂骨、耻骨及坐骨三部分以软骨连结而成。16岁左右软骨骨化，三部分遂融为一体。三骨的交会点恰于外侧面的髋臼处。

股骨 是人体最为粗大的长骨。上端为股骨头，有球形的关节面。头的下方较狭细的部分称**股骨颈**，是易发生骨折的部位。股骨下端略呈宽扁状，形成两个膨大的骨突，分别称为**内侧髁**和**外侧髁**。

髌骨 是人体最大的籽骨。

胫骨 位于小腿的内侧，是较粗大的长骨。上端膨大，向两侧突出形成内侧髁及外侧髁。下端亦显膨大，其内侧有伸向内下方的突起，称**内踝**。

腓骨 列于胫骨的外侧。上端称**腓骨头**；下端膨大，称**外踝**。

跗骨 属短骨，共7块。

跖骨 为粗短的长骨，共5块。

趾骨 除第1趾为二节外，其余各趾均为三节，共14块。

2. 下肢骨的连结

耻骨联合 由两侧耻骨的耻骨联合面，借纤维软骨性的耻骨间盘相连（图3-14a）。

骶髂关节 由骶、髂二骨相对的耳状面构成（图3-14b）。

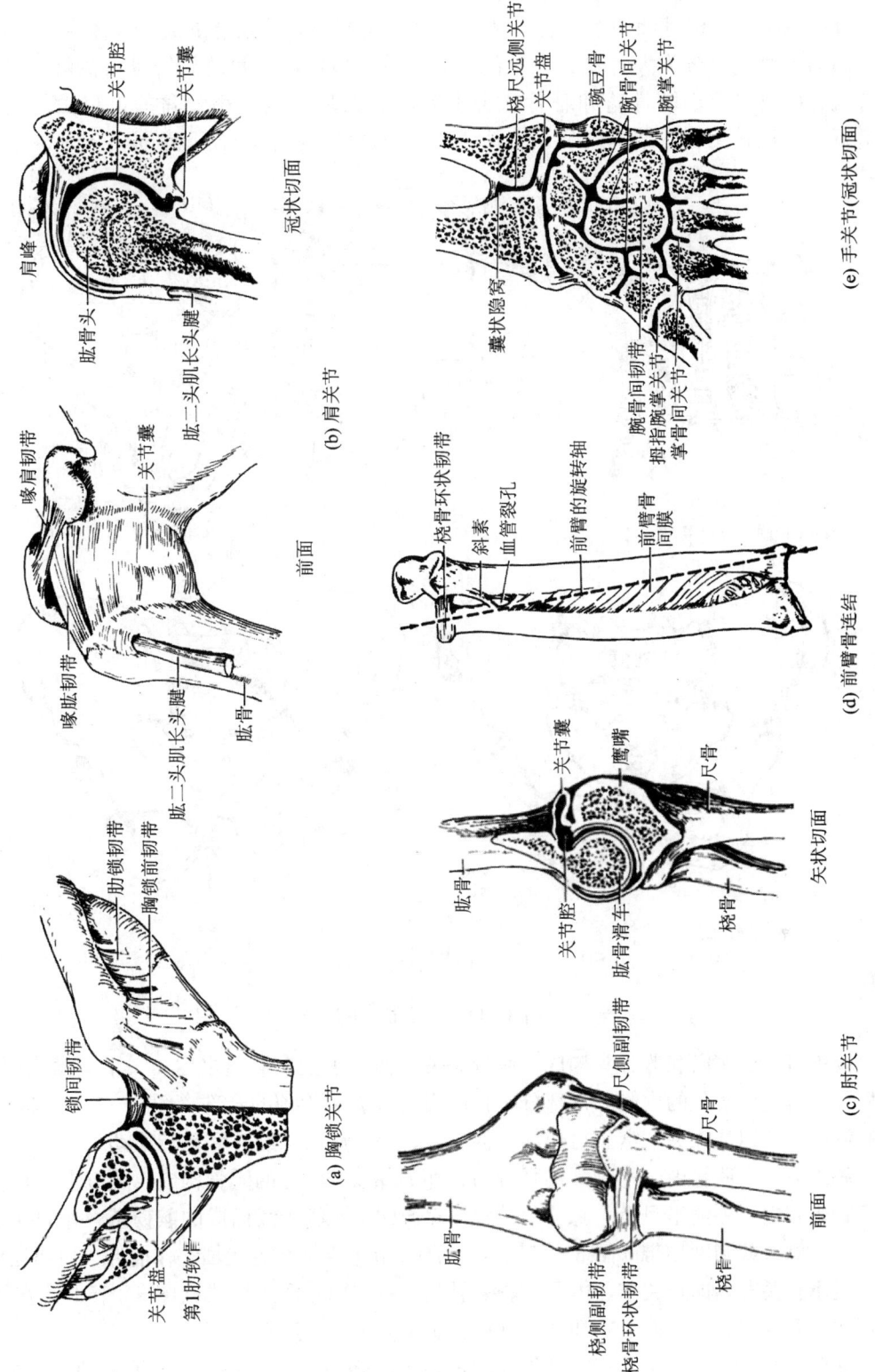

图3-13 自由上肢骨的连结

骶结节韧带和**骶棘韧带**是连接髋骨和骶、尾骨的韧带（图3-14b）。

骨盆 由骶骨、尾骨和两个髋骨借两侧的骶髂关节和耻骨联合围成。人体直立时，骨盆向前倾斜。骨盆可分为大骨盆和小骨盆两部分。大小骨盆之间的界线是由骶岬、弓状线、耻骨梳、耻骨结节、耻骨嵴和耻骨联合上缘围成的环状线。小骨盆的上口由界线围成。骨盆下口由尾骨尖、骶结节韧带、坐骨结节、耻骨弓和耻骨联合下缘围成（图3-14c）。

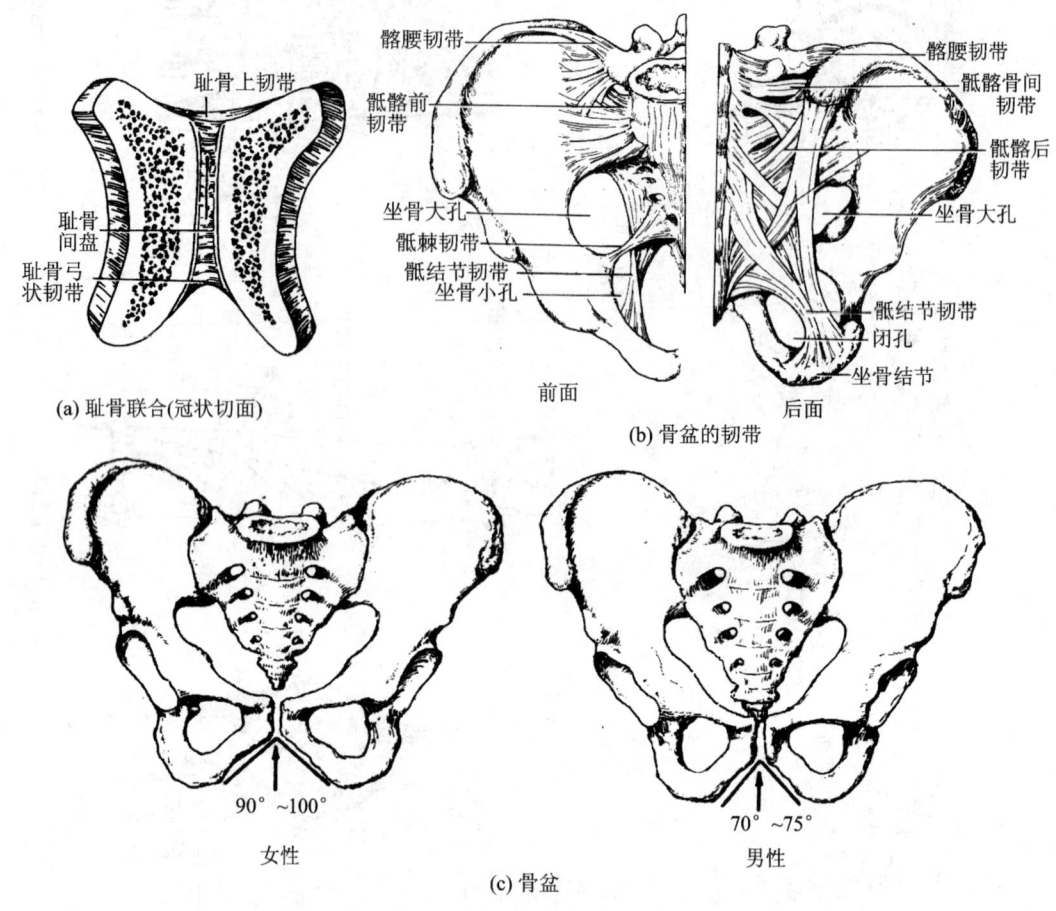

图3-14 下肢带骨的连结

髋关节 由髋臼和股骨头构成，股骨头关节面几乎全在髋臼之内。关节囊紧张而坚韧，在后面仅包绕股骨颈的内侧2/3部分，在前面则包裹股骨颈的全部（图3-15a）。髋臼的周缘有髋臼唇，以加深关节窝。可作屈、伸、收、展、旋内、旋外和环转运动。

膝关节 由股骨内、外侧髁和胫骨内、外侧髁以及前方的髌骨构成。关节囊内有**前、后交叉韧带**和**内、外侧半月板**。膝关节的前方有股四头肌腱延续而成的**髌韧带**。外侧有**腓侧副韧带**。内侧有**胫侧副韧带**（图3-15b，c）。膝关节主要是在冠状轴上作前伸、后屈运动。

距小腿关节 即踝关节，由胫、腓二骨的下端和距骨滑车构成（图3-15d）。在冠状轴上可作背屈（伸，足尖向上）和跖屈（屈、足尖向下）的运动。

跖趾关节 由跖骨头和近节趾骨底构成，可作轻微的屈、伸、收、展运动。屈为跖屈，伸为背屈，收为向第2趾靠拢，展为离开第2趾（图3-15d）。

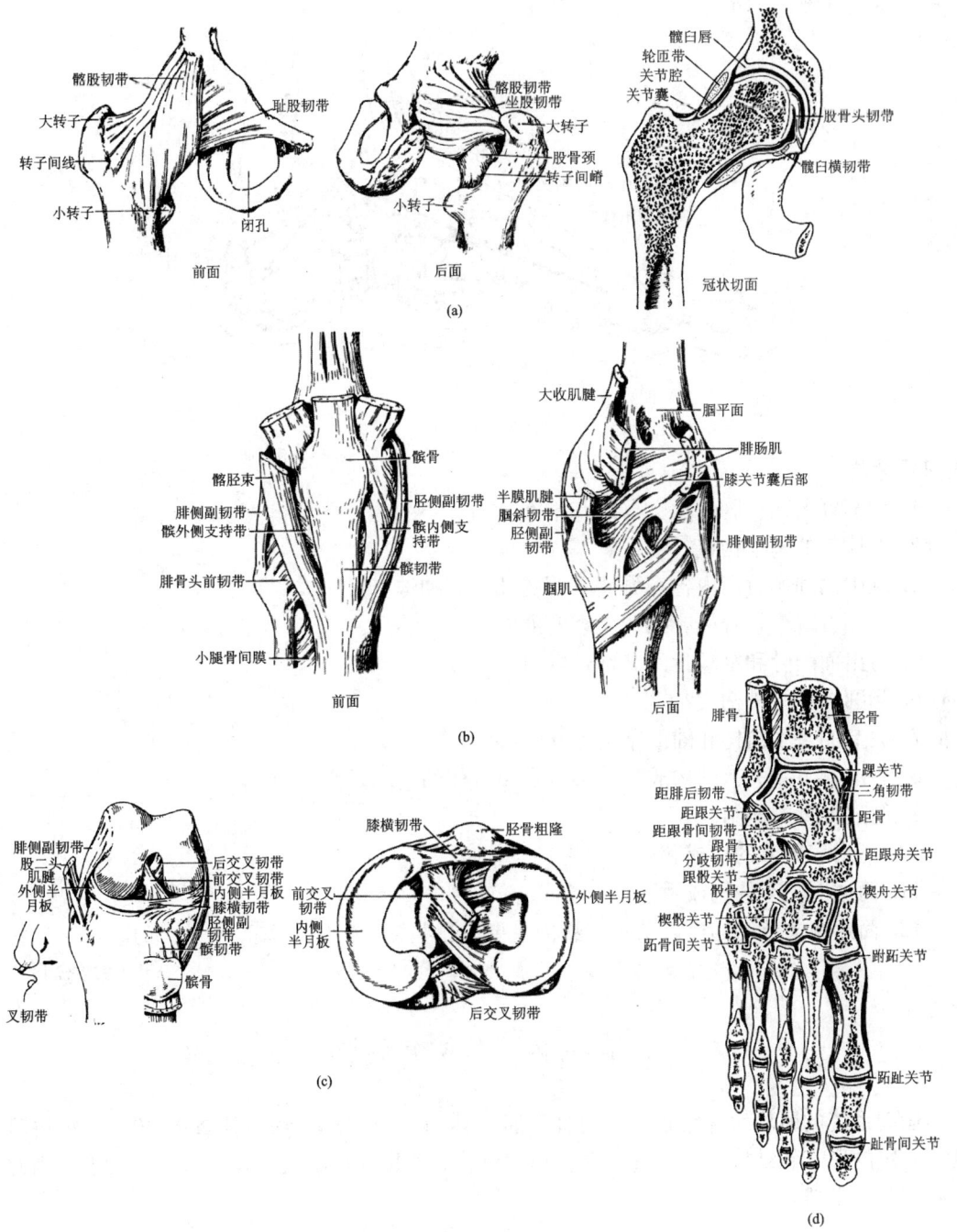

图 3-15 自由下肢骨的连结
a：髋关节（前面、后面和冠状切面）；b：膝关节（前面和后面）；
c：膝关节内部结构和半月板；d：足关节（水平切面）

◆ **趾骨间关节** 是相邻趾骨间的关节，只能作屈、伸运动（图 3-15d）。

足弓 由跗骨和跖骨借许多韧带牢固连结构成。**足弓**可分为前后方向的纵弓和内外方向的横弓。足弓的弹性有利于在各种活动时，缓冲震荡，减少疲劳，并能保护足底的血管、神

61

经免受压迫（图3-16）。

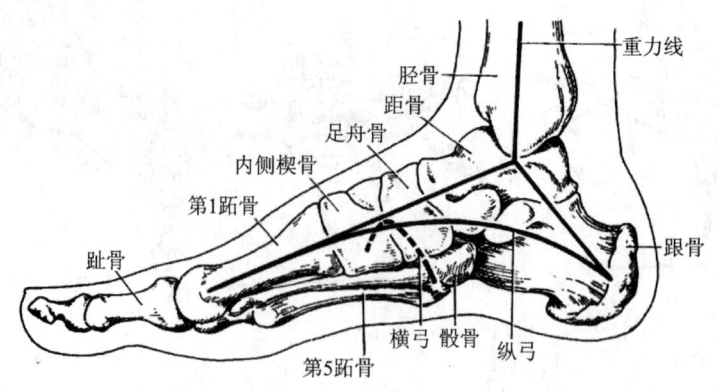

图3-16 足弓

复习思考题

1. 请解释名词：胸骨角、翼点和椎间盘。
2. 简述骨的基本构造。
3. 颅中窝和颅后窝内各有哪些重要的孔、裂和沟？
4. 从侧方观察，脊柱有哪些生理弯曲？
5. 写出面颅骨和脑颅骨的名称及数目。
6. 胸廓由哪些骨构成？
7. 关节的基本结构和辅助结构各有哪些？
8. 写出颞下颌关节的构成、结构特点及可作的运动。
9. 简述椎骨的连结。
10. 写出肩关节的构成和主要结构特点。
11. 简述肘关节的构成及运动。
12. 简述膝关节的构成。膝关节囊内主要有哪些结构？

（田德润）

第二节 人体骨骼肌

运动系统的肌均为骨骼肌。人的骨骼肌在体内分布广泛，约占体重的40%。每块肌都具有一定的形态和结构，有丰富的血管和淋巴管，并接受神经支配，执行一定功能，因此每块肌都是一个器官。

一、肌学总论

1. **肌的形态和构造** 每块骨骼肌由肌腹和腱构成。**肌腹**主要由肌纤维构成，色红，柔软，具有收缩功能。**腱**主要由致密的胶原纤维束构成，色白，强韧，无收缩能力。肌腹借腱附着于骨面。

肌的形态多种多样，按其外形可分为**长肌**、**短肌**、**扁肌**和**轮匝肌**。轮匝肌位于孔裂周围，由环形的肌纤维构成，收缩时可以关闭孔裂，如眼轮匝肌等。

2. 肌的起止与配布　通常肌的两端附着于两块或两块以上骨面，中间跨过一个或多个关节，收缩时，使两骨彼此靠近产生运动。把靠近躯体正中面或四肢近端的附着点作为肌的**起点**，把远端附着点作为**止点**。多数情况下，起点为定点，止点为动点。

肌的配布与关节运动轴的关系密切，其规律是在一个运动轴相对的两侧有两个作用相反的肌或肌群，这两个互相对抗的肌或肌群称为**拮抗肌**。一个关节有几个运动轴，就配布几组拮抗肌。例如肘关节前方的屈肌群和后方的伸肌群，两者既互相拮抗，又互相依存，在神经系统支配下，彼此协调，使动作准确有序。一般说，完成一个动作要有几块肌共同完成，在运动轴的同一侧作用相同的肌，称为**协同肌**，如肘关节前面的各屈肌。

肌的配布也反映了人体直立和从事劳动的特点。为适应直立姿势，克服重力影响，在进化过程中，项背部、臀部、大腿前面和小腿后面的肌肉得到高度发展，变得粗壮有力。劳动促使上、下肢出现了分工，下肢肌比上肢肌粗大，上肢肌比下肢肌灵巧。此外，与语言有关的肌肉，如舌肌、喉肌也得到高度分化。

3. 肌的辅助装置　在肌的周围由结缔组织构成的辅助装置主要包括筋膜、滑膜囊和腱鞘，具有保持肌的位置、减少运动时的摩擦和保护等功能。

二、头肌

头肌分布于头面部，包括面肌和咀嚼肌。

1. 面肌　面肌位置浅表，为扁薄的皮肌，大部分起自颅骨表面，止于面部皮肤，主要分布于面部孔裂周围，如口裂、眼裂和鼻孔周围，呈环状和辐射状，收缩时，可闭合或开大孔裂，并牵动皮肤产生皱纹，表达喜、怒、哀、乐等表情，故又称表情肌（图3-17）。

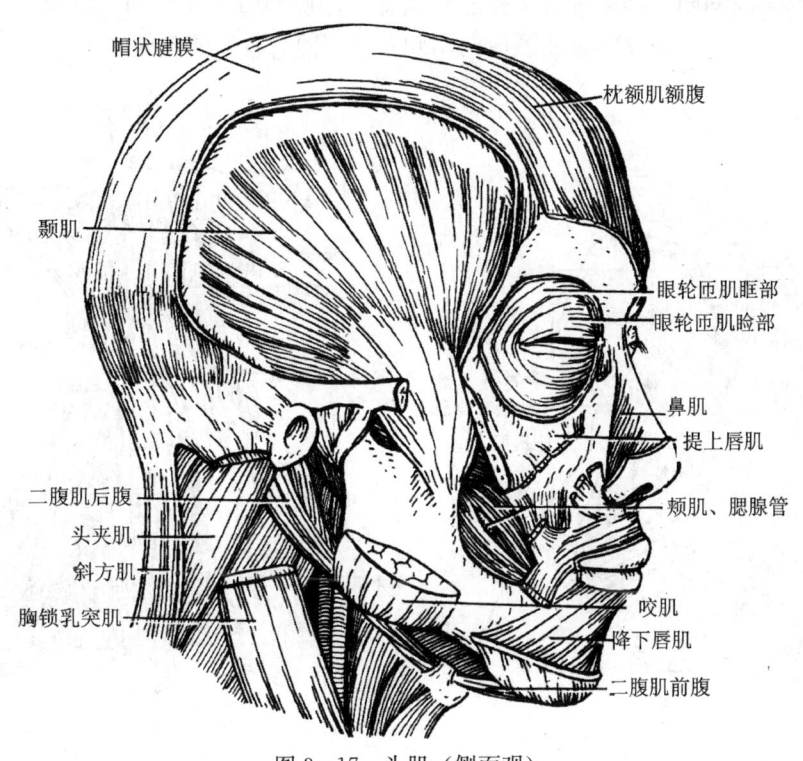

图3-17　头肌（侧面观）

颅顶肌 由左、右两块枕额肌组成，位于额部、枕部的皮下，包括**额腹**、**枕腹**和二者之间的**帽状腱膜**。作用为两腹收缩可紧张帽状腱膜。额腹收缩还可扬眉、皱额。

眼轮匝肌 呈环形，位于眼裂周围。作用为使眼裂闭合。

口周围肌 位于口裂周围，包括环形肌和辐射状肌。环形肌即**口轮匝肌**，肌束环绕口裂，收缩时可关闭口裂。辐射状肌很多，配布于唇的上、下方，收缩时可提上唇、降下唇，并可牵拉口角向上、向下或向外。此外，在面颊深部有一对颊肌，收缩时可使唇、颊紧贴牙和牙龈，协助咀嚼和吸吮。

2. **咀嚼肌** 咀嚼肌包括**咬肌**、**颞肌**、**翼内肌**和**翼外肌**。作用为咬肌、颞肌和翼内肌可上提下颌骨（闭口）。两侧翼外肌收缩，使下颌骨伸向前下方。

三、躯干肌

躯干肌按其所在部位分为颈肌、背肌、胸肌、膈、腹肌和会阴肌，会阴肌将在生殖系统中叙述。

1. **颈肌** 颈肌分为颈浅肌群、颈中肌群和颈深肌群。

◆ **颈浅肌群** ①**颈阔肌**，位于颈部浅筋膜中（图3-18）。可拉口角向下，并使颈部皮肤出现皱褶。②**胸锁乳突肌**，位于颈阔肌深面，一侧收缩使头屈向同侧，并使面转向对侧；两侧同时收缩，使头后仰。

◆ **颈中肌群** 包括舌骨上肌和舌骨下肌。舌骨上肌包括**二腹肌**、**下颌舌骨肌**、**颏舌骨肌**和**茎突舌骨肌**。舌骨下肌包括**胸骨舌骨肌**、**肩胛舌骨肌**、**胸骨甲状肌**和**甲状舌骨肌**。

◆ **颈深肌群** 主要有**前、中、后斜角肌**（图3-19）前、中斜角肌和第1肋之间的三角形裂隙，称**斜角肌间隙**，其中有臂丛神经和锁骨下动脉通过。作用为上提第1、2肋，助深吸气。如肋骨固定，一侧收缩可使颈屈向同侧；两侧同时收缩使颈前屈。

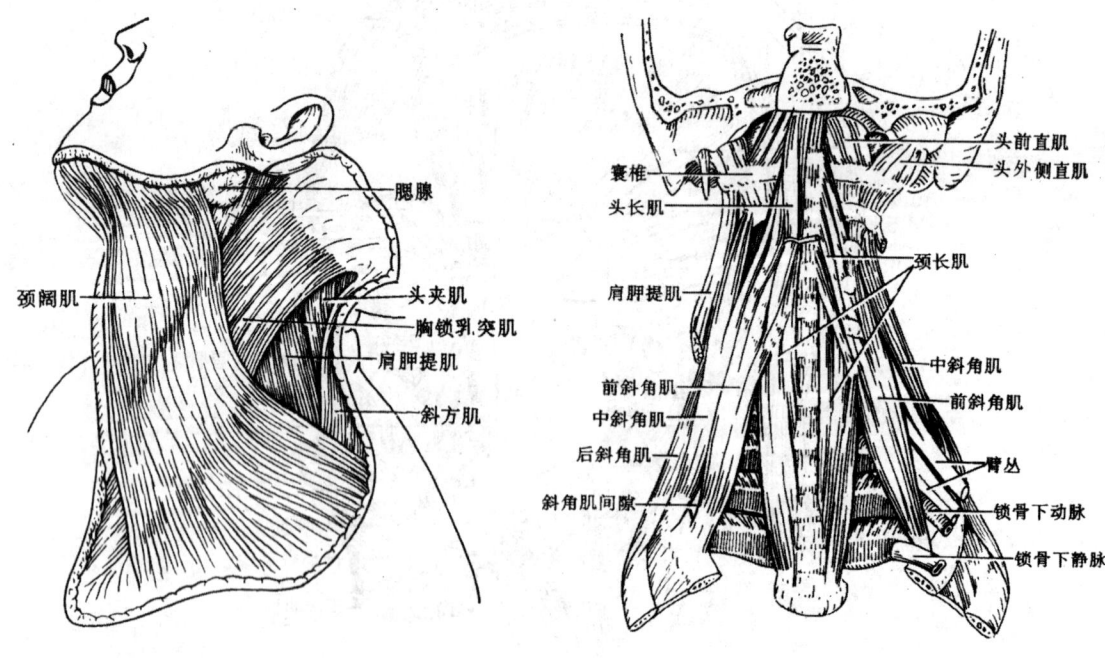

图3-18 颈肌　　　　图3-19 颈深肌

2. 背肌　背肌位于躯干的后面，分为浅、深两群（图3-20）

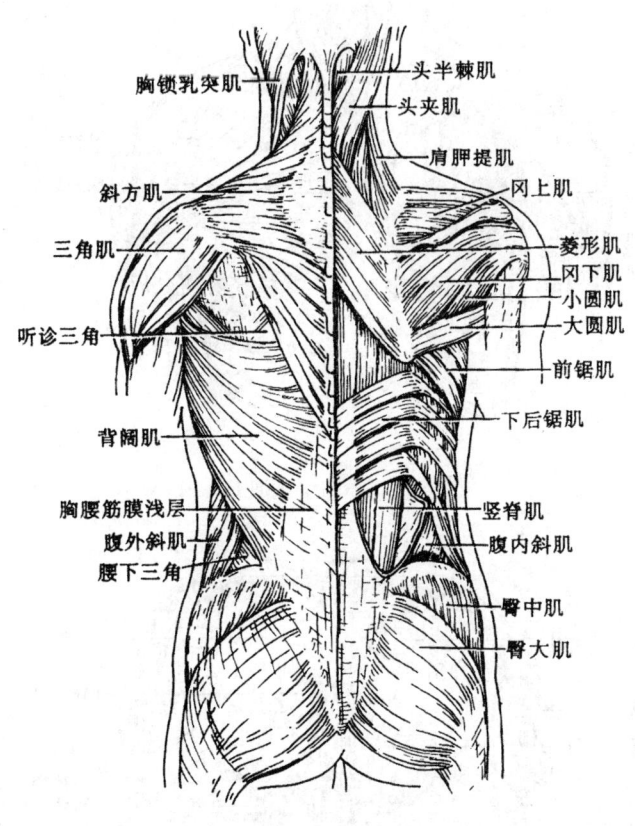

图3-20　背肌

◆ 浅群　①**斜方肌**，位于项部和背上部，两侧合在一起为斜方形。两侧收缩使肩胛骨向脊柱靠拢。②**背阔肌**，位于背下部及胸侧部，为全身最大的扁肌，呈三角形。使臂内收、旋内和后伸。如上肢上举并固定，则上提躯干。

◆ 深群　**竖脊肌**，位于背部深层棘突两侧的纵沟内，是背肌中最长的肌。一侧收缩使脊柱侧屈；两侧收缩使脊柱后伸并仰头。竖脊肌是维持人体直立的重要肌。

3. 胸肌　胸肌分为胸上肢肌和胸固有肌（图3-21）。

◆ 胸上肢肌　①**胸大肌**，位于胸前壁上部，呈扇形。作用为使臂内收、旋内。如上肢上举并固定，可牵引躯干向上并上提肋，协助吸气。②**胸小肌**，位于胸大肌深面，呈三角形。作用为牵拉肩胛骨向前下方。如肩胛骨固定，可上提3～5肋，协助吸气。③**前锯肌**，位于胸廓侧面，作用为拉肩胛骨向前，并使肩胛骨紧贴胸廓。如肩胛骨固定，则可提肋，助吸气。

◆ 胸固有肌　①**肋间外肌**位于各肋间隙的浅层。②**肋间内肌**位于肋间外肌深面。作用为肋间外肌能提肋，助吸气；肋间内肌能降肋，助呼气。

4. 膈　膈位于胸、腹腔之间，构成胸腔的底和腹腔的顶（图3-22）。膈呈向上膨隆的穹隆状，其周围部为肌腹，中央为腱膜称**中心腱**。膈有三个裂孔：**主动脉裂孔**，在两侧膈脚与第12胸椎之间，内有主动脉和胸导管通过；**食管裂孔**，约平第10胸椎，在主动脉裂孔的

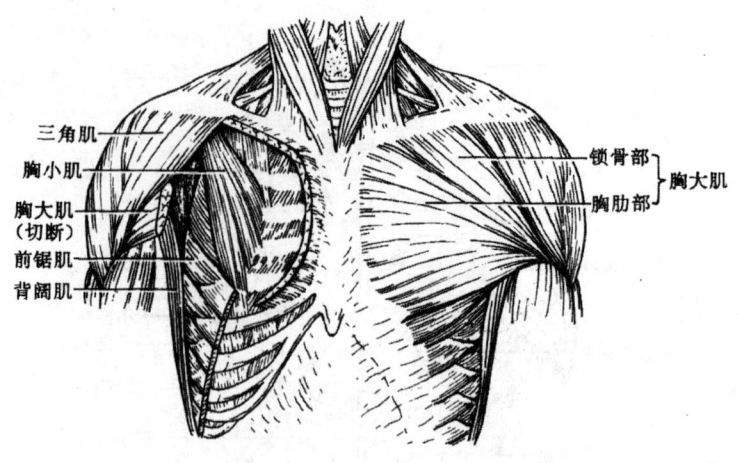

图 3-21 胸肌

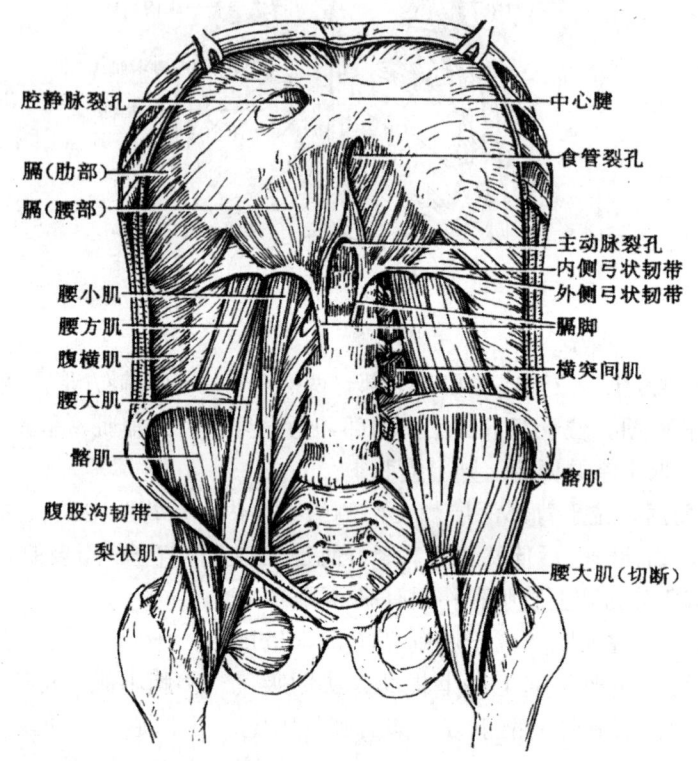

图 3-22 膈和腹后壁肌

左前上方,有食管和迷走神经通过;**腔静脉孔**,位置较高,约平第 8 胸椎高度,在主动脉裂孔的右前上方,有下腔静脉通过。膈是主要的呼吸肌。收缩时膈顶下降,扩大胸腔,以助吸气;舒张时膈顶上升,恢复原位,缩小胸腔,以助呼气。膈与腹肌同时收缩,可增加腹压,协助排便、分娩、呕吐等活动。

5. **腹肌** 腹肌位于胸廓下口与骨盆之间,分为前外侧群(图 3-23)和后群。

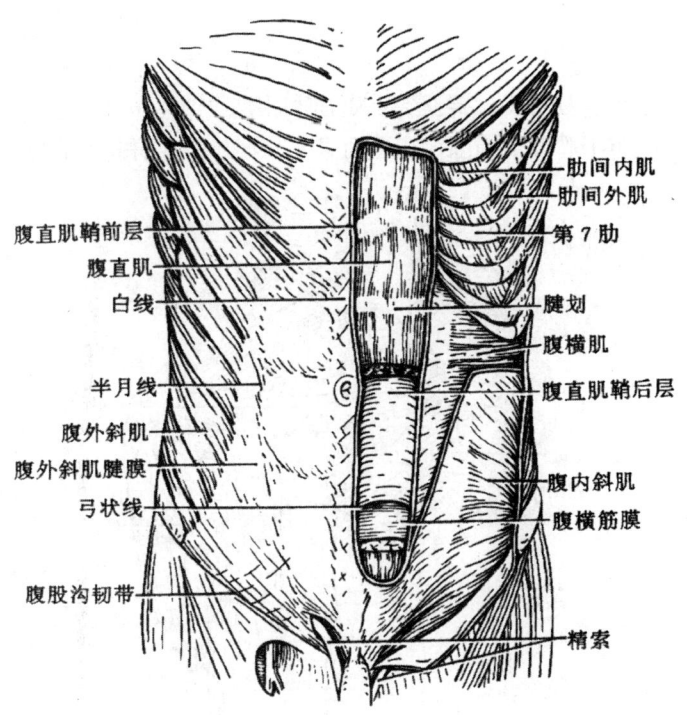

图 3-23 腹前壁肌

◆ 前外侧群　①**腹直肌**位于腹前壁正中线两侧，呈长带状，居于腹直肌鞘内，腹直肌有 3～4 条腱划。②**腹外斜肌**位于腹前外侧壁浅层，腱膜向内侧越过腹直肌前面，参与构成腹直肌鞘的前层，并在腹壁前正中线上与对侧同名腱膜交织成白线。腱膜下缘增厚并张于髂前上棘与耻骨结节之间，形成**腹股沟韧带**。腱膜在耻骨结节上外方形成一个裂孔，称**腹股沟管浅环**（皮下环）。③**腹内斜肌**位于腹外斜肌深面，腱膜在腹直肌外侧缘分为前、后两层，包裹腹直肌，分别参与构成腹直肌鞘的前、后层，并止于白线。腹内斜肌下部肌束形成游离弓状下缘，越过精索的前面和上方，继而延续为腱膜，与腹横肌部分腱束会合，形成**腹股沟镰**（联合腱）。腹内斜肌与腹横肌下缘分出少量肌纤维，包绕精索和睾丸，称**提睾肌**，收缩时可上提睾丸。**腹横肌**位于腹内斜肌深面，肌束横行向前内，在腹直肌外侧缘附近延续为腱膜，向内越过腹直肌后面，参与构成腹直肌鞘的后层，并止于白线。腹横肌下缘部分肌纤维和部分腱束分别参与提睾肌和腹股沟镰的构成。腹前外侧群肌的作用为保护腹腔脏器、使脊柱前屈、侧屈和旋转。当膈固定时，腹肌收缩可增加腹压，以助排便、分娩和呕吐等。

◆ 后群　**腰方肌**位于腰椎两侧，作用为降 12 肋，助吸气，并使脊柱侧屈。

腹直肌鞘（图 3-23）由腹外斜肌、腹内斜肌和腹横肌腱膜构成。约在脐下 4～5 厘米处，后层完全转至腹直肌的前面，加入鞘的前层，并与其结合。后层的下缘呈凸向上的弓形游离缘，称**弓状线**。由于弓状线以下缺乏鞘的后层，故腹直肌后面直接与腹横筋膜相贴。

白线　位于两侧腹直肌之间，由两侧腹直肌鞘在腹前壁正中线上交织而成。

腹股沟管　是腹前外侧壁下部肌与腱膜之间的潜在性裂隙。它位于腹股沟韧带内侧半上方，长约 4～5 厘米，在腹股沟管中男性有精索，女性有子宫圆韧带通过。

四、上肢肌

上肢肌按部位分为上肢带肌、臂肌、前臂肌和手肌。

1. **上肢带肌** 配布于肩关节周围，能运动肩关节，并增强肩关节的稳定性（图3-24）。

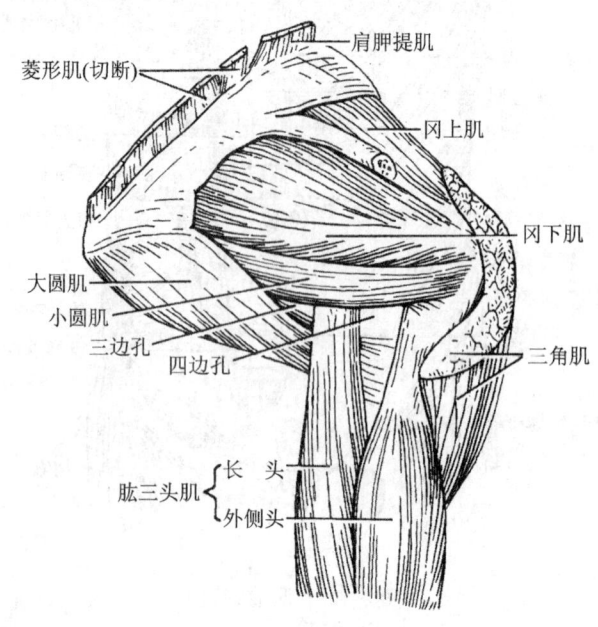

图3-24 上肢带肌

三角肌 位于肩部，呈三角形。肱骨上端由于三角肌的覆盖，使肩部呈圆隆形。作用为臂外展。

冈上肌 位于斜方肌深面。作用为臂外展。

冈下肌 位于冈下窝内。肌的一部分被三角肌和斜方肌覆盖，作用为臂旋外。

小圆肌 位于冈下肌的下方，作用为臂旋外。

大圆肌 位于小圆肌下方，作用为臂内收和旋内。

肩胛下肌 位于肩胛骨前面，作用为臂内收和旋内。

2. **臂肌** 可分前、后两群。前群为屈肌，后群为伸肌。

前群包括浅层的肱二头肌和深层的肱肌和喙肱肌（图3-25）。①**肱二头肌**位于臂前面皮下。作用为屈肘关节和肩关节，当前臂处于旋前位时，能使其旋后。②**喙肱肌**位于肱二头肌短头的后内方。作用为肩关节前屈、内收。③**肱肌**位于臂前面的下半部，肱二头肌的深面。作用为屈肘关节。

后群中**肱三头肌**（图3-25）位于臂后侧皮下，作用为伸肘关节，长头可使肩关节内收及后伸。

3. **前臂肌** 前臂肌位于尺、桡骨的周围，分为前、后两群。

前群位于前臂的前面和内侧面，有9块，分四层排列。①第一层，有5块肌，自桡侧向尺侧依次为**肱桡肌、旋前圆肌、桡侧腕屈肌、掌长肌和尺侧腕屈肌**（图3-25）。其作用分别为屈肘关节，前臂旋前并屈肘关节，屈腕和桡腕关节外展，紧张掌腱膜，屈腕和使桡腕关

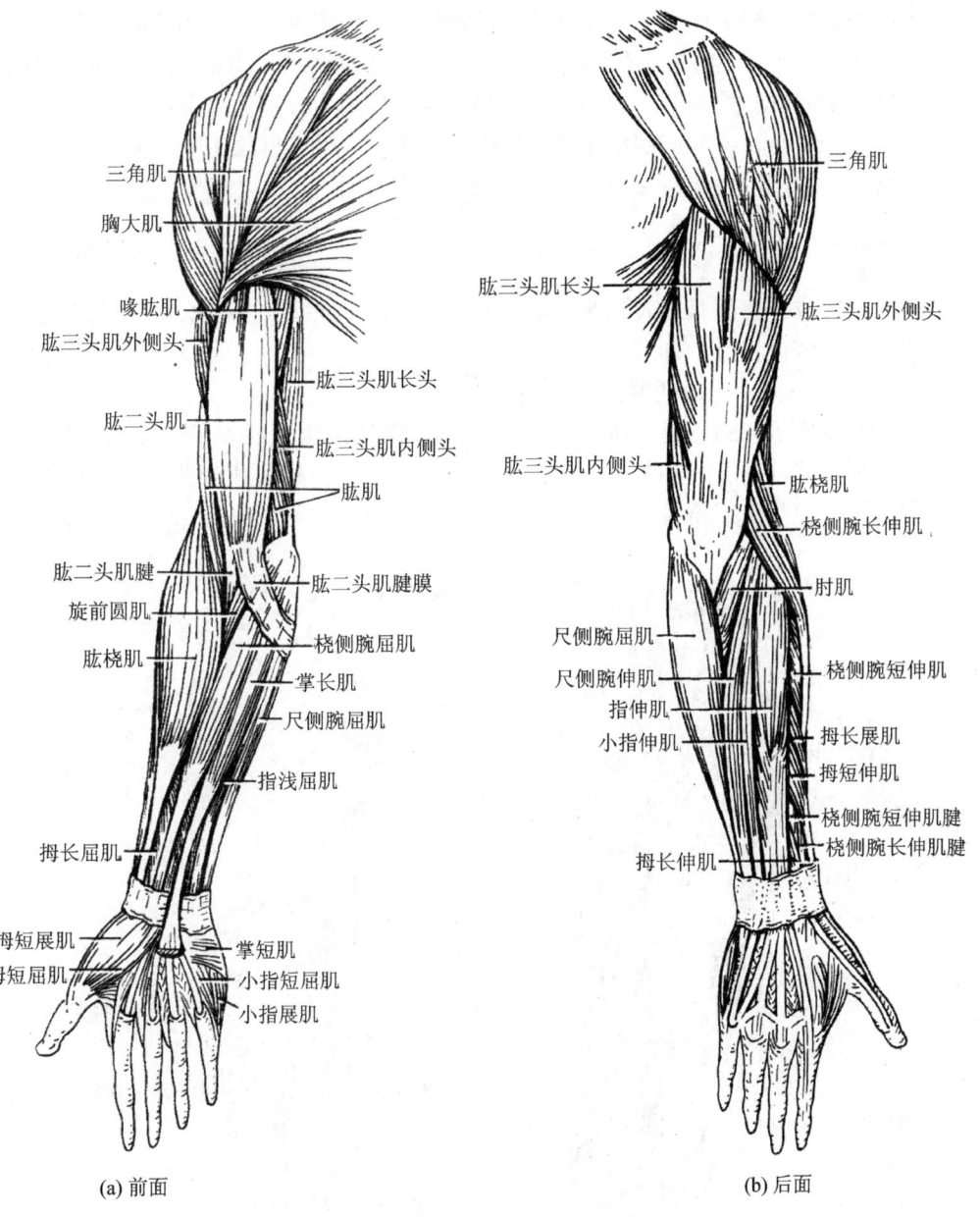

(a) 前面　　　　　　　　　　　(b) 后面

图 3-25　上肢肌

节内收。②第二层，只有一块**指浅屈肌**，作用为屈肘、屈腕、屈掌指关节和近侧指间关节。③第三层，有位于桡侧的拇长屈肌和尺侧的指深屈肌。**拇长屈肌**屈拇指指间关节和掌指关节。**指深屈肌**屈 2～5 指的远侧指间关节、近侧指间关节、掌指关节和屈腕。④第四层，只有一块肌，即**旋前方肌**，作用为前臂旋前。

后群位于前臂的后面，分浅、深两层，有 10 块肌（图 3-25）。①浅层，有 5 块肌，由桡侧向尺侧依次为**桡侧腕长伸肌、桡侧腕短伸肌、指伸肌、小指伸肌**和**尺侧腕伸肌**。其作用分别为：伸和展桡腕关节，伸 2～5 指和桡腕关节，伸小指，伸和内收桡腕关节。②深层，有 5 块肌，1 块位于前臂后面的近侧部，称**旋后肌**，作用为前臂旋后。其余 4 块由桡侧向尺侧依次为**拇长展肌**、**拇短伸肌**、**拇长伸肌**和**示指伸肌**。作用为分别展和伸拇指及示指。

4. 手肌　手肌是一些短小的肌，集中配布于手的掌侧和掌骨间隙内，主要运动手指，分为内侧群、中间群和外侧群。内侧群又称**小鱼际**，作用为分别使小指作屈、外展和对掌功能。中间群位于掌心，由 4 块**蚓状肌**和 7 块**骨间肌**组成。外侧群位于手掌拇指侧，形成一个隆起，称**鱼际**，其作用可使拇指作展、屈、对掌和内收运动。

五、下肢肌

下肢肌按部位分为髋肌、大腿肌、小腿肌和足肌。下肢肌比上肢肌粗壮强大，这与维持直立姿势，支持体重和行走有关。

1. 髋肌　髋肌分前、后两群。

前群包括髂腰肌和阔筋膜张肌（图 3-26）。**髂腰肌**由腰大肌和髂肌组成。作用为屈髋关节并使大腿旋外，当下肢固定时，可使躯干和骨盆前屈。**阔筋膜张肌**位于大腿的前外侧，作用为屈髋关节并紧张阔筋膜。

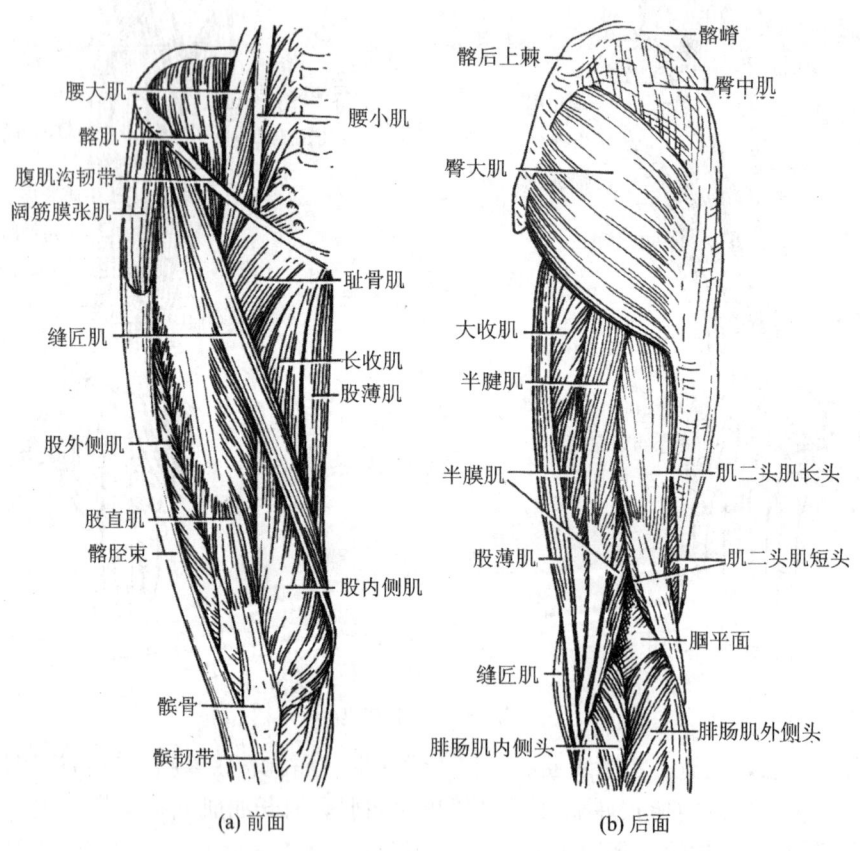

图 3-26　髋肌和大腿肌

后群位于臀部，又称臀肌，主要有臀大、中、小肌和梨状肌（图 3-26）。**臀大肌**位于臀部浅层，大而肥厚形成特有的臀部隆起，呈四边形。作用为髋关节后伸和外旋，当下肢固定时，能伸直躯干，防止躯干前倾，以维持身体平衡。**臀中肌**和**臀小肌**，两肌位于臀大肌深面，均可外展髋关节。**梨状肌**位于小骨盆的后壁，经坐骨大孔出骨盆，作用为旋外髋关节。

2. 大腿肌　大腿肌位于股骨周围，分前群、内侧群和后群。

前群位于大腿前面，有缝匠肌和股四头肌（图3-26）。①**缝匠肌**呈带状，是全身中最长的肌，作用为屈髋关节和膝关节。②**股四头肌**是人体中体积最大的肌，有四个头，四个头合并，向下移行为一个扁腱，包绕髌骨的前面和两侧，越过髌骨成为**髌韧带**，止于胫骨粗隆。作用为伸膝关节、屈髋关节。

内侧群位于大腿内侧，有5块肌，分层排列。浅层由外侧向内侧依次为：**耻骨肌**、**长收肌**和**股薄肌**。在耻骨肌和长收肌深面为**短收肌**，在长收肌和短收肌深面为**大收肌**。这些肌均内收髋关节。

后群位于大腿后面，有3块肌，包括股二头肌、半腱肌和半膜肌。①**股二头肌**，位于股后外侧。②**半腱肌**位于股后内侧。③**半膜肌**位于半腱肌的深面。后群肌的作用为伸髋关节、屈膝关节。

3. 小腿肌　小腿肌位于胫、腓骨的周围，分前群、后群和外侧群。

前群位于小腿前面，有3块肌，由胫侧向腓侧依次排列为（图3-27）①**胫骨前肌**②**踇长伸肌**③**趾长伸肌**。作用为前群各肌均伸踝关节，胫骨前肌可使足内翻，踇长伸肌可伸踇趾，趾长伸肌可伸第2~5趾。

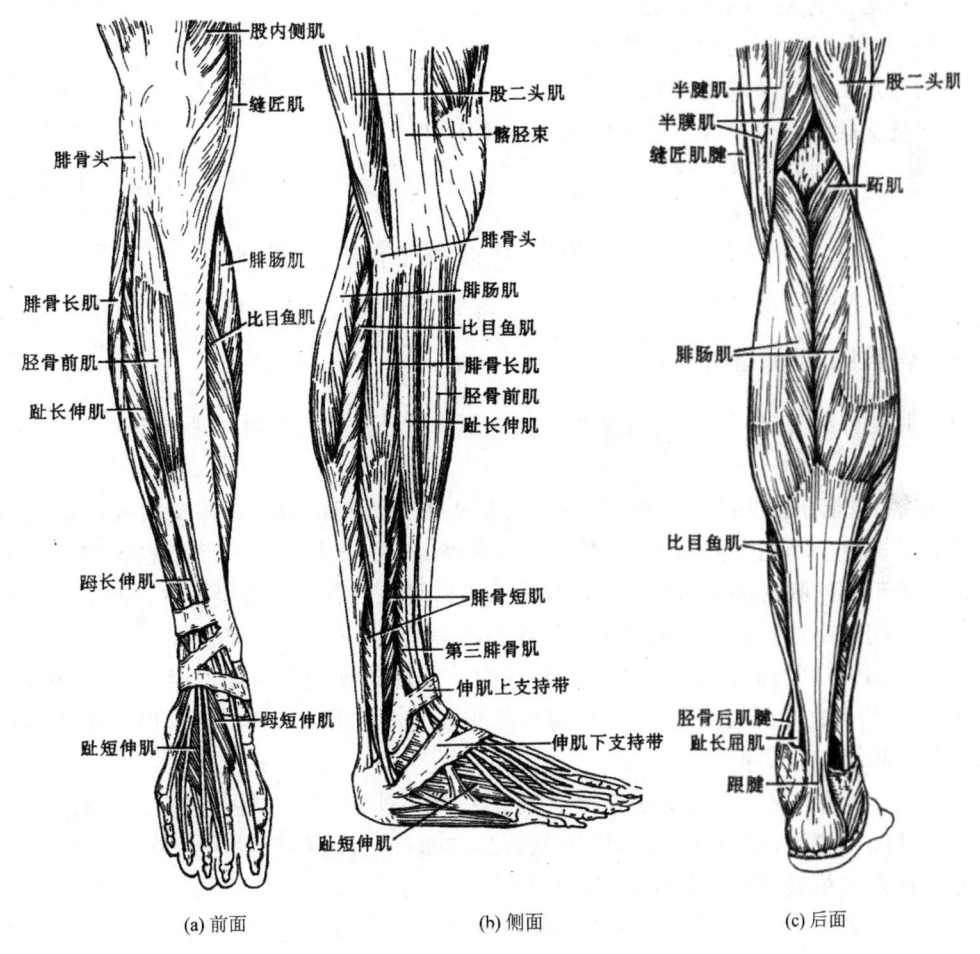

图3-27　小腿肌

外侧群位于腓骨外侧，由浅层的**腓骨长肌**和深层的**腓骨短肌**组成（图 3-27）。作用为足外翻和跖屈，同时有维持足弓的重要作用。

后群位于小腿后方，分浅、深两层，有 6 块肌（图 3-27）。①浅层，为**小腿三头肌**由腓肠肌和比目鱼肌构成。**腓肠肌**位置浅表。**比目鱼肌**位于腓肠肌深面。腓肠肌和比目鱼肌在小腿中部结合，向下移行为粗壮的**跟腱**，止于跟骨结节。作用为足跖屈，腓肠肌可屈膝关节，在站立时能固定膝关节和踝关节，防止身体前倾。②深层，有 4 块肌，上方为腘肌，另外 3 块在下方，为趾长屈肌、踇长屈肌和胫骨后肌。腘肌屈膝关节并使小腿旋内。**趾长屈肌**，屈踝关节和第 2~5 趾。**踇长屈肌**屈踝关节和屈踇趾。**胫骨后肌**屈踝关节及足内翻。

4. 足肌　足肌可分为足背肌和足底肌。足背肌弱小，助伸踇伸趾。足底肌配布和作用与手肌相似，也分为内侧、外侧和中间群。作用为协助各趾运动并维持足弓的稳定。

复习思考题

1. 简述胸锁乳突肌的位置及作用。
2. 腹前外侧壁肌由浅至深有哪些？
3. 简述膈的位置、裂孔和作用。
4. 简述运动肩关节的主要肌肉。
5. 使前臂旋前、旋后的肌有哪些？
6. 简述运动膝关节的主要肌肉。
7. 简述大腿肌的分群、各群肌肉的名称及作用。

（杜建颖）

第三节　骨骼肌收缩的基本原理

一、骨骼肌细胞兴奋的发生

骨骼肌受神经支配。当支配骨骼肌的相应躯体运动神经兴奋时，骨骼肌才能兴奋并发生收缩。

1. 神经-骨骼肌接头结构　神经-骨骼肌接头可分为三部分——接头前膜、接头间隙和接头后膜（图 3-28a）。躯体运动神经纤维以裸露的轴突末梢嵌入到肌细胞膜**终板**的膜凹陷中，但轴突末梢的膜为接头前膜，终板膜为接头后膜，两者并不直接接触，而是被细胞外液形成的接头间隙隔开。轴突末梢含有大量囊泡。囊泡内储存由轴浆合成的乙酰胆碱（ACh），可在神经冲动到达时通过出胞作用，以囊泡为单位地"倾囊"释放。接头后膜分布着能与ACh 特异性结合化学门控通道——N-型乙酰胆碱受体通道。当通道开放时，离子的跨膜扩散可引起终板膜电位变化。

2. 神经-骨骼肌接头兴奋传递过程　如图 3-28b 所示：① 当运动神经元发出的神经冲动传导到神经末梢时，随着神经末梢的去极化，同时还引起 Ca^{2+} 通道开放。② Ca^{2+} 进入轴突末梢，触发大量囊泡移动至接头前膜内侧面。③ 囊泡膜与轴突膜的融合，并在融合处出现破裂口，使囊泡中的 ACh 倾入接头间隙。④ ACh 分子通过接头间隙，与终板膜表面的 N-型乙酰胆碱受体通道结合，使后者开放，允许 Na^+、K^+ 甚至少量 Ca^{2+} 同时跨膜扩散。⑤

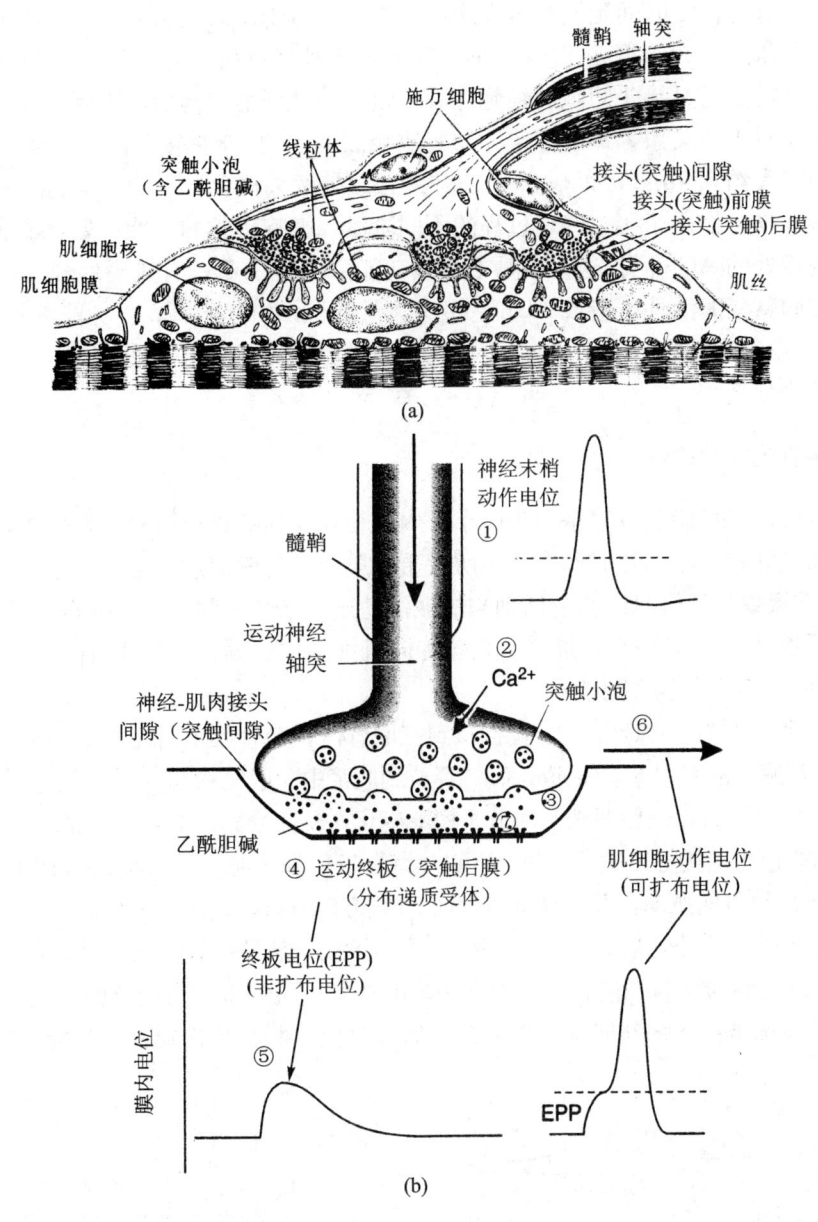

图 3-28 神经-肌接头处的超微结构与兴奋的传递

由于这几种离子在膜两侧的分布差异,实际出现的是以 Na^+ 内流为主引起的终板膜去极化,膜内电位升高,静息电位减小。这一发生在终板膜的去极化电位称**终板电位**。⑥终板电位具有局部电位的特征,以电紧张形式扩布到周围细胞膜,触发膜上的电压门控式 Na^+ 通道大量开放,才引发一次可向整个肌细胞膜传导的动作电位,后者再通过所谓"兴奋-收缩耦联"引起肌细胞产生一次机械性的收缩变化。

虽然终板电位属于局部电位,但每次到达神经末梢的冲动都引起大量的 ACh 释放,以致终板电位远高于肌细胞产生动作电位的阈电位,足以保证每个冲动都能引起肌细胞兴奋及收缩。

神经-骨骼肌肉接头传递的主要特点表现:①单向传递,兴奋只能从神经末梢传给肌纤维,而不能反向进行;②时间延搁是因为递质释放到其与受体通道结合,引起离子跨膜扩散等过程耗时较长所致,大约需 0.5~1.0ms,明显长于神经纤维传导速度;③易受干扰,是因为环节多,又需要通过接头间隙的细胞外液,因而易受环境和药物作用等影响。此外,接头传递能保持 1 对 1 的关系,每次神经冲动所致释放的 ACh 能在接头间隙被胆碱酯酶迅速降解以及清除(大约 0.2ms),否则 ACh 将使终板膜持续去极化,影响下次到来的神经冲动的效应。许多药物可作用于接头传递过程的不同阶段,影响正常的功能。如,重症肌无力是由于骨骼肌终板处的 ACh 门控通道数量不足或功能障碍所引起;有机磷农药和新斯的明等可选择性抑制胆碱酯酶活性,造成 ACh 在接头大量堆积,引起中毒;美洲箭毒和 α-银环蛇毒可以同 ACh 竞争终板膜的 ACh 受体亚单位,因而阻断接头传递而使肌肉失去收缩能力,临床作为肌肉松弛剂。

二、骨骼肌收缩的原理

如第 2 章所述,骨骼肌收缩是因为肌小节内部相互穿插的粗、细肌丝发生相对滑行才使肌肉发生收缩或舒张,而不是肌丝或其中所含蛋白质分子的缩短或折叠。

兴奋-收缩耦联是指将肌细胞电活动与机械活动连起来的中间环节。兴奋-收缩耦联至少包括三个主要步骤:① 电兴奋通过横管系统传向肌细胞的深处;② 三联管结构处的信息传递;③ 肌浆网对 Ca^{2+} 释放和再聚积。

当肌膜上动作电位沿肌膜和 T 管膜扩布到三联管时,T 管膜上特定蛋白质激活,进而激活肌浆网终末池膜上的 Ca^{2+} 释放通道;Ca^{2+} 释放到肌浆中。肌浆的 Ca^{2+} 浓度迅速升高 100 倍。肌钙蛋白得与 Ca^{2+} 结合,使原肌球蛋白分子构象变化,从而暴露出肌动蛋白的 ATP 酶活化位点,并与肌球蛋白头部接触,激活了 ATP 酶,分解 ATP 释放能量,造成肌球蛋白头部构象改变,使头部向 M 线方向扭动,并牵动细肌丝向 M 线方向滑行,使肌小节缩短。

随着动作电位的终止,肌浆中已升高的 Ca^{2+} 可激活肌浆网膜上 Ca^{2+} 泵,逆浓度差将胞浆中的 Ca^{2+} 转回到肌浆网,导致胞浆中 Ca^{2+} 浓度降低。肌钙蛋白与结合的 Ca^{2+} 解离,原肌球蛋白复位,肌球蛋白头部与肌动蛋白分离,肌丝复位,肌小节松弛,肌肉舒张,完成一次收缩周期(图 3-29)。

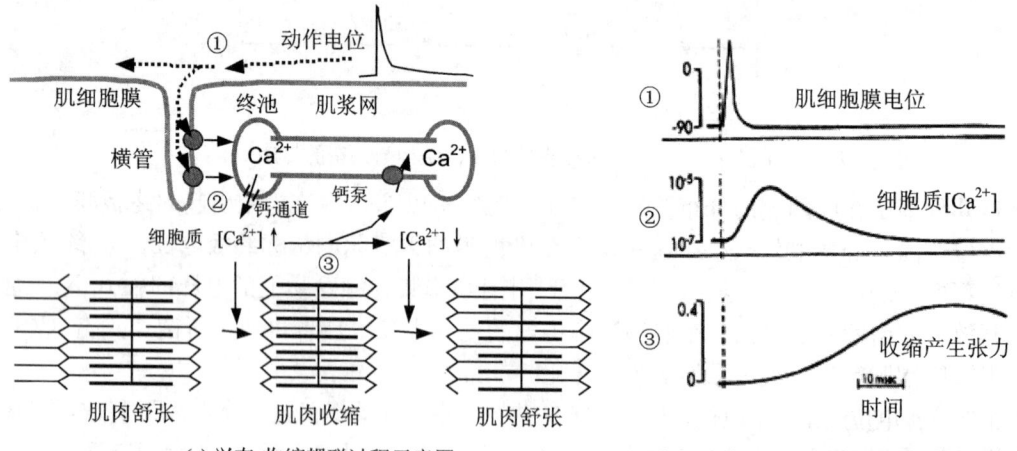

(a) 兴奋-收缩耦联过程示意图　　(b) 肌细胞电、化学和机械变化的对应关系

图 3-29　骨骼肌的兴奋-收缩耦联过程

三、肌肉收缩的形式

1. 等长收缩与等张收缩　肌肉在收缩时遇到的负荷不同，收缩形式也不相同。一些与维持身体固定姿势和对抗外力有关的肌肉如比目鱼肌、项肌等，收缩时以产生张力为主，而长度变化不大。肌肉收缩时长度保持不变，只有张力增加的收缩称为**等长收缩**。而一些与肢体运动和屈曲有关的肌肉，收缩时可表现为肌肉长度缩短为主，而无张力变化的收缩称为**等张收缩**。

肌肉在体内或离体实验条件下可能遇到的负荷主要有两种。一种是在肌肉收缩前就承载的负荷，如把肌肉一端固定，另一端悬挂一定量的重物，这种负荷即**前负荷**。前负荷可使肌肉在收缩前即处于某种被拉长的状态，使其具有一定的长度，称为初长度。前负荷能改变肌肉收缩的初长度。所以，肌肉的前负荷可以用初长度表示。另一种负荷称为**后负荷**，是肌肉在收缩开始后才遇到的负荷或阻力。后负荷不能改变肌肉收缩的初长度，但能阻碍收缩时肌肉的缩短，使肌肉张力增加，呈现等长收缩。当肌肉张力增至超过后负荷时，肌肉开始缩短，张力也不再增加，呈等张收缩。在体内，两种收缩形式同时存在，只是不同的肌肉表现不同，可偏重于等张收缩或等长收缩。前者以产生运动为主要目的，而后者以产生张力，维持机体姿势为主要目的。

2. 单收缩与强直收缩　整块骨骼肌或单个肌细胞受到一次刺激时，先产生一次动作电位，表现兴奋，随之出现一次机械收缩，称为**单收缩**。根据收缩时肌肉所处的负荷条件不同，单收缩可以是等张收缩，或是等长收缩。从给予刺激到肌肉开始收缩，肌肉无明显的外部表现，这一段时期称**潜伏期**，随后为**收缩期**和**舒张期**。一块完整肌肉单收缩的反应情况与刺激强度关系密切，使用阈下刺激肌肉没有反应，只有阈刺激方可引起肌肉最小收缩反应。随着刺激强度的增加，更多的收缩单位发生兴奋，会使收缩反应增强。当全部收缩单位同时活动时，则肌肉出现最大反应。能引起肌肉收缩最大反应的刺激，称为最大刺激。即使最大刺激也只能引起一次最强的单收缩。

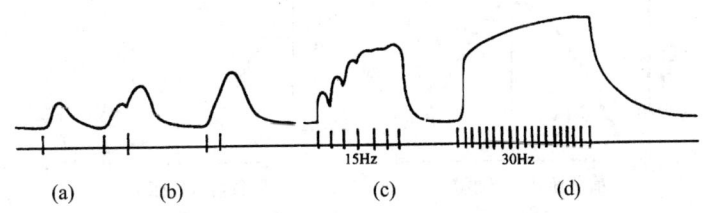

图 3-30　肌肉的单收缩和收缩总和
a：单收缩；b：复合收缩；c：不完全强直收缩；d：强直收缩
上线：肌肉收缩的机械变化记录；下线：电刺激标记

若连续给予肌肉两个最大刺激，并在第一个刺激引起的单收缩尚未结束以前，施加第二次刺激，则可引起比最强单收缩更强的收缩反应，这种现象称为**复合收缩**或**收缩总和**。如果以连续电脉冲刺激肌肉，可出现不同的现象：刺激的频率较低，每一新刺激到来，前一个刺激引起的收缩过程已结束，于是产生一连串各自分开的单收缩；如果增加刺激频率，若后一刺激均在前次收缩的舒张期结束之前作用于肌肉时，则各刺激所引起的单收缩可以融合，使收缩增强，形成**不完全强直收缩**。如果刺激频率增加到后一次刺激落在前次收缩的收缩期内，形成新的收缩，于是各次收缩的张力变化或长度缩短完全融合或叠加，肌肉处于更强的收缩状态，称为**完全强直收缩**（图3-30）。

在体内，躯体运动神经传到骨骼肌的神经冲动都是连续的，所以骨骼肌的收缩都是强直收缩，但强直收缩的持续时间可不同。通常所说的强直收缩实际只是指完全强直收缩。肌肉出现强直收缩是因为骨骼肌的动作电位时程短，不应期也短，保证了第二次动作电位引起的收缩出现在前一次收缩的收缩期内。强直收缩产生的张力比单收缩大，这是由于单收缩时，胞浆内Ca^{2+}浓度升高持续时间太短，以至被活化的收缩蛋白尚未产生最大张力时，胞浆Ca^{2+}浓度就开始下降，因而单收缩产生的张力并未达到胞浆Ca^{2+}水平理应达到的最大张力。强直收缩时，肌细胞前一次动作电位激活引起的Ca^{2+}释放尚未完全从胞浆中回收，后一次Ca^{2+}释放又出现，胞浆Ca^{2+}浓度持续升高，未完全舒张的肌纤维将进一步缩短，收缩张力可达到一个稳定的最大值。

四、影响肌肉收缩的因素

除了刺激的频率外，肌肉的收缩程度主要受前负荷、后负荷与肌肉本身收缩能力的影响。

1. 前负荷对肌肉收缩的影响　前负荷可以影响肌肉的初长度，进而影响肌肉收缩的强度。如果固定后负荷于某一数值，改变肌肉的前负荷，即初长度，其做等长收缩时所产生的主动张力变化的关系可绘制成曲线**长度-张力曲线**（图3-31）。由曲线可见，当前负荷逐渐增加时，肌肉每次收缩所产生的主动张力也相应增大，但前负荷超过某一限度后，再增加前负荷反而使主动张力越来越小，以致最后下降到零。肌肉收缩时产生最大张力的前负荷或初长度称为**最适前负荷**或最适初长度。肌肉在最适初长度条件下进行收缩可以产生最佳效果，即产生最大主动张力。

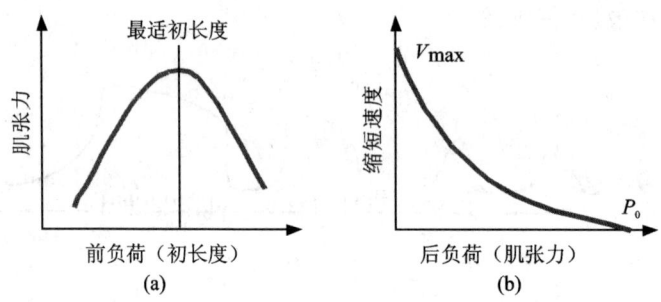

图3-31　前负荷与后负荷对肌肉收缩的影响
a：长度-张力曲线；b：张力-速度曲线

2. 后负荷对肌肉收缩的影响　当肌肉收缩时，由于后负荷的存在，肌肉不能立即缩短，首先表现为增加张力克服阻力。当肌肉张力增加达到与后负荷相等的程度时，后负荷不再阻止肌肉的缩短，于是肌肉开始以一定的速度缩短，负荷亦被提起相应的距离。而且，肌肉一旦开始缩短，张力即不再增加，直到收缩达到最高点，然后肌肉舒张，使被提起的负荷回到原来的位置，张力也下降到原来的水平。由此可见，肌肉在有后负荷的条件下收缩时，先是出现等长收缩增加张力，而后才发生肌肉等张收缩肌肉长度缩短。逐渐增加后负荷时，后负荷越大，肌肉收缩产生的张力越大，肌肉开始出现的缩短的时间也越晚，即肌肉缩短的潜伏期越长。当后负荷增加到某一数值时，肌肉将完全不能缩短，此时缩短速度为零，但肌肉产生的张力却达最大值，这时的收缩为等长收缩。等长收缩虽产生的张力最大，肌肉完全没有缩短，因此，其机械功为零。根据同一肌肉在不同后负荷条件下所产生的张力和它出现缩短时的初速度关系可绘制出**张力-速度曲线**（图3-31）。在有后负荷的条件下，肌肉能产生的张力和它收缩时的初速度呈反变关系。当后负荷增加到某一数值时，收缩产生的张力达到它的最大限度，这时肌肉完全不出现缩短，初速度也成为零。

后负荷影响肌肉收缩的张力、缩短开始时间、缩短速度和缩短程度等4个方面。后负荷过大时虽然肌肉的张力增大，但缩短开始的时间推迟，缩短程度和缩短速度将减小为零，不利于作功；而后负荷过小时，缩短开始时间提前，缩短程度和速度虽增大，但产生张力减小，也不利于作功。因此，在其他因素不变时，肌肉以在中等程度的后负荷情况下收缩，所能完成的外功最大。

3. 肌肉收缩能力对肌肉收缩的影响　**肌肉收缩能力**是指肌肉不依赖于前、后负荷而改变其收缩效应的一种内在特性或肌肉内部的功能状态。肌肉收缩能力增强时，收缩时产生的张力和缩短程度，以及缩短的速度都会提高，表现为长度-张力曲线上移和张力-速度曲线右上移。肌肉收缩能力降低时则发生相反的情况。

复习思考题
1. 运动神经元的兴奋是如何引起骨骼肌细胞兴奋的？有哪些重要特征？
2. 骨骼肌兴奋-收缩耦联的关键结构和物质是什么？
3. 影响肌肉收缩的因素主要有哪些？

（王卫国）

第四节　皮　肤

皮肤是机体巨大的器官，不仅包裹覆盖人体表面，而且还具有感觉、调温、排泄等多种重要功能。

一、皮肤的结构

皮肤由表皮和真皮组成，不同部位的皮肤在厚度、角化程度和毛的分布等方面存在差异，位于手掌和足底部的皮肤为无毛厚皮肤，绝大部分皮肤为有毛薄皮肤。

1. 表皮　表皮位于皮肤最浅层，由角化的复层扁平上皮组成。人体各部的表皮厚薄不一，平均厚约0.07~0.12mm，以手掌与足底最厚。表皮由两类细胞构成，主要是数量多的**角质形成细胞**，其次为数量少，分布于角质形成细胞之间的非角质形成细胞。角质形成细胞的主要功能是合成角质，参与表皮**角化**。

◆ 表皮的分层与角化　表皮由多层角质形成细胞按一定顺序排列组成。在厚的表皮，从深到浅可以分出基底层、棘层、颗粒层、透明层和角质层五层结构（图3-32）；而在薄的表皮一般无透明层，除基底层外其余各层均较薄。

基底层位于表皮最深层，由一层矮柱状基底细胞组成。基底细胞属于一种未分化的幼稚

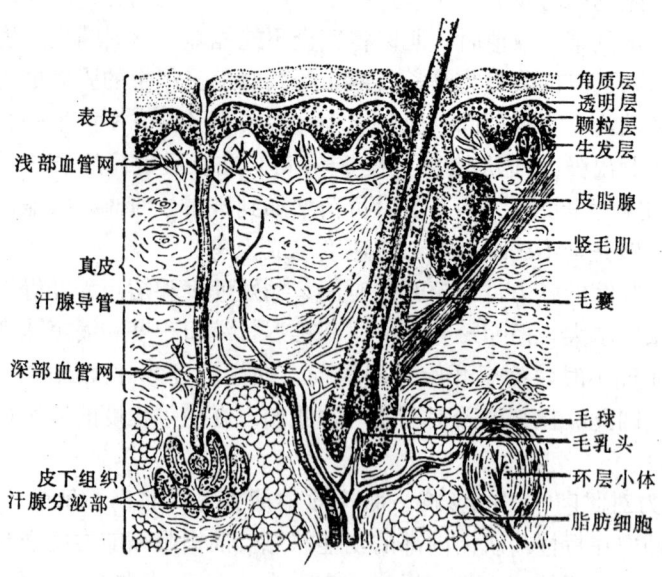

图 3-32 皮肤的基本构造

细胞，有活跃的增殖和分化能力。随着基底细胞增生向浅层推移，逐渐分化为其余各层细胞。

棘层由 4～10 层棘细胞组成。相邻细胞的突起以桥粒相连。

颗粒层由 3～5 层较扁的梭形细胞组成，细胞长轴平行于皮肤表面，细胞核和细胞器渐趋退化。细胞质中的板层颗粒增多，分布在细胞周边，其内容物可排入细胞间隙，在细胞间形成多层膜状结构，构成阻止物质透过表皮的重要屏障。

透明层由几层扁平细胞组成，胞核和细胞器均已消失。透明层只在无毛厚表皮中明显可见。

角质层为表皮的最表层，由多层扁平**角质细胞**组成。角质细胞已完全角化，无细胞核和细胞器，细胞质内充满角质，细胞界限不清。角质为角蛋白丝与致密均质状物质结合的复合体。细胞间隙中充满由板层颗粒释放的脂类物质。细胞膜内面附有一层厚约 12nm 的不溶性蛋白质，故细胞膜增厚。最表层的角质层细胞之间的桥粒解体，细胞连接松散，逐渐脱落成为皮屑。

表皮由基底层细胞增殖、分化、向表面逐层推移至角质层，最后脱落。角质形成细胞不断地脱落、补充与更新，使得表皮各层得以保持正常的结构和厚度。

◆ 非角质形成细胞　**黑素细胞**是生成黑色素的细胞，胞体多散在于基底细胞之间。黑素细胞主要的特征是细胞质内含有许多**黑素体**，其内含的酪氨酸酶，能把酪氨酸转化成**黑色素**。当黑素体充满黑色素后成为**黑素颗粒**。黑色素与皮肤颜色有关，但黑素细胞数量在种族间并无明显差异。皮肤的颜色主要取决于黑素颗粒的含量、大小、稳定性及分布。黑种人的黑素颗粒数量多且颗粒大，不易被酶解，分布于表皮全层；而白种人的黑素颗粒含量少而且体积小，易被酶解，主要分布于基底层；黄种人介于二者之间。黑色素能吸收紫外线，可防止表皮深层的幼稚细胞受损。此外，皮肤的颜色还与皮肤循环的血流量及其含氧量、表皮的厚薄以及其它色素的含量等有关。此外表皮内其他细胞也都独具功能，如郎格汉斯细胞参与免疫功能，梅克尔细胞感受触觉刺激等。

2. **真皮** 真皮位于表皮下，由结缔组织构成，与皮下组织相连。真皮厚薄不一，一般为 1～2mm。眼睑、腋窝、阴茎包皮部较薄，约 0.6mm；手掌和足底部厚约 3mm。真皮可分为乳头层和网织层两层（图 3-32）。

乳头层位于真皮的浅层，较薄，由疏松结缔组织构成。结缔组织向表皮基底部突出，形成乳头状隆起，称**真皮乳头**，使表皮与真皮相互嵌合，有利于两者的牢固连接和表皮的营养。乳头层含较多巨噬细胞、肥大细胞、T 细胞、毛细血管和神经末梢等。富含毛细血管的乳头称血管乳头；富含游离神经末梢和触觉小体的乳头称神经乳头。

网织层位于乳头层下方，较厚，是真皮的主要组成部分，由不规则致密结缔组织构成，与乳头层无明显分界。网织层内有较多粗大的胶原纤维束交织成网，并有许多弹性纤维，使皮肤具有较大的韧性和弹性。此外，网织层内还有较多的血管、淋巴管、神经、毛囊、皮脂腺、汗腺和环层小体等。

3. **皮下组织** 皮下组织位于真皮下方，由疏松结缔组织和脂肪组织构成。皮下组织将皮肤与深部组织相连，使皮肤具有一定的活动性。皮下组织的厚度随个体、年龄、性别和部位而异，腹部和臀部皮下组织厚；眼睑、阴囊等处皮下组织较薄。皮下组织具有连接、保持体温、缓冲机械压力和储存能量等功能。

二、皮肤附属器

1. **毛** 人体皮肤除手掌和足底等部位外，大部分均分布有毛。毛的粗细和长短不一，头发、胡须和腋毛等较粗长；其它部位的毛较细短。

毛由毛干、毛根和毛球三部分组成。**毛干**为伸出皮肤外的部分，埋在皮肤内的部分称**毛根**，毛根外包**毛囊**。毛根和毛囊下端融合并膨大成**毛球**。毛球底部内凹，富含毛细血管和神经的结缔组织突入其中，形成**毛乳头**。毛球是毛和毛囊的生长点，毛乳头对其生长起诱导和营养作用。毛干和毛根由排列规则的角化上皮细胞组成。

毛和毛囊斜长在皮肤内，在它们与表皮表面呈钝角的一侧，有一束斜行平滑肌，称**立毛肌**。它一端附着在毛囊上，另一端与真皮乳头层的结缔组织相连。立毛肌受交感神经支配，当寒冷或情绪激动时，立毛肌收缩，可使毛竖立，同时也有助于皮脂腺排出分泌物。

2. **皮脂腺** 皮脂腺多位于毛囊与立毛肌之间，为泡状腺，由分泌部和导管部组成。皮脂腺的分泌部呈泡状，由多层细胞组成。腺泡周边部是一层较小的幼稚细胞，称基细胞。基细胞有较强的增殖能力。新生的腺细胞体积变大，并向腺泡中心移动，细胞质中形成越来越多的小脂滴。最后，腺细胞由于溶酶体的作用解体，将含脂滴的细胞碎片一同经毛囊排出，即为**皮脂**。皮脂对皮肤和毛发有柔润和保护作用。皮脂腺分泌受雄激素和肾上腺皮质激素的调控，青春期最为活跃。但分泌过多可阻塞腺体开口，形成粉刺。老年人皮脂腺萎缩，皮肤和毛发干枯无光。

3. **汗腺** 汗腺为单曲管状腺，根据分泌方式、分泌物的性质以及腺所在的部位可分为外泌汗腺和顶泌汗腺两种。

外泌汗腺即通常所指的汗腺，由分泌部和导管部组成，遍布全身大部分皮肤中，以手掌、足底和腋窝等处最多。分泌部位于真皮深层或皮下组织内，管径较粗，盘曲成团，由单层立方形或锥体形细胞组成。其中较大的明细胞是分泌汗液的主要细胞。**暗细胞**较小，主要分泌粘蛋白。在腺细胞与基膜之间有肌上皮细胞，其收缩有助于排出分泌物。汗腺导管细长而弯曲，从真皮深部上行，进入表皮后，呈螺旋形上升，开口于皮肤表面的汗孔。

腺细胞分泌的汗液除含大量水分外，还含钠、钾、氯、乳酸盐和尿素等。导管部能吸收一部分钠和氯。汗液分泌对体温调节起重要作用。

顶泌汗腺又称大汗腺，主要分布在腋窝、乳晕及会阴等处。其分泌部管径粗，腺腔大，由一层扁平、立方或矮柱状细胞围成。腺细胞和基膜之间也有肌上皮细胞。导管细而直，由两层立方细胞围成，开口于毛囊上段。分泌物为较浓稠的乳状液，含少量蛋白质、碳水化合物和脂类，当被细菌分解后产生特别的气味，俗称狐臭。腺体的分泌活动受性激素影响，青春期分泌较旺盛，至老年时渐退化。

4. 指（趾）甲　指（趾）甲为指（趾）端背面的硬角质板，由多层紧密排列的角化细胞组成。甲的外露部分称甲体，埋于皮肤内的部分为甲根，甲体深部的皮肤为甲床，由表皮的基底层、棘层和真皮组成，真皮内富含血管，并有特别的动-静脉吻合，称**血管球**。甲根附着处的甲床上皮为**甲母质**，是甲的生长区。甲母质细胞分裂增生，不断向指（趾）的远端移动并角化形成甲。甲体两侧和近侧的皮肤为**甲襞**。甲襞与甲体之间的沟为**甲沟**。甲对指（趾）末节起保护作用。甲床真皮中有丰富的感觉神经末梢，故指甲能感受精细的触觉。

三、皮肤的血管、淋巴管和神经

真皮中有由微动脉和微静脉构成的浅丛和深丛，这些血管丛大致成层状，与皮肤表面平行。动脉和静脉的深丛位于真皮的网织层深部；浅丛也称乳头下丛，位于乳头层下方的网织层的浅层。由乳头下丛发出襻状毛细血管到每个真皮乳头。浅丛与深丛之间分别有垂直方向的血管相通连。皮肤中有淋巴管网，与血管丛平行。毛细淋巴管盲端起始于真皮乳头，逐渐汇合为淋巴管，这些淋巴管通连到皮肤深层和皮下组织的更大淋巴管。皮肤中有丰富的神经纤维和神经末梢。

四、皮肤的再生与愈合

正常情况下，表皮细胞的增殖、角化直至脱落、真皮组织成分的更新和皮肤附属器的周期性生长的变化等，都是皮肤的生理性再生。皮肤受到损伤后的再生和修复，称为补偿性再生。补偿性再生和修复的时间，因损伤的面积和深度不同而异。

当皮肤受损，皮肤的再生既可是纯表皮的再生，也可由表皮和真皮共同修复。小面积的一般损伤，仅伤及表皮浅层时，由生发层细胞分裂增殖来修复愈合，不留瘢痕。如损伤伤及真皮深部或皮下组织时，则不能仅由表皮完成修复，还必须由结缔组织来修复，修复后的真皮内纤维成分明显增多并发生皱缩，而表皮较薄，故呈瘢痕。在大面积损伤时（烧伤），表皮生长较慢，在治疗时为了减少体液的流失和预防感染，一般可从患者本人正常皮肤处切取薄层皮片，移植到创伤面，有助于创面愈合。

五、皮肤的功能

皮肤是机体直接接触生存环境的器官，除了包覆全身外表之外，还与其它器官相互配合，具有多层重要功能。

◆ **保护**　增厚的皮肤角化层耐摩擦，并具有一定程度的不透水性，水和水溶性物质不易吸收，保护体内组织和器官免受外界刺激和损伤。散在于表皮基底的黑色素细胞能产生黑色素，有吸收紫外线、保护深部组织免受辐射损伤的功能。

◆ 吸收　皮肤可吸收挥发性液体和油脂类。皮肤受创伤后，这种吸收能力显著增强，一方面，可因接触某些有毒药物或化合物而中毒；另一方面，有些药物还可通过表皮被真皮吸收，达到治疗目的。

◆ 调温　皮肤参与调节体温。真皮有丰富的血管分布，温热环境中，体温升高时，皮肤血流量因血管舒张而增加，皮肤温度升高便于散热，加之汗腺分泌汗液也可发散热量，结果降低体温。寒冷环境中则又可通过相反的效应，限制体热散失并起到保温作用。

◆ 感觉　位于表皮的游离神经末梢、真皮乳头层内的触觉小体和深部的环层小体等分别能感受痛觉、温觉、触觉和压觉等刺激，并向中枢传入信息，引其相应的感觉。因此可将皮肤看作巨大的感觉器官。

◆ 排泄　汗腺分泌汗液，其中98%～99%为水分，其余为氯化钠、少量的尿素与其它盐类。人体因多种原因发汗增多时，体内的氯化钠排出量也增加，故当发汗增多时除增加饮水外，还应及时补充氯化钠。正常时排出的尿素使皮肤表面呈弱酸性，能限制细菌繁殖，增强皮肤的抗感染力。

◆ 免疫　主要分布于棘层中的郎格汉斯细胞是一种免疫辅助细胞，能捕捉、处理、呈递抗原给T淋巴细胞，参与机体的免疫应答。

此外，在日光的作用下皮肤还能使7-脱氢胆固醇转变为维生素D_3，后者作为激素，参与钙磷代谢的调节。

因此，皮肤是人体的重要器官。很多疾病也会表现在皮肤上，如黄疸或缺氧时皮肤色泽的变化；缺少维生素A时，皮肤变粗糙；某些传染病还可引起皮疹或毛发脱落。

复习思考题

1. 简述表皮与真皮的基本组成结构。
2. 皮肤主要有哪些重要功能？

（王俊艳　刘皓　王卫国）

第四章 神经系统

神经系统是机体各器官活动的主导调节系统,与内分泌系统一起从不同角度共同调节机体的功能活动。人体各器官、系统的功能各异,但都直接或间接处于神经系统的调控之下。神经系统是快速反应调节系统,通过分布在体表和内脏各部位的特殊感觉器官和感受器接收来自内、外环境变化的各种信息,经神经纤维传入中枢,经过中枢整合后,传出控制信息,产生针对性的效应,使相关的组织器官适应环境变化而改变工作状态,从而维持内环境稳态。

第一节 神经系统的组成与形态结构

一、神经系统概貌

1. 神经系统的分部　按所在的位置和功能分为**中枢部**和**周围部**（图4-1），前者又称**中枢神经系统**,包括脑和脊髓；后者又称**周围神经系统**,包括与脑相连的12对**脑神经**和与脊髓相连的31对**脊神经**。周围神经系统又可分为**躯体神经**和**内脏神经**。躯体神经分布于体表,骨、关节和骨骼肌；内脏神经分布于心血管、平滑肌和腺体等内脏。两者均含有感觉和运动两种神经纤维。内脏神经中的传出神经又可分为**交感神经**和**副交感神经**。因内脏神经所调控的运动不受意识直接影响,故也称自主神经。

2. 神经系统的基本结构　神经系统主要由神经组织组成,包括神经元和神经胶质。

◆ **神经元**　神经细胞是神经系统结构与功能的基本单元,称为**神经元**。神经元分胞体和突起两大部分,胞体为神经元的营养中心,突起分树突和轴突（图4-2）。树突的功能是感受刺激信息,轴突能将整合后的信息向外传出。神经元的轴突和包绕其外的神经胶质细胞共同构成神经纤维。依据突起的多寡

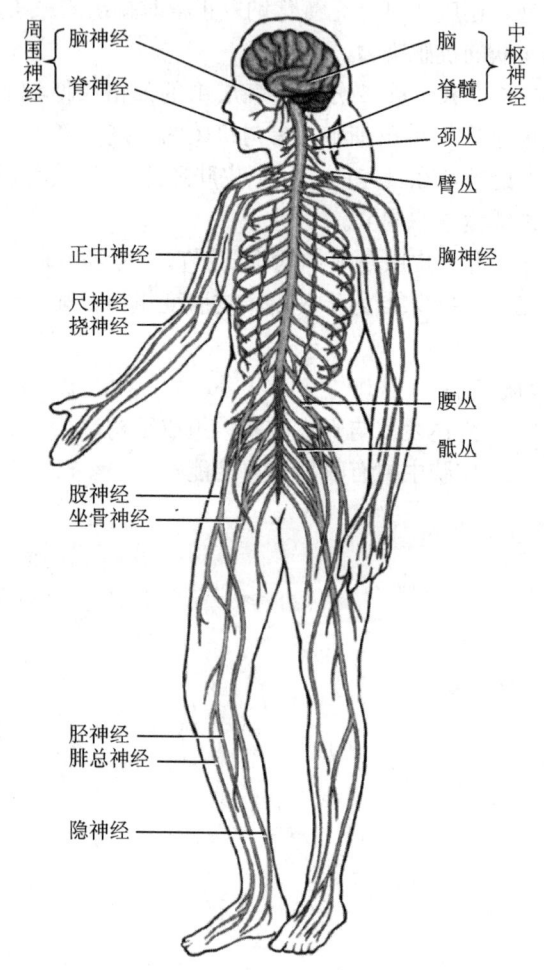

图4-1　神经系统组成的概貌

可分为：**多极、双极**和**假单级**神经元。依据功能的不同可分为：感觉、运动和联络神经元。此外，据神经元所释放神经递质的不同，还可分为胆碱能、去甲肾上腺素能、多巴胺能和5-羟色胺能神经元等。

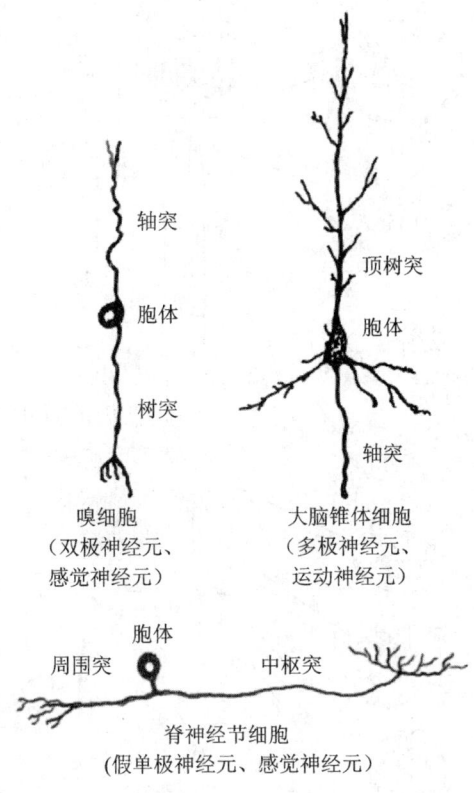

图4-2 几种类型的神经元

◆ 神经胶质 在脑和脊髓中除了神经元外，还有大量神经胶质细胞，其数量约10倍于神经元。它们包绕或填充于神经元的胞体、树突和轴突之间。

3. 神经系统结构常用术语 在中枢神经系统，**灰质**是泛指神经元胞体及其树突的集聚处，在新鲜标本中因富含血管而色泽灰暗，如脊髓灰质。灰质若在脑表面称为**皮质**，如大、小脑皮质。**白质**是泛指神经纤维的集聚处，髓鞘色泽白亮，如脊髓白质。在脑内，皮质深方的白质又称**髓质**。在中枢神经系统，形态和功能相似的神经元胞体聚成一团，称为**神经核**。在周围神经系统则称为**神经节**。在中枢神经系统内，起止、行程和功能基本上相同的一束神经纤维，称为**纤维束**。在周围神经系统，神经纤维聚合成束，外包结缔组织膜，称为**神经**。

二、中枢神经系统

中枢神经系统包括脑和脊髓。脊髓位于椎管内；脑位于颅腔内，脑由端脑、间脑、小脑和脑干组成。

1. 脊髓 **脊髓**呈前后略扁的圆柱形，外包被膜，长约42～45cm。脊髓上端在平枕骨大孔处与延髓相连，末端变细（图4-3）。脊髓可借每对脊神经的出入范围划分为31个脊髓节段，包括颈髓8节、胸髓12节、腰髓5节、骶髓5节和尾髓1节。脊髓全长粗细不等，有**颈膨大**与**腰骶膨大**两个膨大部，因为此处脊髓节段内神经元数量相对较多，是发出支配上肢和下肢脊神经的部位。

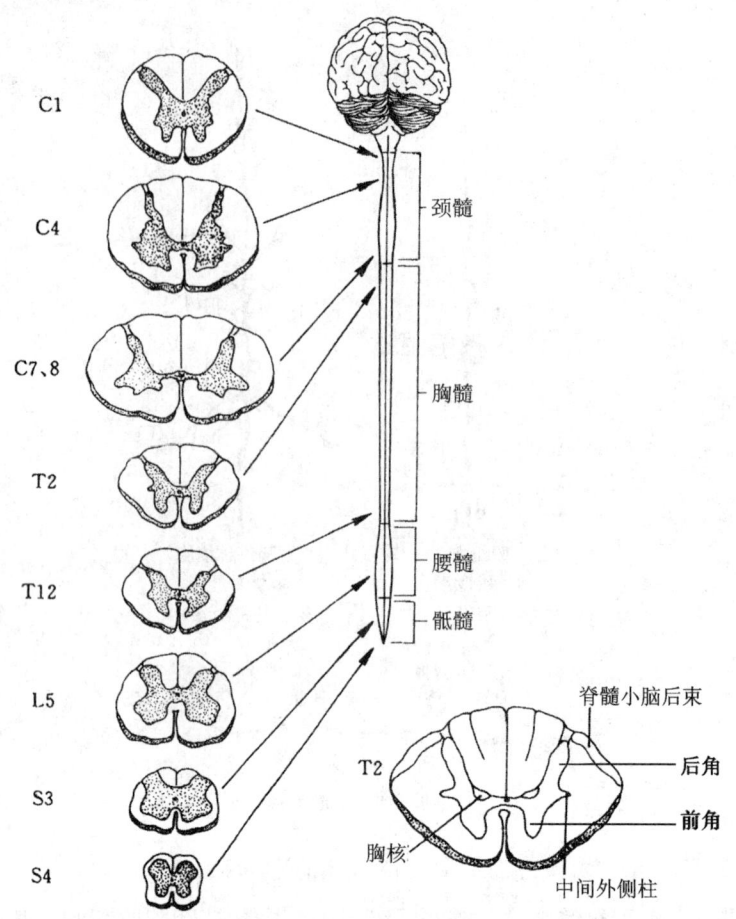

图4-3 脊髓及其不同节段灰、白质构成形态模式
(C.颈；T.胸；L.腰；S.骶)

从横切面观察脊髓（图4-3），正中央有中央管，其周围是蝴蝶形的灰质，主要由神经元的胞体聚集而成。每侧脊髓的灰质，前部扩大称**前角**，含有躯体运动神经元的胞体，其轴突自前外侧沟穿出，构成前根；后部狭长称**后角**，内含后角神经元的胞体，接受后根传入脊髓的各种感觉纤维。脊髓上下的灰质连续为前、后柱。灰质的外周是白质，分**前索**、**外侧索**与**后索**，由纵行的纤维束构成。这些纤维束，一般多按其起止部位命名（图4-4），联络脑和脊髓的上行纤维束（感觉传导束）和下行纤维束（运动传导束），多位于白质的外周。固有束紧贴灰质边缘，联络各脊髓节段的上、下行纤维，完成脊髓节段内或节段间的反射活动。

主要的上行纤维束有：**薄束**和**楔束**位于后索，**脊髓丘脑束**位于外侧索前半和前索中，**脊髓小脑后束**位于L_2以下节段白质外侧索后部，**脊髓小脑前束**位于白质外侧索前部。

主要的下行纤维束为**皮质脊髓束**分为皮质脊髓侧束（位于脊髓侧索后部）和皮质脊髓前

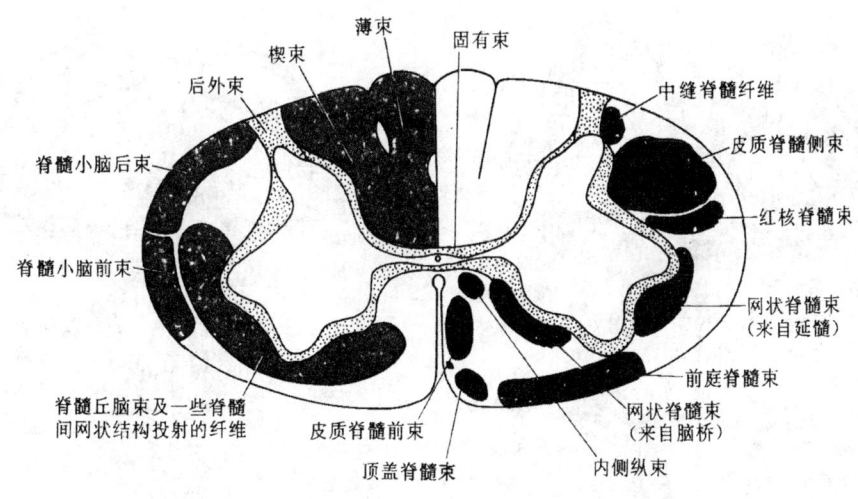

图 4-4 颈髓白质水平面上下行纤维束分布模式
(左侧示上行纤维，右侧示下行纤维)

束（位于前正中裂两侧）。

2. 脑干　脑干包括延髓、脑桥和中脑。向上经中脑接间脑，向下经延髓与脊髓相接，背面接小脑。它们之间的室腔为第四脑室，此室向下与延髓和脊髓的中央管相通，向上与中脑水管相通。脑干中除了界限明显的神经核团和长上、下行纤维束外，还可看到分布相当广泛的、胞体和纤维交织在一起的区域，称为**网状结构**。网状结构在进化上属中枢神经的古老部分，参与多种基本生命活动的调节。

◆ **延髓**　在延髓腹侧面，前正中裂的两侧有锥体束通过形成的**锥体**。组成锥体的纤维大部分交叉到对侧形成**锥体交叉**。在延髓分别有舌下、舌咽、迷走和副神经根依次排列出脑。在延髓深面有薄束核和楔束核。延髓上部中央管敞开为第四脑室（图 4-5，正中沟为第四脑室底部中央）。**第四脑室**位于延髓、脑桥与小脑之间，向上通中脑水管，向下与延髓内的中央管相通。

◆ **脑桥**　腹侧面膨隆为脑桥基底部，下缘借**延髓脑桥沟**与**延髓**分界，沟中自内侧向外侧为展神经、面神经和前庭蜗神经根。基底部向外侧逐渐变窄，移行为**小脑中脚**，脚内纤维向背侧进入小脑。脑桥与小脑中脚交界处，有三叉神经根出脑。脑桥的背侧面形成第四脑室底的上部，其两侧为左、右**小脑上脚**（图 4-5）。

◆ **中脑**　位于脑桥和间脑之间。其内腔狭细，称为**中脑水管**（图中未示出）。中脑腹侧面有一对**大脑脚**。大脑脚的内侧有动眼神经根出脑。中脑背侧有两对圆形隆起，为**上丘**和**下丘**，分别是视觉和听觉反射的中枢。下丘的下方有滑车神经根出脑（图 4-5）。

脑干内部由灰质和白质组成，并出现了大量的网状结构。与脊髓相比，灰质不再是连续的前、后柱，而是一个个独立的神经核。其中一部分为脑神经核，包括行走于脑神经中传出纤维的起始核或传入纤维的终止核，分别称运动核与感觉核；另一部分为非脑神经核，是上、下传导路或中枢回路联络的中继核。

除第Ⅰ与Ⅱ对脑神经外，第Ⅲ～Ⅻ对脑神经均出入脑干，并有相应的核团与其相连。脑神经核在脑干内排列的规律与脊髓灰质的配布基本相似。由于中央管敞开为第四脑室，其周

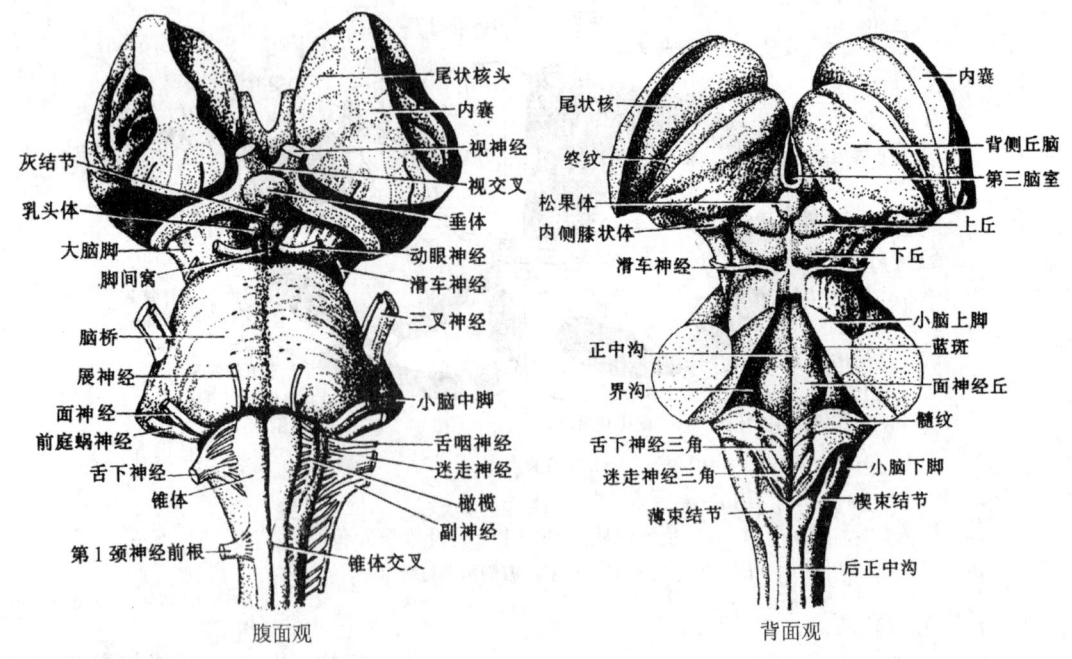

图 4-5　脑干腹面与背面观

围的灰质在此成为第四脑室底灰质。以界沟为界，内侧为脑神经运动核，相当于脊髓的前角和侧角；外侧为感觉性核，相当于脊髓后角（图 4-6）。

躯体运动核共 8 对，有**动眼神经核、滑车神经核、三叉神经运动核、展神经核、面神经核、疑核、副神经核**和**舌下神经核**。这些核均纵列于正中线的两侧，功能和位置相当于脊髓灰质前角。

内脏运动核共 4 对，均为副交感神经核。有**动眼神经副核、上泌涎核、下泌涎核、迷走神经背核**。4 对核纵列于躯体运动核的背外侧。

感觉核又分为内脏感觉核和躯体感觉柱两类。内脏感觉核 1 对，即**孤束核**。躯体感觉柱共 5 对，有**三叉神经中脑核、三叉神经脑桥核、三叉神经脊束核、前庭神经核**和**蜗神经核**。

非脑神经核为除脑神经核以外，脑干灰质中功能各异的许多重要核团。如**薄束核、楔束核**和**下橄榄核**等。

白质内的上行纤维束有内侧丘系、脊髓丘脑束、外侧丘系和三叉丘系，分别传递来自外周的感觉冲动，终止在丘脑不同部位核团。下行纤维束主要是起自大脑躯体运动区皮质至脊髓的**锥体束**，由皮质脊髓束和至脑干脑神经运动核的皮质核束构成。

3. **小脑**　小脑与前庭、脊髓和大脑皮质联系密切，是一个比较高级的躯体运动调节中枢。

小脑两侧的隆起为**小脑半球**，中间的狭窄部为**小脑蚓**（图 4-7）。小脑蚓上的小结向两侧借极薄的绒球脚与绒球相连，共同构成**绒球小结叶**。在小脑上面，"V"形的**原裂**分界了小脑的**前叶**和**后叶**。在小脑下面的前部，有后外侧裂作为后叶和绒球小结叶的分界。

绒球小结叶在进化上出现最早，构成**原小脑**，其纤维联系及功能与前庭密切相关又称**前庭小脑**。小脑蚓部和中间部（前叶）在进化上出现较晚，共同组成**旧小脑**，主要接受来自脊髓的信息又称**脊髓小脑**。小脑的外侧部（除去蚓部的后叶）在进化中出现最晚，构成**新小**

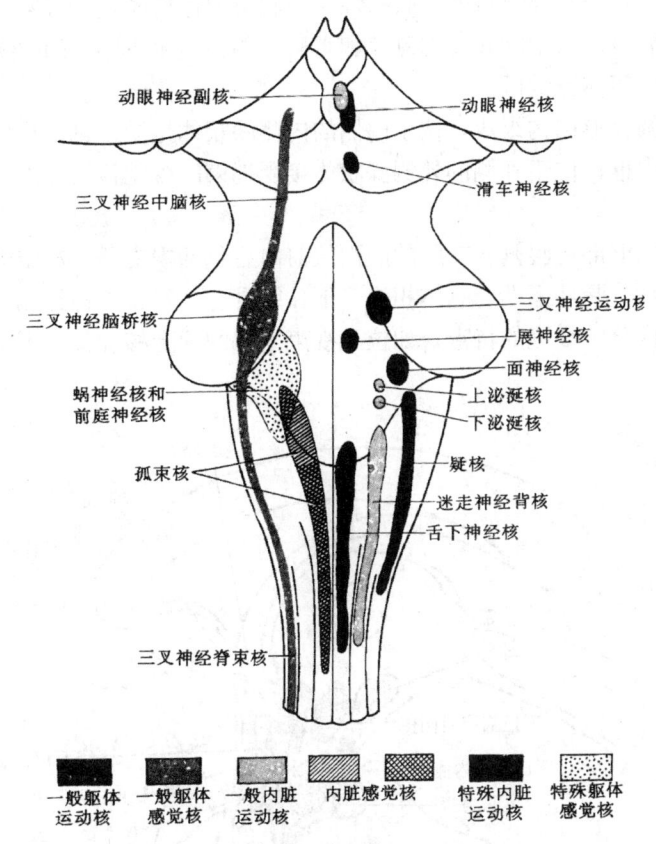

图 4-6 脑神经核在脑干背面的投影

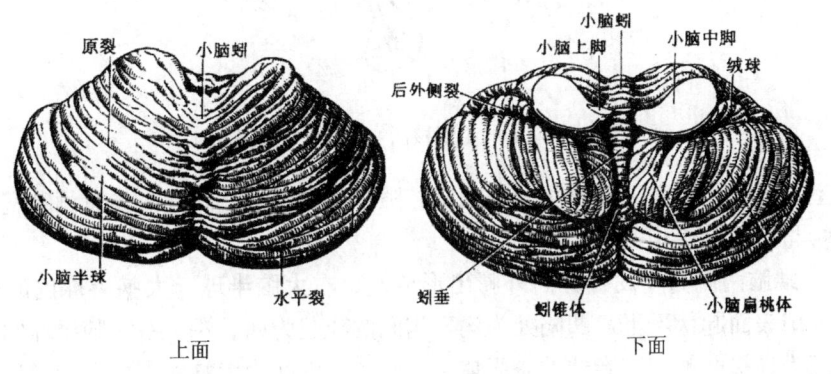

图 4-7 小脑的外形

脑，接受大脑皮质的影响又称**大脑小脑**。

大量的神经元胞体聚集在小脑的表层，形成小脑皮质。小脑内埋有灰质的核团，称小脑核，其中齿状核最大，接受新小脑皮质的纤维，是小脑传出纤维的主要发起核。

4. 间脑　间脑位于中脑和端脑之间，其背面和两侧面由高度发展的大脑半球所掩盖，仅部分腹侧面露于脑底。间脑的内腔为一正中矢状面的窄隙，称第三脑室。间脑可分为背侧丘脑、后丘脑、上丘脑、底丘脑和下丘脑5个部分。

背侧丘脑又称**丘脑**，是间脑的最大结构。其大部分核团均与大脑皮质有往返的纤维联系，其核团可分3类：非特异性核团、联络性核团和特异性核团，后者发生较晚，包括**腹前核**、**腹外侧核**和**腹后核**。其中的腹后内侧核和腹后外侧核是躯体感觉的中继核，传出纤维经内囊投射至大脑皮质躯体感觉区。

后丘脑由两个圆丘形结构组成，位于内侧的**内侧膝状体**接受来自下丘臂的听觉传入纤维投射到颞叶的听觉中枢；位于外侧的**外侧膝状体**接受视束的视觉传入纤维，投射到枕叶的视觉中枢。

下丘脑位于丘脑下部沟腹侧。在脑的底面从前向后包括**视交叉**、**灰结节**和**乳头体**等；灰结节向前下方连**漏斗**，漏斗下端与垂体相连。下丘脑具有一些特殊神经元，既具有一般神经元的特点，又具有内分泌细胞的特点，如位于视束上方的**视上核**和位于视上核上方的**室旁核**等（图4-8）。

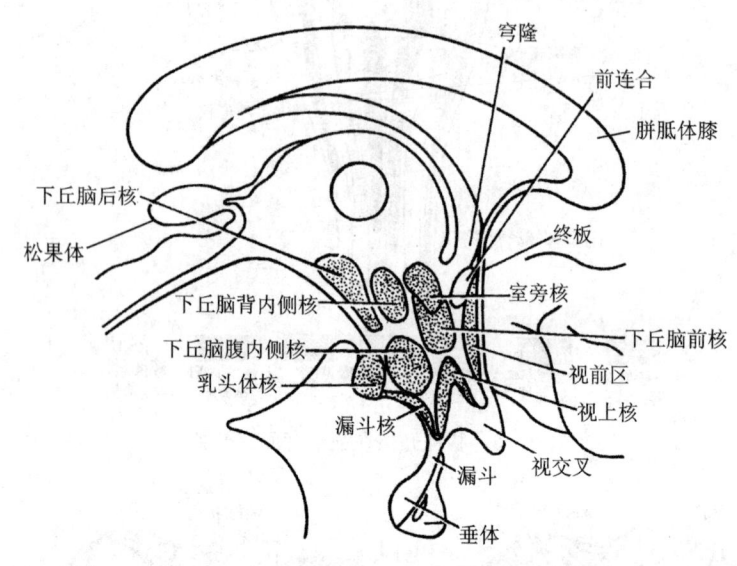

图4-8 下丘脑的主要核团（左脑矢状断面观）

第三脑室是两侧丘脑和下丘脑之间的狭窄腔隙。其前部以室间孔与左右侧脑室相通，向后经中脑水管与第四脑室相通。

5. 端脑 端脑两侧高度发育，向外膨出形成左、右**大脑半球**。大脑半球内的腔隙为侧脑室。大脑半球表面起伏不平，凹陷处为沟，沟间的隆起为回。左、右大脑半球间为**大脑纵裂**，纵裂的底为连接两侧大脑半球的**胼胝体**，大脑和小脑间为**大脑横裂**。大脑半球分为外侧面、内侧面和底面。大脑半球外侧面由**外侧沟**、**中央沟**和**顶枕沟**将每侧大脑半球分为额叶、顶叶、枕叶、颞叶和岛叶（图4-9）。

额叶与**顶叶**以**中央沟**为界，分别位于其前后。**中央沟**前后分别为**中央前回**与**中央后回**。**颞叶**分为**颞上回**、**颞中回**和**颞下回**和**颞横回**。**枕叶**相对较小，位于半球后部，形似三角形。**岛叶**呈三角形岛状，被岛盖所掩盖。

额、顶、枕和颞叶均延伸到大脑半球的内侧面。在半球内侧面，将位于胼胝体周围和侧脑室下角底壁的一圈弧形结构称为**边缘叶**，包括扣带回、海马旁回、钩和海马等结构。额叶底面内有纵行的嗅束，其前端膨大为嗅球（与嗅神经相连，图中未示出）。

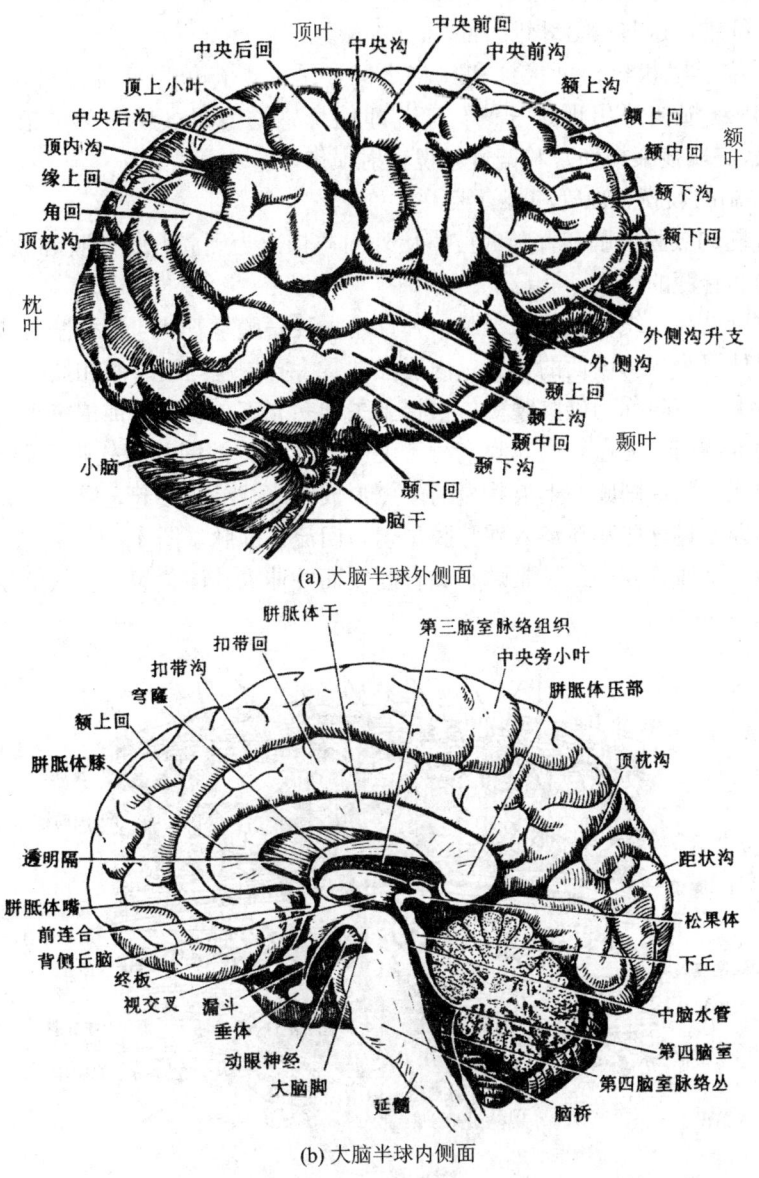

图 4-9 大脑半球外侧面与内侧面

◆ **大脑皮质** **大脑皮质**是大脑半球表面的一层灰质，依据进化，可分为原皮质（海马和齿状回）、旧皮质（嗅脑）和新皮质（占大脑皮质的 96% 以上）。

◆ **基底核** **基底核**位于两侧大脑半球的白质内，因靠近脑底而得名，由尾状核、豆状核、屏状核和杏仁体组成。豆状核在水平切面上呈尖向内的楔形。可分为外侧的**壳**和内侧的**苍白球**。在种系发生上，苍白球出现较早又称**旧纹状体**，尾状核和壳出现较晚又称**新纹状体**。

◆ **髓质** 大脑半球的髓质由大量神经纤维组成，主要包括连合纤维、联络纤维和投射纤维。**连合纤维**是连接左、右半球皮质的纤维，包括胼胝体等。**联络纤维**是指连接同侧半球内各部分皮质的纤维。**投射纤维**是联系大脑皮质和皮质下结构（基底核、间脑、脑干、脊髓）的上下行纤维，这些投射纤维大部分经过内囊。

◆ **内囊** 位于尾状核、豆状核和丘脑之间，是上下行传导纤维通行经过的重要区域（图4-15）。内囊损伤可出现"三偏"症，即偏身感觉障碍（丘脑中央辐射损伤）、偏瘫（皮质脊髓束、皮质核束损伤）和偏盲（视辐射损伤）。

6. 脑和脊髓的被膜、血管和脑脊液

◆ **脑和脊髓的被膜** 脑和脊髓的被膜从外向内依次为硬膜、蛛网膜和软膜，具有保护、支持及营养脑和脊髓的作用。

硬膜为致密结缔组织构成的纤维膜，弹性小。**硬脊膜**呈管状包裹脊髓及脊神经。**硬脑膜**为双层结构，外层为颅骨内面的骨膜，内层在枕骨大孔周围与硬脊膜相续。硬脑膜在某些部位两层分开所形成腔隙称为**硬脑膜窦**，包括**上矢状窦**、**下矢状窦**与**海绵窦**等静脉窦。

蛛网膜为半透明、无血管的薄膜，衬于硬膜的内面。蛛网膜与软膜之间有**蛛网膜下隙**，隙内充满脑脊液。脑蛛网膜在上矢状窦的两侧形成许多绒毛状突起，突入上矢状窦内称**蛛网膜粒**，脑脊液即通过这些颗粒渗入硬脑膜窦内，回流入静脉（图4-10）。

软膜菲薄，富血管和神经，紧贴脑和脊髓表面并伸入其沟、裂中。软脑膜还参与形成脑室内的脉络丛。

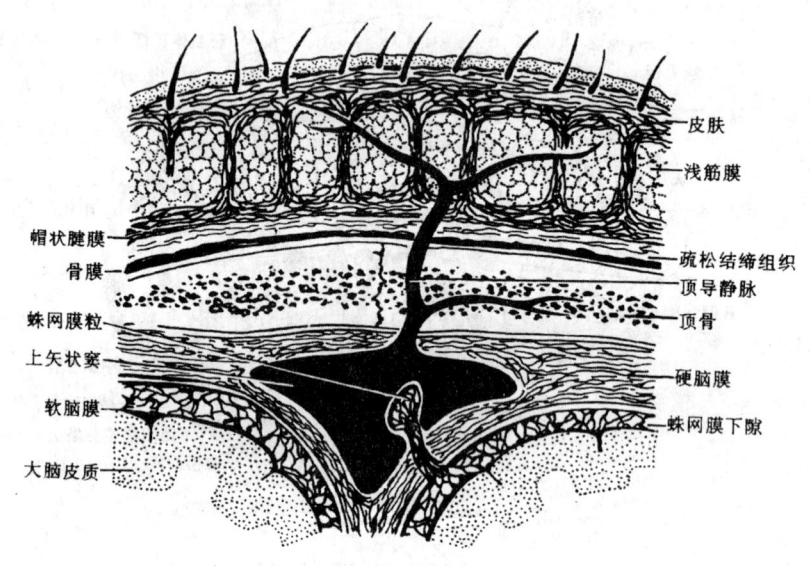

图4-10 蛛网膜粒和硬脑膜窦（颅顶部额状切面）

◆ **脑和脊髓的血管** 人脑仅占体重的2%，但其耗氧量却占全身总耗氧量的20%，脑的血流量约占心输出量的1/6。脑的动脉来源于颈内动脉和椎动脉。脑的静脉最终都通过硬脑膜窦汇入颈内静脉。

脊髓的动脉来源于椎动脉和一些动脉的脊髓支。脊髓的静脉，注入脊髓硬膜外隙内的静脉丛中。

◆ **脑脊液及其循环** 脑脊液是充满脑室系统、脊髓中央管和蛛网膜下隙内的无色透明液体，正常成人总量平均150ml。脑脊液的功能主要是在脑和脊髓形成水垫，起着缓冲和保护作用。同时又相当于外周组织的淋巴，对脑和脊髓起着营养、运输代谢产物及维持正常颅内压的作用。脑脊液主要由脑室脉络丛产生。由侧脑室脉络丛产生的脑脊液经室间孔流入第三脑室，而后向下经中脑水管流至第四脑室，经第四脑室正中孔和外侧孔流入蛛网膜下隙。最后脑脊液流至大脑半球背侧蛛网膜下隙，通过蛛网膜粒渗透入上矢状窦回流入血液中（图4-11），形成脑脊液循环。

（杜建颖，杨 慧）

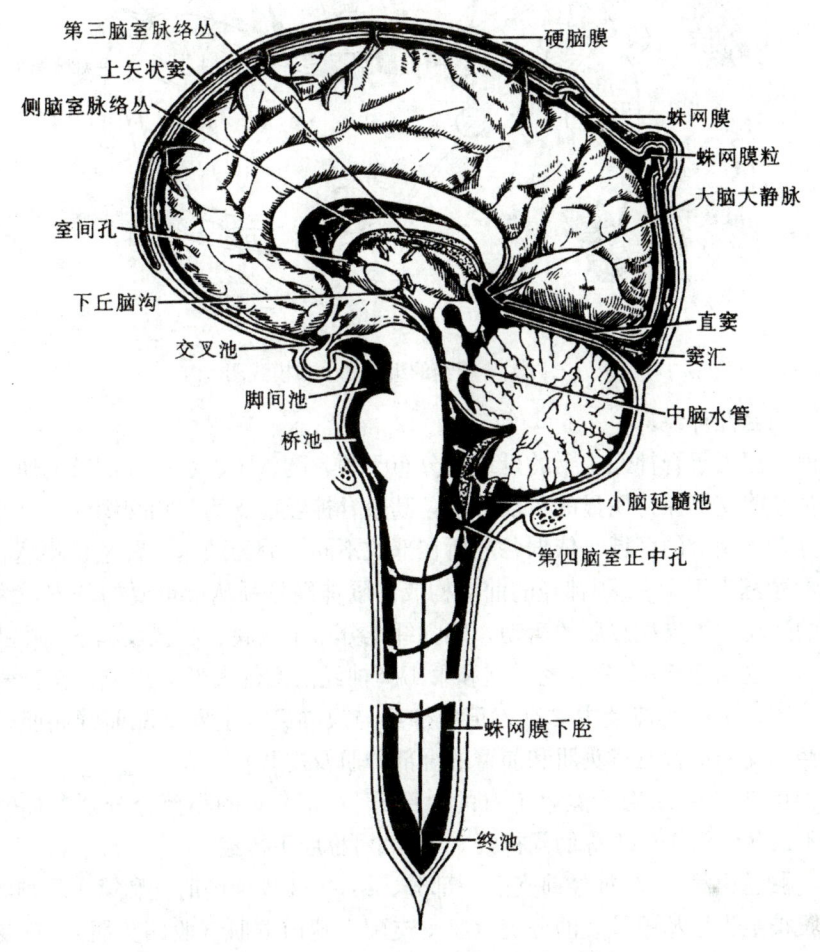

图4-11 脑脊液循环模式图

三、周围神经系统

1. 脊神经 脊神经共31对。每一脊神经由前根和后根在椎间孔处汇合而成，脊神经的前根属运动性，后根属感觉性，所以脊神经都是混合性的神经。每对脊神经均含有四种功能不同的纤维成分：躯体感觉纤维、内脏感觉纤维、躯体运动纤维和内脏运动纤维。

脊神经干很短，出椎间孔后，立即分为4支：后支、脊膜支、交通支和前支（图4-12）。

脊神经**后支**细小，其分布有明显的节段性。分布于项、背、腰和臀部的皮肤及相应的深层肌；**脊膜支**极为细小，分布于脊膜；**交通支**为连于脊神经前支与交感干之间的细支；**前支**

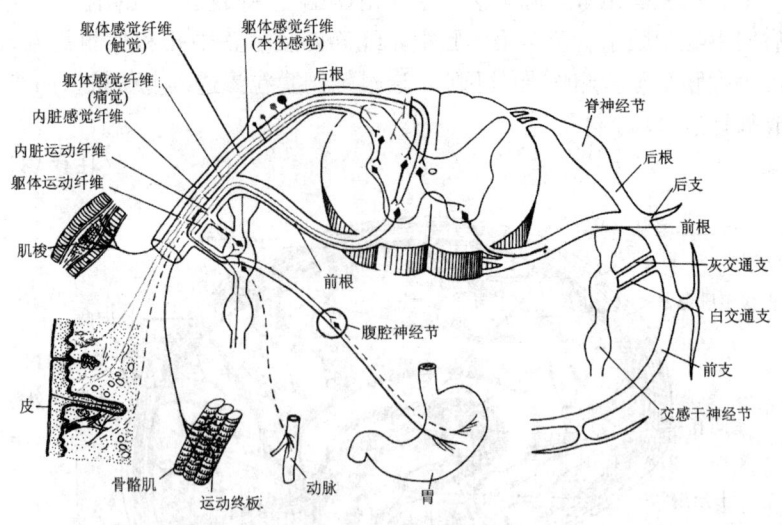

图 4-12 脊神经的组成和分布模式图

最为粗大，为混合性神经。

脊神经前支相当于脊神经主干的延续，分布于颈、胸、腹、会阴和四肢的肌与皮肤。除第 2~11 胸神经前支仍保持明显的节段性外，其余脊神经前支均互相交织成丛（脊神经丛），由丛再分支分布于相应的区域。依据各丛所在部位不同，分为颈丛、臂丛、腰丛和骶丛。

◆ 颈丛　颈丛由第 1~4 颈神经的前支构成。**膈神经**是颈丛最重要的分支，为混合性神经。膈神经的运动纤维支配膈肌的运动，感觉纤维分布于胸膜、心包及膈下面中央部腹膜。

◆ 臂丛　臂丛由第 5~8 颈神经前支和第 1 胸神经前支的大部分组成，在锁骨后方交织成丛。臂丛分布到上肢的神经主要有：**正中神经**与**尺神经**（主要支配前臂屈肌、手肌及皮肤）和**桡神经**（支配上臂肱三头肌和前臂的全部伸肌及皮肤）。

◆ 胸神经前支　共 12 对，除第 1 对的大部分和第 12 对的小部分分别参加臂丛和腰丛外，其余均不成丛。第 1~11 称**肋间神经**，第 12 对称**肋下神经**。

◆ 腰丛　腰丛由第 12 胸神经前支的一部分、第 1~3 腰神经前支和第 4 腰神经前支的一部分组成。**股神经**为腰丛中最大的分支，肌支支配大腿前群肌（股四头肌），皮支分布于大腿和膝关节前面的皮肤、小腿内侧面和足内侧缘的皮肤。**闭孔神经**分支支配大腿内收肌群及大腿内侧区域皮肤。

◆ 骶丛　骶丛由腰骶干及全部骶神经和尾神经的前支组成。骶丛主要分支有：臀上、下神经支配臀部肌肉。还发出分支分布于髋关节。

坐骨神经为全身最粗大的神经，来源于骶丛。在股后部发出肌支支配大腿后群诸肌，发出关节支到膝关节。坐骨神经一般在腘窝上角附近分为胫神经和腓总神经两终支。**胫神经**分布至小腿后面和足底的肌肉和皮肤，**腓总神经**分布于小腿前群肌、外群肌以及小腿外侧面和足背、趾背大部分皮肤。

2. 脑神经　脑神经是连于脑的周围神经，共 12 对。按其排列顺序，分别用罗马数字表示为Ⅰ嗅神经、Ⅱ视神经、Ⅲ动眼神经、Ⅳ滑车神经、Ⅴ三叉神经、Ⅵ展神经、Ⅶ面神经、Ⅷ前庭蜗（位听）神经、Ⅸ舌咽神经、Ⅹ迷走神经、Ⅺ副神经和Ⅻ舌下神经（图 4-13）。

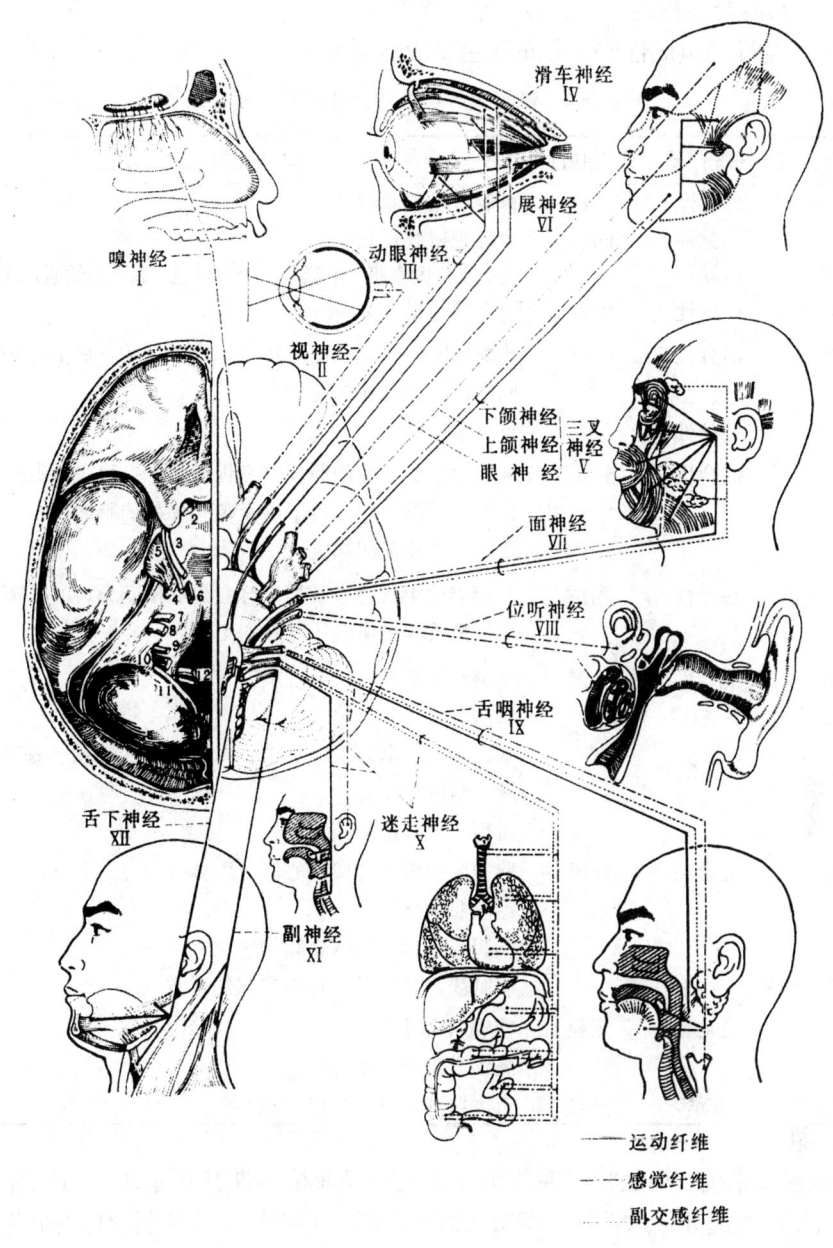

图 4-13　脑神经概观

脑神经的成分较脊神经复杂，主要有四种成分：①躯体感觉纤维　将来自皮肤、肌、肌腱和大部分口、鼻腔粘膜以及位听器和视器的感觉冲动传入脑内有关的神经核。②内脏感觉纤维　将来自头、颈、胸、腹的脏器以及味蕾和嗅器的感觉冲动传入脑内有关的神经核。③躯体运动纤维　脑干内躯体运动核发出的纤维分布于眼外肌、舌肌、咀嚼肌、面肌和咽喉肌等。④内脏运动纤维　脑干的内脏运动核发出的纤维支配平滑肌、心肌和腺体。

每对脑神经所含的纤维成分多者 4 种，少者 1 种。如果按各脑神经所含的主要纤维成分和功能分类，可将 12 对脑神经分为：感觉性神经（Ⅰ、Ⅱ、Ⅷ）、运动性神经（Ⅲ、Ⅳ、

Ⅵ、Ⅺ、Ⅻ）和混合性神经（Ⅴ、Ⅶ、Ⅸ、Ⅹ）。

12对脑神经纤维组成性质、分布和主要功能见表4-1。

表4-1 脑神经纤维性质、分布和主要功能

脑神经	纤维性质	连接脑部	神经分布和主要功能
Ⅰ嗅神经	感觉性	端脑	鼻腔嗅粘膜嗅觉
Ⅱ视神经	感觉性	间脑	眼球视网膜视觉
Ⅲ动眼神经	运动性	中脑	上、下、内直肌，下斜肌，上睑提肌，瞳孔括约肌，睫状肌的运动
Ⅳ滑车神经	运动性	中脑	上斜肌运动
Ⅴ三叉神经	混合性	脑桥	头面部皮肤，口腔、鼻腔粘膜，牙及牙龈，眼球，硬脑膜的感觉。咀嚼肌、镫骨肌的运动
Ⅵ展神经	运动性	脑桥	外直肌运动
Ⅶ面神经	混合性	脑桥	面部表情肌，颈阔肌，茎突舌骨肌，二腹肌后腹的运动。泪腺，下颌下腺，舌下腺及鼻腔和腭的腺体。舌前2/3味蕾的味觉
Ⅷ前庭蜗（位听）神经	感觉性	脑桥	平衡器的半规管壶腹嵴、球囊斑和椭圆囊斑的平衡觉。耳蜗螺旋器的听觉
Ⅸ舌咽神经	混合性	延髓	茎突咽肌运动 腮腺 咽、鼓室、咽鼓管、软腭、舌后1/3的粘膜、颈动脉窦、颈动脉小球的感觉。 舌后1/3味蕾的味觉
Ⅹ迷走神经	混合性	延髓	胸腹腔内脏平滑肌、心肌、腺体 咽喉肌的运动 胸腹腔脏器、咽喉粘膜的感觉 硬脑膜、耳廓及外耳道皮肤的感觉
Ⅺ副神经	运动性	延髓	咽喉肌运动 胸锁乳突肌、斜方肌运动
Ⅻ舌下神经	运动性	延髓	舌内肌和部分舌外肌运动

3. 内脏神经系统　内脏神经系统也称自主神经或植物性神经系统。内脏神经中含有感觉和运动两类纤维成分，运动纤维调节内脏平滑肌、心肌活动并控制腺体的分泌；内脏感觉纤维分布于内脏粘膜、心脏和血管壁的内感受器。一般而言，内脏神经系统仅指支配内脏器官的传出神经部分（图4-14）。内脏运动神经和躯体运动神经一样受大脑皮质和皮质下各级中枢的调节，只是不受意识的控制。

内脏运动神经与躯体运动神经在形态结构和功能上都有较大的差别（表4-2）

内脏运动神经分为交感神经和副交感神经，两部分都有各自的中枢部和周围部。

◆ **交感神经**　低级中枢位于脊髓胸1至腰3节段的灰质侧角，节前纤维即从此部的细胞发出。交感神经节分：①椎旁神经节，位于脊柱两旁。每一侧的椎旁节借节间支连成一条交感干。②椎前神经节，位于脊柱前方，包括腹腔神经节、主动脉肾神经节、肠系膜上神经节和肠系膜下神经节等。交感神经的节后纤维分布有3种去向：①经灰交通支返回脊神经，随

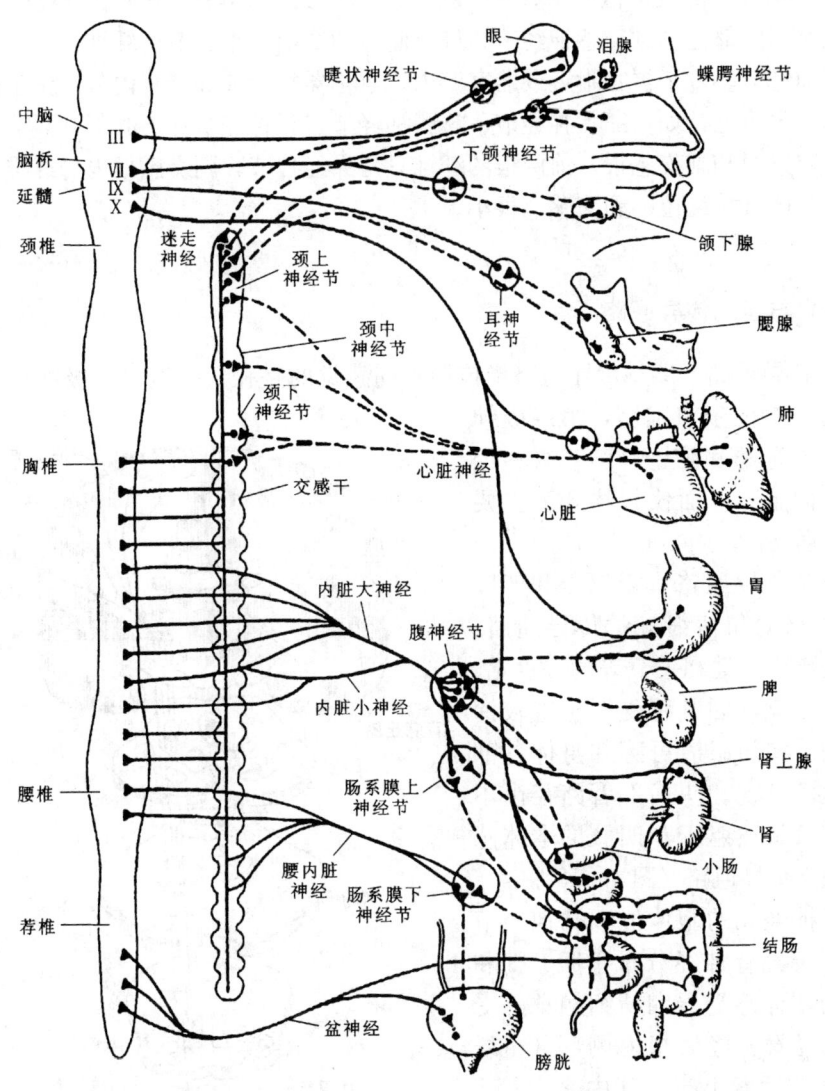

图 4-14 内脏运动神经概况
实线为节前纤维；虚线为节后纤维

脊神经分支分布至躯干和四肢的血管、汗腺和竖毛肌等处。②攀附动脉走行，在动脉外膜处形成神经丛（如颈内、外动脉丛等），并随动脉分支分布到所支配器官。③由交感神经节直接发分支分布到所支配的脏器。

表 4-2　内脏运动神经与躯体运动神经的主要差别

神经系统	支配的器官	纤维成分	神经元数目	纤维直径	神经分布形式
躯体运动神经	骨骼肌	一种	一个神经元	较粗的有髓纤维	神经干
内脏运动神经	平滑肌、心肌和腺体	交感和副交感神经两种	两个神经元（节前神经元和节后神经元）	薄髓（节前纤维）和无髓（节后纤维）的细纤维	神经丛

◆ **副交感神经** 低级中枢位于脑干的副交感神经核和脊髓骶 2~4 节段灰质的骶副交感核。副交感的周围部包括副交感神经节和进出此节的节前纤维和节后纤维。

副交感神经节多位于器官附近或器官壁内，故称器官旁节和器官内节。位于颅部的器官旁节较大，肉眼可见，如：睫状神经节、翼腭神经节、耳神经节和下颌下神经节。每个节都有感觉根、交感根和副交感根，前两根的纤维只是穿经各节，副交感根内的纤维至节交换神经元。位于身体其它部位的副交感节很小。

（杨慧，杜建颖）

四、感觉与运动传导通路

1. 感觉传导通路 感觉传导通路指传导不同感觉的路径，一般由三级神经元构成，第一级神经元一般位于节细胞，第二级神经元一般位于脊髓和脑干，第三级神经元一般位于间脑。下面仅叙述几种主要的感觉传导通路。

◆ **深感觉传导通路** 指躯干和四肢意识性本体感觉和精细触觉传导通路。本体感觉是指肌、腱和关节等的位置觉、运动觉和振动觉，因其感受器位置较深又称深感觉。如闭眼时可感知身体各部的位置及运动状况。头面部者路径尚不明了，这里只叙述躯干和四肢的本体感觉和精细触觉传导通路（图 4-15）。

第一级神经元的胞体位于脊神经节内，其周围突经脊神经分布于肌、腱和关节等处的本体感受器和精细触觉感受器，中枢突经脊神经后根内侧部（粗纤维）进入脊髓后索上行，其中来自第 5 胸节以下的后根纤维在后索的内侧部形成薄束，来自第 4 胸节以上的感觉传导通路在后索的外侧部形成楔束。两束上行至延髓分别止于薄、楔束核。第二级神经元胞体即薄、楔束核，由二核发出的弓状纤维向前绕过中央灰质的腹侧，在中线处左右交叉形成内侧丘系交叉，交叉后纤维行于延髓中线两侧锥体后方折向上行，称内侧丘系。经脑桥和中脑向上止于丘脑的腹后外侧核，后者发出第三级纤维组成丘脑中央辐射，经内囊后肢投射至中央后回的中、上部和旁中

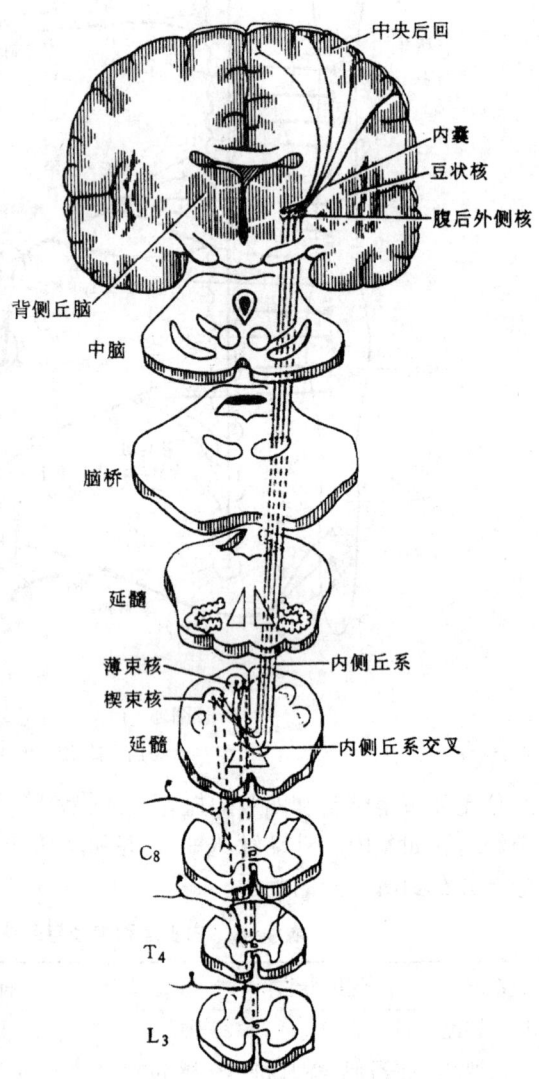

图 4-15 本体感觉和精细触觉传导通路

央小叶后部，其中部分纤维投射至中央前回。

内侧丘系交叉以上损伤，症状表现在损伤对侧，内侧丘系交叉以下损伤，症状表现在损伤同侧，不能感知肢体的空间位置和姿势，靠视觉行走，闭目后则容易倾倒。同时精细触觉（如两点定位觉）也丧失。

◆ 浅感觉传导通路　痛觉、温觉和粗触觉传导通路　该通路又称浅感觉传导通路，由三级神经元组成（图4-16）。

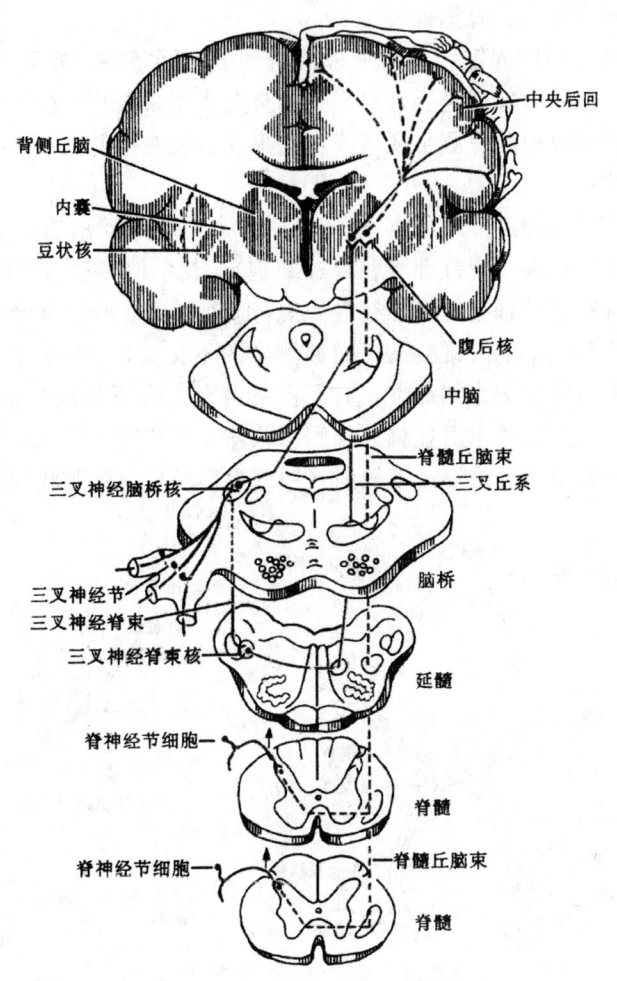

图4-16　痛、温和粗触觉传导通路

躯干和四肢的浅感觉传导通路　第一级神经元的胞体在脊神经节，其周围突经脊神经分布于躯干、四肢皮肤内的感受器，中枢突经脊神经后根进入脊髓，止于后角细胞。第二级神经元的胞体主要位于脊髓灰质后角，发出纤维经白质前连合斜越上升1～2个脊髓节段，交叉到对侧的外侧索和前索上行形成脊髓丘脑束。经延髓、脑桥和中脑，在内侧丘系的背外侧，向上止于丘脑腹后外侧核。第三级神经元的胞体位于丘脑腹后外侧核，发出的纤维组成丘脑中央辐射，经内囊后肢投射至中央后回中、上部和旁中央小叶后部。

脊髓丘脑束或以上损伤，症状表现为损伤的对侧痛温觉丧失。

头面部的浅感觉传导通路　第一级神经元胞体位于三叉神经节内，周围突经三叉神经分支分布于头面部皮肤及口、鼻腔粘膜的感受器，中枢突经三叉神经根入脑桥。其中传导痛、温觉的纤维下降形成三叉神经脊束，止于三叉神经脊束核；传导触觉和压觉的纤维上升止于三叉神经脑桥核。第二级神经元的胞体位于三叉神经脊束核和脑桥核，其发出的纤维交叉至对侧形成三叉丘系，止于丘脑的腹后内侧核。第三级神经元的胞体位于丘脑的腹后内侧核，其发出的纤维组成丘脑中央辐射，经内囊后肢投射至中央后回下部。

三叉丘系以上损伤，症状表现为损伤对侧头面部痛、温觉丧失，三叉丘系以下损伤，症状表现为损伤同侧头面部痛、温觉丧失。

◆ **视觉传导通路** 眼球固定、向前平视所看到的空间范围称**视野**。视野可分为颞侧半视野和鼻侧半视野。由于眼球屈光装置对光线的折射作用，鼻侧半视野物像投射到颞侧半视网膜，颞侧半视野物像投射到鼻侧半视网膜，上半视野物像投射到下半视网膜，下半视野物像投射到上半视网膜。

视觉传导通路由三级神经元组成（图4-17）。第一级神经元是位于视网膜内的双极细胞，其周围突至视觉感受器（视锥细胞和视杆细胞），其中枢突至节细胞。第二级神经元是位于视网膜内的节细胞，其轴突在视神经盘处集合成视神经，经视神经管入颅腔，形成视交叉（来自两眼视网膜鼻侧半的纤维交叉，而颞侧半的不交叉）。经视交叉后组成视束（左侧视束含有来自两眼视网膜左侧半的纤维，右侧视束含有来自两眼视网膜右侧半的纤维）。视束向后绕过大脑脚，主要终止于后丘脑的外侧膝状体。第三级神经元的胞体位于外侧膝状体内，由外侧膝状体核发出的纤维形成视辐射，经内囊后肢投射到距状沟两岸（皮层视觉区）。

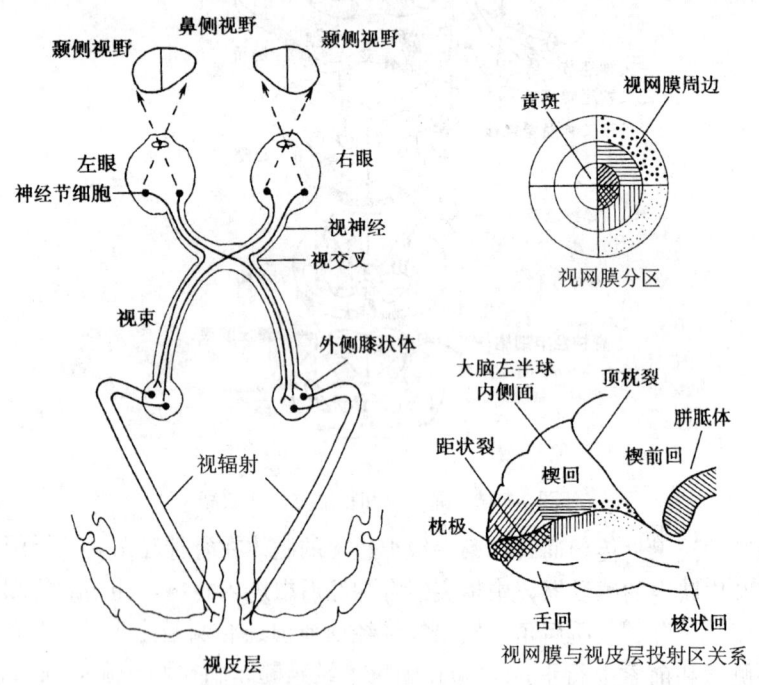

图4-17 视觉传导通路及视网膜各部分在视皮质投射的关系

视觉传导通路不同部位损伤可致不同的视野缺损：①一侧视神经损伤可致患侧视野全盲；②视交叉中央部（交叉纤维）损伤（垂体瘤压迫）可致双眼视野颞侧偏盲；②视交叉外

侧部（不交叉纤维）损伤（颈内动脉瘤压迫）可致患侧视野鼻侧半偏盲；③一侧视束、视辐射或视觉区的损伤可致双眼对侧视野同相性偏盲，如右侧损伤可致右眼视野鼻侧半和左眼视野颞侧半偏盲。

◆ 听觉传导通路　听觉传导通路由四级神经元组成（图4-18）。第一级神经元为双极细胞，胞体位于蜗螺旋神经节内，其周围突分部于内耳的螺旋器（Corti器），中枢突组成蜗神经，与前庭神经一起经内耳道入颅腔，第二级神经元的胞体位于脑干的蜗神经前核和后核，其发出纤维大部分横穿内侧丘系形成斜方体，越过中线至上橄榄核外侧折向上行形成外侧丘系（而少部分不交叉纤维进入同侧外侧丘系（图中未示出））。外侧丘系向上，大部分止于下丘，（少部分直接止于内侧膝状体）。第三级神经元的胞体位于下丘，其发出纤维经下丘臂止于内侧膝状体。第四级神经元的胞体位于内侧膝状体，其发出纤维组成听辐射，经内囊后肢投射到颞横回。

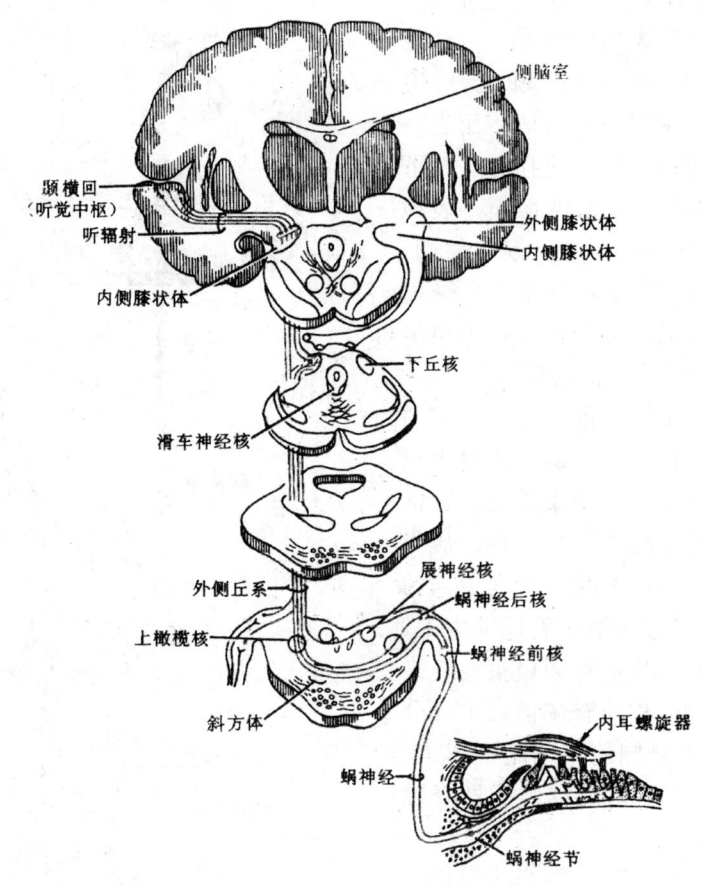

图4-18　听觉传导通路

由于外侧丘系含有来自两侧的听觉纤维，故单侧外侧丘系、听辐射及听觉区损伤不致产生听觉明显障碍。

2. 运动传导通路　运动可分为躯体运动、特殊内脏运动和内脏运动。运动传导通路常指躯体运动（含特殊内脏运动）传导通路。其中按形态和功能的不同又分为锥体系和锥体外系。

◆ **锥体系** 锥体系为主要的运动传导通路，调控骨骼肌的随意运动，由上、下两级神经元组成。**上运动神经元**起自中央前回和中央旁小叶前部的巨型锥体细胞和其它的锥体细胞。该神经元的轴突共同组成锥体束下行，其中止于脑干脑神经运动核的称为**皮质核束**，止于脊髓前角细胞的称为**皮质脊髓束**。**下运动神经元**胞体位于脑干躯体运动核和脊髓前角运动细胞。其轴突分别组成脑、脊神经的运动纤维，分别支配头面部、躯干和四肢的骨骼肌。

皮质核束 由中央前回下部发出，经内囊下行至脑桥和延髓。该束在脑干的下行过程中，陆续分支中止于同侧或对侧的脑神经躯体运动核，其中大部分纤维终止于双侧脑神经运动核，小部分纤维完全交叉到对侧，终止于面神经核下部（主要支配口周围肌）和舌下神经核，分别支配面下部表情肌和舌肌。因此，面神经核下部和舌下神经核只受对侧皮质核束的单侧支配，而其它脑神经运动核均受双侧皮质核束的支配。故当一侧皮质核束受损时（核上瘫），病人可出现对侧眼裂以下面肌和对侧舌肌瘫痪，如对侧鼻唇沟消失，口角低垂，脸歪向病灶侧，不能作鼓颊、露齿等动作，伸舌时舌尖偏向病灶对侧。而当一侧面神经（包括面神经核）受损时（核下瘫），会出现患侧所有面肌的瘫痪，表现为额纹消失，不能闭眼，口角偏向健侧。一侧舌下神经（包括舌下神经核）受损时，会出现患侧舌肌的瘫痪，表现为患侧舌肌萎缩，伸舌时舌头偏向患侧。

皮质脊髓束 由中央前回中、上部和中央旁小叶前部发出。经内囊至延髓腹侧的锥体。在锥体下端左右两束交叉，称锥体交叉。约4/5的纤维交叉到对侧，成为皮质脊髓侧束，走在脊髓外侧索中；约1/5的纤维不交叉，直接降于脊髓前索中，成为皮质脊髓前束。皮质脊髓侧束的纤维终于同侧前角细胞。皮质脊髓前束大部分经白质前连合止于对侧前角细胞（图4-19）。该传导通路的下运动神经元即脊髓前角细胞。

上运动神经元和下运动神经元损伤
锥体系对随意运动的调控是通过上运动神经元和下运动神经元的完整性实现的，若其完整性受到损伤（锥体束的损伤或下运动神经元的损伤）就会导致瘫痪。上运动神经元损伤表现为：①痉挛性瘫痪（硬瘫）；②肌张力增高，腱反射亢进；③浅反射（腹壁反射和提睾反射）减弱或消失；④出现

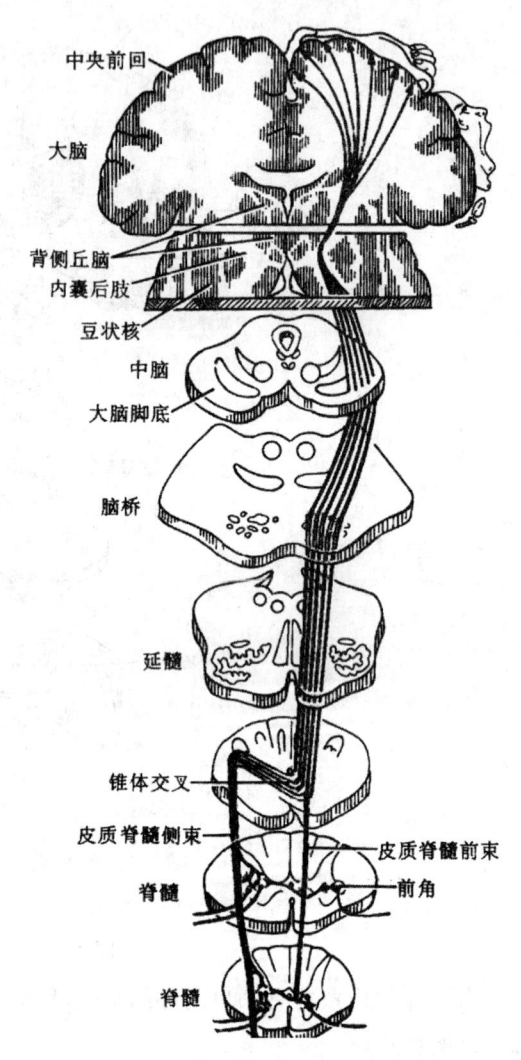

图4-19 锥体系（示皮质脊髓束）

病理反射（如 Babinski 征）；⑤短期无肌萎缩。这些症状均为上运动神经元对下运动神经元抑制作用丧失所致。下运动神经元损伤表现为：①迟缓性瘫痪（软瘫）；②肌张力降低，腱反射消失；③浅反射消失；④无病理反射；⑤短期出现肌萎缩。这些症状均为失去神经直接支配所致。

◆ **锥体外系** 锥体外系是指锥体系以外影响和控制躯体运动的传导通路。主要结构包括大脑皮质、纹状体、小脑、丘脑、底丘脑核、红核、黑质、脑桥核、前庭神经核和脑干网状结构等。在种系发生上，锥体外系较为古老，在哺乳类（特别是人类），由于大脑皮质和锥体系的高度发展，锥体外系逐渐退居从属地位。人类锥体外系的主要功能是调节肌张力、协调肌肉运动、维持体态姿势、完成习惯性和节律性的动作等，损伤后不出现瘫痪，而出现肌张力、肌协调和姿势障碍。

锥体系和锥体外系在运动功能上是一个不可分割的整体。实现精细的随意运动时，是以锥体系为主导（发动、方向和终止），在锥体外系的参与下共同完成的。由此可见大脑皮质对于躯体运动的管理是通过锥体系和锥体外系的协调活动来实现的。

复习思考题

1. 何谓灰质、白质、神经核、纤维束、神经节、神经？
2. 脑干由哪几部分构成？
3. 大脑半球分哪几个叶？各有何功能？
4. 内囊位于何处？一侧内囊损伤可出现什么典型症状？为什么？
5. 脑膜有几层？各有何特点？
6. 脊神经有多少对？主要可分为几个丛？
7. 臂丛神经有哪几个主要分支？
8. 写出 12 对脑神经的名称。
9. 交感神经的低级中枢位于何处？
10. 副交感神经的低级中枢在何处？
11. 写出躯干、四肢的意识性本体感觉（深感觉）传导通路。
12. 写出躯干、四肢的浅感觉传导通路。
13. 视觉传导路包括几级神经元，它们的名称是什么？
14. 写出锥体系的传导路径。

（杜建颖　杨慧）

第二节　神经系统的基本活动

神经元是神经系统的结构与功能单元，具有兴奋性和传导性。神经元相互联系，组成精确的神经环路，能够对不同来源的兴奋或抑制进行整合、传输生物信息，实现神经系统的主导调节功能。有些神经元还具有内分泌功能。而神经系统中的大量神经胶质细胞对神经元起营养和保护作用。

一、神经纤维的活动

神经纤维即神经元胞体延伸的轴突，其基本功能是传导神经冲动。

1. **神经纤维传导兴奋的特点** 神经传导动作电位是依靠细胞膜兴奋部位和未兴奋部位的局部电流来完成的。神经纤维传导兴奋有如下特点：①神经纤维在结构和功能上必须完整，如果神经纤维被切断或受局部麻醉药作用，则失去传导功能。②一条神经干中包含着许多条神经纤维，但每条纤维传导动作电位时互不干扰，表现为兴奋传导的绝缘性。③神经纤维具有双向传导兴奋的特性，刺激神经纤维任何一点引发的动作电位可向两端传导。④与突触传递相比较，神经传导还具有相对不疲劳性，可长时间传导冲动。

2. **神经纤维传导兴奋的速度** 按神经纤维的电生理学特性、组织学特性或功能有多种分类。如可分为A、B、C三类或Ⅰ~Ⅳ四类，不同种类的神经纤维具有不同的传导速度，如A（或Ⅰ、Ⅱ、Ⅲ）、B类纤维都有髓鞘包裹，较为粗大，其传导速度也快，最快可达120m/s。无髓的C类细纤维传导速度最慢为0.6m/s。当周围神经发生病变时传导速度减慢。测定周围神经传导速度有助于诊断神经纤维的疾患。

3. **轴浆运输** 神经元的细胞体与轴突是一个整体，它们之间通过轴浆（细胞质）进行物质运输和交换。轴浆持续不断双向流动，运输物质的现象称**轴浆运输**。轴浆由胞体流向轴突末梢，为顺向运输；轴浆由轴突末梢流向胞体，为逆向运输。胞体合成的物质借顺向运输流向轴突末梢，逆向运输可反馈控制胞体合成作用。切断轴突，失去轴浆双向流动，不仅使远端发生变性，而且胞体也发生变性。顺向运输有两种，一是快速轴浆运输，运输有膜的细胞器，如线粒体、递质囊泡、分泌颗粒等，在猴、猫等动物的坐骨神经内其运输速度为410mm/d；二是慢速轴浆运输，随微管和微丝向前延伸，其他成分也随之运输，其速度为1~12mm/d。

4. **神经的营养性作用** 神经元通过末梢释放某些物质，持续地调整被支配组织的代谢活动，从而影响后者结构、生化和生理特性的作用称为**神经的营养性作用**。切断运动神经后，肌肉内的糖原合成减慢、蛋白质分解加速，肌肉逐渐萎缩；如将神经缝合再生，肌肉变化又可以恢复。神经的营养性作用有赖某些营养性因子，轴浆流动将营养性因子运输到神经末梢，释放到所支配的组织。组织也持续产生神经生长因子作用于神经元，参与神经系统的发育过程，维持神经系统的正常功能。

二、神经元之间的相互作用

实现神经系统的功能，离不开神经元之间的相互联系。神经元之间相互联系的方式有多种，最常见的联系是突触联系。

1. **突触** **突触**是神经元之间彼此联系并传递信息的部位。神经元的末梢分支经突触作用于多个神经元，多个神经元经过突触也可以作用到同一个神经元。一个脊髓前角运动神经元的胞体和树突上分布2000个左右的突触，而一个大脑皮质锥体细胞的突触则达30000个左右。可从不同角度将突触分类，若根据传递信息的方式，有化学性突触与电突触的区别；根据传递信息的效应又可分兴奋性突触或抑制性突触。

◆ **化学性突触** 神经元间通过释放化学物质发生功能联系的突触为**化学性突触**（图4-20）。这些化学物质统称为**神经递质**，是神经元之间或神经元与它所支配的效应器之间传递信息所必需的中介物质，简称递质。神经递质的种类和作用较复杂，但可依据传递信息的性质，分成兴奋性递质与抑制递质。化学性突触主要有如下几种联系方式：① 轴突末梢与细胞体相接触，形成轴突-胞体突触；② 轴突末梢与树突相接触，形成轴突-树突型突触；③ 轴突末梢与轴突末梢相接触，形成轴突-轴突型突触（图4-21）。

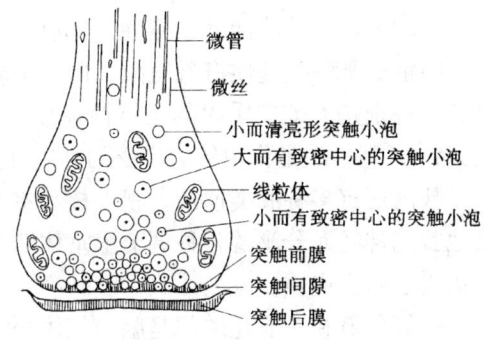

图4-20 化学性突触基本结构模式图

兴奋性突触通过兴奋性递质的中介，使突触后神经元易于发生兴奋，从而使信息得以畅通地传递；**抑制性突触**则由抑制性递质中介，使突触后神经元活动抑制，中断信息的传递。

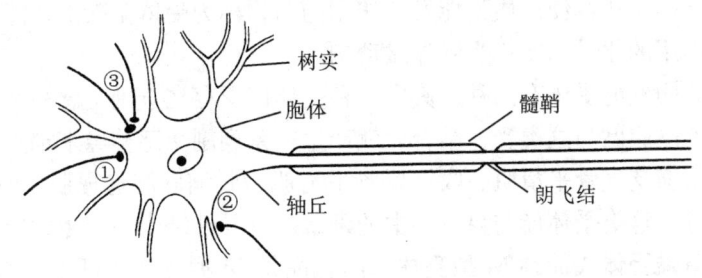

图4-21 突触的基本类型
①轴突-胞体突触；②轴突-树突突触；③轴突-轴突突触；

◆ **电突触** 神经元之间除了有化学性突触联系外，还有缝隙连接，又称**电突触**。两个神经元膜紧密接触部位有跨细胞膜通道沟通。两细胞内的离子可通过这些通道。电突触传递的速度快，没有突触延搁，使相关联的神经元产生同步性活动。

2. 神经递质和受体　作为神经递质的化学物质须具备基本条件：① 在突触前（释放化学物质的）神经元内，具有生成递质的前体物质和合成酶，能够合成这一递质；② 递质储存于突触小泡内；③ 突触后膜有相应的受体，递质与受体结合后引起生理作用，人工将递质施加到突触后膜，也能引起相同的效应；④ 有该递质失活的酶或相应的清除方式；⑤ 递质拟似剂或受体阻断剂能分别加强或阻断这一递质的突触传递效应。

◆ **外周神经递质** 外周神经递质主要有乙酰胆碱、去甲肾上腺素以及嘌呤类或肽类。末梢释放乙酰胆碱的神经纤维，统称**胆碱能纤维**。副交感神经节后纤维，交感神经节前纤维和躯体运动纤维末梢释放的递质都是乙酰胆碱（支配汗腺的交感神经和骨骼肌的交感舒血管纤维也属于胆碱能纤维。）多数交感神经节后纤维末梢释放的递质是去甲肾上腺素，其神经纤维称为**肾上腺素能纤维**。自主神经的节后纤维还有**非胆碱能非肾上腺素能纤维**，如一些纤维末梢释放的递质是嘌呤类和肽类化学物质，如三磷酸腺苷、血管活性肠肽等。

◆ **中枢神经递质** 已知中枢神经系统内含有多种神经递质，某些神经递质与特定的功能活动相关联，形成递质系统。

乙酰胆碱也是中枢的重要递质之一。从脊髓到脑均有神经元释放乙酰胆碱，是中枢内的兴奋性递质，与传递特异感觉、觉醒、学习记忆、运动调节等活动有关。

去甲肾上腺素、多巴胺和 5-羟色胺等是中枢内的单胺类递质。这些递质参与中枢对心血管活动、精神情绪活动、摄食、体温、内分泌、躯体运动等的调节。

中枢氨基酸类递质有谷氨酸、门冬氨酸、甘氨酸和 γ-氨基丁酸。谷氨酸在中枢内广泛分布，特别是大脑皮质内的兴奋性递质。甘氨酸主要分布于脊髓，对运动神经元起抑制作用。γ-氨基丁酸是作用较为广泛的抑制性递质。

脑内还有多种肽类递质。视上核和室旁核神经元分泌的血管升压素和缩宫素；下丘脑内其他肽能神经元分泌的各种调节腺垂体活动的多肽。各种具有吗啡样活性的多肽以及胃肠肽等都属于肽类递质。

一氧化氮和一氧化碳都是脑内气体分子神经递质，两者作用机制相似。

◆ **递质受体** 递质受体是指突触后膜或效应器细胞膜上的某些能与递质特异性结合的蛋白质。神经递质必须通过与受体相结合以后才能发挥作用。能与受体相结合，占据受体或改变受体的空间结构形式，使递质不能发挥作用的药物称为**受体阻断剂**。能与受体结合并且起到和递质相同作用的化学物质称为**受体激动剂**。

胆碱能受体 胆碱能受体有两种。其中一种受体广泛存在于副交感神经节后纤维支配的效应细胞上。当乙酰胆碱与这类受体结合后就产生一系列副交感神经末梢兴奋的效应，包括抑制心脏活动、收缩支气管平滑肌、收缩胃肠平滑肌、收缩膀胱逼尿肌、收缩虹膜环形肌、增加消化腺分泌等。这类受体能与自然界中的毒蕈碱特异性结合，产生相应生物效应，因此这类受体称为**毒蕈碱受体**或简称 **M 型受体**。阿托品是 M 型受体阻断剂，与 M 型受体结合后可阻断乙酰胆碱的作用。另一种胆碱能受体存在于交感和副交感神经节神经元的突触后膜和神经肌接头的终板膜上，当乙酰胆碱与这类受体结合后就产生兴奋性突触后电位和终板电位。这类受体能与烟碱特异结合，产生相似的效应，称为**烟碱型受体**或简称 **N 型受体**。

M 型和 N 型受体均可进一步分出几种亚型，如 M 型有 M_1、M_2 和 M_3 三种亚型，N 型受体可分 N_1 和 N_2 两种亚型。支配汗腺的交感神经和骨骼肌的交感舒血管纤维的递质也是乙酰胆碱，由于阿托品能阻断其作用，故汗腺和骨骼肌血管细胞分布的受体属于 M 型受体。

肾上腺素能受体 去甲肾上腺素对效应器的作用既有兴奋性的，也有抑制性的，也是因为有不同类型的受体。能与儿茶酚胺（包括去甲肾上腺素、肾上腺素等）结合的受体有 α **型肾上腺素能受体**和 β **型肾上腺素能受体**，分别简称 α-受体、β-受体，受体的分布与作用见表 4-3。

表 4-3 肾上腺素能受体的分布及效应

效应器	受体	效应
虹膜辐射状肌	α_1	收缩（瞳孔扩张）
睫状体肌	β_2	舒张
窦房结、房室传导系统	β_1	心率加快　传导加快
心肌	β_1	收缩加强
冠状血管	α_1	扩张
冠状血管	β_2 为主	舒张
皮肤黏膜血管、唾液腺血管、骨骼肌血管、脑血管	α	收缩
骨骼肌血管	β_2 为主	舒张
腹腔内脏血管	α_1 为主	收缩

续表 4-3

效应器	受体	效应
腹腔内脏血管	β_2	舒张
支气管平滑肌	β_2	舒张
胃平滑肌	β_2	舒张
小肠平滑肌	β_2	舒张
胃肠括约肌	α_1	收缩
膀胱逼尿肌	β_2	舒张
膀胱三角区和括约肌	α_1	收缩
子宫平滑肌	α_1	收缩（有孕子宫）
子宫平滑肌	β_2	舒张（无孕子宫）
竖毛肌	α_1	收缩
糖酵解代谢	β_2	增加
脂肪分解代谢	β_1	增加

一般而言，去甲肾上腺素对 α-受体的亲和力强，对 β-受体较弱；肾上腺素对 α-和 β-受体的亲和力都强；人工合成的异丙肾上腺素主要对 β-受体有强烈作用。

中枢递质种类多，相应的受体也复杂多样，如多巴胺受体、5-羟色胺受体、γ-氨基丁酸受体、甘氨酸受体，阿片受体等。各种受体又不断被分出亚型。如多巴胺受体可分为 D_1 和 D_2 等，5-羟色胺受体可分为 $5-HT_1 \sim 5-HT_4$ 等，γ-氨基丁酸受体可分为 $GABA_A$ 和 $GABA_B$ 等，阿片受体可分为 μ、δ、κ 等亚型。

三、神经反射活动

1. 反射与反射弧　**反射**是指在中枢神经系统参与下，机体对内外环境刺激的规律性应答过程。可分为**非条件反射**和**条件反射**两类。非条件反射是不需学习与训练，先天具有的反射，如防御反射、吞咽反射、性反射等。条件反射是指通过训练，后天形成的反射，可以建立，也可以消退。

反射活动的结构基础是反射弧，包括感受器、传入神经、神经中枢、传出神经和效应器五部分。完整的反射弧是完成反射活动的前提。简单活动的反射中枢神经元分布范围局限，如膝跳反射的中枢在腰部脊髓，角膜反射的中枢在脑桥。复杂反射活动的中枢神经元分布范围广泛，如调节呼吸运动的中枢分部在延髓、脑桥、下丘脑、大脑皮质等几个部位。

反射活动发生时，感觉冲动先传入脊髓或脑干，在同一水平与传出部分发生联系并发出传出冲动，引起反射活动。与此同时还有上行冲动传导到更高级中枢，参与调整反射过程。因此，反射发生时，总有不同水平中枢的整合活动；经过各级中枢的整合，使各个器官系统的反射活动协调一致。单纯的神经反射表现为调节迅速准确，但如果内分泌腺是反射弧中的效应器，通过内分泌的作用，反射效应也有体液调节的特征。如痛刺激可反射性地通过交感神经引致肾上腺髓质分泌增多，从而产生多种反应。

2. 中枢神经元的联系方式　根据神经元在反射弧中所处的地位和作用，可将其分为传入神经元、中间神经元和传出神经元三种。中枢神经系统的传出神经元有数十万；传入神经元是传出神经元的1～3倍；但数量最多的是中间神经元，仅大脑皮质内的中间神经元就有140亿之多。

一个神经元通过分支与许多神经元建立突触联系，称为**辐散式联系**；这种联系有可能使一个神经元的兴奋引起许多神经元的同时兴奋或抑制。一个神经元的胞体与树突可接受许多不同轴突末梢的突触联系，形成**聚合式联系**；这种联系可使多个神经元作用到同一神经元，实现兴奋和抑制的整合。中间神经元之间还有形成链锁式或呈环式联系的（图4-22）。兴奋通过链锁式联系，加大了空间上的作用范围。兴奋通过环式联系，加强了作用的持久性，或者通过反馈抑制，使反射活动及时终止。

3. 中枢的兴奋与传布　在反射活动中兴奋还必须通过反射弧的中枢部分。反射弧中枢部分兴奋的传布，既有神经纤维冲动的传导，也有信息经过突触的传递。这种信息的传递在经过兴奋性突触时，突触后膜可去极化并产生兴奋性突触后电位（图4-23①）。

◆ **兴奋性突触后电位**　脊髓的单突触反射是反射弧最简单的一种反射，其感受器为肌梭，传入神经纤维与前角运动神经元直接发生突触联系。当刺激相应的传入神经发动单突触反射时，导致突触后膜去极化，产生的局部电位以电紧张方式向周围扩布，此电位即**兴奋性突触后电位**（EPSP）。EPSP的大小决定于刺激强度，刺激强度小，则电位幅度较小，不能引发动作电位；若刺激强度加大，则参与活动的突触数增多，电位变化可总和，使EPSP的幅度增大。当突触后电位增大到一定程度，在轴突始段产生动作电位，并沿轴突传出神经冲动（图4-23）。

因此，兴奋性突触传递的基本过程可概括为：突触前神经元兴奋，神经冲动到达末梢→突触前结构去极化，同时Ca^{2+}内流→突触小泡迁移，与前膜融合→释放兴奋性递质→递质与突触后膜受体结合，主要提高后膜对Na^+的通透性→Na^+内流，引起突触后膜去极化，产生EPSP→EPSP总和达阈电位水平，在突触后神经元轴突始段转化成锋电位→沿轴突向末梢输出。

◆ **中枢传布兴奋的特征**　中枢传布兴奋的特征表现为①单向传布；②中枢延搁；③总

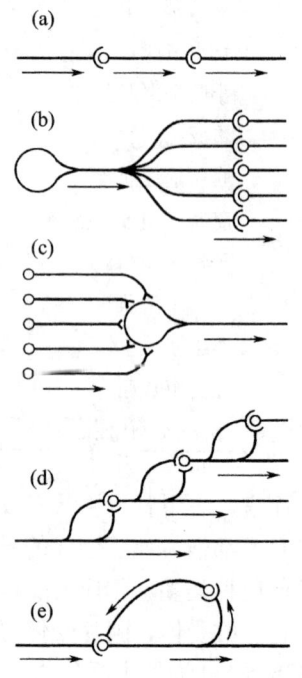

图4-22　中枢神经元的联系方式模式图
(a) 链锁式联系；(b) 辐散式联系；
(c) 聚合式联系；(d) 环式联系

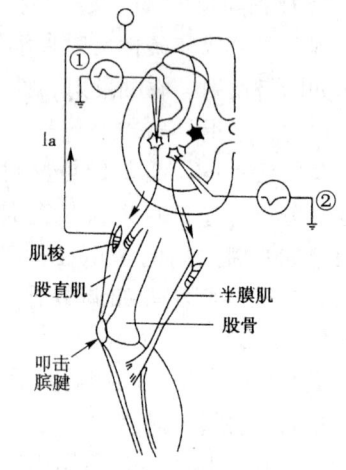

图4-23　牵张反射的神经环路以及
①兴奋性突触后电位（EPSP）和
②抑制性突触后电位（IPSP）

和；④兴奋节律改变；⑤后放；⑥对内外环境变化的敏感和易疲劳性。

中枢兴奋传布只能由突触前神经元向突触后神经元方向传布，因为只有突触前结构能释放神经递质。

兴奋通过中枢时要经过突触，兴奋通过一个突触所需时间约为 0.3～0.5ms，此处耗时较长，称为**中枢延搁**，比神经纤维传导速度要慢得多。反射过程通过的突触数愈多，中枢延搁时间就愈长。有些多突触接替的反射，中枢延搁达 10～20ms；而与大脑皮质活动相联系的反射，延搁时间可达 500ms。

在中枢内，一条传入纤维的冲动，一般不能引起反射性传出效应。如果几条传入纤维同时传入冲动至同一神经中枢，则这些冲动的作用协同起来发生传入效应，它们的效应可以叠加，这一过程称为兴奋的**总和**。因为中枢神经元与许多传入纤维发生突触联系，其中任何一个单独传入的冲动往往只引起该神经元的局部阈下兴奋，亦即产生较小的兴奋性突触后电位，而不发生扩布性兴奋。如果同时或差不多同时有较多的传入纤维兴奋，则各自产生的兴奋性突触后电位就能总和起来，使突触后神经元出现动作电位，从而产生扩布性兴奋，引起传出效应。局部去极化使神经元兴奋性提高，对原来不易发生传出效应的其他传入冲动就比较敏感，容易发生传出效应，这一现象称为易化，它是总和的基础。兴奋的总和包括空间性总和及时间性总和。不同来源的兴奋同时总和是**空间总和**，先后次序兴奋的总和是**时间总和**。

反射活动中，传入与传出的冲动频率不同。因为传出神经的兴奋节律来自传出神经元，而传出神经元的兴奋节律除取决于传入冲动的节律外，还取决于中间神经元和传出神经元的功能状态。停止诱发反射活动的刺激后，传出神经仍可在一定时间内继续发放冲动，这种现象称为后放，也称后发放或后放电。中间神经元的环状联系是产生后放的原因之一。

在反射活动中，突触部位是反射弧中最易疲劳的环节。同时，突触部位也最易受内环境变化的影响。缺氧、二氧化碳、麻醉剂等因素均可作用于突触部位，并影响其传递，从而改变中枢兴奋性。

◆ 突触的可塑性　突触传递的效应可因进入突触分前结构的 Ca^{2+} 量及相关递质的释放有关。反复的非伤害性刺激使突触前膜 Ca^{2+} 通道失活，Ca^{2+} 内流减少，递质释放减少，突触传递功能减弱以至停止，这一现象称为突触传递的习惯化。反复的伤害性刺激，使末梢合成 cAMP 量增加，引起 Ca^{2+} 内流增加，突触传递功能加强，这种现象称为突触传递敏感化。刺激海马可见突触后电位有数天乃至数周的增强或减弱现象，分别称为**长时程增强**和**长时程抑制**。以上突触传递的习惯化、敏感化、长时程增强和长时程抑制等都是突触传递功能改变的表现形式，统称为**突触的可塑性**。突触的可塑性在学习、记忆等大脑皮质的高级功能活动中起着重要作用。

4. 中枢抑制　在反射活动中，中枢内既有兴奋活动也有抑制活动。一个反射进行时，另一些反射可能受抑制。例如吞咽反射进行时，呼吸反射暂停；屈肌反射进行中，抑制了伸肌收缩。反射活动总是以一定的顺序、强度来进行的。这是反射功能协调的表现。反射活动所以能协调，就是因为中枢内既有兴奋活动又有抑制活动；如果中枢抑制受到破坏，则反射活动就不可能协调。例如，用士的宁破坏脊髓抑制性活动后，任何一个微弱刺激会导致四肢出现强烈的痉挛性收缩，失去了反射活动的协调性。中枢抑制产生与突触活动有关，可分为突触后抑制和突触前抑制两类。

◆ **突触后抑制** **突触后抑制**是以抑制性突触活动为基础引起的抑制过程。抑制性神经元轴突末梢释放抑制性递质，使所有与其发生突触联系的神经元产生抑制性突触后电位，不易产生动作电位，从而使神经冲动向下一个神经元传递的活动受到抑制。抑制性突触后电位（IPSP，图 4-23②）是因抑制递质引起的突触后膜超极化电位，主要是突触后膜对 Cl^- 通透性增加，Cl^- 内流增加而形成的。一个兴奋性神经元可以兴奋一个抑制性神经元（图 4-23 中的黑色神经元），再通过抑制性神经元转而抑制其他神经元。兴奋性神经元通过这种方式使抑制性神经元产生突触后抑制效应。

◆ **突触前抑制** 通过改变突触前结构的活动而实现的抑制过程，称为**突触前抑制**。突触前神经元的轴突-轴突突触是突触前抑制的结构基础。通过轴-轴突触的活动，使突触前神经元兴奋时释放的兴奋性递质减少，以致兴奋性突触后电位减小，使突触后神经元不易兴奋，起到了抑制作用。

复习思考题

1. 神经纤维传导冲动有哪些特征？
2. 神经胶质细胞都有哪些功能？
3. 测定神经传导速度有何临床意义？
4. 总结交感神经节前神经和节后神经释放的递质以及它们的受体？
5. 什么是递质？
6. 比较化学性突触和电突触传递兴奋的特点。
7. 简述兴奋性突触后电位形成的基本过程。
8. 突触后抑制是如何发生的？
9. 从神经元的联系方式看兴奋在中枢的传播特点。

（姜如岗）

第三节 感觉分析功能

外环境和内环境的变化首先作用到身体的感受器或感觉器官，将这些刺激信息转化成神经动作电位传导到中枢相应部位，再经过大脑皮质的分析处理，产生主观意识上的感觉。

通常将刺激直接作用到感受器引起的感觉称为**普通感觉**，如温度觉、触觉、痛觉等。通过眼、耳、鼻、舌等感觉器官引起的视觉、听觉、运动觉、嗅觉、味觉等称为**特殊感觉**。

一、感受器的分类与生理特征

1. 感受器及其分类 **感受器**是分布体表和体内，专门感受机体内、外环境变化的一些特殊结构和装置，如感受痛觉的游离神经末梢或感受压力的环层小体，视网膜中的视锥细胞和视杆细胞，耳蜗中的毛细胞等。感受细胞以及它们的附属结构，构成各种**感觉器官**，如眼、耳等。感受器的分类见表 4-4，也可根据感受器所接受刺激的理化性质，分为光感受器、机械感受器、温度感受器和化学感受器等。

表 4-4 人体的主要感觉类型及相应的感受器

感觉类型	感受器	感觉类型	感受器
视觉	视杆和视锥细胞	关节位置和运动觉	神经末梢
听觉	耳蜗毛细胞	肌肉长度	肌梭神经末梢
嗅觉	嗅神经元	肌肉张力	腱器官神经末梢
味觉	味感受细胞	动脉血压	神经末梢
旋转加速度	半规管的毛细胞	肺扩张	神经末梢
直线加速度	椭圆囊和球囊的毛细胞	头部血液温度	下丘脑温度敏感神经元
触-压觉	神经末梢	动脉血氧分压	颈动脉体球形细胞
温觉	神经末梢	脑脊液 pH 值	延髓腹外侧化学敏感神经元
冷觉	神经末梢	血浆葡萄糖	下丘脑葡萄糖敏感神经元
痛觉	游离神经末梢	血浆渗透压	下丘脑前部渗透压敏感神经元

2. 感受器的基本生理特征

◆ **感受器的适宜刺激**　每种感受器都有各自最敏感的刺激形式，这种敏感的刺激形式即为该感受器的**适宜刺激**。如一定波长的电磁波是光感受细胞的适宜刺激，一定频率的机械振动是耳蜗毛细胞的适宜刺激等等。不同性质的刺激总是先引起对它敏感的那种感受器发生反应。

◆ **感受器的换能作用**　感受器实质是换能器，能将感受到的刺激转换成电反应，即为**换能作用**。感受细胞的电反应称为**感受器电位**，传入神经末梢的电反应称为**发生器电位**（图 4-24）。如声波振动使听毛受力，引起毛细胞出现相应的感受器电位；视杆细胞吸收光子后，外段膜出现超极化的感受器电位。

发生器电位和感受器电位都具有局部电位的性质，其幅度与外界刺激强度成比例，具有时间性总和和空间性总和，但不具有动作电位"全或无"的特性，也不能像动作电位那样作远距离传播。发生器电位和感受器电位是引发传入动作电位的先决条件。

◆ **感受器的编码作用**　感受器把刺激信息，转换成动作电位的序列，就是**编码**。动作电位具有"全或无"特征，刺激的强度不可能体现在动作电位的幅度大小或波形改变上。刺激强度是通过动作

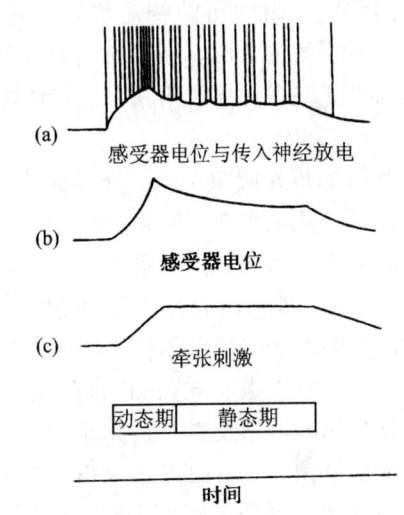

图 4-24　蛙肌梭的牵张刺激编码
a：在牵拉过程中记录到的感受器电位和传入放电；
b：用河豚毒后，传入放电消失，可看到动-静式牵拉过程中的感受器电位；c：示动-静式牵拉

电位的频率高低和参加传输神经冲动纤维的数目多少来编码的。如，张力变化时，肌梭可将张力的变化编码转换成动作电位的频率变化（图 4-24）。

◆ **感受器的适应**　刺激持续作用于感受器时，传入冲动频率将逐渐下降，这一现象称为感受器的**适应**。对某一刺激产生适应之后，如增加刺激的强度，仍然引起传入冲动的增加，所以适应现象不是疲劳。根据感受器出现适应的快慢，可将其分为快适应感受器和慢适应感受器。嗅觉感受器、皮肤触觉感受器是快适应感受器，肌梭、颈动脉窦压力感受器是慢

适应感受器。快适应感受器利于感受器随时再接受新的刺激；慢适应感受器则有利于机体对某些功能状态如姿势、血压等基本生理状况的长期持续监测。感觉适应的产生机制与感受器有关，还与突触传递和中枢有关。

二、特殊感觉功能

1. 视觉　视觉是由眼接受了外界光的刺激，经神经传入，在大脑皮层形成的一种特殊感觉。眼是由具有感光功能的视网膜和成像功能的眼折光系统等组成（图4-25）。通过接受来自视网膜的传入信息，可分辨物体的表面、轮廓、形状、颜色、大小、远近等。来自视觉的信息占进入脑内全部信息的95%以上，故视觉在感觉中的地位最重要。

眼的前、后房中允盈房水，房水不断生成，又不断被回收入静脉，这种动态平衡使房水量相对恒定，眼的前、后房容积及眼内压也保持相对的稳定。眼内压的相对稳定，对保持眼球

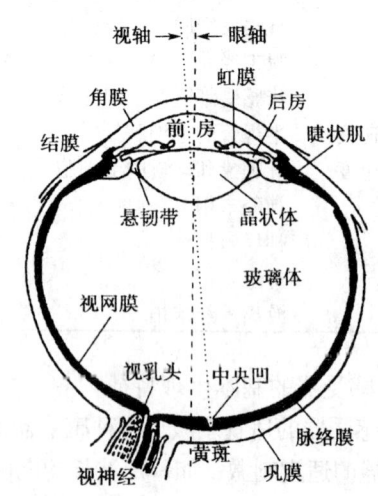

图4-25　右眼的水平切面示意图

特别是角膜的正常形态和折光能力有重要的意义。房水循环障碍时会造成眼内压过高，临床上称为青光眼，可导致角膜、晶状体以及虹膜等结构的代谢障碍，严重时造成角膜混浊、视力丧失。

◆**眼的折光成像功能**　外界光线进入眼内要经过角膜、房水、晶状体和玻璃体等折光体的折射才能聚焦在视网膜上。

眼的折光系统是由一系列曲率半径和折光指数都不相同的上述折光体所组成的复杂折光系统。6米以外物体的各光点的光线，近似平行，因而可能在主焦点所在的面上形成物像。正常成人眼处于安静而不进行调节的状态时，其折光系统的后主焦点的位置刚好是视网膜所在的位置。所以眼前方6m以外的物体，都可以在视网膜上形成清晰的物像。

视近物的调节反射　距离小于6m物体的光线则呈辐射状，光线到达视网膜时尚未聚焦，成像模糊。正常眼能看清6m以内的近物，是由于看近物时经眼的调节反射提高折光能力，使成像清晰的。眼折光能力的调节反射主要是通过改变晶状体形状实现的。当模糊的视觉形象信息传入到视区皮层时，经传出途径引起①眼内睫状肌的环行肌收缩，放松晶状体囊的悬韧带，晶状体借助自身的弹性而向前后凸出（图4-26），其曲率增大使眼的总折光能力增强，结果辐散的光线提前聚焦，仍能成像在视网膜上。物体距眼愈近，光线辐散程度愈大，晶状体变凸的程度愈大。与此同时，还出现②瞳孔缩小：物体移近时光线较强，缩小瞳孔以减少光线进入眼内，而且还减少折光系统的球面像差和色差和③两眼视轴向鼻中线会聚的眼

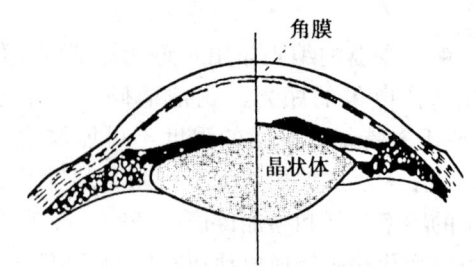

图4-26　眼调节前后晶状体形状的改变
（左：调节前；右：调节后）

调节反应，两眼会聚的意义在于看近物时物像仍可落在两眼视网膜的相对应的位置。

近点是看清物体的最近距离，眼的最大调节能力可用近点表示。随着年龄的增长，晶状体弹性下降，调节能力降低，近点变远。近点愈近，说明晶状体的弹性好。8岁左右儿童的平均近点约8.6cm，青年人约10.4cm，而60岁老人平均为83.3cm。

视力 在折光效果上和正常眼相同的等效光学模型，称为**简化眼**。可用来分析眼的成像情况（图4-27）。正常人眼在光照良好的情况下，如果视网膜上的成像小于5μm，不会引起清晰的视觉。视力表就是按简化眼设计的，常用来检查视力。**视力**是指视网膜分辨物体影像两点最小距离的能力。视力与视锥细胞的平均直径有关。正常眼在放松情况下，能使平行光线聚焦在视网膜上，看清远处的物体。只要物体的距离不小于近点的距离，经过调节也能在视网膜上形成清晰图像。正常眼称为**正视眼**。眼在放松没有调节的情况下，因眼的折光能力异常，或眼球的形态异常，平行光线不能在视网膜上成像，则称为非正视眼。近视、远视和散光眼都是非正视眼。由于年龄增长，晶状体的弹性减弱或丧失，看近物时的调节能力减弱，被称为**老视**。

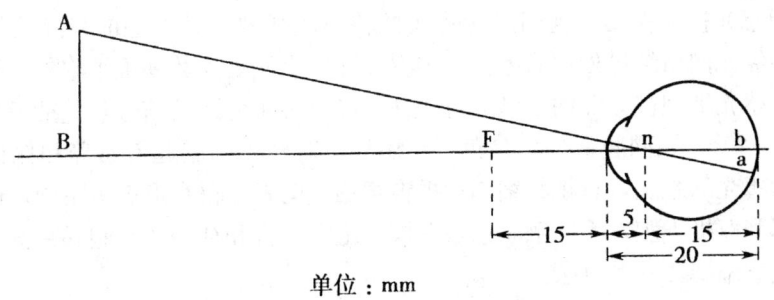

单位：mm

图4-27 简化眼及其成像情况

n为节点，AnB和anb是两个相似三角形；如果物距为已知，就可由物体大小算出物像大小，也可算出两三角形对顶角（即视角）的大小

由于眼球的前后径过长，或眼的折光能力过强，致使来自远方物体的平行光线在视网膜前即已聚焦，此后光线又开始分散，到视网膜时形成模糊物像，即为**近视**。近视眼看近物时，不需进行调节或进行较小程度的调节，就可在视网膜上成像，看清近物。近视眼的近点比正常眼近，可用适当焦度的凹透镜纠正。**远视**常因眼球前后径过短引起，主焦点的位置实际在视网膜之后。为看清远物就得调节，以使平行光线提前聚焦，能成像在视网膜上。远视眼在看远物时需要调节，而看近物时晶状体的凸出能力达到了最大限度，故近点比正常人为远，视近物能力下降。可选用适当焦度的凸透镜纠正远视眼。**散光**是因为角膜各部曲率半径不同，折光面都不是正球面，以致光线不能完全聚焦在视网膜上，造成物像模糊。对此，应在适当角度上用柱面镜来纠正散光眼（图4-28）。

瞳孔对光反射 瞳孔可以控制进入眼内的光量。动眼神经中的副交感神经纤维支配瞳孔括约肌，收缩时使瞳孔缩小；交感神经纤维支配瞳孔开大肌，收缩时使瞳孔散大。瞳孔大小随光照强度而变化的反应，是一种神经反射，称为**瞳孔对光反射**。该反射的感受器是视网膜，传入纤维在视神经中，进入中枢后，在中脑的顶盖前区换神经元，然后到同侧和对侧的动眼神经核，传出纤维主要是动眼神经中的副交感纤维，效应器是瞳孔约肌。瞳孔对光反应的效应是双侧性的，一侧眼睛受到光照时，被照眼和另一侧眼瞳孔同时缩小，称为**互感性瞳**

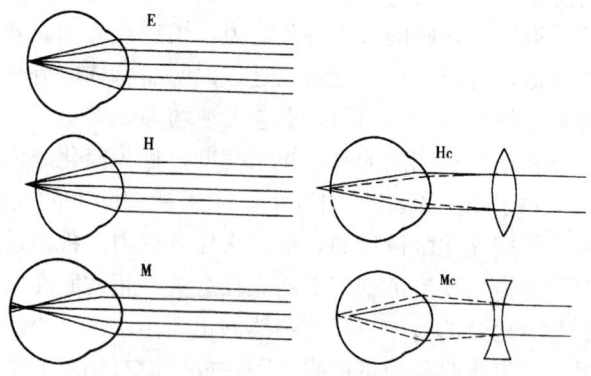

图 4-28 眼的折光异常及其矫正
E. 正视眼　H. 远视眼　M. 近视眼
Mc. 近视眼的矫正　Hc. 远视眼的矫正

孔反应。该反射常应用于临床判断脑功能状态的检查。

◆ **视网膜感光换能作用** 视网膜能将物像转换成视神经纤维上的神经信号。视觉信息在视网膜的神经元网络经过处理后才传向中枢。除中央凹处少数视锥细胞外,视神经没有一对一的传递各感光细胞被光照的信息。每一视神经纤维所传递的信号,包括了多个感光细胞的信息(图 4-29)。视网膜最外层是色素细胞层,对感光细胞起着营养和保护作用。色素细胞层内侧为感光细胞层,有**视杆细胞**和**视锥细胞**。两者不仅在形态上不同,而且感光色素也不同,但都和双极细胞发生突触联系,双极细胞一般再和神经节细胞联系。此外,视网膜中还有一些其它细胞,联系复杂。

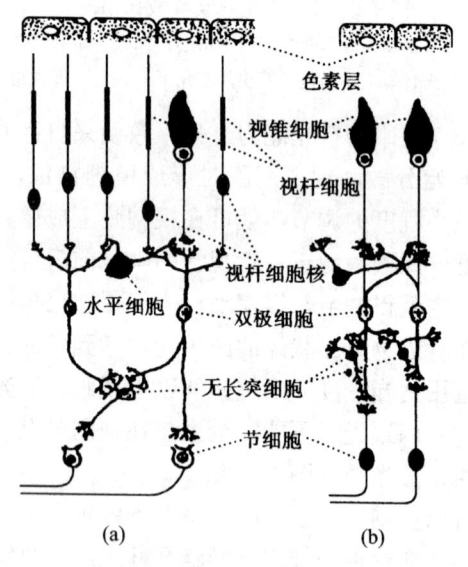

图 4-29 视网膜的主要细胞层次及其联系模式
a:周边区域;b:中央凹区域

感光系统 视杆细胞对光的敏感性高,能在昏暗的环境中感受光刺激,只能区别明暗和粗略的轮廓,无色彩觉。视锥细胞对光的敏感性较差,强光条件下才能引起反应,能看清楚物体轮廓和细节，分辨能力高。视杆细胞主要分布在视网膜周边部。视锥细胞主要分布在视网膜中心部，特别是在黄斑中心的中央凹处，全部是视锥细胞而无视杆细胞。中央凹在亮光处有最高的视力和色觉，在暗处则中央凹视敏度较差；而视网膜周边部清晰度较差和无色觉，但能感受弱光的刺激，对光的敏感度高。两种感光细胞和双极细胞以及节细胞形成信息传递通路时有会聚现象，但这种会聚在视锥系统中程度较低，在中央凹处一个视锥细胞只同一个双极细胞联系，而这个双极细胞也只同一个神经节细胞联系（图4-29）。这种一对一的联系方式，使视锥系统有较高的分辨能力。在视杆系统则普遍存在多个感光细胞同一个双极细胞联系，而多个双极细胞再同一个神经节细胞联系的会聚式排列，具有总和多个弱刺激的能力，故分辨率低。

视杆细胞中含有视紫红质。视紫红质是由**视蛋白**和**视黄醛**组成的结合蛋白质。视紫红质对500nm波长的光线吸收能力最强，这与人眼在弱光条件下对光谱上蓝绿光区域感觉最敏感一致，相当于500nm波长附近，人的暗视觉与视杆细胞中所含视紫红质的光化学反应直接相关。

光化学反应 光照时，视紫红质迅速分解为视蛋白和视黄醛；同时，视黄醛分子（由维生素A转变而来）发生了分子构象的改变，由11-顺型变为全反型。视黄醛分子构象的改变，导致视蛋白分子构形也发生改变。视紫红质的分解与合成过程是可逆的，光照决定反应方向。在暗处视物时，合成过程超过分解过程，视紫红质含量也愈高，视网膜对弱光愈敏感；在亮光处时，视紫红质的分解增强，合成过程减弱，因分解较多的视紫红质，视杆细胞失去了感受光刺激的能力（图4-30）。光亮处的视觉依赖视锥细胞。在视紫红质合成与分解过程中，总有一部分视黄醛被消耗，须通过吸收食物中的维生素A来补充。故长期维生素A摄入不足，人的暗视觉减弱，引起夜盲症。

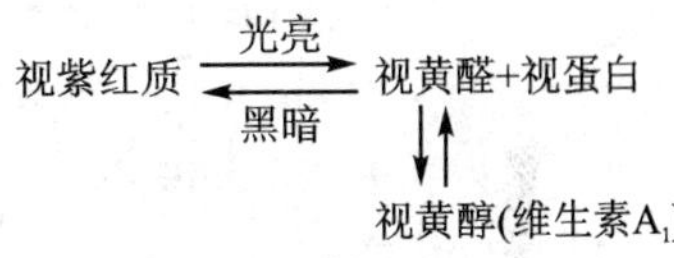

图4-30 视紫红质的光化学反应概要

暗适应与明适应 从亮处进入暗室时，最初看不清楚任何东西，经过一段时间，视觉敏感度才逐渐增加，恢复了在暗处的视力，这称为**暗适应**。相反，从暗处初来到亮光处，最初感到一片耀眼的光亮，不能看清物体，经过短暂时间恢复在光亮处的视觉，称为**明适应**。暗适应是人眼对光的敏感度在暗光处逐渐提高的过程。暗适应的产生机制与视网膜中感光色素合成增加有关。暗适应的第一阶段主要与视锥细胞色素的合成量增加相关；第二阶段则与视杆细胞中视紫红质的合成增强有关。明适应中耀眼的光感是由于视紫红质在进入亮处时先迅速分解引起的，只有在视杆细胞内较多的色素分解以后，视锥细胞才能在亮光环境中感光。

感光细胞的外段是进行光-电转换的部位。在外段部分有重叠成层的圆盘状的视盘。视杆细胞所含的视紫红质基本上全部集中在视盘膜中。光量子引起视蛋白分子构像变化，通过激活了视盘膜G-蛋白引起的信号传递，使开放的化学门控Na^+通道减少，出现了超极化的感受器电位，从而影响递质释放。

色感觉 红、绿、蓝三种色光作适当混合，可以引起光谱上所有任何颜色的感觉。根据光谱吸收特性的差异，可分出三种**视锥细胞**，其各自的光吸收峰值分别为420nm，531nm和558nm，相当于蓝、绿、红三色光的波长。依靠三种视锥细胞不同比例的活动，引起中枢产生复杂的色彩感觉。

红色盲是由于缺乏对较长波长光线敏感的视锥细胞所致；绿色盲以及蓝色盲都是由于缺乏相应的特殊视锥细胞所致。有些色觉异常患者，只是对某种颜色的识辨能力差一些，不是由于缺乏某种视锥细胞,而是反应能力较正常人为弱的结果,称为**色弱**。

视野 单眼固定地注视前方时,所能看到的范围称为**视野**。白色视野最大,其次为黄蓝色,再次为红色,绿色视野最小。视野的大小可能与各类感光细胞在视网膜中的分布范围有关。某些视网膜、视神经或视觉传导路的病变,有特殊形式的视野缺损。视神经乳头处没有感光细胞,没有视觉,称为**盲点**。正常时由于双眼视物,一侧的盲点可以被对侧视觉补偿。双眼视觉还可以扩大视野,并产生立体视觉。

2. **听觉** 听觉的感受器官是耳。耳由外耳、中耳和内耳迷路中的耳蜗部分组成。耳的适宜刺激是一定频率范围内的声波振动。声波通过外耳道、鼓膜和听骨链的传递,引起耳蜗中淋巴液和基底膜的振动,使耳蜗内的毛细胞产生兴奋。振动波的机械能转变为听神经纤维上的神经冲动,传送到大脑皮层听觉中枢,产生听觉。

人耳感受声波的振动频率在 16~20000Hz 之间,其中每一种频率,都有刚好能引起听觉的最小振动强度,称为**听阈**。当声波强度在听阈以上继续增加时,听觉的感受也相应增强,但当振动强度增加到某一限度时,它还会引起鼓膜的疼痛感觉,这个限度称为**最大可听阈**。听阈与最大可听阈之间为听域图(图 4-31)。从听域图中可看出,人耳最敏感的频率在 1000~3000Hz 之间。

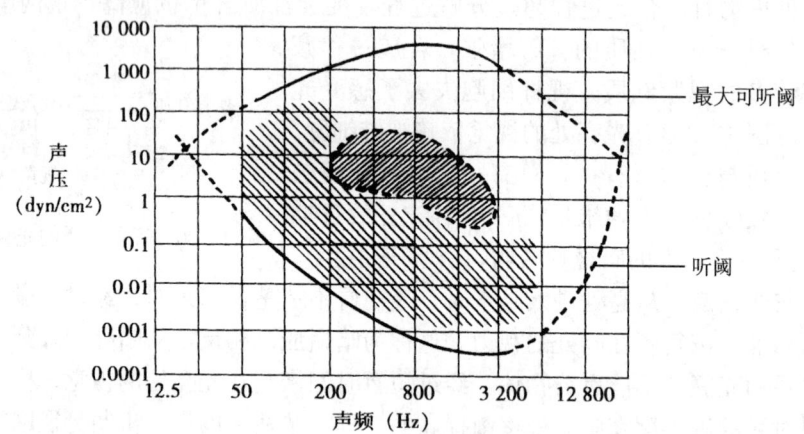

图 4-31 人的正常听域图
中心斜线区表示通常的语言区,下方斜线区表示次要语言区 (1dyn=10^{-5}N)

◆ **耳的声波传导作用** 声波经外耳道引起鼓膜的振动,再经听骨链和卵圆窗膜进入耳蜗,这样的声音传导途径,称为**气传导**。此外,声波还可以直接振动颅骨,再传入耳蜗,这条途径称为**骨传导**。正常时骨传导不如气传导敏感。中耳听骨链的三块听小骨形成一个杠杆系统,其特点是支点刚好在整个听骨链的重心上,因而在能量传递过程中惰性最小,效率最高。鼓膜具有较好的频率响应和较小的失真度,而且它的形状有利于把振动传递给位于漏斗尖顶处的锤骨柄。由于鼓膜面积和卵圆窗膜的面积大小有差别,鼓膜振动时,实际发生振动的面积约 55mm²;而卵圆窗膜的面积只有 3.2mm²,如果听骨链传递时总压力不变,则作用于卵圆窗膜上的压强将增大 17 倍;另外,听骨链中杠杆长臂和短臂之比约为 1.3:1,即锤骨柄较长,于是短臂一侧的压力将增大为原来的 1.3 倍。整个中耳传递过程的增压效应为 22 倍(图 4-32)。

中耳内鼓膜张肌收缩时,总的效果是使中耳的传音效能有所减弱。阻止较强的振动传到

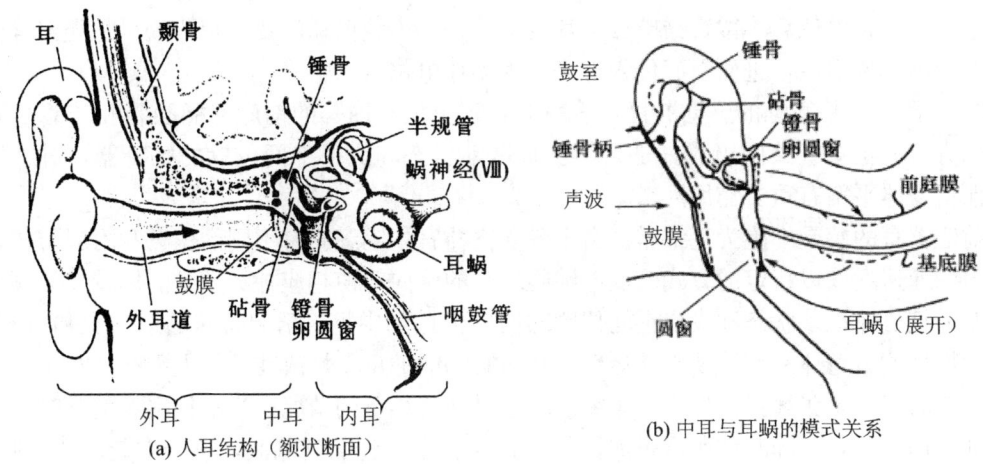

图4-32 人耳结构和中耳与耳蜗的关系
(b) 点线表示鼓膜向内侧移动时各有关结构移动情况

耳蜗,起到某种保护作用,但对突然发生的短暂爆炸声的保护作用不大。

咽鼓管连通鼓室和鼻咽部,通过咽鼓管可以平衡鼓室内空气和大气压之间有可能出现的压力差,维持鼓膜的正常位置、形状和振动性能。正常情况下咽鼓管的鼻咽部开口关闭,吞咽、打呵欠或喷嚏时,可使管口暂时开放,平衡气压。

◆ **耳蜗的感音换能作用** 耳蜗的功能是把传到耳蜗的机械振动转变成听神经纤维的神经冲动(图4-33)。由于耳蜗基底膜的振动,使位于它上面的毛细胞受到刺激,机械振动转换成为电变化,最后引起传入神经纤维产生动作电位。

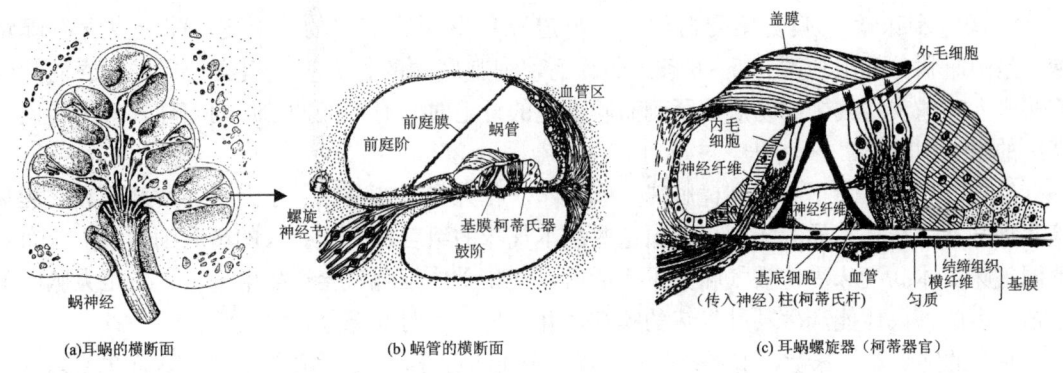

图4-33 耳蜗及耳蜗管的横断面

每一种振动频率在基底膜上都有一个特定的行波传播范围和最大振幅区,与这些区域有关的毛细胞和听神经纤维就会受到最大的刺激,这样,来自基底膜不同区域的听神经纤维的神经冲动及其组合形式,传到听觉中枢的不同部位,就可能引起不同音调的感觉。耳蜗底部受损时主要影响高频听觉,其顶部受损时影响低频听觉。

毛细胞顶端的听毛有些埋在盖膜的胶状物中,有些是和盖膜的下面接触。震动时,因盖膜和基底膜的振动轴不一致,于是两膜之间有一个横向的交错移动,使纤毛受到一个切向力的作用而弯曲，毛细胞因此而产生电位变化（图 4-33）。多个毛细胞在接受声音刺激时产生的感受器综合电位。称**微音器电位**，其波动变化同声波振动的变化相一致。感受器电位可引起毛细胞释放递质，进而引起传入神经产生动作电位。

3. 平衡觉　平衡觉的感觉器官是前庭器官，由位于内耳的**前庭**（**椭圆囊**和**球囊**）和三个不同方位的半规管共同组成。是人体自身运动状态和头部空间位置的感受器，对维持姿势，保持身体平衡有重要作用。

前庭器官的感受细胞为毛细胞。由于各前庭器官中毛细胞有不同的位置和附属结构，不同方向的变速运动以特定的方式改变毛细胞纤毛的倒向，使相应神经纤维的冲动发放频率发生改变，把机体运动状态和头在空间位置的信息传送到中枢，引起特殊的运动觉和位置觉，并反射性地调节身体平衡以及眼球运动，和内脏功能的反射性改变。如人乘车，在车突然加速时，会有背肌紧张增强而后仰，车突然减速时又有相反的情况；当电梯突然上升时，肢体伸肌抑制而屈曲，下降时伸肌紧张加强而伸直。前庭器官受到刺激，还会引起恶心、呕吐、眩晕、皮肤苍白等植物神经性反应，具体表现为晕船、晕车。

三个半规管的形状大致相同，但处于互相垂直的三个平面。每个半规管有一个壶腹。当充满管腔的内淋巴由管腔向壶腹的方向移动时，能使壶腹嵴中毛细胞顶部的静毛向动毛一侧弯曲，毛细胞受到刺激而兴奋。各半规管根据来自两侧半规管传入信号的差别，感受身体的旋转变速运动。

椭圆囊和球囊内的**囊斑**分布有毛细胞，其纤毛包埋在耳石膜内。耳石膜内含蛋白质和碳酸钙所组成的耳石。人体直立时，椭圆囊中囊斑处水平面，而球囊的囊斑平面垂直于地面，使两个囊斑分别感受头部的空间位置和不同方向的直线变速运动。

躯体旋转运动时由于半规管受到刺激引起眼球出现一种往复运动，称为**眼震颤**。眼震颤试验可以判断前庭功能状态。

4. 嗅觉和味觉　嗅觉感受器位于上鼻道及鼻中隔后上部的嗅上皮。嗅上皮含有**嗅细胞**，呈圆瓶状，细胞顶端有 5～6 条短的纤毛，细胞底端的长突组成**嗅丝**，穿过颅底的筛骨直接进入**嗅球**。空气中的物质分子刺激嗅细胞的纤毛时，有神经冲动传向嗅球，进而传向更高级的嗅觉中枢。

经典的理论认为至少存在樟脑味、麝香味、花卉味、薄荷味、乙醚味、辛辣味和腐腥味等 7 种基本气味；其他气味则可能由这些基本气味的组合所引起。人的鼻腔细胞膜上分布着不同气味受体。气味受体被气味分子激活后，气味受体细胞就会产生电信号，传至大脑嗅觉中枢。由此，人体能产生某种气味的嗅觉，并在另一个时候想起这种气味。

味觉的感受器是**味蕾**，主要分布在舌背部表面和舌缘，口腔和咽部粘膜的表面也有散在的味蕾存在。儿童味蕾较成人为多，老年时因萎缩而逐渐减少。每一味蕾由味觉细胞和支持细胞组成。味觉细胞顶端有纤毛，称为味毛，由味蕾表面的孔伸出，是味觉感受的关键部位。

舌表面不同部分对不同味刺激的敏感程度不一样。舌尖部对甜味道比较敏感，舌两侧对酸味比较敏感，舌两侧前部对咸味比较敏感，而软腭和舌根部对苦味比较敏感。味觉的敏感度往往受温度的影响，在 20～30℃之间，味觉的敏感度最高。

甜、咸、酸和苦四种基本的味觉组合而成众多的味道。不同物质的味道与它们的分子结构的形式有关。氯化钠能引起咸味；H^+ 是引起酸味的关键因素；甜味与葡萄糖的主要结构有关；奎宁和一些有毒植物的生物碱能引起苦味。四种基本味觉的不同组合，使中枢感受到众多味觉。

三、普通感觉功能

1. 脊髓的感觉功能　脊髓具有传导感觉的功能。脊神经中的感觉神经经后根进入脊髓，然后上行最终到达脑皮层的感觉区。各种感觉在脊髓内有专一走行的传导通路（见本章第一节三）。不同部位的脊髓损伤引起的感觉障碍有其特殊的表现。如脊髓半离断时，浅感觉的障碍发生在离断的同侧。

2. 丘脑的感觉功能　经典的感觉传导通路由三级神经元的接替完成。第一级神经元位于脊髓神经节或有关的脑神经感觉神经节内，第二级神经元位于脊髓后角或脑干的相关神经核内，第三级神经元在丘脑的感觉接替核内。视、听、嗅特殊感觉的传导有所不同。但一种感觉的传导投射系统都是专一的，各种感觉信息上传都有其专门途径。

◆ 丘脑的神经核团　丘脑有三类核群：①接受感觉的投射纤维，并经过换元进一步投射到大脑皮质感觉区的那些细胞群。这些细胞群是特定的感觉冲动传向大脑皮质的换元接替部位，故称特异性核团，也称**感觉接替核**。②接受丘脑感觉接替核和其他皮质下中枢来的纤维（但不直接接受感觉的投射纤维），经过换元，发出纤维投射到大脑皮层的某一特定区域。这些细胞群投射到大脑皮层质联络区，在功能上与各种感觉在丘脑和大脑皮质水平的联系协调有关，总称为**联络核团**。③靠近中线的内髓板以内的各种核团没有直接投射到大脑皮质的纤维，间接地通过多突触接替换元后，然后弥散地投射到整个大脑皮质，维持大脑皮质兴奋状态，这些核团统称为**非特异性核团**。

◆ 丘脑的投射系统　丘脑的神经核团向大脑皮质投射，形成丘脑的投射系统。根据丘脑各部分向大脑皮质投射的特征，分成**特异投射系统**和**非特异投射系统**（图4-34）。

特异性投射系统　该系统投向大脑皮质的特定区域，与外周感觉部位具有点对点的投射关系，由第一类细胞群和第二类细胞群构成。特异投射系统纤维进入大脑皮层的第四层后，通过若干中间神经元接替，转而与大锥体细胞的细胞体形成突触联系，诱发其兴奋，下发神经冲动。

非特异性投射系统　位于脑干网状结构的第二级神经元纤维通过脑干时，发出其侧支与脑干网状结构内神经元发生突触联系；在网状结构（图4-34中的黑色区域）内反复换元上行，抵达丘脑的第三类细胞群，进一步向大脑皮层作弥散性投射，它不是专一的、特异的传导路径，而是不同感觉的共同上传途径。非特异投射系统弥散地投射到大脑皮层的广泛区域，不具有点对点的投射关系，其功能为维持或改变大脑皮质的基础兴奋状态。

刺激动物中脑网状结构，能唤醒动物；而在中脑头端切断网状结构时，出现类似睡眠的现象。因此，脑干网状结构具有上行唤醒作用，称为**脑干网状结构上行激动系统**。上行激动系统就是通过丘脑非特异投射系统而发挥作用的，维持与改变大脑皮质的兴奋状态。

3. 大脑皮质的感觉投射区

◆ 躯体感觉投射区　中央后回是主要的体表感觉投射区即**第一体感区**。投射规律为：① 向皮质投射具有交叉的性质，即一侧传入冲动向对侧皮质投射，但头面部感觉的投射是双侧性的，② 投射区域的大小与不同体表部位的感觉分辨精细程度有关，分辨愈精细的部位在中央后回的代表区也愈大，例如大拇指和食指的代表区面积比胸部代表区总面积大几倍，有利于精细的感觉分析；③ 下肢代表区在顶部，上肢代表区在中间部，头面部代表区在底部，总的安排是倒置的，但头面部代表区内部是正立的（图4-35a）。

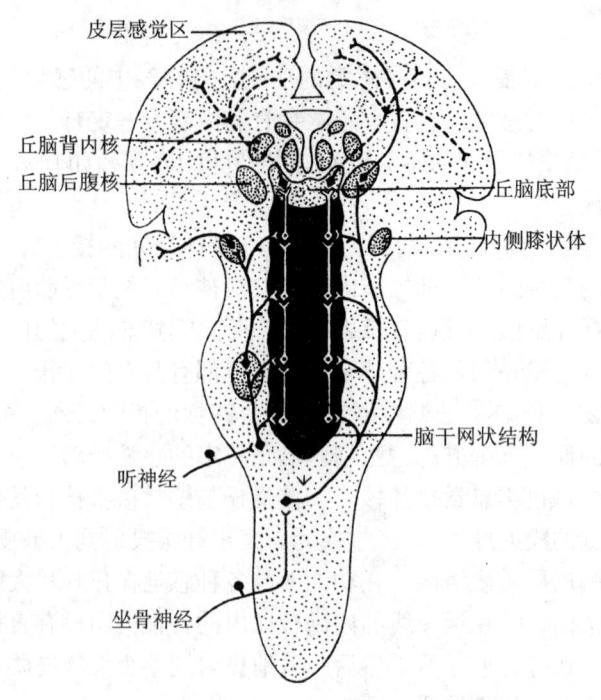

图 4-34 感觉投射系统
虚线为丘脑非特异投射系统；实线为丘脑特异投射系统

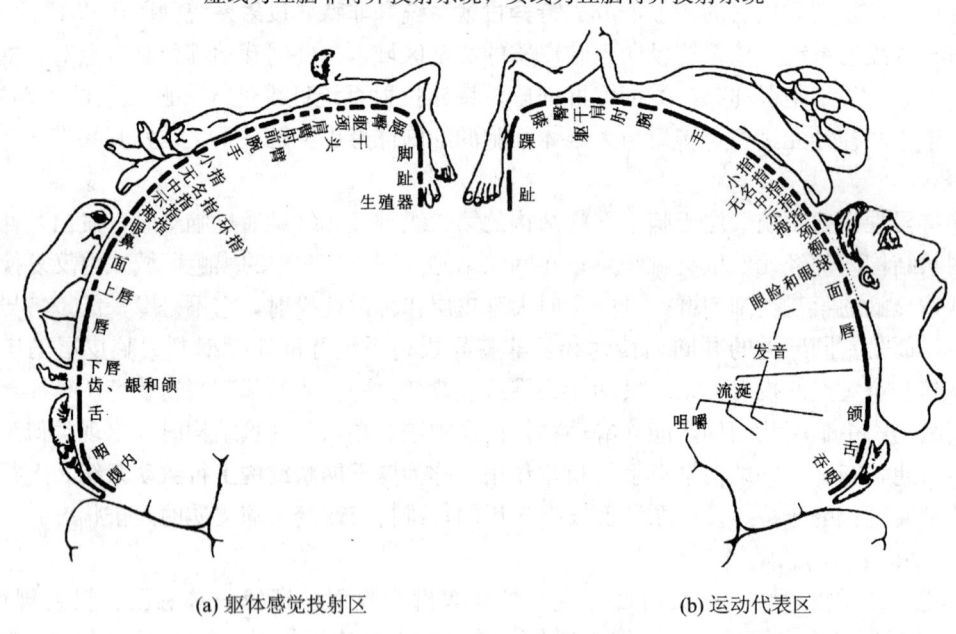

(a) 躯体感觉投射区　　　　　　　　　　(b) 运动代表区

图 4-35 大脑皮质的躯体感觉投射区与运动代表区分布

在人脑中央前回与岛叶之间还有**第二体感区**。第二体感区面积远比第一体感区小，区内的投射也有一定的分布安排，正立而不倒置。切除人的第二体感区后，并不产生显著的感觉障碍。第二体感区与痛觉有较密切的关系，可能接受痛觉传入的投射。

◆ 内脏感觉区　内脏感觉在皮质也有投射区。刺激来自内脏的传入神经可以在皮质一定区域内引出电位变化。刺激内脏大神经的快速传入纤维可以在相应的躯体水平体表感觉代表区引出皮质诱发电位。第二体感区和运动辅助区都与内脏感觉有关。边缘系统的皮质部位也有内脏感觉的投射。

◆ 视觉区　枕叶皮质是视觉的投射区域，视网膜各部分在枕叶皮质的投射规律见图4-17。

◆ 听觉区　颞叶皮质是听觉的投射区域，听觉的投射是双侧性的。听觉皮质代表区位于颞横回和颞上回。

◆ 嗅觉区和味觉区　味觉投射区在中央后回头面部感觉投射区之下侧。此外，边缘叶的前底部区域与嗅觉功能有关。

4. 痛觉　机体受到伤害性刺激时，往往产生疼痛。痛觉对于保护机体有重要作用。疼痛是许多疾病的症状之一，因此有临床意义。

◆ 皮肤痛觉　伤害性刺激作用于皮肤时，先出现快痛，后出现慢痛。快痛是一种尖锐而定位清楚的痛，很快发生，然后很快消失。慢痛是一种定位不明确的"烧灼痛"，痛感强烈，撤除刺激后还持续几秒钟，并伴有情绪反应及心血管和呼吸等方面的变化。$A_δ$类纤维传导快痛，C类纤维传导慢痛。痛觉的感受器是游离神经末梢，属于化学感受器。伤害性刺激作用时，组织释放K^+、H^+、组胺、5-羟色胺、缓激肽、前列腺素等致痛物质，这些物质作用于游离神经末梢产生痛觉传入冲动，引起痛觉。

◆ 内脏痛与牵涉痛　内脏痛发生缓慢、持续，不易明确分清疼痛发生的部位。切割、烧灼等使皮肤致痛的刺激，不会使内脏产生疼痛；而机械牵拉、缺血、痉挛和炎症等刺激作用于内脏，则能产生疼痛。

内脏疾病往往引起体表某些部位发生疼痛或痛觉过敏，这种现象称为**牵涉痛**。例如，心肌缺血时，可发生心前区、左肩和左上臂的疼痛；胆囊病变时，右肩区会出现疼痛；阑尾炎时，常感上腹部或脐周有疼痛（表4-5）。发生牵涉痛的部位与真正发生痛觉的患病内脏部位都受同一脊髓节段的后根神经所支配。内脏传来的冲动提高相应的脊髓中枢的兴奋性。而皮肤传入的冲动能使相应的脊髓中枢发生更大的兴奋，由此上传的冲动也可能增强，这可能是痛觉过敏的原因。另外，患病内脏和皮肤牵涉痛区域进入脊髓的神经末梢投射到同一脊髓神经元，由同一上行纤维传入脑。因此，痛觉传入冲动虽然发源于患病内脏，但感觉上误以为是来自皮肤。

表4-5　常见内脏疾病牵涉痛的部位和压痛区

患病器官	心	胃、胰	肝、胆囊	肾结石	阑尾炎
体表疼痛部位	心前区 左臂尺侧	左上腹 肩胛间	右肩胛	腹股沟区	上腹部或脐区

复习思考题

1. 以触觉感受器为例说明感受器的编码作用？感受器有哪些基本生理特征？
2. 看近物时眼的调节是如何进行的？
3. 两种感光细胞的功能有何不同？
4. 简述声音传导到大脑的途径？

5. 怎样用嗅觉来证明感受器的适应现象？
6. 感觉味觉的感受器分布在哪里？
7. 脊髓半横切对感觉传入有何影响？
8. 特异性与非特异性投射系统有何区别？各有何功能？
9. 简述内脏痛的特点？

（姜如岗）

第四节 躯体运动控制功能

躯体运动是骨骼肌群收缩带动关节实现的，骨骼肌收缩均受神经系统的调控。中枢神经系统对运动的调控分脊髓、脑干和大脑皮层三级水平，小脑与基底神经节在运动中起监控作用。

一、脊髓对躯体运动的调控

1. **脊髓的运动神经元** 脊髓前角有大量运动神经元，接受来自皮肤、肌肉和关节等外周感觉，也接受脑干、大脑皮层等中枢支配，是躯体运动反射的最后公路。运动神经元的轴突末梢在肌肉中有许多分支，每一分支支配一条骨骼肌纤维。当运动经元发生兴奋时，受它支配的所有肌纤维都收缩。一个运动神经元及其所支配的全部肌纤维，称为**运动单位**。一个眼外肌运动神经元只支配6～12条肌纤维，而粗大的四肢肌的运动神经元所支配的肌纤维数目可达2000条。小运动单位适合精细运动，大运动单位则产生强大张力。由于几个运动单位的肌纤维交叉分布，虽然在不同状态下，参与活动的运动神经元可以有多有少，但收缩时在肌肉中产生的张力总是均匀的。

2. **脊髓反射** 脊髓可完成一些最原始的反射性运动。下面举出两种。

◆ **牵张反射** 有神经支配的骨骼肌，受到外力牵拉伸长时，引起受牵拉的肌肉反射性的收缩，称为**牵张反射**。牵张反射有两种类型，腱反射和肌紧张。**腱反射**是指快速牵拉肌腱时发生的牵张反射。如叩击股四头肌腱，四头肌发生收缩引起膝反射（图4-23）；敲击跟腱，腓肠肌收缩引起跟腱反射。这些反射的感受器为肌梭，效应器为同一肌肉的肌纤维；该传入神经纤维直接与前角与运动神经元发生突触联系，故腱反射是单突触反射（即在中枢仅经过一次突触接替）。缓慢持续牵拉腱时发生的牵张反射，就是**肌紧张**。受牵拉的肌肉产生紧张性收缩，阻止被拉长。肌紧张只是反射性抵抗肌肉被牵拉，没有明显的运动。所以肌紧张能持久维持而不易出现疲劳。

牵张反射受高位中枢的调节。腱反射的减弱、消失或亢进，提示反射弧的传入、传出通路以及脊髓反射中枢的损害或中断或高位中枢的病变。测定腱反射的方法可靠简便，临床上常用来了解神经系统的功能状态（表4-6）。

表4-6 常用的腱反射

名称	检查方法	中枢部位	效应
肘反射	扣击肱二头肌肌腱	颈5-7	肘部屈曲
膝反射	扣击髌韧带	腰2-4	小腿伸直
跟腱反射	扣击跟腱	腰5-骶2	脚向足底方向屈曲

◆ **屈肌反射与对侧伸肌反射** 给脊髓动物的皮肤伤害性刺激,受刺激一侧的肢体出现屈曲的反应,称为**屈肌反射**。屈肌反射是一种多突触反射,其反射的强度与刺激强度有关,较弱的足部刺激只引致踝关节屈曲,加大刺激强度,则膝关节及髋关节也可发生屈曲。屈肌反射使肢体脱离伤害,具有保护性意义。刺激强度更大时,除了同侧肢体发生屈肌反射,还出现对侧肢体伸直的反射活动,称为**对侧伸肌反射**。对侧伸肌反射是一种姿势反射,具有维持姿势的生理意义,动物一侧肢体屈曲,对侧肢体伸直以支持身体,保持姿势平衡。

二、脑干对肌紧张的调控

脑干网状结构中有抑制肌紧张的区域,称为抑制区,位于延髓网状结构的腹内侧部分;有加强肌紧张的区域,称为易化区,分布于脑干中央区域(图4-36)。此外,下丘脑和丘脑中线核群等部位对肌紧张和肌运动也有易化作用,也属于易化区。易化区的活动比较强,抑制区的活动比较弱,因此易化区在肌紧张的平衡调节中占优势。

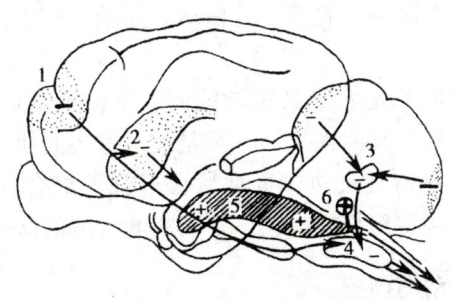

图4-36 猫脑与肌紧张调节有关的脑区及其下行路径示意图
下行抑制作用(一)路径:(4)为网状结构抑制区,发放下行冲动抑制脊髓牵张反射,这一区域接受大脑皮质(1)、尾核(2)和小脑(3)传来的冲动;下行易化作用(+)路径:(5)为网状结构易化区,发放下行冲动加强脊髓牵张反射;(6)为延髓前庭核,有加强脊髓牵张反射的作用

抑制肌紧张的中枢部位还有大脑皮层运动区、纹状体、小脑前叶蚓部、延髓网状结构抑制区;易化肌紧张的中枢部位还有前庭核、小脑前叶两侧部、网状结构易化区。这些结构在脑干外,但与脑干内部的有关结构有功能上的联系。

三、小脑对运动的调控

小脑(见图4-7)是调节运动功能的重要中枢,不同的部位各有其特定的功能。

1. 前庭小脑 前庭小脑由绒球小结叶构成,调节身体平衡功能,与前庭器官及前庭核活动相关。切除猴的绒球小结叶,虽然有协调的随意运动,能完成进食动作,但平衡功能失调而不能站立。

2. 脊髓小脑 脊髓小脑由小脑前叶和后叶的中间带区构成,接受来自肌肉与关节的本体感觉,头部的视觉、听觉,以及脑桥纤维投射。小脑的传出纤维进入脑干网状结构和大脑皮质运动区。

脊髓小脑对肌紧张有双重调节作用,但易化作用占优势。脊髓小脑还接受脑桥纤维的投射,并与大脑皮质运动区形成环路联系,在执行大脑皮质发动的随意运动过程中起协调作用。切除或损伤这部分小脑将使随意运动紊乱,同时肌张力减退,以至不能完成精细动作。

静止时不表现异常，完成动作时抖动而把握不住动作的方向状，出现**意向性震颤**，动作越迅速则协调障碍也越明显，行走时摇晃呈醉酒。这种动作性协调障碍称为**小脑共济失调**。

3. 皮质小脑　皮质小脑指后叶的外侧部，接受由大脑皮质广大区域，如感觉区、运动区、联络区传来的信息，然后投射到皮质运动区。精细运动学习过程中，大脑皮质与小脑之间不断进行着联合活动，同时小脑不断接受感觉传入冲动的信息逐步纠正运动过程中所发生的偏差，使运动逐步协调起来。皮质小脑参与了运动计划的形成和运动程序的编制，精细运动逐渐熟练完善后，皮质小脑中就储存了完成运动的一整套程序。当大脑皮质要发动精细运动时，首先通过下行通路从皮质小脑中提取储存的程序，并将程序回输到大脑皮质运动区，再通过锥体束发动运动。这时候所发动的运动可以非常协调而精细。如学习演奏某种乐器，从不会到会就是皮质小脑运动程序的编制过程。

四、基底核对运动的调控

基低核即基底神经节，由尾核、壳核、苍白球、丘脑底核以及黑质和红核组成，彼此之间联系密切。

基底神经节与随意运动的稳定、肌紧张的控制、本体感觉传入冲动信息的处理都有关系。基底神经节功能紊乱的疾病有两大类：一类是运动过多而肌紧张不全综合征，如舞蹈病与手足搐动症等，另一类是具有运动过少而肌紧张过强的综合症，如震颤麻痹，即帕金森病。舞蹈病与手足搐动症的病变部位在纹状体，而震颤麻痹的病变主要部位在黑质。

五、大脑皮质对躯体运动的调控

大脑皮质是调控躯体运动的最高级中枢，可发动协调的骨骼肌运动。

1. 大脑皮质的主要运动区　大脑皮质中央前回是控制躯体随意运动的皮质运动区（图4-35）。运动区有下列的功能特征：① 交叉支配，即一侧皮质主要支配对侧躯体的肌肉。但对头面部肌肉的支配多数是双侧性的，像咀嚼运动、喉运动及上部面肌运动。然而面神经支配的下部面肌及舌下神经支配的舌肌却主要受对侧皮质控制。因此，在一侧内囊损伤后，产生所谓上运动神经元麻痹时，头面部多数肌肉并不完全麻痹，但对侧下部面肌及舌肌发生麻痹。② 精细功能定位，即刺激一定部位皮质的引起一定肌肉的收缩。功能代表区的大小与运动的精细复杂程度有关，运动愈精细而复杂的肌肉，其代表区也愈大，手与五指所占的区域几乎与整个下肢所占的区域大小相等。③ 倒影分布，下肢代表区在顶部（膝关节以下代表区在皮质内侧面），上肢代表区在中间部，头面部代表区在底部，头面部代表区内部的安排仍为正立而不倒置。从运动区的前后分布来看，躯干和肢体近端的代表区在前部，肢体远端的代表区在后部，手指、足趾、唇和舌的代表区在中央沟前缘。

2. 运动传导系统　由皮质发出经内囊、脑干下达脊髓的传导束称**皮质脊髓束**；由皮质发出经内囊抵达脑干运动神经元的传导束称为**皮质脑干束**。皮质脊髓束中80%经延髓锥体跨越中线形成**皮质脊髓侧束**，终于脊髓前角外侧部分的运动神经元，控制四肢远端肌肉，与精细的技巧性运动调控有关。皮质脊髓束其余20%的纤维，在脊髓同侧下行，称为**皮质脊髓前束**，经白质前连合交叉到对侧的前角运动神经元。皮质脊髓前束控制躯干四肢近端肌肉，特别是屈肌，与维持姿势和粗略运动有关。皮质脊髓束和皮质脑干束是发动随意运动的初级通路。皮质脊髓侧束受损后，将丧失手指夹起细小物体的能力，但仍保留腕以上的运动能力，仍然能够站立行走。皮质脊髓前束受损后，身体平衡、行走均发生困难。

复习思考题

1. 什么是骨骼肌的运动单位？
2. 何谓牵张反射？腱反射和肌紧张有何异同？
3. 小脑和基底神经节在躯体运动调控中主要起什么作用？
4. 试述大脑皮质运动区的功能特点？

（姜如岗　王卫国）

第五节　内脏活动调节功能

神经系统调节内脏活动的方式与神经系统调节躯体运动一样是通过反射活动实现的，也就是内脏的感觉传入信息经过中枢的整合再由传出神经到内脏器官发挥调节作用。

一、自主神经系统活动特征

自主神经系统一般指支配内脏器官的传出神经，是内脏的运动神经，不包括感觉传入神经，也称为**植物性神经系统**或**内脏神经系统**。自主神经系统分为交感神经和副交感神经两部分。

自主神经系统调节平滑肌、心肌和腺体的活动。多数组织器官都接受交感神经和副交感神经的双重支配。交感神经和副交感神经的作用多具有相互拮抗的性质，如迷走神经对心脏有抑制作用，而交感神经对心脏有兴奋作用；迷走神经增强小肠平滑肌运动，而交感神经抑制小肠平滑肌。这样神经系统就能依据机体的需求，从兴奋和抑制两方面去调节内脏活动（表4-7）。另外，交感神经中枢的活动强度和副交感神经中枢的活动强度也是对立的，当交感神经系统活动相对加强时，副交感神经系统活动就处于相对减弱状态，从而使调节作用协调一致。

表4-7　自主神经系统的主要功能

器官	交感神经作用	副交感神经作用
循环器官	心搏加快、加强 腹腔内脏血管、皮肤血管以及及分布于唾液腺与外生殖器官的血管均收缩；脾包囊收缩；肌肉血管可收缩（肾上腺素能）或舒张（胆碱能）	心搏减慢，心房收缩减弱 部分血管（如软脑膜动脉与外生殖器的血管等）舒张
呼吸器官	支气管平滑肌舒张	支气管平滑肌收缩，促进粘膜腺分泌
消化器官	分泌粘稠唾液；抑制胃肠运动；促进括约肌收缩；抑制胆囊活动	分泌稀薄唾液，促进胃液、胰液分泌，促进胃肠运动和使括约肌舒张，促进胆囊收缩
泌尿生殖器官	促进肾小管重吸收；使逼尿肌舒张和括约肌收缩；使有孕子宫收缩，无孕子宫舒张	使逼尿肌收缩和括约肌舒张
眼	使虹膜辐射肌收缩，瞳孔扩大	使虹膜环形肌收缩，瞳孔缩小 促进泪腺分泌
皮肤	竖毛肌收缩；汗腺分泌	
代谢	促进糖原分解；促进肾上腺髓质分泌	促进胰岛素分泌

自主神经对效应器官的支配具有紧张性作用，也就是在自主神经纤维上总是有持久的、低频率的传出冲动。切断心迷走神经心率增加，说明心迷走神经对心脏有持久的抑制作用；切断心交感神经，则心率减慢，说明心交感神经有经常性兴奋作用。同样，切断支配虹膜的副交感神经，则瞳孔散大；切断其交感神经，则瞳孔缩小。这些都说明自主神经的调节活动具有紧张性的特征。

自主神经作用对效应器官产生的效果与效应器官的功能状态有关。刺激交感神经抑制无孕子宫的运动，而对有孕子宫来说，刺激交感神经却能加强其运动；胃的幽门处于收缩状态时，刺激迷走神经可使其舒张，幽门处于舒张状态时，同样还是刺激迷走神经却能使其收缩。

交感神经系统的活动广泛，而副交感神经系统的活动相对比较局限。当交感神经系统发生反射性兴奋时，除心血管功能亢进外，还伴有瞳孔散大、支气管扩张、胃肠活动抑制等反应，主要作用意义在于适应环境的急骤变化。在剧烈肌肉运动、窒息、失血或寒冷等紧急情况下，机体出现心率加速、皮肤与腹腔内脏血管收缩、血液储存库排出血液以增加循环血量、红细胞增加、支气管扩张、肝糖原分解加速以及血糖浓度上升、肾上腺素分泌增加等交感神经系统活动亢进现象。在环境急剧变化的条件下交感神经系统动员机体各个器官，参与机体的应激调节，以适应环境变化。在相对安静稳定的环境下，副交感神经系统起主导作用，主要表现为抑制心脏活动、增强消化道功能、积蓄能量以及加强排泄和生殖功能等方面，意在保护机体、休整恢复。

二、脊髓与低位脑干对内脏活动的调节

交感神经和部分副交感神经的节前神经元位于脊髓外侧柱，因此脊髓是内脏反射活动的初级中枢。脊髓能实现的反射有血管张力反射、发汗反射、排尿反射、勃起反射等本能性反射。如失去高级中枢的整合，这些反射活动不能适应环境变化。

由延髓发出的自主神经传出纤维支配头部的所有腺体、心、支气管、喉、食管、胃、胰腺、肝和小肠等；同时，脑干网状结构中存在许多与内脏活动功能有关的神经元，其下行纤维支配脊髓，调节着脊髓的自主神经功能。循环、呼吸反射调节在延髓水平已初步完成。故低位脑干有"生命中枢"之称。

三、下丘脑对内脏功能的调节

下丘脑与边缘前脑及脑干网状结构共同调节内脏的功能。下丘脑除了通过垂体门脉系统和下丘脑-垂体束调节腺垂体和神经垂体的活动，还具有调节体温、摄食行为、水平衡、内分泌、情绪反应、生物节律等生理功能。

1. 体温调节　调节体温的中枢在下丘脑。体温调节中枢内有温度敏感神经元能感知脑内温度，当血温超过或低于一定水平时，即可通过调节产热和散热过程使体温保持相对稳定。下丘脑的体温调节中枢把温度感受部分和控制机体产热和散热等功能整合起来（见第十章）。

2. 摄食行为调节　下丘脑外侧区存在摄食中枢。刺激动物下丘脑外侧区，可使动物多食，而损毁此区，则动物食量增加而肥胖。而下丘脑腹内侧核存在饱中枢。动物在饥饿时下丘脑外侧区神经元放电频率较高，而腹内侧核的神经元放电频率较低。摄食中枢与饱中枢的

神经元对血糖敏感，静脉注入葡萄糖后，摄食中枢放电频率减少而饱中枢放电频率增多。血糖水平的高低可能调节着摄食中枢和饱中枢的活动。

3. **水平衡调节** 机体通过调节水的摄入与排出实现水平衡调节，渴觉引起摄水行为，而肾对水的重吸收控制水的排出（见第十一章）。下丘脑通过抗利尿激素调节肾脏对水的重吸收。抗利尿激素是由视上核和室旁核的神经元合成的，储存于神经垂体。下丘脑内有渗透压感受器，根据血液的渗透压变化来调节抗利尿激素的分泌和摄水行为。

4. **对腺垂体激素分泌的调节** 下丘脑内一些神经元能分泌多种下丘脑调节肽，调节腺垂体内分泌活动（见第五章）。这些肽类物质经轴突运输到正中隆起并分泌，再经垂体门脉系统到达腺垂体，促进或抑制腺垂体激素的分泌。下丘脑有些神经元对血液中某些激素浓度的变化比较敏感，如前区有些神经元对卵巢激素敏感，内侧区有些神经元对肾上腺皮质激素敏感，也有对各种垂体促激素很敏感的神经元。这些神经元在感受到血液中激素浓度变化后，反馈调节控制腺垂体的内分泌活动。

5. **对情绪生理反应的影响** 情绪是一种心理现象，但伴随着情绪活动还有一系列生理活动。这些生理变化，称为情绪生理反应。自主神经系统的情绪反应可以表现为交感神经系统活动相对亢进的现象。例如痛刺激，可以使猫出现心率加速、血压上升、胃肠运动抑制、脚掌出汗、竖毛、瞳孔散大、脾收缩而血液中红细胞计数增加、血糖浓度上升，同时呼吸往往加深加快。人在发怒时，也有生理反应现象。自主神经系统的情绪反应，在某些情况下也可表现为副交感神经系统活动相对亢进的现象。例如，食物性嗅觉刺激可引致消化液分泌增加和胃肠运动加强，动物发生性兴奋时则生殖器官血管舒张；人类焦急不安可引致排尿排便频繁，忧虑可引致消化液分泌加多，悲伤则流泪，某些人受惊吓会引致心率减慢等。因此，情绪生理反应主要是交感和副交感神经系统活动共同作用的结果。此外，下丘脑腹内侧区是防御反应区，可抑制或易化防御反应。

6. **对生物节律的控制** 机体内的各种活动常以一定的时间顺序发生变化，这种变化的节律称为**生物节律**。人体许多生理活动都有日周期节律，如体温、激素分泌等。日周期节律受下丘脑的视交叉上核控制。在胚胎期，视交叉上核与周围组织还未建立联系时，其代谢和放电活动的日周期节律就已存在。损毁小鼠的视交叉上核，可改变原有饮水、排尿的日周期。机体通过视觉传入，昼夜光照变化影响到视交叉上核的活动，从而使机体的日周期节律与外环境的昼夜节律同步起来。

四、大脑皮质对内脏活动的调节

大脑半球内侧面皮质与脑干连接部和胼胝体旁的环周结构，称边缘叶（图4-9）。最内侧的环状结构海马、穹窿等称为古皮质，其较外圈的扣带回、海马回等称为旧皮质。这些结构是调节内脏活动的中枢。由于边缘叶在结构和功能上和大脑皮质的岛叶、颞极、眶回等，以及皮质下的杏仁核、隔区、下丘脑前核等有关，将这些结构统称为边缘系统。根据大脑皮质的进化，边缘系统属于古老部分，其余大脑皮质为新皮质。

新皮质与内脏活动有关。在动物实验中电刺激新皮质的运动区及其周围区域，除了能引起躯体运动以外，还引起内脏活动改变，如直肠与膀胱运动、呼吸、血管运动、消化道运动及唾液分泌以及竖毛与出汗等，结果说明新皮质与内脏活动有关。

边缘系统参与情绪、摄食、记忆及各种内脏功能调节。海马、穹窿、海马回、扣带回、杏仁核等不同部位受刺激,血压可以表现升高或降低;呼吸可以加快或抑制;胃肠运动可以加强或减弱;瞳孔可以扩大或缩小等反应。刺激扣带回前部可出现呼吸加强、血压下降或上升、心率变慢、胃运动抑制、瞳孔扩大或缩小;刺激杏仁核出现咀嚼、唾液分泌增加、胃酸分泌增加、胃蠕动增加、排便、心率减慢、瞳孔扩大。边缘系统的功能和内脑活动的初级中枢相比较,初级中枢的功能比较局限,活动反应单一,而边缘系统整合各初级中枢的活动,呈现出复杂的功能活动。

杏仁核的活动还与情绪、食欲、性欲、生殖和防御等活动有较密切的关系。此外,海马还与记忆功能有关。如海马及其相关结构受损,则引丧失近期记忆功能;丧失记忆的程度与损伤程度相关。

复习思考题

1. 中枢神经系统如何调节内分泌功能?
2. 比较交感神经和副交感神经的功能特点。
3. 何谓"生命中枢"?
4. 下丘脑从哪些方面参与内脏功能的调节?

(姜如岗)

第六节 脑的高级整合功能

一、脑的电活动

大脑皮质神经元兴奋过程的电活动可用生物电放大器记录,在头皮上可以记录到的大脑皮质的自发电位变化称为**脑电图**(EEG)。按脑电波的频率,主要分 δ 波 0.5~3 次/秒,θ 波 4~7 次/秒,α 波 8~13 次/秒和 β 波 14~30 次/秒。通常频率低的波幅较大,而频率高的波幅比较小(图 4-37)。脑电波形与大脑皮质的功能活动状态有关。在清醒、安静、闭眼时出现 α 波。睁开眼睛或接受其他刺激时,α 波立即消失而呈现快波,这一现象称为 α **波阻**

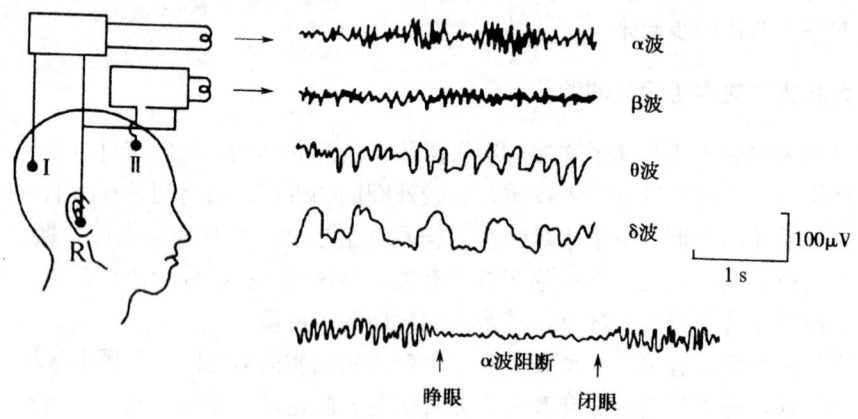

图 4-37 脑电图记录方法与正常脑电图波形

断，再闭眼时，则α波又重现。困倦时，出现θ波。总之，处在紧张活动状态时为快波，处在安静状态时是α波。癫痫患者，脑电图可出现典型的棘波、尖波、棘慢综合波等，是临床诊断癫痫的依据。

脑电波主要是皮质大量神经元同时发生皮层突触后电位形成的，大量的神经元同步活动，形成强大的电场，从而引起皮质表面电位的改变。丘脑是大脑皮质神经元同步放电关键部位。丘脑非特异投射的同步节律促进了大脑皮质电活动的同步化。

二、条件反射

条件反射是大脑皮质的基本功能。条件反射提高了机体对环境的适应能力，使机体的活动具有预见性，也是学习的生理基础。

1. 条件反射的建立　狗吃食物会引起唾液分泌，这是非条件反射。铃声不会引起狗分泌唾液，因为铃声与食物无关，这种情况下的铃声是**无关刺激**。如果每次给狗吃食物以前先出现一次铃声，然后再给以食物，经过这样多次训练以后，只给铃声，不给食物，动物也会出现唾液分泌。铃声本来是无关刺激，现在铃声却具有引起唾液分泌的作用，此时铃声已成为进食的信号。这时铃声成为信号刺激或**条件刺激**，可引起的反射就是条件反射。条件反射是在后天形成的。形成条件反射的基本条件就是无关刺激与非条件刺激在时间上的结合，这个过程称为**强化**。

2. 条件反射的基本规律　任何无关刺激与非条件刺激多次结合应用，都可以建立条件反射。任何能为机体所感觉的因素均可作为条件刺激，在各种非条件刺激的基础上都可建立条件反射，例如食物性条件反射、防御性条件反射等。条件反射建立之后，如果反复应用条件刺激而不给予非条件刺激强化，条件反射就会逐渐减弱，最后完全不出现。这称为条件反射的**消退**。

光、声、嗅、味、触等感觉刺激作为信号可以形成条件反射；这些信号都是现实具体的信号。由于使用语言，抽象的语词也可以代替具体的信号而引起条件反射反应，所以具体的信号是第一信号，相应的语词是第一信号的信号，即第二信号。巴甫洛夫提出人脑有两个信号系统。第一信号系统是对第一信号发生反应的大脑皮质功能系统，第二信号系统是对第二信号发生反应的大脑皮质功能系统。动物只有一个信号系统，人类才具有两个信号系统。

3. 记忆的过程　记忆是将学习到的信息存储和读出的神经活动过程。进入大脑的信息只有1%能被较长期地记忆。大脑的信息储存可简略地为两个阶段，即**短时性记忆**和**长时性记忆**。在短时性记忆中，信息的储存是不牢固的，例如，对于一个新单词，当人们刚刚看过但没有通过反复运用而转入长时性记忆的话，很快便会遗忘。但如果经常反复使用，则所形成的记忆将被加强，最后可形成一种非常牢固的记忆。

短时性记忆又可分为感觉性记忆、第一级记忆。长时性记忆可分为第二级记忆和第三级记忆（图4-38）。感觉性记忆储存的时间不超过1分钟，是指通过感觉系统获得信息后，先储存在脑感觉区的阶段；如果没有经过注意和处理就会很快消失。如果记忆在这阶段经过加工处理，就可以从短暂的感觉性记忆转入第一级记忆。信息在第一级记忆中停留的时间约几秒钟。通过反复运用学习，信息便在第一级记忆中循环，延长了信息在第一级记忆中停留的时间，这样就使信息转入第二级记忆之中。第二级记忆是持久的储存系统。第二级记忆通过长时间使用，使记忆储存在第三级记忆中。

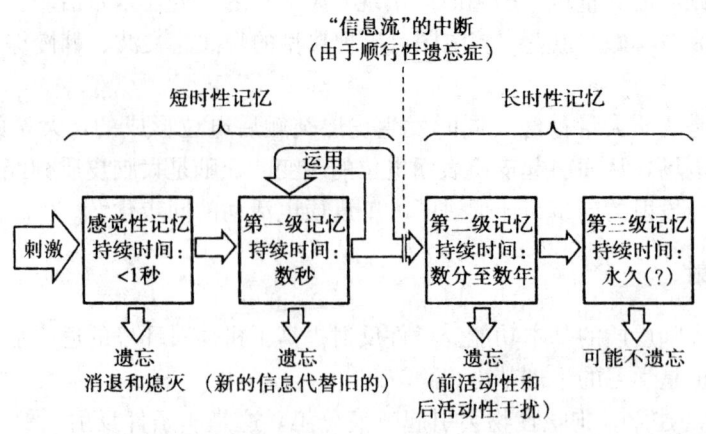

图 4-38 从感觉性记忆至第三级记忆的信息流

神经元活动具有一定的后作用，刺激发生以后，它引起的活动仍存留一定时间，这是感觉性记忆的机制。神经元之间形成许多环路联系，环路的连续活动是第一级记忆的基础。突触传递具有可塑性也是记忆的神经基础。第二级记忆与脑内蛋白质的合成有关。逆行性遗忘症就是由于脑内蛋白质合成代谢障碍，以致使前一段时间的记忆丧失。中枢递质与学习记忆活动也有关。第三级记忆可能与建立新的突触联系有关。复杂环境中的大鼠，其大脑皮质的厚度大，而在简单环境中的大鼠，其大脑皮质的厚度小；学习记忆活动多可使得突触联系增多，从而大脑皮质更发达。

三、大脑皮质的语言功能

语言中枢位于大脑皮质，损伤大脑皮质一定区域，可以引起语言功能障碍（图 4-39）。临床发现，损伤中央前回底部之前，会引致**运动失语症**。病人可以看懂文字与听懂别人谈话，但自己却不会讲话，不能用语词来表达思想；然而，与发音有关的肌肉并不麻痹，只是

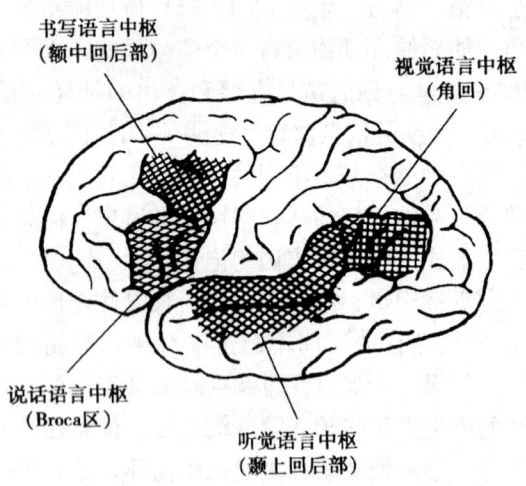

图 4-39 人大脑皮质有关语言功能的区域

失去用语言来表达的能力。损伤额中回后部接近中央前回手部代表区的部位，则病人可以听懂别人的谈话，看懂文字，自己也会讲话，手的运动不受影响，但不会书写，称为**失写症**。颞上回后部损伤，会引致**感觉失语症**，病人可以讲话和书写，看得懂文字，能听到别人的讲话，但听不懂谈话的意思。视觉良好，语言功能正常，但看不懂文字，称为**失读症**。总之，语言活动的完整功能与大皮质各个区域的功能密切相关。

大脑皮质功能有一侧优势的现象，指脑的高级功能向一侧半球集中的现象。左侧半球在语言功能上占优势，右侧半球则非语言功能占优势。大多数习惯用右手工作的成年人，其左侧大脑皮质说话语言中枢的损伤，可形成运动失语症。由于左侧大脑半球在语言活动功能上占优势，因此一般称左侧半球为**优势半球**或主要半球，右侧半球为次要半球。

左侧大脑皮质在语言活动功能上占优势的现象，与遗传因素有一定的关系，但主要是在后天逐步形成的，并与人类习惯使用右手工作有关系。如在2～3岁之前，损害左侧大脑半球，其语言活动功能的紊乱程度和损害右侧大脑半球的情况没有明显的差别。10～12岁时，左侧优势逐步建立；但在左侧大脑半球损害后，尚有可能在右侧大脑皮质建立起语言活动的中枢。在发育成年后，左侧优势已经形成，如果发生左侧大脑半球损害就很难再在右侧大脑皮质再建立起语言活动的中枢。在运用左手劳动为主的人中，则左右双侧的皮质有关区域都可能成为语言活动的中枢。右侧大脑皮质在非语词性的认识功能上占优势，例如对于空间的辨认、深度知觉、触觉认识、音乐欣赏，等等。

四、睡眠

睡眠是中枢神经系统的主动过程，睡眠使人的精力和体力得以恢复，有利于更好的工作。睡眠时间的长短与年龄有关，成年人一般每天需要7～9小时，儿童需要睡眠的时间比成年人长，而老年人需要睡眠的时间比较短。

睡眠为周期性过程，分有两种基本时相。一是**慢波睡眠**，脑电波呈现同步化的慢波；另一是**异相睡眠**或称**快波睡眠**、**快动眼睡眠**，脑电波表现为去同步化的快波。睡眠开始时先进入慢波睡眠，慢波睡眠持续约80～120分钟左右后，转入异相睡眠；异相睡眠持续约20～30分钟左右后，又转入慢波睡眠；以后又转入异相睡眠。整个睡眠期间，这种反复转化约4～5次，睡眠后期，异相睡眠持续时间逐步延长。慢波睡眠和异相睡眠均可直接转为觉醒状态；但觉醒状态只能先进入慢波睡眠，而不能先进入异相睡眠。异相睡眠期间，各种感觉功能进一步减退，唤醒阈提高，肌反射减弱，肌肉几乎完全松弛，但同时却出现快速眼球运动，躯体抽动，血压升高心率加快，呼吸加快而且不规则。做梦主要发生在异相睡眠期间。生长激素的分泌与睡眠有关，在觉醒状态下，生长激素分泌较少。但进入慢波睡眠后，生长激素分泌明显升高；转入异相睡眠后，生长激素分泌又减少。异相睡眠期间脑内蛋白质合成加快，与幼儿神经系统的发育有关。异相睡眠还有促进学习记忆，恢复精力的作用。慢波睡眠可能与体力的恢复有关。

复习思考题

1. 条件反射是怎样形成的？有何生理意义？
2. 睡眠周期是如何划分的？睡眠有何生理意义？

（姜如岗）

第五章 内分泌系统

内分泌是细胞将分泌物（激素）直接释放到体液中，并引起一定效应的生理活动方式。具有内分泌功能的细胞既可集中形成内分泌腺，也可散在分布在许多组织器官内，它们共同组成内分泌系统。内分泌系统与神经系统功能相辅相成，共同调节和维持机体内环境稳态。神经系统主要应对内外环境变化，通过神经活动迅速产生调节反应，协调和改变各功能系统的活动状态，而内分泌系统则主要通过各种激素调节机体的新陈代谢、生长、发育、生殖等过程等。

人体主要的内分泌腺有垂体、松果体、甲状腺、甲状旁腺、肾上腺、胰岛和性腺等（图5-1），而在下丘脑、消化道、心、肺、肾和胎盘等部位则分布着具有内分泌功能的内分泌细胞。

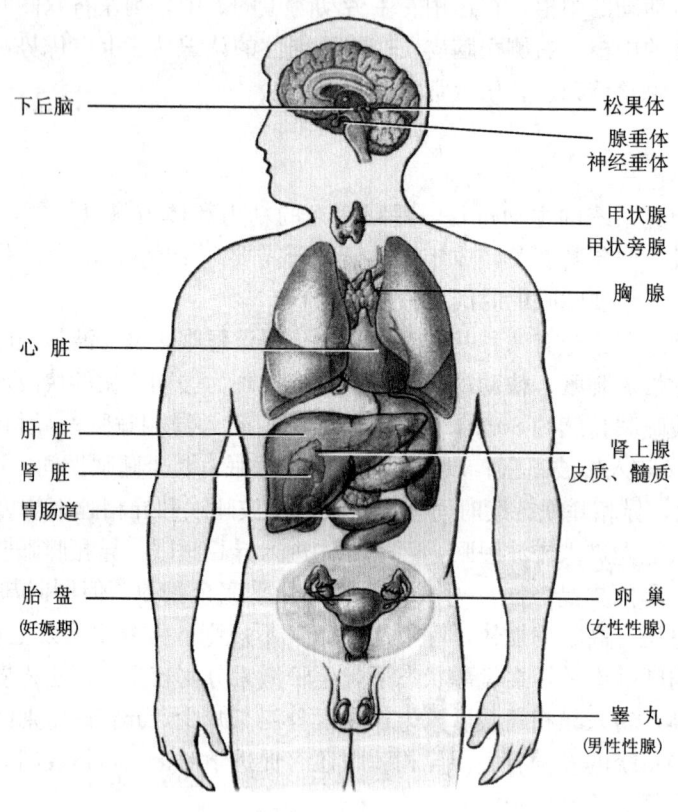

图 5-1 内分泌系统概貌

第一节 激 素

通常将由内分泌细胞所生成和分泌，能够在细胞间递送信息，并发挥调节作用的高效能生物活性物质称为**激素**。激素以体液为媒介，通过多种方式递送信息，如**远距分泌（内分泌）、旁分泌、自分泌和神经内分泌**方式等，但通过血液递送信息最普遍（见第二章）。

一、激素的化学分类

激素按其化学性质可分胺类、肽与蛋白质类和类固醇类三大类。

◆ **胺类激素** 胺类激素多由氨基酸经有关酶的催化合成，分子量小，如肾上腺素、去甲肾上腺素、甲状腺激素和褪黑素等。激素合成后储存在细胞内特殊颗粒中。除了甲状腺激素外，多数胺类激素的亲水性都较强。

◆ **肽与蛋白质类激素** 这类激素分子量差异大，可由三肽直到200肽以上组成。因胺、肽与蛋白质结构中都含氮元素，也统称含氮激素。肽与蛋白质类激素合成后，经高尔基体包装并储存在细胞内的特殊囊泡中。肽与蛋白质的亲水性强，可通过细胞膜受体介导产生调节作用。位于下丘脑的神经内分泌细胞分泌的神经激素多属于肽类激素，腺垂体、甲状腺、胰岛可分泌蛋白质类激素。这类激素很容易被胃肠道所分泌的消化酶分解而失去激素活性，因此通常不宜作为口服药物使用。

◆ **类固醇类激素** 这类激素都以胆固醇为原料合成，结构也类似。类固醇激素主要由肾上腺皮质、卵巢与睾丸合成分泌。此外，活化的维生素 D_3 常划归此类激素。与前两类激素不同，类固醇激素在酶的催化下，边合成边释放，不在细胞内储存。类固醇脂溶性强，能够穿越细胞膜，与胞内受体结合，但最终都进入细胞核内与相应核受体结合产生调节效应。类固醇激素可作为口服药物治疗疾病。

除了这三类激素，也有将前列腺素等甘碳脂肪酸衍生物视为激素。

表5-1 人体的主要激素与主要作用

激素名称	英文缩写	化学性质	主要来源	主要靶组织与作用
生长激素释放激素	GHRH	肽	下丘脑	↑腺垂体分泌GH
生长激素释放抑制激素（生长抑素）	GHIH(SS)	肽		↓腺垂体多种激素的分泌
催乳素释放激素	PRH	肽		↑腺垂体分泌催乳素
催乳素释放抑制激素	PIH	胺		↓腺垂体分泌催乳素
促甲状腺激素释放激素	TRH	肽		↑腺垂体分泌TSH
促肾上腺皮质激素释放激素	CRH	肽		↑腺垂体分泌ACTH
促性腺激素释放激素	GnRH	肽		↑促性腺激素分泌（FSH与LH）
血管升压素（抗利尿激素）	VP(ADH)	肽		↑肾小管重吸收水
缩宫素	OXT	肽		↑子宫平滑肌收缩，乳腺排乳
促甲状腺激素	TSH	糖蛋白	腺垂体	↑甲状腺激素分泌
促肾上腺皮质激素	ACTH	肽		↑肾上腺糖皮质激素分泌
卵泡刺激素	FSH	糖蛋白		↑生殖细胞（精子与卵子）生成
黄体生成素	LH	糖蛋白		↑性激素（雌性与雄性激素）分泌
生长激素	GH	蛋白质		↑骨、软组织生长，蛋白质合成
催乳素	PRL	蛋白质		↑乳汁的生成与分泌
甲状腺素（四碘甲腺原氨酸）	T_4	胺	甲状腺	↑基础代谢率，协助调节机体的生长和发育

续表

激素名称	英文缩写	化学性质	主要来源	主要靶组织与作用
三碘甲腺原氨酸	T_3	胺		同上
降钙素	CT	肽		↑成骨作用，↓血钙水平
甲状旁腺激素	PTH	蛋白质	甲状旁腺	↑溶骨作用，↑血钙水平
胰岛素		蛋白质	胰腺胰岛	↑物质合成代谢，↓血糖水平
胰高血糖素		肽		↑物质分解代谢，↑血糖水平
肾上腺素	E(Ad)	胺	肾上腺髓质	全面参与机体功能调节；↑血糖水平
去甲肾上腺素	NE(NA)	胺		
糖皮质激素（皮质醇）		类固醇	肾上腺皮质	↑周身组织分解代谢，↑血糖水平
盐皮质激素（醛固酮）		类固醇		↑肾脏重吸收钠和排泄钾
睾酮	T	类固醇	睾丸	↑生精作用；维持男性生殖系统功能状态和副性征
雌二醇	E_2	类固醇	卵巢	↑生卵作用；维持女性生殖系统功能状态和副性征
孕酮	P	类固醇		维持妊娠
褪黑素	MT	胺	松果体	参与生物节律；抑制生殖功能

注：↑表示促进或增强作用；↓表示抑制或减弱作用

二、激素的一般作用及作用特征

1. **激素的一般作用** 内分泌系统对机体的调节功能都是通过各种激素实现的，激素的作用复杂而广泛（表5-1）。总体而言可归纳为以下四方面。

◆ 与神经系统密切配合，调节器官系统的功能活动，维持内环境稳态，使机体能更好地适应环境变化，保证机体正常生存。

◆ 调节营养物质，如调节糖、脂肪和蛋白质的中间代谢与水和无机盐的代谢等，维护机体营养与能量的平衡。

◆ 调节组织细胞的分裂、增殖和分化、成熟等过程，促进机体的生长、发育，并影响衰老过程。

◆ 调节生殖器官的发育和成熟，配子（卵子与精子）的生成、受精、植入、妊娠、泌乳等生殖功能以及性活动，保证生命和种系的绵延、繁衍。

2. **激素作用的一般特征**

◆ **特异作用** 激素均选择性地作用于特定目标，只对靶细胞发挥特异性作用，这取决于激素与靶细胞相应受体之间的特异结构吻合关系。有些激素只专一地作用于某一靶腺，如促甲状腺激素只作用于甲状腺腺泡细胞；有些激素的受体分布广泛，则相应激素的作用也广泛，如生长激素、甲状腺素等几乎可以调节全身所有组织靶细胞的代谢活动。

◆ **信使作用** 在调节靶细胞活动过程中，激素只能使细胞原有的生理、生化过程增强或减弱，而不作为反应成分。因此，激素只是作为化学信号，将调节信息由内分泌细胞传递给靶细胞，激发或制止靶细胞原有的功能活动。也就是说激素只是以一种"化学信使"的角色发挥作用。

◆ **高效作用** 血液中的激素浓度极低，多在皮摩尔（pmol/L）至纳摩尔（nmol/L）的数量级，但生物效应显著。因为激素与靶细胞受体结合后，激发受体后的一系列生化链锁反应，并随着参与反应底物的增加而逐级扩大，在细胞内形成高效能的生物放大效应。因此，体液中激素水平的轻微变化就能使机体生理活动产生显著改变。如下丘脑释放的一分子促甲状腺激素释放激素可刺激腺垂体分泌 10 万分子促甲状腺激素；再如，一分子肾上腺素所引起的糖原分解效应，至少能生成 10^8 分子葡萄糖。

◆ **相互作用** 激素同时存在于体液中，其作用可互相影响。**协同作用**为多种激素调节同一生理过程时生物效应的显著提高。如生长激素和胰岛素同时存在时，促进生长的效应远大于各自的单独作用。**拮抗作用**为不同激素调节同一生理过程时生物效应的相互抵消。如胰高血糖素使血糖升高，而胰岛素使血糖降低。**允许作用**比较特殊，指某些激素本身对特定器官、组织或细胞没有直接作用，但其存在却是另一激素产生调节效应的必要条件。如糖皮质激素虽然其本身不能直接引起血管平滑肌收缩，但当它缺乏时，去甲肾上腺素几乎不能引起血管平滑肌的强烈收缩。

三、激素的作用机制

所有激素通过体液运送到靶细胞后，都要与靶细胞相应的受体特异性结合后，再诱导细胞内一系列信号传递机制（详见第二章），才能最终引起靶细胞产生其固有的生物效应。激素的化学性质不同，作用机制也不同。

1. **细胞膜受体介导的机制** 胺类、肽与蛋白质类激素等亲水性较强，特别是蛋白质分子量大，不能穿越脂溶性的细胞膜，通常是通过细胞膜受体介导将调节信息转导到细胞内，再引起细胞生物效应。这类激素的细胞膜受体大多数为 G 蛋白耦联型受体，如下丘脑调节肽、垂体促激素等多肽和蛋白质类激素以及多数胺类激素。激素与受体结合后，可分别通过腺苷酸环化酶或磷脂酶 C 等效应器酶，使细胞内第二信使生成，再使其下游已存在的有关功能蛋白质被序列"活化"，在细胞内依序传递调节信号，最终引起靶细胞功能的改变，实现激素的调节作用。激素的这一作用机制曾被称为**第二信使学说**。

2. **细胞内受体介导的机制** 亲脂性强的激素，如类固醇激素能穿越细胞膜，直接进入细胞内发挥激素的调节作用。细胞内受体也是蛋白质，分别定位在细胞质或细胞核内，即使存在于细胞质，在与激素结合后最终也将进入细胞核内发挥作用。类固醇激素等进入细胞后，最终进入细胞核内，与 DNA 特定片段相结合，调节基因的表达，从而调控功能蛋白质的合成，再通过新蛋白质引起细胞效应，故曾被称为**基因表达学说**。因此，类固醇激素发挥调节效应需要较长的时间，甚至长达数天。而经细胞膜受体介导的激素作用效应，通常只需要几分钟即出现。甲状腺激素虽然不是类固醇激素，但因其可进入细胞内，其作用机制与类固醇激素相似。

以上两种类型激素的作用机制并非绝对。如生长激素既可经膜受体引起第二信使传递信号，也可经其他途径调控基因表达及细胞分裂；而雌激素主要是进入核内调控基因表达，但也能产生快速调节效应，显然是通过膜受体实现的，后者称类固醇激素的非基因效应。

四、激素分泌的调节

激素是高效能生物活性物质，其血中浓度偏离正常生理范围将导致机体功能障碍。机体主要通过反馈性机制调节血中激素水平的相对稳定。

下丘脑-腺垂体-靶腺轴是主要的反馈调节系统（图 5-2a）。甲状腺、肾上腺和性腺都是腺垂体激素的靶腺，它们的分泌功能都受腺垂体促激素的控制；下丘脑分泌的神经激素又控制腺垂体的活动；而血液中的靶腺激素能反馈地影响腺垂体和下丘脑的内分泌功能。例如，下丘脑分泌的 TRH 可促进腺垂体分泌 TSH，TSH 刺激甲状腺分泌甲状腺激素，血中甲状腺激素水平升高除了调节各器官系统的生理功能外，还可负反馈性调节 TRH 与 TSH 的分泌，从而保证血液中甲状腺激素的相对稳定，适应机体需求。

另一种反馈性调节机制则更为直接。例如，血钙水平降低可直接刺激甲状旁腺分泌甲状旁腺激素，促进骨组织细胞释放钙，因此可升高血钙；血钙升高又可抑制甲状旁腺分泌甲状旁腺激素，避免血钙水平进一步升高。可见，血钙水平是激素调节靶器官而产生的效应，其反过来也可影响激素的分泌水平，维持血钙的稳态（图 5-2b）。

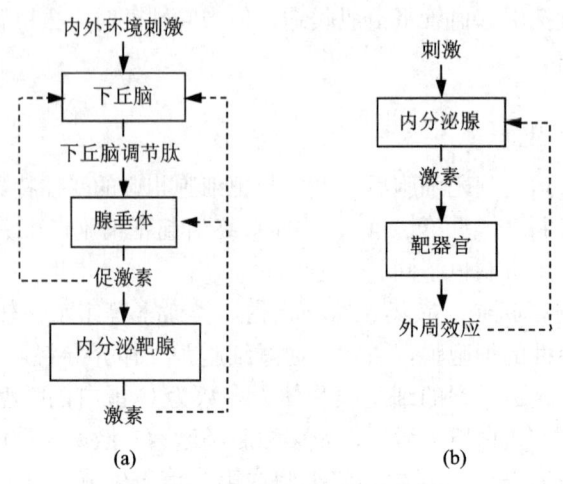

图 5-2 激素分泌的反馈性调节
（a）下丘脑-腺垂体-靶腺轴；（b）激素作用效应的反馈调节
⟶ ；促进作用 - - -→抑制作用

复习思考题
1. 何谓激素？不同化学性质的激素各通过什么途径引起细胞功能的改变？
2. 激素主要从哪些方面调节机体的功能活动？
3. 激素的作用有哪些共同的特征？
4. 正常时，血液中的激素水平为什么总能保持相对的稳定？　　　　　　　　（王卫国）

第二节　下丘脑与垂体内分泌

下丘脑位于间脑的基底部，由围绕第三脑室周围的密集神经核团组成，具有广泛的传入与传出神经联系。下丘脑是整合内脏功能的高级中枢之一，在维持机体内环境稳态中具有重要的地位。垂体以垂体柄与下丘脑相连，是位于颅底蝶鞍垂体窝内的椭圆形器官，重约 0.6g。按结构与功能的特征，可分腺垂体与神经垂体两部分。腺垂体主要是内分泌细胞构成的腺组织，包括远侧部（前叶）、中间叶和结节部；神经垂体属神经组织，主要包括神经部

（后叶）和漏斗部。下丘脑与垂体在结构和功能方面的联系都十分密切，共同组成下丘脑-垂体功能单位。下丘脑与腺垂体和神经垂体分别形成两个功能系统：**下丘脑-腺垂体系统**和**下丘脑-神经垂体系统**。

一、下丘脑-腺垂体系统

下丘脑与腺垂体之间，没有直接的神经延续，但可通过特殊的血管结构——**垂体门脉系统**实现功能上的联系。垂体上动脉在下丘脑的正中隆起分支形成初级毛细血管网，然后汇集成沿垂体柄下行的数支小静脉，在腺垂体再次分支成次级毛细血管网（图5-3）。所以，下丘脑与腺垂体通过垂体门脉血管相互联系组成下丘脑-腺垂体系统。

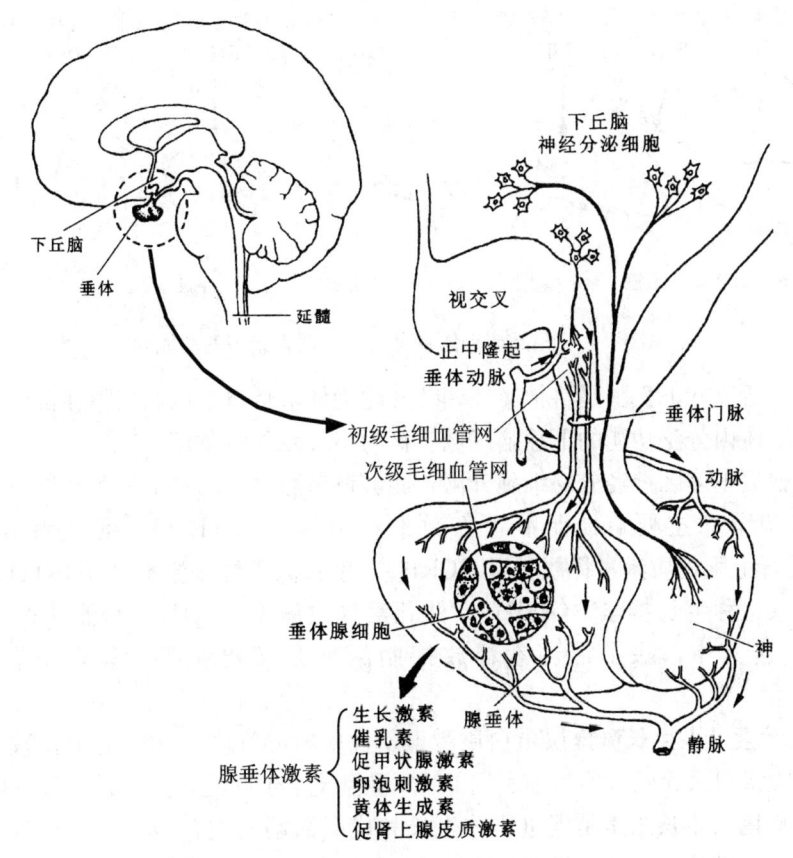

图5-3 下丘脑-腺垂体及垂体门脉系统

腺垂体主要分泌生长激素（GH）、催乳素（PRL）、促甲状腺激素（TSH）、促肾上腺皮质激素（ACTH）、卵泡刺激素（FSH）和黄体生成素（LH）。各种垂体激素都与外周腺体及器官形成功能联系（图5-4）。

1. 下丘脑调节肽　下丘脑含有能分泌肽类激素的肽能神经元，即**神经分泌细胞**。这些神经元受高位中枢及外周传入信息的影响，将所分泌的肽类激素直接释放到正中隆起的毛细血管血流中，经垂体门脉输送至腺垂体，调节腺垂体的内分泌活动。这样就将中枢神经系统的神经性调节信息转变为激素分泌的化学信号，通过控制腺垂体分泌，调节全身各器官组织

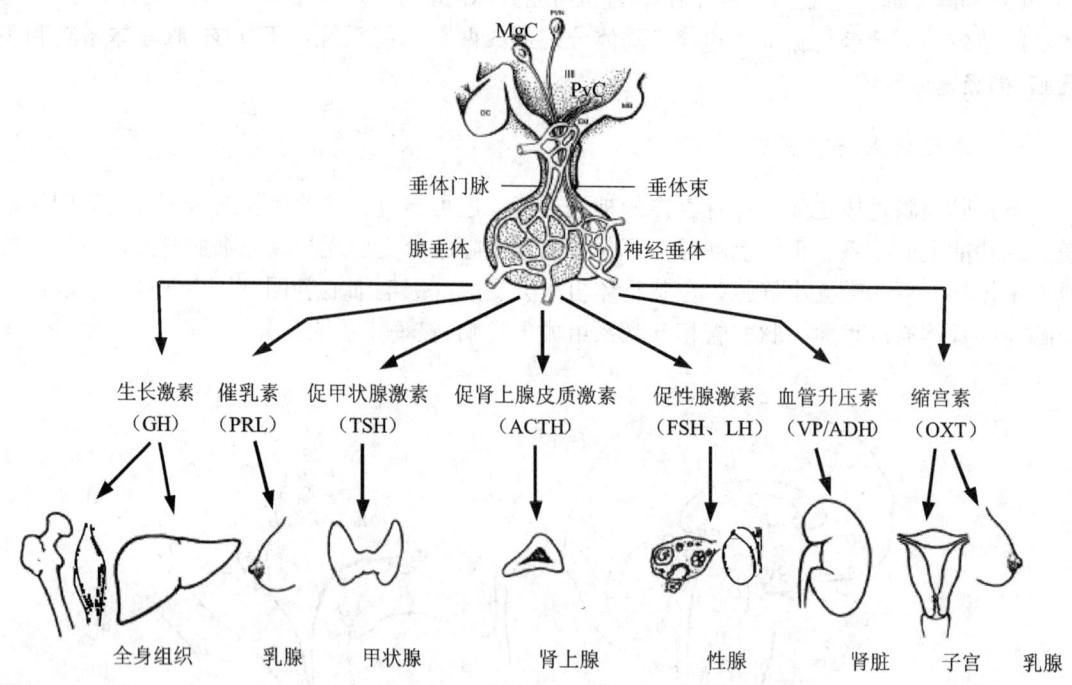

图 5-4 下丘脑-垂体系统与外周器官组织的功能联系

的功能活动。所以,下丘脑是将神经性调节转化为体液性调节的高级枢纽部位。而通过分泌激素调节腺垂体内分泌功能的下丘脑区域就称为**下丘脑促垂体区**。

由下丘脑促垂体区神经分泌细胞分泌,能够调节腺垂体活动的肽类物质总称**下丘脑调节肽**。下丘脑调节肽主要有:促甲状腺激素释放激素(TRH)、促性腺激素释放激素(GnRH)、促肾上腺皮质激素释放激素(CRH)、生长激素释放激素(GHRH)、生长激素释放抑制激素(也称生长抑素,GHIH)、催乳素释放激素(PRH)和催乳素释放抑制激素(PIH)等。这其中,除了催乳素释放抑制激素是多巴胺外,其余都属于肽类激素(表5-1)。

2. 生长激素 **人生长激素**属蛋白质激素,种属特异性强,除猴的生长激素以外,其他动物的生长激素对人无效。但目前利用DNA重组技术生产的人生长激素可供临床使用。

◆ 生理作用 生长激素是促进机体生长和代谢活动的主要激素。生长激素促进全身组织的生长,如促进骨、软骨、肌肉及其他组织细胞分裂增殖,蛋白质合成增加等,特别对骨骼、肌肉及内脏器官的作用尤为显著。生长激素促进生长的作用同时需要其他激素的协同,如胰岛素、甲状腺激素等。生长激素还可刺激肝和肾等器官的组织,产生具有促生长作用的细胞因子——**胰岛素样生长因子**(IGF),间接发挥促生长作用。在幼年时期,人体缺乏生长激素,生长停滞,身材矮小,但智力发育可不受影响,称**侏儒症**;相反,在生长期生长激素分泌过多,生长过度,则称**巨人症**。如果成年后生长激素分泌过多,由于长骨骨骺已闭合,不能继续生长,但手足肢端短骨、面骨及软组织生长异常,出现手足粗大、鼻大、唇厚、下颌突出等征状,称**肢端肥大症**。

生长激素可促进细胞利用氨基酸,加速蛋白质合成;促进脂肪分解,加速脂肪酸氧化;

抑制组织摄取和氧化利用葡萄糖，提高血糖水平。故生长激素分泌过量可引起糖尿。

◆ **分泌的调节** 生长激素的分泌直接受下丘脑调节肽双重调节，生长激素释放激素促进，而生长激素释放抑制激素则抑制生长激素分泌。两者相互配合，共同调节腺垂体分泌活动。

生长激素对下丘脑和腺垂体两个水平的分泌活动均具有负反馈性调节作用。此外，其他一些因素也影响生长激素的分泌。甲状腺激素、雌激素与睾酮等均促进生长激素分泌。饥饿、运动、低血糖及应激等均可刺激生长激素分泌，特别是低血糖是刺激生长激素分泌的有效因素，相反，高血糖起抑制作用。血中氨基酸增多也可刺激生长激素分泌的增加，而游离脂肪酸增多时则减少其分泌。人在睡眠期间，生长激素分泌增加，有利于机体生长和体力恢复；觉醒时分泌减少。

3. **催乳素** 人催乳素是蛋白质激素，成人垂体催乳素含量只有生长激素的1/100。

◆ **生理作用** 催乳素作用极为广泛，不仅对乳腺、性腺发育及分泌起重要作用而且还参与应激和免疫反应的调节。

催乳素促进乳腺发育，启动并维持乳腺泌乳活动。在女性青春期，催乳素与雌激素、孕激素等共同维持乳腺的发育。妊娠期中，随着催乳素、雌激素及孕激素分泌的增多，乳腺组织进一步发育。但因血中高水平的雌激素和孕激素抑制催乳素促进泌乳的作用，因此具备泌乳能力的乳腺却并不泌乳。分娩后，血中雌激素和孕激素水平快速降低，催乳素才启动和维持泌乳。

催乳素调节性腺的作用复杂。在女性，卵泡发育成熟过程中催乳素有助于排卵、黄体生成，促进雌激素、孕激素合成的分泌，但大量时则产生抑制作用，致使患者出现无排卵及雌激素水平低下，表现闭经、溢乳与不孕等现象。催乳素可促进男性前列腺及精囊等的生长以及睾酮的合成和分泌。

此外，催乳素还参与机体的应激过程、免疫调节活动等。

◆ **分泌的调节** 下丘脑分泌的催乳素释放激素促进催乳素分泌，而催乳素释放抑制激素抑制其分泌，通常状态下抑制作用占优势。在妇女哺乳期，婴儿吸吮母体乳头的刺激经传入神经到达下丘脑，反射性地使相关神经元兴奋并释放催乳素释放激素，引起垂体催乳素分泌增多。

4. **腺垂体促激素** 腺垂体细胞分泌的促甲状腺激素、促肾上腺皮质激素和促性腺激素，分别促进和维持甲状腺、肾上腺皮质和性腺的功能，所以这些激素合称腺垂体的**促激素**。**促性腺激素**又包括卵泡刺激素和黄体生成素两种（图5-4）。

腺垂体促激素的分泌都受到下丘脑的控制和外周靶腺的反馈影响，因此形成三个下丘脑-腺垂体-靶腺轴系，即下丘脑-腺垂体-甲状腺轴；下丘脑-腺垂体-肾上腺皮质轴和下丘脑-腺垂体-性腺（卵巢或睾丸）轴。在轴系中，下丘脑调节肽作为最高位激素，调节腺垂体促激素的分泌；腺垂体所分泌的促激素通过血液作用于各自的靶腺，分别引起甲状腺激素、肾上腺糖皮质激素、性激素（雄性激素和雌性激素）的分泌；靶腺激素又可通过血液循环反馈抑制下丘脑和腺垂体活动，因为反馈作用的距离长，称**长反馈**。促激素对下丘脑的反馈作用则因距离短而称为**短反馈**，下丘脑调节肽还能反馈调节其自身，其反馈距离更短，而称为**超短反馈**。这些轴系形成负反馈性的自动调节体系，可使血中相关激素维持相对稳定（图5-2）。但在特定状态下，也出现正反馈性调节，以保证正常功能所需，如排卵活动的调节（见

第十二章）。

体内外环境变化，都可反射性地通过高级中枢影响下丘脑的活动，进而影响腺垂体的分泌功能。例如，各种应激刺激（创伤、手术、大失血、寒冷、剧烈运动等）可引起 ACTH 大量分泌；婴儿吸吮乳头，也可促使催乳素分泌等。代谢因素也能影响腺垂体的分泌，如血糖降低、血中氨基酸增高能使生长激素分泌增多。

二、下丘脑-神经垂体系统

下丘脑与神经垂体之间依靠下丘脑-垂体束发生直接的联系（图 5-5）。下丘脑的视上核和室旁核等处神经分泌细胞发出的长轴突可直接延伸到神经垂体，构成下丘脑-垂体束。神经垂体没有腺细胞，本身不具备内分泌功能。神经垂体所释放的血管升压素和缩宫素是由下丘脑视上核和室旁核合成，通过轴突运输到神经垂体暂时储存。在适宜刺激下，再由神经垂体释放到血液中发挥调节作用。血管升压素与缩宫素均为 9 肽，结构类似，仅第 3 位与第 8 位氨基酸残基不同。虽然视上核和室旁核都能合成血管升压素与缩宫素，但前者主要合成血管升压素，后者主要合成缩宫素。

1. **血管升压素**　血管升压素（VP）又称为**抗利尿激素**（ADH）。生理水平的血管升压素变化主要是调节肾脏集合管上皮细胞对水的渗透性。当血浆渗透压升高或血容量减少时，都能刺激血管升压素释放，提高集合管上皮细胞对水的渗透性，有助于小管液中水分的重吸收，减少水经尿的排出，从而起到保留细胞外液的作用。"抗利尿"作用可以减少水的排出，产生增加血容量，降低血浆渗透压的效应。

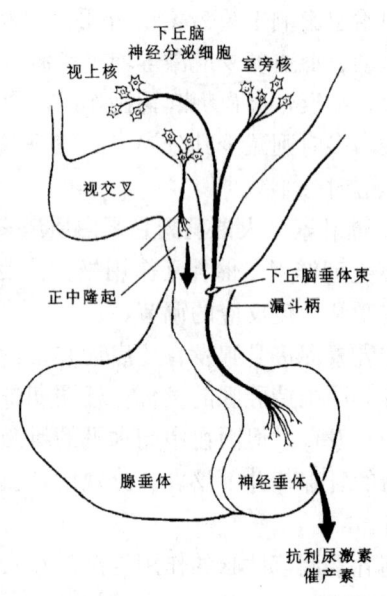

图 5-5　下丘脑-神经垂体系统

在大失血或作为药物大剂量使用时，血管升压素可以引起全身小动脉收缩，血管外周阻力增加，血压升高。临床上使用垂体后叶素（主要含血管升压素）来治疗肺咯血等等某些出血性疾病，正是利用其强烈的缩血管作用。通常血管升压素的升压作用不能持久，所以不被作为升压药使用。

2. **缩宫素**　缩宫素（OXT）与血管升压素的结构相似，作用也有一定交叉，即血管升压素有较弱的缩宫素效应，而缩宫素也有较弱的血管升压素效应。

◆ **生理作用**　缩宫素通过刺激乳腺腺泡周围的肌样上皮细胞收缩，使乳汁经输乳管排出，促进乳腺排乳。缩宫素同时也有维持和营养乳腺的作用。缩宫素可促进子宫收缩，对非孕子宫的影响较小，而对妊娠子宫的作用较强，有助于分娩过程。孕激素能降低子宫平滑肌对缩宫素的敏感性，而雌激素则具有允许作用。

◆ **分泌的调节**　缩宫素分泌的调节是典型的神经内分泌调节。哺乳时，婴儿吸吮乳头的刺激可促使缩宫素释放，引起反射性射乳活动，还可抑制下丘脑促性腺激素释放激素的释放。结果腺垂体促性腺激素分泌减少，导致哺乳期月经周期暂停。哺乳活动可反射性地引起催乳素和缩宫素释放，不仅有益哺乳，还能加速产后子宫收缩复原。此外，性交时，阴道及子宫颈受到的机械性刺激也可反射性引起缩宫素分泌和子宫肌收缩，有助于精子在女性生殖道内的运行。

复习思考题
1. 何谓下丘脑调节肽？其如何调节腺垂体的内分泌功能？
2. 腺垂体主要分泌哪些激素？对机体功能有何重要作用？

（王卫国）

第三节 甲状腺内分泌

甲状腺是人体最大的内分泌腺体（重20～25 g），主要功能是分泌甲状腺激素和降钙素。

一、甲状腺的位置与形态构造

甲状腺位于颈部，分左右两叶，中间有峡部相连呈H形，覆盖在气管上端两侧，甲状软骨下方，血液供应十分丰富（图5-6）。甲状腺由许多大小不等的滤泡组成。滤泡为单层上皮细胞所围成，中心为充满胶质的滤泡腔。滤泡上皮细胞参与甲状腺激素的合成与释放，滤泡腔内胶质由滤泡细胞生成，其主要成分是含有甲状腺激素的甲状腺球蛋白。因此，胶质是甲状腺激素的储存库，而甲状腺激素也是体内惟一能储存在细胞外的激素。

在甲状腺滤泡之间还存在较为清亮的滤泡旁细胞，也称**甲状腺C细胞**，分泌降钙素，参与钙磷代谢的调节（见第四节）。

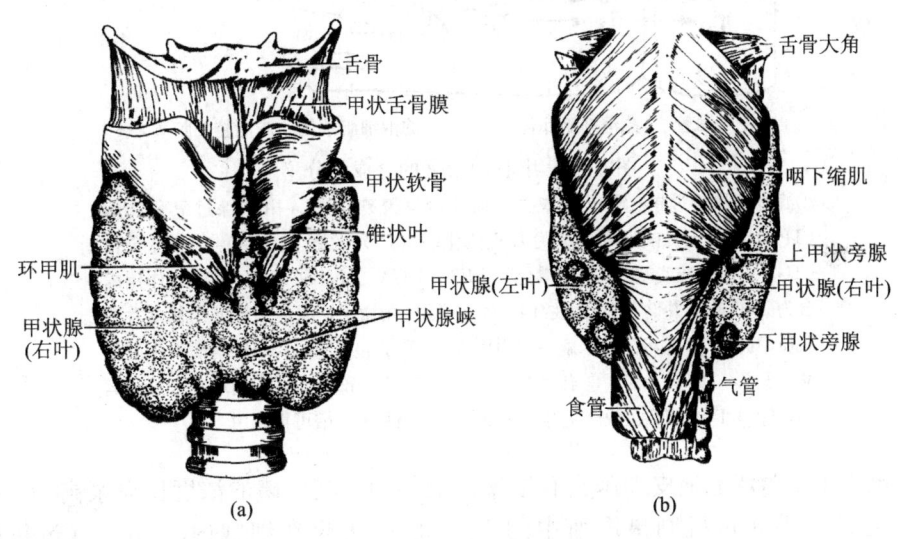

图5-6 甲状腺与甲状旁腺的位置

二、甲状腺激素的代谢

甲状腺激素均为酪氨酸的碘化物，主要是甲状腺素（T_4）与三碘甲腺原氨酸（T_3）（图5-7）。其中T_4约占总分泌量90%，但T_3生物活性比T_4高5倍。

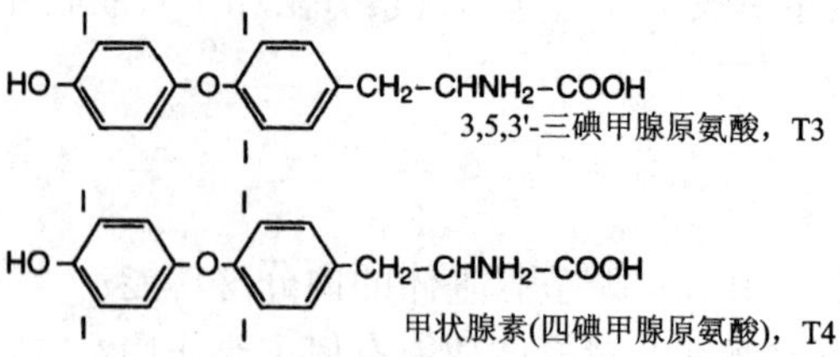

图 5-7 甲状腺激素的化学结构

1. **甲状腺激素的合成** 甲状腺激素由碘和甲状腺球蛋白（TG）上的酪氨酸残基（Tyr）合成。碘主要源于食物，每天需要摄碘 $100\sim200\mu g$，其中 1/3 进入甲状腺。甲状腺含碘量占全身总碘量 90%。甲状腺球蛋白由滤泡细胞合成，其中含有酪氨酸残基。甲状腺激素的合成可分聚碘、碘化和缩合三大基本环节（图 5-8）。

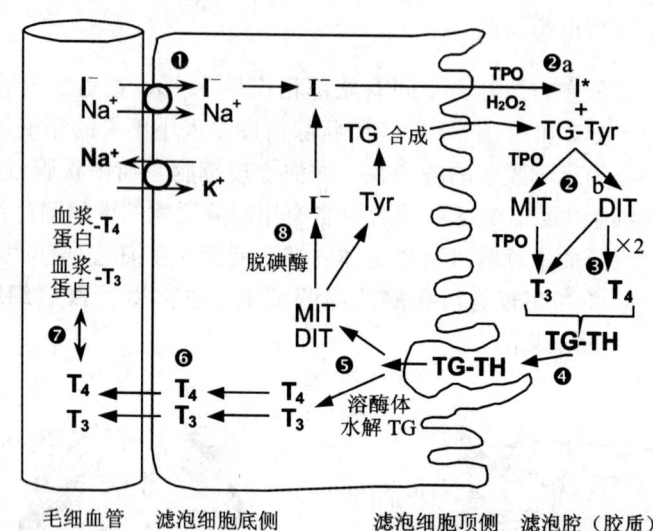

图 5-8 甲状腺激素的合成与分泌

①滤泡细胞通过钠-碘转运体主动捕获碘（聚碘）；②a 甲状腺过氧化物酶（TPO）催化无机碘迅即氧化为有机活化碘（I^*）；②b 同时将甲状腺球蛋白（TG）中酪氨酸残基（Tyr）碘化为 MIT、DIT；③MIT、DIT 经 TPO 作用缩合为 T_3、T_4，并储存在滤泡腔内；④在 TSH 刺激下，滤泡细胞伸出伪足吞饮胶质中的 TG；⑤溶酶体水解吞食泡内 TG，释放包括 T_3、T_4 在内的碘化酪氨酸；⑥T_3、T_4 被分泌；⑦血液中的 T_3、T_4 几乎全部与血浆蛋白质结合进行运输；⑧MIT 和 DIT 在脱碘酶等作用下释放出碘和酪氨酸可再利用

◆ **聚碘** 甲状腺滤泡上皮细胞具有浓聚碘的能力，其中碘的浓度比血浆高 20～25 倍。滤泡细胞通过主动转运机制摄取血中的 I^-，将 I^- 浓聚在细胞内。ClO_4^-（过氯酸盐），SCN^-（硫氰酸盐）等能与 I 竞争转运机制，可抑制聚碘作用及甲状腺激素合成。

◆ **碘化** 碘化是甲状腺球蛋白分子酪氨酸残基加碘的反应。只有活化碘（I^*）才能使酪氨酸残基碘化，形成一碘酪氨酸残基（MIT）和二碘酪氨酸残基（DIT）。碘化过程是甲状腺过氧化酶（TPO）催化下完成的。

◆ **缩合** 缩合是甲状腺球蛋白上的 MIT 和 DIT 两两结合的反应，也称耦联。两分子

DIT 缩合生成 T_4；一分子 MIT 和一分子 DIT 缩合生成 T_3，即合成甲状腺激素。

2. 甲状腺激素的储存、分泌与运输　T_4 和 T_3 合成后以胶质形式储存在滤泡腔中，其储存量可供机体利用 50～120 天之久。在促甲状腺素的刺激下，滤泡细胞顶端膜微绒毛伸出伪足，将滤泡腔内的甲状腺球蛋白转运到细胞内，并在蛋白水解酶的作用下解离出 T_4、T_3，释放到血液循环。

T_3、T_4 释放入血后，99% 以上与血浆蛋白结合运输；极少量以游离形式存在。但只有游离型的激素才能进入组织发挥作用，游离型和结合型的甲状腺激素可相互转化，保持动态平衡。所以，结合型的甲状腺激素可作为储备库，也可缓冲甲状腺分泌激素量的过度变化，又可以防止 T_4 和 T_3 过快地从尿中丢失。

3. 甲状腺激素的降解　在激素中，甲状腺激素半寿期较长，T_4 约 7 天，T_3 约 1 天。脱碘是 T_4 和 T_3 降解的主要方式。T_4 在外周组织脱碘酶作用下可生成具有更强的活性的 T_3。很少量在肝内降解，随胆汁排出。硒对脱碘酶的活性有重要影响，硒缺乏时，脱碘酶活性降低，T_4 脱碘转为 T_3 的过程受阻，外周组织中 T_3 的含量减少。

三、甲状腺激素的生理作用

1. 调节新陈代谢　甲状腺激素对全身各组织器官新陈代谢几乎都有调节作用。

◆ 提高能量代谢率　甲状腺激素可提高绝大多数组织的耗氧量，增加组织产热量，提高基础代谢率。1mg T_4 可使机体的基础代谢率提高达 28%。T_3 的产热作用比 T_4 强，但作用的持续时间较短。甲状腺功能亢进时，基础代谢率可升高 60%～80%，产热量显著增加，患者喜凉怕热，多汗；甲状腺功能减退的患者，基础代谢率降低，产热量减少，喜热畏寒。

◆ 促进物质代谢　甲状腺激素能同时促进多数代谢酶系的活性，对代谢的调节作用很复杂。生理范围内的甲状腺激素促进蛋白质合成，使肌肉、肝及肾的蛋白质合成明显增加。甲状腺激素分泌不足时，蛋白质合成减少，肌肉收缩无力，但组织间的粘蛋白增多，引起粘液性水肿。甲状腺激素分泌过多时，则加速蛋白质分解，特别是骨骼肌蛋白质分解，肌肉孱弱无力。

甲状腺激素可加强外周组织利用糖，促进糖的氧化分解，导致血糖降低。但甲状腺激素也能促进小肠粘膜吸收糖，促进糖原分解，抑制糖原合成，并增强升糖激素的作用，使血糖升高。甲状腺功能亢进（甲亢）的患者，血糖水平常升高，甚至会出现糖尿。

甲状腺激素可促进脂肪分解，脂肪酸氧化。甲状腺激素既能促进胆固醇合成，又能加速其降解，后者更明显。所以，甲亢患者血胆固醇含量低于正常，而甲状腺功能减退的患者血胆固醇含量高于正常，甚至引起动脉粥样硬化。

2. 促进生长与发育　甲状腺激素是维持人类和哺乳动物正常生长和发育不可缺少的激素。在儿童生长发育的过程中，甲状腺激素和生长激素有协同作用，如缺乏甲状腺激素，可影响生长激素发挥正常作用。

甲状腺激素促进组织细胞分化、机体生长与发育，特别对脑和长骨的生长和发育的影响。T_3 和 T_4 对脑的各部位神经细胞树突和轴突的形成、髓鞘与胶质细胞的生长以及脑的血流供应均有作用。胚胎期因缺碘而导致激素合成不足或出生后甲状腺功能减退的婴幼儿，脑发育明显障碍，智力低下，而且身材矮小，罹患**呆小症**（也称克汀病）。在临床上应抓紧时机，于出生后 3 个月之内及时补充甲状腺激素，过晚难以产生理想疗效。

3. 对器官系统功能的作用　甲状腺激素对器官系统功能的作用大多是通过允许作用实现的，因此对机体功能影响广泛。

◆ 对神经系统的影响　甲状腺激素也影响已分化成熟的神经系统的活动，提高中枢神经系统的兴奋性，产生与交感神经兴奋时相似的所谓拟交感作用。甲亢患者常表现烦躁不安、多言多动、喜怒无常、失眠多梦、注意力分散及肌肉颤动等症状；甲状腺功能减退的患者表现相反，言行迟钝、记忆力减退、淡漠无情、少动嗜睡等表现。

◆ 对心血管系统的影响　甲状腺激素可直接增强心肌收缩能力，使心输出量及心脏做功增加。所以，甲亢患者常出现心动过速、心律不齐、心肌肥大，甚至因心肌过劳而致心力衰竭。甲状腺激素可直接或间接地引起血管平滑肌舒张，导致外周阻力降低，结果甲亢患者脉搏压常增大。

◆ 其它系统　甲状腺激素可促进肠蠕动，增强食欲。甲亢患者食欲增强，进食量大增。甲状腺激素维持正常生殖功能、性欲和性功能，甲状腺功能异常患者性腺功能减弱，月经失调，生殖能力降低。

四、甲状腺功能的调节

甲状腺的活动主要受下丘脑-腺垂体-甲状腺轴调节，使激素的合成和分泌得以精密调控，维持血中 T_4、T_3 浓度的相对稳定。下丘脑 TRH 神经元分泌的 TRH 可经垂体门脉系统到达腺垂体，作用于腺垂体的促甲状腺素细胞，引起促甲状腺激素合成与释放。下丘脑 TRH 神经元活动受神经系统其它部位传来信息的影响。如寒冷刺激通过一定神经联系增强下丘脑 TRH 神经元的活动，最终促进甲状腺分泌激素，机体产热量增加，有利于御寒。当饮食中碘的含量长期缺乏，甲状腺激素合成的原料减少，血中 T_3、T_4 降低，对腺垂体反馈性抑制作用减弱，促甲状腺激素分泌增加，长期刺激甲状腺滤泡细胞增生，而出现腺体代偿性增生和肥大，甚至肿大，患单纯性甲状腺肿，即地方性甲状腺肿。

甲状腺还可根据血碘水平自身调节摄取碘及合成激素的能力，但有一定限度，而且调节过程较慢。如饮食中碘不足时，甲状腺对促甲状腺激素敏感性提高，碘转运机制增强，反之，供碘过多时，上述机制受抑制。

复习思考题

1. 甲状腺激素主要有哪些方面生理作用？
2. 下丘脑-腺垂体-甲状腺轴如何维持血液中甲状腺激素的相对稳定？
3. 饮食中长期缺碘造成单纯性甲状腺肿？

（王卫国）

第四节　甲状旁腺、甲状腺 C 细胞内分泌与维生素 D_3

甲状旁腺分泌的甲状旁腺激素（PTH）、甲状腺 C 细胞分泌的降钙素（CT）与 1，25-二羟维生素 D_3 是调节机体钙、磷代谢的主要激素（图 5-9）。血钙和血磷水平与机体许多重要的生理功能密切相关，如，组织的兴奋性、腺体的分泌、骨代谢的平衡及细胞信号传递等。

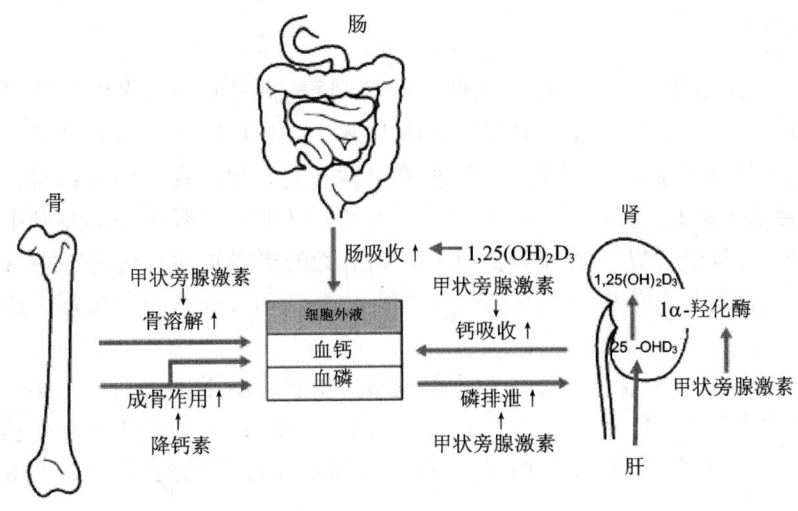

图 5-9 钙磷代谢调节激素的主要作用环节

一、甲状旁腺激素

人体的甲状旁腺分布在甲状腺背侧,常为两对椭圆形小体,总重约 0.1g(图 5-6)。因此在甲状腺手术中容易被伤及。

甲状旁腺激素是由甲状旁腺主细胞合成和分泌的直链多肽,其基本作用是升高血钙,降低血磷。甲状旁腺激素直接作用的靶器官主要是骨和肾脏。甲状旁腺激素刺激破骨细胞的溶骨作用,促进破骨细胞增生,加速骨组织的溶解,动员骨钙、骨磷进入血液,使血钙、血磷浓度升高。甲状旁腺激素可促进肾脏的远端小管重吸收钙,抑制近球小管重吸收磷,结果钙得以保留,而磷的排泄增加,表现升血钙、降血磷效应。甲状旁腺激素可激活肾内的 1α-羟化酶,促进 1,25-二羟维生素 D_3 的生成,从而提高小肠吸收钙的能力。甲状腺手术中,如果不慎损伤甲状旁腺,PTH 分泌减少,患者血钙降低,神经、肌肉兴奋性异常增高,出现低钙性手足抽搐,严重时将因喉部肌肉以及呼吸肌痉挛而窒息死亡。

甲状旁腺激素的分泌主要受血钙水平调节。血钙降低刺激甲状旁腺激素分泌,长时间低血钙可导致甲状旁腺腺体增生;相反,当血钙升高时甲状旁腺激素分泌减少。

二、降钙素

降钙素是由甲状腺滤泡旁细胞(C 细胞)所分泌,主要靶器官为骨和肾。降钙素促进成骨细胞活动,使骨组织中钙、磷沉积增加,成骨过程增强。同时,促进破骨细胞转化为骨细胞,也能抑制破骨细胞活动,导致溶骨过程减弱。与成人相比,儿童骨的更新速度快,降钙素的调节作用较为明显。降钙素还能抑制肾小管对钙、磷、钠及氯的重吸收。导致血钙、血磷降低。降钙素总的效应是使血钙与血磷水平都降低。

降钙素分泌也直接受血钙水平的调节。当血钙升高时可刺激降钙素分泌;反之,降钙素分泌减少。血钙对降钙素的作用正好与甲状旁腺激素相反,两者共同配合,维持血钙浓度的相对稳定。

三、维生素 D_3

维生素 D_3 也称胆钙化醇，主要由皮肤中的 7-脱氢胆固醇经日光中紫外线作用转化而来，也可由肝、乳、鱼肝油等含量丰富的食物中获得。维生素 D_3 无生物活性，要在肝、肾内经过羟化后才具有激素活性。维生素 D_3 先在肝内羟化，然后在肾内再次羟化成活性更强的 **1,25-二羟维生素 D_3** [1,25$(OH)_2D_3$]。1,25$(OH)_2D_3$ 促进小肠粘膜上皮细胞吸收钙，使血钙升高；促进骨钙动员和骨盐沉积，调节骨的更新重建；促进肾小管重吸收钙和磷，总效应是使血钙与血磷水平都升高。缺乏维生素 D_3 时，儿童患佝偻病，成年人患骨质疏松症。

维生素 D_3 的活化主要受甲状旁腺激素的调节。甲状旁腺激素提高肾内 1α-羟化酶的活性，促进肝内生成的 25-羟维生素 D_3 转化为 1,25$(OH)_2D_3$。肾内 1α-羟化酶的活性还可被 1,25-二羟维生素 D_3 抑制，从而形成自我负反馈调节机制，维持维生素 D_3 的相对稳定。

复习思考题

1. 调节机体钙、磷代谢的主要激素有哪些？分别产生哪些重要作用？
2. 维生素 D_3 在体内是如何活化的？其主要的靶器官是什么？

（王璇）

第五节 肾上腺内分泌

肾上腺是机体十分重要的内分泌腺，不仅广泛参与物质代谢，同时影响许多器官系统功能的调节，特别是参与机体的应激反应过程，增强和提高机体对伤害性刺激的防御能力。

一、肾上腺的位置与组织结构

肾上腺是位于两侧肾脏内上方的内分泌腺体，包括外围的皮质和中央的髓质两部分（图 5-10）。肾上腺皮质和髓质在胚胎发生、形态结构及生理作用上均不同，实质上是两个独立的内分泌腺。

肾上腺皮质起源于内胚层，占肾上腺的 80%。皮质的细胞由外而内排列成三个同心带：球状带、束状带和网状带。球状带较薄，其腺细胞排列成短环状或球状，主要分泌调节水盐代谢的**盐皮质激素**，其代表激素为醛固酮。束状带最厚，其腺细胞排列成与腺体表面垂直的束状。网状带位于皮质的最内层，腺细胞排列不规则。人体的束状带与网状带细胞主要分泌对物质代谢调节效应显著的**糖皮质激素**，其代表为皮质醇（氢化可的松），其次还分泌少量**性激素**，如雄激素（脱氢异雄酮）和微量的雌激素（雌二醇）。

肾上腺髓质位于肾上腺中心，起源于外胚层，与交感神经同源，主要由嗜铬细胞构成。肾上腺髓质腺细胞受交感神经节前纤维的支配，因此从功能上将肾上腺髓质视为一个交感神经节。

二、肾上腺皮质内分泌

早年研究发现，摘除双侧肾上腺皮质的动物很快死亡，而仅摘除肾上腺髓质的动物仍能存活较长时间，可见肾上腺皮质是生命攸关的内分泌腺。死亡原因在于缺乏盐皮质激素，

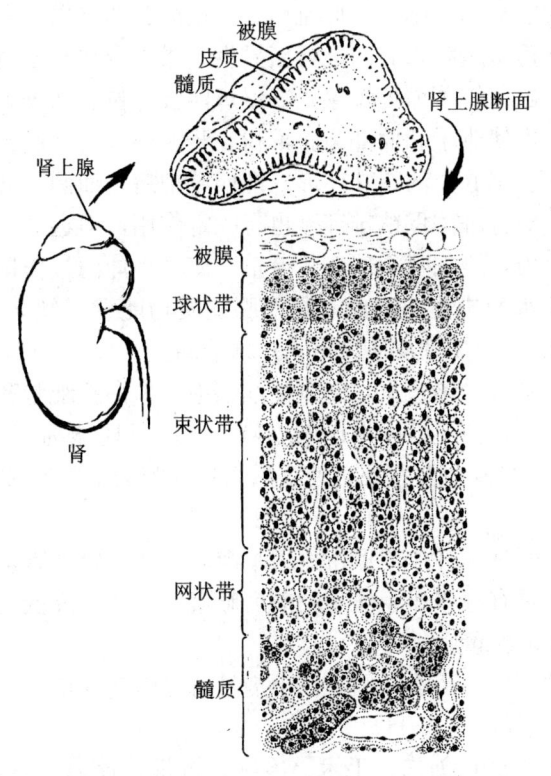

图 5-10 肾上腺的组织结构

水、钠的大量丢失，导致细胞外液减少，造成循环衰竭；缺乏糖皮质激素，物质代谢严重紊乱，机体耐受力和抵抗力都极度降低。因此肾上腺皮质分泌的激素对维持生命活动极重要。肾上腺皮质分泌的类固醇激素，是含 18～21 个碳原子的环戊烷多氢菲化合物，均由腺细胞以胆固醇为原料合成。由于结构类似，各激素的作用有一定重叠。

1. 盐皮质激素的作用与分泌调节　醛固酮是调节水盐代谢的重要激素，其主要作用是促进肾脏远曲小管和集合管上皮细胞重吸收钠和排泄钾，即"保钠排钾"作用，水也随钠重吸收而增加。一旦醛固酮分泌过多，机体将出现钠、水潴留，低血钾和高血压；反之亦然，甚至引起循环功能衰竭。盐皮质激素还能增强血管平滑肌对去甲肾上腺素缩血管作用的敏感性，其作用比糖皮质激素更强。

醛固酮的分泌受血管紧张素和血 K^+、血 Na^+ 水平的调节。血管紧张素刺激球状带细胞合成分泌醛固酮；血 K^+ 升高或血 Na^+ 降低，特别是前者，能直接刺激球状带细胞分泌醛固酮。

2. 糖皮质激素的作用与分泌调节　人体血浆中的糖皮质激素主要为生物活性最强的皮质醇。

◆ 生理作用　糖皮质激素是具有广泛允许作用的激素，因而十分复杂，主要归纳为以下几方面。

调节物质代谢　①促进糖异生，增加血糖的来源；对抗胰岛素作用，减少组织对葡萄糖的利用，使血糖升高。糖皮质激素分泌过多（或服用此类激素过多），血糖升高，甚至出现糖尿；肾上腺皮质功能减退，则出现低血糖。②促进肝内蛋白质合成，而肝外组织特别是肌肉的蛋白质分解，加速氨基酸入肝内进行糖异生。激素分泌过多时，将出现肌肉消瘦、骨质疏松、皮肤变薄、淋巴组织萎缩等现象。③促进四肢部位脂肪分解，增强肝内脂肪酸氧化过程，有利于糖异生。但使躯干和面部脂肪堆积。肾上腺皮质功能亢进时，体内脂肪的分布发生变化，呈现"向中性肥胖"的特殊体形，即四肢细瘦、面圆、背厚和躯干发胖。

调节水盐代谢 对肾脏"保钠排钾"也有一定作用，但远弱于醛固酮。皮质醇还可减小肾小球入球小动脉阻力，增加肾小球血浆流量，使肾小球滤过作用增加；抑制抗利尿激素分泌，总效应是有利于水的排出。因此，肾上腺皮质功能严重缺陷时，患者排水能力明显下降，可出现"水中毒"，应用糖皮质激素治疗即能纠正。

调节造血活动 刺激骨髓造血，使血中红细胞、中性粒细胞和血小板数量增加；抑制胸腺和淋巴组织细胞分裂，使血液中淋巴细胞减少，同时还能抑制 T 淋巴细胞产生白细胞介素 2（IL-2）。此外，糖皮质激素还可使嗜酸性粒细胞滞留在脾和肺内被破坏，导致其血中的数量减少。

维持血管功能 通过允许作用保持血管平滑肌对去甲肾上腺素作用的敏感性，维持正常血管的紧张性；抑制具有舒张血管作用的前列腺素的合成；降低毛细血管通透性，减少血浆滤过，有利于维持循环血量。

提高神经兴奋性 作为药物使用时，小剂量时可引起欣快感，大剂量时则引起思维不能集中，烦躁不安和失眠等。

参与应激 机体在受到创伤、手术、冷冻、饥饿、疼痛、感染、惊恐等各种有害刺激时，血中 ACTH 浓度急剧增高，糖皮质激素也随之大量分泌，这种现象称**应激**。应激是机体的一种非特异性防御性反应。引起应激的各种刺激统称为**应激原**。在应激状态下，机体对糖皮质激素的需要量极大增加。应激中糖皮质激素的生理意义在于提高机体对有害刺激的抵抗能力，增强器官系统对伤害刺激的耐受能力，对生存至关重要。

其他作用 其他如抑制纤维细胞增生和胶原合成，使皮肤变薄，血管脆性增加；提高胃腺细胞对迷走神经及胃泌素的反应性，增加胃酸及胃蛋白酶原的分泌；还可促进胎儿肺泡的发育及肺泡表面活性物质的生成等。因此，糖皮质激素分泌过多或过少都将引起机体各种功能的失调。另外，大剂量的糖皮质激素具有抗炎症、抗毒素、抗过敏和抗休克等药理作用。

◆ **分泌的调节** 糖皮质激素的分泌主要受下丘脑-腺垂体-肾上腺皮质轴系统的调节。无论是基础状态，还是在应激状态下的糖皮质激素分泌，都受 ACTH 的直接调控。ACTH 不仅促进糖皮质激素分泌，也是维持肾上腺皮质组织正常生长所必需。腺垂体分泌 ACTH 又受下丘脑 CRH 的调节。应激刺激作用于神经系统不同部位，都可将信息传递至下丘脑使 CRH 释放增加，通过促进 ACTH 分泌，最终使肾上腺糖皮质激素的分泌增多。当血中糖皮质激素浓度升高时，可反馈抑制腺垂体及下丘脑的分泌，从而维持血中糖皮质激素相对稳定。ACTH 也能反馈抑制下丘脑 CRH 神经元的活动。

在临床上，长期大剂量使用糖皮质激素的患者，因血中外源性糖皮质激素水平增高反馈性抑制了腺垂体分泌 ACTH。因血中 ACTH 不足，不能维持肾上腺皮质正常生长，以致后者逐渐萎缩，功能减退，内源性糖皮质激素分泌也减少。若突然停药，内源性糖皮质激素分泌不足的状态依然存在，可造成患者急性肾上腺功能减退的危险。因此，停药前不仅须注意逐渐减量，最好在用药期间间断补充 ACTH，以防肾上腺皮质萎缩。

3. 肾上腺雄激素的作用　肾上腺皮质可终身产生少量雄激素。肾上腺雄激素对成年男性影响弱，但却是女性体内雄激素的主要来源，在女性一生中都发挥作用。肾上腺雄激素在外周组织转化为活性强的成分，促进腋毛和阴毛生长，分泌过量的女性患者可出现痤疮、多毛及男性化。

三、肾上腺髓质内分泌

肾上腺髓质分泌的肾上腺素和去甲肾上腺素同属儿茶酚胺类化合物。血中的肾上腺素主要来自肾上腺髓质；而去甲肾上腺素主要来自交感神经纤维末梢，少量来自肾上腺髓质。

1. 生理作用　肾上腺素能受体分布广泛，故肾上腺素和去甲肾上腺素对机体各器官系统、组织的作用也十分复杂。

◆ 调节物质代谢　肾上腺素主要促进肝糖原和肌糖原分解，减少组织利用葡萄糖；去甲肾上腺素主要促进糖异生，减少胰岛素分泌，结果均产生升血糖效应。二者均促进脂肪组织中的脂肪分解；增加组织的耗氧量和产热量，提高基础代谢率。

◆ 参与机体应急　肾上腺髓质受交感神经节前纤维支配，组成**交感-肾上腺（髓质）系统**。当机体遭遇紧急情况时，这一系统即被调动，使肾上腺素和去甲肾上腺素的分泌量急剧增加。此时，中枢神经系统兴奋性提高，反应灵敏，处于警觉状态；循环与呼吸功能增强；全身血液重新调配，以保证脑、心等要害器官的血液供应；血糖升高，脂肪分解加速，葡萄糖与脂肪酸氧化增强，以适应紧急情况下机体对能量的需要等。交感-肾上腺系统在紧急情况下发生的适应性反应，曾称**应急反应**。实际上，无论是应急，还是应激，都是机体受到伤害刺激时的主动性应对反应，前者重在提高机体的警觉性，后者则重于提高机体的耐受力，使机体的适应能力更加完善。

2. 分泌的调节　机体在安静状态下，髓质只释放少量激素，当交感神经系统活动增强时，髓质分泌的激素明显增加。肾上腺髓质嗜铬细胞合成儿茶酚胺的过程也存在自身调节机制，当细胞内儿茶酚胺浓度增加到一定量时，可抑制其合成酶活性，使儿茶酚胺合成减少。反之，当儿茶酚胺减少时，则可解除上述的负反馈作用，使儿茶酚胺合成增多。

复习思考题

1. 为什么说肾上腺皮质是机体生命攸关的内分泌腺？
2. 糖皮质激素主要有哪些生理作用？其分泌是如何调节的？
3. 何谓应激？肾上腺在机体应激反应中主要发挥哪些作用？　　　　　　　　（王卫国）

第六节　胰岛内分泌

胰岛是散在分布于胰腺内的内分泌组织，主要有多种腺细胞（图 5-11）。其中 A 细胞分泌胰高血糖素，B 细胞分泌胰岛素，约占细胞的 60%～70%，少量 D 细胞和 PP 细胞分别分泌生长抑素和胰多肽。

一、胰岛素

胰岛素是 51 个氨基酸组成的小分子蛋白质。

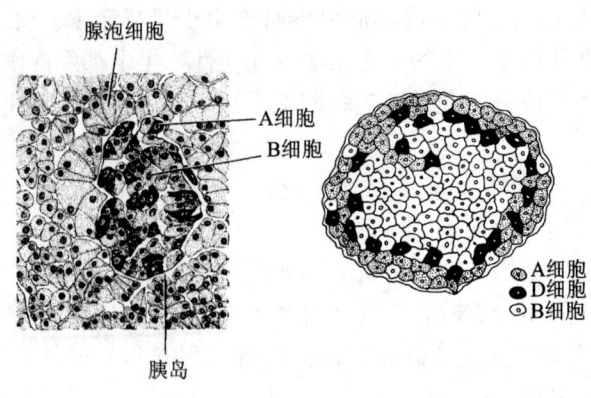

图 5-11 胰腺组织与胰岛主要细胞的分布

1. **生理作用** 胰岛素全面促进合成代谢，有利于能源物质的储存和机体生长。

◆ **调节糖代谢** 降低血糖是胰岛素最突出的生理效应。胰岛素一方面促进全身细胞对葡萄糖的摄取和利用，促进葡萄糖合成糖原及转变为脂肪酸储存于脂肪组织，增加血糖去路；另一方面通过抑制肝糖原分解、抑制肝内糖异生，减少血糖来源。因此，胰岛素在维持血糖水平稳态的激素中是最基本的降糖激素（表 5-2）。一旦胰岛素分泌不足，其他升糖激素作用占优势，以致血糖升高，尿中出现葡萄糖，导致糖尿病。但糖尿病并非只是尿糖增加，关键是患者产生代谢功能全面失衡的综合症，随后还可引起一系列功能障碍的并发症（图 5-12）。

表 5-2 调节糖代谢的主要激素

激素	主要效应	刺激分泌因素
降糖激素		
胰岛素	↑全身多数细胞摄取和氧化利用葡萄糖；↑糖原合成；↑糖转变为脂肪酸；↓糖异生	血糖↑、血氨基酸及脂肪酸↑抑胃肽↑，胰高血糖素↑迷走神经兴奋其他激素
升糖激素		
胰高血糖素	↑糖原分解；↑糖异生	血糖↓；交感神经兴奋
糖皮质激素	↑糖异生	应激刺激
肾上腺素	↑肝糖原、肌糖原分解；↑糖异生；↓胰岛素分泌	应急刺激，交感神经兴奋
生长激素	↓组织摄取和氧化利用葡萄糖，↑血糖；↑胰岛素分泌	运动、低血糖、应激刺激

◆ **调节脂肪代谢** 胰岛素促进脂肪的合成与储存，抑制脂肪的分解，降低血中脂肪酸的浓度。胰岛素缺乏时，脂肪代谢发生紊乱，脂肪分解将增强，储存减少，血脂升高，易引起动脉硬化；同时，因为作为能源的葡萄糖利用发生障碍，导致脂肪酸分解增强，生成大量中间产物酮体，可引起酮血症和酸中毒。

◆ **调节蛋白质代谢** 胰岛素能促进蛋白质的合成，包括促进氨基酸向细胞内的转运、核内 DNA 和 RNA 合成以及翻译过程，促进蛋白质的合成；同时抑制蛋白质的分解。

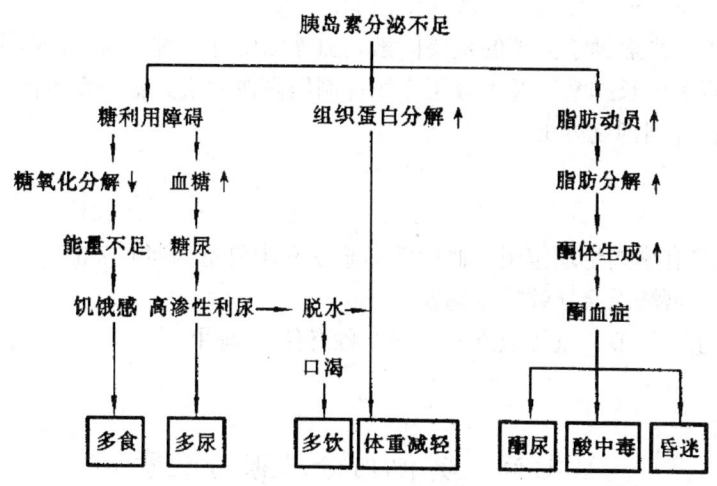

图 5-12 胰岛素缺乏所致糖尿病的部分表现

此外,胰岛素能协同生长激素的促生长作用。胰岛素单独作用时,其促生长效应并不明显,只有与生长激素共同作用时,才能发挥明显促生长效应。

2. 分泌的调节　血糖水平是调节胰岛素分泌的最重要的因素。进餐时,血糖水平升高可刺激 B 细胞分泌胰岛素,使血糖水平降低;反之,当血糖水平降至正常时,胰岛素分泌也迅速恢复到基础水平(图 5-13)。血中氨基酸、游离脂肪酸及酮体等的升高也有促进胰岛素分泌的作用。这种调节有助于机体的组织细胞对营养吸收后的营养成分进行及时的处理和利用,保持血液中有关成分的相对稳定。

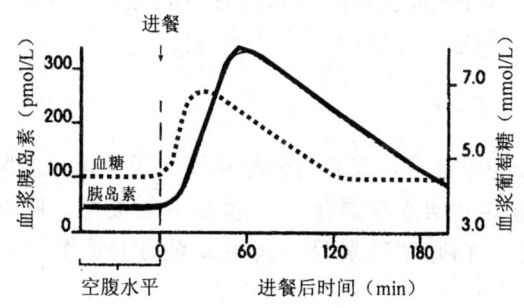

图 5-13　进餐时血糖浓度及其对胰岛素水平的影响

此外,多数胃肠激素,均能促进胰岛素分泌。胰高血糖素可通过旁分泌方式刺激 B 细胞分泌胰岛素;生长抑素则可通过旁分泌抑制胰岛素和胰高血糖素分泌等。

胰岛受自主神经双重支配,迷走神经兴奋可刺激胰岛素分泌,交感神经兴奋可抑制胰岛素分泌。

二、胰高血糖素

胰高血糖素的作用与胰岛素正相反,是全面促进物质分解代谢的激素。胰高血糖素促进糖原分解及糖异生,使血糖升高;促进脂肪分解及脂肪酸的氧化,血中酮体增多;还促进蛋白质的分解并抑制其合成，促进氨基酸异生为糖。

血糖也是影响胰高血糖素分泌的重要因素。血糖浓度降低时，胰高血糖素分泌增加，反之则减少。胰岛素和生长抑素都经旁分泌作用抑制胰高血糖素分泌。交感神经刺激胰高血糖素的分泌；迷走神经则抑制分泌。

复习思考题

1. 胰岛素主要有哪些生理作用？血中胰岛素水平主要是如何调节的？
2. 为什么胰岛素缺乏会导致糖尿病？
3. 参与血糖水平调节的重要激素有哪些？各有什么作用？

（王璇）

第七节　其他内分泌腺与激素

一、松果体

松果体也称松果腺，位于丘脑后上方，是附在第三脑室顶后部的扁锥型小体。松果体细胞由神经细胞衍变，直接受颈上交感神经节的节后纤维的支配。在儿童期松果体较发达，以后逐渐萎缩，成年后钙盐不断沉积。松果体合成吲哚类和肽类两类激素，前者代表是**褪黑素**，后者以8-精-缩宫素为代表。

褪黑素分泌受日照明暗交替控制，呈白天低、夜间高的昼夜节律。褪黑素生理作用广泛，抑制性成熟，参与生殖过程；能加强中枢抑制过程，具有镇静、催眠、镇痛、抗惊厥等作用；清除体内自由基，增强机体免疫能力，具有抗衰老、抗肿瘤等作用。褪黑素对循环、呼吸、消化和排泄等功能系统的活动也有广泛的影响。

二、胸腺

胸腺位于胸腔，属于免疫器官，兼有内分泌功能。新生儿的胸腺较发达，儿童期胸腺活动活跃。但性成熟后，胸腺开始逐渐退化，45岁后开始萎缩。胸腺能分泌多种肽类物质，如胸腺素、胸腺生长激素、胸腺刺激素等。这些激素的主要作用为促进T细胞分化成熟，参与细胞免疫。

三、前列腺素

前列腺素（PG）是广泛存在于人和动物体内的一种组织激素，因最先由前列腺中提取而名。前列腺素前身是细胞膜的磷脂，在磷脂酶A作用下生成花生四烯酸，后者再陆续转化成多种前列腺素族成分。根据前列腺素分子结构差异，可分A~I类型。

在体内，前列腺素的生物学作用几乎无所不在，但各型前列腺素对不同组织产生不同性质的作用。如PGE、PGF和PGA都能增强心肌功能；PGI_2能抑制血小板聚集，减少血栓形成；PGE和PGF使血管平滑肌舒张；PGE使支气管平滑肌舒张，减少肺通气阻力；PGE_2和PGI_2抑制胃酸分泌，具有保护胃粘膜的作用等。此外，前列腺素对体温的调节、神经系统、内分泌和免疫系统等活动均有影响。

四、功能器官内分泌

循环、呼吸、消化和排泄器官在已经认识的既定功能之外，都表现内分泌功能。如心房肌细胞分泌的心房钠尿肽参与水平衡调节；胃肠道分泌的各种胃肠激素，参与机体营养平衡的调节；肾脏生成的促红细胞生成素调节骨髓红细胞造血。

复习思考题
褪黑素主要有哪些生理功能？

（王卫国）

第六章 血 液

血液是存在于心血管内的流体组织,与心脏和血管共同组成血液循环系统。血液的流动性决定了它能够随着血管的分布一直深入到各器官组织的内部,因而得以与组织液密切接触并进行物质交换,使周身细胞及时获得代谢过程所需的 O_2 及其它营养物质,并带走不需要的代谢产物,如 CO_2 等。而且血液流遍全身,穿梭于各器官之间,起到沟通人体内部各器官和人体与外环境之间的交流,如肠道吸收的营养成分需要依靠血液输送到全身,而细胞代谢的废物也要靠血液转运到肾脏为主的排泄器官,并由体内排除。因此,血液在维持机体内环境稳态中具有独特的功能地位。

第一节 血液的基本组成与功能

一、血液的基本组成

成人总血量大约为体重的 7%~8%,相当于 70~80mL/kg 体重,因此 60kg 体重的人大约含有 4~5L 血液。

血液由血浆和悬浮于其中的血细胞组成。将新采集的血液经抗凝处理后置于试管中,离心后血液分离成两大部分。上部淡黄色的液体是**血浆**,约占 50%~60%;下部是血细胞,其表面灰白色的薄层为白细胞和血小板,下面的红色部分为红细胞(图 6-1)。用离心法测得血细胞占全血容积的百分比称为**血细胞比容**,成年男性正常值为 40%~50%,女性为 37%~48%,新生儿约为 55%。因血细胞部分主要为红细胞,所以血细胞比容可以反映红细胞数量的相对值。

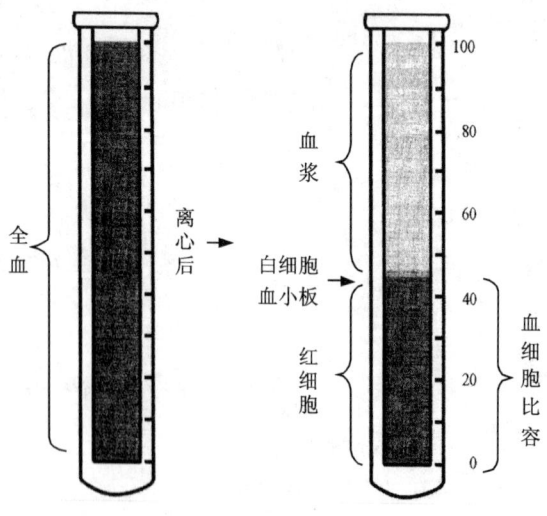

图 6-1 血细胞比容示意图

在体外，血浆或全血如不经抗凝处理会自行发生凝固，凝固后血块回缩，有清澈淡黄色、不凝固的液体析出，此液体称为**血清**。血清和血浆的主要区别在于血清是血液发生凝固后析出的上清液。

血液的基本组成概括于图 6-2。

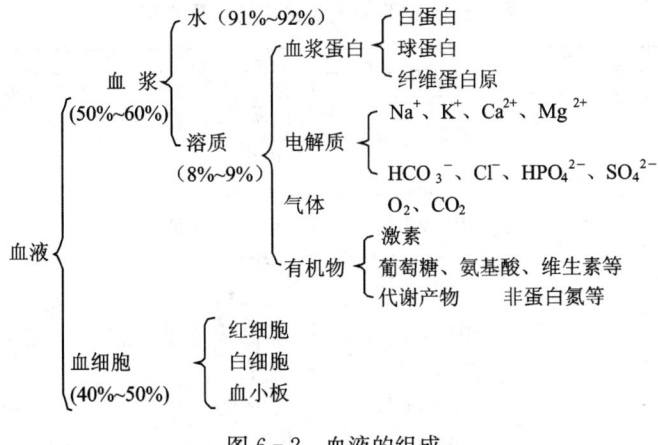

图 6-2 血液的组成

二、血液的基本功能

血液通过在心血管内不停地循环流动而发挥其作用。血液的功能可概括为运输、调节和防护三方面。

1. 运输　血液不停地循环流动，将机体摄取的氧和各种营养物质运输到全身各组织器官，供代谢利用；同时将机体代谢产生的二氧化碳等各种代谢废物运输到排泄器官，排出体外。通过血浆蛋白运输激素、酶、维生素等生物活性物质到需要的部位。

2. 调节　血液中含有大量水分，可以吸收大量的热，参与体温的调节；血浆蛋白产生的胶体渗透压参与血管内外的水平衡调节；血中多种缓冲物质，可缓冲代谢产生的酸碱物质，维持内环境 pH 值的相对恒定；激素的调节作用也要通过血液运输才能实现。

3. 防护　血液中的白细胞、免疫球蛋白以及补体等能杀灭和清除进入体内的致病微生物，参与免疫与防御功能；血液运送某些毒性物质至肝脏解毒后再由肾脏排泄；血小板和各种凝血因子参与生理性止血功能，保护机体避免血液的流失。

复习思考题

1. 人体的总血量是多少？
2. 血液有哪些重要功能？

（王玲）

第二节　血浆

血浆是血液的液体部分，是存在于心血管腔内的细胞外液，约占细胞外液的 1/5 左右。血浆能不断地与组织液进行交换，不仅保持体液的平衡，更重要的是在维持内环境稳态中发挥独特的作用。

一、血浆的主要成分及作用

血浆是一种复杂的水溶液,其溶质中含有有机物与无机物,如血浆蛋白、无机盐、营养物质、代谢产物及气体等(表6-1)。

表6-1 血浆的主要化学成分及含量

血浆成分	含量	血浆成分	含量
水(91%~92%)		蛋白质(6%~8%)	
电解质(<1%)		白蛋白	45g/L
Na^+	145mmol/L	球蛋白	25g/L
K^+	4mmol/L	纤维蛋白原	3g/L
Ca^{2+}	2.5 mmol/L	营养物质	
Mg^{2+}	1.5 mmol/L	葡萄糖	5.6mmol/L
Cl^-	103mmol/L	氨基酸	2.0mmol/L
HCO_3^-	24mmol/L	磷脂	7.5mmol/L
HPO_4^{2-}	1mmol/L	胆固醇	4~7mmol/L
SO_4^{2-}	0.5mmol/L	气体	
代谢产物		O_2	0.1mmol/L
尿素	5.7mmol/L	CO_2	1mmol/L
尿酸	0.3 mmol/L	N_2	0.5mmol/L

1. **血浆蛋白** 血浆中含有分子量与结构不同的各种蛋白质,统称为**血浆蛋白**。盐析法可将血浆蛋白分为白蛋白、球蛋白和纤维蛋白原三类,用免疫电泳法可进一步分出120多种组分。正常成人血浆蛋白含量约为60~80g/L,其中白蛋白含量最多。

血浆蛋白的功能十分广泛,如营养、运输、免疫、保护等。白蛋白分子表面分布有许多亲脂性结合位点,可与脂溶性物质结合,使之具有水溶性,便于脂溶性物质在血中运输;还可与血液中激素、酶、维生素等分子较小的物质结合,保持结合状态与游离状态的动态平衡,既有利于这些物质的储运,又可防止其从肾脏过滤而丢失;还是构成血浆胶体渗透压的主要成分。球蛋白可经电泳分为α-、β-和γ-球蛋白等,除了运输作用外,抗体、补体成分等都是血浆球蛋白。因此,球蛋白参与机体的免疫功能。纤维蛋白原含量最少,是参与血液凝固的重要物质。

多数血浆白蛋白都在肝合成,而γ-球蛋白例外。临床常检测白蛋白/球蛋白的比值作为肝功能的指标,其正常值为1.5~2.5:1,肝病时其比值下降。

2. **无机盐** 血浆中含有各种离子(表6-1),除了用于维持血浆晶体渗透压以外,这些离子的合适浓度和比例维持着可兴奋细胞的正常兴奋性。如当血浆Ca^{2+}浓度降低时,神经组织的兴奋性增强,容易发生低血Ca^{2+}性抽搐;血浆K^+浓度升高将使神经肌肉的兴奋性降低,甚至心搏停止。

二、血浆的理化特性

1. **颜色** 血浆呈淡黄色。空腹血浆清澈透明,进餐后,尤其摄入较多的脂类食物,血浆中悬浮着脂蛋白微滴而变得混浊。因此,临床作某些血液化学成分检测时,要求空腹采血，以避免食物对检测结果的影响。血液的颜色取决于红细胞内血红蛋白的颜色。动脉血因含氧合血红蛋白较多而呈鲜红色；静脉血因含还原血红蛋白较多而呈暗红色。

2. 比重　血浆比重为1.025～1.035，主要取决于血浆蛋白的含量。全血比重为1.050～1.060，主要取决于血液中红细胞数量。测定全血或血浆的比重可间接估算红细胞或血浆蛋白的含量。

3. 粘滞性　血浆相对粘滞性为1.6～2.4，主要取决于血浆蛋白和脂类物质的含量。血液的粘滞性为4～5，取决于血液中红细胞的数量和它在血浆中的分布状态。血液的粘滞性构成血流的阻力，任何原因导致血液的粘滞性升高时，都会使血流阻力增大，血流速度减慢，严重时导致器官供血不足。

4. 酸碱度　血浆pH值为7.35～7.45，低于7.35为酸中毒；高于7.45为碱中毒。如果血浆pH低于6.9或高于7.8将危及生命。在血浆中含有对酸碱物质具有缓冲作用的缓冲对，如$NaHCO_3/H_2CO_3$等，当酸性或碱性物质进入血液时，通过缓冲对的缓冲作用，使血浆酸碱度保持相对稳定。

5. 渗透压　渗透压是表明溶液"吸水"性能的一个指标。溶液渗透压的大小与溶液中所含溶质的颗粒数成正比，而与溶质颗粒的种类和大小无关。

人体血浆渗透压以渗透浓度表示约为280～320mOsm/L，由血浆晶体渗透压和血浆胶体渗透压组成。**血浆晶体渗透压**由血浆中无机盐和葡萄糖等小颗粒晶体物质形成；**血浆胶体渗透压**由血浆蛋白等胶体物质形成，白蛋白是形成血浆胶体渗透压的主要成分。血浆胶体渗透压一般不超过1.5mOsm/L，其余为血浆晶体渗透压。

血浆晶体渗透压对维持血细胞内外的水平衡，保持血细胞的正常形态和大小具有重要意义。正常时，细胞内液的渗透压与血浆相等，细胞内外水分跨膜交换保持动态平衡。但血细胞膜具有的半透膜性质，对水通透，而对部分晶体物质不通透。一旦细胞膜两侧出现渗透压差，水即从渗透压低的一侧向渗透压高的一侧跨膜净转移，表现溶液的"吸水"作用，出现**渗透现象**。当血浆晶体渗透压降低时，血浆中的水过多进入细胞，使细胞发生膨胀，严重时可使细胞破裂。特别是红细胞破裂，释放血红蛋白发生**溶血**现象，而使红细胞功能丧失。相反，血浆晶体渗透压升高，将"引水"向外，会使红细胞发生皱缩。

血浆胶体渗透压对保持毛细血管内外的水平衡具有重要意义。可视毛细血管壁为分隔血浆和组织液的半透膜，血管壁对水和各种晶体物质通透，而对血浆蛋白基本不通透。因而，若血浆胶体渗透压降低，血浆中的水就容易透入组织间隙，组织液增多，导致组织出现水肿现象。

在临床或生理实验中，将渗透压与血浆渗透压相等的溶液称为**等渗溶液**，如0.9%NaCl溶液和5%的葡萄糖溶液。渗透压高于血浆的溶液，称为**高渗溶液**；渗透压低于血浆的溶液，称为**低渗溶液**。治疗时输注等渗溶液可保持红细胞形态基本不变，从而保证细胞的正常功能。

复习思考题

1. 简述血浆蛋白的主要功能。
2. 血浆渗透压是如何形成的？其对机体的功能有何生理意义？

（王玲）

第三节 血细胞

血液中的血细胞可分三大类，红细胞、白细胞与血小板（图6-3）。血细胞主要在骨髓生成。血液中的血细胞陆续衰老死亡，骨髓则源源不断地输出新生细胞，形成动态平衡。血细胞形态、数量、百分比和血红蛋白含量的测定称为**血象**。患病时，血象常有显著变化，故检查血象对诊断疾病十分重要。

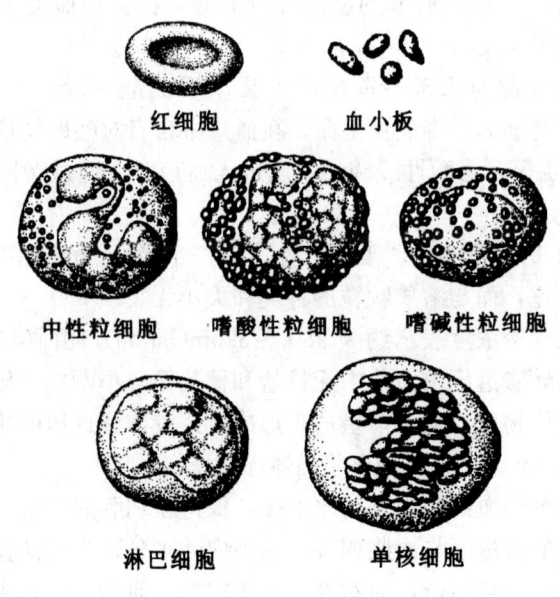

图6-3 血细胞的基本形态

一、红细胞

1. 红细胞形态、数量　**红细胞**呈双凹圆盘状，直径约7.5μm，中央薄、周缘较厚（图6-3）。因此，在血涂片中，红细胞中央颜色浅淡。这种形态与同体积球形结构相比，约增加25%表面积。而且，细胞内任何一点距细胞表面都不超过0.85μm，有利于细胞内外气体的迅速交换。一个人所有红细胞的总表面积约为3800m^2，相当于一个足球场。

成熟红细胞无核，也无任何细胞器，胞质内充满**血红蛋白**，使红细胞呈红色。正常成年血液中血红蛋白的含量为120～150g/L，女性为110～140g/L。

红细胞数量随性别、年龄而不同。成年男性红细胞数为5.0×10^{12}个/L（400万～550万/μL），平均为500×10^{12}/L；成年女性略少，平均为4.0×10^{12}/L（380万～420万个/μL）；新生儿较多，可超过600万/μL，但在出生后数周内逐渐下降，儿童期保持在较低水平，无明显性别差异，直到青春期才逐渐增加，接近成人水平。成年男性血红蛋白约为120～160g/L，女性约为110～150g/L，新生儿约为170～200g/L。

红细胞的平均寿命约为120天。

2. 红细胞功能　红细胞的主要功能是运输氧和二氧化碳，也具有缓冲血液酸碱物质的作用。红细胞通过胞质中的血红蛋白发挥作用，血红蛋白由珠蛋白与亚铁血红素构成，其中的铁是Fe^{2+}，为二价。如果Fe^{2+}被氧化成Fe^{3+}，形成高铁血红蛋白，便失去携氧能力。另外，当血红蛋白与CO结合形成一氧化碳血红蛋白，其携带氧的功能亦丧失。血红蛋白只有存在于红细胞内才具有作用。

3. 红细胞的生理特性

◆ **红细胞膜通透性** 氧、二氧化碳等气体分子的脂溶性强，以单纯扩散的方式直接跨细胞膜交换。HCO_3^-、Cl^-等负离子较易跨膜扩散，而Na^+、K^+等正离子不易跨膜扩散。因而与其他体细胞一样，细胞内外成分存在显著差异。

◆ **红细胞的可塑性** **红细胞的可塑性**指红细胞所具有的形态可变形能力。红细胞在血管内流动时，能够经折叠、卷曲通过直径比它小的毛细血管或血窦空隙，而自身却不会被破坏。红细胞的可塑性与红细胞的形态特征和内容物有关。遗传性球形红细胞症患者的红细胞呈球形，极易滞留在脾内，而被巨噬细胞吞噬、清除，导致先天性溶血性贫血。衰老红细胞的细胞变形性降低，同样易被破坏。

◆ **红细胞渗透脆性** **红细胞渗透脆性**是指红细胞对低渗盐溶液渗透性扩充作用的抵抗能力。当红细胞膜变性，或细胞呈球形时，对低渗盐溶液的抵抗能力减弱，其脆性值就会增大。

◆ **红细胞悬浮稳定性** **悬浮稳定性**是指红细胞悬浮于血浆中不易下沉的特性。红细胞的悬浮稳定性与红细胞的双凹形以及血浆的成分有关。红细胞的悬浮稳定性用**红细胞沉降率**（ESR）表示，简称**血沉**。将采集的静脉血经抗凝处理后，置于有刻度的细玻管内垂直竖立，测定第一小时末红细胞下沉的毫米数，即为血沉。正常成年男性血沉为0～15mm，女性为0～20mm。妊娠时，或患有活动性肺结核、风湿病、肿瘤等疾病时，血沉显著加快。

4. 红细胞的生成和破坏　红细胞由骨髓内造血干细胞分化增殖发育形成。红细胞的主要成分是血红蛋白，血红蛋白的合成需要铁和蛋白质。成人每天需要20～30mg铁用于生成红细胞，其中95%来自机体内铁的再利用，从食物中摄取的只占5%（每天食物可提供约10mg）。体内的铁主要来自破坏的红细胞，衰老、损伤的红细胞被巨噬细胞吞噬后，血红蛋白被分解释放出铁。体内的铁能够反复利用，所以，一般情况下机体不会缺铁。但是，如果由于慢性失血造成内源性铁丢失过多，或者由于长期摄铁不足造成外源性铁过少时，便会导致缺铁性贫血。缺铁时，不仅红细胞数量减少，而且由于血红蛋白合成减少，红细胞的体积减小，所以，缺铁性贫血属于小细胞性贫血。合成血红蛋白所需的蛋白质来自食物。红细胞在分裂和生长成熟过程中，需要维生素B_{12}和叶酸。叶酸是胸腺嘧啶脱氧核苷酸合成所必需的辅酶，维生素B_{12}增加叶酸在体内的利用，当叶酸、维生素B_{12}缺乏时，骨髓内有核红细胞DNA的合成将会发生障碍，结果导致红细胞分化、增殖的速度减慢，出现巨幼红细胞性贫血。

红细胞的生成主要受促红细胞生成素以及雄激素的调节。**促红细胞生成素**（EPO）主要由肾脏产生，肝脏也有少量生成。当组织中氧分压降低时，刺激肾红细胞生成素的生成增加，作用于骨髓，主要促进晚期红系祖细胞向前体细胞分化、增殖，使骨髓中能合成血红蛋白的幼红细胞数增加，并使网织红细胞加速释放入血液。从而通过红细胞数量的增加运载更多的氧，以纠正机体的缺氧状态。**雄激素**主要作用于肾，促进促红细胞生成素的合成，使骨髓造血功能增强，红细胞数量增多；雄激素还直接刺激红骨髓，使促红细胞生成增多。青春期后男性红细胞数量多于女性与此有关。此外，甲状腺激素、生长激素、糖皮质激素都可使红细胞数量增加。

衰老或破损的红细胞可被脾和肝内的巨噬细胞所吞噬,经消化后铁可再利用,脱铁血红素则转变为胆色素,最终随粪便或尿液排出体外。在血管中红细胞破坏后释放出的血红蛋白,可立即与血浆α-球蛋白-触珠蛋白结合,然后被肝摄取,经处理后,铁以铁黄素形式贮存于肝细胞中,而脱铁血红素亦被转变为胆色素。

二、白细胞

1. 白细胞的分类计数　　白细胞是有核的球形细胞,从骨髓进入血液后一般均于24小时内,以变形运动方式穿过微血管管壁,进入结缔组织或淋巴组织发挥防御和免疫功能。根据白细胞胞质内有无特殊颗粒,将其分为有粒白细胞和无粒白细胞。有粒细胞常简称粒细胞,根据嗜色颗粒的性质分为中性粒细胞、嗜酸性粒细胞和嗜碱性粒细胞三种(图6-3);无粒细胞分单核细胞和淋巴细胞两种。正常成人,白细胞的总数为(4.0～10.0)×10^9/L,中性粒细胞占50%～70%。白细胞总数和分类数随年龄而改变,新生儿白细胞总数高于成人,中性粒细胞占65%;以后随着年龄的增长,白细胞总数逐渐减少,中性粒细胞比例也逐渐下降,到15岁左右,与成人基本相同。剧烈运动时白细胞总数可升高,运动停止几小时后恢复原水平。孕妇分娩时,白细胞总数可升高。各种白细胞正常值及主要功能如表6-2。

表6-2　成人血液白细胞正常值及主要功能

名称	均值(×10^9/L)	百分比(%)	主要功能
粒细胞			
中性粒细胞	4.5	50～70	吞噬细菌与坏死细胞
嗜酸性粒细胞	0.1	0.5～5	限制嗜碱性粒细胞引起的过敏反应;参与对蠕虫的免疫反应
嗜碱性粒细胞	0.025	0～1	释放活性物质,引起过敏反应
无粒细胞			
淋巴细胞	1.8	20～40	参与特异性免疫
单核细胞	0.45	3～8	吞噬细菌与衰老的红细胞
总数	7.0		

2. 白细胞的形态与功能　　白细胞参与机体的免疫防御功能,各种白细胞组成了强大的防护网,能有效地保护机体,免受各种致病物的侵害。各种白细胞形态和功能也有所不同。

◆ 中性粒细胞　　**中性粒细胞**是数量最多的白细胞。细胞直径10～12μm。核呈深染的弯曲杆状(马蹄铁形)或分叶状,分叶核一般为2～5叶,核的叶数与细胞在血流中停留的时间成正变。当机体受细菌严重感染时,大量新生白细胞进入血液,杆状核与2叶核细胞增多,**称核左移**;若4～5叶核的细胞增多,**称核右移**,表明骨髓的造血功能发生障碍。

中性粒细胞能作变形运动,具有很强的趋化作用和吞噬功能,吞噬细菌为主,也吞噬异物。中性粒细胞吞噬、处理大量细菌后,自身也死亡,成为**脓细胞**。中性粒细胞从骨髓进入血液,约停留6～8小时,然后在结缔组织中存活2～3天。

◆ 嗜酸性粒细胞　　嗜酸性粒细胞胞质内充满粗大的鲜红色**嗜酸性颗粒**,嗜酸性颗粒属于溶酶体。嗜酸性粒细胞也能作变形运动,可受肥大细胞释放的嗜酸性粒细胞趋化因子的作用,移行至发生过敏反应的部位,抑制过敏反应。嗜酸性粒细胞对寄生虫有很强的杀灭作用。因此，在患过敏性疾病或寄生虫病时，血液中嗜酸性粒细胞增多。嗜酸性粒细胞在血液中一般停留 6～8 小时后，进入结缔组织，特别是肠道结缔组织，可存活 8～12 天。

◆ **嗜碱性粒细胞** 嗜碱性粒细胞数量最少，胞质内含有嗜碱性颗粒。**嗜碱性颗粒**属于分泌颗粒，内含肝素、组胺、嗜酸性粒细胞趋化因子等。嗜碱性粒细胞在组织中可存活 10～15 天。**肝素**具有抗凝血作用，有利于保持血管的通畅；**组胺**等可引起小血管平滑肌舒张，毛细血管壁通透性增加，使局部充血水肿；引起细支气管平滑肌收缩，使气道阻力增加。过敏反应发生时，局部组织水肿出现荨麻疹，气道阻力的增加则可引起哮喘。**嗜酸性粒细胞趋化因子**的作用是吸引嗜酸性粒细胞聚集在局部，限制嗜碱性粒细胞引起的过敏反应。

◆ **单核细胞** 单核细胞是体积最大的白细胞，胞质内含许多细小的淡紫色嗜天青颗粒，即溶酶体。单核细胞在血流中停留 12～48 小时，然后进入结缔组织或其它组织，分化成巨噬细胞等具有吞噬功能的细胞。单核细胞-巨噬细胞系统能吞噬杀灭病毒、原虫、细菌等致病物；能清除变性的血浆蛋白、衰老和损伤的红细胞、血小板等；能识别杀伤肿瘤细胞；同时，还能激活淋巴细胞的特异性免疫功能。此外，激活的单核-巨噬细胞能生成并释放多种细胞因子，如肿瘤坏死因子、干扰素和白细胞介素等，参与机体防御机制。

◆ **淋巴细胞** 淋巴细胞不仅产生于骨髓，而且产生于淋巴器官和淋巴组织。根据淋巴细胞的发生来源、形态特点和免疫功能等方面的不同，可分为三类：**胸腺依赖淋巴细胞**，简称 **T 细胞**，产生于胸腺，约占血液淋巴细胞总数的 75%，其体积小，胞质内含数个溶酶体。**骨髓依赖淋巴细胞**，简称 **B 细胞**，产生于骨髓，约占 10%～15%，其体积略大，一般不含溶酶体。B 细胞受抗原刺激后增殖分化为浆细胞，产生抗体。**自然杀伤细胞**，简称 **NK 细胞**，产生于骨髓，约占 10%，为中淋巴细胞，溶酶体较多。淋巴细胞是主要的免疫细胞，在机体防御疾病过程中发挥关键作用。

三、血小板

1. 血小板的形态与数量　**血小板**是从骨髓巨核细胞脱落下来的胞质小块，并非严格意义的细胞。每个巨核细胞可产生 1000～6000 个血小板。

血小板呈双凸圆盘状，直径 2～4μm；当受到机械或化学刺激时，可伸出突起，呈不规则形（图 6-3）。在血涂片上，血小板常聚集成群。

正常成人，血小板为（100～300）×10^9/L。妇女月经期血小板减少，妊娠、进食、运动及缺氧等可使血小板增多。血小板超过 1000×10^9个/L 为血小板过多，易发生血栓；血小板少于 50×10^9个/L 为血小板过少，易发生出血倾向。

血小板进入血液后，只在开始两天具有生理功能，但平均寿命为 7～14 天。衰老的血小板在脾、肝和肺组织中被吞噬。

2. 血小板的功能　血小板的功能主要通过释放活性物质、促进血栓形成和血液凝固机制参与机体的生理性止血过程。

◆ **参与生理性止血** 正常情况下，血液中的血小板处于"静止"状态，当血管受到损伤时，血小板粘附于暴露的胶原纤维上，表面伸出许多伪足，彼此粘连在一起而**聚集**。血小板的聚集分为两个时相，第一时相发生迅速，聚集后还可解聚，为可逆聚集；第二时相发生较缓慢，一旦发生后，不能再解聚，为不可逆聚集。血小板激活后，将其颗粒中的 ADP、5-羟色胺、儿茶酚胺等活性物质向外排出。ADP 促使血小板聚集，形成血小板血栓，堵塞小血管伤口；5-羟色胺、儿茶酚胺使小动脉收缩，有助于止血。血小板内的收缩蛋白发生收缩，使血凝块缩小硬化，牢固地封住血管破口，巩固止血过程。血小板减少时，止血时间明显延长。

当血管损伤时，血小板在损伤局部聚集，血小板表面吸附的大量凝血因子，使局部凝血因子浓度增高，可促进并加速局部凝血。当血小板数量减少时，血液凝固的速度减慢，凝血时间延缓，止血不利。

◆ 营养血管内皮　血小板可与血管内皮细胞融合，提高内皮细胞的坚韧度。尤其是当内皮细胞损伤时，血小板能沉积在损伤的血管壁上，与内皮细胞融合，保持内皮细胞的完整，修复受损伤的内皮细胞。血小板数量过少时，可出现皮下紫斑，称血小板减少性紫癜。

复习思考题

1. 红细胞主要有哪些生理特性？
2. 机体缺氧时，红细胞的数量是如何进行调节的？
3. 各种白细胞有哪些重要功能？

（刘皓　王玲　王卫国）

第四节　生理止血

一、生理性止血

生理性止血简称**止血**，是小血管破损出血后数分钟出血自行停止的现象。生理止血是机体的重要生理功能，包括三个基本环节（图6-4）：①受损小血管收缩；②血小板血栓形成；③血凝块形成。血小板在生理性止血的全过程中起着非常重要的作用，当血小板减少或血小板功能有缺陷时，会出现出血倾向。

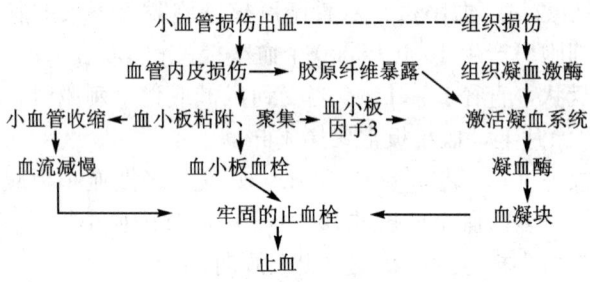

图6-4　生理性止血基本环节

◆ 局部血管收缩　小动脉或小静脉受损后血管迅速收缩，可使血管壁封闭，阻止或延缓血液流动。血管的收缩与交感神经兴奋和局部缩血管物质有关。缩血管物质来源于血小板和破损的血管内皮细胞，如5-HT、内皮素等。

血管收缩只是暂时的、有限地制止出血。但因使血流减慢，有利于局部血小板和凝血因子浓度的升高，便于发挥作用。

◆ 血小板栓子形成　血管内皮细胞受损后，流经的血小板即因暴露的胶原纤维粘附聚集于血管破损处，并形成一个松软的血小板止血栓。同时血小板可被激活，从其胞浆颗粒中释放活性物质促进血小板聚集。血小板栓子的作用是有限的，在血流较快时容易被冲走。

◆ **血液凝固发生** 血管内皮细胞受损，血小板止血栓形成的同时，血浆中的凝血因子也被激活。血管内皮损伤处暴露出的胶原纤维及血小板释放的生物活性物质都可以启动和加速血液凝固过程。血液凝固的实质是，原先溶于血浆中的纤维蛋白原转变成不溶的血纤维网，将红细胞等网罗在局部形成血凝块。血小板的收缩蛋白可进一步使血凝块变成坚实的止血栓，牢固地封堵血管破口，完成止血过程。

生理性止血可受到多种因素影响，如阿司匹林等药物可通过抑制血小板聚集，防止血管内形成血小板血栓。

二、血液凝固

血液凝固是指血液由流体状态转变为胶冻状凝块的过程，简称**凝血**。血液凝固是生理性止血的重要一环，是机体防止过多出血的多种保护措施之一。正常血管内的血液处于不断循环的流动状态，一旦由血管内流出，便会迅速变成血凝块。血液凝固是由一系列酶催化的酶促连锁反应，需要多种凝血因子有序、共同地参与。

1. 凝血因子　**凝血因子**是血浆与组织中直接参与凝血过程的一类物质，根据发现顺序用罗马数字命名（表6-3）。凝血因子中，除因子Ⅳ是钙离子、血小板磷脂是脂质外，其余都是蛋白质。因子Ⅱ、Ⅶ、Ⅸ、Ⅹ、Ⅺ、Ⅻ与前激肽释放酶等又都是蛋白酶，须被激活才具有酶的活性。凝血因子的活化形式都标以"a"表示。除因子Ⅲ外，其它凝血因子均存在于血浆中。因子Ⅱ、Ⅶ、Ⅸ、Ⅹ等都在肝内合成，合成时需要维生素K。因此，肝功能损害或维生素K缺乏，都会导致凝血过程障碍，而易发生出血倾向。

表6-3　按国际命名法编序的凝血因子

编序	同义名	编序	同义名
因子Ⅰ	纤维蛋白原	因子Ⅷ	抗血友病因子
因子Ⅱ	凝血酶原	因子Ⅸ	血浆凝血激酶
因子Ⅲ	组织凝血激酶	因子Ⅹ	斯图亚特因子
因子Ⅳ	钙离子	因子Ⅺ	血浆凝血激酶前质
因子Ⅴ	前加速素	因子Ⅻ	接触因子
因子Ⅶ	前转变素	因子ⅩⅢ	纤维蛋白稳定因子

2. 凝固过程　凝血的发生可分为三个阶段：①凝血酶原激活物形成；②凝血酶形成；③纤维蛋白形成（图6-5）。依据启动物质来源，分为内源性和外源性两条途径。**内源性凝血**是指参与凝血的全部凝血因子都存在于血液中，随因子Ⅻ的激活而被启动。**外源性凝血**的启动因子是来自组织的因子Ⅲ（组织因子）。二者的主要区别在于凝血发生的第一阶段——凝血酶原激活物形成

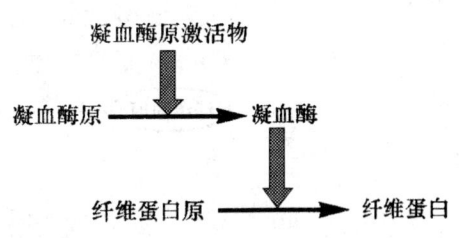

图6-5　血液凝固的基本阶段

的过程不同，其后的两个阶段相同（图6-6）。在生理性凝血过程中，既有内源性凝血，也有外源性凝血。

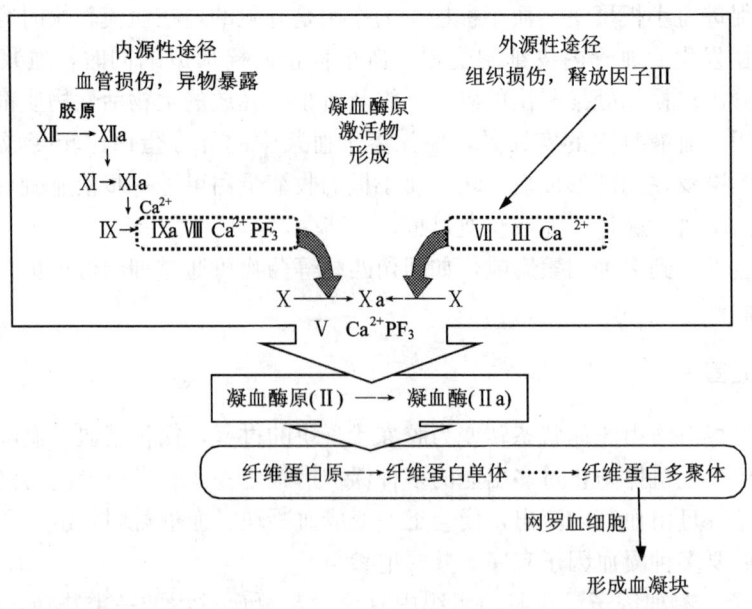

图 6-6 血液凝固的途径

3. 抗凝作用　正常情况下，血管内的血液始终都能保持流体状态，其原因除了与血管内膜完整光滑、血流较快及凝血因子都以无活性酶原的形式存在以外，还与血浆中存在抗凝物质有关。血浆中的抗凝物质主要有抗凝血酶Ⅲ、肝素、C蛋白质等。

在体外，可通过理化方法延缓或阻止血液凝固。如降低温度致使相关酶的活性下降，可延缓血液凝固。血液凝固的许多步骤都需要 Ca^{2+}，枸橼酸钠、草酸钾、草酸铵等通过与 Ca^{2+} 结合形成化合物，减少了血浆中游离的 Ca^{2+}，能有效阻止血凝，均可作为血液的抗凝剂。

此外，机体还存在与血液凝固系统相抗衡的另一系统——纤维蛋白溶解系统。在纤维蛋白溶解酶作用下，纤维蛋白以及纤维蛋白原被降解的过程称**纤维蛋白溶解**，简称**纤溶**。这个系统在血液凝固过程启动之时也已启动，因为有些凝血因子也激活此系统的**纤维蛋白溶解酶原**（简称纤溶酶原）。纤维蛋白溶解过程可分两阶段：①纤溶酶原的激活；②纤维蛋白与纤维蛋白原的降解（图6-7）。

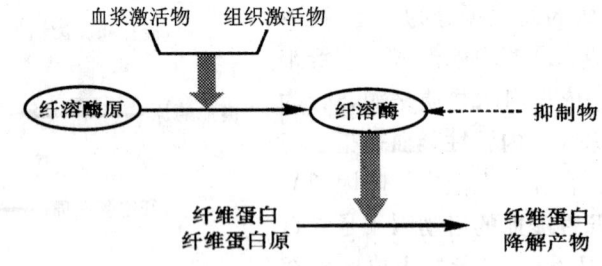

图 6-7　纤维蛋白溶解过程

血凝与纤溶是两个既对立又统一的功能系统，保持着动态平衡，使出血时既能有效地止血，又能防止血凝块堵塞血管。在血管内，如果凝血作用大于纤溶，就将发生血栓，反之就会造成出血倾向。

复习思考题

1. 小血管损伤后机体是如何控制出血的？
2. 血小板在止血过程中主要起哪些作用？
3. 血液的凝固分哪几个阶段？简述内源性和外源性凝血的启动过程。
4. 体内的血液为什么总是保持流动的状态而不发生凝固？

（王玲　王卫国）

第五节　血型与输血

血型是血细胞上特异凝集原的类型。细胞膜上的凝集原（抗原）所具有的特异性是人体免疫系统识别"自我"或"异己"的重要标志。目前已知，除血细胞（包括红细胞、白细胞和血小板）有血型外，一般组织细胞也有"血型"，而且这种血型抗原物质，还能以可溶性形式存在于唾液、精液、乳汁、尿液和汗液中。但一般所说的血型仍指红细胞膜上特异凝集原的类型。根据红细胞膜所含凝集原的不同，已公认的有ABO、Rh、P、MNSs等25个血型系统，其中ABO血型系统和Rh血型系统在临床中具有较重要的应用意义。

一、ABO血型系统

1. ABO血型系统的分型　根据红细胞膜上有无A或B凝集原，或兼而有之，可将ABO血型系统分为A型、B型、AB型和O型四种基本类型。红细胞膜含有A凝集原的为A型血；含有B凝集原为B型血；同时含有A和B两种凝集原为AB型血；既无A又无B凝集原的为O型血。人的血清中含有与上述凝集原相对应的天然凝集素——抗A凝集素和抗B凝集素（表6-4）。当凝集原与其所对应的凝集素相遇时将发生红细胞凝集反应。**凝集反应**指红细胞与特异凝集素相遇时，红细胞彼此聚集在一起，成为簇状不规则细胞团的现象。

表6-4　ABO血型系统中的凝集原和凝集素

血型	红细胞膜上的凝集原	血清中的凝集素
A型	A	抗B
B型	B	抗A
AB型	A、B	无
O型	无	抗A、抗B

临床上鉴定ABO血型是用已知的标准A型血清（含抗B凝集素）和B型血清（含抗A凝集素），分别与被鉴定人的红细胞混悬液相混合，依其发生凝集反应的结果，判定被鉴定人红细胞所含凝集原种类，再根据所含凝集原确定血型（图6-8）。

2. ABO血型与输血　输血是治疗某些疾病、抢救大失血和确保一些大手术顺利进行的重要措施。输血的基本原则主要是考虑供血者红细胞的凝集原是否引起受血者产生免疫性凝集反应。即①只有在ABO血型相同时才能进行输血。②在无法得到同型血液的情况下，才考虑将O型血少量输给其他血型受血者。但输血量要少（＜300ml），速度要慢，并避免反复输入。因为O型血红细胞膜上虽然不含A和B凝集原，不被其他血型的血浆所凝集，但

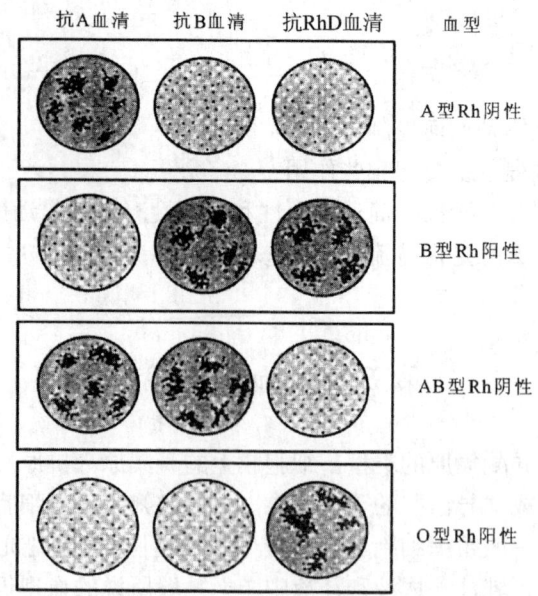

图 6-8 ABO 与 Rh 血型的鉴定

O 型血的血浆中含有抗 A、抗 B 两种凝集素，如果大量、快速地将 O 型血输给其他血型受血者，则因输入血浆中的凝集素不能被稀释，或因供血者凝集素效价很高，有可能使受血者红细胞膜发生凝集反应。虽然以往把 O 型血的人称为"万能供血者"，但这种输血方法非必要时不宜采用。③AB 型受血者可少量接受其他血型的血液，因为 AB 型血浆中不含抗 A 和抗 B 凝集素。但同样要坚持少量、缓慢输入的原则（表 6-5）。

表 6-5 ABO 血型系统的输血关系

供血者血型 （红细胞膜凝集原）	受血者血型（血清中凝集素）			
	O 型（抗 A、抗 B）	A 型（抗 B）	B 型（抗 A）	AB 型（无抗 A、抗 B）
O 型（无 A、B 凝集原）	−	−	−	−
A 型（含 A 凝集原）	＋	−	＋	−
B 型（含 B 凝集原）	＋	＋	−	−
AB 型（含 A、B 凝集原）	＋	＋	＋	−

＋ 出现凝集反应，不能输血；− 未出现凝集反应，可以输血

输血时血型不合会产生严重的凝集和溶血，甚至导致死亡。因此，即使同型输血，输血前也必须常规进行**交叉配血试验**。交叉配血试验是将供血者红细胞混悬液和受血者血清相混合，为试验的**主侧**；将受血者红细胞混悬液和供血者的血清相混合，为**次侧**（图 6-9）。两侧均无凝集反应最理想，为配血相合，可以输血。如主侧有凝集反应，不论次侧结果如何，均为配血不合，绝对不能输血；如果主侧不发生凝集反应而次侧发生凝集，一般不宜进行输血，

图 6-9 交叉配血

紧急情况下必须进行输血时，应按输入 O 型血的原则慎重地处理。交叉配血试验可以避免由于血型系统中的亚型或其他血型系统等原因而引起的输血反应。

二、Rh 血型系统

Rh 血型也是根据红细胞膜所含 Rh 抗原所分型。Rh 抗原最先是在恒河猴的红细胞发现。Rh 血型系统是一个复杂的系统，已发现多种 Rh 抗原，其中含有 D 抗原的 Rh 血型临床意义最为重要，医学上通常将红细胞上含有 D 抗原者称为 **Rh 阳性**，而红细胞上没有 D 抗原者称为 **Rh 阴性**。我国汉族人群中有 99% 以上是 Rh 阳性，只有不足 1% 人群为 Rh 阴性。有些少数民族，Rh 阴性比例较大。Rh 血型系统罕有天然抗体，都是免疫性抗体，因后天致敏所产生，即只有 Rh 阴性者在接受了 Rh 阳性血液后，体内才产生抗 Rh 抗体。

Rh 血型系统在临床上具有重要意义：①Rh 阴性者接受 Rh 阳性血液后，D 抗原刺激受血者机体产生**抗 D 抗体**，当 Rh 阴性者再次接受 Rh 阳性输血时，就会发生强烈凝集反应而引起严重后果。所以在临床上给患者重复输血时，即便是同一供血者的血液，也要作交叉配血试验，避免 Rh 血型不合引起的严重输血反应。②Rh 阴性妇女怀孕后，如果胎儿是 Rh 阳性，则胎儿的 D 抗原可渗漏胎盘而刺激母体，产生抗 D 抗体；或 Rh 阴性的母体曾接受过 Rh 阳性输血，体内已存在抗 D 抗体。因抗 D 抗体分子量小，能够透过胎盘进入胎儿血液，使胎儿的红细胞发生凝集反应而造成新生儿溶血性疾患，甚至导致胎儿死亡。因此，对于多次怀孕均出现死胎现象的孕妇，特别是少数民族，应特别注意其血型是否为 Rh 阴性。

复习思考题

1. 何谓血型？ABO 血型系统是如何分类的？
2. 为什么输血的基本原则强调一定要用同型血？
3. 输血时为何要做交叉配血试验？

（王玲）

第七章 循环系统

循环是指血液在体内周而复始的定向运行的过程。循环系统由心血管系统与淋巴系统共同组成,包括使血液流动的动力器官和管道系统。血液的循环流动主要在心血管系统的封闭管道完成,淋巴系统只辅助体液的回收。此外,淋巴系统还执行机体的免疫功能。

血液循环流动的关键取决于动力器官——心脏。在循环系统中,心脏像一个血泵,串联在封闭的血管系统之中,不停地搏动,将静脉系统的血液不断地泵入动脉系统,在血管系统各段落间形成压力梯度,推动血流。动脉血管系将血液分配到全身组织,并在庞大的毛细血管网进行物质交换;随后血液经静脉血管系汇合,返回心脏,终生周而复始,完成运输功能。不仅如此,遍布全身的血管也将各器官的功能联系起来。如将小肠吸收的营养、肺摄取的 O_2,以及内分泌腺分泌的激素等运送至组织,而将组织代谢产生的废物和 CO_2 送至肾和肺排出。

第一节 循环系统器官形态结构

一、心血管系统与血液循环途径

心血管系统(图7-1)由心、动脉、毛细血管和静脉组成。

血液循环路径可分**体循环**和**肺循环**,二者通过心脏串联成完整封闭的管道系统(图7-2)。体循环范围广大,也称大循环,左心室收缩将来自肺部含氧多的动脉血射入主动脉,再经过主动脉各级分支分配,进入周身毛细血管网;毛细血管中的血液与组织细胞进行气体和物质交换后成为静脉血;静脉血汇集到小静脉,经过各级静脉回流,最后汇入上、下腔静脉和冠状窦,终于右心房。体循环的功能是为全身的组织器官供血,完成血液与组织的物质交换。肺循环局限在胸腔,也称小循环,右心室收缩将静脉血射入肺动脉,经肺动脉分布到肺泡壁的毛细血管进行气体交换之后,成为含氧的动脉血;动脉血由肺毛细血管进入小静脉,经过肺的各级静脉回流,最后汇入左、右肺静脉,终于左心房。肺循环的基本功能是与环境进行气体交换。

二、心脏

1. 位置与外形　心脏(心)位于胸腔中纵隔,大约2/3在身体正中线平面的左侧,1/3在右侧。心的后方与食管、胸主动脉毗邻;上方是出入心的大血管;下方是膈,膈上升时可使心的位置上移。心的两侧是肺和胸膜腔。心及大血管根部被心包包裹。

心的外形近似前后略扁的圆锥体,其大小似拳,与性别、年龄、身高和体重有关。心可分为"一底、一尖、两面和三缘":**心底**朝向右后上方。近心底处为一条环形的**冠状沟**,是心房与心室的表面分界。**心尖**为指向左前下方的游离端,其体表投影一般在左侧第五肋间隙,锁骨中线内侧1~2cm处,可触到心尖搏动。**胸肋面**朝向前上,左、右心室之间有**前室间沟**;**膈面**朝向后下,与膈紧贴,左、右心室之间有**后室间沟**。右缘由右心房构成,左缘由左心耳和左心室构成,下缘介于膈面与胸肋面之间,由右心室和左心室构成(图7-4)。

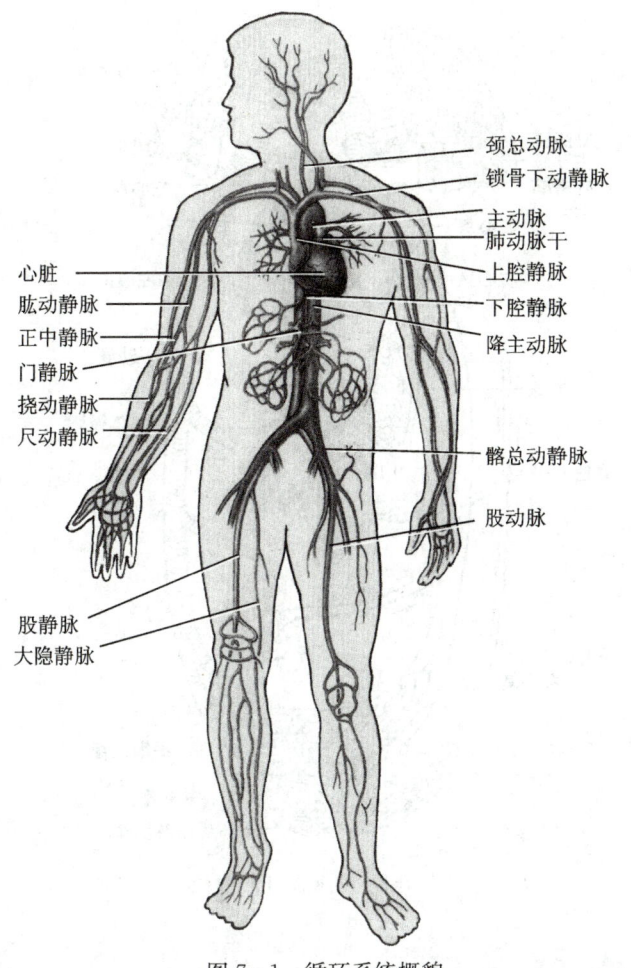

图 7-1 循环系统概貌

2. **心腔结构** 心是心肌组织构成的中空脏器，由中隔分为互不相通的左右二半，每半各分**心房**和**心室**（图 7-4）。心房与心室之间通过致密胶原纤维构成的房室环相连，而无心肌组织直接连接，故心房与心室可同时进行各自独立活动。

　　心脏共有四个腔，即右心房与右心室、左心房与左心室。每侧心房和心室借房室口相通。右心房与上、下腔静脉相连，右心室与肺动脉相连；左心房与左右肺静脉相连，左心室与主动脉相连。在心房与心室交界的房室口处存在**房室瓣**，右房室瓣称**三尖瓣**；左房室瓣称**二尖瓣**（图 7-4）。心室收缩时，血流冲击房室瓣的瓣叶，关闭房室瓣，暂时阻隔心房与心室间的血流，同时防止心室血液向心房倒流。房室瓣叶游离端伸向心室，瓣叶边缘有许多纤细而坚韧结缔组织的索，称**腱索**。腱索的另一端附着于心室内壁的**乳头肌**上（即形如乳头状突起的心肌）。腱索、乳头肌的基本功能是防止心肌收缩时房室瓣向心房反折，有助瓣膜的严密关闭，阻止血液逆流。

　　在右心室与肺动脉之间，左心室与主动脉之间各有三个半月形的瓣膜——**动脉瓣**，分别称**肺动脉瓣**和**主动脉瓣**（图 7-5 主动脉起始处）。各个瓣膜呈口袋形，袋口开向动脉方向，血液自心室流向动脉时动脉瓣开放；血液由动脉返向心室时，袋状的动脉瓣被血液允盈张开而相互贴紧，封闭大动脉和心室之间的血流通路，防止血液倒流回心室。

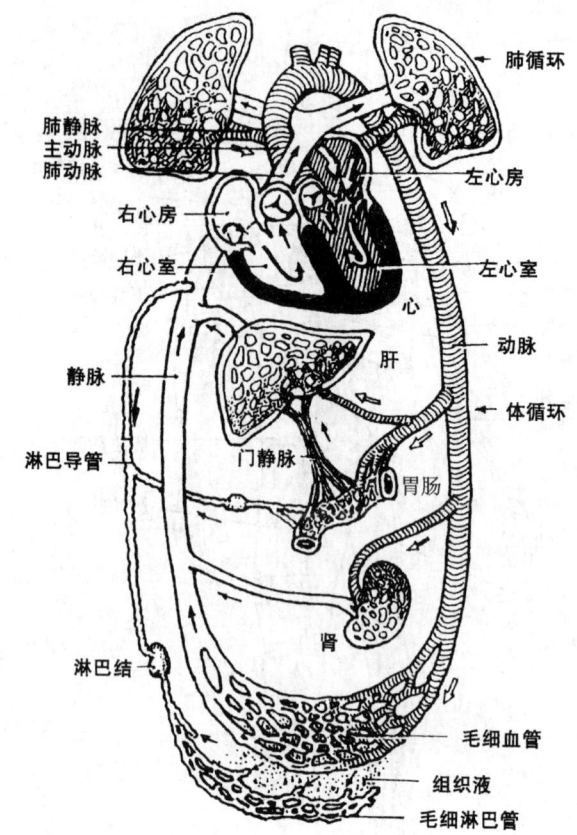

图 7-2 血液循环的途径

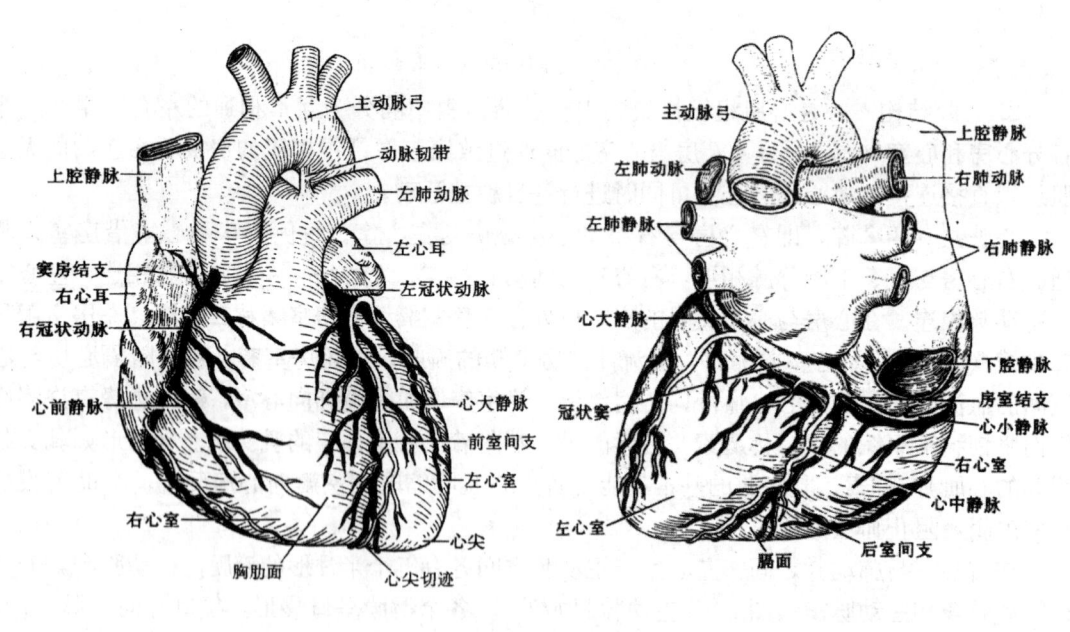

(a) 前面　　　　　　　　　　　　　　(b) 后面

图 7-3 心的外形和血管

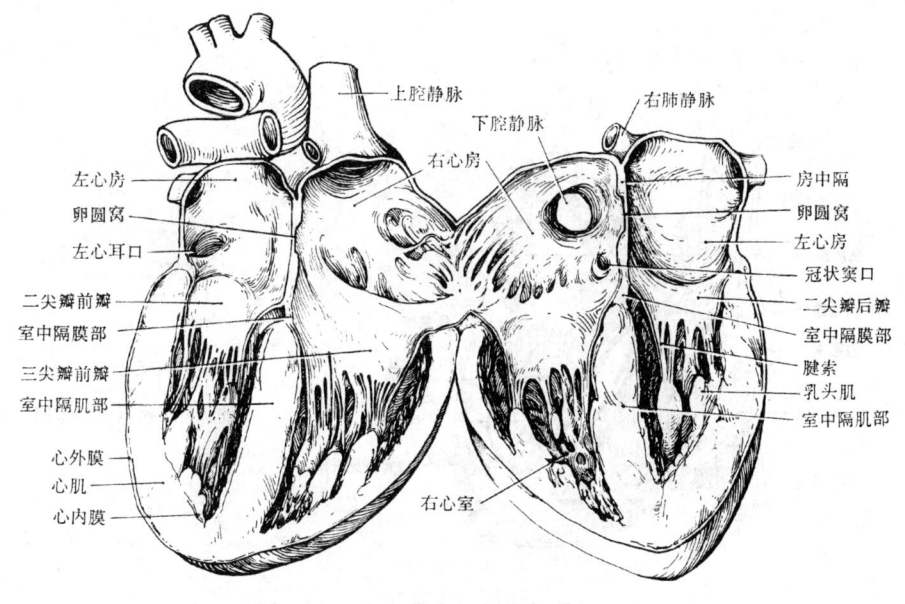

图 7-4 心的纵剖面图

心腔内的瓣膜、腱索、乳头肌共同作用,决定心脏内的血流方向,防止血液逆流,确保血液向着大静脉→心房→心室→大动脉的途径定向流动。因此,只要出现瓣膜口狭窄或关闭不全的病变,都能引起血液循环障碍。

3. 心壁 心壁由心内膜、心肌层和心外膜组成,外包心包。**心内膜**是一层光滑的薄膜,与血管的内膜相续。在房室口和动脉口处,心内膜折叠形成瓣膜。心壁的主体是由多层心肌纤维和少量结缔组织支架构成的**心肌层**。心房肌较薄,心室肌肥厚,左心室尤为发达。结缔组织在肺动脉口、主动脉口和左、右房室口周围构成心壁的纤维支架。**心外膜**位于心肌层外面,表面为一层光滑的浆膜,是浆膜心包的脏层,血管和淋巴管走行于其下。

房间隔较薄,由双层心内膜及其间的结缔组织和心房肌纤维组成。**室间隔**较厚,主要由心肌构成。

心包包裹心外表,外层为纤维心包,内层为浆膜心包。浆膜心包的脏层即心外膜;壁层附于纤维心包的内面,两层心包在心底部互相移行,围成心包腔,内含少量起润滑作用的浆液,有利于心脏的连续活动。

4. 心传导系 心传导系包括窦房结、结间束、房室结、房室束、右束支、左束支、浦肯野纤维网等。这些部位由特殊的心肌细胞组成,是决定心脏自动节律性活动与兴奋传导秩序的基础(图 7-5)。

窦房结由心肌与结缔组织构成,位于右心房处心外膜深面,含有可自动产生兴奋的 P 细胞(起搏细胞)和移行细胞,是正常心脏节律性活动的发源地。窦房结产生的冲动由**结间束**(前、中和后结间束)传导至房室结。**房室结**位于房间隔下部,冠状窦口上方的心内膜下。在正常心,房室结是将窦房结冲动传向心室的惟一途径。**房室束**起自房室结,然后分左、右束支沿室间隔下行,分支连于心内膜下浦肯野纤维网。浦肯野纤维网再广泛分布于心室肌。

5. 心的血管和神经 心的动脉为起自升主动脉根部的左、右冠状动脉(图 7-3)。**右冠**

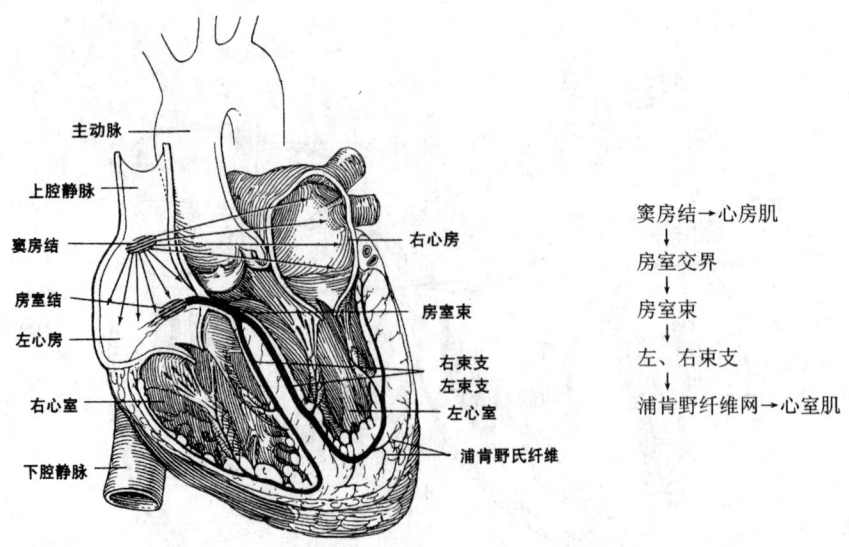

图 7-5　心传导系统与窦房结冲动的传导顺序

状动脉分布于右心房、右心室、室间隔后 1/3 及左心室后壁一部分，还有分支到窦房结和房室结。**左冠状动脉**分布至心尖、左心室前壁、右心室前壁一小部分及室间隔前 2/3 的区域，旋支以及左心室外侧壁和左心房。人体的冠状动脉之间也存在吻合支，在心内膜下较多，但口径细小，通过血液量少。一旦冠状动脉突然阻塞，不能迅速建立侧支循环，以致局部心肌组织缺血、坏死。

　　心肌毛细血管极丰富。心肌断面上的毛细血管约有 2500 根/mm^2，远比活动中骨骼肌 190 根/mm^2 为多，几乎每支心肌纤维平均配备一条毛细血管。

　　心的静脉血由**心大静脉**、**心中静脉**和**心小静脉**静脉经冠状窦注入右心房，占回流量的 90%，**心前静脉**和**心最小静脉**内血液直接注入心腔。心脏自身的血管构成冠脉循环。

　　心脏接受自主神经——心交感与心迷走神经的双重支配（见后文）。

三、血管系

1. 各类血管的组织结构　血管分布于全身各部，分动脉、静脉和毛细血管。

◆ **动脉系**　动脉系血管可分大、中、小几级血管。管径在 1mm 以下的为小动脉，小于 30μm 的为微动脉。相对于静脉，动脉管壁较厚，由管腔侧向外分内膜、中膜和外膜三层（图 7-6）。内膜表面为光滑的内皮层，其下为结缔组织和弹性纤维构成的弹性膜；中膜最厚，主要由环形分布的血管平滑肌和弹性膜等组织构成；外膜由结缔组织组成，含有营养性血管和神经等。随着从大动脉到微动脉的逐级分支，血管壁的构造除了单层的内皮细胞相同外，弹性纤维减少，而平滑肌组分相对增多。所以大动脉弹性强，称为**弹性血管**。而小动脉等平滑肌的舒缩可改变血管口径，影响循环血流阻力，称**阻力血管**。

◆ **静脉系**　静脉系起始于毛细血管，是引导血流回心的血管，终止于心房。每一较小静脉都是其上一级静脉血管的属支。与相应动脉比较，静脉在结构及配布上的特点是：管壁薄，弹性差，口径较粗，属支较多，而且血流缓慢，压力较低，故静脉系血容量大，在血液

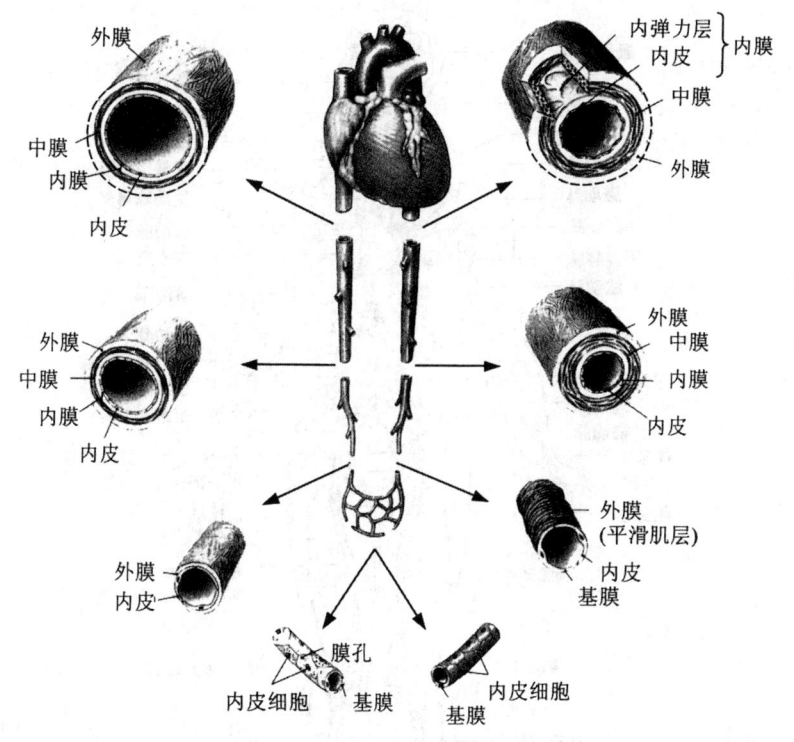

图 7-6 血管的组织结构

循环中具有储血库的功能。

体循环的静脉可分为浅静脉和深静脉，浅静脉均汇入深静脉。浅静脉位于皮下浅筋膜内，不与动脉伴行，位置表浅，临床上常通过浅静脉进行注射、输液或采血。深静脉位于深筋膜深面或体腔内，多数与动脉伴行，其收集范围与伴行动脉分布区大体一致，名称也基本相同。多数的动脉仅有一条伴行静脉，少数部位有两条。有些深静脉不与动脉伴行，自成体系（如奇静脉系、椎静脉系和肝门静脉系）。各类型静脉之间均有大量吻合。当部分静脉受压或阻塞时，可通过吻合支的扩张，形成侧支循环。

静脉瓣是静脉内形似小袋状的结构（图 7-7），朝向心脏方向，是确保静脉血流回心的重要装置。受重力影响较大的四肢静脉，尤其是下肢静脉有很多静脉瓣，其他部位静脉少瓣或无瓣。当静脉瓣功能不全时，常引起静脉曲张。

◆ **毛细血管** 毛细血管为连通微动脉与微静脉之间的大量微血管，口径极细，只能容许 1～2 个红细胞并排通过。管壁极薄，由一层内皮细胞和基膜构成，是血液与组织及细胞进行物质交换的部位。

图 7-7 静脉瓣

2. 体循环动脉系 体循环动脉系血管起自主动脉，然后逐级分支到全身各脏器（图 7-8）。

◆ **主动脉** 主动脉是体循环的动脉干，起自左心室，分升主动脉、主动脉弓和降主动

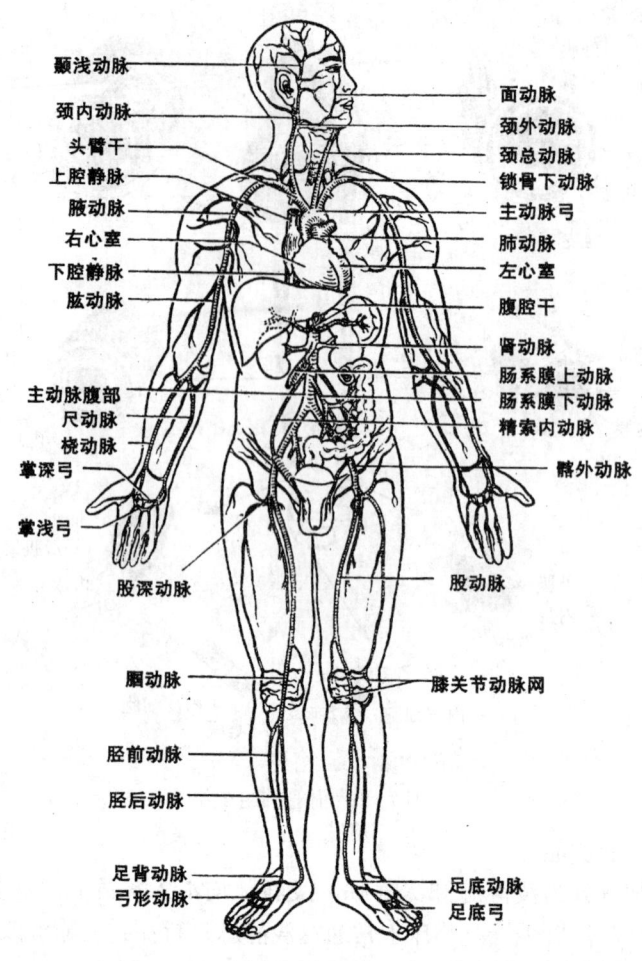

图 7-8 循环系统动脉系主要血管

脉三部。降主动脉又以膈为界，膈上段为胸主动脉，膈下段为腹主动脉，继续向下分为左、右髂总动脉两终支。

升主动脉起自左心室，起始处内腔与主动脉瓣之间较膨大，由此发出左、右冠状动脉。升主动脉向前右上方延续为主动脉弓。

主动脉弓位于胸骨柄后方，从前右向后左呈弓形弯曲并移行为降主动脉。主动脉弓后壁内存在压力感受器，可感受血压升高的刺激。主动脉弓下方有主动脉体，为化学感受器。主动脉弓下方发出若干细小动脉为气管和支气管供血。主动脉弓的凸侧，从右向左发出三大分支，即头臂干、左颈总动脉和左锁骨下动脉。**头臂干**短而粗，向右上方斜行，分为右颈总动脉和右锁骨下动脉。

◆ **颈总动脉**　**颈总动脉**是头颈部的主要动脉干，右侧起自头臂干，左侧直接起自主动脉弓，为头、颈与脑部供血。两侧颈总动脉均分支为颈内和颈外动脉，颈内动脉起始处膨大为**颈动脉窦**，血管壁内有压力感受器，可感受血压升高的刺激。**颈动脉体**为化学感受器，是位于颈内、外动脉分叉处后方的一扁椭圆形小体，与主动脉体作用相同，均能感受血液中氧气、二氧化碳等的变化。

◆ 锁骨下动脉　**锁骨下动脉**是较粗大的动脉干，右锁骨下动脉起自头臂干，左锁骨下动脉直接起自主动脉弓。锁骨下动脉的主要分支有：①**椎动脉**向上经枕骨大孔入颅腔后，左、右汇合为基底动脉，主要营养脑。②**胸廓内动脉**分布于胸膜、心包、乳房等处。③**甲状颈干**分布于甲状腺、喉、气管、咽及食管上段、颈肌、肩胛骨及其背面的肌肉，以及甲状腺。

锁骨下动脉进入腋窝延续为**腋动脉**，再延续为**肱动脉**及其分支，主要供应上肢的血液。肱动脉是临床上测量血压时听诊的部位，肱动脉分支的桡动脉近腕部是临床常用诊脉的部位。

◆ 胸主动脉　**胸主动脉**分支有壁支和脏支。壁支分节段性、对称性分布于胸壁，脏支细小，供应支气管、肺、心包后部和食管胸段。

◆ 腹主动脉　**腹主动脉**下行至第4腰椎下缘分为左、右髂总动脉。腹主动脉壁支分布于膈的下面，分布于肾上腺、腰椎与脊髓、直肠后壁和骶骨盆面。成对的腹主动脉脏支分布到肾上腺、睾丸和附睾或卵巢和输卵管壶腹部。不成对的腹主动脉脏支有**腹腔干、肠系膜上动脉**和**肠系膜下动脉**，为食管末端、胃、十二指肠、肝、胆囊、胰、脾和大网膜等腹腔内脏器官供血。

◆ 髂总动脉　**髂总动脉**为腹主动脉左、右两终支，向下外行至骶髂关节处，分髂内动脉和髂外动脉。**髂内动脉**为一短干，分壁支和脏支。壁支分布于臀肌、大腿肌内侧群和髋关节。脏支分布于盆内、外肌和盆腔脏器及肛门、会阴和外生殖器等处。**髂外动脉**移行为**股动脉**，其分支为腹直肌和下肢肌群与关节供血。

3. 体循环静脉系　体循环的静脉包括上腔静脉系、下腔静脉系（包括肝门静脉系）和心静脉系（图7-9）。

◆ 上腔静脉系　**上腔静脉系**由上腔静脉及其属支组成，收集头颈部、上肢、胸壁和部分胸腔脏器的静脉血并注入右心房。

◆ 下腔静脉系　**下腔静脉系**由下腔静脉及其属支组成。下腔静脉是人体最粗大的静脉干，由左、右髂总静脉上行汇合，收集盆部、腹部和下肢的静脉血，注入右心房。

◆ 肝门静脉系　**肝门静脉系**由肝门静脉及其属支组成，除肝以外，收集腹腔消化管、胰、脾等不成对脏器的静脉血（图7-10）。

肝门静脉是肝门静脉系的主干，长约6～8cm，通常由肠系膜上静脉和脾静脉汇合而成，并上行至肝门分左、右两支入肝。在肝内不断分支，终止于肝血窦。肝门静脉起、止两端均为毛细血管网的结构。肝门静脉及其属支缺乏静脉瓣。

肝门静脉系与腔静脉系间的吻合相当丰富，吻合部位包括：**食管静脉丛、直肠静脉丛**和**脐周静脉网**。

正常状态，肝门静脉系与腔静脉系间的吻合支细小、血流量少，均按正常方向分别回流入所属静脉系。当肝门静脉发生阻塞（如肝硬化肝门静脉高压）时，血液不能畅流入肝，则通过上述吻合途径形成侧支循环，流入上、下腔静脉。由于血流量增多，可造成吻合部位的小静脉曲张，甚至破裂。如食管静脉丛破裂，可造成呕血；直肠静脉丛破裂可造成便血；脐周围出现明显的静脉曲张等。肝门静脉曲张还可以导致脾和胃肠的静脉瘀血，产生脾肿大和腹水等。

4. 肺循环血管系　与体循环正相反，肺动脉血管输送静脉血，而肺静脉血管输送的是

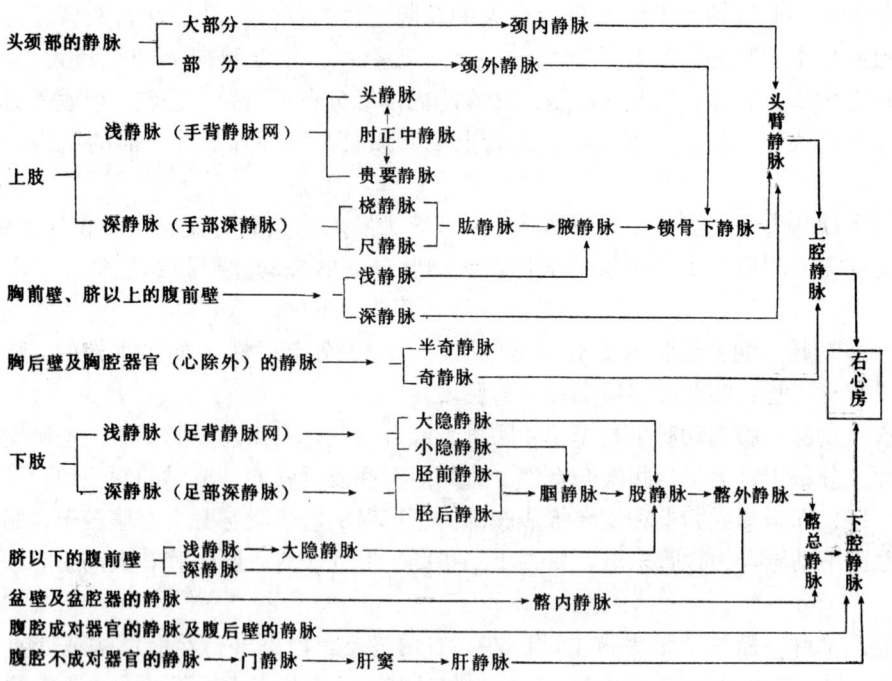

图 7-9 体循环静脉系主要血管中的上、下腔静脉系

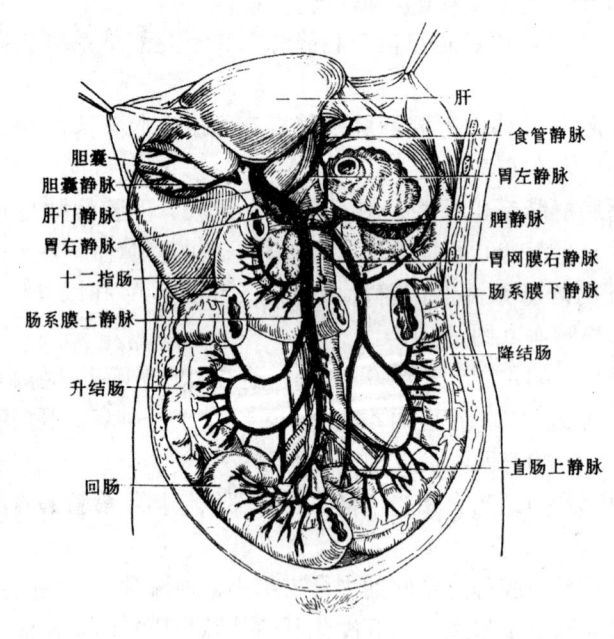

图 7-10 肝门静脉及其属支

含氧多的动脉血。

◆ 肺动脉　**肺动脉干**是一短粗的动脉干，起于右心室，至主动脉弓的下方，分为左、右肺动脉分别经左、右肺门进入左、右肺。

◆ **肺静脉** **肺静脉**起于肺门，左、右各两条，均注入左心房。分别为左上、左下肺静脉和右上、右下肺静脉。

四、淋巴系统

淋巴系统由淋巴管道、淋巴组织和淋巴器官组成（图 7-11）。淋巴管道和淋巴结的淋巴窦内含有淋巴液，简称为**淋巴**。血液流经毛细血管动脉端时，一些成分经毛细血管壁进入组织间隙，大部分经毛细血管静脉端再返回血流，小部分进入毛细淋巴管，形成淋巴液。淋巴液沿淋巴管道和淋巴结的淋巴窦向心流动，最后注入静脉。因此，淋巴系统是心血管系统的辅助系统，协助静脉引流组织液。此外，淋巴器官和淋巴组织具有产生淋巴细胞、过滤淋巴液和进行免疫应答的功能。

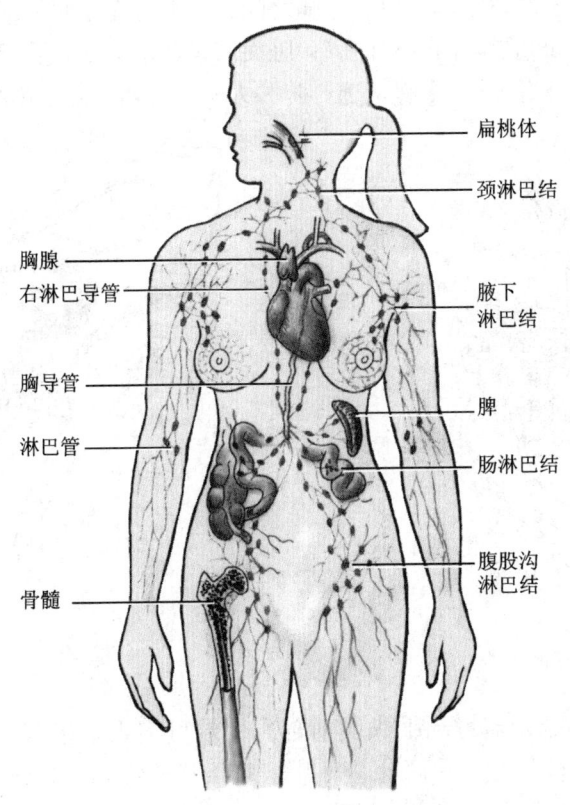

图 7-11 淋巴系统概貌

1. 淋巴管道　**淋巴管道**由毛细淋巴管、淋巴管、淋巴干和淋巴导管组成。

◆ **毛细淋巴管** **毛细淋巴管**以膨大的盲端起始，互相吻合成毛细淋巴管网，然后汇入淋巴管。

◆ **淋巴管** **淋巴管**由毛细淋巴管吻合而成，内有较多的瓣膜，外观呈串珠状或藕节状，分浅、深两组，常与静脉伴行，收集相应区域的淋巴。

◆ **淋巴干** 全身淋巴管在向心行程中经过一系列淋巴结滤过后，最后一群淋巴结的输出管汇合成较大的**淋巴干**。全身的淋巴干共九条：左、**右颈干**，左、**右锁骨下干**，左、右支**气管纵隔干**，左、**右腰干**和**肠干**。

◆ **淋巴导管** 淋巴干最终汇合成两条最粗大的**淋巴导管**，即胸导管和右淋巴导管，分别注入左、右静脉角。**胸导管**是全身最大的淋巴导管，引流下肢、盆部、腹部、左上肢、左半胸部和左半头颈部的淋巴，即全身3/4区域的淋巴。**右淋巴导管**，为一短干，引流右半头颈部、右上肢和右半胸部的淋巴，即全身1/4的淋巴。

2. 淋巴器官　淋巴器官包括淋巴结、脾、胸腺和扁桃体。

◆ **淋巴结** 淋巴结为大、小不一的圆形或椭圆形灰红色小体，一侧隆凸，有多条输入淋巴管进入，另一侧凹陷，有1~3条的输出淋巴管穿出并有神经和血管出入（图7-12）。一个淋巴结的输出淋巴管可成为另一个淋巴结的输入淋巴管。淋巴结多成群分布和沿血管排列。

◆ **脾** 脾（图7-13）是人体最大的淋巴器官，具有储血、造血、清除衰老红细胞和进行免疫应答的功能。脾位于左季肋部，胃底与膈之间，正常时在左肋弓下触不到脾。脾呈暗红色，质软而脆。脾的膈面光滑隆凸，对向膈；脏面凹陷，中央处有**脾门**，是血管、神经和淋巴管出入之处；上缘前部有2~3个脾切迹。脾肿大时，脾切迹是触诊脾的标志。

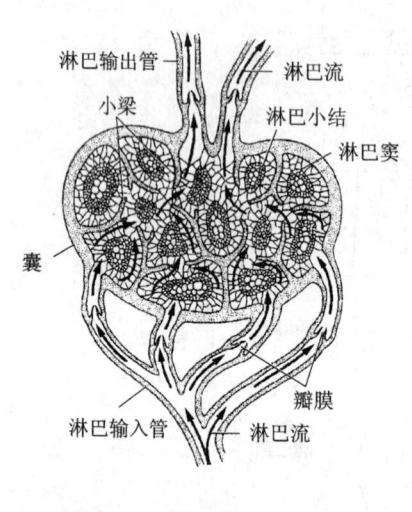

图7-12　淋巴结的构造

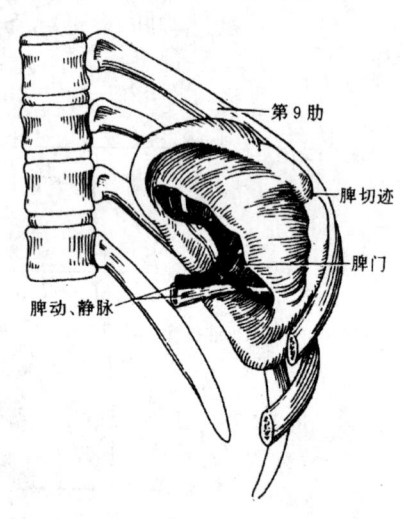

图7-13　脾

◆ **胸腺** 胸腺位于胸骨柄后方和上纵隔前部。上端可突入颈根部，下端伸入前纵隔，贴于心包的前面。胸腺可分为左、右两叶，每叶呈扁条状或锥体形。两叶借助结缔组织相连。胸腺主要参与机体的免疫功能和内分泌功能。

复习思考题

1. 简述体循环与肺循环的循环途径和基本功能。
2. 心有哪些瓣膜？各附着于何处？有何作用？
3. 心传导系包括哪些结构？窦房结位于何处？
4. 简述供应心脏的动脉名称和分布范围。
5. 说出体循环的动脉主干名称。
6. 主动脉弓从右向左依次发出哪些动脉？
7. 颈动脉窦和颈动脉体位于何处？有何作用？

8. 锁骨下动脉的主要分支有哪些？
9. 腹主动脉发出的脏支有哪些？
10. 肝门静脉与上、下腔静脉在什么部位形成吻合？　　　　　　（杨慧　杜建颖）

第二节　心肌的生理特性与心脏的泵血功能

心脏的基本功能是泵血，是由两类心肌细胞相互配合共同完成的。一类是构成心房和心室壁的普通心肌细胞，细胞内含有丰富的肌原纤维，执行心脏的收缩功能，所以也称**工作心肌**或**非自律细胞**。另一类是**自律细胞**，是组成心传导系的主要细胞，在没有外来刺激的条件下即能自发地产生节律性兴奋，主要功能是产生和传播兴奋，控制完整心脏的活动节律。

一、心室肌细胞的生物电现象及其原理

1. 静息电位　人和哺乳动物心室肌的静息电位约为-90mV，其产生的原理与神经和骨骼肌细胞类似，都是因为K^+顺浓度差跨细胞膜扩散达到电化学平衡所致。

2. 动作电位　心室肌细胞兴奋时产生的动作电位，分为去极化与复极化两个时相。其最显著的特点是复极化时程持续时间很长。为研究和分析方便，通常将心室肌动作电位分为0～4几个时相（图7-14）。

◆ 去极化时相　心室肌受刺激发生兴奋时，膜内电位由-90mV迅速上升到+30mV，形成动作电位的升支，即0期。0期时间短暂，仅1ms。动作电位升支上升的速度极快，最大去极化速度达到200～300V/s。

0期去极化发生的主要原理是细胞外Na^+急速内流。外来刺激首先引起细胞膜少量Na^+通道开放，膜对Na^+通透性轻度增高，少量Na^+内流使膜部分去极化，一旦达到-70mV（即阈电位水平），Na^+通道开放数量突然显著增加，Na^+顺电位梯度和化学梯度由膜外迅速向膜内扩散，使膜进一步去极化，如此再生性反复，在瞬间形成陡峭的动作电位升支。膜去极化的同时也启动了Na^+通道的失活过程，使钠通道关闭。此外，去极化时心肌对K^+的通透性也降低（图7-14）。

◆ 复极化时相　心室肌细胞动作电位的复极化时相缓慢复杂，可分为1～3三个期。

1期复极：膜内电位由+30mV迅速下降到0mV左右，故称为快速复极早期，历时约10ms。进入1期时快钠通道已经失活，但细胞膜对K^+通透性升高，K^+瞬时性外向扩散，使膜内电位迅速下降，形成快速复极早期。

2期复极：为缓慢复极期，膜内电位徘徊在0mV上下，膜内外呈等电位状态，形成平台样电位波形，故称平台期，历时100～150ms，是心室肌动作电位时程长的主要原因。平台期的产生主要与Ca^{2+}的内向扩散和K^+的外向扩散相互抗衡造成。

3期复极：复极过程再次加快，膜内电位由0mV较快地回到-90mV，历时100～150ms，称快速复极末期。在3期中，K^+外流造成复极，直至完成复极化。

静息期　静息期为3期末复极化完毕后，膜内电位恢复到静息电位水平，即4期。在静息期，细胞膜Na^+-K^+泵和Na^+-Ca^{2+}交换以及Ca^{2+}泵机制运转加强，主动转运出进入细胞内的Na^+和Ca^{2+}，回收流失到细胞外的K^+，恢复细胞内外离子的正常浓度梯度。

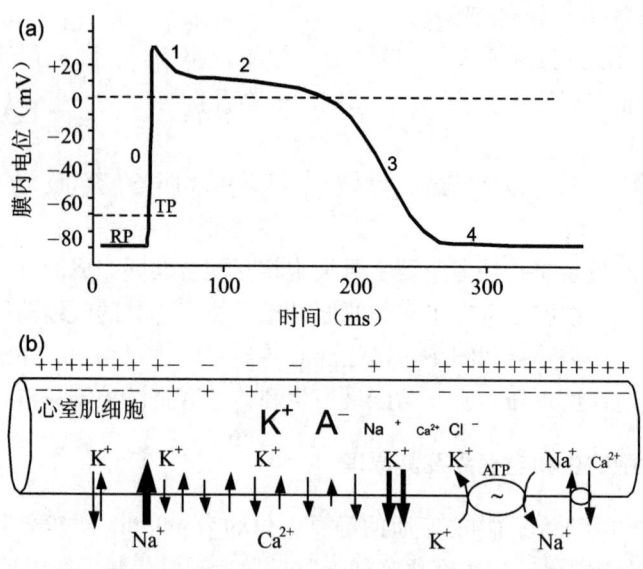

图 7-14 心室肌细胞动作电位及其产生的离子基础
TP：阈电位；RP：静息电位

二、心肌的生理特性

心肌细胞的生理特性是心脏活动的基础，其自律性、传导性和兴奋性与心肌电活动的产生直接相关，特称电生理特性；而收缩性属于心肌细胞的机械特性。

1. **自律性** 心传导系主要由心肌自律细胞组成，因此在没有外来刺激的条件下，能自动发生节律性兴奋，这种特性就是**自动节律性**，简称**自律性**。通常以单位时间（分）内自动发生节律性兴奋的次数，即频率来衡量。

◆ **心肌自律细胞的电活动** 自律细胞与非自律细胞不同，3 期复极化结束后的 4 期没有稳定的静息电位，而是出现缓慢的、自动的去极化，一旦达到阈电位，就能激发细胞的 0 期去极化，自动产生下一次新的动作电位，如此周而复始，产生节律性的兴奋（图 7-15）。

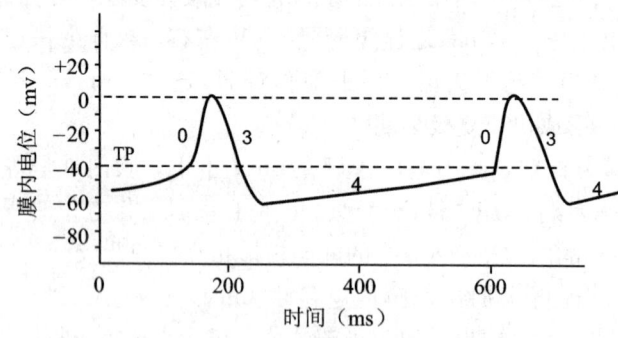

图 7-15 窦房结细胞 4 期自动去极化

◆ **心脏自律性活动的起搏点** 心传导系绝大部分细胞都具有自律性，但在正常状态下，只能有一个起搏点"主宰"整个心脏的节律性活动。其中窦房结自律性最高，可达 100 次/分，房室交界为 40~60 次/分，浦肯野细胞为 15~35 次/分。由于心脏中窦房结自律性最高，在其他自律细胞尚未发生自动兴奋前，即"强制"其他自律细胞被动兴奋，从而控制整个心脏的活动节律。因此，由窦房结所控制和统一的心脏兴奋节律称为**窦性节律**，窦房结为**正常起搏点**。正常情况下，窦房结以外的其他自律组织受窦房结的控制，只起兴奋传导作用，而不能表现其自律性，故称为**潜在起搏点**。但当正常起搏点的兴奋发生或传导障碍时，或者潜在起搏点的自律性增高时，也可控制心脏的节律性活动，这时的潜在起搏点则称为**异位起搏点**，即潜在起搏点转化为新的主起搏点。异位起搏点所引起的心脏节律性活动称为**异位节律**。

2. **传导性** 心肌细胞之间存在电阻很小的闰盘，兴奋可以不衰减地从一个细胞传导到相邻的细胞。因此，只要一个细胞兴奋就可引起所有心肌细胞兴奋。但是由于心房与心室之间有纤维结缔组织环将二者隔开，心房和心室能按一定顺序先后收缩和舒张，则是因为心内有传导速度较快的特殊传导系统的缘故。

◆ **心脏内兴奋传播的顺序和速度** 心内的正常兴奋来自窦房结。窦房结发出的兴奋通过心房肌直接传到左心房和右心房，引起两心房的兴奋和收缩。同时也将兴奋通过传导性更强的"结间束"迅速传到房室交界区，经一定的时间延搁，再经房室束、左右束支、浦肯野纤维网传到心室心内膜下心肌，然后靠心室肌本身将兴奋传向心外膜下心肌，引起左、右心室的兴奋（图 7-5）。

兴奋在各部位传导的速度不同，心房肌传导速度约为 0.4m/s，兴奋左右心房只需 0.06s，可使两心房几乎同步兴奋和收缩。房室交界区的传导速度很慢，约为 0.02m/s，兴奋通过房室交界约需 0.1s，出现房-室延搁现象。房室延搁使心室在心房收缩完毕后才开始收缩，对于避免心房和心室同时收缩有重要意义。传导速度最快的是浦肯野纤维网，可达 4m/s，心室肌传导速度约 1m/s。故兴奋从房室束传遍左右心室也仅 0.06s，因此，两心室的心室肌细胞几乎是同步兴奋和收缩的。

3. **兴奋性** 心肌细胞兴奋性表现为受刺激后能在静息电位的基础上产生动作电位，发生兴奋。兴奋性的最低可用刺激阈表示。

◆ **心肌细胞兴奋性的特征与意义** 在心室肌细胞兴奋过程中，细胞的兴奋性也发生变化，特别表现为有效不应期长的特征（图 7-16）。最主要的变化是从 0 期去极化到复极 $-55mV$ 期间内出现**有效不应期**，此期中任何强大刺激都不能使心肌细胞再次产生动作电位，细胞也不会发生有效兴奋和随后的收缩。心肌的有效不应期可长达 150~200 ms，覆盖其机械活动变化的收缩期与部分舒张期，因此在此期内不会因任何强度刺激而产生动作电位，也就不会引起收缩，从而保证心脏总是能节律性交替地收缩与舒张，得以实现其周期性充盈与射血的泵功能。有效不应期结束后顺序出现短时的相对不应期与超常期，随后心肌的兴奋性又恢复到静息状态。

正常心脏按照窦房结的自律性活动而兴奋收缩。有效不应期过后，如果心室受到一次额外强刺激或潜在起搏点异常活动时，心室可产生一次超前于正常节律之外出现的兴奋和收缩，分别称为**期前兴奋和期前收缩**（图 7-17）。期前兴奋既是一次兴奋，因此也有自身的有效不应期，当紧接其后的一次窦房结节律性兴奋传到心室时，正好落在期前兴奋的有效不应期中，因而不能引起心室再兴奋和收缩，形成一次"脱失"，要待下一次窦房结的兴奋传到心室时才能引起收缩。因此，在一次期前收缩之后出现的较长舒张期称为**代偿性间歇**（图 7-17）。

4. 收缩性 收缩性是心肌的机械特性，与骨骼肌比较，有以下特点：

◆ "全或无"式的收缩 心肌细胞间的闰盘结构和电传递，使心房肌或心室肌均相当一个功能合胞体，即可呈现出"全或无"式的同步收缩，同步收缩有助于心脏产生强大的收缩力，可提高泵血效果。

◆ 依赖外源性 Ca^{2+} 兴奋-收缩偶联需要 Ca^{2+} 做为中间媒介。心肌的肌质网及终末池不发达，细胞内储备的 Ca^{2+} 量不如骨骼肌。所以，心肌细胞的收缩对细胞外液的 Ca^{2+} 浓度具有较强的依赖性。心肌细胞兴奋时膜上 Ca^{2+} 通道的开放正好起到这个作用。细胞外液 Ca^{2+} 浓度降低或某些使 Ca^{2+} 内流减少的因素，都将造成心肌收缩能力的减弱。

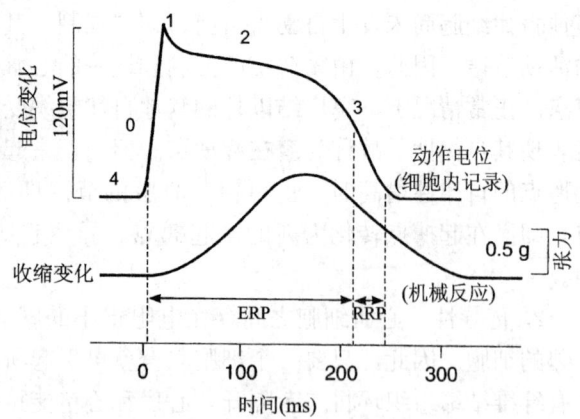

图 7-16 心室肌细胞兴奋过程中兴奋性的变化及其动作电位与机械收缩的关系
ERP：有效不应期；RRP：相对不应期

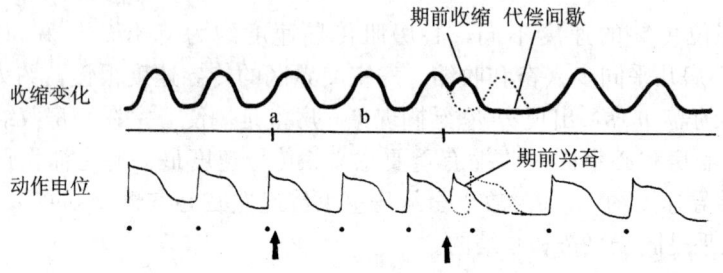

图 7-17 心室的期前收缩与代偿间歇

◆ 不发生强直收缩 由于心肌细胞兴奋时有效不应期特别长，它相当于心肌的整个收缩期和舒张早期（图7-16）。因此，心肌不可能像骨骼肌那样发生多个收缩过程的融合，形成强直收缩。从而使心肌始终保持收缩与舒张交替进行的节律性活动，保证心脏有序的充盈和射血。

三、心脏的泵血功能

1. 心动周期与心率 心肌收缩，心腔缩小的期间称**收缩期**；心肌舒张，心腔扩大的期间称**舒张期**。心脏每交替收缩与舒张一次构成的机械活动周期即为**心动周期**。人心脏的心房和心室各有其自身的心动周期，但心室在心脏泵血中起主要作用，故临床上通常以心室的心动周期代表整个心脏的心动周期。在完整心脏，心动周期开始于窦房结的自动兴奋。随之，心房先兴奋收缩，在其舒张开始时，窦房结冲动经房室交界区传到心室，心室再兴奋收缩，随后舒张。心动周期时程长短取决于心率，若健康成人心率75次/分，一个心动周期约为0.8秒，心房收缩期大约占0.1秒，舒张期0.7秒；心室收缩期0.3秒，舒张期0.5秒（图7-18）。心室收缩完成后到下一次心房开始收缩之间，大约0.4秒时间心房与心室均处于舒张状态，称**全心舒张期**。

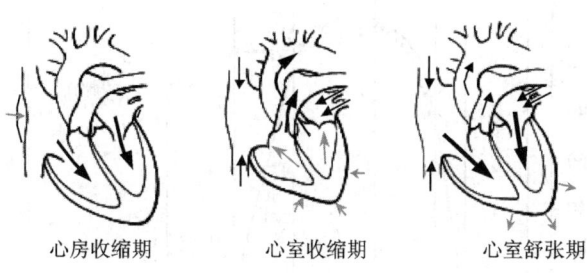

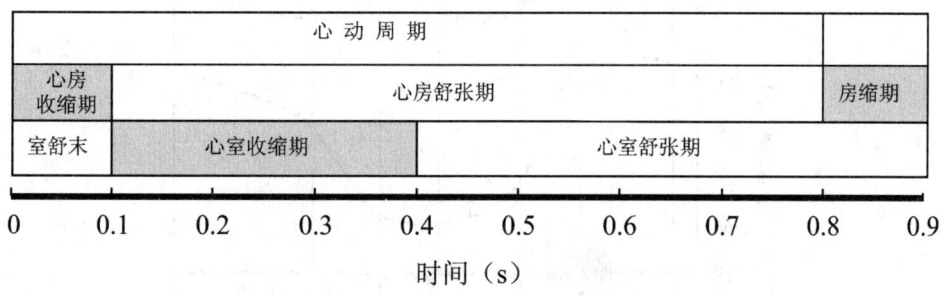

图 7-18 心动周期中心房与心室的收缩和舒张

人的心脏正常工作状态下，心房或心室的舒张期总是长于收缩期。心率加快，心动周期缩短，收缩期和舒张期均缩短，如心率加快为 200 次/分，心室心动周期为 0.3 秒，此时收缩期缩短为 0.16 秒，舒张期缩短为 0.14 秒，显然舒张期缩短更为显著。心室充盈主要在舒张期完成，充盈量约占总充盈量的 70%～80%，此期心室舒张造成负压，强力抽吸心房和腔静脉血液进入心室，仍处于舒张期的心房只作为静脉血流入心室的通道。随后心房收缩将心房腔内血液挤入心室，约占 10%～30%。可想而知，若发生心室纤维性颤动，心率达 600 次/分，心室有效充盈和射血停止，循环终止。而心房纤维性颤动时，对血液循环的影响要小得多。

心率是单位时间内心搏的次数。安静状态下，正常健康成人的心率在 60～100 次/分，存在明显的个体差异，与年龄、性别等相关。新生儿心率较快，可达 130 次/分以上，可随着年龄的增长逐渐减慢。成年女性的心率较男性稍快，经常进行体力劳动和体育锻炼的人，安静时心率较慢。同一个体，安静或睡眠时心率较慢，运动或情绪激动时心率加快。

2. 心脏的泵血过程 根据心动周期中心腔内压力、心室容积、瓣膜开关、血流方向以及心音与心电图等发生的周期变化，将心脏泵血过程分为心房收缩期与舒张期，心室收缩期与舒张期。下面以左心为例说明一个心动周期中心脏的泵血功能，主要是心室的射血和充盈过程。

◆ **心房收缩期与舒张期** 心房收缩期与心室舒张末期相重叠（图 7-18）。心房收缩前心室内压很低，房室瓣处于开放状态，血液不断流入并充盈心室。心房收缩时（图 7-19，Ⅰ），心房内压升高，可将心房内的血液继续挤入心室，使心室的充盈量在原先的基础上再增加约 10%～30%。在心房舒张期，心房只是作为静脉血回流到心室的血流通路，对心脏泵血功能所起作用并不明显。心房收缩进入心室的血液量虽少，仍能使心室舒张末期容积及压力有一定程度增加，有助于心室射血，否则将导致心房压增高，不利静脉血回流，间接影响心室射血。因此，心房起着初级泵的作用，对心室射血和静脉血液回流都是有利的。

◆ **心室收缩期** 可分为等容收缩期、快速射血期和减慢射血期

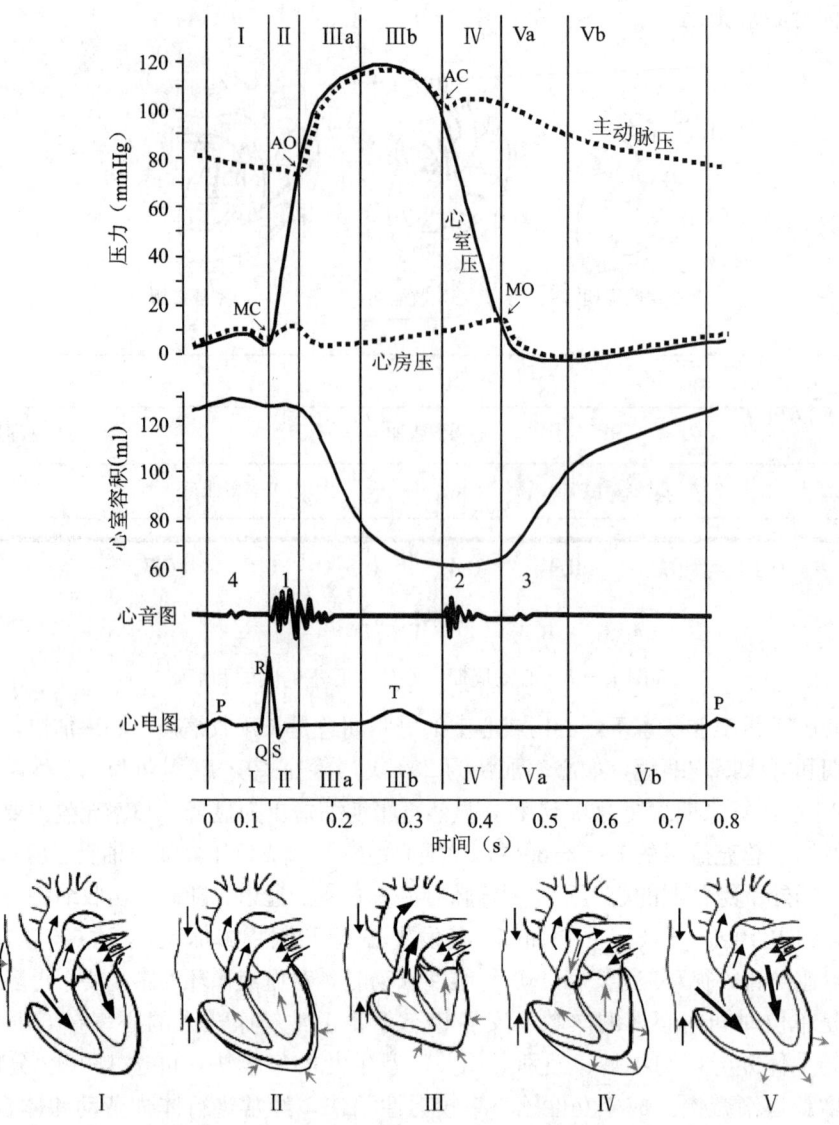

图 7-19 心脏泵血过程中左心压力、心室容积、瓣膜状态及血流方向
AO、AC：主动脉瓣开放与关闭；MC、MO：二尖瓣关闭与开放

等容收缩期：心室收缩先进入**等容收缩期**，历时 0.05 秒。心室一开始收缩心室内压即升高，当室内压升高超过心房内压时，推动房室瓣关闭，而心室内压尚低于大动脉压，动脉瓣仍然处于关闭状态，此时心室暂时成为一个封闭腔。心室继续收缩，挤压心室腔内不可压缩的血液，因而心室内压急剧升高，直到推开动脉瓣。由于此期中，从房室瓣关闭到动脉瓣开放前的这段时间，房室瓣和动脉瓣均关闭，心室强烈收缩而不射血，没有血流出入心腔，心室容积恒定，故称等容收缩期（图 7-19，Ⅱ）。

心室射血期：随着心室的强烈收缩，心室内压一超过大动脉压就推开动脉瓣，心室开始射血，大量血液快速进入大动脉内，动脉压相应升高，心室容积迅速缩小，进入**心室射血期**（图 7-19，Ⅲ）。此期开始的 1/3 时间，心室肌收缩强烈，心室内压继续升高达高峰，心室射入动脉的血液量约占总射血量的70%～80%，心室容积缩小显著，称**快速射血期**。随着心肌收缩力量减弱，射血速度也逐渐减慢，进入**减慢射血期**。减慢射血期中，心室内压虽然稍低于大动脉压，但血液靠惯性作用仍能在短时间内逆着压力梯度继续进入动脉。

◆ 心室舒张期　可分为等容舒张期、快速充盈期和减防充盈期。

等容舒张期：心室一开始舒张，室内压即刻下降并低于大动脉压，大动脉内血液向心室方向返流，推动动脉瓣关闭，进入**等容舒张期**，历时0.06秒。此时心室内压仍然明显高于心房压，房室瓣仍处于关闭状态，心室再度成为一个封闭腔。心室肌继续强烈舒张，室内压急剧降低，直到房室瓣开放的一瞬间结束。此期与等容收缩期相似，没有血流出入心腔，心室容积恒定（图7-19，Ⅳ）。

心室充盈期：等容舒张期后，心室继续舒张，当心室内压一低于心房压，心房内血液即冲开房室瓣，进入**心室充盈期**（图7-19，Ⅴ）。起初心室强烈舒张，静脉和心房内血液被快速"抽吸"流入心室，心室迅速充盈扩大，称**快速充盈期**。此期进入心室的血量约占总充盈量的70%～80%，是心室充盈的主要阶段。随着心室内血液不断增多，心室与心房、大静脉之间的压力梯度减小，流入量减少，心室充盈速度逐渐减慢，称**减慢充盈期**。在减慢充盈期的最后，心房又开始新一次收缩。以后，下一轮的心脏泵血活动再次重复进行。

由心室射血和充盈过程可见，心脏作为血泵，心室舒缩活动引起的压力变化形成心脏充盈和射血的动力；瓣膜的开关保证了血液在心脏内的单向流动；而各心腔压力梯度与瓣膜状态共同造就的等容收缩期与等容收缩期，分别为心室射血和充盈过程积蓄"射血"和"抽血"的强大动力。

3. 心脏泵血功能评价　心脏泵血功能决定血液循环功能，所以评价心脏泵血功能对于临床实践及实验研究具有重要意义。通常主要从心脏排血能力的角度评价心脏泵血功能。

◆ 每搏输出量与射血分数　一侧心室每次搏动排入动脉的血液量，称**每搏输出量**，简称**搏出量**。正常成人安静状态下左心室舒期末期容积约为120～130ml，每搏输出量约为60～80ml，等于心室舒张末期容积和心室收缩末期容积之差。可见，每次心脏搏动，心室只射心室腔内部分血液。搏出量多少可反映心室肌收缩的强度。**射血分数**是指搏出量占心室舒张末期容积的分数，目前已成为临床应用广泛的评定心脏功能的重要指标之一。正常成人在安静状态下的射血分数约为50%～60%。在正常工作范围内，心室搏出量始终与心室舒张末期容积相适应，当心室舒张末期容积增加时，搏出量也相应增加，射血分数基本不变。但当心室肌收缩能力减弱而致心室腔扩大时，其搏出量与正常人相差可不显著，但射血分数明显下降。因此，射血分数比单纯从搏出量角度评价新功能更可靠些。

◆ 心输出量与心指数　一侧心室每分钟活动射出的血液总量称**每分心输出量**，通常简称**心输出量**，等于每搏输出量和心率的乘积。健康成年男性，安静状态下心输出量约为4.5～6.0L/min，平均5L/min。两侧心室在循环系统中相互串联，故心输出量基本相等。

心输出量和机体代谢水平相适应，可因性别、年龄、身材和活动情况存在差异。女性的心输出量比同体重男性约低10%，青年人心输出量大于老年人。饱餐、妊娠时心输出量可增加，而睡眠时则可减少，全身麻醉状态下可减少到2.5L/min。

在剧烈运动时，成年人的心输出量可增加4～7倍，高达25～35L/min，表明心输出量能随机体代谢需要而增加，这种现象称**心力储备**，也就是心泵功能储备。心泵功能储备以活动时心脏的最大工作能力与安静时之差来表示，如安静时心输出量5 L/min，活动时的最大输出量为25L/min，则心力储备为20L/min。心力储备主要包括心率储备和搏出量储备，通常当机体需要的时候心率加快，首先通过动用心率储备来增加心输出量。

心输出量与体表面积成正比。因为身材不同，新陈代谢水平也不等，故要评价不同个体的心输出量，需要用体表面积校正。以单位体表面积计算的心输出量称**心指数**，通常在空腹和安静状态下测定**静息心指数**。心指数主要用于比较不同个体的心功能。

◆ **心功**　心功是指心脏工作过程中所作的功。相同的心输出量并不完全等同于相同的工作量或消耗相同的能量，在搏出量相同的条件下，随着动脉血压的升高，心肌收缩强度以及心脏做功量和耗氧量都增加。因此，用心做功量评价心泵功能要比单纯的心输出量更全面。

心室一次收缩所作的功称**搏功**，一大部分为压力-容积功，用于将血液从心室送入动脉时所做的功，也是主要部分，相当于心动周期中心室射血压与搏出量的乘积；另一部分是动力功，耗于血液流动，一般只占压力-容积功的很小部分，可以忽略不计。左心室搏功大致可作如下计算为：

左心室搏功＝射血压×每搏输出量

为计算方便，射血压＝平均动脉压－心房压；每搏输出量＝心室舒张末期容量－收缩末期容量。**心室每分功**是搏功与心率的乘积。正常时，左心室搏功约近90g·m，若心率75次/分，日总做功量相当于将1吨重物提高10米所做的功。左、右心室输出量基本相等，但肺动脉平均压仅为主动脉的1/6左右，故右心室做功量也只有左心室的1/6。

4. 影响心脏泵血功能的因素　心脏通过泵血功能的变化使心输出量适应机体代谢的需要。因为心输出量＝每搏输出量×心率，所以机体主要是通过各种调节机制，改变每搏输出量和心率来调节心脏泵血功能。每搏输出量取决于心肌收缩强度，而后者直接受前、后负荷和心肌收缩能力的影响。前负荷、后负荷是影响心脏泵血功能的外在因素，心肌收缩能力则是内在的可调因素。

◆ **前负荷的影响**　心室肌收缩的前负荷即指心肌初长度，由心室舒张末期容积或压力决定。依据心室舒张末期容积或压力与每搏输出量或搏功的关系，可绘制出**心功能曲线**（图7-20）。心功能曲线相当

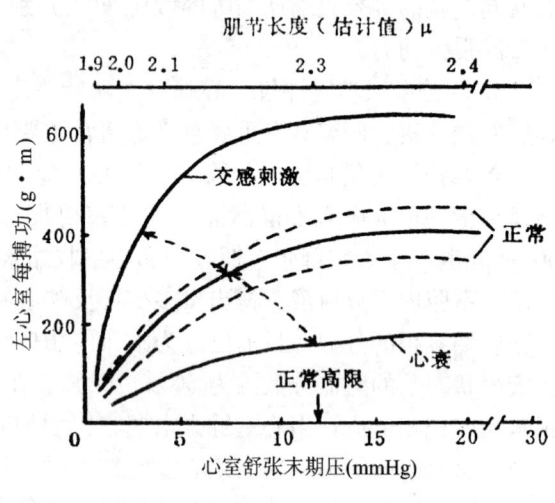

图7-20　心功能曲线

于骨骼肌的长度-张力曲线，可反映前负荷对心室肌收缩效能的影响。由心功能曲线可见，人体心室的最适前负荷在充盈压为12～15mmHg时，此时心肌收缩产生张力最大，做功也最大。但通常心室却在充盈压约为5～6mmHg状态下工作，因此要达到最适前负荷还有一定距离，表明心肌具有较大程度的初长度（前负荷）储备。因而，心室搏功能随心室舒张末期充盈压的提高而增大，使每搏输出量增加。

心室充盈压在15～20mmHg时，心室功能曲线较为平坦，说明前负荷在上限范围内变动时，对泵血功能的影响不大。随后的曲线可轻度下倾，但并不出现明显的下降，说明正常心室充盈压即使超过20mmHg，搏功不变或轻度减小。心肌细胞的这种抗延伸性的特性，对心脏泵血功能有

很重要的生理意义，不仅可使心脏不致在前负荷明显增加时，引起搏出量和做功量的下降，也可避免过度外力对细胞的伤害。只有心室出现严重病变时，心功能曲线才出现降支。

心肌细胞通过自身初长度的改变而引起心肌收缩强度变化的这种调节方式，又称**异长自身调节**。异长自身调节的意义在于保证搏出量能随回心充盈血量的增加而增加，保持血液进出平衡，使心室舒张末期容积和压力维持在正常范围，并在保持左、右心室输出量基本相同中起重要的调节作用。

◆ 后负荷的影响　完整心脏心室肌的后负荷来自大动脉血压，又称压力负荷。在整体条件下，主动脉压在80～170mmHg范围内变化时，心输出量无明显改变。只有当动脉血压高于170mmHg时，心输出量才开始下降。这是由于体内多种调节机制协同作用的结果。当动脉血压突然增高时，等容收缩期延长，射血期将缩短，同时心室肌纤维缩短的速度和程度均减弱，心室搏出量减少，左心室内残余血量增多，导致心室舒张末期容积增大，随之又通过异长自身调节使心肌收缩增强，搏出量增加，心室舒张末期容积逐渐恢复。如果动脉血压持续升高，心室肌将因收缩活动长期加强而出现心肌肥厚等病变，最后可因失代偿而导致心力衰竭，泵血功能减退，搏出量显著减少。

◆ 心肌收缩能力的影响　实验中刺激心交感神经，心功能曲线向左上移位，说明在同一前负荷下，和正常对照相比搏功或搏出量增加，泵血功能明显增强；反之，心力衰竭或给予乙酰胆碱的心脏，心室容积虽扩大而心功能曲线向右下移位，搏功减小，心脏泵血功能减弱（图7-20）。这都表明还存在另一种与心肌初长度无关的调节机制，即心肌收缩能力对搏出量的调节作用。**心肌收缩能力**是指心肌不依赖于外在负荷而改变其收缩功能状态（如强度和速度变化）的内在特性。当心肌收缩能力增强时，一定前负荷条件下的等长收缩所产生的最大张力和张力上升速率都增加，一定后负荷条件下的等张收缩缩短速度也加快。因为心肌收缩能力的变化与初长度变化无关，因而这种调节搏出量的方式称**等长调节**。

心肌收缩能力受多种因素影响，如凡是影响兴奋-收缩耦联过程中各环节变化的因素都会改变心肌收缩能力，特别是神经和体液因素的调节。支配心脏的心交感神经兴奋，可通过释放去甲肾上腺素增强心肌收缩能力，提高心输出量；而心迷走神经兴奋释放的乙酰胆碱可减弱心肌收缩能力。心肌收缩能力对搏出量影响的生理意义在于，机体可主动地、大幅度地根据机体功能需要而调控心输出量。

◆ 心率的影响　心输出量是搏出量与心率的乘积，搏出量不变的前提下，心输出量与心率成正比关系，心率增快，心输出量增加。但若心率过快，超过180次/分，则因心室舒张不完全，心室充盈时间明显缩短，充盈量不足，因搏出量过分减少而使心输出量减少；但心率过慢，低于40次/分，心输出量也会减少，因为即使心室舒张期延长，心室充盈已达到限度，并不能增加心室充盈量和搏出量。因此心率过快过慢，心输出量都会减少。

心率受自主神经的调控，心交感神经活动增强时，心率加快；心迷走神经活动增强时，心率减慢。影响心率的体液因素主要有循环血液中的肾上腺素，去甲肾上腺素和甲状腺激素等。心率也受体温影响，临床经验是体温升高1℃，心率可加快10余次。

四、心音与心电图

1. 心音　**心音**是指在心动周期中，心肌舒缩、瓣膜开关、血液变速等因素所引起的心壁及血管的机械振动。不仅可用听诊器在胸壁某些部位听到心音，而且可用仪器记录到心音图（图7-19）。在一次心动周期中，正常心脏可产生四个心音，但通常只能听到第一心音和第二心音。

◆ 第一心音发生在心室收缩期初，在左第五肋间隙心尖搏动处最响亮。第一心音是由于心室开始收缩时，房室瓣突然关闭以及心室射出的血液冲击动脉壁引起振动等产生的。临床上，以第一心音作为心室收缩期开始的标志。

◆ 第二心音发生在心室舒张期初，在胸骨两旁第二肋间隙最响亮。第二心音是由于心室开始舒张时，动脉瓣迅速关闭，动脉血流往回冲击大动脉根部引起振动而形成的。临床上以第二心音标志心室舒张开始。

第一心音与第二心音的主要区别见表7-1。

表7-1 第一心音与第二心音主要区别

项目	第一心音	第二心音
主要原理	心室开始收缩，房室瓣关闭等引起的机械振动	心室开始舒张，动脉瓣关闭等引起的机械振动
心音性质	音调低，时间长	音调高，时间短
听诊部位	心尖部位显著	心底部位显著
临床意义	标志心室收缩期开始	标志心室舒张期开始

2. 体表心电图　机体是个大容积导体，正常心脏兴奋过程中出现的生物电活动可通过周围的导电组织和体液传导到身体表面，如果将测量电极放置在人体表面的一定部位，就可以记录到。为便于对比分析，临床上将记录电极统一放置在肢体和胸前规定部位，分别称为肢体导联和胸前导联。**心电图**（ECG）就是以特定的记录方法，由体表所记录的完整心脏规律性电位变化图形（图7-21）。心电图反映心脏节律性兴奋的发生、传播和恢复过程中的生物电变化，与心脏泵血功能无直接关系。临床上常用于诊断与心脏电活动相关的疾患，如心律失常、心肌梗死等。

正常心电图由P波、QRS波群和T波组成，有时在T波后还有U波出现。正常心电图的主要波型、时段与意义见表7-2。

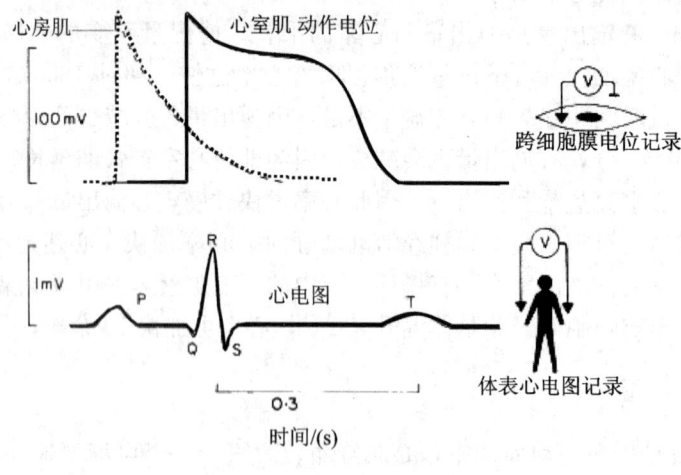

图7-21　体表心电图的记录

表 7-2 正常心电图的主要波段与意义

波型与时段	意义	时程（s）	波幅（mV）
P 波	两心房去极	0.08~0.11	0.05~0.25
P-Q 间期 （P 波始→Q 波始）	为房室传导时间	0.12~0.20	
QRS 波群	两心室去极，含心房复极	0.06~0.10	不定（<2）
T 波	两心室复极化	0.05~0.25	0.1~0.8
Q-T 间期 （Q 波起始→T 波终止）	两心室去极至完全复极	0.32~0.44	
S-T 段	心室完全处于去极化	0.05~0.15	基线水平

复习思考题

1. 心脏有哪些生理特性？
2. 简述心室肌细胞跨膜电位及其形成的基本原理。
3. 心室肌细胞兴奋过程中兴奋性发生哪些变化？有何生理意义？
4. 心脏的自动兴奋起源于何处？兴奋的传播有何特点？
5. 何谓心动周期？在心动周期中心脏是如何泵血的？
6. 心脏的泵血功能主要受哪些因素的影响？

第三节 血管与血液的循环

一、血管的功能性分类

动脉、毛细血管和静脉在血液循环过程中充当不同的角色，下面着重从生理功能方面进行分类（表 7-3）。

表 7-3 血管的主要功能分类

功能类型	结构类型	结构特征	功能特征	活动意义
弹力储器血管	大动脉血管	管壁厚，弹力纤维含量丰富	可扩张性强，能承受心室射血产生的高压，维持心室舒张时血压	缓冲心动周期中血压的波动，维持连续血流
阻力血管	小动脉和微动脉	数量多，口径细，管壁平滑肌比例高，弹力纤维比例低，神经支配丰富	占总血流阻力 1/2 以上，阻碍大动脉血流以动能形式耗损	维持大动脉血压，参与局部血流量调节
交换血管	毛细血管	管壁仅内皮细胞，总截面积大，总数多，呈网状	管壁通透性高，总面积巨大	参与血管内外物质交换和水平衡
容量血管	静脉系统血管	口径较粗，管壁较薄，张力低，易扩张	容纳 2/3 循环血量	机体储血库
短路血管	动-静脉吻合支	微动、静脉间短血管	通常处于关闭状态	参与调节循环血量及体温等

二、血流的形成与影响因素

心血管内血液的流动取决于密闭管道各段落之间的压力梯度与血流阻力,即血流量(Q)、血流阻力(R)和血压梯度(ΔP)三者之间的关系:

$$Q \propto \Delta P / R$$

1. 血流量和血流速度

血流量 是单位时间通过血管某截面的血液量。通过血管某一截面的血流量首先与血管两点之间的压力差成正变,与血流阻力成反变关系。依据流体力学原理,心血管系统是一个封闭的系统,各总截面血流量都相等。因此,无论在动脉,静脉还是在毛细血管段的各总截面,血流量相等,均等于心输出量。而体循环各器官的血管呈并联关系,其血流量分别占总血流量即心输出量的不同百分比。

血流速度 即血流中某质点单位时间内在血管内移动的距离。血流速度与血流量成正比,与血管的截面积呈反比。如心输出量为5L/min,即84ml/s,主动脉截面积约为3cm²时,主动脉血流速度平均约为30cm/s。毛细血管总截面积大约是主动脉的700～800倍左右,其血流速度则仅约为0.03～0.05cm/s(图7-22)。由于通常毛细血管只有部分开放并有血流通过,所以实际上血流速度会更快一些。

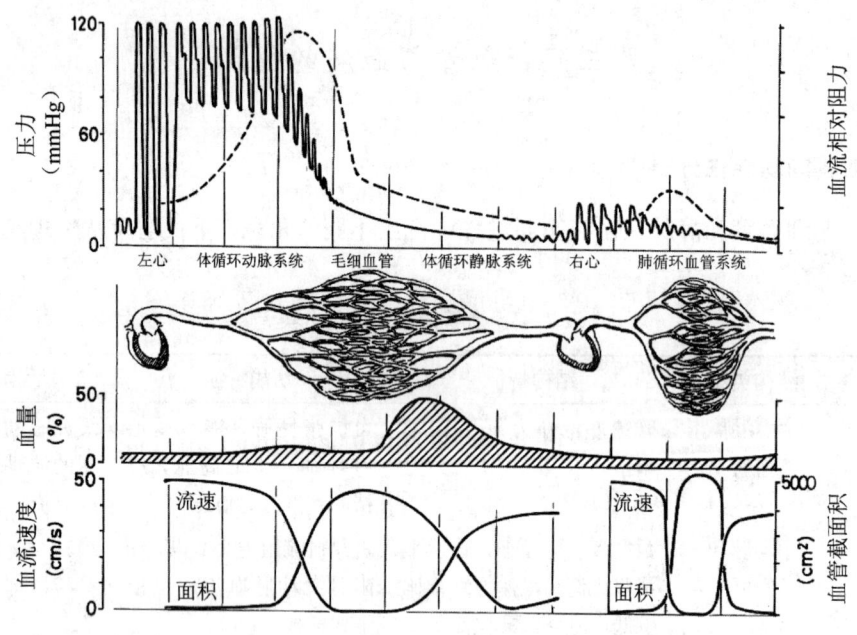

图7-22 循环系统的血压、血流阻力、血容量等概貌

2. **血流阻力** **血流阻力**是阻止血管内血液流动时的阻力。血流阻力来源于血流形成时血液自身成分内摩擦力和血液与血管壁之间的摩擦力。依据泊肃叶定律分析,血流阻力为:

$$R \propto \frac{8\eta L}{\pi r^4}$$

上式表示血流阻力（R）与血液粘滞度（η）和血管长度（L）成正比，与血管半径（r）的四次方成反比。如将血管长度视作常量，总外周阻力主要考虑血液粘滞度和血管半径的值。

血液粘滞度受多种因素影响，主要取决于血液中的血细胞比容以及血浆中的蛋白质含量。血液粘滞度不变的前提下，血流阻力主要取决于血管口径。当血管总口径，尤其是微动脉口径轻微变化时，即可显著改变血流阻力。小动脉和微动脉所致的血流阻力约占循环阻力的55%。机体能够通过神经和体液机制控制各器官血管平滑肌的收缩状态，改变血管口径，改变血流阻力，进而协调各器官之间的血量配额。对于各器官的血流量，动静脉压力差的差异不大，所以主要取决于该器官内部小动脉口径所致的血流阻力。小动脉口径增大时，血流阻力降低，血流量增多；反之，器官血流量就减少。

3. **血压** 循环系统各段血管之间的血压梯度是推动血流的基本动力。在生理学中，**血压**指血管内血液对血管壁的侧压力，也即单位面积血管壁所承受的力。通常以血压高于大气压的数值来表示其高低。压强的国际标准计量单位为帕斯卡（简称帕，Pa），即牛顿/米^2（N/m^2）。作为血压的数值单位通常用 kPa（千帕）或 mmHg 表示，二者的换算是 1mmHg 等于 0.133kPa。血压与血流量和血流阻力均成正比关系即：

$$P = Q \cdot R$$

血压的形成取决于**循环血量和血管容积**（简作血量/容积）之间的相对关系。当血量/容积增大时，血压升高，即循环血量增多或血管容积减少都可使血压升高；反之，循环血量的减少或血管容积扩大都使血压降低。因此，血压形成的前提是循环系统血管中必须有足够的血液充盈。循环系统平均充盈压可反映循环系统中血液充盈的程度。**循环系统平均充盈压**是指血液循环中止时，循环系统各部位压力达到平衡时的血压数值。人体循环系统平均充盈压约为 7mmHg。

血液在从体循环动脉流动到静脉的过程中，要克服血流阻力而消耗能量，血压逐渐降低，在腔静脉与右心房交界处，血压近乎为零。但由于所遇血流阻力差异，压降并不均一。机体处于安静状态时，体循环中小动脉和微动脉阶段对血流阻力作用大，所以大动脉等血压高，而微动脉后血压低，致使血压降落幅度最大（图 7-22）。

三、动脉血压

1. **动脉血压的形成** 通常所说动脉血压指主动脉血压。在循环系统有足够血液充盈的基础上，大动脉血压的高低主要取决于心输出量和总外周阻力两个要素。

◆ **心输出量和大动脉弹性** 左心室收缩射血使主动脉充盈血量增加，是形成动脉血压的能量来源。但主动脉和大动脉管壁具有较大的弹性（可扩张性），加之小动脉和微动脉外周阻力作用，使左心室收缩期射入大动脉的血量大约只有 1/3 可流入外周血管，而其余约 2/3 则暂时积存在主动脉和大动脉腔内。这样，通过大动脉管壁扩张，将心室收缩释放的部分能量以势能形式储存于大动脉血管壁的弹力纤维。当心室舒张不再射血时，动脉瓣关闭，被动扩张的大动脉管壁因弹性回位，释放势能继续将暂时储存在大动脉内的另 2/3 血量驱入外周血管，使动脉血压在心舒期内仍维持在较高的水平。由上可见，由于大血管的弹力储器的作用，一来使心室的间断射血变转为血管内的连续脉动血流；二来还使心动周期中动脉血压的波动幅度远小于左心室内压的变动幅度。

◆ **外周阻力** 血流的外周阻力对于动脉血压的形成同样重要。如若不存在外周阻力,则心室收缩时射出的血液不能暂时储存于大动脉,将全部外流。如此,心室收缩释放的能量将全部转化为动能形式,随血流而流失掉,而不会对血管壁产生侧压。通常,血流的外周阻力主要来源于小动脉和微动脉口径变化所造成的血流阻力以及血液的粘滞度。

2. 动脉血压的测定与正常值 在临床上,测定动脉血压一般采用无创性的间接测压法,即通过外加压力变化间接测得动脉血压数值,如最常用听诊法测人体肱动脉的收缩压和舒张压。虽然通常所说的血压指主动脉压,但实际常以肱动脉血压代之。

动脉血压是随心动周期发生的脉动式变化(图7-23)。在心室收缩期间,动脉血压升高达到的最高值,称为**收缩压**;在心室舒张期末,动脉血压的最低值,称为**舒张压**。收缩压与舒张压的差值称**脉搏压**,简称**脉压**。**平均动脉压**指心动周期中动脉血压的平均值。平均动脉压可通过经验公式计算,大约等于舒张压加1/3脉压。安静状态下,我国正常青年的收缩压为100～120mmHg,舒张压为60～80mmHg,脉搏压为30～40mmHg,平均动脉压在100mmHg上

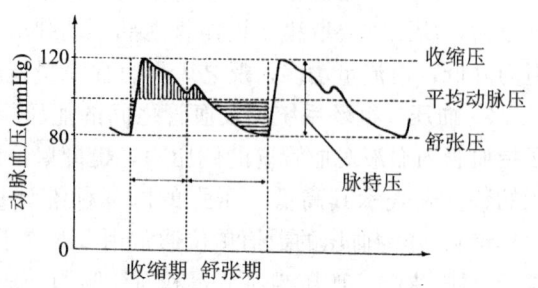

图7-23 动脉血压随心动周期的变化

下。正常收缩压和舒张压的高限分别为139mmHg和89mmHg,任何一项超过正常高限即为高血压。

动脉血压存在性别、年龄和个体等差异。一般而言,女性在更年期前动脉血压比同龄男性要低,更年期后动脉血压升高,与男性无性别差异;男女性动脉血压都随年龄的增长而逐渐升高,收缩压的升高比舒张压的升高更显著。新生儿的收缩压仅为40mmHg左右,出生后第一个月内,收缩压很快升高,到第一月末约可达到80mmHg。以后,收缩压继续升高,到12岁时约为105mmHg。青春期,收缩压又较快地上升,17岁的男性青年,收缩压可达120mmHg。以后,收缩压随年龄增长还可有一些升高。

3. 影响动脉血压的因素 动脉血压的形成取决于血管内血量和血管容积之间的相对关系,只要改变这种关系,血压就会发生变化。所以,影响心输出量和外周阻力的各因素,都能影响动脉血压。

◆ **心输出量** 左心输出量增多,主动脉和大动脉内增加的血量使管壁所承受的力也加大,故收缩压明显升高。由于血压升高,血流速度加快,如其他因素变化不大,大动脉内增加的血量仍可在心舒期顺利排出,舒张期末大动脉内存留的血量与心输出量增加前相比,增加并不多,所以舒张压升高并不显著。因此,单纯的心输出量增加,主要使收缩压升高,舒张压升高不显著,故脉压增大;反之,收缩压明显降低。收缩压反映了心输出量的变化,而心输出量又取决于心肌收缩能力,所以,收缩压可作为了解心脏一般功能的基本指标。

◆ **心率** 心率加快时,心动周期缩短,心舒期缩短更显著,心舒期内主动脉和大动脉血液外流减少,故心舒期末主动脉内存留血量增加,导致舒张压升高。收缩压虽升高但不如舒张压显著,脉压比心率加快前减小。相反,心率减慢时,舒张压降低的幅度比收缩压降低的幅度大,故脉压增大。

◆ **外周阻力** 当血流外周阻力增大时,心舒期中血液向外周流出的速度减慢,心舒期末存留在主动脉中的血量增多,故舒张压升高。在心缩期,升高的动脉血压使血流速度加快,收缩压升高不如舒张压升高明显,故脉压减小。所以一般情况下,舒张压的高低主要反映外周阻力的大小。外周阻力主要来源于小动脉与微动脉口径与血液粘滞度的改变。特别是骨骼肌和腹腔内脏器官的小动脉。

◆ **大动脉弹性** 主动脉和大动脉的弹力储器作用可缓冲心脏周期活动产生的大幅度压力变化,并维持连续的血流。随着年龄的增长,动脉壁弹力纤维被更多的胶原纤维取代而发生硬化,弹力降低不易扩张,缓冲能力减弱,心室收缩释放的能量转化为压强能部分增多,使收缩压显著升高。但动脉壁储存弹性势能减少,不能维持舒张压而致降低。严重时形成断续血流,大动脉内出现涡流,产生血管杂音。老年人的动脉管壁发生硬化,大动脉的弹性储器作用减弱,故脉压常增大,如同时伴有小动脉的广泛硬化,则脉压变化可不显著。

◆ **循环血量与血管容积** 正常情况下,循环血量和血管容积相适应,充盈程度变化不大。失血后,由于循环血量减少,若血管容量不变,则循环系统平均充盈压必然降低,静脉回流量减少,心输出量减少,动脉血压显著降低。如果循环血量不变,而血管总容量增大时,也会造成循环血量相对不足,动脉血压同样下降。如过敏反应时血管广泛扩张,不仅血管总容量增大,而且外周阻力降低,造成动脉血压全面降低。

四、微循环与组织液生成的原理

微循环是指组织内部微动脉和微静脉之间微小血管(直径<100μm)的血液循环。微循环是血液与组织细胞之间进行物质交换的基本场所,同时也参与体液平衡的调节。

1. 微循环的血流通路 典型的微循环(图7-24)由①微动脉、②后微动脉、③毛细血管前括约肌、④真毛细血管、⑤直通血管(通血毛细血管)、⑥动-静脉吻合支和⑦微静脉等基本成分构成。这些成分分别可以构成功能不同的微循环血流通路。各器官、组织的微循环的结构与相应部位的功能相关,如人的甲皱皮肤微循环形态比较简单,在微动脉和微静脉之间只含有袢状毛细血管;而如肠系膜和骨骼肌等部位的微循环结构则较为复杂,微动脉与微静脉之间存在多种血流通路,分别发挥各自的功能。

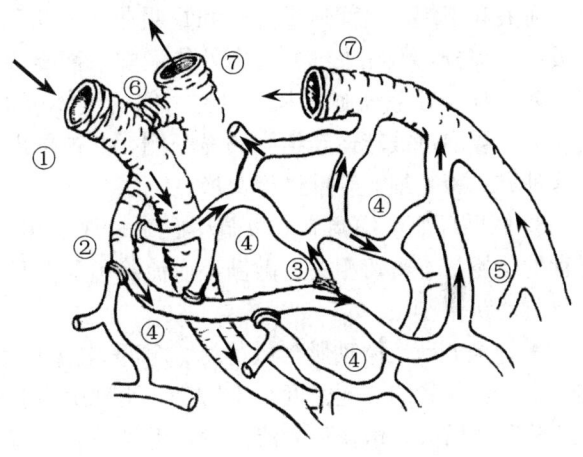

图7-24 部分脏器内微循环的模式

◆ **迂回通路** 迂回通路为各器官组织基本的血流通路,血流途径为:微动脉→后微动脉→毛细血管前括约肌→真毛细血管网络→微静脉。注入微动脉的血液流经毛细血管网,最后汇集到微静脉中返回心脏。由于这一通路的基本功能是参与物质交换,所以又称"营养通路"。迂回通路血流速度慢(0.5mm/s),血液灌注流域广,物质交换面积巨大;而且轮流、交替开放,如安静时的骨骼肌只有20%毛细血管处于开放状态。此外,紧接毛细血管后的微静脉血管也参与物质交换。

◆ **直捷通路** **直捷通路**在骨骼肌等部位多见，其血流途径为：微动脉→后微动脉→直通血管→微静脉。直捷通路主要功能是保证进入微循环的血液能迅速经静脉返回心脏，而不至于滞留在微循环血管中。

◆ **动-静脉短路** **动-静脉短路**的血流途径为：微动脉→动-静脉吻合支→微静脉，在皮肤、内脏器官等较为多见。动-静脉短路开放，毛细血管网缺血，组织细胞从血液中摄取氧量相对地减少。

2. 微循环内物质交换方式　物质交换是微循环中血液与组织液所含成分跨毛细血管壁进行的过程。组织细胞通过细胞膜与组织液进行物质交换，组织液再通过毛细血管壁与血液进行物质交换。物质跨毛细血管壁的交换的方式主要有扩散、滤过和吞饮等。

◆ **扩散** **扩散**是血液与组织液之间物质交换的最基本方式。只要毛细血管内外体液中的溶质分子直径小于毛细血管壁的孔隙，就能进行双向扩散实现交换。在单位时间内物质跨毛细血管壁扩散的速率与该物质在血浆和组织液中的浓度差、毛细血管壁对该溶质分子的通透性和毛细血管壁的有效交换面积等因素成正比，与毛细血管壁的厚度（即扩散距离）成反比。脂溶性物质如 O_2、CO_2 等可直接通过内皮细胞扩散，扩散速率高。非脂溶性物质扩散与毛细血管壁的通透性有关，分子愈小，通透性愈大。通常毛细血管壁孔隙的总面积仅占管壁总面积约千分之一，但分子运动的速度比血流速度高出数十倍，故血液流经毛细血管时，管壁两侧体液中的溶质分子仍有足够时间通过扩散方式进行交换。

◆ **滤过与吸收** **滤过**是毛细血管内的体液向血管外的转移；**吸收**则是体液向相反方向的转移。通常认为毛细血管外体液，即组织液是经血浆滤过形成的，所以吸收常被称作**重吸收**。血液和组织液之间通过滤过和重吸收方式进行的液体交换速度约为扩散的 1/4000，仅占极小一部分，但在毛细血管内外体液的平衡维持中却发挥重要作用。

◆ **吞饮**　在毛细血管内皮细胞一侧的液体可被内皮细胞膜包绕经吞饮进入细胞内，形成囊泡。囊泡可被转运至细胞的另一侧，并被排出细胞。较大的分子如血浆蛋白质等可以通过这种方式跨毛细血管壁进行交换。

3. 微循环血流的调节　微循环血流是保证相应组织器官功能的基础，血流量的变化与器官的功能状态密切相关。微循环血流除了受全身性的神经与体液调节途径的调节外，局部调节更活跃。

◆ **神经调节**　微动脉与微静脉血管壁均含有完整的平滑肌，并且均受交感神经纤维的支配，但对前者的支配密度高于后者。交感缩血管神经兴奋时，小动脉、微动脉收缩，毛细血管前阻力增大，微循环血流减少，毛细血管压降低；微静脉收缩使毛细血管后阻力增大，血液淤滞在微循环，毛细血管血压升高。

◆ **体液调节**　微血管平滑肌大多对体液因素变化敏感，而毛细血管前括约肌活动主要受体液因素控制。一般讲，全身性体液因素多具有缩血管效应，如去甲肾上腺素、肾上腺素、血管紧张素Ⅱ和血管升压素等，均可使微循环血流减少。

◆ **局部调节**　组织代谢产物对微循环的调节作用十分重要。当组织代谢活动增强时，局部组织中氧分压降低，CO_2、H^+、腺苷、乳酸、K^+ 等多种代谢产物堆积，使局部微动脉和毛细血管前括约肌舒张，毛细血管网开放，微循环血流量增多，可为组织提供更多的 O_2 和营养，具有舒血管作用的代谢产物可随血流增多而清除；随着局部代谢的不断清除，毛细血管前括约肌与后微动脉又发生紧张性收缩，毛细血管关闭，血流减少，局部代谢产物又堆积，再引起血管扩张血流增加。如此周而复始，血管网交替地开放，通血。所以组织代谢活动水平越高，就会有更多的毛细血管处于开放状态，从而使血液和组织细胞之间进行物质交换的距离缩短，交换面积增大，因而保证了微循环血流量和组织代谢水平相适应。

4. 组织液生成　组织液存在于组织细胞的间隙，约占细胞外液总量的 4/5，其绝大部分呈凝胶状，均匀分布于周身，不能自由流动。组织液中仅有极少量呈液态，可自由流动交换。由于毛细血管管壁的通透性，组织液中颗粒小的溶质，如各种离子成分及浓度与血浆相似。组织液中也存在多种蛋白质，但其浓度明显低于血浆。

◆ **组织液生成的原理**　组织液在不断的生成和回流过程中，保持了血浆和组织液之间的液体平衡。组织液是血浆流经毛细血管时，由毛细血管壁滤过作用而形成的，生成量约为 20～30L/d。在毛细血管壁通透性一定的情况下，液体跨毛细血管壁滤过或重吸收取决于流体静压和血管壁内外胶体渗透压两方面，有以下四个基本要素（表 7-4）。

表 7-4　决定组织液生成与回流的跨毛细血管壁作用力

跨毛细血管壁作用力		作用方向	作用结果
流体静压	毛细血管血压	外向	滤过
	组织液静水压	内向	重吸收
胶体渗透压	血浆胶体渗透压	内向	重吸收
	组织液胶体渗透压	外向	滤过

由表 6-4 可见，在毛细血管壁两侧存在的流体静压和胶体渗透压方向相反，可相互抵销。其中，毛细血管血压和组织液胶体渗透压是促使血浆液体由血管内向外滤出的滤过力；而血浆胶体渗透压和组织液静水压则对抗滤过，是促使组织间隙液体进入血管内的重吸收力。毛细血管壁两侧滤过与重吸收压力之差，为**有效滤过压**：

有效滤过压（EFP）＝（毛细血管血压＋组织液胶体渗透压）－
（血浆胶体渗透压＋组织液静水压）

所以组织液的生成或回流，关键在于有效滤过压的高低与作用力方向。有效滤过压为正值时滤过力大于重吸收力，组织液净生成增加，正值越大生成越多；有效滤过压为负值时，重吸收力大于滤过力，组织液净回流增加，负值越大回流越多。毛细血管血压从动脉端到静脉端明显降低，因滤过的流量不大，故其他因素变化不大。因此，靠近动脉的毛细血管段有效滤过压为正值，血浆滤出形成组织液；而靠近微静脉的毛细血管段有效滤过压变为负值，组织液又被重吸收入血（图 7-25）。

通常，流经毛细血管的血浆，约有 0.3%～0.5% 在近动脉毛细血管段以滤过的方式进入组织间隙，其中约 90% 在近静脉毛细血管段被重吸收回血液，其余约 10% 进入毛细淋巴管，以淋巴液形式回流入血。

◆ **影响组织液生成的因素**　正常情况下，血浆滤过和重吸收之间保持动态平衡，故血量和组织液量都能保持相对稳定。如果组织液生成过多或者重吸收减少，组织间隙就会有过多的液体潴留，形成组织水肿。构成有效滤过压的基本因素以及毛细血管通透性改变都可以影响组织液量。如静脉血回流受阻时，毛细血管压增高，组织液生成增多；毛细血管通透性增高，部分血浆蛋白质漏出，组织液胶体渗透压随之升高，组织液生成也会增多，结果都可

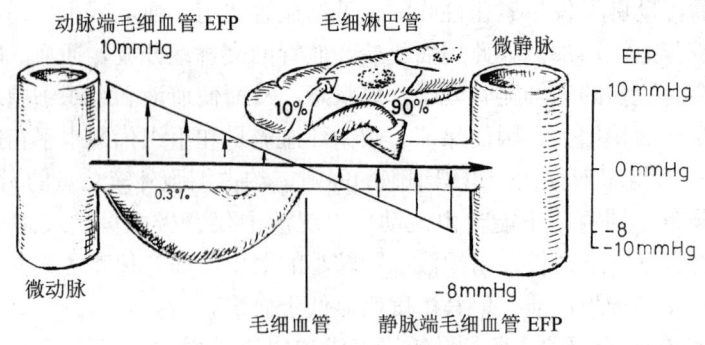

图 7-25 组织液生成与回流示意图

引起水肿。丝虫病、癌症压迫等所致的淋巴回流受阻，组织也将出现水肿。

五、淋巴的生成与意义

淋巴系统是组织液回流入血液的辅助管道系统。与毛细血管不同，分布在组织间隙的毛细淋巴管为盲端结构。在毛细淋巴管起始端，内皮细胞的边缘类似瓦片样叠合，形成内向开启的单向活瓣，因此具有较强的通透性。毛细淋巴管彼此间吻合成网，并逐级汇合至胸导管和右淋巴导管，最后导入静脉血中。

1. 淋巴液生成与影响因素 淋巴液也称淋巴，由进入毛细淋巴管的组织液生成。来自某组织的淋巴液成分与相应组织的组织液成分近似。而且，含有蛋白质的组织液很容易进入毛细淋巴管。组织液和毛细淋巴管内的压力差是组织液进入淋巴管形成淋巴液的驱动力。组织液静水压升高时，能加速淋巴液的生成。正常成人安静状态下，淋巴生成总量约为 2~4L/d，其中大约 5/6 经由胸导管回流、1/6 经右淋巴导管回流到血液循环中。

毛细淋巴管汇合形成的集合淋巴管管壁含有平滑肌，淋巴管道中还有瓣膜结构，可防止淋巴液逆流。管壁平滑肌的舒缩活动在瓣膜配合下共同推动淋巴液的流动。周围组织对淋巴管的压迫作用也促进淋巴液流动，如肌肉收缩，相邻动脉的搏动，以及外部物体对组织的压迫和按摩等等。凡能增加淋巴生成的因素也都能增加淋巴液的回流量。

2. 淋巴液回流的生理意义

◆ 吸收营养 小肠绒毛中央的毛细淋巴管对营养物质特别是在脂肪的吸收中起重要作用。小肠内 80%~90% 的脂类消化成分经过这一途径吸收，因小肠的淋巴呈乳糜状，所以中央毛细淋巴管也称中央乳糜管。

◆ 回收蛋白 进入组织液中的血浆蛋白质只能经毛细淋巴管再重新回到循环血液。由淋巴液回收到血液中的蛋白质达 75~200g/d，这样既维持了血浆蛋白的正常浓度，也为血管内外的水平衡创造了条件。

◆ 防御功能 淋巴液回流过程中途经许多淋巴结，淋巴结是机体的重要免疫器官（详见免疫学）。同时，进入组织中的异物、微生物甚至红细胞等，在随淋巴液流经淋巴结时，能被淋巴窦内的巨噬细胞所清除。淋巴结产生的淋巴细胞和浆细胞也参与特异性防御功能。

◆ 体液平衡 尽管淋巴液回流的速度缓慢，但每日回流的淋巴液约为 2~4L。所以淋巴液的回流在组织液与血量的平衡中起着一定的作用。

六、静脉血压与血流

静脉系统汇集并使来自毛细血管网的血液返回心脏，同时也作为机体的储血库。静脉系统的容量大，静脉血管口径轻度变化即可有效地影响回心血量和心输出量。

1. 静脉血压　体循环的血流经过动脉系统与毛细血管网后，由于克服血流阻力时能量的消耗，到达微静脉时，血压下降至约 15～20mmHg，体循环终点的右心房血压近于零。

◆ **中心静脉压**　**中心静脉压**通常指右心房和近右心房的腔静脉的血压，正常时为 4～12cmH_2O。中心静脉压取决于心室射血能力和静脉回心血量之间的相互关系。若稳定静脉回流，心室射血能力增强，能及时腾出心室空间，心室内压降低明显，便于右心房血液进入心室，中心静脉压就较低；反之，心室射血能力减弱，中心静脉压就升高。若保持心室射血能力不变，静脉回流速度加快，中心静脉压升高；反之中心静脉压降低。因此，测定中心静脉压能反映心脏的功能和静脉回流的状况，是了解循环功能的一个重要指标。

心功能不全、循环血量增加、静脉血管广泛收缩等情况下，中心静脉压都可能升高；而循环血量不足、血管广泛舒张时，中心静脉压将降低。在临床上，中心静脉压常用作提示输液量和控制输液速度的一个客观指标。中心静脉压偏低或有下降趋势，提示输液量不足；否则提示输液过快或心室射血功能不全。当心室射血能力减弱造成中心静脉压升高时，静脉回流减慢、减少，血液较多的滞留在外周静脉内，外周静脉压升高。

◆ **外周静脉压**　**外周静脉压**是指各器官静脉的血压。由于静脉系统压力低，容量大，所以外周静脉压受地心引力作用的影响十分突出。人体在平卧位时，身体各部位血管的位置大致与心脏同一水平，静脉血压差异不大；但在直立位时，足背静脉压约为 90mmHg（12kPa），颅顶处脑膜矢状窦内压可降至 −10mmHg（−1.33kPa）。因为在直立位时，机体大多数容量血管都处于心脏水平以下，如站立不动，身体下部的静脉血管充盈扩张，比卧位时能多容纳 400～600ml 血液。这样导致体内各部位之间血量重新分配，回心血量暂时减少，中心静脉压降低，继而每搏输出量减少和动脉收缩压降低。但这些变化能迅速引发神经和体液调节机制，使骨骼肌、皮肤和腹腔内脏的阻力血管收缩以及心率加快，使动脉血压复原。

2. 静脉血流　在单位时间内由静脉回流进入心脏的血量与心输出量相等。静脉回心血量取决于外周静脉压与中心静脉压之差，以及静脉对血流的阻力。静脉系统对血流的阻力很小，只占体循环总血流阻力约 15%。因此从微静脉到右心房 15mmHg 的压力差足以推动静脉血回流入心。在血流阻力一定的前提下，外周静脉压与中心静脉压的压差直接影响静脉血流。影响静脉回流的因素可归纳为以下几方面。

◆ **体循环平均充盈压**　体循环平均充盈压反映血管系统血液的充盈程度。当血量增加或容量血管收缩时，体循环平均充盈压升高，静脉回流量相应增多。反之，血量减少或容量血管舒张时，体循环平均充盈压降低，静脉回流量也相应减少。静脉输液可迅速增加血管的充盈度。

◆ **心脏收缩能力**　心肌收缩能力强，心室排血更充分，心舒期室内压更低，对心房和大静脉内血液的抽吸作用更强。如此使外周静脉压与中心静脉压的压差更大，有助于静脉回流。右心衰竭时，心室射血能力显著降低，右心室舒张压升高，右心房血增多，中心静脉压升高，静脉血回流受阻。右心衰竭患者可出现颈外静脉怒张，肝、脾肿大，下肢浮肿等病征。而左心衰竭时，左心房压和肺静脉压升高，可造成肺淤血，引起肺水肿。

◆ **体位变化** 因受地球重力场的影响，体位变化时静脉内血液分布可发生较大改变。长久站立不动，导致回心血量减少，动脉血压降低。但站立时下肢静脉容纳血量增加的程度又受到多种因素限制，其中如下肢静脉内的静脉瓣可阻止过量血液向下沉积。若下肢静脉瓣膜受损，则下肢易于淤血而不能持久站立。在高温环境中，皮肤血管舒张，其中容纳血量增多。因此，人若长时间在高温环境中站立不动，将导致回心血量显著不足，心输出量减少，血压下降，脑供血不足，最终引起头晕甚至昏厥。长期卧床患者，静脉管壁张力降低，突然由平卧位站立时，大量血液将流向身体下部，导致脑供血不足而发生昏厥。

◆ **"肌肉泵"作用** 在静脉瓣的协同下，骨骼肌的节律性收缩对静脉血的回流起着"泵"的作用，故称"肌肉泵"。静脉瓣向心开放，可阻止血液逆流，骨骼肌节律收缩可将静脉血挤回心脏。这种"肌肉泵"作用，有助于减少直立位时血液在下肢静脉内的滞留。步行或跑步时"肌肉泵"的作用有助于加速回心血流。如果突然中止运动，"肌肉泵"作用停止，积滞在身体下部的大量血液回流减少，可导致脑缺血，出现晕厥。所以长跑后不宜突然中止运动，而应逐渐减缓运动量。

◆ **"呼吸泵"作用** 胸膜腔内压随呼吸运动发生周期性变化，但始终为负压状态。吸气时，胸膜腔内压进一步下降，使胸腔内大静脉和右心房内压力也随之进一步降低，有利于外周静脉内的血液回流入心。这样周而复始，呼吸运动犹如"泵"促进了静脉血回流。当呼吸加深、加快时，可促进身体下部静脉血液的回流。但是，呼吸对肺循环静脉血的回流效应却不然。吸气时，肺内血管也随着肺的扩张被牵拉扩张，血管容积显著增大，肺静脉压降低，较多血液滞留，回流至左心房减少，左心室心输出量也相应减少。

复习思考题

1. 动脉血压是如何形成的？
2. 有哪些因素可以影响动脉血压？
3. 大动脉和小动脉硬化时动脉血压分别会发生什么变化？为什么？
4. 何谓中心静脉压？其高低主要取决于哪些因素？
5. 微循环内主要有哪些血流通路？各有何生理意义？
6. 组织液是如何生成的？哪些因素变化会引起组织水肿？

第四节 心血管功能的调节

在机体功能状态变化时，循环系统功能的适应性改变主要是通过神经和体液因素进行调节的。机体对循环功能调节的总效应主要体现在三大方面：①维持血压相对稳定；②保持足够循环血量；③协调分配器官供血，从而满足整体功能活动的各种需要。

一、神经调节

机体通过各种心血管反射调节循环功能。与心血管反射有关的感受器广泛分布在心脏、大血管，以及内脏和躯体等部位。这些感受器感受内、外环境适宜刺激，为中枢神经系统整合功能提供信息，再经传出神经发出指令调节效应器官的功能状态，使循环功能适应机体的需求。

1. 心血管中枢

心血管中枢是指中枢神经系统内与控制心血管活动有关神经元集中的部位。控制心血管活动的神经元并不是只集中在一个部位，而是分布在从脊髓到大脑皮质的各个水平上，它们各具有不同的功能，互相联系，使整个心血管系统的活动协调一致，并与整个机体的活动相适应。

◆ 延髓心血管中枢　一般认为，最基本的心血管中枢位于延髓，主要包括心交感中枢和缩血管中枢（延髓腹外侧部），以及心迷走中枢（迷走神经背核和疑核）。

◆ 延髓以上的心血管中枢　脑干及大脑和小脑中也有与心血管活动有关的神经元。它们对心血管活动的调节作用较延髓心血管中枢高级，表现为对心血管活动和机体其他功能（如体温调节、摄食、发怒和恐惧等情绪反应、防御应用等）之间的复杂整合。

2. 心血管的神经支配　心血管中枢的整合功能是通过相应的传出神经控制心脏和血管等效应器来实现的。

◆ 心脏的神经支配与作用　心脏受自主神经系统传出神经的双重支配，心交感神经和心迷走神经的作用相互抗衡，共同维持心脏正常工作（图 7 - 26）。心交感神经和心迷走神经都具有紧张性活动的特征，但一般情况下后者的紧张性活动占优势，这有助于保存心脏活动的潜在能力。

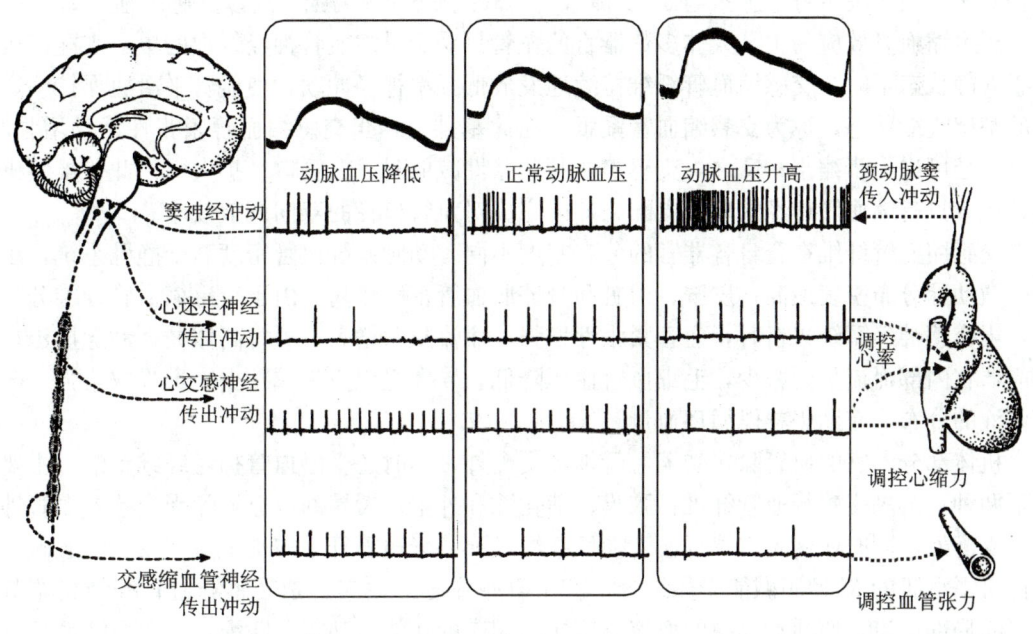

图 7 - 26　动脉血压变化时，颈动脉窦压力感受性反射途径中传入、传出神经的动作电位频率

心交感神经起源于脊髓第 1～5 胸段的中间外侧柱，节前神经元的轴突由脊髓发出后，在椎旁交感链的星状神经节换元。节后神经元发出的轴突下行到达心脏后进入心神经丛，支配心脏的窦房结、房室交界、房室束、心房肌和心室肌等各部位。心交感神经节后神经纤维末梢通过释放去甲肾上腺素（NE）发挥兴奋性调节作用。NE 主要与心肌细胞的 β_1 型肾上腺素能受体结合，使心率加快，房室交界传导加速，心房肌和心室肌的收缩能力增强。由脊

髓成对发出的心交感神经对心脏的支配作用并不一致。左心交感神经的活动以增加收缩力作用为主，右心交感神经活动则以加快心率的作用为主。

人的心迷走神经节前神经元位于延髓的疑核，节前纤维由延髓发出后下行到心脏附近，先与心交感神经一起形成心神经丛，并进入心内神经节换神经元，再发出节后纤维支配心脏。心迷走神经节后纤维主要支配窦房结、心房肌、房室交界、房室束及其分支，以及心室。心迷走神经兴奋时，其节后纤维末梢释放的乙酰胆碱通过与心肌细胞膜 M 型胆碱受体结合发挥抑制性调节作用，可使心率减慢，房室传导速度减慢和心室肌收缩减弱。双侧心迷走神经对心脏的支配作用也存在差异。右心迷走神经对窦房结的作用占优势；而左心迷走神经影响房室交界区的兴奋传导。

◆ **血管运动神经的支配与作用** 血管平滑肌受自主神经系统传出神经纤维的支配血管，因此可改变血管口径，所以统称**血管运动神经纤维**。兴奋时能使血管平滑肌收缩，血管口径变小的为缩血管神经纤维；而兴奋时能使血管平滑肌舒张，血管口径增大的为舒血管神经纤维。

缩血管神经纤维均走行于交感神经中，所以称交感缩血管神经纤维。交感缩血管纤维从脊髓胸、腰段的中间外侧柱发出，在椎旁交感链的交感神经节换元其节后纤维末梢通过释放去甲肾上腺素作用于血管平滑肌 α 型和 β 型肾上腺素能受体。去甲肾上腺素若与 α-受体结合，引起血管平滑肌收缩，血管口径缩小；若与 β-受体结合，则使血管平滑肌舒张，血管口径扩大。由于去甲肾上腺素与 α-受体亲合力较之 β-受体为强，所以交感缩血管纤维兴奋时以产生缩血管效应为主。人体多数器官的血管只受交感缩血管神经纤维的单一支配。机体处于安静状态下时，交感缩血管纤维持续地发放低频率神经冲动，使血管平滑肌保持一定程度的基础收缩状态，称为**交感缩血管紧张**。在此基础上，当交感缩血管紧张性活动增强时，血管口径可进一步缩小；反之，交感缩血管紧张性减弱时，血管口径扩大。因此，虽然机体多数血管只有缩血管神经的单一支配，却能完成对血管口径的双向调节效应。

交感缩血管纤维在全身各器官的分布密度不同。动脉系统血管密度高于静脉系统，小动脉、微动脉分布密度最高；皮肤、内脏和骨骼肌血管密度较高。由于交感缩血管纤维分布广泛，当交感神经系统兴奋时，血管紧张性增强，血流阻力增大，可升高体循环动脉血压。而相应器官内部血流量则减少，毛细血管血压降低，导致组织液生成减少，重吸收增强，改变了体液的分布，有助于补偿循环血量。

机体部分器官的血管除接受缩血管神经支配外，同时还受**舒血管神经纤维**支配。主要有以下两种：①副交感舒血管纤维：脑膜、消化腺和外生殖器等部位血管除受交感缩血管神经纤维支配外，同时还受副交感舒血管神经纤维支配。舒血管纤维末梢主要释放乙酰胆碱，可与血管平滑肌的 M 型胆碱能受体结合，产生舒张血管的效应。副交感舒血管纤维只调节器官组织局部血流，使活动组织的血液供应能与相应的功能活动需求匹配，而对血液循环总外周阻力的影响很小。如支配唾液腺的副交感神经兴奋时，在刺激唾液分泌的同时也增加局部血流量，以满足源源不断唾液分泌的需要。②交感舒血管纤维：支配骨骼肌微动脉的交感神经中除有缩血管纤维外还含有舒血管纤维，但在平时并无紧张性活动，只有当动物处于情绪激动或处于防御反应状态时才发放冲动，使骨骼肌血管舒张，血流量增多。交感舒血管神经纤维末梢释放的递质也是乙酰胆碱。

3. **心血管反射** 机体的各部位广泛分布着心血管反射的感受器，随时监测内、外环境的变化,将各种信息传入中枢,经中枢整合后调节心血管活动水平,使循环功能迅速及时地适应机体所处状态或环境。各种心血管反射分别从不同角度调节循环功能,它们各有一定的作用范围和限度。下面重点介绍经常起调节作用的动脉压力感受性反射。

◆ **动脉压力感受性反射** 压力感受性反射是动脉压力感受器活动引起的心血管反射。当动脉血压升高时,通过反射性调节可引起动脉压降低;当动脉血压降低时,又可使降低的动脉血压回升,保持动脉血压相对稳定。引起该反射的动脉压力感受器主要分布在颈动脉窦和主动脉弓背侧血管壁较薄、弹力纤维丰富的部位,血管外膜下有着密集的感觉神经末梢。

动脉血压在 50~200mmHg 范围内变动时,这些部位压力的升高与压力感受器神经传入的冲动频率呈正比。正常时,平均动脉压在 100mmHg 上下,所以此范围内血压的变化都可被压力感受器所监测到,使传入神经冲动频率发生相应变化(图7-26)。颈动脉窦压力感受器的传入神经为窦神经,加入舌咽神经上行;主动脉弓压力感受器的传入神经为主动脉神经,然后加入迷走神经上行。压力感受器传入神经都进入延髓,与延髓中枢神经元形成突触联系。

压力感受性反射的基本中枢位于延髓(图7-26)。压力感受器的传入冲动经延髓中转,可使交感神经紧张性活动减弱;使迷走神经的紧张性活动增强。

当动脉血压突然升高时,颈动脉窦和主动脉弓压力感受器受到的牵张性刺激增强,压力感受器传入的冲动增加,沿着窦神经和主动脉神经传入延髓;传入信息经反射中枢整合,主要表现:①交感性中枢的紧张性活减弱;②心迷走紧张性活动增强。总效应是使心迷走神经紧张性活动增强,心交感神经和交感缩血管神经紧张性活动减弱,心脏和血管活动受抑制,导致心率减慢,心缩力减弱,血管张力降低,以致心输出量减少加之外周阻力减小,使动脉血压回降(图7-26,27)。反之,当动脉血压突然降低时,则压力感受器传入冲动减少,经反射中枢整合后各传出神经紧张性活动表现相反的变化,结果使心脏和血管的活动水平提高,心输出量增加,外周阻力增大,动脉血压回升。

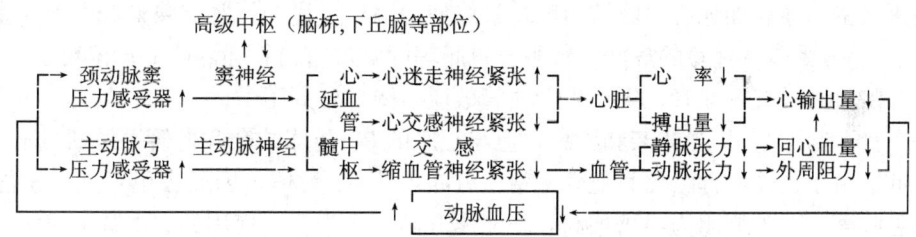

图7-27 动脉压力感受性反射调节动脉血压的途径和效应

压力感受性反射属于负反馈性调节机制,对于维持动脉血压的相对稳定具有重要的生理意义。平均动脉压在 100mmHg 水平上下波动时,压力感受性反射最为敏感,对于正常动脉血压的纠偏作用最强。特别是颈动脉窦和主动脉弓压力感受器,分别位于脑和心的血液供应通路起始处,当心输出量、外周阻力、循环血量等发生变化时,及时向中枢传入信息,快速调节动脉血压,以迅速稳定动脉血压,始终保持脑、心等重要器官稳定的血液供应。但当动脉血压过度偏离正常水平时,这一反射对异常血压的调节能力降低。

◆ **化学感受性反射** 化学感受性反射是由动脉血中某些化学成分含量发生变化所引起

的心血管反射。颈动脉体和主动脉体化学感受器分布在颈总动脉和主动脉附近，二者的适宜刺激是 CO_2 分压、H^+ 浓度升高和 O_2 分压降低。相应的感觉信息分别经由舌咽神经与迷走神经传入延髓，影响延髓呼吸神经元以及心血管中枢的活动。

化学感受性反射主要调节呼吸运动，也影响心血管功能，总效应是使心输出量增加，总外周阻力增大，升高血压。但这一反射只在动脉血压过低（<60mmHg）、低氧、窒息、失血、脑循环不足以及酸中毒等情况下才发挥调节动脉血压的作用，通过改变外周阻力，重新分配器官血流，起到"移缓济急"的应急效应，保证心、脑等要害器官血液供应。在生理状态下化学感受性反射没有明显调节动脉血压的作用。

◆ 其他心血管反射 除以上反射外，还有心肺感受器反射、脑缺血反射等多种反射，通过不同的反射途径调节心血管活动。

二、体液调节

参与心血管活动体液性调节的化学物质包括来源于特殊细胞分泌的激素和局部组织的代谢产物等。这些化学物质通过体液途径作用心肌、血管平滑肌以及其他器官，进而调节循环功能。

1. 肾上腺素与去甲肾上腺素 肾上腺素和去甲肾上腺素同属儿茶酚胺类物质。循环血液中的儿茶酚胺来源于肾上腺髓质和肾上腺素能神经纤维末梢。交感神经的节前纤维支配肾上腺髓质，构成交感-肾上腺髓质系统，所以后者的作用相当于一个大的交感神经节。

血液中的肾上腺素和去甲肾上腺素对心脏和血管都有作用，但因为两者与不同类型肾上腺素受体亲和力的差异，产生的最终调节效应也有所不同。肾上腺素受体分两大类型，α-型和β-型肾上腺素能受体。α-受体主要分布在多数血管平滑肌上，引起血管收缩。有些血管平滑肌还含有 $β_2$-受体，引起血管舒张。心肌细胞主要含有 $β_1$ 肾上腺素能受体，对心脏活动具有兴奋性调节作用。

肾上腺素与α型和β型肾上腺素能受体都有亲和力。与心脏 $β_1$ 受体结合，显著加快心率、加速兴奋传导、加强心肌收缩力度，最终使心输出量增加。肾上腺素对血管的作用较复杂，可引起α-受体占优势的皮肤、肾脏与胃肠等内脏器官血管强烈收缩；但对于 $β_2$-受体占优势的骨骼肌和肝脏等血管，则产生舒血管效应，降低外周阻力。

去甲肾上腺素与α-受体亲和力高，但与心肌的 $β_1$-受体结合和血管平滑肌的 $β_2$-受体亲和力较低。由于机体大部分器官血管平滑肌分布的为α-受体，因而去甲肾上腺素能引起广泛的血管收缩，总外周阻力显著增高，使血压升高。作为药物使用的去甲肾上腺素可使全身血管强烈收缩，显著升高的血压升高又刺激压力感受性反射，对心脏的反射性抑制效应超过了其对心脏的直接兴奋效应，结果心率减慢。

一般而言，肾上腺素对心脏的作用比去甲肾上腺素强，而去甲肾上腺素的缩血管作用又比肾上腺素强。所以在临床上，肾上腺素常作为强心剂使用，去甲肾上腺素用则作为升压药。

2. 肾素-血管紧张素系统

肾素是由肾脏近球细胞合成和分泌的一种蛋白酶，其作用是水解血浆中已存在的血管紧张素原，生成血管紧张素 I。**血管紧张素** I 又在血浆和组织中，特别是在肺循环血管内皮表面的血管紧张素转换酶作用下，水解为**血管紧张素** II，血管紧张素 II 还可在血管紧张素酶

A 的作用下，转化为**血管紧张素 III**。**醛固酮**是肾上腺皮质细胞合成分泌的一种类固醇激素。肾素、血管紧张素与醛固酮三种物质作用相关联，构成调节循环功能的系统——肾素-血管紧张素-醛固酮系统（图 7-28）。

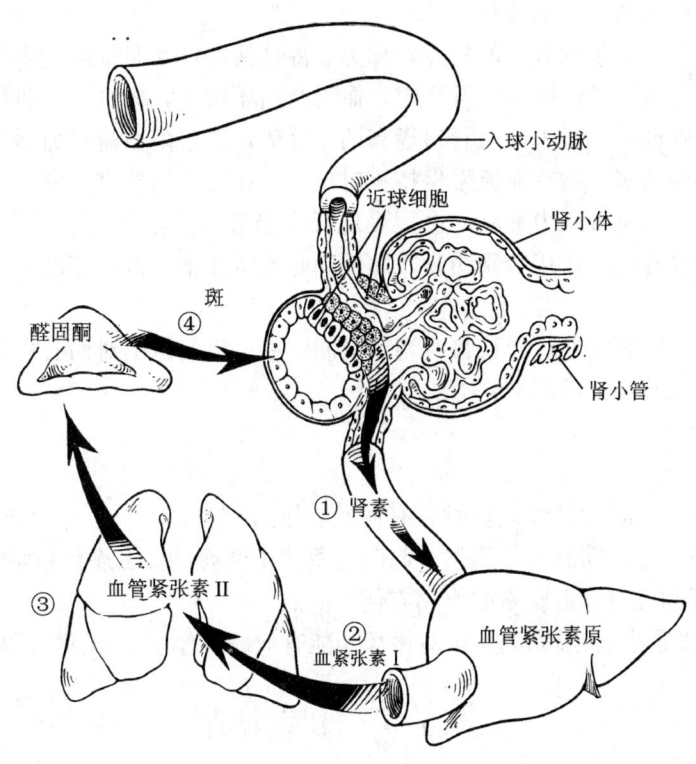

图 7-28　肾素-血管紧张素-醛固酮系统的激活途径

肾素的分泌是这一体液调节系统激活的首要环节。各种引起肾血流灌注量减少的因素，如动脉血压下降、血容量减少时，都能刺激近球细胞分泌肾素。血浆 Na^+ 浓度降低时，肾素分泌也增加。肾交感神经兴奋也能引起肾素的分泌。

血管紧张素可作用于血管平滑肌和肾上腺皮质细胞，引起相应的生理效应。其中以血管紧张素 II 作用最显著，对心血管活动的主要作用是：①直接引起全身微动脉收缩，血压升高；也使静脉收缩，回心血量增多。②作用于中枢神经系统，加强交感缩血管中枢的紧张性活动。也作用于交感缩血管纤维末梢，促进末梢释放去甲肾上腺素。因此，血管紧张素 II 能通过中枢和外周途径发挥调节作用。这一系统的其他作用将在肾脏章中叙述。

肾素-血管紧张素-醛固酮系统激活后总的效应是增加血容量，使动脉血压显著升高，异常增高时可导致高血压。在失血等病理情况下，肾素-血管紧张素-醛固酮系统活动增强，对循环功能的调节起重要作用。而肾动脉狭窄时，这一系统活动的增强将引起顽固性高血压。

3. 其他体液调节因素：血管升压素（见第十一章）、心房钠尿肽、内皮血管活性物质、激肽、组胺和前列腺素等对心血管活动也有一定的调节作用。

三、自身调节

排除外来的神经、体液等因素调节的作用，心脏和血管的活动仍能在一定范围内发生适应性的变化。血压在一定范围内变动时，器官组织的血流量能通过局部的机制得到适当的调节，如脑和肾血流量的自身调节。这种调节机制存在于器官组织或血管本身，故称为自身调节。组织内部微血管活动的调节主要通过周围细胞代谢产物实现（见微循环调节）和血管平滑肌自身的肌源性活动张力的变化。

血管平滑肌具有紧张性收缩的特点，称为肌源性活动，当肌细胞受牵张时肌源性活动增强。所以，当某器官的灌注压突然升高时，血管跨壁压增大，血管平滑肌受牵张刺激，肌源性活动增强，血管壁张力增大，血管口径有缩小趋势，器官内血流阻力增大，结果血流量不致因灌注压升高而增多，器官血流量保持相对稳定。相反，当器官的灌注量突然降低时，发生相反的变化，阻力血管张力减小，血管表现舒张趋势，器官血流量仍保持相对稳定。肾、脑血管的肌源性自身调节作用特别明显，即使动脉血压在很大范围变动，器官血流量仍变化不大。

心脏的泵血功能可以通过异长自身调节机制，在一定的范围对回心血量与心输出量保持一致进行调节（见心输出量调节）。

复习思考题
1. 支配心脏与血管的神经兴奋时各有何调节作用？
2. 正常状态下，当动脉血压突然升高时，机体主要通过什么途径稳定动脉血压？
3. 肾上腺素和去甲肾上腺素的作用有何异同点？
4. 肾素-血管紧张素-醛固酮系统对循环功能有何调节作用？如何实现的？

第五节 器官循环

机体各器官血流量与器官组织的代谢水平密切相关，代谢活动愈强，耗氧量愈多，血液供应也愈多。器官血流量主要与灌注该器官的动、静脉压差成正比，而与该器官内部血管对血流的阻力成反比。不同器官的血流量差别较大，功能活动变动大的器官，如骨骼肌、胃肠、肝、皮肤等，血流量的变化范围较大；而脑、肾等器官的血流量则比较稳定。

一、冠脉循环

冠脉循环特指供应心脏本身的血液循环。冠脉循环的左、右冠状动脉主干走行于心脏表面，其分支多以垂直角度穿越心肌壁，在心内膜下再分支成网，所以心肌收缩时容易挤压其中血管，影响血流。

1. 冠脉循环血流特征

◆ **灌注压高** 冠状动脉直接开口于血压最高的主动脉根部，静脉终止于血压最低的冠状窦。冠脉循环起点与终点间的压差大，所以灌注压高，近100mmHg。而且冠脉血流途径短，并能直接流入较小血管分支中，其中的血压也可维持在较高的水平。冠脉血流循行返回右心房，只需几秒钟。

◆ **血流量丰富** 中等体重成人心脏重量约占体重0.5%，但冠脉循环血流量平均225ml/min，却占心输出量的5%以上。人体安静状态下，冠脉血流量为60～80ml/（min·100g）。心肌组织的毛细血管密度大，在横断面上约分布2500支/mm^2，与心肌纤维呈1：1的数量关系比。这样心肌细胞与血液更接近，便于迅速进行交换物质。冠脉血管的可扩张性较强，当心脏活动增强，冠脉血管大幅舒张，冠脉血流在运动状态下可增加到 300～400ml/(min·100g)，可达 5 倍之多。

◆ 动、静脉血的氧差大　心肌主要通过有氧氧化持续获得大量能，以保证心脏连续持久的活动。因此心肌摄氧能力很强，高达 65%～70%。安静状态下，冠状动脉中血氧含量为 20ml/dL 血，到冠状窦时仅为 6～7ml/dL 血，动-静脉血氧含量差约为全身平均值（4.5 ml）的三倍。血流经心脏冠脉后，所含氧被心肌大幅度摄取，血中氧储备很小。所以剧烈运动时，机体主要通过扩张冠脉血管增加血流量满足心肌代谢所需供血。

◆ 时相性血流　冠脉血流量受心动周期影响较大（图 7-29）。心室收缩初期心室壁张力显著升高，挤压左冠状动脉分支，血流阻力增加，血流量突然减少甚至发生倒流；心室舒张时，心肌对冠脉的挤压作用减弱，血流阻力降低，冠脉血流量增加，舒张早期左冠脉血流量达最高峰，然后再逐渐减少。左心室收缩期的冠脉血流量只有舒张期的 1/5～1/3，因此，舒张压高低和心舒期长短对冠脉血流量的影响极重要。右心室壁较薄，收缩时对冠脉血流的影响不如左心明显。安静时，右心室收缩期冠脉血流量和舒张期的血流量相差不多，甚至收缩期的血流量还多于舒张期的血流量。

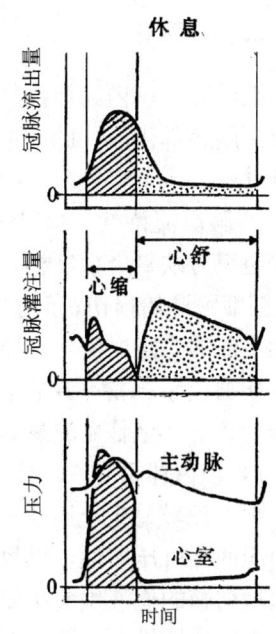

图 7-29　安静状态下左冠脉血流量的变化

2. 冠脉循环血流调节　尽管存在神经支配和体液性调节因素，冠脉血流量主要随心肌代谢水平而改变。

◆ 心肌代谢因素　冠脉血流量与心肌代谢水平成正比，即使没有神经支配和激素等影响时也是如此。在肌肉运动、精神紧张等情况下，心肌的代谢活动显著增强，耗氧量增加，需氧量相应增加。由于冠脉血液氧储备低，所以难以及时满足心肌需求。但此时，冠脉血管舒张，冠脉血液灌注增加，能够保证心肌的氧供应。缺氧是增加冠脉血流量的重要因素，因为代谢增强时产生的**腺苷**有很强的舒血管作用。虽然腺苷具有强烈的舒张血管效应，可使冠脉血流量显著增加。但腺苷在生成后几秒钟内即破坏，因此不影响其他器官的血管。此外，心肌代谢生成的其他代谢产物，如 H^+、CO_2、乳酸、缓激肽等也能使冠脉舒张，但作用较弱。

◆ 神经调节　冠状动脉受自主神经双重支配。通常，交感神经兴奋时通过增强心肌代谢水平，耗氧量增加，继发性引起舒血管效应，使冠脉血流量增加。刺激迷走神经，对冠脉血流影响很小。

◆ 激素调节　肾上腺素和去甲肾上腺素既可直接作用于冠脉血管的 α 型和 β 型肾上腺素能受体，引起冠脉血管收缩或舒张，也可通过增强心肌代谢活动和耗氧量增加冠脉血流量。血管紧张素 II 和血管升压素都能使冠状动脉收缩，减少供血。甲状腺素增多时可通过增强心肌代谢活动，增加耗氧量，使冠脉血管舒张，增加供血量。

二、脑循环

脑循环为脑内的血液循环。颈内动脉与椎动脉在进入颅腔后在脑基底部形成动脉环,再分支到脑各部供血。脑毛细血管血液经静脉或脑脊液注入静脉窦,最后汇入颈内静脉再注入腔静脉。

1. **脑血流特点**　脑组织代谢水平高,所消耗的能量几乎完全来源于糖的有氧分解,因此脑组织对缺氧极为敏感,急性脑缺氧 5 秒即出现功能紊乱;10 秒导致可恢复的意识丧失;3 分脑细胞开始损伤;5 分以上,则脑细胞大量损伤,造成不可逆的脑损伤。因此必须保持连续不断的稳定血流,才能满足脑功能需要。

◆ **血流量丰富**　在安静状态下,全脑耗氧量平均 49ml/min,约占全身耗氧量的 20%。安静状态下,全脑血流量约 750ml/min,相当于 50~60ml/(min·100g)。成人脑重量平均 1.5kg,仅占体重 2%,但血流量却占心输出量的 15% 左右,所以脑组织血流十分丰富。

◆ **血流较稳定**　脑实质、脑血管和脑脊液三者同被"封装"在硬质骨性颅腔内。由于脑组织的不可压缩性,以致脑血管的舒缩活动受到相当的限制,所以脑血流量变化较小。因此,增加脑的血液供应主要靠提高脑循环的血流速度实现。

◆ **功能性供血**　虽然全脑血流量保持稳定,但血流在脑内的分布却与脑功能密切相关。脑灰质为神经元胞体密集所在,平均血流量为 69ml/(min·100g),而白质为 28ml/(min·100g)。脑在参与调节机体不同功能的状态下,脑内的血流分布表现显著的不同,常集中分布于相关功能的脑区(图 7 - 30)。

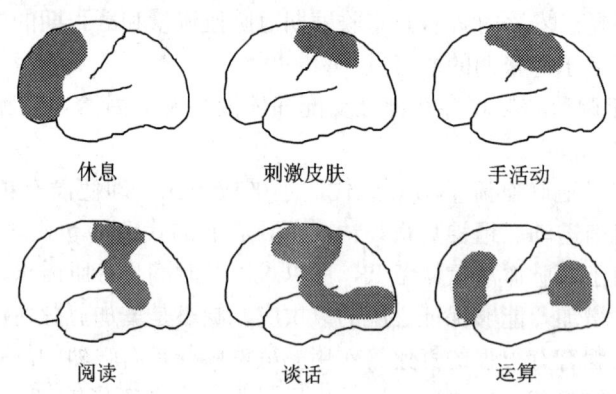

图 7 - 30　不同功能状态下左脑半球血流的主要分布状态

2. **脑血流调节**　脑血流较稳定,但也受许多因素调节和影响。

◆ **自身调节**　由于脑血管的舒缩活动受限,故脑血流量主要取决于脑的动脉和静脉压力差以及脑血流阻力的变化。在正常情况下,脑循环灌注压为 80~100mmHg。平均动脉压降低和颅内压升高都可使脑的灌注压降低。但当平均动脉压在 60~140mmHg 的范围内变化时,脑血管可通过自身调节机制保持脑血流量相对恒定。平均动脉压降低到 60mmHg 以下时,脑血流量减少,引起脑的功能障碍。

◆ **神经性调节**　血管运动神经在脑血管活动调节中所起作用并不大,因为切断这些神经后,脑血流量无明显变化。在多种心血管反射中,脑血流量变化都很小。颈动脉窦压力感受器反射通过稳定动脉血压的调节、紧急状态下的脑缺血反应等,通过调节身体其他部位的血流量减小，对于维持脑血流的灌注压具有一定的意义。

◆ 化学性调节　CO_2 分压、O_2 分压对脑血管的影响在脑血流量调节中起重要作用，是使脑血流量与脑局部的代谢活动相适应。血液 CO_2 分压升高和 O_2 分压降低时，对脑血管有直接的舒血管效应，脑血管舒张，脑血流增加。其他如 K^+ 和腺苷等脑代谢产物都具有舒血管作用。

3. 脑脊液与脑屏障　脑脊液由脑室脉络丛及室管膜细胞所产生和分泌，部分脑脊液由血浆经毛细血管壁滤过生成，成人脑脊液总量约 150ml，更新速度快。脑脊液的主要功能是在脑、脊髓和颅腔、椎管之间起缓冲作用，具有保护意义。而且还可作为脑组织与血液之间物质交换的中间途径。脑脊液的压力取决于其生成与吸收之间的平衡。脑脊液主要经蛛网膜粒渗透入静脉窦的血液内。当脑脊液吸收受阻时，脑脊液压力将升高，并影响脑的血流和脑的功能。

脑脊液成分与血浆和其他组织液不同。脑脊液中蛋白质、葡萄糖含量较血浆少，Na^+、Mg^{2+} 的浓度较血浆高，K^+、HCO_3^- 和 Ca^{2+} 则较血浆中低。

血液与脑脊液之间的物质交换是一种主动的转运过程。在血液和脑之间存在特殊屏障，血-脑脊液屏障和血-脑屏障，其对于保持脑内环境稳定和防止血液中有害物质侵害脑组织具有重要的生理意义。血液和脑脊液之间存在的屏障称**血-脑脊液屏障**。血-脑脊液屏障与脑室内脉络丛结构有关。血-脑脊液屏障对物质的通过具有选择性，如 O_2、CO_2 等脂溶性物质易通过屏障，而许多离子和一些大分子物质则难以通过。血液和脑组织之间存在的屏障可限制物质在血液和脑组织之间的物质交换，称为**血-脑屏障**。脑内大多数毛细血管表面都被星状胶质细胞伸出的突起（称血管周足）所包围，毛细血管内皮细胞之间有紧密连接封闭，内皮细胞又无窗孔。再加上完整而连续的毛细血管基膜共同构成血-脑屏障。除了脂溶性物质易于通过血-脑屏障外，血-脑屏障对水溶性物质具有选择性，对葡萄糖和氨基酸的通透性较高，而对甘露醇、蔗糖和许多离子通透性很低，甚至不能通过。

复习思考题

1. 冠脉循环的血流主要有哪些特征？
2. 为什么冠脉循环的血流量能随心肌代谢活动的增强而增加？
3. 脑循环的血流主要有哪些重要特征？有何意义？

（王卫国）

第八章 呼吸系统

呼吸是机体与环境之间进行气体交换的过程。呼吸功能通过肺和呼吸道构成的呼吸系统完成，但同时需要血液循环功能相配合。

每个活细胞的生长和发挥作用都需要能量，而能量主要来源于细胞氧化代谢，不断地消耗 O_2 生成 CO_2，但机体既不能储备 O_2 也不允许过多的 CO_2 积蓄，因此必须不间断地与环境进行气体交换。单细胞动物可直接与生存环境进行气体交换，水栖动物能通过皮肤和特化结构，如鱼鳃与其周围的流水环境直接进行气体交换。而生活在空气中的多数动物和人只能通过机体内部专门的气体交换结构——肺，与空气进行交换。血液循环系统将肺部与大气的交换摄取的氧输送到全身组织，同时也将组织代谢产生的 CO_2 输送肺部。呼吸的生理意义在于不断更新体内代谢相关气体，维持血液中适度的氧分压（PO_2）和二氧化碳分压（PCO_2），保持内环境稳态。

第一节 呼吸系统器官形态结构

呼吸系统由呼吸道和肺两大部分组成（图8-1）。呼吸道包括鼻、咽、喉、气管和各级支气管等，它们的壁内有骨和软骨支持，保证气体的畅通。通常把鼻、咽和喉称为上呼吸道，把气管和各级支气管称为下呼吸道。肺是气体交换的器官，肺由肺实质（支气管和肺泡）以及肺间质（血管、淋巴管、神经和结缔组织）组成，表面包有胸膜。

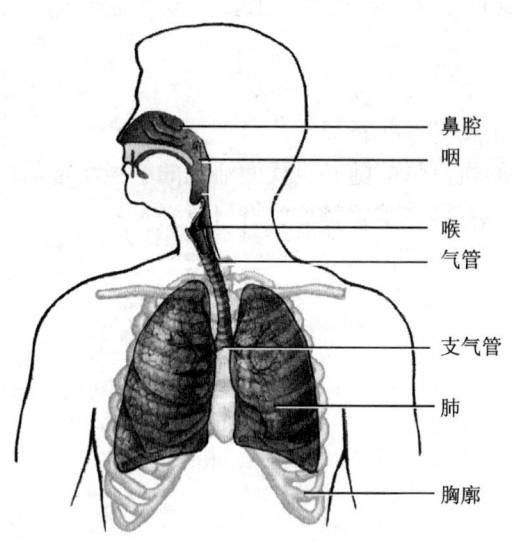

图8-1 呼吸系统组成器官概貌

呼吸系统的主要功能是进行气体交换，同时鼻又是嗅觉器官，喉还有发音功能。

一、呼吸道

呼吸道是外界与肺泡之间气体进出的通道,也称气道。

1. 鼻　鼻由外鼻、鼻腔和鼻旁窦三部分组成。鼻是呼吸道的起始部,也是嗅觉器官,鼻腔和鼻旁窦在发音时还有共鸣作用。

◆ **外鼻**　**外鼻**由鼻骨和鼻软骨作支架,被覆皮肤和少量皮下组织。

◆ **鼻腔**　**鼻腔**以骨和软骨为基础,内面覆以粘膜和皮肤。鼻腔向前以**鼻孔**通外界,向后经鼻后孔通鼻咽。鼻中隔将鼻腔分成左、右二腔。鼻腔又可分为前部的鼻前庭和后部的固有鼻腔。**鼻前庭**是鼻腔前下方鼻翼内面较宽大的部分,内衬皮肤,生有鼻毛,借以滤过、净化空气。该处皮肤富于皮脂腺和汗腺,是疖肿好发的部位之一。**固有鼻腔**是鼻腔的主要部分,由骨性鼻腔衬以粘膜而成。顶较狭窄,与颅前窝相邻。底由硬腭覆以粘膜而构成。内侧壁即**鼻中隔**。外侧壁自上而下有**上鼻甲**、**中鼻甲**和**下鼻甲**。三个鼻甲的下方各有一裂隙,分别称**上鼻道**、**中鼻道**和**下鼻道**(图 8-2、3)。

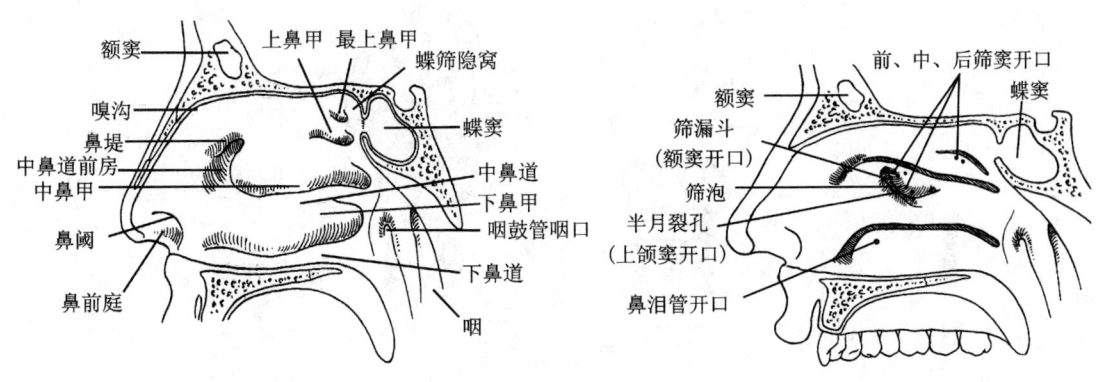

图 8-2　鼻腔外侧壁(右侧)　　图 8-3　鼻旁窦及鼻泪管的开口(鼻甲切除)

鼻粘膜依结构和功能分为**呼吸区**与**嗅区**。**嗅区**粘膜位于上鼻甲内侧面及与其相对的鼻中隔部分,内含嗅细胞,能感受嗅觉刺激。**呼吸区**的范围较大,覆盖鼻腔的其余部分,并与各鼻旁窦粘膜相延续,粘膜呈红色或粉红色,其对吸入的空气有加温、湿润和净化作用。

◆ **鼻旁窦**　**鼻旁窦**由骨性鼻旁窦衬以粘膜构成,共4对,分别位于同名的颅骨内,对发音起共鸣作用(图 8-3)。**上颌窦**最大,位于上颌体内,开口于中鼻道。**额窦**位于额骨两层骨板之间,向后下开口于中鼻道。**筛窦**位于鼻腔外侧壁上份与眼眶内侧壁之间,分前、中和后三组。前筛窦、中筛窦开口于中鼻道;后筛窦开口于上鼻道。**蝶窦**位于蝶骨体内,其前壁上部开口于鼻腔。

2. 喉　喉既是呼吸的管道,又是发音的器官。喉以软骨为基础,借关节、韧带和肌肉连结而成。喉位于颈前部正中,两侧为颈部的大血管、神经及甲状腺侧叶等。喉的活动性较大,可随吞咽或发音而上、下移动。

喉的软骨包括不成对的甲状软骨、环状软骨、会厌软骨和成对的杓状软骨等(图 8-4)。

◆ **喉肌**　**喉肌**属横纹肌,可分为附着于喉和邻近结构的喉外肌和附着于喉软骨间的喉内肌(图 8-5)。喉外肌的作用是使喉上升或下降,或使喉固定。喉内肌的作用是紧张或松弛声带，开大或缩小声门裂，并可缩小喉口。

◆ 喉腔　**喉腔**由喉软骨支架围成的腔隙，向上经喉口与喉咽相通，向下通气管。喉腔粘膜与咽和气管的粘膜相连续。

喉腔内有上、下两对粘膜皱襞自外侧壁突入腔内，上外方的一对粘膜皱襞称**前庭襞**；下内方的一对粘膜皱襞称**声襞**，内含声韧带和声带肌。通常所称的**声带**是由声襞及其内的声韧带和声带肌构成。

3. 气管与支气管

气管位于食管前方，上起自环状软骨下缘，经颈部正中，下行入胸腔，至胸骨角平面（平对第 4 胸椎体下缘），分为左、右主支气管，分叉处称**气管杈**。

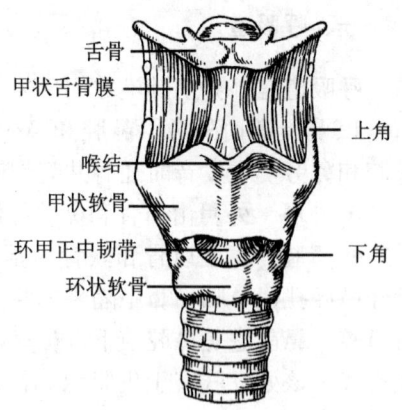

图 8-4　喉的软骨及连结

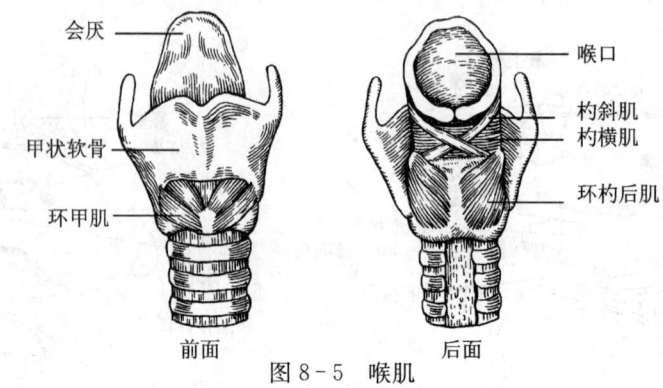

图 8-5　喉肌

气管由 16～20 个"C"形的气管软骨环以及连接各环之间的结缔组织和平滑肌构成，气管内面衬以粘膜。气管的后壁缺口由结缔组织和平滑肌封闭，称**膜壁**（图 8-6）。

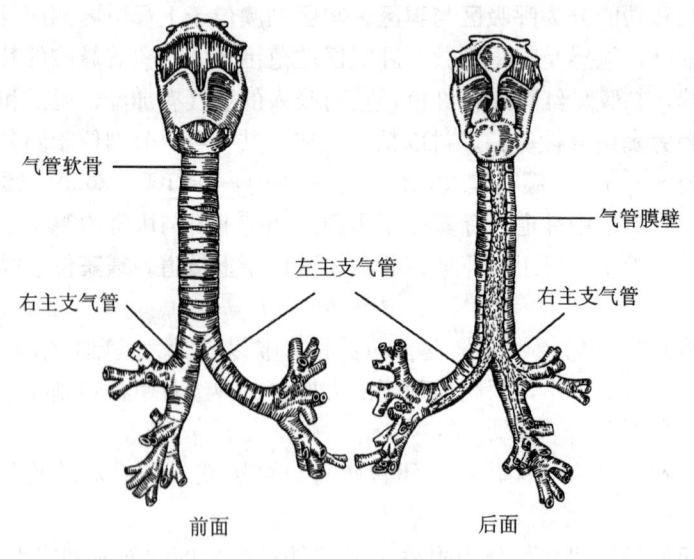

图 8-6　气管与支气管

支气管为气管分出的各级分支，由气管分出的第一级支气管即左、右主支气管。每一条支气管再分为两条，并逐级分支，经过 23 次分支最后是肺泡囊。16 级以上的呼吸道管壁较厚不具备气体交换的功能，称**导气部**，或**传导性气道**；17～19 级的呼吸道已开始具备有气体交换的功能，称为**呼吸性细支气管**；20～22 级为**肺泡管**，最后是**肺泡囊**。从 17～23 级称**呼吸部**，或**呼吸性气道**。一根呼吸性细支气管所支配的区域（包括它以下的肺泡管、肺泡囊及肺泡）称为**肺功能单位**。

二、肺

肺由肺内各级支气管和无数肺泡组成。

1. **肺的形态** 肺位于胸腔内，纵隔两侧。由于膈的右侧受肝的影响，较左侧为高，以及心脏位置偏左，故右肺较宽短，左肺较狭长（图 8-7）。

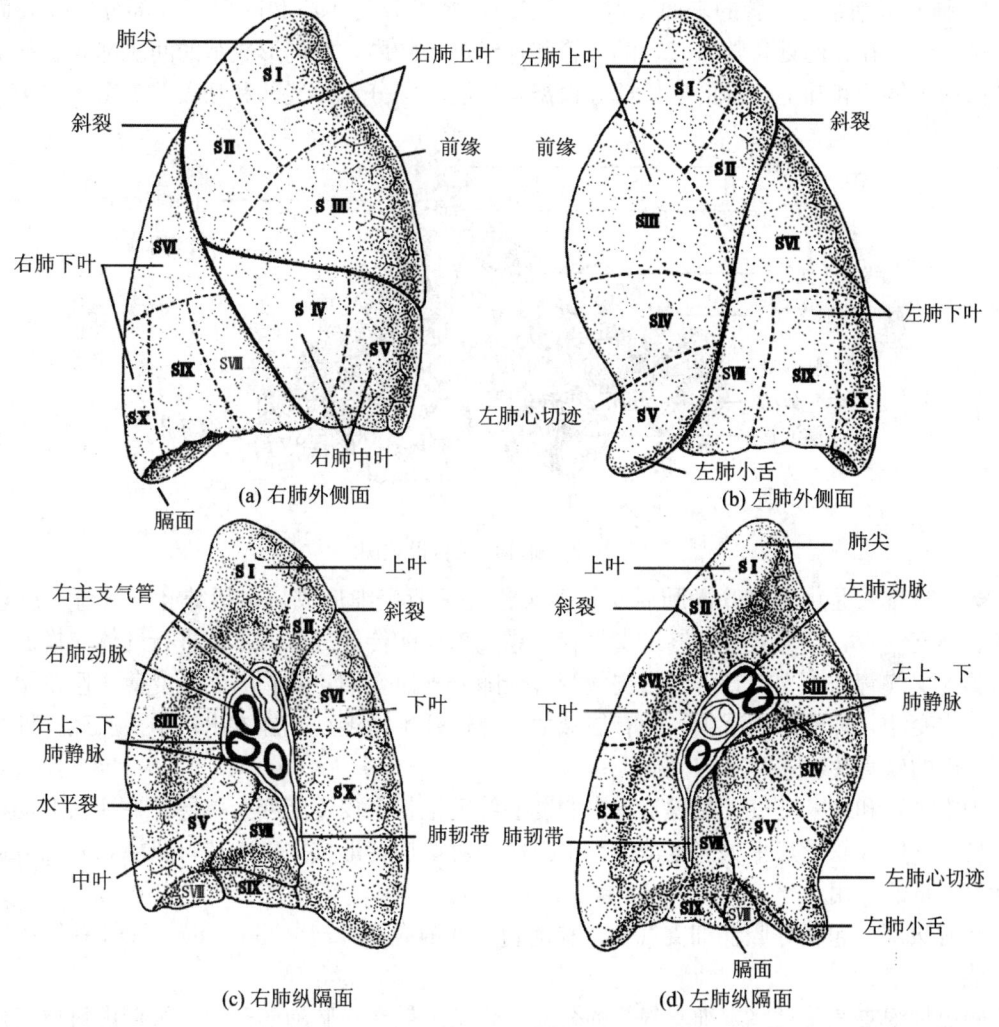

图 8-7 肺的外形及支气管肺段在肺表面的范围

肺形似圆锥形，具有一尖、一底、两面和三缘。**肺尖**圆钝，由胸廓上口突至颈根部，高出锁骨内侧1/3上方2~3cm。**肺底**与膈相贴，向上凹，又称**膈面**。**肋面**隆凸，与肋和肋间隙相邻。**内侧面**朝向纵隔，称纵隔面，此面中部偏后有一凹陷处，称**肺门**，是主支气管、肺动脉、肺静脉、淋巴管和神经进出肺之处。这些进出肺门的结构被结缔组织包绕，构成肺根。肺根内各结构的排列自前向后，依次为肺静脉、肺动脉和主支气管。

左肺被自后上斜向前下的**斜裂**分为上、下两叶。右肺除有斜裂外，还有一条近似水平方向的**水平裂**，右肺由斜裂和水平裂分为上、中、下三叶。

2. 肺内支气管和支气管肺段　左、右主支气管在肺门处分出**肺叶支气管**，进入肺叶。肺叶支气管在各肺叶内再分为**肺段支气管**，并在肺内反复分支，呈树枝状，称支气管树。每一肺段支气管及其所属的肺组织，称支气管肺段，简称**肺段**。各肺段略呈圆锥形，尖端朝向肺门，底部达肺表面。相邻的肺段之间以薄层结缔组织分隔。肺动脉的分支与肺段支气管伴行，肺静脉的属支行于各肺段之间。

3. 肺的微细结构　肺的表面覆盖一层浆膜，肺可分为实质和间质两大部分。肺表面浆膜的结缔组织在肺门处伴随血管、淋巴管和神经进入肺内，共同形成肺的间质部分。肺实质即肺内的支气管和肺泡。肺的实质部分根据其功能不同分为导气部和呼吸部（图8-8）。

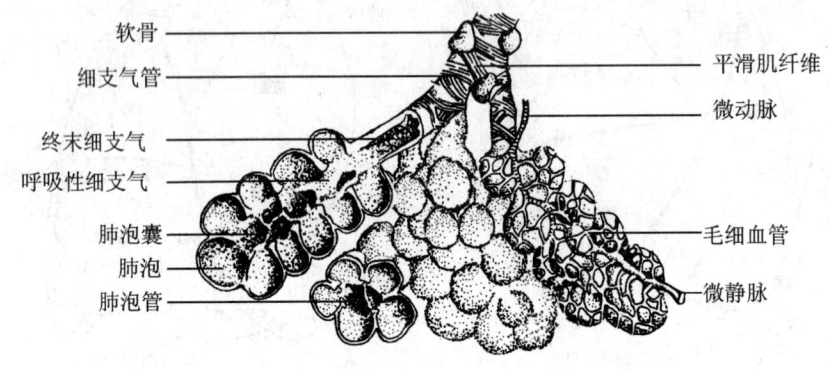

图8-8　肺小叶结构模式图

◆ **导气部**　是由主气管入肺后反复多次分支逐渐变细形成，包括肺叶支气管、肺段支气管、小支气管、细支气管和终末支气管。导气部仅能传导气体，不能进行气体交换。

肺内支气管和小支气管　肺内支气管管径随分支而变细，其管壁不断变薄。假复层纤毛柱状上皮变薄，杯状细胞减少；固有层减薄，弹性纤维增多，其外方出现平滑肌束；外膜中有不规则的软骨片。

细支气管和终末支气管黏膜上皮由假复层纤毛柱状上皮逐渐变为单层纤毛柱状上皮，杯状上皮、腺体和软骨片更少甚至消失。平滑肌相对增加，形成完整的环行肌层，有调节进入肺泡气流量的作用。

◆ **呼吸部**　包括呼吸性细支气管、肺泡管、肺泡囊和肺泡（图8-8）。该部有气体交换的功能。

呼吸性细支气管是终末细支气管的分支，管壁上散在有肺泡的开口，管壁内衬单层柱状或立方状上皮，外有少量结缔组织与平滑肌。

肺泡管是呼吸性细支气管的分支，管的四周都有肺泡的开口，是由单层立方上皮及其外面少量结缔组织和平滑肌构成。

肺泡囊是几个肺泡的共同开口处,没有自己特有的囊壁。

肺泡是肺进行气体交换的部位。为薄壁的多面形囊泡,一侧开口于肺泡囊、肺泡管或呼吸性细支气管。肺泡的壁极薄,内面衬有单层上皮,称**肺泡上皮**。肺泡主要由两种上皮细胞组成。肺泡大部分区域由数量多的扁平细胞(Ⅰ型肺泡细胞)覆盖组成,构成气体交换的广大面积。分泌细胞(Ⅱ型肺泡细胞)夹在Ⅰ型细胞之间,能分泌磷脂类物质,具有降低肺泡表面张力,稳定肺泡形态的作用。

肺泡与肺泡之间的薄层结缔组织称为**肺泡隔**,含有大量的弹性纤维、丰富的毛细血管网和巨噬细胞等。肺泡隔有小孔沟通相邻肺泡。

肺泡腔内的气体与肺毛细血管内血液之间的气体交换要通过**气血屏障**,包括肺泡表面液体层、Ⅰ型上皮细胞及其基膜、薄层结缔组织、内皮的基膜和毛细血管内皮细胞,总称为**呼吸膜**。

三、胸腔与胸膜腔

胸腔由胸廓与膈围成,上界为胸廓上口与颈部通连;下界借膈与腹腔分隔。胸腔内可分为三部分,中间为纵隔,纵隔两侧为胸膜腔和肺。

胸膜是薄而光滑的浆膜,可分为互相移行的脏胸膜和壁胸膜两部分。**脏胸膜**被覆于肺的表面,与肺紧密结合不易分离,并伸入斜裂和水平裂内;**壁胸膜**贴附于胸壁内面、膈上面和纵隔外侧面(图8-9)。

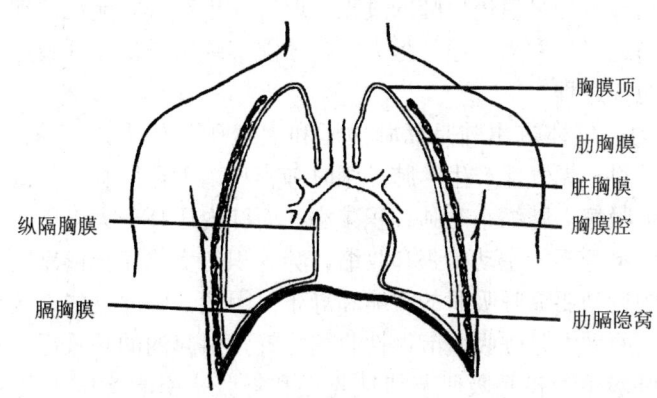

图8-9 胸膜与胸膜腔冠状切面示意

胸膜腔是脏胸膜与壁胸膜在肺根处互相移行,围成一个封闭的腔隙,左右各一,互不相通(图8-9)。腔内呈负压,仅有少量浆液,可减少呼吸时两层胸膜的摩擦。

四、纵隔

纵隔是两侧纵隔胸膜之间的全部器官、结构和结缔组织的总称。纵隔前界为胸骨,后界为脊柱胸段,两侧为纵隔胸膜,上界是胸廓上口,下界为膈。纵隔近似矢状位,下部因容纳心脏,而宽大,并使纵隔显著左偏。

通常以胸骨角平面(平对第4胸椎体下缘)将纵隔分为上纵隔和下纵隔,下纵隔再以心包为界,分为前纵隔、中纵隔和后纵隔。

复习思考题
1. 鼻旁窦的名称和开口各在何处？
2. 简述肺的形态、位置和分叶。
3. 何谓胸膜腔？
4. 何谓纵隔？

(王雨生)

第二节 肺通气

呼吸过程包括外呼吸、内呼吸和气体在血液中的运输三个连续的，并同时进行的环节。**外呼吸**指外环境与血液在肺部实现的气体交换，包括**肺通气**与**肺换气**两方面。前者指肺与外界环境的气体交换；后者指肺泡与血液之间的气体交换，结果使流经肺部的静脉血转化为含O_2丰富的动脉血。**内呼吸**是周身组织气体交换过程的总称，包括细胞内的氧化代谢反应和血液与组织细胞之间的气体交换过程。**气体在血液中的运输**是通过血液循环将外呼吸与内呼吸联系起来的中间环节，是将肺摄取的O_2输送到周身组织细胞，又将组织细胞代谢生成的产生的CO_2运送到肺的过程。

一、肺通气原理

肺通气即外界空气经呼吸道进出肺的过程，取决于推动气体流动的动力与阻止其流动的阻力的相互作用。当通气动力大于通气阻力时，才能实现肺通气。呼吸道、肺泡、胸廓和胸膜腔等直接参与肺通气过程。

1. 肺通气的动力　气体进出肺是靠肺内压和大气压的压力差，从高压处流向低压处。当肺内压等于大气压时，无气流产生。肺扩张时肺容积增大，而肺内压低于大气压，气体顺压差进入肺内，产生**吸气**；肺缩小时肺容积减小，而肺内压高于大气压，气体顺压差由肺内排出，产生**呼气**。肺本身不能主动扩张和收缩，肺容积的变化完全依靠胸廓容积的扩大和缩小来带动，而胸廓的运动要靠呼吸肌的收缩和舒张。因此，肺通气的直接动力是大气压与肺内压之间的压力差，原动力是呼吸肌节律性收缩与舒张引起的的呼吸运动所致。

◆ 呼吸运动　**呼吸运动**指呼吸肌节律性收缩和舒张，引起胸廓扩大和缩小的运动。引起呼吸运动的肌肉为呼吸肌，使胸廓扩大产生吸气动作的肌肉为吸气肌，主要有膈肌和肋间外肌；使胸廓缩小产生呼气动作的肌肉是呼气肌，主要有肋间内肌和腹壁肌。此外，在用力呼吸时还有一些辅助呼吸肌参与，如斜角肌、胸锁乳突肌和胸背部的其它肌肉等。

吸气运动　膈肌是分隔胸腔和腹腔的穹顶形肌肉，形状似钟罩向上隆起，其肌纤维从顶部中央的中心腱向外向下附着于胸壁。当膈肌处于松弛状态时，由于胸内负压的作用和腹腔器官的压挤，膈肌向上隆起；膈肌收缩时，中心部位向下移动，使胸腔的上下径增大，使胸腔容积增加。平静呼吸时因膈肌收缩而增加的胸腔容积相当于总通气量的 4/5，所以膈肌的舒缩在肺通气中起重要作用（图 8-10）。

肋间外肌分布于肋间隙，肌纤维从后上到前下走行，即起自上一肋骨的近脊椎端的下缘，斜向前下方走行，止于下一肋骨近胸骨端的上缘。当肋间外肌收缩时，可使胸廓的左右径和前后径增大。

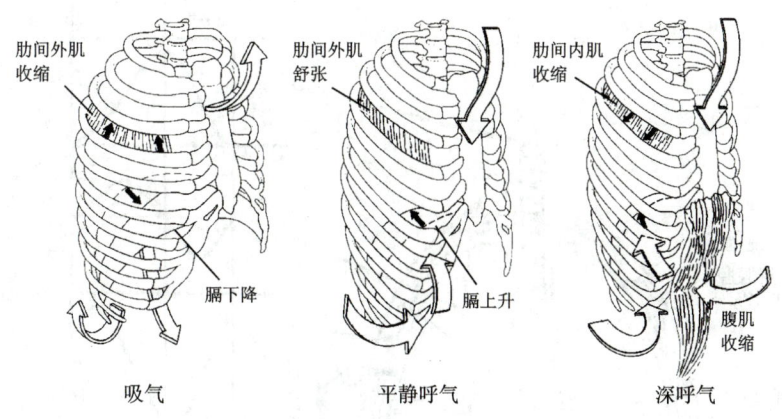

图 8-10 呼吸肌在呼吸过程中的作用
箭头表示胸廓运动方向

膈肌和肋间外肌收缩使胸廓上下径、前后径、左右径均增大,致使肺容积扩大,肺内压下降,低于大气压产生吸气。

呼气运动 平静呼吸时,呼气运动通常是被动的。这是由于膈肌、肋间外肌舒张,膈肌隆起中心部位以及肋骨、胸骨都回位,胸廓缩小,胸腔与肺容积减少,肺内压升高大于大气压而产生呼气运动。

肺通气的过程可概括为:呼吸肌舒缩→胸廓容量变化→肺容量变化→肺内压变化→肺内压与大气压之间产生压差→气体出入肺而实现肺通气。

安静状态下呼吸运动较为平稳均匀,每分钟呼吸频率 12~18 次,称为**平静呼吸**。当机体活动加强或吸入气中二氧化碳含量增加氧含量减少时,呼吸加深加快,为**深呼吸**或**用力呼吸**。用力呼吸时除肋间外肌和膈肌的收缩强度加强外,其它辅助呼吸肌亦参加收缩,使胸廓容积和肺内压进一步变化,形成更大的压力差,可吸入或呼出更多气体。所以,在平静呼吸时吸气是主动的,呼气是被动的;而用力呼吸时吸气、呼气都是主动过程。

胸式呼吸和腹式呼吸 **胸式呼吸**指由肋间肌舒缩,使肋骨和胸骨运动伴有明显的胸壁起伏的呼吸运动。**腹式呼吸**指以膈肌舒缩为主伴有明显的腹壁起伏的呼吸运动。正常情况下呼吸运动都不是单纯的腹式或胸式呼吸,而是混合型呼吸。当病理情况下,会出现以某一种呼吸运动为主,如腹腔出现大肿瘤、腹水、膈肌运动受限,呼吸运动主要依靠肋间肌进行,呈胸式呼吸。当肋骨损伤,活动受到限制时主要依靠膈肌,呈腹式呼吸。

◆ **肺内压** 肺内压是指肺泡内的压力。肺通过呼吸道与外界相交通,在呼吸过程中,气体可以进出肺泡。这是由于在呼吸运动的周期中,肺内压与大气压之间存在着一定的压力差变化,导致气体从压力高处流向低处。吸气开始时,肺随着胸廓扩大而增加了容积,肺泡内原有气量未变,致使肺内压<大气压,空气流入肺;吸气末期,进入肺的空气充满了扩大的肺容积,此时肺内压=大气压,气流停止。呼气开始时,肺容积缩小,气体被压缩,肺内压>大气压,肺内气体出肺,肺内气量减少,肺内压逐渐下降,呼气末期,肺泡内排出的气体量已与肺容积缩小相适应,肺内压=大气压,气流又停止。可见肺内压与大气压的压力差是推动气体进出肺的直接动力(图 8-11)。

◆ **胸膜腔和胸内压** 胸膜腔是由两层胸膜形成的一个密闭潜在腔隙,胸膜为覆盖在肺

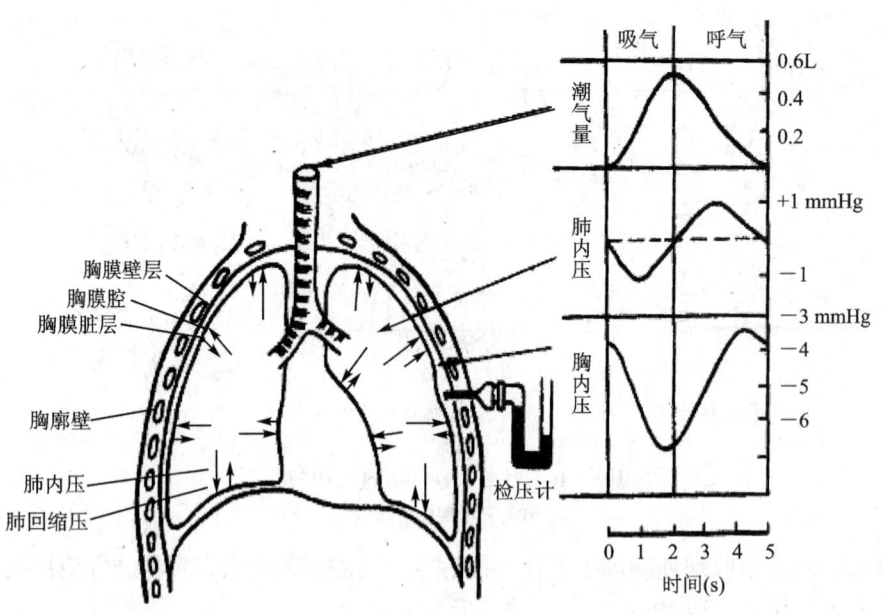

图 8-11 呼吸过程中通气量及压力变化

表面、胸廓内面及膈上面的浆膜。胸膜腔内只有少量浆液，这一薄层浆液一是形成内聚力使两层胸膜紧密贴附在一起，不易分开，使肺在呼吸过程中可跟随胸廓被动的运动；二是起润滑作用，在呼吸运动时减少两层胸膜之间的摩擦。

胸膜腔内压是指胸膜腔内的压力，简称**胸内压**。在平静呼吸的全过程中，胸内压始终低于大气压，若以一个大气压的值为 0，则把低于大气压的胸内压视为**负压**。

胸膜壁层的表面由于受到胸廓组织的支持（骨骼和肌肉），加于胸壁的大气压对胸膜腔的影响不大，而胸膜脏层的表面却受到两种相反力量的影响，一方面大气压通过呼吸道以肺内压形式压向胸膜腔，使胸膜腔承受一个大气压，另一方面由于肺在正常状态下总是呈现一种被扩张的变形状态，因此总是在产生抵抗这种变形的回缩力，二者作用方向相反，使胸膜腔所受的压力被部分抵消，故胸内压低于大气压。因此胸内压等于两种作用力的代数和：

胸膜腔内压＝肺内压－肺回缩压

在吸气和呼气末，肺内压＝大气压，以海平面大气压为 0 计算，则

胸膜腔内压＝－肺回缩压

吸气时肺扩张，肺回缩力增大，胸内负压也增大；呼气时肺缩小，肺回缩力也减小，胸内负压也减小。肺的回缩力由肺泡壁的弹性纤维成分、所致的回缩力和肺泡内液-气界面表面张力形成的回缩力共同构成。正常成年人平静呼气末胸内压平均为 $-5 \sim -3$ mmHg 平静吸气末约为 $-10 \sim -5$ mmHg。

胸内负压的生理意义在于维持肺的扩张状态，促进胸腔大静脉和胸导管中血液和淋巴液回流。正常时胸膜腔内无气体，当胸壁穿通伤时胸膜腔与空气直接连通，空气无限制地进入胸膜腔，使胸内负压消失，形成开放性气胸，两层胸膜分开，肺即可依其回缩力的作用而萎陷，胸腔大静脉中血液和淋巴液回流也将受阻，严重时可导致呼吸循环机能障碍，甚至危及生命。

2. 肺通气的阻力　由呼吸肌活动所产生的动力,必须克服肺通气所遇到的各种阻力,方能实现通气功能。肺通气阻力包括弹性阻力和非弹性阻力,弹性阻力约占 2/3,非弹性阻力占 1/3。弹性阻力包括肺的弹性阻力和胸廓的弹性阻力。

◆ 弹性阻力和顺应性　**弹性阻力**是指弹性物体在外力作用下变形时,所产生的对抗变形的力。对于同样的外力,弹性阻力愈大的物体愈不易变形,弹性阻力愈小的物体愈容易变形。胸廓和肺弹性阻力的大小表现为它们的容积在一定外力作用下变形（扩大或缩小）的难易程度,常用顺应性表示胸廓和肺的弹性阻力大小。**顺应性**通常指外力作用下机体弹性器官和组织的变形能力。如果弹性阻力小,在外力作用下容易变形,顺应性大;如果弹性阻力大,在外力作用下不易变形,则顺应性小。可见,顺应性与弹性阻力成反比,弹性阻力是顺应性的倒数,顺应性（C）＝1/弹性阻力（R）。

◆ 肺的弹性阻力　肺弹性阻力的 1/3 来自于肺组织本身的弹性回缩力,2/3 为肺泡表面张力所致。

肺泡表面张力是由于肺泡内壁覆盖的薄层液体与肺泡腔内气体形成液体-空气界面。液-气界面的液体表面分子之间以及液面下分子间的相互吸引力,使液体表面积尽量缩小,结果产生表面张力。肺泡表面张力有使肺泡回缩的趋势,因而向肺泡腔中心施加压力。按照 Laplace 定律 $P=2T/r$（P 为肺泡内压力,T 是表面张力,r 是肺泡半径）,肺泡内压力与肺泡半径成反比,与表面张力成正比（图 8-12）。

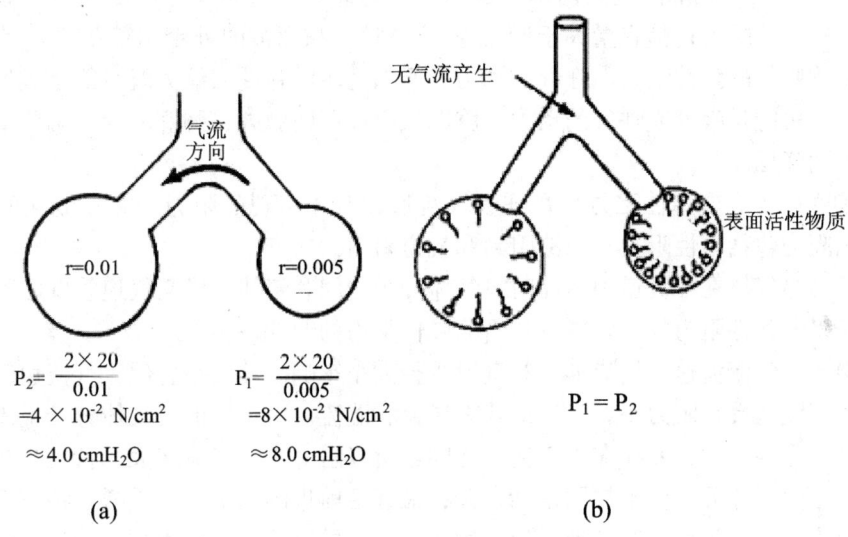

图 8-12　相连通的大小不同的肺泡内压关系
a: 按照 Laplace 定律计算的肺泡内压及气流方向; b: 由于肺表面活性物质密度分布与肺泡半径大小呈反变关系,所以大小不同的肺泡内压相同

同一肺叶内的肺泡大小不等,各肺泡之间有肺泡管和细支气管相通,按照 Laplace 定律小的肺泡压力大,大的肺泡压力小,因此小肺泡内的气体有可能被压到大肺泡中去,出现小泡吹大泡现象,结果小肺泡有可能萎缩,而大肺泡将会过度膨胀。但是实际情况并非如此,除因吸气及呼气而略有张缩外,大小肺泡都保持于扩张状态,其原因主要是由于肺泡液膜表

面上存在表面活性物质。

肺泡表面活性物质是由肺泡Ⅱ型细胞合成和释放的一种复杂的脂蛋白混合物，以单分子层形式垂直排列于液-气界面而减小了液体分子间的吸引力，从而使表面张力下降至原来的 $1/7\sim1/4$。

表面活性物质降低表面张力的生理意义在于：①维持大小肺泡的稳定性；②减小了表面张力对肺毛细血管中液体的吸引作用，使肺泡保持相对干燥，有助于气体交换；③使吸气阻力降低，有利于肺的扩张，减少吸气做功。

早产儿肺Ⅱ型细胞发育不良，缺乏表面活性物质，故肺泡表面张力高而导致肺泡塌陷不易扩张，阻碍气体交换，产生"新生儿呼吸窘迫症"，死亡率高达50%以上。

肺组织含有弹力纤维，具有一定的弹性回缩力。当肺扩张时，这些纤维被牵拉便倾向于回缩。肺扩张越大，对纤维的牵拉程度也越大，回缩力也越大，弹性阻力也越大，反之则小。此外胶原纤维、网状纤维、组织细胞、血管和呼吸道平滑肌等几乎所有肺内成分均有弹性，均参与了肺弹性阻力的形成。肺组织纤维化时，肺的弹性阻力增加，顺应性降低，肺扩张受阻，患者吸气困难；肺气肿时，肺弹性组织被破坏，肺回缩力减小，弹性阻力减小，顺应性增大，患者呼气困难。

◆ 胸廓的弹性阻力　胸廓是双向弹性体，其弹性回位力的方向与胸廓所处的位置有关。胸廓处于自然位置时的肺容量，相当于肺总量的67%左右，不表现有弹性回缩力；肺容量小于肺总量67%时的胸廓因被向内牵引而缩小，胸廓产生的向外弹性回缩力，形成吸气的动力，呼气的弹性阻力；肺容量大于肺总量67%时的胸廓被向外牵引而扩大，其弹性回缩力向内，成为吸气的弹性阻力，呼气的动力。所以胸廓的弹性回缩力既可能是吸气或呼气的弹性阻力，也可能是吸气或呼气的动力。胸廓顺应性可因肥胖、胸廓畸形、胸膜增厚和腹内占位病变等而降低。

◆ 非弹性阻力　非弹性阻力是在呼吸气流形成时才出现的阻力，并随流速的加快而增加。非弹性阻力包括惯性阻力、粘滞阻力和气道阻力。

气道阻力是气体在呼吸道中运动时，气体分子之间和气体分子与气道管壁之间所产生的摩擦阻力，是非弹性阻力的主要成分，占非弹性阻力的80%～90%。

气道阻力受气流流速、气流形式和气道管径大小影响。呼吸愈急促，气流速度愈快，气道阻力越大；流速慢，阻力小。气流形式有层流和湍流。由于层流时气体分子呈流线型平行同方向流动，摩擦阻力主要存在于气流层之间，所以阻力小。当流速大，特别是在通过不规则口径的管道时气体分子作不规则运动，并在沿管道前进的途中互相重叠，特别容易出现湍流，湍流阻力大。如气管内有粘液、渗出物或肿瘤、异物等时，可用排痰、清除异物、减轻粘膜肿胀等方法减少湍流，降低阻力。气道管径大小是影响气道阻力的另一重要因素。层流阻力与气道半径的四次方成反比，而湍流阻力与气道半径的五次方成反比。气道管径又受呼吸道平滑肌活动影响。

呼吸道平滑肌受交感、副交感神经双重支配。副交感神经释放乙酰胆碱使平滑肌收缩，气道管径变小，气道阻力增加；交感神经释放去甲肾上腺素使平滑肌舒张，管径变大，阻力降低。此外，一些体液因素也影响呼吸道平滑肌的舒缩，如儿茶酚胺使气道平滑肌舒张。

惯性阻力是在气流发动、变速、换向时，因气流和组织惯性所产生的。平静呼吸时，呼吸频率低、气流流速慢，惯性阻力小，可忽略不计。粘滞阻力来自呼吸时胸廓、肺等组织相对位移所发生的摩擦,约占非弹性阻力的 10%～20%。

二、肺通气功能评价

1. 肺容量　**肺容量**是肺处于不同状态时所容纳的气体量,可反映肺的通气功能,常用肺量计测定(图 8-13)。

潮气量(TV)是呼吸时,每次吸入或呼出的气体量。正常人平静呼吸时约为 500ml,运动时加大,单独测定不能反映肺功能好坏。

补吸气量(IRV)是平静吸气末,再尽力吸气所能吸入的气体量,也称吸气储备量。正常成年人约 1500～2000ml。

补呼气量(ERV)　是平静呼气末,再尽力呼气所能呼出的气体量,也称呼气的储备量。正常成年人约 900～1200ml。

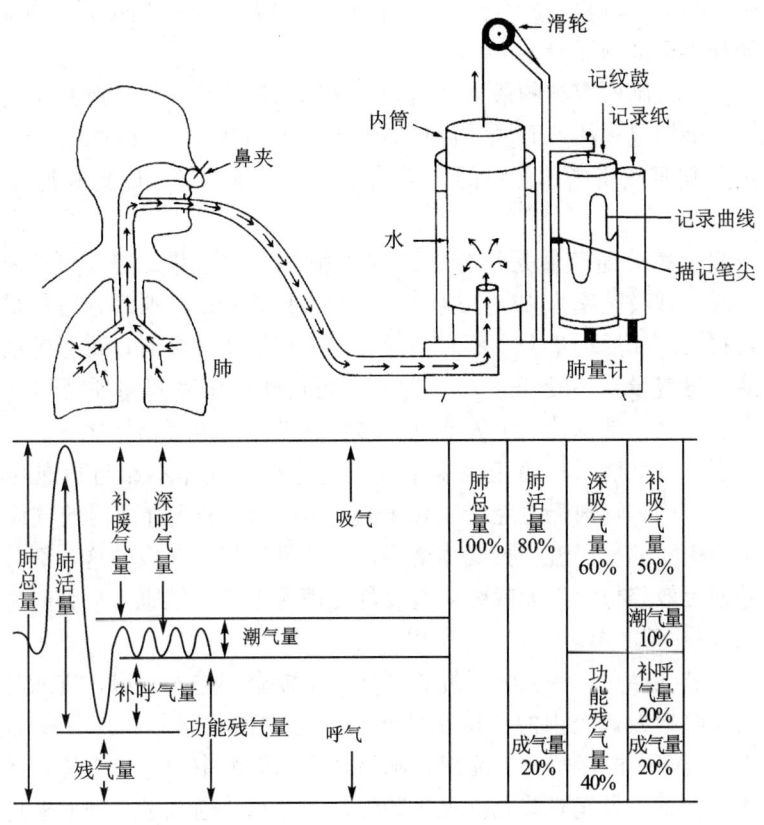

图 8-13　肺通气量的测定与肺容量

深吸气量(IC)是平静呼气末,作最大吸气时所能吸入的气体量。深吸气量=潮气量+补吸气量,是衡量肺最大通气潜力的重要指标。胸廓、胸膜、肺组织和呼吸肌等的病变,可使深吸气量减少而降低最大通气潜力。

功能残气量(FRC)是平静呼气末,仍存留在肺内的气体量。正常成年人约为 2500ml,肺气肿,肺弹性回缩力降低,功能残气量增大;肺纤维化,肺弹性阻力增大,功能残气量减小。功能残气量的生理意义是缓冲呼吸过程中肺泡气中氧和二氧化碳分压的过度变化,吸气时 PO_2 不致升得过高,PCO_2 不致降得过低,呼气时 PO_2 不致降得过低,PCO_2 不致升得过高。

肺活量（VC）是最大吸气后，从肺内所能呼出的最大气体量。肺活量＝潮气量＋补吸气量＋补呼气量，男性约3500ml，女性约2500ml，可反映了肺一次通气的最大能力。但是，因为肺活量测定不受时间限制，当患者肺弹性降低或气道狭窄时，肺通气功能已经受到损害，如果任意延长呼气时间，所测得的肺活量仍然在正常范围，如果限制呼气时间，就会发现单位时间内呼出的气量低于正常人。

用力肺活量（FVC）指一次最大吸气后，尽力、尽快所能呼出的最大气体量。**用力呼气量**（FEV）指一次最大吸气后再尽力、尽快呼气时，在特定时间段所能呼出的气体量。通常用FEV/FVC％来表示，即FEV占FVC的百分比，以往也称**时间肺活量**（TVC）。其中第一秒末最有意义，正常成年人约为80％，第二、第三秒末分别为96％、99％。由于是一种动态指标，不仅反映肺活量容量的大小，而且反映了呼吸所遇阻力的变化，所以是评价肺通气功能的较好指标，可检查出气道狭窄的状况。阻塞性肺疾病患者往往需要5～6秒或更长的时间才能呼出全部肺活量。

肺总量（TLC）是肺所容纳的最大气量，等于肺活量＋残气量。肺总量的值因性别、年龄、身材、运动锻炼情况和体位而异。成年男性平均为5000ml，女性3500ml。

2. **肺通气量** 肺通气量指单位时间内进或出肺的气体总量，能更好地反映肺的通气功能。

◆ **每分通气量** 每分通气量是每分钟进或出肺的气体总量。等于呼吸频率乘潮气量。正常人平静呼吸时，呼吸频率为12～18次/分，潮气量500ml，则每分通气量为6～9L。随性别、年龄、身材大小和活动量大小而有差异。尽力作深快呼吸时，每分钟所能吸入或呼出的最大气量为**最大通气量**，一般可达70～120L。可反映单位时间内呼吸器官发挥了最大潜力后所能达到得通气量，是估计一个人能进行多大运动量的生理指标之一。

◆ **肺泡通气量和无效腔** 从鼻至终末细支气管这部分气体不参与肺泡与血液之间的气体交换，这部分气道称为**解剖无效腔**，其容积约为150ml。进入肺泡内的气体，也可因血流在肺内分布不均而未能都与血液进行气体交换，未能发生气体交换的这一部分肺泡空间称为**肺泡无效腔**。肺泡无效腔与解剖无效腔一起合称**生理无效腔**。健康人平卧时生理无效腔等于或接近于解剖无效腔。

由于解剖无效腔的存在，每次吸入的新鲜空气不能全部进入肺泡，进入肺泡的气体只是前次呼气末停留在解剖无效腔内的气体和新吸入气体的前一部分，其后一部分却留在气道中，呼气时首先把气道中的新鲜空气驱出，随后才呼出肺泡中的部分气体，还有部分肺泡气体则留在气道中，待下次吸气时首先被吸入肺泡，因此每分通气量与和血液进行气体交换的量不相等，只有到达肺泡和呼吸性细支气管的气体才可能与血液进行气体交换，因此从气体实际交换的角度考虑，真正有效的通气量是肺泡通气量。所以，**肺泡通气量**为每分钟吸入肺泡的新鲜空气量。

肺泡通气量＝（潮气量－无效腔气量）×呼吸频率

如果潮气量500ml，无效腔气量150ml，每次吸入肺泡的新鲜空气量是350ml。如果功能残气量是2500ml，则每次吸入肺泡的气量只使肺泡气体更新了1/7。潮气量减少或功能残气量增加可导致气体更新率降低，不利于气体交换。

潮气量和呼吸频率的变化，对肺通气和肺泡通气有不同影响。在潮气量减半而呼吸频率加倍，或潮气量加倍而呼吸频率减半时，每分通气量不变，肺泡通气量则因解剖无效腔的存在发生很大变化（表8-1）。可见，浅快呼吸时肺泡通气量明显减少，而深慢呼吸时增加，从气体交换的效率看，浅快呼吸对机体不利，适当的深慢呼吸可增大肺泡通气量，有利于气体交换。

表8-1 不同呼吸深度、频率对每分通气量和肺泡通气量影响

呼吸形式	潮气量 (ml)	无效腔气量 (ml)	呼吸频率 (次/分)	每分通气量 (ml/min)	肺泡通气量 (ml/min)
平静呼吸	500	150	12	6000	4200
浅快呼吸	250	150	24	6000	2400
深慢呼吸	1000	150	6	6000	5100

复习思考题

1. 何谓呼吸？呼吸的全过程包括哪些环节？
2. 简述肺通气原理及过程。
3. 胸内负压是如何形成的？有何生理意义？
4. 何谓肺泡表面活性物质？有何生理意义？

（徐淑梅）

第三节 气体交换与气体在血液中的运输

呼吸气体交换分别在肺的和周身组织进行，即肺泡与血液之间进行的为**肺换气**，血液与组织细胞之间进行的为**组织换气**。流动的血液在肺与周身组织之间运输 O_2 和 CO_2，以沟通机体整体与环境之间进行的气体交换。

一、气体交换的原理与过程

1. 气体的扩散　无论在肺还是周身组织，换气过程都是以单纯扩散方式来实现的，分压差是气体进行交换的动力。气体分子从其分压高处向分压低处发生净移动，称为**气体扩散**。

在混合气体中某种气体分子运动产生的压力称为该气体的**分压**。混合气体总压力是各构成气体分压之和。每种气体分压＝混合气体总压力×每种气体所占容积百分比。空气是混合气体，海平面总压力即大气压为760mmHg。O_2 容积百分比约21％，则 $PO_2=760×21％=159$mmHg，CO_2 占0.04％，则 $PCO_2=760×0.04％=0.3$mmHg。

气体分子总是不停地进行无定向直线运动，由于气体分子的高速运动对容器壁的碰撞产生一定的压力。容器中气体浓度高时，分子运动和碰撞次数增加，压力升高。假如一种特定的气体在两个相连区域的浓度不相等，即出现气体的分压差，结果发生该气体分子由高分压一侧向低分压一侧区域净转移，最后两区域的气体浓度趋于相等。分压差越大，气体扩散的速度越快。肺泡与血液之间的 PO_2 差为 PCO_2 的10倍，仅从分压差考虑，O_2 扩散速度＞CO_2 扩散速度。

除了分压差决定气体扩散的量和扩散方向外，气体的扩散还与温度、扩散面积和溶解度成正比，与气体分子量及扩散距离成反比。综合各种因素，CO_2 的扩散速率为 O_2 的2倍，

因此在气体交换不足时往往缺氧显著，而二氧化碳潴留却不明显。

不同组织的 PO_2 与 PCO_2 不同，同一组织的 PO_2 与 PCO_2 还受组织活动水平的影响。安静状态下机体各部分的 PO_2 与 PCO_2 值见表 8-2。

表 8-2 海平面机体肺泡气、血液及组织中的 PO_2 与 PCO_2 (mmHg)

呼吸气体	肺泡气	动脉血	静脉血	组织
PO_2	104	100	40	30
PCO_2	40	40	46	50

2. **肺内气体的交换过程与影响因素** 动脉血液气体中的 PCO_2 一般与肺泡 PCO_2 相等，PO_2 则略低于肺泡，这主要是由于进行气体交换后离开肺泡回到左心的血液与支气管循环的静脉血混合所致。肺泡气的 PO_2 高于静脉血的 PO_2，而 PCO_2 低于静脉血 PCO_2，彼此存在着分压差，即存在着气体交换的动力，于是 O_2 由肺泡向静脉血扩散，而 CO_2 则由静脉血向肺泡扩散。经过气体交换后，静脉血变成动脉血。由于肺通气不断地进行，肺泡气的成分保持相对稳定，故肺泡内 PO_2 总是比静脉血高，PCO_2 总是比静脉血为低。通常血液流经肺毛细血管时间为 0.7 秒，而气体交换仅需 0.3 秒即可完成，所以当静脉血流经肺毛细血管全长约 1/2 时，即已完成气体交换过程，这说明正常人有很大的气体扩散储备能力。

如前所述，凡是影响气体扩散的因素均影响肺换气，此外影响肺换气的因素还表现如下特征。

◆ **肺泡气的更新率** 肺换气的动力是肺泡与血液之间的气体分压差，肺泡气的 PO_2 与 PCO_2 又取决于肺泡气的更新率。肺泡气更新率越高，肺泡与血液之间的气体分压差越大，气体交换效率越高。当无效腔增大（支气管扩张）或功能残气量增大（肺气肿）时，肺泡气更新率降低，气体分压差减小，从而影响肺内气体交换。

◆ **呼吸膜的厚度和面积** 在肺部肺泡与血液之间的气体交换是通过呼吸膜进行扩散的。气体通过呼吸膜的扩散量与呼吸膜的厚度成反比，与呼吸膜的面积成正比。正常呼吸膜很薄，平均厚度仅为 $0.6\mu m$ 左右，所以肺泡与血液之间的气体交换扩散距离极短，交换速度快。在某些病理情况下，如肺纤维化、肺水肿，呼吸膜增厚，扩散距离增加，气体交换率降低，出现低氧血症。

气体扩散量与呼吸膜的面积成正比。正常人肺泡总扩散面积约 $70\ m^2$，安静状态下，呼吸膜扩散面积约 $40m^2$，运动时，开放的毛细血管增多，扩散面积增大；在某些病理情况下如肺气肿、肺实变等，使呼吸膜扩散面积减小，气体交换率降低。

◆ **肺通气与血流的匹配** 肺泡和血液间的有效气体交换有赖于通气与血流的适度配合。**通气-血流比值** (V_A/Q) 是指肺泡通气量 (V_A) 与肺血流量 (Q) 的比值，反映肺通气与血流的匹配关系。

安静时，健康成年人肺泡通气量平均为 4.2L/min，肺血流量相当于心输出量，约为 5L/min，则 $V_A/Q=4.2/5=0.84$，表示肺通气与肺血流的最适合匹配，气体交换效率最高。也就是说 4.2L/min 的肺泡通气，恰好使通过肺的 5L/min 混合静脉血全部转变为动脉血。若 $V_A/Q>0.84$，意味着通气过度或肺血流量减少，以肺血流量减少为多见，使部分肺泡气不能与血液进行充分的气体交换。例如当通气过度、肺动脉栓塞等都能使部分肺泡气体未被血液利用，相当于增大了**肺泡无效腔**。若 $V_A/Q<0.84$，意味着肺通气量不足或肺血流量过多，以部分肺泡通气不良为多见。结果部分血液不能充分氧合，混合静脉血未充分成为动脉血就流回心脏，相当于出现**功能性动-静脉短路**，如阻塞性肺气肿、支气管哮喘时，因肺通气不良，造成部分血液未能充分成为动脉血就流回了心脏。由此可见，无论是 V_A/Q 增大或减小，两者都妨碍了有效的气体交换，均可导致血液缺 O_2 或 CO_2 潴留。

3. **组织内的气体交换** 组织内气体交换的方向与肺换气正相反。机体各器官的组织内 PO_2 低于动脉血，PCO_2 则高于动脉血，因此 O_2 由血液向组织扩散，CO_2 则有组织向血液扩散。经过气体交换后，动脉血变成静脉血。由于组织代谢过程中不断消耗 O_2，产生 CO_2，故组织内 PO_2 总是低于动脉血，而 PCO_2 总是高于动脉血。

总之，肺循环毛细血管的血液不断从肺获得 O_2，释放出 CO_2；组织内体循环毛细血管的血液则不断向组织释放 O_2，带走 CO_2（图 8-14）。

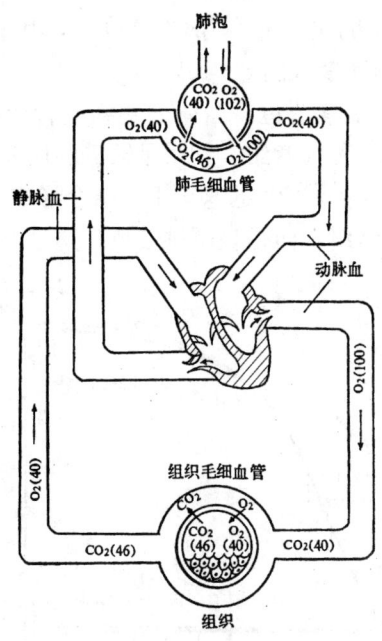

图 8-14　肺换气和组织换气示意图
括号内数字单位为 mmHg

二、气体在血液中的运输

气体在血液中的运输是联系肺换气和组织换气的重要中间环节。O_2 和 CO_2 经血液的运输形式有两种：物理溶解和化学结合。

在血液中以溶解形式存在的 O_2 和 CO_2 的量都很少，但却是肺或组织进行气体交换时必不可少的一个环节。进入血液的 O_2 和 CO_2 都是先溶解在血浆中，提高其分压，然后再转化为化学结合形式运输；而化学结合的形式只有转化为溶解形式才能在肺或组织内进行气体交换，两者之间处于动态平衡。

1. **氧的运输** 血液中物理溶解的 O_2 量极少，仅占血液总含量的 1.5% 左右，化学结合形式的O_2占98.5%左右。血中的O_2主要与红细胞中的血红蛋白（Hb）结合形成氧合血红蛋白（HbO_2）进行运输。

◆ **Hb与O_2结合的特征** Hb与O_2的结合反应迅速、可逆、不需要酶的催化作用，其与O_2的结合或解离决定于PO_2。

$$Hb+O_2 \underset{PO_2 \text{低（组织）}}{\overset{PO_2 \text{高（肺）}}{\rightleftharpoons}} HbO_2$$

当血液流经PO_2高的肺泡时，Hb与O_2结合形成氧合血红蛋白（HbO_2）；当血液流经PO_2低的全身组织时，HbO_2又能迅速解离，释放出O_2而成为去氧Hb，O_2供组织利用。

血红蛋白与氧的结合反应是氧合而不是氧化。O_2与Hb中血红素的Fe^{2+}结合时，Fe^{2+}不变价，没有电子的得失，特称**氧合作用**。

Hb与O_2的结合量可达到饱和。1分子Hb最多可以结合4分子O_2，1gHb可以结合1.34~1.39ml的O_2。1L血液中Hb可能结合O_2的最大量称为**Hb氧容量**，此值受Hb浓度的影响；1L血液中Hb结合O_2的实际量称为**Hb氧含量**，其值受PO_2的影响；Hb氧含量和Hb氧容量的百分比为**Hb氧饱和度**（图8-15）。

HbO_2呈鲜红色，去氧Hb呈紫蓝色，当体表毛细血管床血液中去氧Hb含量达50g/L以上时，皮肤、粘膜呈浅蓝色，称为**紫绀**。紫绀是缺氧的体表征象。一氧化碳中毒时，由于CO与Hb的结合力比O_2大210倍，CO迅速与Hb结合形成一氧化碳血红蛋白，造成机体严重缺氧，皮肤粘膜并不表现紫绀，而是呈樱桃红色，这是HbCO所特有的颜色。

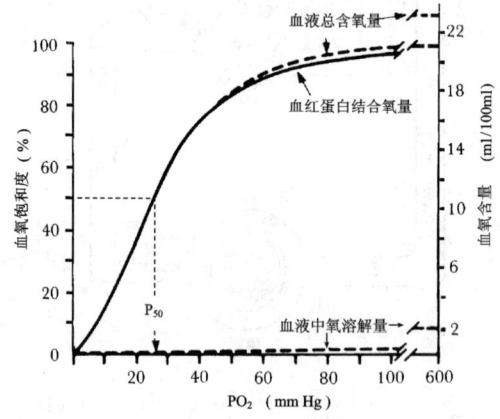

图8-15 血红蛋白氧饱和度与PO_2的关系

◆ **影响血红蛋白与氧结合的因素和生理意义** Hb与O_2的亲和力可用P_{50}值表示。P_{50}是指血红蛋白氧饱和度达到50%时的血液PO_2，正常为26.5mmHg。P_{50}增大，表明Hb对O_2的亲和力降低，解离趋势增强；反之，Hb对O_2的亲和力增高，结合趋势增强（图8-15）。除了PO_2外，PCO_2、pH、温度和2,3-二磷酸甘油酸（2,3-DPG）等也是在生理状态下影响Hb与O_2亲和力的因素。

血液pH降低、PCO_2升高、温度升高、2,3-DPG增高时，Hb对O_2的亲和力降低，P_{50}增大，便于释放O_2；反之，pH升高，PCO_2、温度、2,3-DPG降低时，Hb对O_2的亲和力增高，P_{50}减小，便于结合而不利释放O_2。CO中毒时不仅使Hb对O_2的亲和力降低，妨碍Hb与O_2的结合量，又妨碍O_2的释放，因此对机体的毒性作用极强。

PCO_2、pH、温度对血红蛋白与氧结合的影响有着重要的生理意义，当人体进行剧烈运动或劳动时，组织细胞代谢增强，CO_2及酸性代谢产物生成增多，产热量增加，都能使Hb对O_2的亲和力降低，有助于HbO_2释放更多的氧供组织利用。当血液流经肺时，pH升高，PCO_2浓度降低，Hb对O_2的亲和力增强，使血液能携带更多O_2。

　　2. 二氧化碳的运输　　血液中CO_2也以物理溶解和化学结合的两种形式运输，由于CO_2溶解度较高，溶解的CO_2约占总运输量的5%，结合的占95%。化学结合的CO_2主要形式是碳酸氢盐和氨基甲酰血红蛋白，其中以碳酸氢盐形式运输的占88%，以氨基甲酰血红蛋白形式运输的占7%。

　　◆ **碳酸氢盐形式运输**　　从组织扩散进入血液的CO_2除少量溶解在血浆中，大部分进入红细胞，在红细胞内高浓度碳酸酐酶的催化下，CO_2与H_2O缩合生成H_2CO_3，H_2CO_3又解离成HCO_3^-和H^+，反应极为迅速，可逆。随着红细胞内HCO_3^-浓度不断增加，大部分HCO_3^-便顺浓度梯度扩散进入血浆，与血浆中的Na^+结合生成$NaHCO_3$，小部分HCO_3^-在红细胞内与K^+结合生成$KHCO_3$。为维持电平衡，血浆Cl^-扩散进入红细胞，这一现象称为**氯离子转移**（图8-16）。上述反应中产生的H^+与HbO_2结合，形成HHb，有利于促进HbO_2释放O_2。

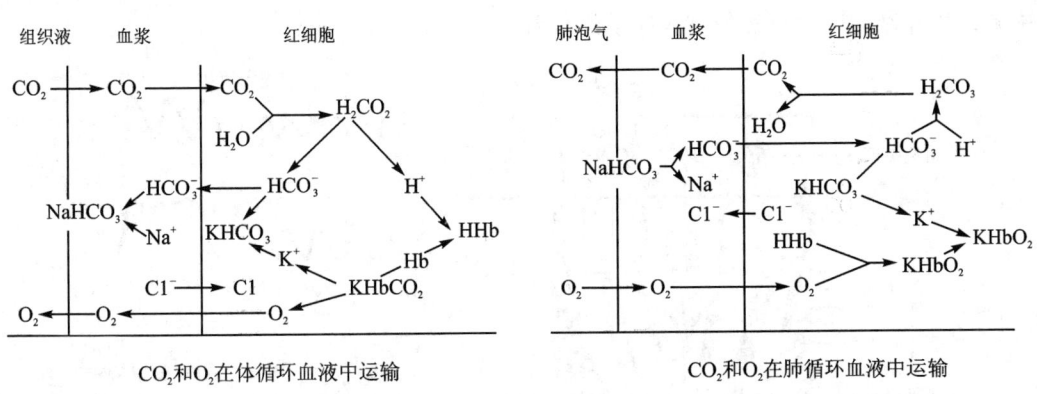

图8-16　二氧化碳和氧运输的过程

　　在肺部，这一反应向相反方向进行。因为肺泡气PCO_2比静脉血的低，血浆中溶解的CO_2先扩散入肺泡，红细胞内的HCO_3^-与H^+生成H_2CO_3，碳酸酐酶又催化H_2CO_3分解成CO_2和H_2O，CO_2又从红细胞扩散入血浆，而血浆中的HCO_3^-便进入红细胞以补充消耗，Cl^-则出红细胞。这样以HCO_3^-形式运输的CO_2，在肺部又转变成CO_2排出。

　　◆ **氨基甲酰血红蛋白形式运输**　　一部分CO_2与Hb肽链上的氨基结合生成氨基甲酰血红蛋白，这一反应无需酶的催化、迅速、可逆，主要受氧合作用调节。虽然以氨基甲酰血红蛋白形式运输的CO_2仅占总运输量的7%，但在肺排出的CO_2中却有18%左右是由氨基甲酰血红蛋白释放出来的，因此气体运输效率高。

复习思考题

　　1. 影响肺换气的主要因素有哪些？
　　2. 为什么深而慢的呼吸比浅而快的呼吸效率高？

3. 血红蛋白运输 O_2 有何重要特征？

4. 哪些因素影响血红蛋白与氧的亲和力？有何生理意义？

5. CO_2 是如何通过 HCO_3^- 形式进行运输的？

（徐淑梅）

第四节 呼吸运动的节律与调节

人体生命过程中，呼吸运动是始终进行着的一种自动的节律性活动，其深度和频率随体内、外环境条件的改变而改变，并且可受一定程度的意识控制。例如劳动或运动时，代谢增强，呼吸加深加快，肺通气量增大，摄取更多的 O_2，排出更多的 CO_2，以适应代谢的需要。但呼吸肌属于骨骼肌，本身并没有自律性，其节律性活动完全受中枢神经系统的节律性活动调控。

一、呼吸中枢

呼吸中枢是指中枢神经系统内与产生和调节呼吸运动有关的神经细胞群。在不同位置横断脑干或损毁局部脑的实验表明，呼吸中枢分布在大脑皮层、间脑、脑桥、延髓、脊髓等部位（图 8-17），各级中枢在呼吸节律的产生和调节中发挥作用不同，有赖于彼此之间的相互协调、相互制约以及对各种传入冲动的整合。

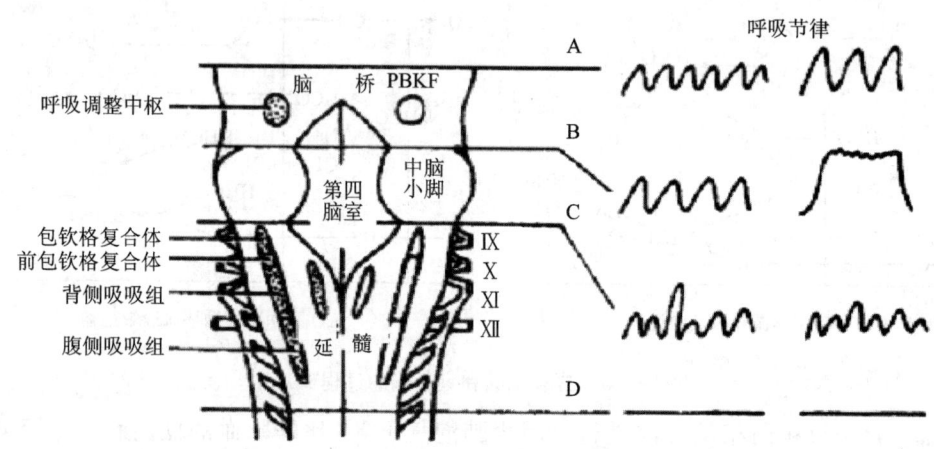

图 8-17 脑干呼吸有关核团和在不同平面横切脑干后呼吸的变化
A、B、C、D 为横切平面；PBKF：臂旁内侧核与 KF 核

◆ **脊髓** 脊髓中支配呼吸肌的运动神经元位于第 3～5 颈段（支配膈肌）和胸段（支配肌间肌和腹肌等）前角。在延髓和脊髓之间横断脊髓，呼吸立即停止，并不恢复。说明脊髓不能产生节律性呼吸运动，只是联系上位脑和呼吸肌的中继站和整合某些呼吸反射的初级中枢。

◆ **低位脑干** 低位脑干指脑桥和延髓。

在动物中脑和脑桥之间进行横切（图 8-17，A），呼吸节律无明显变化。在延髓和脊髓之间横切（图 8-17，D），呼吸停止。说明呼吸节律产生于低位脑干，上位脑对节律性呼吸运动的产生不是必需的。如果在脑桥上、中部之间横切（图 8-17，B），呼吸将变慢变深，如再切断双侧迷走神经，吸气便大大延长，仅偶尔为短暂的呼气所中断，提示脑桥上部有抑制吸气的中枢结构，称为**呼吸调整中枢**；孤立延髓的实验证明单独的延髓即可产生节律性呼吸。目前的研究肯定了延髓存在呼吸节律基本中枢和脑桥上部有呼吸调整中枢的结论。

在延髓，呼吸神经元主要集中在背侧和腹侧两组神经核团内，分别称为**背侧呼吸组**和**腹侧呼吸组**。背侧呼吸组多为吸气神经元，神经元轴突主要交叉到对侧，下行至脊髓颈段，支配膈肌运动神经元。腹侧呼吸组传出神经绝大部分交叉到对侧下行，支配脊髓肋间内、外肌和腹肌的运动神经元，以及支配咽喉部呼吸辅助肌。

呼吸运动还受脑桥以上部位的影响，如大脑皮层、边缘系统、下丘脑等。大脑皮层可以随意控制呼吸，发动说、唱等动作，在一定限度内可以随意屏气或加深加快呼吸。

二、呼吸的反射性调节

1. 呼吸的化学感受性反射　动脉血或脑脊液中的 O_2、CO_2、和 H^+ 浓度的变化，通过化学感受器反射性地改变呼吸运动，称为**化学感受性反射**。

◆ 化学感受器　化学感觉器是感受体液中化学物质刺激的感受装置。参与呼吸调节的化学感受器因其所在部位的不同，分为外周化学感受器和中枢化学感受器。

外周化学感受器主要位于颈动脉体和主动脉体，可直接感受动脉血 PO_2 降低、PCO_2 或 H^+ 浓度升高时的刺激，冲动经神经传入延髓，反射性地引起呼吸加深、加快和血液循环的变化。颈动脉体对呼吸的调节作用较主动脉体强 6 倍。

中枢化学感受器位于延髓腹外侧浅表部位，可感受的生理刺激是脑脊液和局部细胞外液的 $[H^+]$。一般认为 CO_2 本身不是中枢化学感受器的有效刺激，而是 CO_2 所引起的 $[H^+]$ 增加。血液中的 CO_2 能迅速通过血脑屏障，$CO_2 + H_2O \rightarrow H_2CO_3 \rightarrow HCO_3^- + H^+$，使化学感受器周围体液中的 $[H^+]$ 升高，从而刺激中枢化学感受器，再引起呼吸中枢的兴奋。血液中的 H^+ 不易通过血液屏障，故血液 pH 的变化对中枢化学感受器的直接作用不大，也较缓慢。中枢化学感受器与外周化学感受器不同，不感受缺 O_2 的刺激，但对 CO_2 的敏感性比外周化学感受器高，反应潜伏期较长，因为脑脊液中碳酸酶含量很少，CO_2 与水的缩合反应很慢，所以对 CO_2 的反应有一定的时间延迟。中枢化学感受器的意义可能是调节脑脊液中的 $[H^+]$，使中枢神经系统内部始终维持稳定的 pH 环境，而外周化学感受器的作用主要是在机体低 O_2 时，维持对呼吸活动的驱动作用。

◆ CO_2 对呼吸的影响　一定水平的 PCO_2 对维持呼吸和呼吸中枢的兴奋性是必要的，CO_2 是调节呼吸的最重要的生理性体液因子。吸入气中 CO_2 含量增加，将使肺泡气 PCO_2 增高，动脉血 PCO_2 也随之升高，呼吸加深加快，肺通气量增加（图 8-18）。通过肺通气量的增大可增加 CO_2 的清除，肺泡气和动脉血 PCO_2 还可维持于接近正常水平。但是，当吸入气 CO_2 含量超过 7% 时，肺通气量不能作相应增加，CO_2 堆积，压抑中枢神经系统的活动，包括呼吸中枢，发生呼吸困难、头痛、头昏，甚至昏迷，出现 CO_2 麻醉。总之 CO_2 在呼吸调节中是经常起作用的最重要的化学刺激，在一定范围内动脉血 PCO_2 的升高，可以加强对呼吸的刺激作用，但超过一定限度则有压抑和麻醉效应。

CO_2 刺激呼吸的作用通过两条途径，一是刺激中枢化学感受器再兴奋呼吸中枢；二是刺激外周化学感受器，冲动经舌咽神经和迷走神经传入延髓呼吸中枢有关核团，反射性地使呼吸加深、加快，增加肺通气。两条途径中前者是主要的，但因为中枢化学感受器的反应慢，

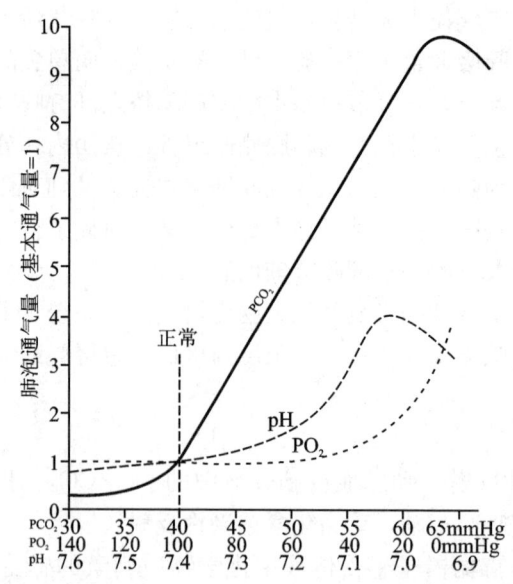

图 8-18 血液中 PCO_2、$[H^+]$ 与 PO_2 对肺通气量的影响

所以当动脉血 PCO_2 突然大增时,外周化学感受器在引起快速呼吸调节反应中可起重要作用。

◆ H^+ 对呼吸的影响　动脉血 $[H^+]$ 增加使呼吸加深加快,肺通气增加;$[H^+]$ 降低时肺通气减少。H^+ 对呼吸的调节也是通过外周化学感受器和中枢化学感受器实现的。中枢化学感受器对 H^+ 的敏感性较外周的高,约为外周的 25 倍。但是,血液中 H^+ 不易通过血-脑屏障,限制了 CO_2 对中枢化学感受器的作用,因此脑脊液中的 H^+ 才是中枢化学感受器的最有效刺激。所以,H^+ 对呼吸的影响主要是通过外周化学感受器引起的。

◆ 低 O_2 对呼吸的影响　吸入气 PO_2 降低时,肺泡气和动脉血中 PO_2 都随之降低,呼吸加深、加快,肺通气增加。一般在动脉 PO_2 下降到 80mmHg 以下时,肺通气才出现可觉察到的增加,可见动脉血 PO_2 对正常呼吸的调节作用不大,仅在特殊情况下低 O_2 刺激才有重要意义。如严重肺气肿、肺心病患者,肺换气受到障碍,导致低 O_2 和 CO_2 潴留。长时间 CO_2 潴留使中枢化学感受器对 CO_2 的敏感性降低,发生适应,而外周化学感受器对低 O_2 刺激适应速度很慢,这时低 O_2 对外周化学感受器的刺激成为驱动呼吸的主要刺激。

低 O_2 对呼吸的刺激作用完全是通过外周化学感受器实现的。低 O_2 对呼吸中枢的直接作用是非特异性的压抑作用。但是低 O_2 可以通过对外周化学感受器的刺激而兴奋呼吸中枢,这样在一定程度上可以抵销低 O_2 对中枢的直接压抑作用。不过在严重低 O_2 时,外周化学感受性反射已不足以克服低 O_2 对中枢的压抑作用,终将导致呼吸障碍。对于慢性支气管炎和肺气肿等患者,在低 O_2 时吸入纯 O_2,由于解除了外周化学感受器的低 O_2 性刺激,会引起呼吸暂停,临床上给 O_2 治疗时应采取低浓度、持续给氧。

需要说明,在整体内 PCO_2、PO_2 和 $[H^+]$ 三者间往往相互影响、相互作用,既可因相互总和而加大,也可因相互抵销而减弱。

2. 肺牵张反射　**肺牵张反射**包括肺扩张反射和肺缩小反射。

肺扩张反射是肺充气或扩张时抑制吸气的反射。感受器是位于从气管到细支气管平滑肌中的牵张感受器。当肺扩张牵拉呼吸道，使感受器兴奋，冲动经迷走神经粗纤维传入延髓。在延髓内通过一定的神经联系使吸气终止，转入呼气，加速了吸气和呼气的交替，使呼吸频率增快。所以切断动物的迷走神经后，吸气延长、加深，呼吸变得深而慢。该反射的意义在于防止吸气过深过长，促使吸气转为呼气，与脑桥呼吸调整中枢共同调节呼吸频率与深度。

在人体，当潮气量增加至 800ml 以上时，才能引起肺扩张反射，可能是由于人体肺扩张反射的中枢阈值较高所致。所以，平静呼吸时，肺扩张反射不参与人的呼吸调节。但在初生婴儿，这一反射较为敏感，大约在出生 4~5 天后，反射就显著减弱。成人病理情况下，肺顺应性降低，吸气时使气道扩张程度较大，刺激较强，可以引起该反射，使呼吸变浅变快。

肺缩小反射是肺缩小时引起吸气的反射，感受器同样位于气道平滑肌内。肺缩小反射在较大程度的缩肺时才出现，在平静呼吸调节中意义不大。

3. 呼吸肌本体感受性反射　由呼吸肌本体感受器传入冲动所引起呼吸运动的反射性变化，称为**呼吸肌本体感受性反射**。位于呼吸肌中的肌梭是该反射的感受器，肌梭受到牵张刺激时可以反射性地引起受刺激肌梭所在部位肌肉收缩的增强。

4. 防御性呼吸反射　当呼吸道粘膜受到有害刺激时，所引起机体自我保护的反射性呼吸活动统称为**防御性呼吸反射**。

◆ 咳嗽反射　咳嗽反射最常见，感受器位于咽喉、气管和支气管的粘膜。大支气管以上对机械刺激敏感，二级支气管以下对化学刺激更敏感。咳嗽时，先短促地深吸气，随之紧闭声门，呼气肌强力收缩，肺内压和胸膜腔内压急速上升，继之声门突然开放，肺内气流高速冲出，将呼吸道内激惹物清除。因此，咳嗽反射具有清洁和维持呼吸道通畅的重要意义。

◆ 喷嚏反射　刺激性气体或机械性刺激作用于鼻粘膜感受器时可引起喷嚏反射。反射发生时，腭垂下降，舌面压向软腭，气流主要由鼻腔喷出，以清除鼻腔中异物等刺激。

复习思考题

血液中 O_2、CO_2 和 H^+ 各是如何调节呼吸运动的？

（徐淑梅）

第九章　消化系统

消化是指机体摄取和分解食物，并吸收其中营养成分的过程。狭义的消化仅指消化管分解食物中大分子物质为小分子可吸收成分的过程。**吸收**是将消化管内小分子物质摄入到血液中的过程。天然食物中的多种成分需要经过消化，分解为小分子的物质才能被机体直接吸收和利用。

消化系统由**消化管**和**消化腺**组成（图9-1）。消化管为肌性的贯通管道，包括口、咽、食管、胃、小肠、大肠等，从口腔到十二指肠的一段称**上消化管**，空肠及其以下部分为**下消化管**。消化腺包括唾液腺、肝、胰腺以及分布在消化管粘膜的外分泌腺。消化腺分泌的消化液中含有各种消化酶，可将食物分解为可供吸收的营养成分。

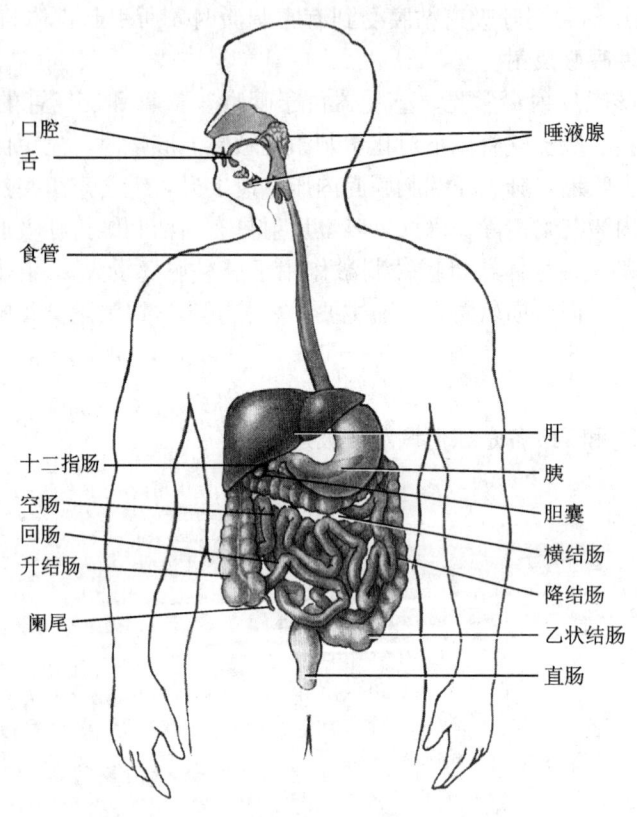

图9-1　消化系统组成器官概貌

第一节　消化系统器官的形态结构

一、消化管

1. 消化管壁的组织结构　除口腔以外，一般均可分为四层。从管腔一侧向外，依次为粘膜、粘膜下层、肌层和外膜（图9-2）。

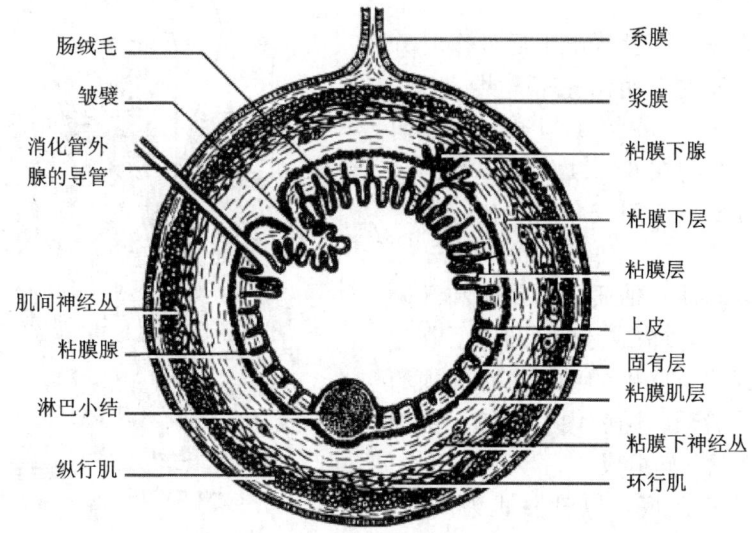

图9-2 消化管的一般结构模式

粘膜由上皮、固有层和粘膜肌层组成。上皮衬于消化管的腔面，食管与直肠下段为复层扁平上皮，其余部分则为单层柱状上皮。固有层由结缔组织组成，有的部分有腺体和淋巴组织。粘膜肌层为薄层平滑肌。**粘膜下层**由疏松结缔组织组成，含有比较大的血管、淋巴管和粘膜下神经丛，可使粘膜有一定的移动性。**肌层**除咽、食管上段与肛门的肌层为骨骼肌外，其余部分均为平滑肌组成。一般排列成两层，内层为环行，外层为纵行。**外膜**由薄层结缔组织构成，位于消化管的最外层，也称**浆膜**，表面光滑，可减少消化管蠕动时的相互摩擦。

2. 口腔 口腔是消化管的起始部，向后经咽峡与咽相通。口腔前为上、下唇，两侧为颊，上为腭，下为口底。**口唇**分为上唇和下唇，二者围成**口裂**。颊位于口腔两侧，内含颊肌，外被皮肤，内覆粘膜。**腭**是口腔的顶，分隔鼻腔与口腔（图9-3）。**硬腭**位于腭的前2/3，以骨腭为基础。**软腭**由硬腭向后下延伸的柔软部分，其后部向后下方下垂的部分称**腭帆**，后缘游离，正中有垂向下方的突起，称**腭垂**。自腭帆向两侧各有两条弓形粘膜皱襞，前外方的皱襞移行于舌根两外侧，称**腭舌弓**。后内方的皱襞向下移行于咽侧壁，称**腭咽弓**。腭垂、腭帆游离缘、两侧的腭舌弓及舌根共同围成**咽峡**，是口腔和咽的分界。

◆ 牙 牙嵌于上、下颌骨的牙槽内，分别排列成上、下牙弓。牙是人体内最坚硬的器官。牙分为牙冠、牙颈和牙根（图9-4）。暴露在口腔内的部分为**牙冠**，嵌入上、下颌骨牙槽内的部分为**牙根**，牙根和牙冠交界部分为**牙颈**，外有粘膜附着，称为**牙龈**。牙中间空腔

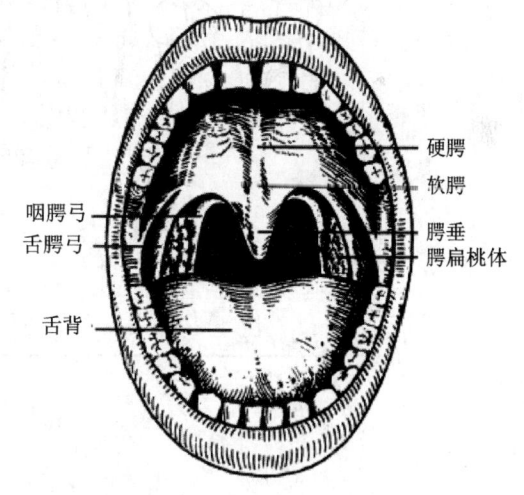

图9-3 口腔与咽峡

称**髓腔**。根据牙的形态和功能，可分为切牙、尖牙、前磨牙和磨牙。

第一组牙称**乳牙**，一般从出生后 6 个月开始陆续萌出，到 3 岁左右萌出完毕，共 20 颗。第二组牙为**恒牙**，6～7 岁第 1 恒磨牙首先萌出，乳牙开始脱落，约在 6～14 岁逐步萌出完毕（图 9-5）。第 3 磨牙到成年后长出，称智牙。

牙体组织由**牙本质、釉质、牙骨质**和**牙髓**组成（图 9-4）。牙本质构成牙的大部分。在牙冠部的牙本质外面覆有坚硬的釉质。在牙根的牙本质外面包有牙骨质。髓腔内有**牙髓**，由神经、血管和结缔组织共同组成。

◆ 舌　舌位于口腔底，以骨骼肌为基础，表面覆有粘膜，具有协助咀嚼、吞咽食物、感受味觉和辅助发音的功能。舌分**舌尖、舌体**和**舌根**三部分（图 9-6）。

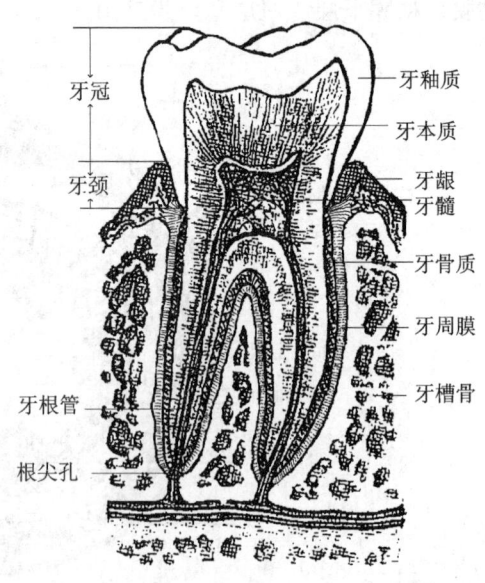

图 9-4　下颌第一磨牙矢状切面模式图

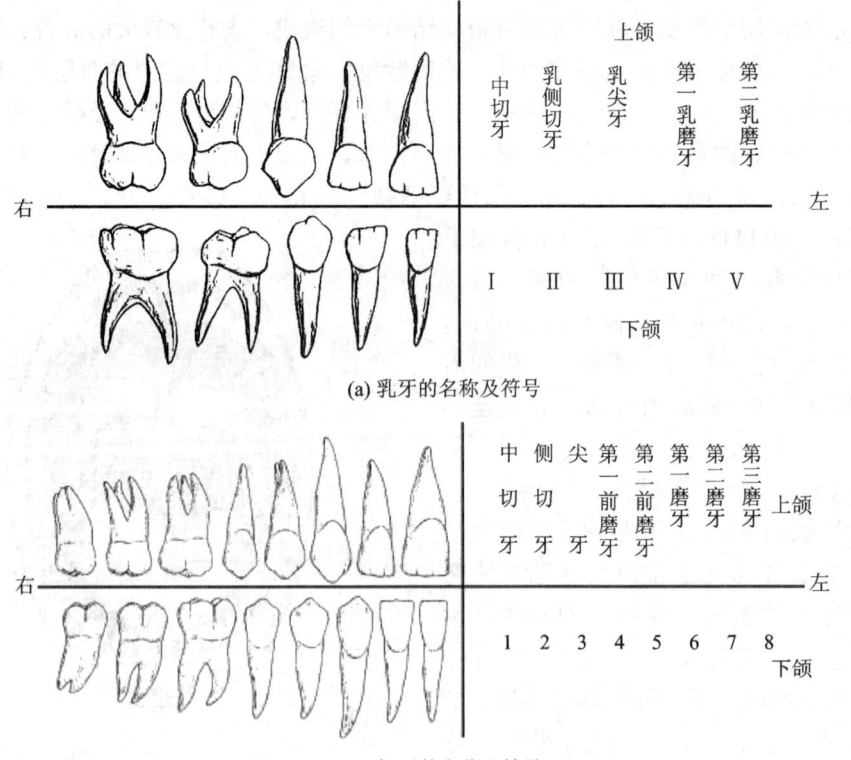

图 9-5　乳牙与恒牙的名称和符号

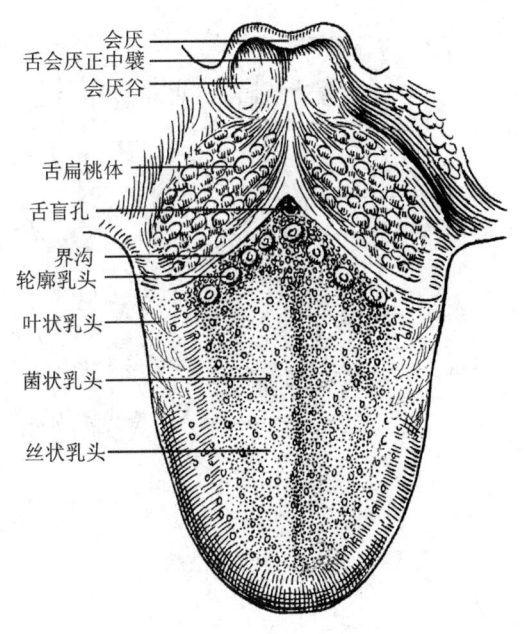

图 9-6 舌背

舌粘膜为淡红色，覆于舌的表面。舌背粘膜上有许多小突起，称**舌乳头**，依其形态的不同，一般分为四种：**丝状乳头**数量最多，呈白色丝绒状，几乎布满舌背前 2/3，无味蕾；**菌状乳头**体较大，呈红色，散在于丝状乳头之间；**叶状乳头**在舌外侧缘的后部，人类不发达；**轮廓乳头**体形最大，排列于界沟前方，约 7~11 个，乳头中央隆起，周围有环状沟。轮廓乳头、菌状乳头、叶状乳头以及软腭、会厌等处粘膜上皮内，含有味蕾，它是味觉感受器，有感受酸、甜、苦、咸等味觉功能。

舌下面（舌腹）的粘膜薄而光滑，在舌的中线处形成一粘膜皱襞，向下连于口底前部，称**舌系带**。在舌系带根部的两侧有一对小圆形隆起，称**舌下阜**。由舌下阜向口底后外侧延续成的粘膜皱襞为**舌下襞**。

舌肌为骨骼肌，可分为舌内肌和舌外肌两种。**舌内肌**起止均在舌内，其肌纤维分纵行、横形和垂直三种，收缩时，分别可使舌缩短、变窄或变薄。**舌外肌**起自舌周围各骨，止于舌内，共有三对，其中以**颏舌肌**，在临床上较为重要。两侧颏舌肌同时收缩，拉舌向前下方，即伸舌。单侧收缩时，使舌尖伸向对侧。

◆ **唾液腺** 唾液腺分泌唾液。有清洁口腔和帮助消化食物的功能。分为大唾液腺和小唾液腺两类（图 9-7）。**腮腺**略呈三角形，位于外耳道前下方。**腮腺管**自腮腺前缘发出，横过咬肌浅面，在咬肌的前缘穿过颊肌，开口于平对上颌第 2 磨牙的颊粘膜处。**下颌下腺**位于下颌骨内面，椭圆形，导管开口于舌下阜。**舌下腺**最小，位于口腔底舌下襞的深面。一条大导管开口于舌下阜；小导管开口于舌下襞表面。

3. **咽** 咽是前后略扁的漏斗形肌性管道，位于第 1~6 颈椎前方。其上方固定于颅底，下达第 6 颈椎下缘移行为食管。咽的后壁及侧壁完整，其前壁不完整。咽腔是消化管和呼吸道的共同通道。以腭帆游离缘与会厌上缘为界，咽腔可分为鼻咽、口咽和喉咽部（图 9-8）。

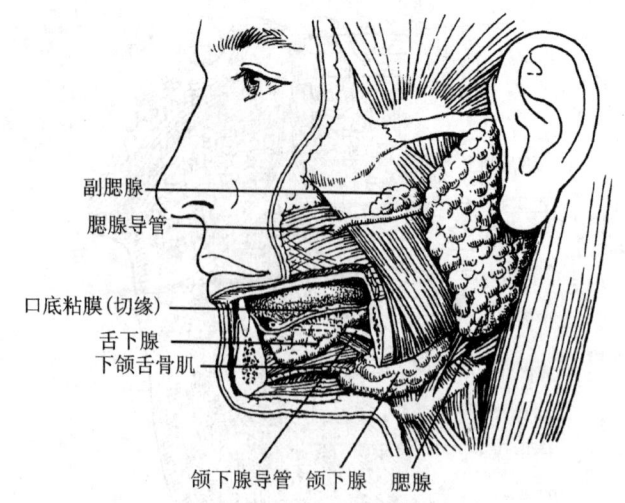

图 9-7 大唾液腺

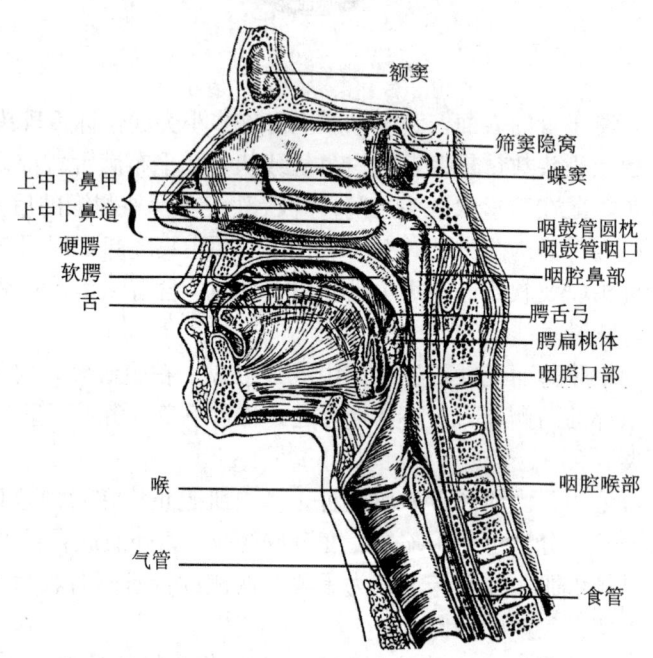

图 9-8 鼻腔、口腔、咽和喉的正中矢状切面

鼻咽位于鼻腔的后方，介于颅底与软腭之间，前经鼻后孔与鼻腔相通。鼻咽的两侧壁距下鼻甲后端之后约 1cm 处，有**咽鼓管咽口**。口咽位于口腔的后方，位于软腭至会厌上缘平面之间，向前经咽峡通口腔。口咽的外侧壁在腭舌弓与腭咽弓之间的凹陷称**扁桃体窝**，容纳腭扁桃体。喉咽位于喉的后方，位于会厌上缘至第 6 颈椎体下缘平面之间，向前经喉口与喉腔相通。

4. **食管** **食管**为前后扁平的肌性管道，上端起自咽下缘，下端与胃的贲门连接，食管全长约 25cm。按其行程可分为颈部、胸部和腹部。**颈部**较短，**胸部**最长，自胸骨颈静脉切迹至膈的食管裂孔，长约18～20cm。腹部最短，自食管裂孔至胃贲门。

食管全长有三个生理性狭窄。第一狭窄在咽与食管相续处；第二狭窄在食管与左主支气管交叉处；第三狭窄为食管通过膈的食管裂孔处，距中切牙约40cm。

5. 胃　胃是消化管最膨大的部分，上接食管，下续十二指肠。胃有分泌胃液，容纳和初步消化食物以及内分泌功能。成年人胃容量约1500ml，新生儿约为30ml。

◆ **胃的形态和分部**　胃上缘较短，凹向右上方，称为**胃小弯**，其最低处弯曲成角状，称**角切迹**，是胃体与幽门部在胃小弯的分界。下缘较长，凸向左下方，称**胃大弯**。胃的上口称**贲门**，接食管。胃的下口连接十二指肠处，称**幽门**，此处胃壁环行肌增厚形成幽门括约肌（图9-9）。

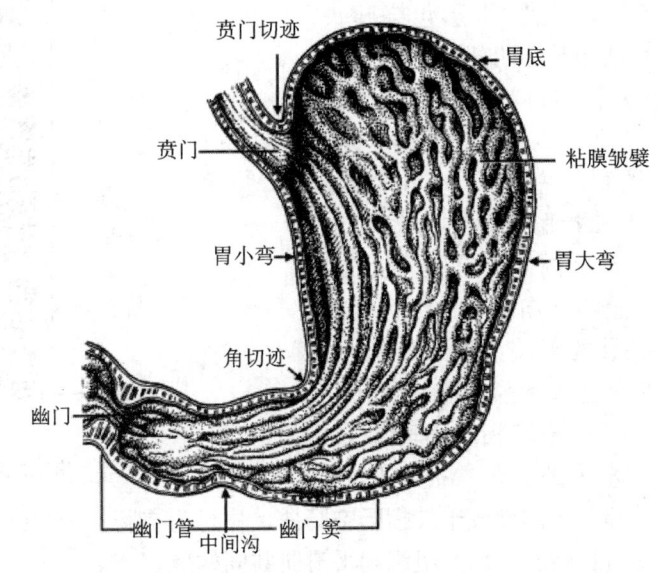

图9-9　胃的形态

胃可分为贲门部、胃底、胃体与幽门部4部分，胃贲门周围的部分称贲门部；自贲门平面向左上方膨出的部分称**胃底**；胃的中间部分称**胃体**；位于角切迹与幽门之间的部分称**幽门部**。

◆ **胃的位置**　胃大部分位于左季肋区，小部分位于腹上区。

◆ **胃壁的微细结构**　胃壁的结构也分粘膜、粘膜下层、肌层和浆膜四层（图9-10）。

粘膜　胃粘膜层柔软，血供丰富，呈橙红色。空虚时形成许多皱襞。上皮为单层柱状，被复于粘膜的表面，顶部充满粘原颗粒，排出后形成粘液，覆盖在粘膜表面形成胃粘液屏障，可防止高浓度盐酸与胃蛋白酶对胃粘膜的损伤。固有层内充满胃腺，根据部位和结构不同，胃腺分贲门腺、胃底腺和幽门腺。贲门腺位于贲门部，分泌粘液与溶菌酶。幽门腺位于幽门部，分泌粘液。胃底腺位于胃底和胃体，数量最多，功能最重要，是分泌胃液的主要腺体。胃底腺主要由三种腺细胞组成，即主细胞、壁细胞和颈粘液细胞。**主细胞**又称胃酶细胞，细胞顶部的胞质中含有酶原颗粒，其主要功能是分泌胃蛋白酶原参与消化蛋白质。**壁细胞**因能分泌盐酸又称盐酸细胞，**颈粘液细胞**可产生粘液，对胃粘膜起保护作用，还可不断增生以增补脱落的上皮细胞。固有层深面的粘膜肌层分内环、外纵两层很薄的平滑肌。

粘膜下层　为疏松结缔组织，内含较大的血管、淋巴管及粘膜下神经丛。

肌层 较厚，由内向外依次为"斜、环和纵"三层平滑肌纤维组成。其中环层最发达，在幽门处特别增强，形成**幽门括约肌**。有延缓胃内容物排空和防止肠内容物逆流至胃的作用。

外膜 为浆膜。

6. **小肠** 小肠是消化管中最长的部分，成人长约5～7m。小肠上起幽门，下接盲肠，分十二指肠、空肠与回肠三部。

◆ **十二指肠** **十二指肠**介于胃与空肠之间，成人长度为20～25cm，呈"C"形包绕胰头，分上部、降部、水平部和升部四部（图9-11）。

上部起自胃的幽门，行向右后方，至胆囊颈附近急转向下移行为降部。十二指肠上部近幽门约2.5cm一段肠管，壁较薄，临床称此段为**十二指肠球**，是十二指肠溃疡的好发部位。**降部**左侧紧贴胰头，其后内侧壁有胆总管沿其外面下行，致使粘膜呈略凸向肠腔的纵行隆起，称**十二指肠纵襞**。纵襞的下端为圆形隆起，称**十二指肠大乳头**，是胆总管和胰管的共同开口。大乳头稍上方，有时可见**十二指肠小乳头**，是副胰管的开口之处。**水平部**自十二指肠下曲起

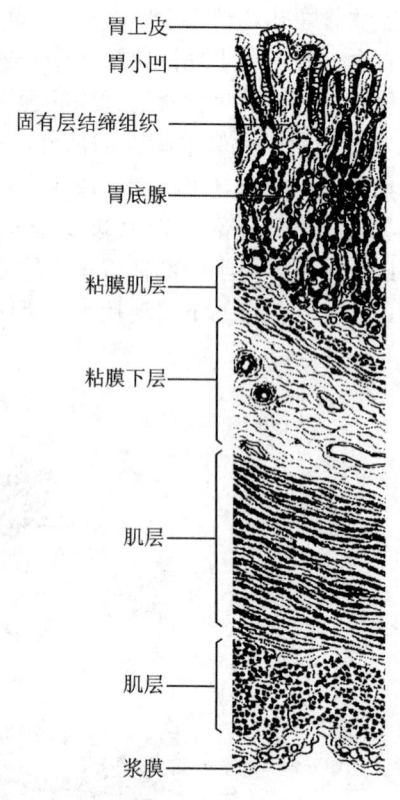

图9-10 胃底组织横切面

始，向左横行续于升部。**升部**形成**十二指肠空肠曲**，移行为空肠。十二指肠空肠曲由**十二指肠悬肌**连于右膈脚，由骨骼肌、结缔组织和平滑肌共同构成。

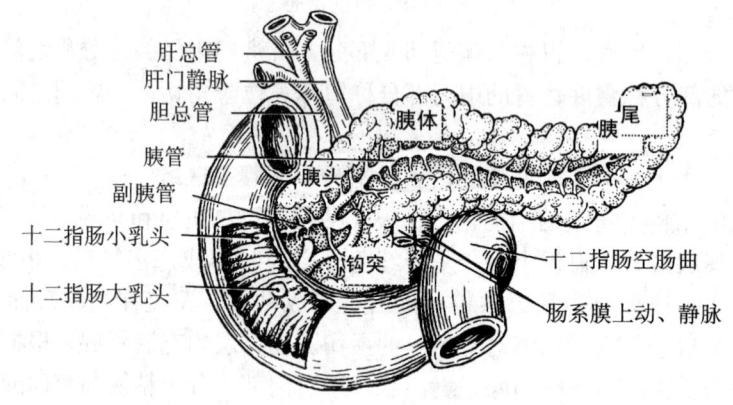

图9-11 胆道、十二指肠和胰

◆ **空肠与回肠** **空肠**占据腹腔的左上部，管径较粗，管壁较厚，血管较多。**回肠**位于腹腔右下部，部分位于盆腔，回肠管径较细，管壁较薄。

◆ **小肠壁的微细结构** 小肠壁的结构特点主要表现在粘膜。

皱襞 小肠各段内面，除十二指肠起始段一般较光滑外，其余各部多布满环行皱襞，小

肠近端的环行皱襞高而密，向远端则逐渐减少变低，至回肠末端则变成纵形皱襞。

肠绒毛 粘膜表面有许多细小的指状突起，称**绒毛**，长约0.5～1.5mm，形状不一，十二肠和空肠的绒毛高而密，回肠的绒毛则较低而稀疏。绒毛是由粘膜的上皮和固有层向肠腔内突出而成（图9-23）。绒毛的中心是固有层，表面被有单层柱状上皮，上皮细胞由柱状细胞和杯状细胞组成。**柱状细胞**数量最多，呈高柱状，核椭圆形，位于基底部，也称吸收细胞。每个柱状上皮细胞的游离面由许多梳子状排列的上千微绒毛构成，称**纹状缘**。环行皱襞、绒毛、微绒毛使小肠腔内表面积扩大了400～600倍，有利于小肠的吸收功能。**杯状细胞**数量少于柱状细胞，散在于柱状细胞之间。杯状细胞分泌粘液，附于上皮表面，有润滑和保护作用。

绒毛的固有层内，含有丰富的毛细血管、毛细淋巴管、神经纤维和散在的平滑肌纤维。在绒毛的中轴内有1～2条纵行的、以盲端起始的毛细淋巴管，称**中央乳糜管**，绒毛中轴内平滑肌纤维的舒缩，可使绒毛发生伸缩运动，以促进营养物质的吸收和运输。

肠腺 是绒毛根部的上皮向固有层内下陷形成的管状腺，腺管开口于绒毛根部之间。柱状细胞是肠腺的主要细胞，可分泌多种消化酶。

小肠固有层内还散布着许都多淋巴组织。有产生淋巴细胞、抗体和吞噬病菌等功能。空肠有孤立淋巴滤泡，呈卵圆形，大小不一，有的很小，肉眼不易看到；回肠有集合淋巴滤泡，回肠下段更为多见。

7. **大肠** **大肠**全长约1.5m，分盲肠、阑尾、结肠、直肠和肛管。它的主要功能是吸收水分，分泌粘液，形成和排除粪便。

结肠和盲肠具有三种特征性结构，即结肠带、结肠袋和肠脂垂。**结肠带**由肠壁的纵行肌增厚而成，有三条，沿肠的纵轴排列，汇集于阑尾根部。**结肠袋**的形成是由于结肠带较肠管短，使肠管形成许多由横沟隔开的囊状突出。**肠脂垂**为沿结肠带两侧分布的许多小突起，由浆膜及其所包含的脂肪组织形成。

◆ **盲肠** **盲肠**位于右髂窝内，为大肠的起始，左侧与回肠末端相连，长约6～8cm，上续升结肠。回肠末端突入盲肠的开口称为回盲口。此处肠壁内的环行肌增厚，并覆以粘膜，形成的上、下两个半月形的皱襞称为**回盲瓣**。此瓣的作用为控制小肠内容物进入盲肠的速度，并可防止盲肠内容物逆流到回肠。在回盲口下方约2cm处，有阑尾的开口。

◆ **阑尾** **阑尾**是连于盲肠末端的后内侧壁，形似蚯蚓，长6～8cm，末端为盲端。阑尾根部的体表投影，通常以脐与右侧髂前上棘连线的中、外1/3交点处，称McBurney点。

◆ **结肠** **结肠**在右髂窝内始于盲肠，在第3骶椎平面终于直肠。呈方框状包围于空肠和回肠周围，可分为升结肠、横结肠、降结肠和乙状结肠四部（图9-12）。

升结肠自右髂窝回盲口上方开始，沿右侧腹后壁上升，至肝右叶下面，左转形成结肠右曲或称**肝曲**。**横结肠**起自结肠右曲，向左横行，至左季肋区脾内侧下方，折向前下称**结肠左曲**或**脾曲**。**降结肠**自结肠左曲起，至左髂嵴处续于乙状结肠。升结肠和降结肠后面借结缔组织固定于腹后壁，仅前面及两侧覆有腹膜，活动度甚小。降结肠的肠腔内，一般不储留内容物，因此，它的管径较升结肠、横结肠和降结肠明显缩细，管壁相对增厚。**乙状结肠**自左髂嵴水平开始，沿左髂窝转入盆腔内，全长呈"乙"字形弯曲，至第3骶椎平面续于直肠。

8. **直肠与肛管** **直肠**长约10～14cm，位于小骨盆腔的后部、骶骨的前方。其上端在第3骶椎平面与乙状结肠相接，沿骶骨和尾骨前面下行，穿过盆膈移行于肛管。直肠下部肠腔

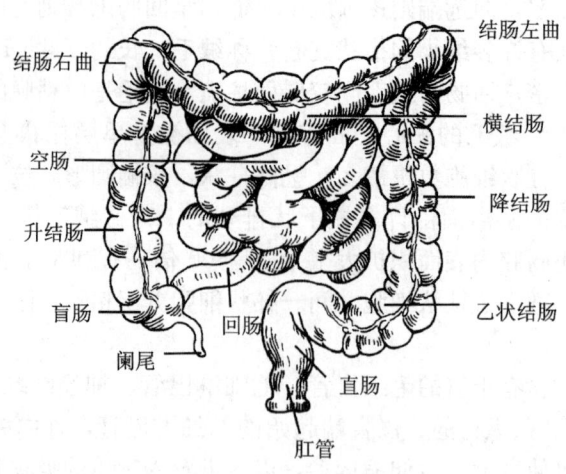

图 9-12 小肠和大肠

膨大，称**直肠壶腹**。

肛管是盆膈以下的消化管，长约 4cm。肛管内面有 6～10 条纵行的粘膜皱襞，称**肛柱**，柱内有动、静脉及纵行肌。肛门是肛管的下口，为一前后纵行的裂孔。环绕肛管周围有肛门内、外括约肌环绕。**肛门内括约肌**属平滑肌，是肠壁环行肌增厚而成，有协助排便的作用。**肛门外括约肌**为骨骼肌，围绕肛门内括约肌的外下方，控制排便。

二、消化腺

人体的大消化腺除三对大唾液腺外，还有肝和胰。

1. **肝** 肝是人体最大的腺体，血管极为丰富，呈红褐色，肝质柔软而脆弱。肝接受双重的血液，除接受肝动脉外，还接受肝门静脉的注入。胎儿和新生儿的肝相对较大。肝具有代谢、储存糖原、解毒、分泌胆汁及吞噬防御等功能。胚胎时期，肝还是造血器官之一。

◆ **肝的外形** 肝呈不规则的楔形，可分为膈面、脏面和下缘（图 9-13）。**膈面**向上隆

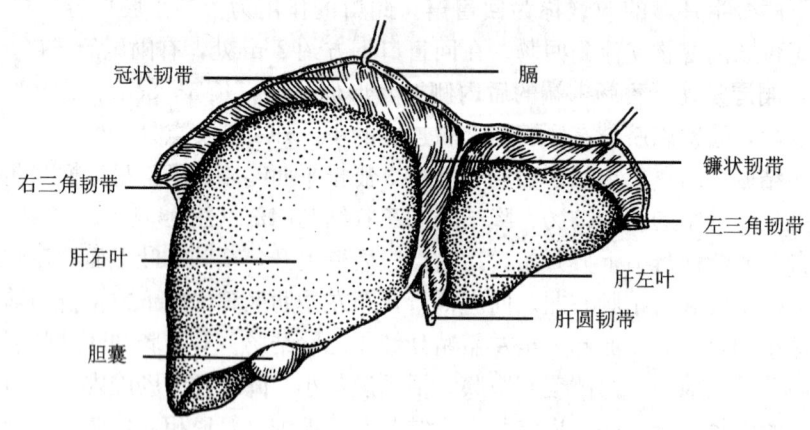

图 9-13 肝的膈面和脏面

凸，贴于膈下，膈面的前部借镰状韧带分成厚而大的**肝右叶**与较薄而小的**肝左叶**。**脏面**朝向下后方。脏面中部有**肝门**，其内有肝固有动脉左、右支，肝左、右管，肝门静脉左、右支以及神经和淋巴管出入，这些结构被结缔组织包绕，共同构成**肝蒂**。

肝下缘是肝的脏面与膈面之间的分界，后缘及右缘钝圆；前缘及左缘锐利。前缘左侧部**脐切迹**有肝圆韧带通过；右侧部有**胆囊切迹**，胆囊底常在此处露出。

◆ 肝的位置　肝大部分位于右季肋区和腹上区，小部分位于左季肋区，被胸廓所掩盖，仅在腹上区左、右肋弓间露出，小部分露出于剑突之下而直接接触腹前壁。肝的上界与膈穹窿一致，肝下缘与右肋弓一致，在腹上区左、右肋弓间，肝下缘居剑突下约3cm。

◆ 肝内结构　肝的表面被覆一层由致密结缔组织构成的被膜，在肝门处被膜的结缔组织随血管、神经和肝管进入肝内，将肝实质分成许多棱柱状的肝小叶（图9-14）。

肝小叶　**肝小叶**是肝的基本结构，由肝细胞组成。在肝小叶的中轴有一条贯穿肝小叶的血管，称**中央静脉**。肝细胞以中央静脉为中心向周围呈放射状排列，肝细胞呈多边形，核位于细胞中央，肝细胞内含有各种细胞器，线粒体布满胞质内，供给肝细胞活动的能量。内质网靠近胆小管排列，与分泌胆汁有关。粗面内质网能合成多种蛋白质如血中的白蛋白、纤维蛋白原等；滑面内质网与糖原的代谢、固醇类物质的代谢以及解毒功

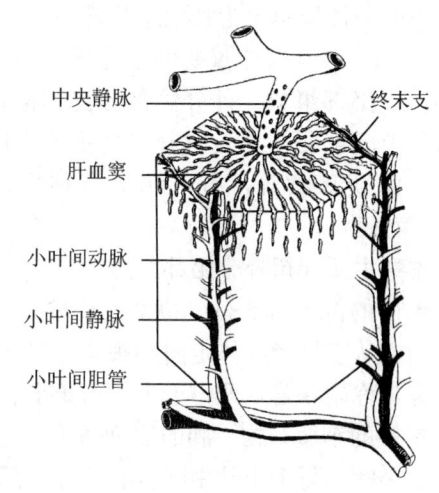

图9-14　肝小叶模式图

能有关。溶酶体是细胞的消化器。肝细胞的内含物主要有糖类和脂类，内含物的多少与肝细胞的生理状态有直接关系。肝细胞可向胆小管分泌胆汁。

胆小管是位于肝细胞之间的小管，肝细胞分泌胆汁，直接进入胆小管。胆小管以盲端起始于中央静脉附近，呈放射状通向肝小叶周围，然后出肝小叶汇集成小叶间胆管。

肝血窦是肝小叶的毛细血管网。流入肝脏的血液必经血窦。窦壁由有孔的内皮细胞围成，血浆成分可自由通过，有利于肝细胞与血窦间的物质交换。肝血窦内有肝巨噬细胞，具有吞噬能力，故肝有防御功能。肝血窦接纳小叶间动脉和小叶间静脉来的血液，然后流入中央静脉。

肝的血液来源有门静脉和肝动脉，肝门静脉在肝门处分为左右两支，分别进入肝的左右两叶，在小叶间结缔组织内反复分支形成小叶间静脉，其分支与肝血窦相连。肝动脉分支为小叶间动脉，其分支进入肝血窦。肝血窦的血液流入中央静脉再汇合成小叶下静脉，若干小叶下静脉再汇集成2~3支肝静脉，出肝后入下腔静脉。

胆汁由肝细胞产生，经肝内各级胆管收集，出肝门后，再经肝外胆道输送到十二指肠。肝外胆道包括肝左管、肝右管、肝总管、胆囊管、胆囊与胆总管（图9-15）。

◆ 胆囊　胆囊是储存和浓缩胆汁的器官，呈长茄形，容量40~60ml，位于肝的胆囊窝内，借结缔组织与肝相连。

胆总管起自肝总管与胆囊管的汇合处，经胰头与十二指肠降部之间，在此处与胰管汇

合，共同斜穿十二指肠降部后内侧壁，两者汇合处形成略膨大的**肝胰壶腹**，开口于十二指肠大乳头。在肝胰壶腹周围有环行平滑肌包绕，称**肝胰壶腹括约肌**（Oddi 括约肌），可控制胆汁和胰汁的排除。肝胰壶腹括约肌平时保持收缩状态，由肝细胞分泌的胆汁，经肝左、右管，肝总管和胆囊管进入胆囊储存；进食后，尤其高脂肪食物，胆囊收缩，肝胰壶腹括约肌舒张，胆囊内的胆汁经胆囊管和胆总管排入十二指肠。

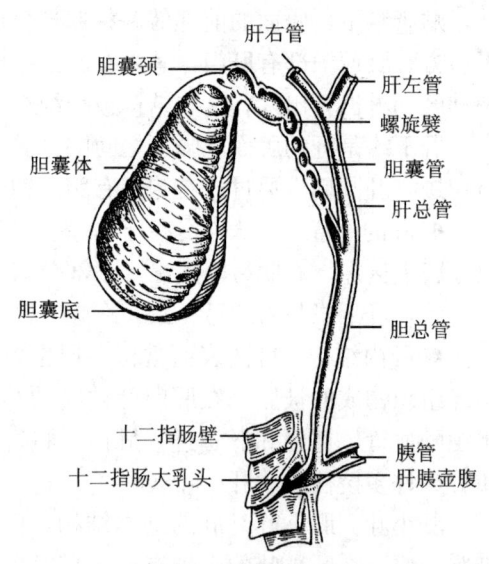

图 9-15 胆囊及输胆管道

2. **胰** 胰是人体重要的消化腺，由外分泌部和内分泌部组成。外分泌部分泌胰液，在消化过程中起重要作用。内分泌部主要由胰岛组成，分泌胰岛素等，参与调节多种生理功能（参见第五章）。

本章主要介绍外分泌部。

◆ **胰的位置与形态** 胰呈三棱柱状，质地柔软。胰可分头、体、尾三部。**胰管**位于胰实质内，从胰尾经胰体走向胰头，开口于十二指肠大乳头。在胰头上部常有一小管，行于胰管上方，称副胰管，开口于十二指肠小乳头。

◆ **胰的细微结构** 胰的表面覆有一薄层结缔组织，结缔组织深入胰内，将胰的实质分成许多小叶，每个小叶中既含有外分泌部又含有内分泌部。

外分泌部 占胰的绝大部分，由腺泡和导管两部分组成。腺泡由浆液性腺细胞构成，细胞呈锥体形，位于细胞的基底部，腺细胞顶部的胞质中，内含酶原颗粒。导管起始于腺泡，直接连于小叶内导管，由单层立方上皮围成。

复习思考题

1. 舌的形态和粘膜有哪些特征？
2. 简述大唾液腺的位置、形态和腺管的开口部位。
3. 简述食管的分部和三个狭窄的位置。
4. 简述十二指肠的形态和分部。
5. 简述大肠的组成。
6. 简述肝的形态和位置。
7. 简述输胆管道的组成，胆汁产生的部位和排出的途径。
8. 简述胰的位置、形态和分部。

（王雨生）

第二节 消化管运动与消化腺分泌

消化系统对食物的分解是通过消化管运动和消化腺分泌的消化液实现的，因此消化的方式分械性消化和化学性消化。**机械性消化**是通过消化管肌肉的舒缩活动磨碎食物，使食物与消化液充分混合，同时将食物不断向消化管的远端推送。在此过程食物只是改变性状而未改变化学本质，也称物理性消化。**化学性消化**是通过消化腺分泌的各种消化酶，将大分子的物质分解成小分子物质的过程。如，胰液中的胰脂肪酶可分解脂肪为脂肪酸、一酰甘油、甘油，食物的化学本质发生改变。化学性消化和机械性消化相互配合，同时进行，但化学性消化起决定性作用。不能被消化和吸收的食物残渣，最后以粪便的形式排出体外。

一、消化管的运动

消化管壁肌层的平滑肌是消化管进行机械性消化的基础。

1. 消化管平滑肌活动的一般特征　消化管平滑肌的收缩、舒张是消化功能得以正常进行的基础。消化管平滑肌具有肌肉组织的共同特性，如兴奋性、传导性和收缩性，同时表现自身的特征。

◆ 兴奋性低，收缩缓慢。消化管平滑肌的兴奋性比骨骼肌和心肌低，收缩的潜伏期、缩短期和舒张期均较长。

◆ 富有伸展性。消化管平滑肌伸展最长时可达到原来的几倍，这使中空的消化器官，特别是胃能容纳大量的食物而不发生明显的压力变化和运动障碍。

◆ 紧张性收缩。消化管平滑肌经常保持一种微弱的持续的收缩状态，使消化管管腔内经常保持一定的压力，并使各消化器官保持一定的形状和位置。消化管平滑肌的紧张性在无神经、体液的作用下仍然存在。

◆ 自动节律性运动。消化管平滑肌能进行自动节律性运动，但其收缩缓慢，频率低，节律性远远不如心肌规则。

◆ 对化学、温度和机械牵拉刺激较为敏感。消化管平滑肌对电刺激不太敏感，但对化学、温度、机械牵拉刺激特别敏感，轻微的刺激常可引起强烈的收缩。

2. 口腔运动　消化过程由口腔开始。食物在口腔内经过咀嚼被磨碎，并经舌的搅拌使食物与唾液混合成食团，然后吞咽经食管入胃。

◆ 咀嚼　咀嚼是由咀嚼肌顺序收缩完成的机械性消化运动。咀嚼的作用是：①使大块食物切割、磨碎为较小质块。②使食物与唾液混合以形成食团便于吞咽，且有利于化学性消化的进行。

咀嚼肌包括咬肌、颞肌和内外翼状肌等。这些肌肉的节律性收缩使上、下牙列相互接触，对食物施加高达 15～20kg 的压力。咀嚼肌属于骨骼肌，受意识控制可以随意进行咀嚼，但是大部分动作仍是中枢控制的节律性运动。

咀嚼时，食物对视觉、嗅觉、味觉感受器以及对口腔、咽部粘膜感受器的刺激，还能反射性地引起唾液、胃液、胰液、肝胆汁的分泌和胃、胆囊活动的变化以及胰岛素的分泌等反应，为以后的消化过程和代谢过程准备有利条件。

◆ 吞咽　吞咽是固体食团或液体从口腔进入胃内的复杂反射活动。吞咽由口腔、咽及食管的运动共同完成。根据食团在吞咽时所经过的解剖部位分为连续的三期：

第一期由口腔至咽。这是在大脑皮层的控制下的随意动作。在此期舌的运动很重要。开始时舌从舌尖至舌后部依次上举触及硬腭，把食团由舌背推至咽部。然后主要由下颌舌骨肌的收缩，把食团推向软腭后方而至咽部。

第二期由咽到食管上段。在咽部消化管和呼吸道相交叉，吞咽时一方面要推送食物通过咽部进入食管，另一方面要避免食物误入呼吸道。通过一系列急速的反射动作使软腭上举，咽后壁向前突出，封闭了鼻咽通路；声带内收，喉头上举并且向前贴近会厌，封闭咽与气管之间的通路，呼吸暂停；喉头前移，食管上口张开，食团从咽被挤入食管。反射动作是由于食团刺激了软腭部的感受器引起舌根部和咽缩肌的收缩来完成。这一期是不随意的反射活动，不咽东西便不能引发此期的动作，一旦启动则不能中途停止。

第三期由食管至胃。此期由食管肌肉的顺序收缩来完成。食管肌肉的顺序收缩，产生一种向前推进的波形运动，称为**蠕动**。在食团的下端食管平滑肌舒张（舒张波），上端收缩（收缩波）食团被挤入食管的舒张部分，由于蠕动波不断下移，食团被渐渐推向下部（图9-16）。

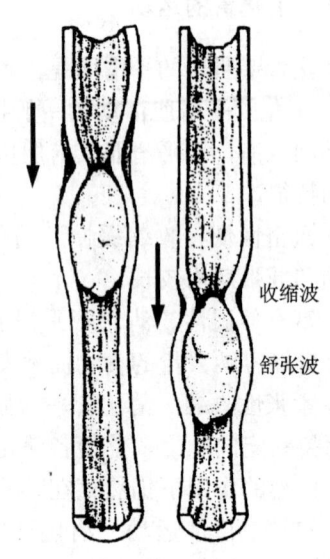

图9-16 食管的蠕动

在食管和胃贲门连接处以上存在着一个长约4cm的生理高压区，其内压力比胃高出5～10mmHg，称为**下食管括约肌**。吞咽动作开始后约1秒钟，食团还没有到达食管下部时，由于食物刺激食管壁上的机械感受器，反射性地引起下食管括约肌舒张，以允许食物进入胃内。而食物入胃以后，刺激幽门部粘膜释放促胃液素则能引起下食管括约肌的收缩。由于它经常处于闭合状态，具有防止胃内容物返流的功能。当下食管括约肌张力减弱时，其屏障作用减弱，胃内容物返流，引起食管粘膜炎性病变而诱发反流性食管炎。

3. 胃运动　胃的功能在于储存和磨碎食物，并使食物与胃液充分混合，直至成为半流体的食糜才以适宜的速度间断、小量地排入小肠。

胃在非消化期只有一定的紧张性而无明显运动，进入消化期以后才出现明显的运动。

◆ 胃的运动形式　胃运动主要有容受性舒张、紧张性收缩和蠕动三种形式。

在咀嚼和吞咽时，由于刺激了口腔、咽、食管等处的感受器，反射性引起胃头区平滑肌舒张的运动形式，称为**容受性舒张**。容受性舒张的生理意义是使胃的容量适应大量食物的涌入，而同时又保持胃内压基本不变，以适应容纳和储存食物的功能。

胃被充满以后，逐渐恢复紧张性收缩，并在食物的消化过程中逐渐加强，保持胃腔内具有一定的基础压力，有助于胃液渗入食物并推动胃内容物向幽门方向移动。

食物入胃内约5分钟即出现蠕动。蠕动由胃中部开始，向幽门方向推行，约每分钟3次。蠕动波初起时比较小，在向幽门传播过程中，其深度和速度都逐渐增加，接近幽门时明显加强，此时幽门开放，可将约1～2ml食糜排入十二指肠。而固体食物不能通过，仍保留在胃内进行反复研磨，与胃液部分充分混合成为食糜后才排入十二指肠。胃蠕动的意义在于一方面使食物和胃液充分混合，以利于食物的消化；另一方面则可粉碎食物，并推进胃内容物通过幽门向十二指肠移行。

◆ 胃排空及其控制　食物由胃间断排入十二指肠的过程称**胃排空**，在食物入胃后5分钟就开始。不同食物排空速度不同，与食物的物理性状和化学组成有关。流质食物排空快，糖类排空时间较蛋白质短，脂肪最慢。混合食物完全排空约需4～6h。

胃排空的动力来源于胃的收缩运动。胃内压大于十二指肠内压，压力差足以克服幽门阻力时才发生排空。排空的速度受来自胃和十二指肠两方面因素的控制，十二指肠内容物对胃运动的抑制作用是调节胃排空的主要方面。

促进排空的因素　胃内容物对胃的机械扩张刺激通过壁内神经丛及迷走-迷走反射，使胃运动加强。机械性扩张刺激和食物的化学成分还可引起胃窦粘膜释放促胃液素，加强胃的运动，使胃内压＞十二指肠内压，促进胃排空。

抑制排空的因素　进入十二指肠的胃内容物反过来抑制胃运动及胃排空。酸、脂肪、渗透压过高或过低及牵张等可刺激十二指肠壁的相应感受器，反射性抑制胃运动，使胃内压＜十二指肠内压，胃排空减慢，此反射被称为肠胃反射。十二指肠内容物对胃排空的抑制还可通过激素来实现。进入十二指肠的酸性或脂肪食糜可引起小肠粘膜释放促胰液素、抑胃肽等抑制胃运动，延缓胃排空。

随着十二指肠内盐酸被中和，消化产物被吸收，解除了抑制胃排空的因素，使胃运动又逐渐增强，又推送另一部分食糜进入十二指肠，如此反复，使胃的排空适应小肠内消化和吸收的速度，直至食糜完全进入小肠。

◆ **呕吐**　**呕吐**是指胃、肠内容物通过食管从口腔被强烈驱出的反射性活动，可由机械和化学刺激作用于多处感受器而引起。舌根、咽部、胃、大小肠、总胆管、泌尿生殖等处的感受器受到刺激都可引起呕吐，也可由视觉和内耳前庭感觉的改变而引起。这些部位的传入冲动到达位于延髓的呕吐中枢，由中枢发出冲动，沿迷走神经、交感神经、膈神经、脊神经等传至胃、小肠、膈肌、腹肌等处。

呕吐时，先是深呼吸，声门紧闭；随着，胃和食管下端舒张，膈肌和腹壁肌猛烈收缩，从而挤压胃内容物通过食管进入口腔。同时，十二指肠和空肠上段的运动强烈，蠕动加速，并可转为痉挛。由于胃舒张而十二指肠收缩，压力差倒转，十二指肠内容物倒流入胃，所以呕吐物中常有胆汁和小肠液。呕吐是具有保护意义的防御性反射，可将胃内有害的物质排出。但呕吐对人体也有其不利的一面，长期剧烈的呕吐，影响正常进食和消化，并使消化液大量丢失，造成体内水、电解质和酸碱平衡紊乱。

4．小肠运动　空腹时小肠运动很弱，当食糜进入小肠后小肠运动立即增强。

◆ **紧张性收缩**　小肠平滑肌的紧张性收缩是进行其它形式运动的基础。当小肠紧张性降低时，肠腔易于扩张，肠内容物的混合无力、运转减慢；相反，当小肠紧张性升高时，有利于消化液渗透到食物中，促进化学消化，食糜在小肠内的混合和运转就加快。

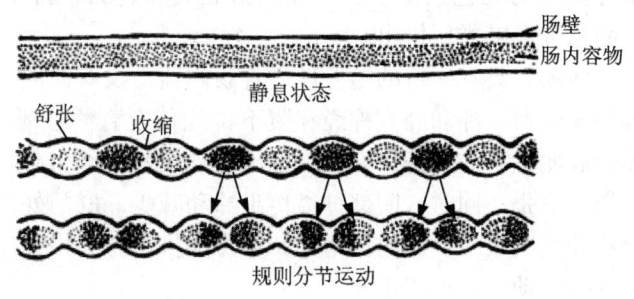

图 9-17　小肠的分节运动

◆ **分节运动** **分节运动**是以小肠环行肌运动为主进行的节段性、节律性的交替舒缩运动（图9-17）。在食糜所在的一段肠管上环行肌在多点上同时收缩，把食糜分割成许多节段，数秒钟后，原收缩处又同时舒张，而原舒张处收缩，使每个节段又分为两半，而邻近的两半就会合拢来又形成一新节段，如此有节律地交替轮换，这样食糜得以不断地分开，又不断地混合。在空腹时分节运动几乎不存在，进食后才逐渐变强。分节运动的推进作用很小，由蠕动波把食糜推进一步，换一段新肠管又进行分节运动。

分节运动的意义在于：①使食糜与消化液充分混合，便于化学性消化；②使食糜与肠壁紧密接触，有助于吸收；③挤压肠壁有助于血液和淋巴的回流。

◆ **蠕动** 小肠任何部位都可以发生蠕动，小肠的蠕动速度很慢，约0.5~2cm/s。每次蠕动波只将食糜推进数厘米后即消失。此外，进食吞咽动作及食糜进入十二指肠或者小肠粘膜受到强烈的刺激时可以发生一种常见的进行速度很快（约2~25cm/s），而传播较远的**蠕动冲**。蠕动冲是一种很强的蠕动波，可将食糜从小肠始端一直推送到小肠末端，甚至达大肠。

蠕动的意义在于使经过分节运动的食糜向前推进一步，达到一个新肠段，再开始分节运动。

5. **大肠运动和排便** 大肠的运动少而慢，对刺激的反应也较迟钝。这些特点有利于粪便的形成和储存。

◆ **大肠的运动形式** 大肠的运动形式主要有三种：①袋状往返运动是由环行肌无规律地收缩所引起，使结肠袋中的内容物向两个方向做短距离的位移。这种运动不能使肠内容物向前推进，但有缓慢的揉搓作用，促进水的吸收，是空腹时最多见的一种运动形式；②分节或多袋推进运动是一个结肠袋或一段结肠收缩，其内容物被推移到下一段结肠的运动，进食是增加这种运动的主要生理性刺激；③大肠蠕动由一些稳定向前的蠕动波组成。收缩波前端的肌肉舒张，往往充有气体，后端肌肉收缩，可使肠腔闭合，并将其中内容物挤走。

此外，在大肠还有一种行进很快，前进很远收缩强烈的**集团蠕动**，在饭后容易出现。集团蠕动通常开始于横结肠，可将一部分大肠内容物推送至降结肠或乙状结肠。集团蠕动可能是胃内容物进入十二指肠，由十二指肠结肠反射所引起。

◆ **排便** 经过小肠的消化和吸收后，未被吸收的食物残渣进入大肠，经细菌的作用发酵和腐败，最后形成粪便，粪便排出体外，完成消化过程。

粪便成分很复杂，除食物残渣外，还包括脱落的肠上皮细胞和大量细菌。此外，机体代谢后的废物，包括由肝排出的胆色素衍生物，以及由血液通过肠壁排至肠腔中的某些重金属，如钙、镁、汞等的盐类也随粪便排出。

排便动作是反射性活动，具有一定的随意性。直肠内通常没有粪便。当粪便被推入直肠时，可刺激直肠壁内的感受器，冲动经盆神经和腹下神经传至脊髓腰骶段的初级排便中枢，同时上传到大脑皮质引起便意，如果条件许可，传出冲动经盆神经引起降结肠、乙状结肠和直肠收缩，肛门内括约肌舒张；同时，阴部神经传出冲动减少，肛门外括约肌舒张，使粪便排出体外。此外，膈肌和腹肌收缩，腹内压增加，可协助排便。如果条件不许可，皮层发出冲动，抑制初级排便中枢活动，可抑制排便。

正常人的直肠对粪便的压力刺激有一定的阈值，当达到此阈值时则可引起便意。如果经常有意抑制排便，即使阈值升高，使粪便在肠腔内停留时间过久，水分过度吸收而变得过于干硬，不易排出而造成**便秘**。

◆ 大肠内细菌的活动　据估计，粪便中的细菌，可占到粪便重量的20%～30%。细菌主要来自食物和空气，由口腔入胃的细菌大部分被胃酸杀死，少量能到大肠。由于结肠内容物移动缓慢，温度和酸碱度适宜，细菌得以在大肠内大量繁殖。细菌中含有能分解食物残渣的酶，使糖和脂肪发酵、蛋白质腐败，形成粪便。细菌分解蛋白质所产生的产物有的有毒性，可能引起机体中毒。对人体有益的是大肠内的细菌能利用肠内较为简单的物质，合成维生素B复合物和维生素K，吸收后有营养作用。如果长期服用广谱抗生素，可抑制或杀死大肠内大量细菌，有可能引起维生素B或K缺乏。

◆ 食物纤维素对肠功能的影响　研究证明，适当增加纤维素的摄取有增进健康，预防便秘、痔疮、结肠癌等疾病的作用。食物中纤维素对胃肠功能的影响主要有以下方面：大部分多糖纤维能与水结合而形成凝胶，从而限制了水的吸收，并使肠内容物容积膨胀加大；纤维素能刺激肠运动，缩短粪便在肠内停留时间和增加粪便容积；纤维素可降低食物中热量的比率，减少含能物质的摄取，从而有助于纠正不正常的肥胖。

二、消化腺的分泌

1. **消化腺**　消化腺有大小两种类型。小型腺体分布于消化管各段的管壁内，如唇腺、舌腺、食管腺、胃腺等；大型消化腺位于消化管壁之外，有大唾液腺、胰腺和肝脏，均以导管连通并开口于消化管腔内。腺体由分泌部和导管部组成。分泌部即腺泡，分泌消化酶或粘液等成分组成的消化液；导管部将分泌物输送到消化管腔内。人每日由各种消化腺分泌的消化液总量达6～8L。消化液主要成分为水、电解质和有机物。消化腺通过腺细胞的主动活动过程，包括原料的摄取、分泌物的合成及排出三个环节实现其功能。

消化液的主要作用为：①水分可稀释食物使之与血浆渗透压相等，有利于消化产物的吸收；②电解质改变消化管腔内的pH，为酶活性提供最适酸碱度环境；③酶类水解食物为能够吸收的小分子物质；④粘液、抗体等保护消化管粘膜，防止机械、化学和生物因素的损伤。

2. **唾液的分泌**　唾液由唾液腺分泌。腮腺、舌下腺和颌下腺三对大唾液腺的分泌约占总量的95%，其余由口腔粘膜内许多小的腺体分泌。

◆ 唾液的性质和成分　唾液是无色、无味、近中性的低渗液，pH6.6～7.1。每天分泌1～1.5L。唾液中水分占99%，其余主要为粘蛋白、球蛋白、唾液淀粉酶、溶菌酶、氨基酸、尿素、尿酸等有机物，Na^+、K^+、Ca^{2+}、Cl^-、硫氰酸盐、碳酸氢盐等无机物。

◆ 唾液的作用　①湿润口腔和溶解食物，以便咀嚼、吞咽，说话和产生味觉。②消化淀粉。唾液淀粉酶在可以把食物中的淀粉分解为麦芽糖。在食团入胃后尚未被胃酸浸透前，唾液淀粉酶还可以继续发挥作用，直到pH低于4.5时失去活性为止。③清洁和保护口腔。清除口腔中的残余食物、脱落的上皮细胞和异物，冲淡和中和进入口腔的有害物质，其中的溶菌酶具有杀菌作用。④保护胃粘膜。唾液中的粘蛋白不但有润滑作用，还可以中和胃酸，降低胃液酸度。而且粘蛋白入胃后，在胃酸作用下发生沉淀，并附着于胃粘膜上，形成保护性屏障，增强胃粘膜对抗胃酸的腐蚀。⑤排泄作用。体内有许多有机物、无机物及药物，如青霉素、链霉素、碘化钾、铅和汞都可经唾液腺部分排泄。有些致病微生物，如狂犬病毒也可从唾液排出。肾炎患者唾液中尿素增多。

正常情况下，唾液对食物的消化和营养吸收并非必需。

3. **胃液的分泌** 胃液由胃粘膜外分泌细胞组成的胃腺所分泌。散在于胃粘膜中的内分泌细胞则分泌胃肠激素。胃液是由胃粘膜贲门腺、幽门腺和胃底腺（泌酸腺）分泌的混合液。纯净的胃液是无色透明呈酸性的液体，pH 为 0.9～1.5，主要成分有盐酸、胃蛋白酶原、粘液和内因子以及钠、钾的氯化物等。正常成人每日分泌的胃液量为 1.5～2.5L。

胃液的分泌可分为基础胃液分泌和消化期胃液分泌。**基础胃液分泌**为空腹 12～24h 后的胃液分泌，量很少，呈中性或弱碱性，主要成分是粘液和 $NaHCO_3$，酶少，几乎无酸。消化期间胃液分泌显著增加。

◆ **盐酸** 胃液中的盐酸由泌酸腺壁细胞分泌，也称**胃酸**。胃液中的盐酸有游离酸和与蛋白质结合的结合酸两种形式。纯净的胃液中，绝大部分是游离酸。正常人盐酸排出量约 0～5mmol/h，并有昼夜变化的规律，即在清晨 5 时至中午 11 时最低，下午 6 时至次晨 1 时最高。在进食或药物，如组胺的刺激下，胃酸排出量明显增加，正常人最大分泌率可达 20～25 mmol/h。男性的分泌量多于女性，50 岁以后分泌率下降。胃粘膜壁细胞的数目决定最大排酸量，壁细胞的数目多，最大排酸量也高。

胃液中 H^+ 最高浓度为 150 mmol/L，比血浆高三百万倍。因此，盐酸的分泌是逆浓度差的主动转运过程，需要消耗能量。H^+ 被细胞小管膜上的质子泵主动转运出细胞，同时驱动一个 K^+ 进入细胞浆，质子泵具有 ATP 酶的活性，是胃酸分泌的关键成分，选择性抑制其作用的药物已被临床用来有效地抑制胃酸分泌。

盐酸的生理作用是：①激活无活性的胃蛋白酶原成为有活性的胃蛋白酶，并提供胃蛋白酶所需的酸性环境；②杀死随食物进入胃内的细菌；③进入小肠后可以引起促胰液素释放，从而促进胰液、胆汁、小肠液的分泌，为小肠内消化创造有利条件；④盐酸所造成的酸性环境能促进小肠对 Ca^{2+}、Fe^{2+} 的吸收。

◆ **胃蛋白酶原** 胃蛋白酶原主要由泌酸腺的主细胞合成分泌。分泌入胃腔的胃蛋白酶原在胃酸和已激活的胃蛋白酶的作用下，转变为具有活性的**胃蛋白酶**。胃蛋白酶在较强的酸性环境中（最适 pH 为 2）水解蛋白质为胨和胨，只产生极少量的氨基酸和多肽，因此不是消化蛋白质所必需的。当 pH 升至 6 以上时，胃蛋白酶发生不可逆变性，活性丧失。

◆ **内因子** 在人体，内因子是泌酸腺壁细胞分泌的糖蛋白，有两个活性部位，分别可与维生素 B_{12} 以及远端回肠上皮细胞膜上的受体结合。在正常情况下，内因子和维生素 B_{12} 结合形成复合物，可附着在回肠粘膜的特殊受体上，促进回肠粘膜吸收维生素 B_{12}。当胃腺受损伤或萎缩，机体完全丧失内因子，或因产生抗内因子的抗体时，即可发生维生素 B_{12} 吸收不良，影响红细胞内的 DNA 合成，出现巨幼红细胞性贫血。

◆ **粘液与碳酸氢盐** 粘液由粘膜上皮、贲门腺和幽门腺以及泌酸腺的粘液颈细胞分泌。粘液分泌后覆盖在胃粘膜表面，形成一个保护层。人胃中粘液层厚度约为 $500\mu m$，相当于胃粘膜上皮层厚度的 10～20 倍。粘液的主要成分是糖蛋白，具有较高的粘滞性和凝胶的特性。

胃粘液覆盖在胃粘膜表面具有润滑作用，使食物易于通过，保护胃粘膜免遭食物的机械性损伤，并与胃内碳酸氢盐形成保护机制。碳酸氢盐主要由胃粘膜的非泌酸细胞分泌，仅少量的 HCO_3^- 由组织间液渗入胃内。

胃液内有高浓度的 H^+，还有能消化蛋白质的胃蛋白酶。但在正常情况下，由于胃存在着自身保护机制，胃粘膜能保持其本身的完整不被消化和损伤。主要由于：①**粘液-碳酸氢盐屏障**。粘液的粘稠度高，使 H^+ 和 HCO_3^- 等离子在粘液层内的扩散速度明显减慢，在粘液层内 H^+ 和 HCO_3^- 中和，防止了胃酸对胃粘膜的侵蚀。胃粘液-碳酸氢盐屏障对高分子蛋白质的不通透即使有少量胃蛋白酶进入粘液层内，也由于粘液层内接近中性的 pH 环境而丧失酶的活性。②**胃粘膜屏障**由相邻的胃上皮细胞顶部细胞膜的紧密连接所构成。细胞顶膜为脂蛋白层，紧密连接是一种致密结构，能防止离子通透，保护胃粘膜本身不受胃腔中高浓度胃的消化（图 9-18）。酒精、阿司匹林等能破坏胃粘膜屏障作用，使粘膜渗透性增强，H^+ 侵入粘膜，从而破坏胃粘膜细胞，刺激胃蛋白酶原的分泌，并引起组胺的释放，最后导致粘膜肿胀、出血和溃疡。③胃粘膜细胞可合成的某些物质能防止有害物质（纯酒精、沸水、强酸和强碱等）对消化管上皮细胞的损伤。

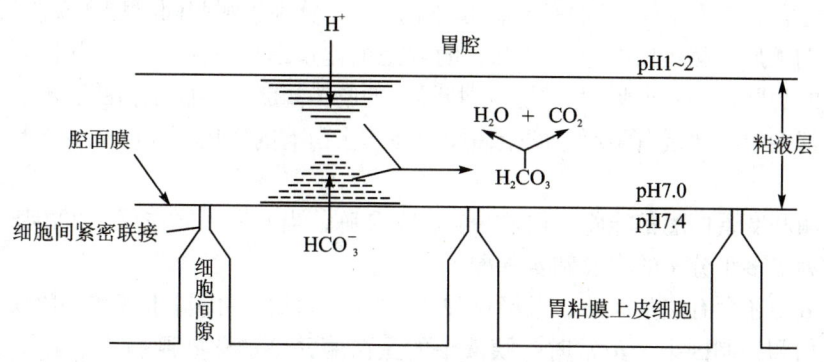

图 9-18　胃粘液屏障和胃粘膜屏障

4. 小肠液的分泌　小肠内的消化液由小肠液、胰液与胆汁组成。小肠液主要由小肠粘膜腺体分泌。十二指肠腺分布在十二指肠的粘膜下层中，分泌碱性液体，内含粘蛋白，因而粘稠度很高，有润滑和保护十二指肠的上皮不被胃酸侵蚀的作用。小肠腺分布于全部小肠的粘膜层内，分泌量较大，其分泌液构成了小肠液的主要部分。

◆ 小肠液的性质和成分　小肠液是一种弱碱性液体，pH 约为 7.6，与血浆等渗，成年人每日分泌量 1~3L。小肠液分泌后，很快被绒毛重吸收，这种液体交流为小肠内的营养物质的吸收提供了媒介。

小肠液含有多种酶，只有激活胰蛋白酶原的**肠激酶**由小肠腺分泌。其它的酶多是随脱落的肠上皮细胞进入肠液中，对小肠内消化并不起作用。

小肠本身对食物的消化是在小肠上皮细胞的纹状缘和上皮细胞内进行的。如多肽与纹状缘接触后，被膜上的肽酶水解成二肽或三肽，然后进入到上皮细胞内，再被二肽或三肽酶水解成氨基酸。

◆ 小肠液的作用主要有：①消化作用。附着在微绒毛表面的多种酶可分解多肽为氨基酸，分解双糖为单糖，肠激酶可激活胰蛋白酶原。②稀释作用。大量的小肠液可稀释消化产物，使其达到与血浆渗透压相等，利于消化产物的吸收。③保护作用。碱性粘液有保护十二指肠免受胃酸侵蚀的作用，小肠液的溶菌酶能溶解肠内的细菌。小肠液中还含有免疫球蛋白（IgA、IgM），免疫球蛋白覆盖于粘膜可防止细菌侵入肠壁。

5. 胰液的分泌　胰液是胰腺的外分泌物，由胰腺的腺泡细胞和小导管管壁细胞所分泌，腺泡细胞主要分泌酶蛋白，管壁细胞主要分泌碳酸氢盐和水分。胰液是无色、无臭透明的碱性液体，pH约7.8～8.4，与血浆等渗，成人每天分泌的胰液量约为1～2L。除大量水分外，还含有无机盐和有机物，胰液的主要成分有多种消化酶、碳酸氢盐和Na^+、K^+、Ca^{2+}、Cl^-等多种离子和胰蛋白酶抑制因子。胰液具有很强的消化力，是最重要的消化液。

◆ **碳酸氢盐** HCO_3^-的主要作用是中和进入十二指肠的胃酸，保护胃粘膜免遭强酸的侵蚀，同时也提供小肠内适宜多种消化酶活性的弱碱性环境。

◆ **胰淀粉酶** 胰淀粉酶对淀粉的水解效率很高，淀粉与胰液接触10分钟就能将淀粉分解为麦芽糖、糊精、麦芽寡糖，麦芽糖再经胰麦芽糖酶分解为葡萄糖。胰淀粉酶作用的最适pH为6.7～7.0。

◆ **胰脂肪酶** 胰脂肪酶是消化脂肪的最重要酶，在胆盐和辅脂酶存在的条件下可以分解脂肪为脂肪酸、一酰甘油和甘油，最适pH为7.5～8.5。

胰液中还含有一定量的胆固醇酯酶和磷脂酶A_2，分别水解胆固醇酯和磷脂酰胆碱。

◆ **胰蛋白酶原和糜蛋白酶原** 这两种酶都是消化蛋白质的重要酶，由腺泡细胞分泌的都是无活性的酶原，进入小肠后，被高度特异性的肠激酶激活为胰蛋白酶。酸、组织液、胰蛋白酶本身都能激活胰蛋白酶原。糜蛋白酶原在胰蛋白酶的作用下能转化为有活性的糜蛋白酶。

胰蛋白酶和糜蛋白酶都能将蛋白质分解为胨和䏡，当两者一同作用于蛋白质时，则可将蛋白质分解为更多小分子的多肽和氨基酸。

正常胰液中还含有羧基肽酶、核糖核酸酶、脱氧核糖核酸酶等水解相关物质的酶。

◆ **胰蛋白酶抑制因子** 正常时，胰液中的蛋白酶并不消化胰腺自身，除了蛋白酶以无活性的酶原形式分泌外，还因为胰液中含有胰蛋白酶抑制因子。胰蛋白酶抑制因子与胰蛋白酶以1∶1的比例结合形成无活性的化合物，可以抵抗胰腺内小量激活的胰蛋白酶的消化作用，还部分地抑制糜蛋白酶的活性。当暴饮暴食引起胰液分泌旺盛，胰腺内压增高可导致腺泡破裂，大量胰蛋白酶原进入胰腺间质并被组织液激活，超过了胰蛋白酶抑制因子的抵抗能力，引起大量胰腺组织被消化和破坏，发生急性胰腺炎。

由于胰液中含有三种主要营养物质的消化酶，因而是所有消化液中最重要的一种。当胰液分泌缺乏时，即使其它消化液的分泌都很正常，食物中的脂肪和蛋白质仍不能完全消化，从而影响吸收。脂肪吸收障碍又使脂溶性维生素A、D、E、K等的吸收受到影响。糖的消化不受影响。

6. **胆汁的分泌和排出** 肝脏是人体内最大的、多功能的腺体器官。肝脏参与机体的消化、代谢、排泄、解毒和免疫等过程，是维持生命活动必不可少的重要器官。这里仅介绍它所合成和分泌的胆汁在消化和吸收功能中作用。

胆汁由肝细胞不断生成，不断分泌入肝毛细管（又称微胆管），然后汇集入肝管流出，经胆总管输入到十二指肠，在非消化期胆汁经胆囊管存储于胆囊中。人肝脏分泌胆汁是持续的，但胆汁排放入十二指肠则是间断的，只有在消化期才排入十二指肠。胆汁和胰液、肠液共同对小肠内食糜进行化学性消化。

◆ **胆汁的性质和成分** 胆汁是一种具有苦味的有色液体。胆汁的颜色与胆色素的种类和浓度有关。肝胆汁呈金黄色或橘棕色，pH为7.4；而胆囊胆汁则因水分和碳酸氢盐被胆囊吸收、浓缩而颜色变深呈棕黄色，pH为6.8。

胆汁的成分很复杂，不含消化酶。除水外，还有胆色素、胆盐、胆固醇、磷脂以及

Na^+、K^+、Ca^{2+}、Cl^-、HCO_3^- 等无机盐，其中胆盐对脂肪的消化和吸收作用最重要。

◆ **胆汁的作用** ①辅助脂肪消化。胆盐、胆固醇和磷脂都可作为乳化剂，降低脂肪的表面张力，增加脂肪与水的接触面，有助脂肪酶作用。②辅助脂肪分解产物及脂溶性维生素的吸收。胆盐在高浓度时，聚合形成**微胶粒**，微胶粒的核心为分子的疏水端，外表为亲水端，故微胶粒可以溶于水。肠腔中脂肪的分解产物，如脂肪酸、一酰甘油等均可掺入到微胶粒中，形成水溶性的复合物，携带脂肪分解产物到达肠粘膜表面，促进脂肪分解产物的吸收。胆汁通过促进脂肪分解产物的吸收，对脂溶性维生素的吸收也有促进作用。③利胆作用。胆盐被排到小肠后，约有95%在回肠末端被吸收入血，经门静脉又回到肝脏作为胆汁的原料再合成胆汁，并能刺激肝细胞分泌胆汁，这个过程称为胆盐的**肠-肝循环**（图9-19）。胆盐每循环一次，约损失胆盐5%，每次餐后可进行2~3次肠-肝循环。胆盐促进胆汁分泌地作用称为利胆作用。胆盐是临床上常用的利胆剂。④防止胆固醇沉积。在正常情况下胆汁中的胆盐、磷脂和胆固醇之间的适当比例是维持胆固醇呈溶解状态的必要条件。当胆固醇分泌过多，或胆盐减少时，胆固醇易于沉积形成胆石。如果磷脂含量减少或胆固醇含量升高，就能使胆固醇从胆汁内析出，形成胆固醇结晶或结石。⑤排泄作用。某些物质在体内通过胆汁排泄，

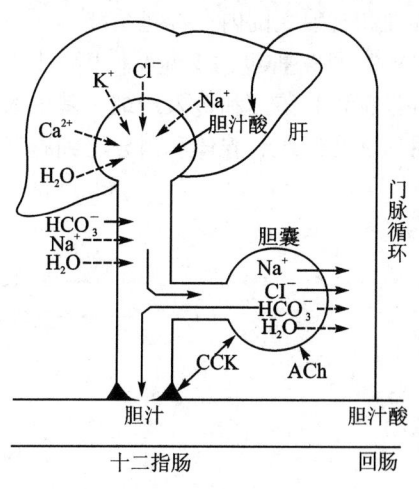

图9-19 胆汁的分泌及胆盐肠肝循环

如胆红素、胆固醇、固醇类激素和一些药物等。⑥中和胃酸。胆汁中的碳酸氢盐可中和进入十二指肠的胃酸，减少胃酸对十二指肠的损害。

7. 大肠液的分泌　大肠液是由大肠粘膜的柱状上皮细胞和杯状细胞分泌的。主要成分为粘液和碳酸氢盐，其pH为8.3~8.4。大肠液的主要作用在于其中的粘液蛋白，能保护肠粘膜和润滑粪便。大肠液的分泌主要由食物残渣对肠壁的机械性刺激所引起的。副交感神经兴奋可以使分泌增加，而交感神经兴奋则可使分泌减少。

复习思考题

1. 消化管平滑肌有哪些生理特性？
2. 正常吞咽时，食物为什么不会进入气管内？
3. 为什么进食脂肪类食物不易感到饥饿？
4. 简述胃排空的过程及机制。
5. 小肠的分节运动与蠕动有何不同？
6. 胃液主要有哪些重要成分？各有何生理作用？
7. 为什么说胰液是机体最为重要的消化液？
8. 胰腺能生成和分泌大量蛋白酶，但为什么不消化其自身组织？
9. 暴饮暴食为什么容易引起急性胰腺炎？
10. 胆汁的主要成分和生理作用是什么？

（徐淑梅）

第三节 消化系统功能的调节

一、消化功能的神经调节

消化系统功能的神经调节也以反射为基础,但与其他器官有所不同。因为消化管壁本身存在相对独立的内在神经系统。

1. 外来神经的支配及作用 外来神经是指支配消化管的交感神经和副交感神经,这些神经都含有传出和传入纤维。其中的传出纤维与消化管壁的内神经丛相联系,支配消化管平滑肌、括约肌、腺体和内分泌细胞(图9-20)。

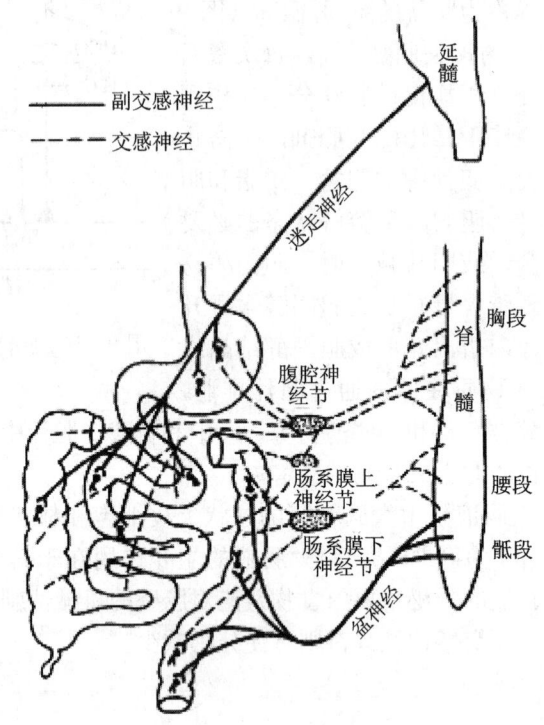

图9-20 胃肠的神经支配

交感神经起源于脊髓侧角,其节前纤维主要经腹腔神经节,肠系膜上、下神经节和腹下神经节换神经元,节后纤维分布到消化管壁上。交感神经节后纤维末梢释放的递质为去甲肾上腺素,可抑制平滑肌的活动,因而减弱胃肠道运动;抑制消化腺分泌消化液;但使胆总管、回盲部和肛门内等部位括约肌收缩。

副交感神经走行于迷走神经和盆神经。副交感神经的节前纤维进入消化管壁后换神经元,发出的节后纤维支配消化管的平滑肌和腺体。大多数节后纤维末梢释放的递质为乙酰胆碱(ACh),可使消化腺分泌增加;胃肠运动增强,括约肌舒张,推进胃肠内容物的速度加快。副交感神经的传出纤维中尚有部分抑制性纤维,其末梢释放的是肽类物质,因此称肽能神经,如引起胃容受性舒张的迷走神经纤维。

自主神经中的传入性感觉纤维可将消化管的各种信息传入中枢,以引起饥、渴、饱、胀、便意、恶心和疼痛等感觉，从而反射性地引起消化系统功能的改变。

2. 内在神经丛　**内在神经丛**是分布于食管中段至直肠为止的绝大部分消化管壁内的神经元群，又称**肠神经系统**。内在神经丛分**肌间神经丛**和**粘膜下神经丛**，分别位于纵行肌与环行肌之间和粘膜层与环行肌层之间。组成内在神经丛的神经元数量巨大，估计与脊髓的神经元总量相当，因此，肠神经系统有"外周脑"之称。内在神经丛中神经元也分为感觉神经元、运动神经元和中间神经元。进入壁内的神经纤维中有交感和副交感神经纤维和本身的神经纤维，使壁内神经元相互连接，形成局部神经网络。可完成消化管活动的局部整合，具有相对的独立性，即食物对消化管壁的机械或化学刺激，可局部地通过壁内神经丛引起消化腺的分泌和消化管的运动。在正常情况下，虽然外来神经对内在神经丛有一定调制作用，所以切断消化管道外来神经，壁内神经丛产生的局部反射仍可出现。

二、胃肠激素

在消化管的粘膜层内，除了存在多种外分泌腺体，还含有数十种内分泌细胞。胃肠道粘膜内分泌细胞分泌的激素统称为**胃肠激素**。胃肠激素由内分泌细胞释放后，主要经血液循环再运送到胃肠道的靶细胞发挥作用；有的则通过细胞间液弥散至邻近靶细胞而发挥作用，引起局部效应。胃肠激素不仅调节消化腺和消化管活动，还具有调节其它激素的释放，促进消化管组织代谢和生长等营养性作用。目前已发现的胃肠激素有 50 余种，下面介绍三种较为重要的胃肠激素。

1. 促胃液素　**促胃液素**是小分子肽，主要由胃窦和十二指肠粘膜 G 细胞分泌，迷走神经兴奋、食物的刺激等都能刺激 G 细胞分泌。促胃液素的主要生理作用是促进胃腺壁细胞分泌，也促进胰液、胆汁、小肠液的分泌；促进胃肠运动，使下食管括约肌收缩，防止胃内容逆流。此外，对胃肠粘膜有营养支持作用。

2. 促胰液素　**促胰液素**主要由小肠粘膜 S 细胞分泌。盐酸是最强的刺激释放因素，其次为蛋白质分解产物、脂酸钠等。促胰液素的主要作用是促进胰液，特别是水和碳酸氢盐的分泌，还能刺激胆汁及小肠液的分泌。此外，可抑制胃酸分泌和胃肠运动。

3. 缩胆囊素　**缩胆囊素**（CCK）由小肠粘膜 I 细胞分泌。食物中的蛋白质分解产物是促进 CCK 释放的最强刺激物，其次为脂酸钠、盐酸和脂肪等。其主要生理作用是促进胰腺腺泡细胞分泌胰酶和刺激胆囊收缩。还可引起胆汁、小肠液的分泌及胃肠运动的增强。促胰液素和 CCK 在促进胰液分泌方面相互协同。

有些胃肠激素也同样存在于脑组织内，有些中枢神经系统的神经肽也存在于胃肠道。在中枢神经系统和胃肠道内双重分布的肽类统称为**脑-肠肽**。如促胃液素、缩胆囊素、生长抑素等。

三、消化管运动的调节

胃肠的运动受神经和体液的双重调节。迷走神经兴奋、促胃液素等可以使胃肠的收缩频率和强度增加；交感神经兴奋、促胰液素等的作用则相反。精神紧张、情绪激动时交感神经兴奋，胃肠运动受抑制。此外，食物对胃肠壁的机械和化学性刺激，都可直接通过内在神经丛，使平滑肌的紧张性收缩加强，蠕动加快。

四、消化液分泌的调节

1. 唾液分泌的调节　唾液分泌的调节完全是神经反射性的，包括条件反射和非条件反射。唾液分泌的初级中枢在延髓，其高级中枢分布于下丘脑和大脑皮层等处。

非条件反射性唾液分泌的刺激源于食物对口腔的机械性、化学性和温度的变化。在这些刺激下，口腔粘膜和舌的感受器发生兴奋，冲动沿传入神经纤维到达延髓的唾液分泌中枢。再由支配唾液腺的副交感神经和交感神经传出，引起唾液分泌。副交感神经末梢释放的递质是乙酰胆碱，阿托品是胆碱能受体阻断剂，可抑制唾液的分泌，引起口干。支配唾液腺的交感神经末梢释放去甲肾上腺素，主要引起粘液性唾液分泌。

进食期间，食物的形状、颜色、气味以及进食的环境、进食的信号和食物的第二信号（谈论、思维等）都能形成条件反射引起唾液的分泌，如"望梅止渴"。

2. 胃液分泌的调节　空腹时胃液分泌量很少，进食后胃液分泌量大增，也是神经、体液机制调节的结果。

◆ 消化期间胃液分泌的调节　进食后胃液分泌可依据相关感受器的存在部位人为分为头期、胃期与肠期。

头期胃液分泌是由进食动作引起的胃液分泌，通过条件反射和非条件反射两种机制实现。条件反射是由和食物有关的形象、气味、声音等刺激视觉、嗅觉、听觉等感受器引起。非条件反射则是咀嚼和吞咽食物时，刺激了口腔和咽、喉等处化学和机械感受器引起，反射中枢涉及延髓、下丘脑、边缘叶和大脑皮层等。反射的传出神经为迷走神经，迷走神经兴奋时，除了通过其末梢释放乙酰胆碱，直接刺激腺体细胞分泌外，还可作用于幽门部粘膜内"G"细胞引起促胃液素释放，间接刺激胃腺分泌。情绪对头期胃液分泌也有明显的影响，对喜爱的食物可产生很强的分泌反应，而对厌恶的食物几乎不引起分泌。

头期胃液分泌的特点是分泌量多，约占消化期胃液分泌总量的30%，酸度高，因胃蛋白酶含量高，消化力强。

胃期的胃液分泌因食物进入胃内的刺激所引起，是非条件反射性的。食物扩张胃底、胃体部感受器，通过迷走-迷走神经长反射和内在神经丛的短反射，引起胃腺分泌；特别是扩张胃幽门部通过内在神经丛，以及食物的化学成分都能间接或直接作用于G细胞，引起促胃液素的释放。

胃期胃液分泌约占消化期总的胃液分泌量的60%，其特点是量多，酸度高，但因酶含量低消化力比头期弱。

肠期的胃液分泌由食糜进入小肠后的刺激所引起。主要通过体液调节机制实现，当食物与小肠粘膜接触时，刺激小肠粘膜释放多种胃肠激素，如十二指肠粘膜G细胞释放促胃液素等。此外，由小肠吸收的氨基酸也可能参与肠期胃液分泌调节。

肠期的胃液分泌量占消化期分泌总量约10%，特点是量很少。

◆ 消化期抑制胃液分泌的主要因素　进食可以刺激胃液分泌，另一方面进食还激发许多抑制胃液分泌的因素，以确保胃液分泌量适度的平衡。主要刺激因素有盐酸、脂肪和高渗溶液等。这些因素通过刺激胃、小肠粘膜的内分泌细胞释放抑制性的胃肠激素以及肠-胃反射等途径来抑制胃液的分泌。

正常胃液分泌是兴奋和抑制两方面因素相互作用的结果。此外，不良的精神、情绪也可以抑制胃液的分泌。

3. 胰液分泌的调节　在消化间期，胰液很少分泌，进食开始后，胰液大量分泌。食物是兴奋胰腺的自然因素。进食时胰液分泌受神经和体液双重控制，但以体液调节为主。

◆ 神经调节　食物的形象、气味，食物对口腔、食管、胃和小肠的刺激，通过条件反射和非条件反射引起胰液分泌。反射的传出神经主要是迷走神经，迷走神经可通过其末梢释放乙酰胆碱直接作用于胰腺，也可以通过促胃液素的释放，间接引起胰腺分泌。迷走神经主要作用于胰腺的腺泡细胞，引起的胰液分泌特点是水和碳酸氢盐含量很少，而酶的含量却很丰富，因此消化力较强。

◆ 体液调节　食糜进入十二指肠后，引起小肠粘膜分泌促胰液素、缩胆囊素等，进而引起大量胰液分泌。促胰液素主要作用于胰腺小导管细胞，使其分泌含大量水分和碳酸氢盐的胰液，而酶的含量很低；缩胆囊素主要促进胆囊收缩和胰液中各种酶的分泌，与促胰液素在促进胰腺分泌方面有协同作用。

4. 胆汁分泌和排放的调节　胆汁由肝细胞连续不断地分泌，但在非消化期间，肝胆汁都流入胆囊内储存。在消化期肝胆汁及胆囊胆汁才被排放至十二指肠腔内。因此，食物是引起胆汁分泌和排出的自然刺激物。在非消化期胆囊舒张，Oddi 括约肌收缩，胆汁不能进入肠腔。进食时胆囊收缩，Oddi 括约肌舒张，胆汁被排入十二指肠。

胆汁分泌和排放受神经和体液因素调节，但以体液因素为主。进食动作或食物对胃和小肠的刺激，均可反射性地通过迷走神经引起肝胆汁分泌的少量增加，胆囊收缩也轻度加强。迷走神经既可通过释放乙酰胆碱直接作用于肝细胞和胆囊，还可以通过释放促胃液素而引起肝胆汁分泌增加和胆囊收缩。促胰液素主要作用于胆管系统，有促进胆汁分泌的作用，主要是量和碳酸氢盐的增加；缩胆囊素主要引起胆囊收缩和 Oddi 括约肌的舒张，促使胆囊胆汁排放。

五、摄食的调节

摄食是动物维持个体生存的基本活动，是由多种因素传入中枢后，经过中枢的分析综合而产生的饥饿或饱感的主观感觉，进而引起摄食行为的启动或停止的复杂过程。在下丘脑、大脑边缘叶、大脑皮层内存在着与摄食有关的神经中枢。在下丘脑外侧区存在**摄食中枢**，电刺激该部位可引起已饱食的动物继续进食，如果毁损，则动物会因拒食而死亡。下丘脑的腹内侧区存在**饱中枢**，电刺激该部位则引起动物拒食，而毁损则使动物食欲增强变得肥胖。

食物的形状、颜色、气味对视觉、嗅觉感受器的刺激，胃的饥饿性收缩，血液中葡萄糖、氨基酸、脂肪酸等营养物质浓度的降低，以及有关食物的谈论以及心理因素等刺激，通过神经体液传递信息，如阿片肽、多巴胺等，都可导致饥饿感和食欲，引发摄食行为。此外，组织对糖的利用率降低可使摄食量增加，冷环境以及体温下降也可使摄食量增加。

食物对口腔、食道以及胃肠道特别是十二指肠和空肠的刺激，以及食物经过消化后吸收入血，使血液中的葡萄糖、氨基酸、脂肪酸的浓度升高，又通过神经和体液因素如缩胆囊素、胰岛素等传入神经中枢，产生饱感进而终止摄食。在食物消化吸收后尤其是蛋白质消化产物被吸收后产生特殊动力作用代谢率提高，从而产生饱感。

复习思考题

1. 交感神经与副交感神经对消化系统活动的调节作用有何区别？

2. 在临床上应用阿托品时为什么会引起口干？
3. 图示消化期间促进胃液分泌的调节过程，并简述其主要特点。
4. 胰液分泌的体液性调节机制是如何实现的？有何重要特点？
5. 神经和体液因素是如何调节胆汁的分泌和排放的？　　　　　　（徐淑梅　王卫国）

第四节　食物消化与营养吸收

一、食物的消化

食物在口腔内首先经咀嚼被磨碎，并经舌的搅拌使食物与唾液混合成食团，然后吞咽入胃。

在口腔内主要是食物中的淀粉被唾液淀粉酶初步消化。胃的主要功能是暂时储存食物，食物在胃内可受到胃肌的机械性和胃液的化学性消化作用，食物中的蛋白质被胃蛋白酶初步分解，同时胃内容物变成粥样食糜，逐次小量地通过幽门排入十二指肠。小肠内消化是整个消化过程最重要的阶段。食物在小肠内受到胰液、胆汁和小肠液中所含淀粉酶、脂肪酶和蛋白酶等的化学性消化作用，以及小肠运动的机械性消化，逐步分解为简单的可吸收成分并在小肠内吸收。因此食物通过小肠后，消化过程基本完成，未被消化的食物残渣进入大肠。人类的大肠已没有消化活动，主要的功能在于吸收水分，并形成和暂时储存粪便。

食物中的淀粉、脂肪和蛋白质的消化总结如图 9-21。

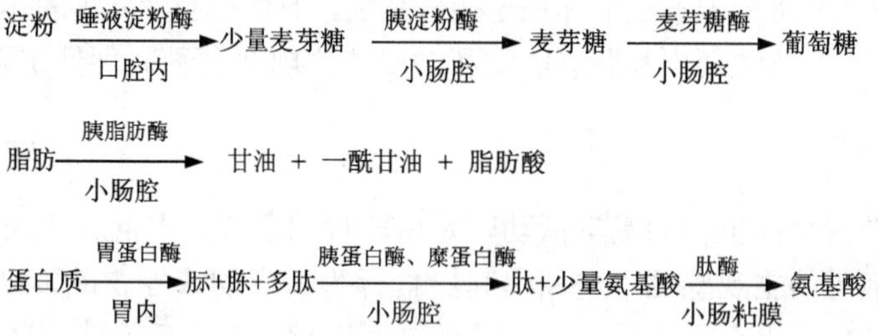

图 9-21　食物中淀粉、脂肪和蛋白质的消化过程

二、营养吸收的基本原理

消化管各部位对营养的吸收能力和吸收速度主要与不同部位的组织结构、食物被消化的程度、食物停留的时间等有关。口腔和食管基本上没有吸收营养的能力，胃只能吸收酒精和少量水分，小肠是吸收营养素的主要部位，大肠主要吸收水分、盐和一些维生素等（图 9-22）。

小肠的吸收面积巨大，除了具有一定的长度（5～7m），小肠粘膜表面形成许多环形皱褶、绒毛和微绒毛三级的结构特征，使小肠粘膜的表面积可达 200 m^2。而且食物在小肠内停留的时间长约 3～8h，肠内食物已被充分消化为结构简单的小分子物质。小肠绒毛内含有丰富的毛细血管和毛细淋巴管等有利于营养素吸收的结构（图 9-23）。

吸收是复杂的生理过程。对于不同的营养素，吸收的方式和途径也不尽相同。营养素和水通过绒毛上皮细胞的腔面膜进入细胞内，再通过细胞的底-侧膜进入血液或淋巴，称为**跨**

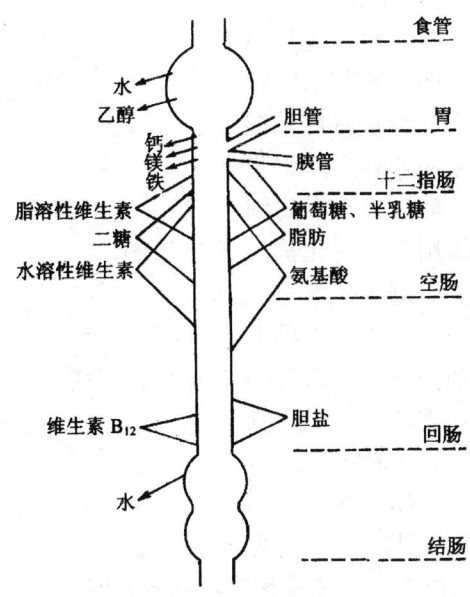

图 9-22 各种营养素的主要吸收部位

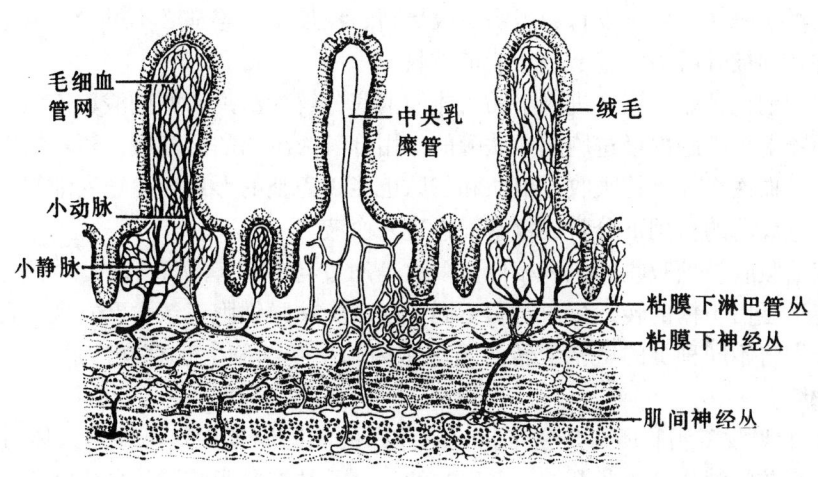

图 9-23 小肠绒毛的结构

细胞吸收途径；营养素通过细胞间的紧密连接，进入细胞间隙，然后再进入血液和淋巴称为旁细胞吸收途径。

三、主要营养物质的吸收

1. **糖类的吸收** 糖类食物的营养价值较高，富含热量、纤维素、必需维生素和矿物质。糖的消化从口腔内开始，在小肠被彻底分解为单糖才能被吸收。人类肠道内不含纤维素酶，因此不能分解和吸收纤维素。

肠道中的单糖主要有葡萄糖、半乳糖和果糖。果糖以易化扩散的方式，葡萄糖和半乳糖以继发性主动转运的方式经血液吸收。

在小肠粘膜上皮细胞的腔面膜上存在Na^+依赖性葡萄糖转运体,能选择性地与葡萄糖和Na^+同时结合。当三者结合成Na^+-转运体-葡萄糖复合物后,在Na^+跨膜浓度势能的驱动下,将Na^+和葡萄糖一起转运到细胞内。进入细胞内的葡萄糖,随后又在上皮细胞基膜侧葡萄糖转运体的作用下以易化扩散的方式扩散到细胞间隙,最后进入血液完成吸收过程。进入细胞内的Na^+,则在侧膜上钠泵的作用下,被泵入到细胞间隙,维持细胞内较低的Na^+浓度,从而促进管腔内单糖与Na^+的转运(图9-24)。抑制钠泵活动后,糖的吸收发生障碍。就是说,糖吸收时所需要的能量,不是直接来自于ATP的分解,而

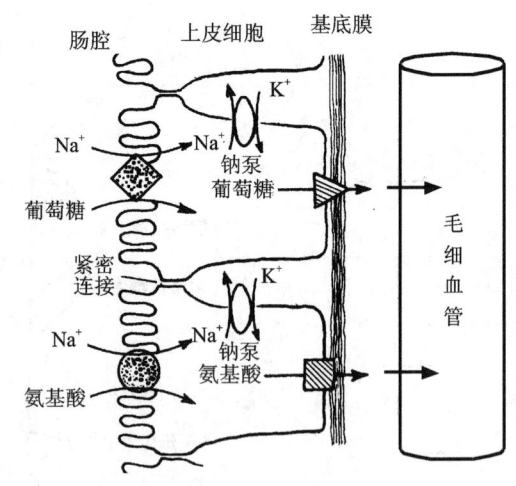

图9-24 糖的吸收机制

是来自于Na^+的跨膜势能,由Na^+顺浓度梯度进入细胞时所提供,所以这个能量最初也是来源于钠泵。因而糖的吸收是耗能的继发性主动转运过程。

2. 蛋白质的吸收　蛋白质是细胞组织的重要组成成分,是人类及所有动物赖以生存的营养物质,对机体的生长发育、组织自我更新、免疫功能等都必不可少。但蛋白质不能被直接吸收,必须被分解为氨基酸后才能被吸收。

蛋白质的消化开始于胃,进入小肠后才能彻底分解为游离的氨基酸、二肽和三肽,二肽和三肽在小肠上皮细胞内经过胞质中肽酶的作用分解为游离的氨基酸。氨基酸以继发性主动转运的方式经血液途径进行吸收。二肽和三肽也能以完整的形式转运进入细胞,然后在细胞内二肽酶、三肽酶的作用下分解成氨基酸再进入血液。

氨基酸的吸收与糖吸收的机制相似,多数是通过与Na^+耦联进行的。只是在管腔膜上,氨基酸的转运蛋白与糖的转运蛋白有所不同。在小肠粘膜细胞上至少已发现7种氨基酸转运体,可以分别将不同种类的氨基酸转运至细胞内。粘膜细胞上也存在二肽、三肽的Na^+依赖性转运系统。

3. 脂肪的吸收　脂肪所含热量丰富,是体内的能源储备库,可促进人体对糖类和蛋白质的利用。脂肪的消化从小肠开始,并以甘油、一酰甘油和脂肪酸的形式吸收。长链脂肪酸经淋巴吸收,甘油和中、短链脂肪酸及其一酰甘油脂溶性低,可在十二指肠和空肠通过扩散直接进入血液。

在脂肪的分解产物中,脂肪酸和一酰甘油及胆固醇不溶于水,必须先与胆盐结合形成水溶性**混合微胶粒**,才能透过肠粘膜上皮表面的静水层,到达并接近粘膜细胞表面。一酰甘油、脂肪酸和胆固醇从混合微胶粒中释出,透过微绒毛的脂蛋白膜进入上皮细胞内,胆盐留在肠腔内,部分被再利用,部分在回肠被吸收入血。长链脂肪酸进入细胞后,先与一酰甘油重新再合成为三酰甘油,胆固醇重新酯化成胆固醇酯,然后与载脂蛋白结合形成**乳糜微粒**,乳糜微粒被包裹在囊泡中,以出胞方式通过细胞膜,进入淋巴管完成吸收过程(图9-25)。

由于人体摄入的食物中长链脂肪酸较多,故脂肪分解产物吸收的主要途径是淋巴。

4. 无机盐的吸收　各种无机盐吸收的难易程度不同。一价的碱性盐类(如钠、钾、铵

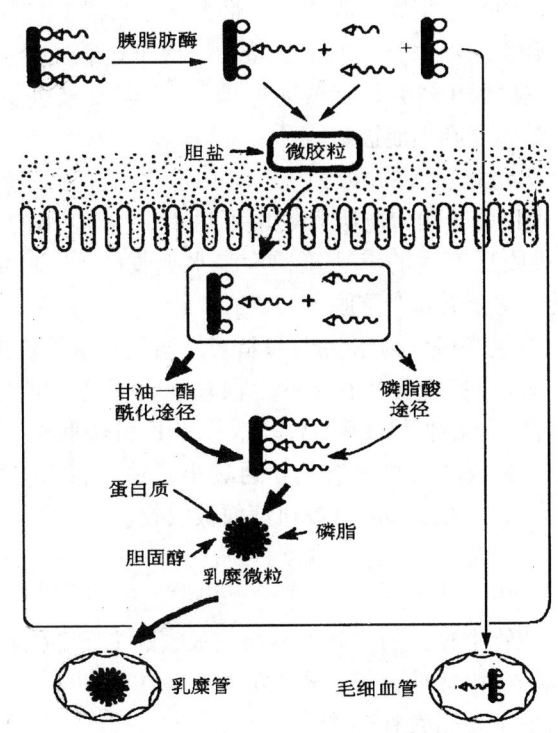

图 9-25 脂肪的吸收机制

盐等）吸收较快，多价的碱性盐类（镁、钙等）吸收较慢。

◆ 钠与负离子的吸收　小肠每天吸收 25～35g 钠，约等于体内总钠量的 0.5%。成人每日摄入的和消化腺分泌的钠 95%～99% 被吸收。钠的吸收是通过主动转运的方式进行的，先通过粘膜细胞腔面膜上的载体以易化扩散方式进入上皮细胞内，再经细胞底侧膜上的钠泵作用逆电-化学梯度进入血液，造成细胞内低 Na^+，可促进肠腔内 Na^+ 顺浓度差进入上皮细胞。Na^+ 的吸收与单糖、氨基酸的吸收有着密切的联系，单糖、氨基酸的存在可促进 Na^+ 吸收。由 Na^+ 吸收后产生的电位差促使 Cl^- 和 HCO_3^- 被动地被吸收。

◆ 铁的吸收　人每日约吸收 1mg 铁，仅为每日膳食中含铁量的 1/10。铁的吸收与机体对铁的需求量有关，急性失血后，铁的需要量增加，铁吸收也增加。食物中的铁大部分是高铁，即 Fe^{3+} 不易被吸收，必须还原为亚铁，即 Fe^{2+} 后才容易被吸收。维生素 C 能使高铁还原成亚铁而促进铁的吸收。胃酸可使使高铁易于转变为亚铁，故也可促进铁的吸收。胃酸减少的病人，由于铁的吸收障碍，可发生缺铁性贫血。食物中的植酸、草酸、磷酸等与铁形成不溶性化合物而能阻止铁的吸收。

铁主要在十二指肠和空肠上段被吸收。铁与肠上皮细胞释放入管腔的转铁蛋白结合成复合物，以受体介导的入胞作用进入胞内，进入胞内的铁大部分被氧化为 Fe^{3+}，并和细胞内存在的铁蛋白结合，暂时储存在细胞内，慢慢向血液中释放，一小部分被吸收入粘膜主动转运至血液。

◆ 钙的吸收　食物中的钙必须转变成水溶性的离子状态才能被吸收。食物中的钙仅有一部分被吸收，其余大部分随粪便排出。维生素 D、脂肪以及酸性环境都能促进钙的吸收。

钙吸收的部位在小肠，其中十二指肠的吸收能力最大。在肠粘膜细胞的微绒毛上存在一种与钙有高度亲和力的钙结合蛋白，每分子钙结合蛋白一次可运载4个Ca^{2+}进入细胞。Ca^{2+}在线粒体储存，并随时在基底膜由钙泵转运或通过Ca^{2+}/Na^+交换机制入血。凡与钙结合形成沉淀的盐（硫酸钙、磷酸钙）则不能被吸收。

5. 水的吸收　成年人每日摄入的水约1～2L，由消化腺分泌的液体约6～7L，随粪便排出的水仅0.1～0.2L，所以每日由胃肠吸收的水可达8L之多。水的吸收是被动的过程。各种溶质，特别是NaCl吸收后产生的渗透压梯度是水吸收的动力。如果发生急性呕吐、腹泻，造成大量水分丢失，就会引起严重脱水。

6. 维生素的吸收　维生素可分为水溶性和脂溶性两类。水溶性维生素包括维生素B复合物和维生素C，主要以易化扩散方式在小肠上段被吸收；只有维生素B_{12}必须与内因子结合成复合物，在回肠吸收。脂溶性维生素A、D、E和K的吸收机制与脂肪分解产物相似，可溶于脂肪，先与胆盐结合成水溶性复合物，通过小肠粘膜表面的静水层，然后与胆盐分离，与细胞膜融合进入细胞，再进入淋巴或血液而被吸收。

复习思考题

1. 小肠为什么是消化管中食物消化和营养物质吸收的主要部位？
2. 糖、蛋白质和脂肪各以何种分子形式被吸收？
3. 影响铁和钙吸收的主要因素有哪些？

（徐淑梅）

第十章　能量代谢与体温

新陈代谢是生命最基本的特征，涉及物质代谢和能量代谢过程。在合成代谢（同化作用）和分解代谢（异化作用）过程中，机体不断利用外界摄取的营养物质合成自身的组织成分，储备能量；同时不断分解更新体内原有的物质，在分解物质过程中释放能量，供各种生理活动的能量需求，如维持体温的热能、骨骼肌收缩的机械能、神经兴奋传导的电能等。可见，在新陈代谢的过程中，物质的变化与能量的转移密不可分。

第一节　能量代谢

能量代谢特指物质代谢过程中所伴随的能量释放、转移和利用。

一、机体能量的来源和利用

1. 能量的来源　细胞的一切生命活动都需要能量。无论细胞维持自身生存，还是分裂增殖、行使各种功能，无不消耗能量。但人体无法直接利用自然界中存在的太阳能、电能等。各种生理活动所需的能只能由食物提供。食物中的糖、脂肪和蛋白质分子等经过氧化分解，分子结构中的碳氢键断裂，释放出所蕴藏的化学能。

机体内大部分糖以糖原的形式储备于肝和肌肉。肝糖原主要用于维持日常血糖水平的相对稳定，肌糖原是可以随时动用的能源储备。无论氧供应是否充足，机体都能通过糖的分解提供能量。但糖酵解是许多组织惟一一种不需氧的"应急"获能途径。脑组织中糖原储存量较少，而所需的能量又主要来自糖的有氧氧化，因此脑对缺氧和低血糖都极其敏感。体内缺氧或低血糖时，可以引起意识障碍，甚至昏迷。

2. 能量转化与利用　营养物质经细胞生物氧化过程释放出所含能量，其中近60%转化成最低级的热能，仅能用于维持体温；其余不足50%则合成为三磷酸腺苷（ATP），以化学能形式储存在高能磷酸键中。在体内能量转化过程中，ATP既是重要的储能物质，又是直接供能的物质。机体能利用ATP荷载的能量完成各种生物功，如细胞的合成和分泌各种激素、离子的逆浓度差跨膜主动转运、肌肉的收缩和舒张、神经冲动的传导等（图10-1）。除了肌肉活动所作的机械功外，其余最终均转变为热能。

此外，磷酸肌酸也含有高能磷酸键，而且在肌肉组织中含量最多。磷酸肌酸分解释放的能需要再转化为ATP才能供机体间接利用。

3. 能量平衡　能量平衡是指摄入食物所含能量和机体消耗能量之间的动态平衡。如果一段时间内，机体摄入的和消耗的能量基本相等，体重不变，即能量"收支"平衡。当摄入的能量少于消耗能量，机体则利用体内的能源物质，糖原、脂肪和蛋白质被分解，体重减轻，表现为能量的负平衡；反之，如果机体摄入能量多于消耗，则以脂肪的形式储存，体重增加，表现为能量的正平衡。

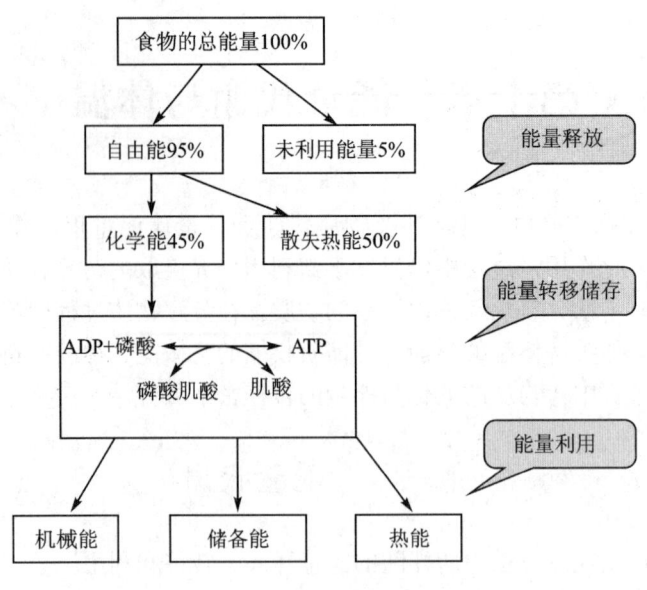

图 10-1 机体能量的来源与去路

二、能量代谢的测定

食物在体内氧化释放的能量等于最终转化成的热能和所作的外功（如肌肉收缩所做的功）。如果机体不做外功，释放的能量将全部转化为热能。所以，测定机体的产热量就能反映实际的能量代谢。目前通用的法定能量计量单位是焦耳（J）或千焦耳（kJ）。单位时间内机体所释放的能量，即**能量代谢率**，以单位时间内每平方米体表面积的产热量表示，即 $kJ/(m^2 \cdot h)$ 或 kcal（千卡）$/(m^2 \cdot h)$。

依据"定比定律"，化学反应中的反应物与生成物的量之间呈一定的比例关系。例如，1mol 葡萄糖完全氧化，需要 6mol O_2，同时产生 6mol CO_2 和 6mol H_2O，并释放一定能量。同一种化学反应，不论其中间环节和反应条件，定比关系不变。因此，通过测定一定时间内所消耗的 O_2 和通过一定参数反映机体能量代谢。

1. 测算能量代谢的基本参数

◆ 食物的热价 1g 食物氧化（或在体外燃烧）时所释放出来的热量，称该**食物的热价**，以 kJ（千焦耳）为单位表示（1kcal=4.187kJ）。食物在体外燃烧时释放的热量为**物理热价**，在体内氧化所释放的热量为**生物热价**（表 10-1）。糖或脂肪的两种热价相等，而蛋白质的生物热价小于其物理热价，因为蛋白质中的氮不能在体内氧化，而以尿素形式从尿中排出。

表 10-1 营养物质氧化时的有关数据

营养物质	热价（kJ/g）		耗 O_2 量（L/g）	CO_2 产量（L/g）	氧热价（kJ/L）	呼吸商
	物理热价	生物热价				
糖	17.00	17.00	0.83	0.83	21.00	1.00
脂肪	39.75	39.75	2.03	1.43	19.70	0.70
蛋白质	23.43	18.00	0.95	0.76	18.80	0.80

◆ **食物的氧热价** 某种食物氧化时，消耗1L氧所释放的热量，称该物质的**氧热价**。因此根据机体在一定时间内的耗O_2量，可推算出所释放的热量（表10-1）。

◆ **呼吸商** 机体从外界摄取O_2，以供营养物质氧化分解的需要，同时也将代谢终产物CO_2呼出体外。通常将一段时间内机体CO_2产量与O_2耗量的比值称为**呼吸商**（RQ）。糖、脂肪和蛋白质分子组分比例不同，呼吸商也各不相同（表10-1）。例如，葡萄糖氧化反应为：

$$C_6H_{12}O_6+6O_2 \rightarrow 6CO_2+6H_2O，其呼吸商=6\div6=1.00$$

脂肪分子中碳与氢含量远多于氧，氧化时需要耗更多O_2，故呼吸商小于1。如三油酸甘油酯氧化时的呼吸商=57÷80=0.7。蛋白质的呼吸商约为0.80。

呼吸商的意义在于可推测能量的主要来源，如器官的主要能量来源。呼吸商为1时，主要为糖供能，0.71时主要为脂肪。一般情况下，人的混合膳食的呼吸商在0.82上下。

一般情况下，体内能量基本来自糖和脂肪氧化，可忽略蛋白质。因此，一定时间内氧化糖和脂肪时CO_2产量和O_2耗量比值称**非蛋白呼吸商**。通过非蛋白呼吸商查出相对应的氧热价，就能计算能量代谢率（表10-2）。

表10-2 非蛋白呼吸商和氧热价

非蛋白呼吸商	氧化的%		氧热价（kJ/L）
	糖（%）	脂肪（%）	
0.707	0.00	100.0	19.61
0.71	1.10	98.9	19.62
0.72	4.75	95.2	19.67
0.74	12.0	88.0	19.78
0.76	19.2	80.8	19.89
0.78	26.3	73.7	19.99
0.80	33.4	66.6	20.10
0.82	40.3	59.7	20.20
0.84	47.2	52.8	20.31
0.86	54.1	45.9	20.40
0.88	60.8	39.2	20.51
0.90	67.5	32.5	20.62
0.92	74.1	25.9	20.71
0.94	80.7	19.3	20.82
0.96	87.2	12.8	20.93
0.98	93.6	6.4	21.03
1.00	100.0	0.00	21.13

2.**能量代谢率的简便测算** 在临床通常采用简便的方法测算能量代谢率。测算程序是：①先用代谢率测定器（或肺量计）测得受试者一定时间内（通常测6min）的O_2耗量，折算为小时的单位；②再假设普通混合膳食的呼吸商为0.82，查表知对应氧热价（20.2kJ/L）；③氧热价与O_2耗量相乘，即为该时间内的能量代谢率。

$$能量代谢率（kJ/h）=20.20kJ/L \times 耗O_2量（L/h）$$

三、影响能量代谢的因素

能量代谢除受身高、体重、体表面积、性别、年龄、体温及血中激素水平等因素的影响外，还受肌肉活动、精神活动、进食活动和环境温度的影响。

1. 肌肉活动　肌肉活动的影响最显著。安静状态下，骨骼肌收缩维持姿势所产生的热量只占机体总量的16%上下。但身体任何轻微活动均可提高能量代谢水平，增加产热量。剧烈活动甚至可增加到基础水平的10~20倍。剧烈活动后一段时间内，耗氧量还将维持在较高水平。

2. 精神活动　脑组织代谢水平高，安静时耗O_2量约为肌肉组织的20倍。平静思考问题时，产热量可轻度增加，但不超过4%。精神处于紧张状态，如强烈情绪激动、烦恼或恐惧时，能量代谢显著增加。主要因中枢神经系统紧张，骨骼肌紧张性增强，产热增加；同时也使肾上腺素、甲状腺激素等促进代谢的激素释放，广泛刺激细胞代谢所致。

3. 食物的热效应　**食物的热效应**指因进食所致机体产生"额外"热量的现象，也称**食物的特殊动力效应**。因此，摄入能产生100kJ热量的蛋白质，而机体实际产热量达130kJ，额外增加了30%热量，表明机体产热量超过蛋白质本身分解所释放的热量。食物的热效应在进食后1h左右开始，常延续6~7h。这种现象与食物成分有关，蛋白质最显著；糖类或脂肪约为4%~6%；混合食物约为10%。因此，冬日里常通过吃火锅进食大量蛋白质以御寒。食物的热效应可能是物质吸收后在肝内代谢活动所致。

4. 环境温度　安静状态下，环境温度在20~30℃时，人体能量代谢最为稳定。环境温度过高或过低时，能量代谢都会增加。环境温度低于20℃时，代谢率开始增加，在10℃以下，代谢率显著增加。这是由于反射地提高肌肉紧张性，产热量增加；环境温度高于30℃时，提高酶的活性，促进生化反应所致。

四、基础代谢

1. 基础代谢　**基础代谢**是指机体基础状态下的能量代谢。基础状态即：清晨清醒、平卧、安静、空腹、室温适宜（18~25℃）的状态。基础代谢仅能用于机体维持清醒状态下，循环、呼吸、神经等最基本生理活动的能量需求，这时所耗能量最终转化为热释放。所以，基础代谢较稳定，比安静时能量代谢还低8%~10%。在深睡期间能量代谢最低。

2. 基础代谢率测算　**基础代谢率**是指机体基础状态下的能量代谢率，单位以$kJ/(m^2 \cdot h)$计。为科学应用，需用体表面积校正。体表面积可根据公式计算：体表面积(m^2)=0.061身高(cm)×体重(kg)-0.009。也可用测算图求出，将受试者身高和体重两条线对应的两点连一直线，该线与中间的体表面积尺度的交点就是该人的体表面积（图10-2）。

计算实例如下。某男性受试者，20岁，体表面积

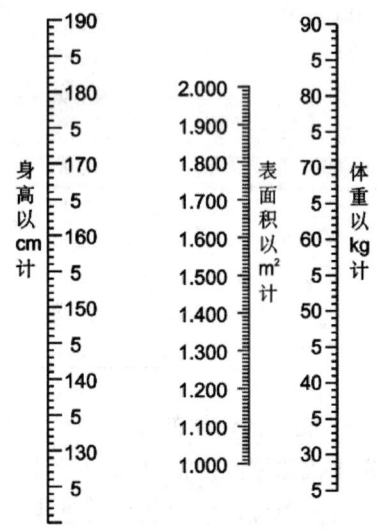

图10-2　人体表面积测算图

$1.5m^2$。基础状态下，1小时O_2耗量为15L，非蛋白呼吸商为0.82，产热量为：

$$产热量 = 20.20 kJ/L \times 15 L/h = 303 kJ/h$$
$$基础代谢率 = 303 kJ/h \div 1.5 m^2 = 202 kJ/(m^2 \cdot h)$$

临床上常用百分法表示：

基础代谢率（%）＝［（实测值－相应年龄正常值）÷相应年龄正常值］×100%

该年龄组男子基础代谢率$157.8 kJ(m^2 \cdot h)$，查表10-3，计算此人超出正常范围：

$$(202 - 157.8) \div 157.8 \times 100\% = 28.0\%，即+28.0\%$$

3. 临床意义　基础代谢率存在一定的生理变动，随性别、年龄的不同有一定的差异（表10-3）。同一个体基础代谢率相当稳定，重复测定无显著差异。

表10-3　我国人基础代谢率的平均值 $[kJ/(m^2 \cdot h)]$

年龄（岁）	11～15	16～17	18～19	20～30	31～40	41～50	51以上
男性	195.5	193.4	166.2	157.8	158.6	154.1	149.1
女性	172.5	181.7	154.1	146.5	146.9	142.4	138.6

基础代谢率的测定能用来辅助诊断某些疾病和评价治疗效果。基础代谢率在±10%～±15%范围内变动属正常，只有超过±20%时，才有病理意义。某些内分泌系统疾病常伴基础代谢率异常，甲状腺疾病尤为显著。甲状腺功能亢进时可升高25%～80%，而减退时可降低20%～40%。因此，测定基础代谢率可辅助诊断甲状腺疾病。通常体温每升高1℃，基础代谢率升高13%左右。

复习思考题

1. 何谓能量代谢？为什么产热量能表示机体的能量代谢？
2. 机体的能量代谢主要受哪些因素影响？
3. 何谓呼吸商？对于测算能量代谢有何生理意义？
4. 何谓基础代谢率？某女性，25岁，体表面积$1.5 m^2$，平日进食混合膳食。基础状态下，测得10分钟耗O_2量为2L，其基础代谢率是否正常？

第二节　体温及其调节

体温与能量代谢密切相关，物质氧化分解释放的能量大多转化为热用以维持体温。机体的生理功能都是各种酶参与的生物化学反应，体温过高或过低都会改变酶的活性，影响机体正常新陈代谢，严重时甚至危及生命。因为稳定的体温是确保人体新陈代谢和一切生命活动正常进行的基础条件，体温因此也是临床上重要的健康指标。在外界气温或机体活动发生显著变动时，机体的体温调节机制可通过控制产热和散热过程，将体温维持在极窄的变动范围内，保持相对稳定。

一、体温

一般而言，**体温**是指机体内深部的平均温度。

1. 体表温度和体核温度　机体的表层温度，称为**体表温度**，即皮肤、皮下组织和肌肉的温度。体表温度波动较大,受环境温度和体温调节反应等影响较大。四肢末端皮温最低,越靠近躯干、头部,皮温越高;环境温度达 32℃ 以上时,皮温的部位差异小。寒冷环境中,四肢末端皮温显著降低,但头部皮温变化小。皮温主要取决于皮下组织的血流量。炎热时血流量增加,皮温升高,起到散热器效应;寒冷时血流量减少,皮温随之降低,可防止体热散失,起到隔热器作用。

体核温度是指机体深部的温度,如心、脑、肺、肝等脏器温度都比较稳定,各部位间差异也较小。在安静时,肝内代谢最活跃,温度也最高,约 38℃;其次是脑和腹腔,直肠温度更低;运动时的骨骼肌温度最高。各器官温度虽有差异,但不超过 0.5℃,因为循环血液可在体内传递热量,使各器官温度趋于一致。机体表层有一定的厚度,特别是皮下脂肪在体温调节中起到隔热层的作用,从而维持着深部体温的相对稳定。

2. 体温测定与波动 临床上常用直肠、口腔和腋窝等部位的温度作为体温的指标。直肠温度为 36.9～37.9℃,不易受环境影响,较接近体核温度;口腔温度 36.7～37.7℃ 低于直肠,常测舌下温度;腋窝温度 36.0～37.4℃,易受环境、出汗和测量姿势等影响。生理情况下,人的体温可随昼夜周期、年龄、性别、肌肉活动等因素的影响而发生变化。

生理情况下,清晨 2～6 时最低,随后逐渐升高,傍晚达最高峰,入夜后又逐渐降低(图 10-3)。日波动幅值一般 1℃ 上下。体温的昼夜节律与生物钟以及内分泌腺的节律性活动相关。

女性的体温平均较男性高 0.3℃,与皮下脂肪较丰富,散热较少有关。女性体温还随月经周期波动,排卵前基础体温较低,排卵前夕最低,排卵后升高约 0.2～0.3℃,并一直持续至下次月经开始(图 12-13)。这种现象与黄体分泌孕激素增加有关。连续测定成年女性的基础体温,可判断受试者有无排卵或确定排卵日期。

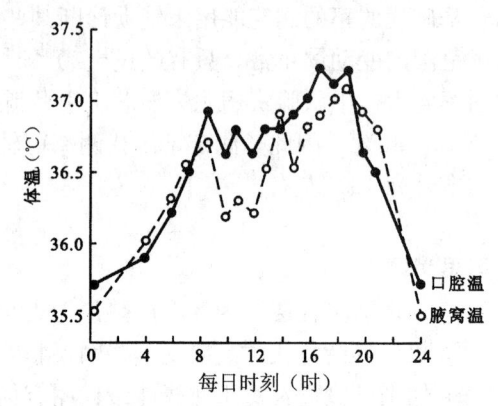

图 10-3 体温的昼夜波动

新生儿体温略高于成年人,婴幼儿特别是早产儿的体温调节机制发育还不完善,调节体温能力差,所以易受环境温度的影响而波动。老年人体温低于青壮年,各系统的功能降低,基础代谢率也较低,对温度变化的适应能力较差,因此应注意保暖。

凡是影响机体能量代谢的因素都能影响体温。此外,麻醉药不仅可抑制下丘脑体温调节中枢和体温调节传入路径,而且能扩张皮肤血管,从而增加体热散失,使体温下降,同时也降低机体对冷环境的适应能力,所以手术麻醉中或术后病人应注意保温。

二、体热平衡

在体温调节机制的调控下,机体产热和散热过程之间保持的动态平衡状态为**体热平衡**。机体的产热量大于散热量,体温就会升高;散热量大于产热量则体温就降低。

1. 产热过程 机体因不断进行新陈代谢而产生热量,即便在基础状态下,呼吸、心搏、肌肉张力、腺体分泌以及细胞代谢活动都需要耗能,除了肌肉收缩所作机械功以外,最终都转化为热维持体温。肝的代谢最旺盛，是安静状态下的主要产热器官。其次是脑、心和肾。机体运动时，骨骼肌成为主要产热器官，因为骨骼肌总重量占体重的40%左右，具有巨大的产热潜力。骨骼肌的产热量变化很大，步行时产热量可比安静时增加3～5倍；剧烈运动时，产热量可占总产热量的90%以上。

◆ **产热方式** 在寒冷环境中，机体主要通过**战栗产热**与**非战栗产热**增加机体产热量。**战栗产热**是因骨骼肌不随意的节律性收缩所致，紧张性增强，不做外功而转化成热，是机体的有效产热方式。战栗时的代谢率可增加4～5倍。**非战栗产热**又称**代谢性产热**，即机体以增强代谢的方式提高产热量，可受交感神经系统调节，与肌肉收缩无关。棕色脂肪产热量最大，约占代谢产热量的70%。影响机体代谢的激素均有产热效应，如甲状腺激素、肾上腺素等。

◆ **产热调节** 产热活动受神经和体液因素的调节。受到寒冷刺激时，下丘脑体温调节中枢发出的神经冲动提高骨骼肌张力，引起战栗产热。甲状腺激素可使产热量缓慢增加，并维持较长时间，是调节产热的最重要基本体液因素。交感神经兴奋使肾上腺髓质分泌肾上腺素和去甲肾上腺素，使细胞内氧化反应普遍增强，增加代谢产热量。甲状腺激素可使产热量缓慢增加，并维持较长时间，是调节产热量的最重要体液因素。肾上腺素等还能加强糖原分解，升高血糖，增强糖利用，迅速增加产热量。

2. **散热过程** 皮肤是人体主要的散热器官，循环血液的热传导效应能将机体深部的热量先转移到皮肤，再发散到周围环境。皮肤散热在维持体温的稳态中起重要作用。大部分体热通过辐射、传导和对流、蒸发等方式在皮肤发散，小部分随呼吸、排尿和排便散失。

◆ **散热方式** 环境温度为21℃时，70%体热通过辐射、传导和对流方式发散，29%由蒸发方式发散。当环境温度升高时，皮肤和环境之间的温度差减小，辐射、传导和对流方式的散热量减少，而蒸发方式的散热作用则增强；当环境温度等于或高于皮肤温度时，辐射、传导和对流的不起方式散热作用，此时蒸发就成为机体惟一的散热方式。

辐射散热是机体以热射线（红外线）的形式将机体热量传给外界较冷物体的散热方式，辐射散热不需要导热介质，体热直接从体表放散到外界环境。在气候适宜及安静状态下，60%的体热通过辐射发散。辐射散热量的首先取决于皮肤与周围环境的温度差，其次取决于体表有效散热面积。温差和有效辐射面积越大，散热量就多。四肢表面积比较大，在辐射散热中起重要作用。反之，当环境温度高于皮肤温度时，反而会吸收周围的热量。

传导散热是指体热直接传给与其相接触温度较低物体的散热方式。传导散热量与温差和物体的导热性能有关。机体深部的热量以传导方式传到皮肤，再由后者直接传给同它相接触的物体，如床或衣服等。人体皮下脂肪的导热差，是其他组织的1/3～1/2，可妨碍体核热传导到皮肤，防止体热的大量散失。脂肪组织越多，传导散热量越少。新生儿皮下脂肪薄，体热容易散失，应注意保暖。在临床上常利用冰袋、冰帽给高热病人降温。

对流散热是机体通过气体流动交换热量的散热方式，是传导散热的特殊形式。身体周围的空气因受热膨胀上升，新的冷空气补充，冷热空气不断流动，将体热发散到空间。对流散热量的效率受风速影响，风速越大，对流散热效率高；反之亦然。棉毛衣服的纤维间的空气不易流动，有利于御寒保暖。

蒸发散热是指利用水分从体表汽化吸热而散发体热的散热方式。主要通过皮肤和呼吸道两条途径蒸发。每蒸发100ml水分，使机体散失的热相当于使70kg体重的人体温变化1℃

所需的热量。临床上对高热患者采用酒精擦浴达到蒸发降温的目的。

蒸发散热分不感蒸发和发汗两种形式。**不感蒸发**是机体中的水分直接渗透出皮肤和呼吸道粘膜表面，在未形成明显水滴之前被蒸发的一种散热形式，与汗腺活动无关。即使处在寒冷的环境，皮肤和呼吸道也不断有水分渗出而被持续蒸发掉。人体24小时不感蒸发量约1000ml左右，通过皮肤约为600~800ml，通过呼吸道蒸发的约为200~400ml。临床上给病人补液时应考虑到不感蒸发所丢失的体液量。

发汗是通过汗腺分泌汗液的反射活动。汗腺分泌汗液是人们可以意识到的，并有明显的汗滴，因此，也称**可感蒸发**。安静状态下，环境温度达30℃左右时便开始发汗。如果空气湿度大，或衣着较多时，气温达25℃便可引起发汗。人在进行劳动或运动时，气温虽在20℃以下，亦可出现发汗，而且汗量较多。蒸发散热受环境温度、空气湿度、劳动强度及风速的影响。环境温度越高，发汗速度越快；环境湿度大时，汗液不易蒸发，体热不易散失，容易发生中暑；一定范围内，劳动强度越大，产热量越多，则发汗量越多，如在剧烈运动或劳动时，汗腺分泌量可达1.5L/h；风速大时，有利于汗液蒸发，容易散热。发汗是气温高于皮肤温度时机体散热的有效途径，在临床上可通过发汗散热降低体温，如服用解热药等。

汗液由汗腺细胞主动分泌，其中水分占99%，而固体成分则不到1%，固体成分中，大部分为NaCl，还有少量KCl、尿素、乳酸等。由于汗液中大部分是水，其蒸发过程能带走大量体热。汗腺分泌汗液除了散热外，还有排泄作用。同血浆相比，汗液的特点是：NaCl的浓度一般低于血浆，为低渗液；汗液中蛋白质和葡萄糖的浓度几乎是零；乳酸浓度高于血浆。当机体大量出汗时，丧失的水分多于电解质，引起体液的晶体渗透压升高，可导致高渗性脱水。在高温作业等大量出汗的人，从汗液中丧失较多的NaCl，因此应注意在补充水分的同时要补充NaCl，否则会引起电解质紊乱，重者可造成神经肌肉组织兴奋性异常而发生"热痉挛"。

人体有大汗腺和小汗腺。大汗腺局限于腋窝、乳头和外阴，开口于毛根。大汗腺不受神经支配，其分泌不被阿托品阻断。小汗腺分布于全身皮肤，手掌和脚底最多，其次是头部，而躯干和四肢较少。交感神经节后纤维支配小汗腺，其末梢释放乙酰胆碱，促进小汗腺分泌汗液，阿托品可阻断发汗，故临床上用阿托品治疗"多汗症"。手、足及前额等处的汗腺有一些受肾上腺素能纤维支配，所以，温热刺激和精神紧张都能引起出汗。由温热刺激引起全身各部位的小汗腺分泌汗液，称为**温热性发汗**。温热性发汗参与体温调节，散发体热。由于精神紧张或情绪激动而引起的发汗，称为**精神性发汗**，主要见于掌心、足底和腋窝。精神性发汗不受环境温度影响，其生理意义可能在于适当湿润手掌和足底等部位，使肢体的动作更为精确。温热性发汗和精神性发汗不能截然分开，在劳动或运动时的发汗就是它们综合作用的结果。

◆ **散热的调节** 机体主要的散热部位是皮肤。皮肤通过辐射、传导、对流方式散热的量取决于皮肤与环境间的温差，而皮肤的温度决定于皮肤血流量。皮肤血液循环的特点表现为分布到皮肤的动脉穿透隔热的组织（脂肪组织等），形成动脉网；皮下血管形成丰富的静脉丛；含有大量的动-静脉吻合支。这些结构特点决定了皮肤的血流量可较大幅度变化。机体通过交感神经系统调节皮肤血管口径，增减血流量以改变皮肤温度，从而使散热量适应体热平衡。炎热环境中，交感神经紧张性降低，皮肤小动脉扩张，动-静脉吻合支开放，因而皮肤血流量大增，较多的体热随血流分布到体表层，皮温升高，散热作用显著增强，可防止体温升高；寒冷环境中，交感神经紧张性增强，皮肤血管收缩，皮肤血流量减少，皮肤温度下降，散热作用减弱，此时机体表层好似隔热器，起到了防止体热散失的作用；环境温度适中或机体处于安静状态，产热量改变不大，机体既无出汗，也无战栗，仅靠调节皮肤血管口径就能达到体热平衡。

三、体温的调节

机体通过自主性与行为性体温调节机制维持体温的相对稳定。外界环境温度影响机体时，通过改变代谢活动、皮肤血流量、战栗和发汗等来调节产热和散热过程，维持体温相对稳定，这种调节机制称为**自主性体温调节**，是体温调节的基础。机体通过行为活动调节体温称为**行为性体温调节**，如在不同温度环境中的姿势和行为；严寒中有意识地采取拱肩缩背、踏步等行为增加产热量以御寒；人为保温或降温所采取的措施是以自主性体温调节为基础的有意识活动，对自主性体温调节起补充作用。

自主性体温调节由生物自动控制系统实现，实际是由温度感受器、体温调节中枢和效应器组成的神经反射环路（图 10-4）。

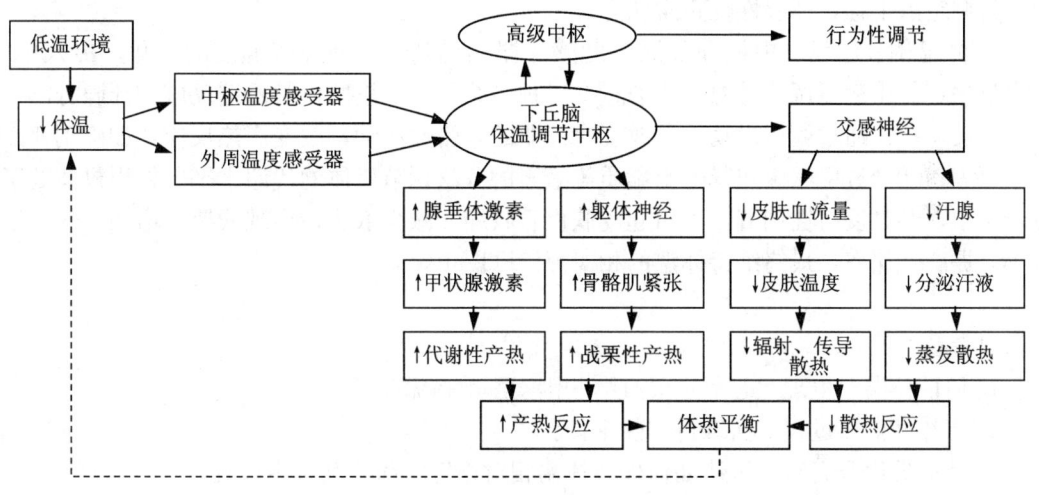

图 10-4 寒冷环境中体温的反射性调节过程

1. **温度感受器** **温度感受器**是对温度变化敏感的感受装置，可将感受到的温度信息转化为神经冲动并传送到体温调节中枢。温度感受器分外周温度感受器和中枢温度感受器。**外周温度感受器**都是分布在皮肤、粘膜和内脏中对温度变化敏感的游离神经末梢，有冷感受器和热感受器之分，冷感受器数量相对较多。当局部皮肤温度升高时，热感受器兴奋，使人产生温觉；而当皮肤温度下降时，冷感受器兴奋，产生冷觉。**中枢温度感受器**是分布在脊髓、延髓、脑干及下丘脑中与体温调节有关的温度敏感神经元。在下丘脑的视前区-下丘脑前部（PO/AH）中存在着对温度敏感的**热敏神经元**和**冷敏神经元**。中枢温度感受器直接感受流经脑和脊髓的血液温度变化，并通过一定的神经联系，将冲动传到下丘脑体温调节中枢。来自中枢和外周温度感受器的信息都会聚于 PO/AH 整合。

2. **体温调节中枢** 动物实验证明，只要保留下丘脑及其以下的神经结构完整，动物仍具有维持恒定体温的能力；破坏 PO/AH 区，调节体温的散热和产热反应明显减弱或消失；

临床中也发现，病变损及下丘脑时，患者体温将出现异常。这都表明，下丘脑是调节体温的基本中枢。致热原、单胺类物质及多肽物质都能直接作用于 PO/AH 区的温度敏感神经元，改变体温调节反应。

下丘脑 PO/AH 区的温度敏感神经元，在体温调节中起调定点的作用。**体温调定点**是指机体设定的温度数值（如 37℃）。当体温处于调定点温度值时，热敏神经元和冷敏神经元活动处于平衡状态，能够使体温维持在所设定的温度值，为 37℃ 上下。当体温超过 37℃，热敏神经元活动增强，产热活动加强，散热活动减弱，使体温降至 37℃；反之，当体温低于 37℃ 时，冷敏神经元活动增强，产热活动加强，散热活动减弱，使体温升高至 37℃。依此学说，由细菌引起的发热是由于在致热原使热敏神经元的阈值升高（兴奋性降低），机体以升高的调定点为参照标准调节体温。因此，发热开始先是冷敏神经元兴奋，出现战栗、畏寒等产热反应，直到体温升高到 39℃ 时，两种温度敏感神经元的活动才处于平衡状态，结果体温维持在 39℃。消除致热原作用后，调定点恢复，则热敏神经元兴奋，出现皮肤血管扩张和出汗等散热反应，使体温逐渐降低。因此，临床上急性发热患者常出现战栗、高热和出汗退热的"三步"表现。如阿司匹林等退热药的作用就在于阻断致热原对热敏神经元的作用，使调定点下移，体温恢复正常状态。

3. **体温调节过程** 中枢和外周温度感受器感受到内、外环境温度的变化，传入中枢，再通过一定传出途径调节体温：①通过交感神经系统调节皮肤血管舒缩反应和汗腺分泌，改变散热反应；②通过躯体运动神经改变骨骼肌的紧张性活动，改变产热反应，如感到寒冷时的战栗等；③通过甲状腺和肾上腺髓质等激素的分泌调节机体的代谢水平。如当机体处于寒冷环境中，经过反射性调节，可引起皮肤血管收缩，减少散热；出现战栗，增加产热；激素分泌，提高代谢率，最终维持体温的相对恒定（图 10-4）。

复习思考题

1. 何谓体温？生理状态下主要有哪些因素影响体温？
2. 产热和散热过程如何维持体热平衡？
3. 环境温度升高时，机体如何保持体温相对稳定？简述其基本过程。

（王璇　王卫国）

第十一章 泌尿系统

泌尿是指机体通过形成尿来溶解并排泄代谢废物的过程。**排泄**是机体新陈代谢过程所产生的有害物质和多余物质向体外清除的过程。泌尿系统由肾、输尿管、膀胱和尿道等组成（图11-1）。肾是泌尿系统执行排泄功能的中心器官，可过滤并净化血液，将代谢废物溶解在尿中，经输尿管流入膀胱暂时储存，达到一定量后，再经尿道排出体外。肾并非唯一的排泄器官，肝生成和分泌胆汁、肺呼出CO_2、皮肤分泌汗液等都参与排泄功能。

人体的每个细胞都要摄取营养成分，经过氧化，获得能量；同时也产生各种代谢终末产物破坏内环境的稳态。泌尿系统在循环、呼吸、消化系统的协同作用下，可及时、有效地纠正偏差，维护内环境稳态，其功能可概括为：①排泄代谢废物与多余过剩物质；②参与调控血量；③调节离子浓度，维持电解质平衡；④调节骨髓的红细胞生成过程；⑤调节体液pH，维持酸碱平衡；⑥活化维生素D_3为1，25-二羟维生素D_3，参与调节骨和钙、磷的代谢。

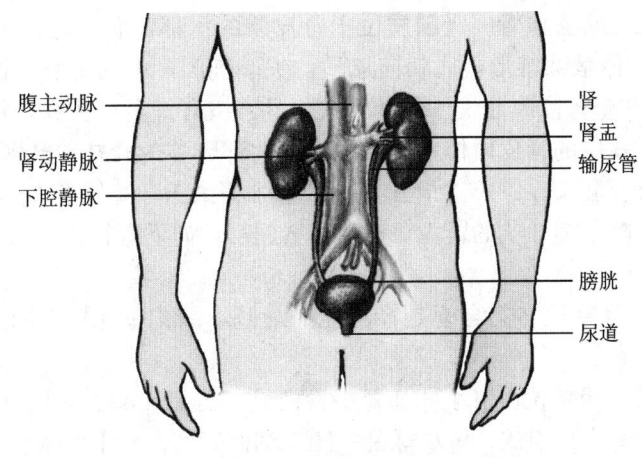

图11-1 男性泌尿系统概貌

第一节 泌尿系统器官形态结构

一、肾

1. **肾的位置、形态与大体构造** 肾是实质性器官，形似蚕豆，左右各一。肾内侧缘中部凹陷，是肾的血管、淋巴管、神经和肾盂出入的部位，称为**肾门**。出入肾门的结构合称**肾蒂**。肾门向肾实质内续于一个较大的腔，称为**肾窦**，内含肾动脉及其分支、肾静脉及其属支、肾小盏、肾大盏、肾盂和脂肪组织等。肾的表面自内向外由纤维囊、脂肪囊和肾筋膜三层被膜包绕。

肾位于腹膜后间隙内，脊柱的两侧。两肾上端有肾上腺。肾的正常位置靠多种因素来维持，肾被膜、肾血管、肾的毗邻器官、腹内压以及腹膜等对肾均起固定作用。

在肾的冠状切面上，可见肾实质分为皮质和髓质两部分（图11-2）。

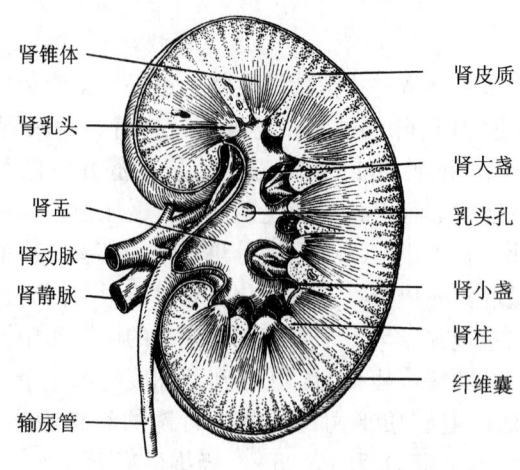

图11-2 右肾冠状切面（后面观）

肾皮质位于肾浅层，富含血管。**肾髓质**位于肾皮质的深部，血管较少。肾髓质由15～20个**肾锥体**构成。肾锥体呈圆锥形，底朝向皮质，尖端钝圆，朝向肾窦，称为**肾乳头**，突入肾小盏内。有时2～3个肾锥体合成一个肾乳头。肾乳头有许多**乳头孔**，肾生成的尿液由乳头孔流入肾小盏内。浅层的肾皮质伸入肾锥体之间的部分称为**肾柱**。肾窦内有7～8个呈漏斗状的**肾小盏**，包绕肾乳头。2～3个肾小盏合成一个**肾大盏**。每肾有2～3个肾大盏，再集合成一个前后扁平、略呈漏斗状的**肾盂**。肾盂出肾门后，向下弯行，逐渐变细移行为输尿管。

2. 肾的微细结构　肾单位与集合管是肾功能的最基本结构单元。人两肾平均共有200万肾单位。

◆ **肾单位与集合管**　肾单位由肾小体和肾小管构成（图11-3）。

肾小体由肾小球和肾小囊组成。**肾小球**是一团毛细血管网，介于入球小动脉与出球小动脉之间。入球小动脉进入肾小体后，先分支形成毛细血管网，随后毛细血管网又汇合形成出球小动脉离开肾小体。**肾小囊**是包裹肾小球所形成的包囊，由脏层和壁层两层上皮细胞构成，两层之间为囊腔。脏层（内层）直接包裹在肾小球毛细血管的外面，壁层（外层）上皮细胞延续为肾小管管壁上皮。

肾小管分为近端小管、髓袢细段和远端小管三段。近端小管包括近曲小管和髓袢降支粗段。近曲小管位于皮质部，呈弯曲状，是肾小管中最长的一段，近曲小管的远端与髓袢降支粗段相连；髓袢细段呈U形，包括降支细段和升支细段；远端小管包括髓袢升支粗段和远曲小管，远曲小管汇入集合管。

根据肾小体所在部位不同，肾单位可分为皮质肾单位和近髓肾单位两种类型。**皮质肾单位**的肾小体位于肾的外皮质层或中皮质层，其特点是：数量多，肾小体体积较小、髓袢较短，入球小动脉口径大于出球小动脉口径，出球小动脉离开肾小体后分支形成管周毛细血管网分布于皮质部肾小管周围。皮质肾单位的功能主要与尿生成有关。**近髓肾单位**的肾小体位于肾的内皮质层,其特点是:数量少,肾小体体积大,髓袢长,可深入到内髓,入球小动脉和出球小动脉的口径无明显差别,出球小动脉离开肾小体后分支形成管周围毛细血管网和U形的直小血管。近髓肾单位的功能主要与尿的浓缩和稀释有关。

集合管由皮质一直延伸到髓质深部,沿途许多肾单位的远曲小管与其相连。因此虽不属于某个肾单位,但功能上实际是各肾单位的延续,也参与尿生成过程。集合管近端与远曲小管末端相连,最后汇入肾乳头,开口于肾盏。

◆ **球旁器**　球旁器又称近球小体,主要分布在皮质肾单位,由球旁细胞、致密斑和球外系膜细胞构成(图11-4)。**球旁细胞**是位于入球小动脉中膜的一种特殊平滑肌细胞——肌上样皮细胞,内含分泌颗粒,其作用是合成和分泌肾素。**致密斑**位于远曲小管的起始部。在靠近入球小动脉处,远曲小管的壁上皮细胞呈高柱状,向管腔内形成斑状隆起的致密斑,其作用是感受小管液中氯化钠含量的变化,将信息传递给球旁细胞,调节肾素释放。**球外系膜细胞**位于入球小动脉和出球小动脉之间,具有吞噬功能。

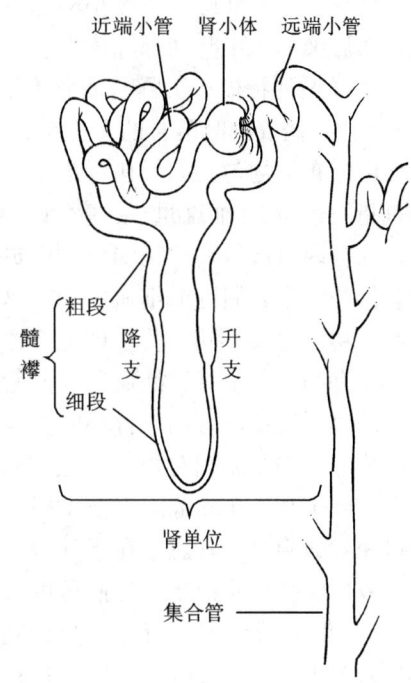

图11-3　肾单位的组成

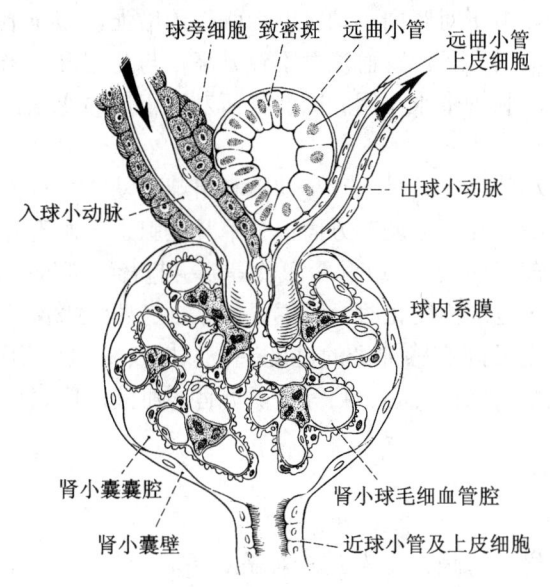

图11-4　肾小球与球旁器结构模式图

3. **肾的血循环**　肾血液循环的特征与尿生成的过程密切相关,肾血流量的调节对于安静时尿生成的相对稳定及紧急情况下血流的重现分配都有重要的意义。

◆ **肾内血液循环途径**　肾的血液来自肾动脉,其循环途径是:肾动脉→叶间动脉→弓形动脉→小叶间动脉→入球小动脉→肾小球毛细血管网→出球小动脉→肾小管周围毛细血管网，然后又汇入小叶间静脉依次回流到肾静脉。

◆ **肾循环特征** ①肾循环血流量极为丰富。正常成人两肾的总重量约300g，不足体重的0.5%，但安静时两肾的总血流量却占心输出量的20%～25%，高达约1200ml/min。②肾血流分布不均匀，94%在肾皮质，5%～6%在外髓，内髓仅1%。通常所说的肾血流量主要是指肾皮质的血流量。③存在两级毛细血管网。在肾内血液循环途径中分别形成肾小球毛细血管网和肾小管周围毛细血管网。这两级毛细血管网的功能意义不同：肾小球毛细血管内的血压较高，有利于肾小球过滤血浆；而管周毛细血管网内的血压较低，有利于肾小管上皮重吸收小管液的成分。④血流相对稳定。正常时，当动脉血压在80～180mmHg范围内波动时，肾血流量能保持相对的稳定，其意义在于使肾小球滤过率及尿生成也保持相对稳定。当血压由低于80mmHg或高于180mmHg时，肾血流量则随之成比例地变化（图11-5）。特别是低于60mmHg时，肾血流量的急剧减少甚至可导致无尿。

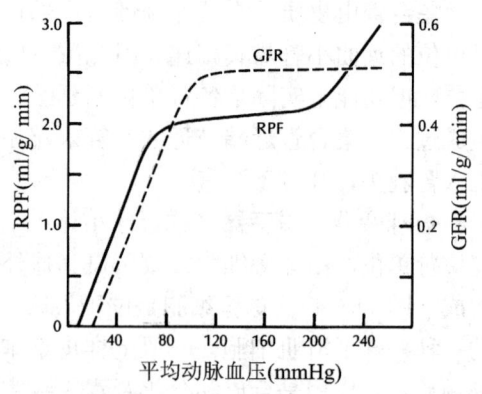

图11-5 肾血流量的自身调节

◆ **肾血流量的调节** 肾血流量的调节涉及自身调节和神经-体液调节。已如上所述，动脉压在80～180mmHg范围内变动时，通过自身调节机制可维持肾血流量的相对稳定。当血压在这一范围内升高时，由于对肾内小动脉壁牵张作用增强，相应地引起血管平滑肌紧张性增强，导致血流阻力相应增大，使肾血流量不致升高；与此相反，当动脉压在此范围内降低时，则会由于对肾内小动脉管牵张作用的减弱，而发生相反的变化，导致血流阻力降低，而肾血流量不致降低。

肾交感神经支配肾动脉，尤其是入球小动脉和出球小动脉。肾交感神经兴奋时引起的肾血管收缩使肾血流量减少。在体液调节方面：去甲肾上腺素、血管升压素等能引起肾血管收缩，使肾血流量减少；前列腺素、NO和缓激肽等能引起肾血管舒张，使肾血流增加。

通常，当血压在一定范围内变化时，肾主要依靠自身调节来保持血流量和尿生成的相对稳定；而在紧急情况下则可因交感神经的过度兴奋，以及缩血管物质的增加而减少肾血流量，发生血流的重现分配，以保障心、脑等重要器官的血液供应。此时肾缺血，正常功能将受到影响。

二、输尿管

输尿管起自肾盂，终于膀胱，长约25～30cm，直径0.5～0.7cm。管壁由粘膜、较厚的平滑肌层和外膜构成，可节律性的蠕动，使尿液不断流入膀胱（图11-2）。当膀胱充盈时，膀胱内压增高，输尿管开口受压，使管腔闭合，阻止膀胱中的尿液返流入输尿管。

输尿管全程有3处生理狭窄：①在肾盂与输尿管移行处；②在输尿管跨过髂血管处；③在输尿管穿行膀胱壁处。这些狭窄部位常易滞留输尿管结石。

三、膀胱

膀胱是储存尿液的肌性囊状器官（图11-6）。成人膀胱位于盆腔的前部，耻骨联合的后方。成年人膀胱的平均容量约为300～500ml，最大容量可达800ml。女性的膀胱容量略小于男性。膀胱空虚时呈锥体形，充盈时呈卵圆形，顶部可高出耻骨联合。膀胱颈为膀胱的最下部，其下端与尿道相接。

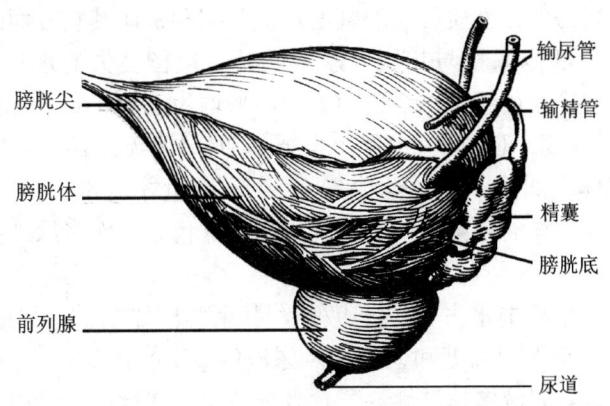

图11-6 膀胱侧面观（左侧）

膀胱壁由粘膜、粘膜下组织和肌层构成，富有伸展性。肌层由平滑肌纤维组成，收缩时压迫其中尿液并缩小膀胱，排出尿液，故称膀胱逼尿肌。

四、尿道

尿道是连接膀胱通向体外的通道。**男性尿道**长约18cm，起自膀胱的尿道内口，止于尿道外口。途中通过前列腺部、膜部和阴茎海绵体部，兼有排精与排尿功能。尿道膜部包绕的横纹肌构成尿道外括约肌，可受意识控制。**女性尿道**较男性尿道粗短、宽直，长约5cm，仅有排尿功能。起于膀胱的尿道内口，经阴道前方行向前下方，穿经尿生殖膈时，有骨骼肌形成尿道阴道括约肌环绕，可受意识控制排尿。末端为**尿道外口**，开口于阴道前庭，易引起逆行尿路感染。

复习思考题

1. 简述肾的大体构造。
2. 简述肾单位的组成、分类与特征。
3. 肾血液循环的特点及生理意义。
4. 输尿管的三个狭窄部各位于何处？
5. 简述女性尿道的特点。
6. 简述肾血流量的自身调节和神经-体液调节及其生理意义。

（吕梦翔　王卫国）

第二节 尿生成的过程

尿生成的过程包括肾小球的滤过；肾小管与集合管的重吸收和肾小管与集合管的分泌三个环节。由肾小球滤过形成的液体为**原尿**；原尿流经肾小管和集合管时，其中许多成分被上皮细胞部分或全部重吸收回血液；同时也可将一些物质分泌到小管液中去。肾最后排出的液体称为**终尿**。尿量和尿的理化性质可反映肾的功能状态和机体其它方面的某些变化。

◆ 尿量　人体每日的排尿量与其摄入水量和其它途径丢失的水量（如出汗等）相关。一般而言，正常成人的排尿量约为1.0～2.0L/d，平均为1.5L/d。尿量持续变化在2.5L/d以上为**多尿**，在0.1～0.5L/d之间为**少尿**，少于0.1L/d为**无尿**，三种情况均属异常。成人每天约可产生35g固体代谢终产物，至少需0.5L/d尿量才能排出体外，所以少尿或无尿时，会由于体内代谢终产物的积聚而严重扰乱内环境的稳态，而多尿则会导致体液丢失，破坏机体的水平衡。

◆ 尿的理化性质　尿液中水占95%～97%，其余为固体物质，尿中的固体物质以电解质和非蛋白氮为主，几乎无葡萄糖和蛋白质。尿液的pH值在5.0～8.0之间变动，主要取决于食物的成分，素食者尿液多偏碱性，荤食者尿液多偏酸性。正常尿为淡黄色，这是由于其中含有血红素的代谢产物尿胆原的缘故，饮水多时尿被稀释，其颜色变浅，饮水少时尿被浓缩，其颜色变深。

一、肾小球的滤过功能

肾小球滤过是指血液流经肾小球毛细血管时，血浆中部分水和小分子溶质通过滤过膜进入肾小囊形成原尿的过程。原尿中除了基本不含蛋白质之外，其他各种成分的浓度都与血浆的基本相同，原尿的渗透压和酸碱度也与血浆的基本相似，所以原尿就是血浆的超滤液（表11-1）。所以肾小球的滤过作用很像用衬有滤纸的漏斗过滤液体。

表11-1 血浆、原尿和终尿中部分物质的含量及滤过量和排出量

成分	血浆中含量（g/L）	原尿中含量（g/L）	滤过量（g/d）	终尿中含量（g/L）	排出量（g/d）	重吸收率（%）
水			180L		1.5L	99
蛋白质	65～85	0	微量	0	0	100
葡萄糖	1.0	1.0	180.0	0	0	100
钠	3.3	3.3	594.0	3.5	5.3	99
钾	0.2	0.2	36.0	1.5	2.3	94
氯	3.7	3.7	666.0	6.0	9.0	99
尿素	0.3	0.3	54.0	20.0	30.0	45
尿酸	0.02	0.02	3.6	0.5	0.75	79
肌酐	0.01	0.01	1.8	1.5	2.25	0

肾小球滤过作用的效率可用肾小球滤过率和滤过分数作指标。肾小球滤过率是指两侧肾脏单位时间（每分钟）内生成的超滤液总量。正常成年人的肾小球滤过率平均为125ml/

min，据此计算每日约形成180L原尿。

滤过分数是指肾小球滤过率占肾血浆流量的百分比。按成人肾血流量1200ml/min、血细胞比容45%计算，肾血浆流量为660ml/min，所以滤过分数为125/660×100%＝19%。滤过分数表明，在流经肾小球的血浆中，约1/5被滤入到肾小囊中形成了原尿。肾小球的滤过作用取决于滤过膜的状况和有效滤过压。

1. 滤过膜及其通透性　滤过膜是肾小球毛细血管管腔与肾小囊囊腔之间的隔膜，是肾小球滤过作用的基础条件，其通透性决定了血浆中各种物质的透过能力。

◆ 滤过膜结构　滤过膜有三层结构：①内层是毛细血管内皮细胞。在电子显微镜可以观察到内皮细胞上有许多称窗孔的结构，其孔径为70～90nm。由于窗孔的孔径较大，该层除了可阻挡血细胞通过外，血浆蛋白及其它成分都可通过；②中层是基膜。基膜由水和凝胶纤维构成，膜上有多角形网孔，孔径为4～8nm。该层可阻挡血浆蛋白通过；③

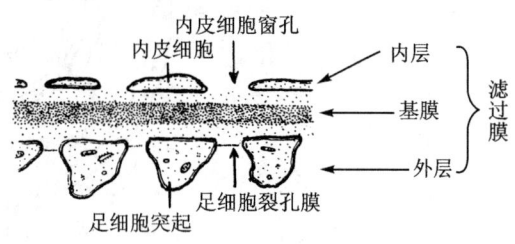

图11-7　肾小球滤过膜的断面结构

外层为肾小囊的脏层上皮细胞。细胞有足样突起，在足突间滤过裂隙膜上有小孔，孔径为4～14nm，该层是滤过膜的最后一道屏障（图11-7）。此外，在滤过膜血管内皮还含带负电的糖蛋白，可对血浆中带负电的大分子物质起阻挡作用。

◆ 滤过膜的通透性　滤过膜的通透性可用血浆中物质通过滤过膜的能力来衡量。血浆中物质通过滤过膜的能力与两个因素有关：①物质大小。一般来说，分子的有效半径小于2.0nm的中性物质可自由通过滤过膜，大于4.2nm的物质不能通过滤过膜；介于2.0～4.2nm之间的物质，其滤过率随有效半径的增大而减小；②物质带电性质。由于滤过膜上带负电的糖蛋白对血浆中带负电的物质具有排斥作用，所以分子大小相同时，带正电荷的物质较易通过滤过膜，而带负电荷的物质则不易通过。如血浆白蛋白分子量为69 000，3.55nm的有效半径虽然小于基膜网孔，但因其带负电，因此原尿中几乎没有白蛋白。

◆ 滤过膜的面积　人的两肾肾单位均处于活动状态，滤过膜的总面积约为$1.5m^2$。

2. 有效滤过压　**有效滤过压**（EFP）是决定肾小球滤过作用的动力，与组织液生成的有效滤过压类似，其大小取决于肾小球毛细血管血压、血浆胶体渗透压和血管外的囊内压（静水压）。其中，肾小球毛细血管血压促进滤过，血浆胶体渗透压和囊内阻碍滤过（图11-8），因此，**肾小球有效滤过压＝肾小球毛细血管血压－（血浆胶体渗透压＋囊内压）**。

研究发现，靠近入球小动脉端的有效滤过压＝45－（25＋10）＝10mmHg；靠近出球小动脉端的有效滤过压＝45－（35＋10）＝0 mmHg。可见，在入球与出球小动脉间的毛细血管全长有效滤过压不同。靠近入球小动脉一端，有效滤过压大于0，因而有液体滤入肾小囊。由肾小球毛细血管网的入球端向出球端，随着血浆液体不断被滤出，以致血浆蛋白浓度逐渐升高，血浆胶体渗透压相应升高，而有效滤过压逐渐降低。一段距离后有效滤过压降低到0，滤过作用停止，即促进滤过的力与阻止滤过的力相等，达到**滤过平衡**。这表明，越靠近入球端的毛细血管段，滤过作用越强。有滤过作用的毛细血管段长短主要取决于血浆胶体渗透压升高的速度。肾血浆流量增加时，血浆胶体渗透压不易升高，有滤过作用的毛细血管段延长；肾血浆流量减少时则相反。

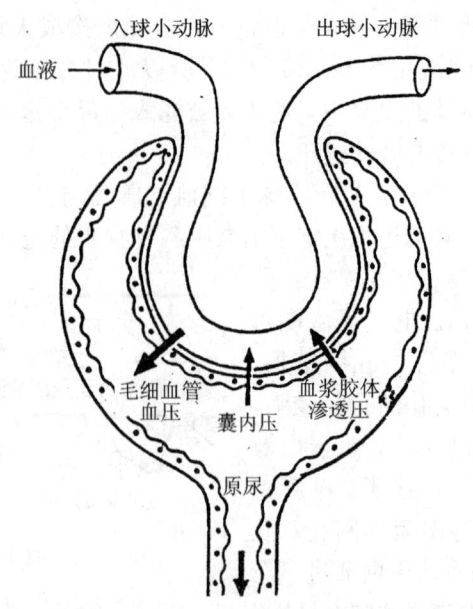

图 11-8 肾小球有效滤过压的变化

3. **影响肾小球滤过的因素** 肾小球的滤过与滤过膜、有效滤过压和肾血浆流量都有关。

◆ **肾小球滤过膜状况** 正常情况下，滤过膜不允许血浆蛋白通过，因而尿中基本无蛋白出现。当炎症、中毒、缺氧等病理因素造成滤过膜损伤时，便会由于血浆蛋白的大量滤过，导致蛋白尿的发生。肾小球的滤过率也与滤过膜的有效滤过面积成正比。急性肾小球肾炎时，由于肾小球毛细血管内皮细胞炎性肿胀，引起管腔狭窄或闭塞，结果导致有效滤过面积减小，使肾小球滤过率减少，出现少尿或无尿。

◆ **肾小球有效滤过压** 肾小球毛细血管血压是促进肾小球滤过的因素，而肾小球毛细血管血压又受动脉血压的影响。一般来说，当血压在 80～180mmHg 范围内变动时，通过自身调节可使肾小球毛细血管血压保持相对稳定，肾小球滤过率也保持相对稳定。当血压低于 70mmHg 以下时，低于自身调节的范围，肾小球毛细血管血压成比例显著降低，使肾小球滤过率减小；当血压低于 50mmHg 以下时，有效滤过压降低到 0，肾小球滤过作用停止，出现无尿。血浆胶体渗透压是阻碍肾小球滤过的因素，其高低主要取决于血浆蛋白的浓度。大量饮水或输液时，血液被稀释，血浆胶体渗透压降低，肾小球滤过率随之增加。严重营养不良时血浆蛋白浓度降低，血浆胶体渗透压降低。囊内压是阻碍肾小球滤过的因素，正常情况下较为稳定，只有当肾盂、输尿管因结石、肿瘤等原因发生阻塞时，才会逆行性引起囊内压升高，导致肾小球滤过率降低。

◆ **肾血浆流量** 肾小球滤过率与肾血浆流量成正比，这是因为肾血浆流量可影响滤过平衡的位置。肾血浆流量增加时，肾小球毛细血管内血浆胶体渗透压上升减慢，滤过平衡的位置更靠近出球小动脉端，有滤过作用的血管段延长，不易达到滤过平衡，肾小球滤过作用增强。相反，肾血浆流量减少时，肾小球毛细血管内血浆胶体渗透压上升加快，滤过平衡的位置更靠近入球端，有滤过作用的血管段缩短，肾小球滤过作用减弱。

二、肾小管和集合管的重吸收功能

原尿进入肾小管后称为**小管液**，在压力差的推动下由近端小管流经肾小管各段，最终在集合管内形成终尿，进入肾盂。

重吸收是指肾小管和集合管将小管液中的物质重新转运回血液的过程。肾小球滤过所形成的原尿量可达180L/d，而人的排尿量则只有1~2L/d，这说明，由肾小球滤过的液体99%以上都被重吸收了。

肾小管和集合管对不同物质的重吸收具有有选择性（表11-1）因为重吸收率不同。正常情况下，由肾小球滤过的葡萄糖、氨基酸等营养物质基本被全部重吸收；水和无机盐则绝大部分被重吸收，如水、Na^+和Cl^-的重吸收率都约为99%；而尿素的重吸收率约为45%，尿酸约79%，只有部分被重吸收；而肌酐则完全不被重吸收。肾小管和集合管通过选择性重吸收，可起到回收保留有用物质，排除代谢废物和过剩物质的作用。

1. 几种物质的重吸收　近端小管是重吸收的主要部位，小管液经过近端小管后，全部葡萄糖和氨基酸、约70%的Na^+、Cl^-和水被重吸收。

◆ Na^+、Cl^-和水的重吸收　肾小管和集合管Na^+、Cl^-和水的重吸收对保持体液总量和渗透压平衡有重要的意义。由肾小球滤过的Na^+、Cl^-和水99%以上都被重吸收了（表11-1）。肾小管各段和集合管都参与Na^+、Cl^-和水的重吸收，但不同部位的重吸收比例、机制和特点有很大不同（表11-2）。

表11-2　肾小管各段和集合管对Na^+、Cl^-和水重吸收的部位、主要机制和特点

部位	重吸收比例	重吸收机制	特点
近端小管	65%~70%	部分Na^+主动重吸收；部分Na^+和Cl^-经细胞旁路被动重吸收；H_2O伴随其它溶质吸收	定比重吸收
髓袢	20%	降支细段被动吸收水；升支细段被动吸收NaCl；升支粗段主动重吸收NaCl	与肾髓质渗透压梯度形成有关
远曲小管和集合管	12%	主动重吸收NaCl；水被动重吸收	Na^+重吸收受醛固酮调节；水重吸收受ADH调节

近端小管前半段对Na^+的主动重吸收起着关键作用，其它许多物质的重吸收都与Na^+的主动重吸收有关。如Na^+通过与葡萄糖等的同向转运和与H^+的逆向转运进入细胞，然后在Na^+泵的作用下被主动重吸收。（图11-9）。

在近端小管后半段，Cl^-和Na^+主要顺浓度差经旁细胞途径被动重吸收。在近端小管水是伴随溶质顺渗透压差被重吸收的，属等渗性重吸收。

降支细段对水有通透性，能重吸收水，但不能重吸收NaCl；升支细段能够被动重吸收NaCl，但对水没有通透性；升支粗段能主动重吸收Na^+、继发性主动重吸收Cl^-，在髓袢升支粗段的重吸收机制中，小管液中的Na^+、Cl^-、K^+是通过同向转运的方式进入细胞内的，其转运比例是$Na^+：2Cl^-：K^+$（图11-10）。由于升支粗段对水通透性很低，NaCl被重吸收后水留在了小管内，因而会引起管外组织液渗透压升高，这有利于尿浓缩（后述）。速尿和利尿酸等利尿剂能特异性的抑制$Na^+-2Cl^--K^+$同向转运体的转运功能，使小管液

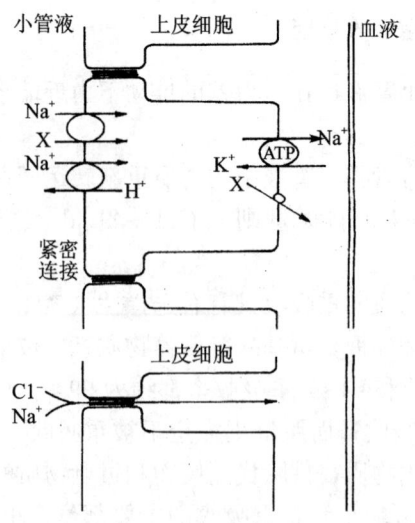

图11-9 近端小管重吸收 NaCl 的机制
X：葡萄糖，氨基酸等

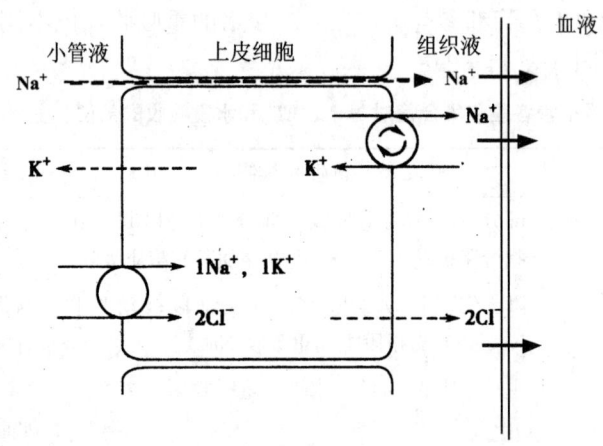

图11-10 髓袢升支粗段对 NaCl 的转运机制

NaCl 浓度升高，妨碍水的重吸收，从而产生很强的利尿作用。

远曲小管和集合管对 NaCl 和 H_2O 的重吸收是可调节的部位。机体缺 H_2O 或缺 NaCl 时其对 H_2O 或 NaCl 的重吸收增加，机体 H_2O 或 NaCl 过剩时其重吸收减少。这是因为 H_2O 的重吸收受抗利尿激素调节，NaCl 的重吸收受醛固酮调节（后述）。

◆ HCO_3^- 的重吸收　HCO_3^- 是一种重要的碱性物质，肾小管和集合管重吸收 HCO_3^- 对保持体内酸碱平衡有重要意义。HCO_3^- 主要在近端小管被重吸收，约占滤过量的85%。

滤液中的 $NaHCO_3$ 进入肾小管后可解离成 Na^+ 和 HCO_3^-，Na^+ 可通过 Na^+-H^+ 交换进入细胞内。上皮细胞管腔膜对 HCO_3^- 通透性低，在小管液中 HCO_3^- 与 H^+ 结合生成 H_2CO_3，然后在碳酸酐酶的作用下迅速分解为 CO_2 和 H_2O；CO_2 是高度脂溶性物质，能迅速通过管腔膜进入细胞内（图11-11）。

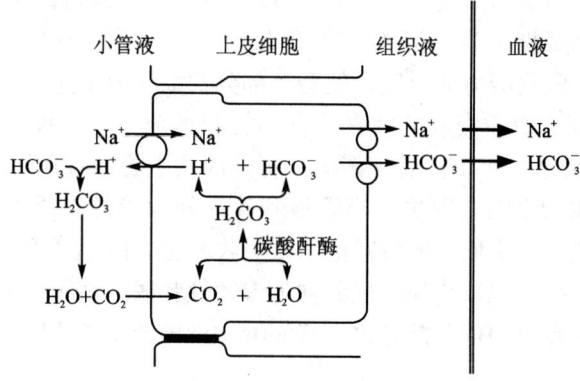

图 11-11 肾小管重吸收 HCO_3^- 的机制

由此可见，小管液中的 HCO_3^- 是以 CO_2 的形式被重吸收的，而不是 HCO_3^- 的形式。同时，HCO_3^- 的重吸收也与 H^+ 的分泌同时进行，肾小管每重吸收 1 个 HCO_3^- 便分泌 1 个 H^+。如果滤过的 HCO_3^- 超过了分泌的 H^+，HCO_3^- 就不能被全部重吸收，余下的部分随尿排出，从而起到调节体液酸碱平衡的作用。

◆ 葡萄糖的重吸收　正常情况下，葡萄糖的滤过量约为 180g/d，而正常人的尿中却没有葡萄糖，说明葡萄糖能被全部重吸收。葡萄糖重吸收部位仅限于近端小管，其他各段肾小管均无重吸收葡萄糖的能力。因此，近端小管不能将葡萄糖全部重吸收时，余下的部分就会从尿中排出。

近端小管重吸收葡萄糖分别通过 Na^+ 依赖性葡萄糖转运体和葡萄糖转运体两步完成。首先，小管液中的葡萄糖和 Na^+ 共同与上皮细胞管腔膜上的 Na^+ 依赖性葡萄糖转运体结合，借助 Na^+ 顺浓度差向细胞内扩散的势能将葡萄糖逆浓度差转运到细胞内；进入细胞的 Na^+ 经基侧膜上的 Na^+ 泵被泵入细胞间隙而重吸收，葡萄糖则经基侧膜上的葡萄糖转运体顺浓度差以易化扩散的方式进入细胞间隙而重吸收（图 11-12）。

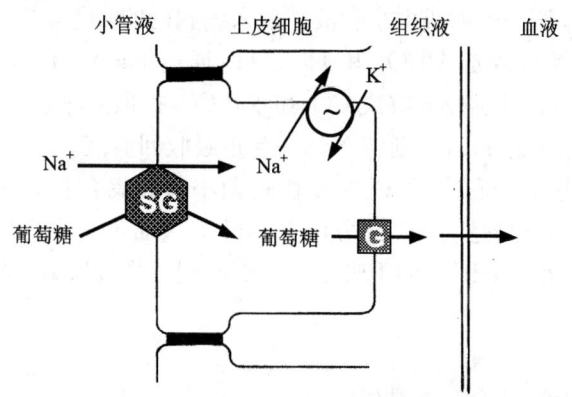

图 11-12　近端小管重吸收葡萄糖的机制
SG：钠依赖性葡萄糖转运体；G：葡萄糖转运体

由于需要特定的转运体蛋白，因此近端小管对葡萄糖的重吸收能力有一定限度，可用肾糖阈来表示。**肾糖阈**是指尿中开始出现葡萄糖时的最低血糖浓度，正常值为 160～

180mg/dL。一般而言，当血糖浓度低于160～180mg/dL时，滤过的全部糖都能被近端小管重吸收，尿中不出现葡萄糖。当血糖浓度高于160～180mg/dL时，由于滤过的糖量过多，超过了部分近端小管重吸收能力的限度，就会有部分葡萄糖因不能被重吸收而在尿中出现。

2. 影响肾小管和集合管重吸收的因素　肾小管和集合管的重吸收受多种因素影响。肾内因素包括小管液中溶质浓度和球-管平衡等，肾外因素主要是激素的作用（见后文）。

◆ **小管液浓度**　水的重吸收取决于小管液和管周间隙液的渗透压差。小管液渗透浓度升高可使管腔内外渗透压差降低，形成对抗水重吸收的力。因小管液溶质增加，小管液渗透压升高，水的重吸收减少，尿量增加的现象称为**渗透性利尿**。糖尿病患者的多尿的症状，就是由于肾小管内未被重吸收的葡萄糖导致小管液溶质量增加及渗透压升高所致，因而属渗透性利尿。

◆ **球-管平衡**　近端小管对Na^+和水的重吸收率与肾小球滤过率密切相关，为**定比重吸收**。无论肾小球的滤过率增多或减少，近端小管对Na^+和水的重吸收率始终占滤过率65%～70%的现象称**球-管平衡**。定比重吸收的意义在于使终尿量不会因肾小球滤过率的增减而发生大幅度的波动，以维持排尿量的相对稳定。

三、肾小管和集合管的分泌功能

分泌是指肾小管和集合管上皮细胞将自身产生的或存在于血液中的物质转运至小管液中的过程。通过分泌可起到加速代谢废物排泄的作用。肾小管和集合管分泌的物质主要有K^+、H^+和NH_3。

1. K^+的分泌　由肾小球滤过的K^+绝大部分都在近端小管被主动重吸收，尿中排出的K^+主要是由远曲小管和集合管上皮细胞分泌的。

尿中K^+的排泄特点是：多食多排、少食少排、不食也排。在临床上，对食K^+不足者应注意补K^+，以防因低血K^+而造成不良影响。而对肾功能衰竭的患者则应控制K^+的摄入量，否则会导致血K^+过高。

2. H^+的分泌　H^+的分泌主要发生在近端小管，远曲小管后段和集合管也能分泌H^+。如前所述，由细胞内代谢产生的或由小管液扩散入细胞内的CO_2，在碳酸酐酶催化下与H_2O缩合成H_2CO_3，并迅速解离成HCO_3^-和H^+；H^+通过$Na^+ - H^+$交换分泌到管腔后又与HCO_3^-结合生成H_2CO_3，并迅速分解成CO_2和水，CO_2扩散入细胞再与水所成H_2CO_3，如此不断循环。细胞内生成的HCO_3^-则与Na^+一起重吸收回血液。

3. NH_3的分泌　正常情况下，NH_3主要由远曲小管和集合管分泌，酸中毒时近端小管也能分泌NH_3。NH_3的分泌是与H^+的分泌和$NaHCO_3$的重吸收密切相关的，NH_3分泌的增加可促进H^+的分泌和$NaHCO_3$的重吸收，从而起到"排酸保碱"的作用。

复习思考题

1. 肾的尿生成包括哪几个基本过程？
2. 原尿成分与血浆的主要区别是什么？为什么？
3. 何谓有效滤过压？何谓滤过平衡？影响肾小球滤过的因素有哪些？
4. 简述葡萄糖的重吸收原理。为什么糖尿病人会发生糖尿和多尿？
5. 速尿和利尿酸等药物为什么具有利尿作用？

6. 肾是如何保持酸碱平衡的？

（郝洪谦）

第三节 尿液浓缩与稀释

正常人尿的渗透浓度可在 50～1200mOsm/L 范围内变动。如果尿的渗透浓度低于血浆，称为**稀释尿**；如果尿的渗透浓度高于血浆，称为**浓缩尿**。肾的尿浓缩和尿稀释功能对保持机体的水平衡和渗透压平衡有重要意义。机体缺水时肾排出浓缩尿，以便在满足排泄功能的同时尽可能把水保留在体内。体内水过剩时肾排出稀释尿，以便及时清除体内多余的水。

一、尿的稀释过程 尿的稀释是由于小管液中的溶质被重吸收的程度相对大于水的重吸收所致。随着 NaCl 被重吸收使小管液渗透浓度降低，至远曲小管时已是低渗或等渗的小管液。当血液中抗利尿激素（ADH）较少时，远曲小管和集合管管壁的对水的通透性降低，水的重吸收减少，随着 NaCl 等溶质的重吸收小管液渗透浓度进一步降低，这样肾最后排出的就是稀释尿。

二、尿的浓缩过程 尿的浓缩是由于小管液中水被重吸收的程度相对大于溶质所造成的。肾髓质的渗透浓度梯度是形成浓缩尿的前提条件，血液中 ADH 的水平调控肾小管和集会管上皮细胞对水的通透性。

◆ 肾髓质的渗透浓度梯度 从肾皮质到髓质组织液存在渗透浓度的梯度（图 11-13），肾皮质部组织液的渗透浓度与血浆之比为 1.0，说明肾皮质部的组织液与血浆等渗；由外髓向内髓，髓质部组织液的渗透浓度与血浆之比逐渐递增，到肾乳头处为 4.0，说明肾髓质部的组织液是高渗的，而且越近内髓越高，形成肾髓质的渗透浓度梯度现象。

◆ 浓缩尿的形成 尿最终在集合管被浓缩。在髓质渗透浓度梯度存在的前提下，血液中 ADH 水平升高时肾能排出浓缩尿。ADH 具有增强远曲小管和集合管上皮细胞对水通透性的作用，由于肾髓质的管外组织液是高渗的，因而当小管液沿贯穿在髓质中的集合管向肾乳头方向流动时，其中的水会在渗透作用下向管外扩散，而其中的 NaCl 等溶质则重吸收相对较少，结果便导致小管液渗透浓度逐步升高，到达肾乳头处的尿液被浓缩。这样，肾最后排出的就是被浓缩的高渗尿。

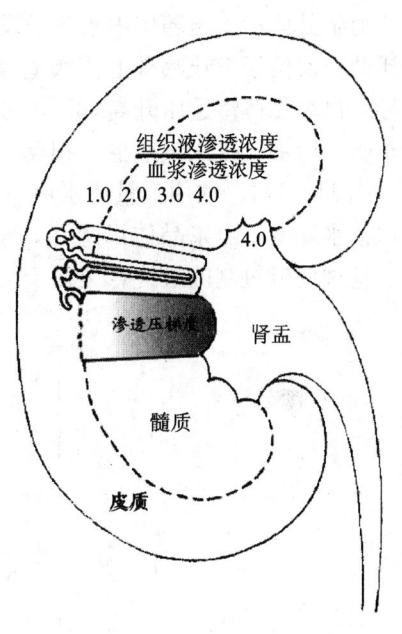

图 11-13 肾髓质渗透压的梯度

复习思考题

尿液是如何被浓缩和稀释的？

（郝洪谦）

第四节 尿生成过程的调节与尿液的排放

一、尿生成过程的调节

尿生成的过程受到机体的严密调控,以适应内环境稳态的要素。肾小球的滤过作用可因神经、体液因素对肾动脉血压和肾血流量的调节而改变。肾小管的功能主要受一些体液性因素的调节,主要为抗利尿激素、醛固酮。通过这些调节机制,使肾脏在机体维持水、电解质和酸碱平衡中发挥重要作用。

1. 抗利尿激素的调节作用　**抗利尿激素**由下丘脑视上核和室旁核内的神经元合成,经下丘脑-神经垂体束运送到神经垂体暂时储存,需要时在此释放入血。当体液含量和性质发生变化时,可通过调节抗利尿激素的合成和释放来调节排尿量,以保持体液总量和渗透压平衡。

◆ 抗利尿激素的作用　抗利尿激素的基本作用是提高远曲小管和集合管上皮细胞对水的通透性,有利于水的重吸收,使尿液浓缩,尿量减少,保存体液量。

◆ 抗利尿激素分泌的调节　ADH 的分泌主要受血浆晶体渗透压、循环血量和动脉血压的调节。

血浆晶体渗透压随体内水含量发生变化,通过渗透压感受器可调节抗利尿激的分泌。渗透压感受器位于下丘脑视上核和室旁核及其周围。当饮水过少、大量出汗、严重呕吐或腹泻等导致血浆晶体渗透压升高时,均可刺激渗透压感受器使 ADH 分泌增加,最终导致肾对水的重吸收增加,排尿量减少。相反,正常人一次饮清水 1.2L 后约过半小时尿量开始显著增加(图 11-14)。饮用大量清水后引起的尿量增加现象称为**水利尿**。水利尿的产生是由于大量饮清水降低了血浆晶体渗透压,渗透压感受器引起的 ADH 分泌减少,水重吸收减少所致。这种调节机制的最终意义在于维持血液渗透压及体液量的正常分布。

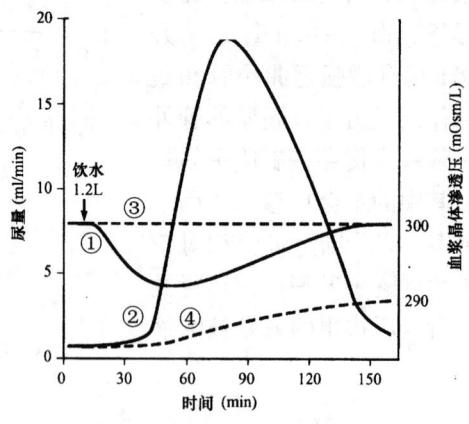

图 11-14　水利尿作用与血液中 ADH 水平
① 饮用清水时血浆晶体渗透压与② 尿量的变化;③ 饮用等量生理盐水时血浆晶体渗透压与④尿量的变化

循环血量增多时的牵张性刺激可引起心房容量感受器兴奋（特别是左心房），通过迷走神经传入下丘脑，反射性抑制 ADH 的分泌，水重吸收减少，排尿量增加，可减少血量。相反，循环血量减少时，ADH 分泌增加，排尿量减少，可维持血量。通过这样的调节，最终维持了循环血量的相对稳定。

动脉血压升高时，经颈动脉窦压力感受器传入冲动，可反射性抑制 ADH 分泌，结果从减少血量的角度，有助于降低血压。此外，疼痛、创伤和情绪紧张等可刺激 ADH 的释放，而寒冷刺激可抑制 ADH 的释放。在临床上，下丘脑或下丘脑-神经垂体束发生病变时，ADH 合成和释放发生障碍，每日尿量可达 10 升以上，称为**尿崩症**。

2. 醛固酮的调节作用　**醛固酮**是由肾上腺皮质球状带合成和分泌的类固醇激素，基本作用是促进远曲小管和集合管重吸收 Na^+ 和排泄 K^+，即保钠排钾作用，同时也能间接促进水的重吸收。因此对调节细胞外液总量和电解质平衡有重要意义。

醛固酮的分泌主要受血管紧张素和血 K^+、血 Na^+ 浓度的调节。当循环血量减少或动脉血压下降时，可刺激肾单位入球小动脉的球旁细胞分泌肾素，此外致密斑感受器兴奋和交感神经兴奋也可引起球旁细胞分泌肾素。肾素是一种蛋白水解酶，能催化血浆中的血管紧张素原生成血管紧张素Ⅰ，随后在血液和组织转换酶作用下相继转化为血管紧张素Ⅱ和血管紧张素Ⅲ等。血管紧张素Ⅱ和血管紧张素Ⅲ都有刺激醛固酮分泌的作用，但血管紧张素Ⅱ的缩血管作用较强，血管紧张素Ⅲ则主要刺激肾上腺皮质分泌醛固酮。血 K^+ 升高或血 Na^+ 降低，均可直接刺激肾上腺皮质球状带，引起醛固酮分泌增加，从而避免高血 K^+ 和低血 Na^+ 的出现，维持血 K^+ 和血 Na^+ 水平的相对稳定。

二、尿液的排放

肾脏生成尿是连续不断的，尿生成后经肾盏入肾盂，又经输尿管被输送到膀胱内暂时储存，当膀胱内储存的尿液达一定量或者膀胱内的压力达一定程度时，便通过排尿反射将尿液排出。

1. 膀胱和尿道的神经支配　膀胱和尿道内括约肌属平滑肌，受自主神经中的副交感和交感神经纤维支配；膀胱外括约肌属骨骼肌，受躯体神经中的阴部神经支配（图 11-15）。盆神经为支配膀胱和尿道的副交感神经纤维，兴奋时引起膀胱逼尿肌收缩、内括约肌舒张；腹下神经为支配膀胱和尿道的交感神经纤维，兴奋时引起膀胱逼尿肌舒张、膀胱内括约肌收缩；阴部神经为躯体神经，平时不断发出传出冲动使尿道外括约肌处于收缩状态，当皮层的下行冲动使阴部神经的活动受到抑制时，外括约肌舒张。

上述三组神经内都含有传入纤维，可将来自膀胱和尿道感受器的信息传入中枢。

2. 排尿反射　**排尿**是指膀胱内尿液排出体外的过程。当膀胱内尿量增加到 400~500ml 或者当膀胱内压力达到 $10cmH_2O$ 以上时，膀胱壁感受器受刺激的冲动经盆神经传入位于脊髓骶部的排尿反射初级中枢，同时上传到达脑干和大脑皮层的排尿反射高级中枢并产生尿意。无排尿条件时，初级中枢受到高级中枢的抑制，排尿反射被抑制；条件许可时，抑制解除，冲动经盆神经传出引起膀胱逼尿肌收缩、膀胱内括约肌舒张，于是尿液进入后尿道。尿液对尿道感受器的刺激又再次经盆神经传入脊髓骶部，使阴部神经传出冲动减少，外括约肌舒张，于是尿液就在膀胱内压力的作用下被排出体外。排尿反射是正反馈过程，可一再加强，直至膀胱内的尿液排完为止。此外，膈肌、腹壁肌收缩时，可引起腹内压升高，起到协助排尿的作用。

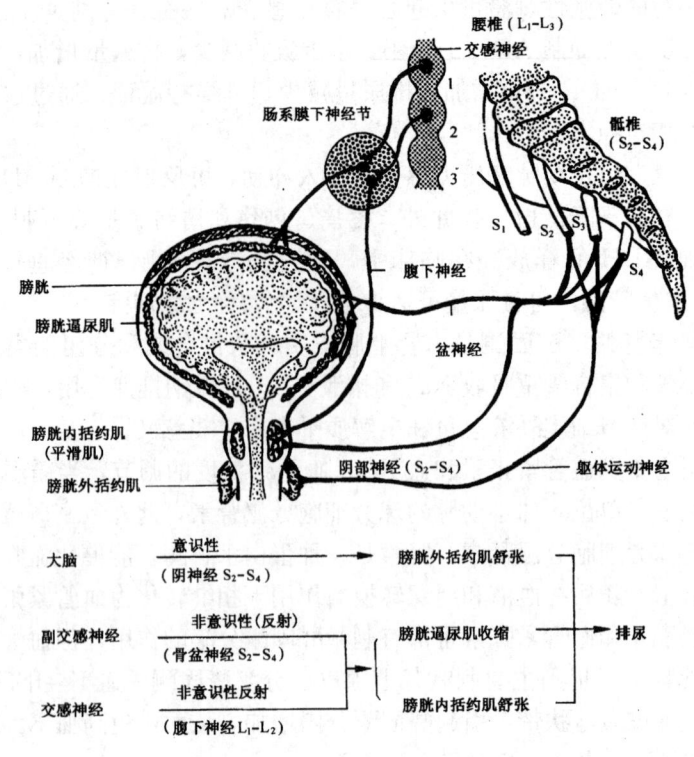

图 11-15 排尿反射途径

3. **排尿异常** 常见的排尿异常主要有尿频、尿储留、尿失禁等。排尿次数过多称为**尿频**，多由机械刺激（如膀胱结石）或膀胱内炎症刺激引起。膀胱内尿液无法排出称为**尿储留**，多由尿道阻塞或腰骶部初级排尿中枢受损造成。排尿不受意识控制称为**尿失禁**，多由大脑皮层损伤或脊髓损伤使初级中枢与高位中枢的联系中断所造成。

复习思考题

1. 抗利尿激素和醛固酮在尿生成调节中各有何作用？其释放分别受哪些因素的影响？
2. 何谓水利尿？是如何发生的？
3. 简述排尿反射的基本过程。

(郝洪谦)

第十二章 生殖系统与遗传

生殖是成熟机体复制、传代，即亲代个体产生子代的生理活动。人类完整的生殖涉及生殖细胞的生成、性交、受精、胚胎发育、分娩和哺乳等过程。生殖活动对于种族的绵延具有极重要的意义。

遗传是指生物体一切性状在亲代与子代之间获得的不断传递。人体的多数行为能力、对疾病的易感性、以至寿命都与遗传密切相关。

第一节 生殖系统器官的形态结构

一、男性生殖器

男性生殖器由内生殖器和外生殖器两部分组成。内生殖器包括睾丸、附睾、输精管、射精管及尿道以及精囊、前列腺和尿道球腺。外生殖器包括阴囊和阴茎（图 12-1）。

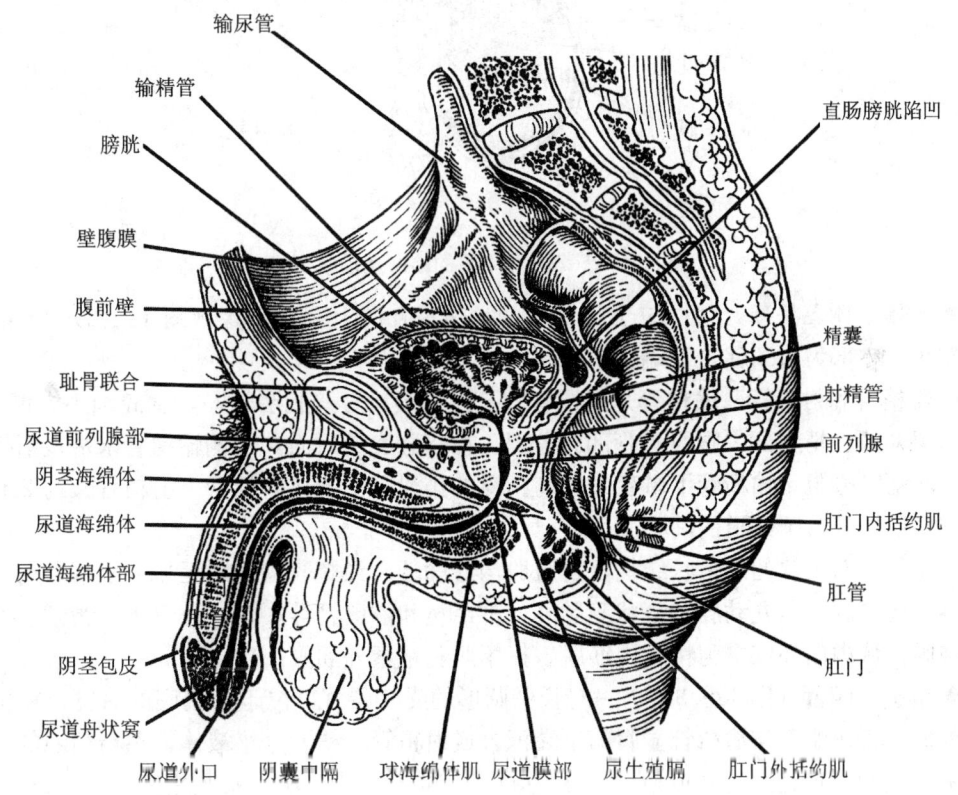

图 12-1 男性盆腔正中矢状切面

1. 内生殖器

◆ 睾丸　睾丸位于阴囊内的成对器官，内、外侧稍扁呈椭圆形，表面光滑，富于弹性。睾丸表面包有一层坚厚的纤维膜，称为**白膜**，与睾丸实质紧贴不易剥离，在睾丸后缘处增厚，并伸入睾丸实质内形成睾丸纵隔。从睾丸纵隔发出许多放射状的睾丸小隔，将睾丸实质分隔成约 200 个睾丸小叶。每个睾丸小叶内含有 1～4 条盘曲的**精曲小管**，精曲小管的上皮能产生精子。小管之间的结缔组织内有分泌雄性激素的**间质细胞**。精曲小管向小叶尖端集中，汇合成精直小管，进入睾丸纵隔交织成睾丸网。从睾丸网发出 12～15 条睾丸输出小管，由睾丸后缘的上部穿出进入附睾头（图 12-2）。

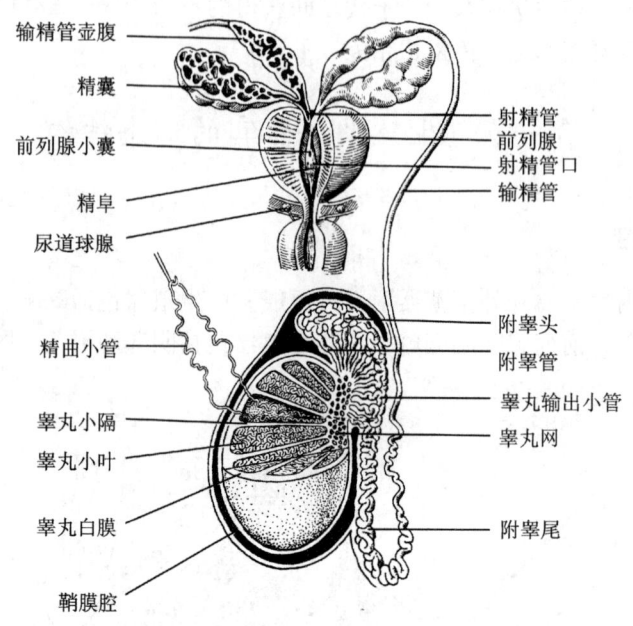

图 12-2　睾丸和附睾的结构及排精径路

◆ 附睾　附睾呈新月状，位于阴囊内，紧贴睾丸的上端和后缘（图 12-2）。上端膨大为附睾头，中部为附睾体，下端为附睾尾。

◆ 输精管和射精管　**输精管**是附睾管的直接延续，管壁肌层较厚，管腔细小。可分为 4 部分：睾丸部、精索部、腹股沟管部和盆部。在膀胱底的后面，两侧输精管末端逐渐接近并扩大成输精管壶腹。输精管下端变细，与精囊的排泄管汇合成射精管。射精管长约 2cm，穿前列腺实质，开口于尿道的前列腺部。

精索是一对柔软的圆索状结构，自腹股沟管深环，经腹股沟管延至睾丸上端。精索的主要内容有输精管、睾丸动脉和蔓状静脉丛、神经丛和淋巴管等。自浅环以下，精索表面包有三层被膜，从内向外依次为精索内筋膜、提睾肌和精索外筋膜。

◆ 精囊　精囊（图 12-3）为一对长椭圆形的囊状器官，位于膀胱底的后方，输精管壶腹的外侧。其排泄管与输精管壶腹的末端汇合成射精管。精囊分泌液体，参与精液的组成。

◆ 前列腺　前列腺是不成对的实质性器官，位于膀胱与尿生殖膈之间（图 12-3）。前列腺呈前后稍扁的栗子形，上端宽大称前列腺底。下端尖细称前列腺尖。底与尖之间的部分称**前列腺体**。前列腺的分泌物参与组成精液。

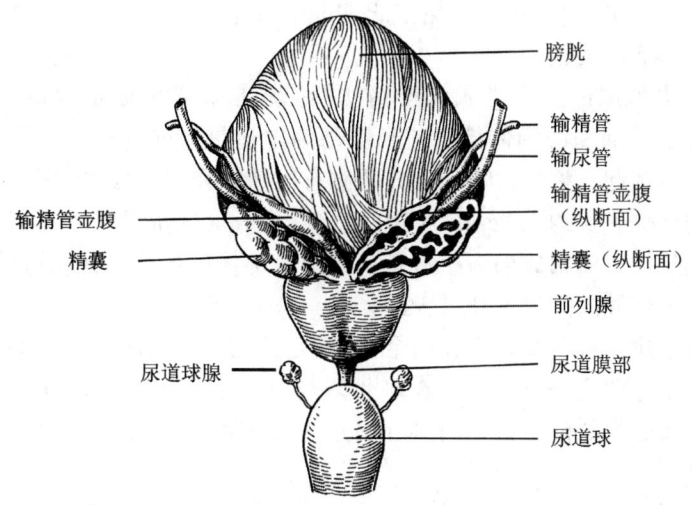

图 12-3 前列腺、精囊腺和尿道球腺（后面观）

◆ **尿道球腺** **尿道球腺**是一对豌豆大的球形腺体，位于尿生殖膈内（图 12-3）。腺的排泄管细长，开口于尿道球部。

2. 外生殖器

◆ **阴囊** **阴囊**为一皮肤囊袋，位于阴茎根部的后下方。游离于体外的阴囊能使睾丸的温度比腹腔低 1.5～2.0℃，是正常生精功能的最适宜温度。阴囊壁由皮肤和肉膜组成。皮肤薄而软，有明显色素沉着。肉膜在正中线向深部发出**阴囊中隔**，将阴囊腔一分为二，各容纳一侧睾丸、附睾和输精管睾丸部。阴囊肉膜含有平滑肌纤维，可随环境温度发生反射性收缩与舒张，从而调节其内温度。

◆ **阴茎** 可分为头、体和根三部分。后端为**阴茎根**，固定于耻骨下支和坐骨支及尿生殖膈。中部为**阴茎体**，呈圆柱形，以韧带悬于耻骨联合的前下方。前端的膨大为**阴茎头**，其尖端有矢状位的尿道外口。头后较细的部分**阴茎颈**，为头和体的移行部（图 12-4）。

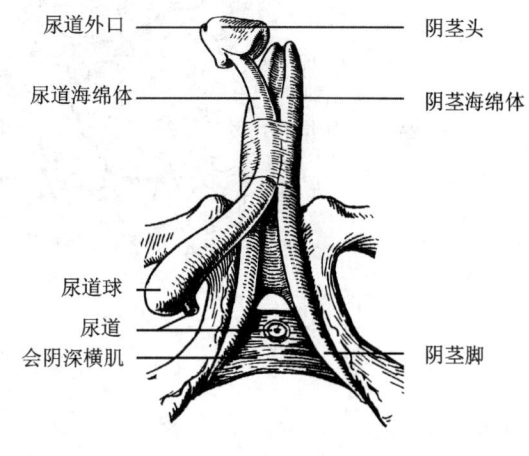

图 12-4 阴茎的海绵体

阴茎由两个阴茎海绵体和一个尿道海绵体组成，外面包以筋膜和皮肤。**阴茎海绵体**位于阴茎的背侧，左、右各一，两者紧密结合，前端向前伸延，变细呈一体，嵌入阴茎头后面的凹陷内，后端左、右分离，称**阴茎脚**，分别附于两侧的耻骨下支和坐骨支。**尿道海绵体**位于阴茎海绵体的腹侧，其中心的尿道贯穿其全长。其中部呈圆柱形，前端膨大为**阴茎头**，后端膨大称**尿道球**，位于两阴茎脚之间，固定在尿生殖膈下筋膜的下面。每个海绵体外均包以坚厚的纤维膜。海绵体由许多小梁和腔隙构成，后者与血管相通。当腔隙充血时，阴茎变硬变粗，表现勃起。勃起因局部血管反射性舒张，血流量增加所引起。阴茎的皮肤薄而柔软，富有伸展性。皮肤由阴茎颈向前游离，包绕阴茎头形成**阴茎包皮**。

◆ **男性尿道** 男性尿道兼有排尿和排精功能。起自膀胱的尿道内口，止于尿道外口。全长分为前列腺部、膜部和海绵体部。前列腺部为尿道贯穿前列腺的部分，管腔最宽呈梭形。后壁上有一纵行隆起，称尿道嵴，在其两侧有射精管和前列腺排泄管的开口。膜部为尿道穿过尿生殖膈的部分，长约1.2cm，腔窄而位置固定。在其周围环绕有骨骼肌，称尿道膜部括约肌，可控制排尿。**海绵体部**为尿道穿过尿道海绵体的部分。在尿道球内的尿道最宽，称为**尿道球部**，尿道球腺的排泄管开口于此。

男性尿道在行径中，有三个狭窄和两个弯曲。三处狭窄分别在尿道内口、膜部和尿道外口。两个弯曲：一个弯曲为耻骨下弯，在耻骨联合下方2cm处，凹向前上方；另一个弯曲为**耻骨前弯**，在耻骨联合的前下方，凹向后下方。如将阴茎向上提起，此弯曲可以消失。

二、女性生殖器

女性生殖器由内生殖器和外生殖器两部分组成（图12-5）。内生殖器包括卵巢、输卵管、子宫和阴道。外生殖器包括阴阜、大阴唇、小阴唇、阴蒂、前庭球、前庭大腺和阴道前庭等。

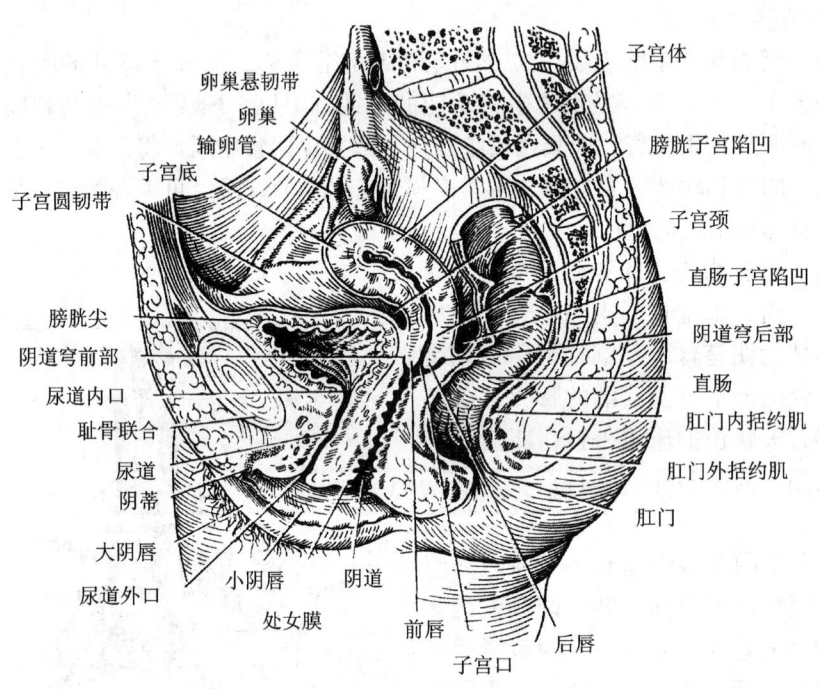

图12-5 女性盆腔正中矢状切面

1. 内生殖器

◆ **卵巢** 位于盆腔子宫两侧的卵巢窝内。**卵巢**为成对的实质性器官，呈扁卵圆形，略呈灰红色。分内、外侧面，前、后缘和上、下端。上端借韧带连于盆壁。下端借韧带连于子宫底的两侧。后缘游离。前缘借卵巢系膜连于阔韧带后层，其中央有一裂隙称**卵巢门**，卵巢的血管、淋巴管和神经出入（图12-6）。

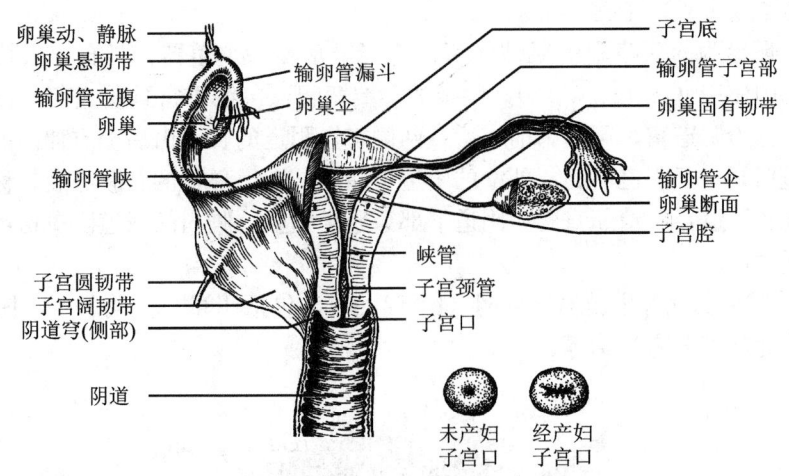

图12-6 女性内生殖器（前面）

◆ **输卵管** 是输送卵子的肌性管道，细长而弯曲，长约为10～12cm，位于子宫底的两侧，在子宫阔韧带的上缘内（图12-6）。内侧端开口于子宫腔，为**输卵管子宫口**。外侧端游离，开口于腹膜腔，为**输卵管腹腔口**。输卵管由内侧向外侧分为四部分：**子宫部**为贯穿子宫壁内的一段，以输卵管子宫口通子宫腔。**输卵管峡**为子宫底外侧的峡窄部，短细而壁较厚。**输卵管壶腹**是输卵管峡向外延伸的部分，径粗壁薄、行程较长而弯曲，血供较丰富，约占输卵管全长的2/3。卵子通常在此部受精。**输卵管漏斗**为输卵管末端漏斗状膨大的部分。其游离缘有许多细长的指状突起，称为**输卵管伞**。漏斗末端的中央有输卵管腹腔口，开口于腹膜腔。

◆ **子宫** **子宫**是一个壁厚、腔小的肌性器官，腔内衬子宫内膜。胎儿在子宫发育成长（图12-6）。

成人未孕子宫呈前后略扁的倒置的梨形，长约7～8cm，宽约4～5cm，厚约2～3cm。子宫分为底、体、颈三部。上端在两侧输卵管子宫口以上圆凸的部分为**子宫底**；下端狭细呈圆柱状的部分为**子宫颈**；底与颈之间的部分为**子宫体**。子宫颈在成人长约2.5～3.0cm，其下端1/3伸入阴道内的部分，称为**子宫颈阴道部**；上2/3位于阴道以上的部分称为**子宫颈阴道上部**。子宫颈阴道上部与子宫体之间的狭细部分，称为**子宫峡**。在非妊娠期，此部不明显，长仅1cm；在妊娠期间，子宫峡逐渐伸展延长至7～11cm，产科常在此处进行剖宫取胎。

子宫内的腔可分为两部。上部在子宫底和子宫体内，前后略扁的三角形，称为**子宫腔**，底向上，两端通输卵管；尖端向下，通子宫颈管。下部在子宫颈内，称**子宫颈管**，呈梭形，其下口通阴道，称**子宫口**（图12-6）。

子宫位于盆腔的中央，在膀胱与直肠之间，成年女性子宫的正常姿势是轻度的前倾前屈位。前倾子宫向前倾斜，子宫长轴与阴道长轴形成一个向前开放的夹角，近似直角。前屈是子宫体与子宫颈之间形成一个向前开放的钝角。人体直立时，子宫体伏于膀胱后上方，几乎与地面平行。

子宫主要以周围的韧带为固定装置，维持其正常位置。主要的韧带有子宫阔韧带、子宫圆韧带、子宫主韧带和骶子宫韧带。

◆ **阴道** 阴道为前后略扁的肌性管道，连接子宫和外生殖器，具有导入精液、排出月经和娩出胎儿的作用（图12-5、6）。阴道的上端宽阔，包绕子宫颈阴道部，在二者之间形成环形凹陷，称为**阴道穹**，可分为前、后及两侧穹。阴道的长轴由后上方伸向前下方，下端较窄，以**阴道口**开口于阴道前庭。处女的阴道口周围，有一环行的粘膜皱襞，称**处女膜**。阴道前壁邻膀胱和尿道，后壁邻直肠。阴道下部穿尿生殖膈，膈内的尿道阴道括约肌和肛提肌均对阴道有括约作用。

2. 外生殖器 女性外生殖器即**女阴**（图12-7），包括阴阜、大阴唇、小阴唇、阴道前庭、阴蒂、前庭球和前庭大腺等。

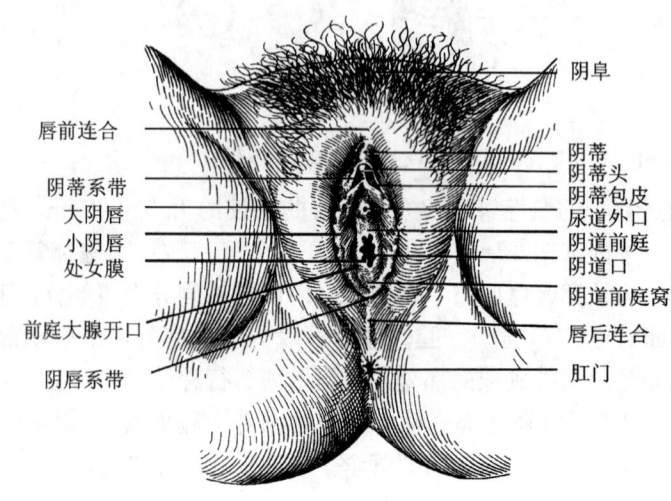

图12-7 女性外生殖器

复习思考题
1. 简述输精管的分部，精索的主要内容和被膜。
2. 简述前列腺的位置和形态。
3. 说出男性尿道的分部、三个狭窄和两个弯曲各位于何处。
4. 简述输卵管分哪几部？
5. 简述子宫的位置、形态和分部。

（吕梦翔）

第二节 男性生殖功能

男性生殖功能包括三方面：① 产生精子；② 分泌性激素；③ 完成性活动。睾丸是完成男性生殖功能最为关键的器官，故称主性器官，而其他的生殖器官则统称为附（属）性器官。

一、睾丸的生精功能

1. 精曲小管构造　成人每条精曲小管长 30～70cm，直径 150～250μm，壁厚 60～80μm。**精曲小管壁**由生精上皮构成，生精上皮由支持细胞和多层生精细胞组成。**生精细胞**从精曲小管基膜向管腔侧有序排列，依次为精原细胞、初级精母细胞、次级精母细胞、精子细胞和精子（图 12-8）。这种排序也反映了生精细胞不断增殖分化成熟，形成精子的全过程。**支持细胞**呈不规则的锥体形，其底部紧贴基膜，顶部伸达管腔。从底部到顶部，支持细胞中都镶嵌着各级生精细胞，即生精细胞增殖分化完全是紧紧贴附在支持细胞上进行的。相邻支持细胞靠近底部的细胞膜之间形成紧密连接，参与构成血-睾屏障。**血-睾屏障**由睾丸间质的毛细血管内皮及其基膜、结缔组织、精曲小管基膜和支持细胞的紧密连接共同组成。血-睾屏障在血液与睾丸之间形成的屏障作用，既有利于维持睾丸生精活动的适宜微环境，也能阻隔生精细胞逸出，避免抗原物质进入血液循环可能引起的机体自体免疫反应，造成不育症。

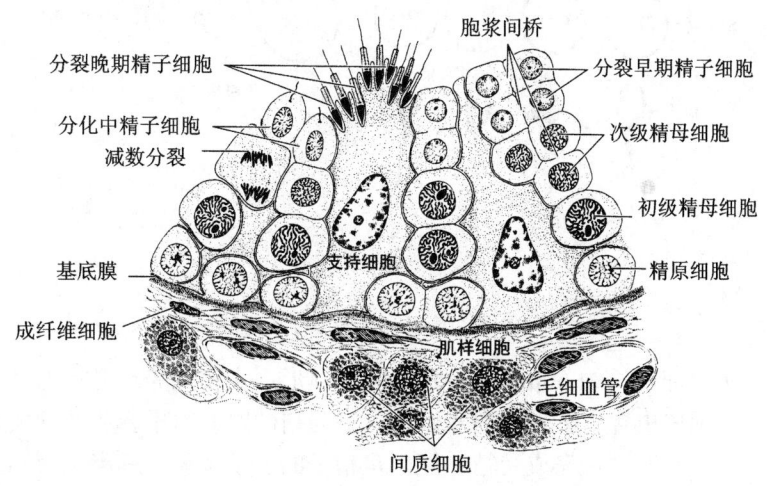

图 12-8　精曲小管断面及睾丸间质细胞

支持细胞具有多方面功能，不仅为生精细胞分化发育提供相对稳定的微环境，支持和营养生精细胞，还能吞噬和清除精子形成时脱落的残余胞质，有助于精子的释放和运输。支持细胞除可分泌睾丸液外，还能分泌抑制素和雄激素结合蛋白，前者参与睾丸功能的反馈调节系统，后者能特异结合雄激素，辅助生精功能。

2. 精子发生　从精原细胞分化发育到形成精子的过程称**精子发生**。精子发生经历了精原细胞增殖、精母细胞成熟分裂和精子变态等阶段，在人类约需 64±4.5 天。从青春期开始，在**卵泡刺激素**（FSH，对于男性也称**精子生成素**）和雄激素的共同作用下，精原细胞依次经初级精母细胞、次级精母细胞、精子细胞等阶段，最后发育为精子并脱离支持细胞进入管腔，再进入附睾中储存。精子发生过程中经历了两次成熟分裂（第二次成熟分裂不进行 DNA 复制）后，从精原细胞时的双倍体细胞（46 条染色体）到精子细胞的单倍体细胞，即只有 23 条染色体，其中　条为性染色体（图 12-9）。精子细胞不再分裂，经过复杂的变态过程，逐渐从圆形的细胞分化为蝌蚪状的精子，称为**精子形成**。生精过程中，一个精原细胞可增殖为近百个精子。

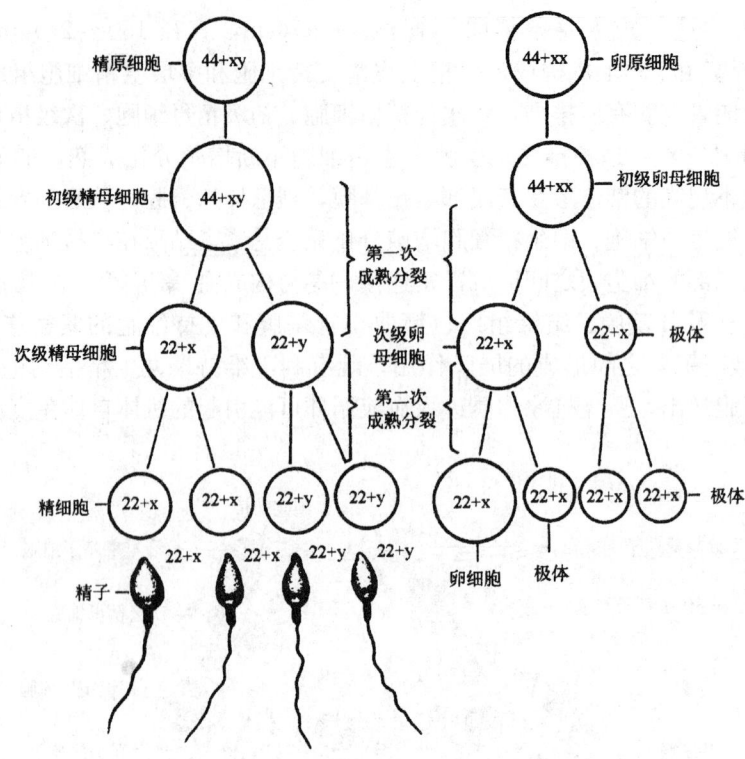

图 12-9 精子和卵子发生示意图

精子分头与尾两部，长约 60μm，头部为扁椭圆形，主要为染色质高度浓缩的细胞核，前部被顶体覆盖。顶体内含有多种蛋白水解酶，在受精的瞬间精子释放的顶体酶可分解卵子的周围结构，而后进入卵内，完成受精。尾部是精子的运动装置，其高速摆动可使精子快速向前运动。

精子发生易受多种物理和化学因素的影响，如高温、微波、射线、药物、毒素、性激素与维生素等。隐睾症患者的睾丸未降至阴囊，会因温度高而影响精子生成，可导致男性不育症。长期食用棉子油（含棉酚成分）等可造成睾丸生精障碍。

3. 精液 精液为生殖腺分泌液与精子的混合物，呈弱碱性（pH＝7.2～7.8），含果糖和多种酶，这些酶有利于精子的活动而易受精。因阴道分泌物呈酸性（pH＝4～5），不利精子生存，而子宫颈粘液呈碱性，有利精子活动，故射入阴道的精子趋于向宫颈游动。正常男子性高潮时每次射出约 3～6ml 精液，精子含量约 0.2亿～4亿个/毫升，少于 0.2亿个/毫升则不易使卵子受精。虽然从青春期到老年，睾丸都有生精能力，但 45 岁以后，随着精曲小管萎缩，生精能力逐渐衰弱。

二、睾丸的内分泌功能

睾丸间质细胞与精曲小管的支持细胞都有分泌激素的功能。

1. 雄激素的作用 睾丸间质细胞主要分泌睾酮和少量双氢睾酮。双氢睾酮生物活性最强,睾酮次之。后者主要在靶组织芳香化酶作用下转化为双氢睾酮。雄激素属类固醇激素。

睾酮的生物作用主要有:①促进胚胎生殖器官向男性分化生长,在成年期则维持其成熟状态,而且与脑的性别分化有关;②促进男性副性征出现和发育,并维持其正常状态,维持和调节性欲;③促进精子发生,维持其生成过程所需的微环境;④促进蛋白质合成,特别是肌肉和生殖器官的蛋白质合成,同时还能促进骨骼生长与钙磷沉积,刺激红细胞的生成等。

2. 抑制素的作用　**抑制素**是睾丸支持细胞分泌的糖蛋白激素。抑制素对腺垂体卵泡刺激素的分泌有很强的抑制作用,而同样生理剂量的抑制素对黄体生成素(LH,对于男性也称**间质细胞刺激素**)的分泌无明显影响。

三、睾丸功能的调节

睾丸的功能主要以下丘脑-腺垂体-睾丸轴形成的反馈环路为基础进行自动的调节。下丘脑释放促性腺激素释放激素(GnRH)调控腺垂体 FSH 和 LH 的分泌,进而促进睾丸的活动。FSH 对生精过程有启动作用,睾酮可维持生精效应,两者相互配合,共同调节生精过程。LH 主要作用于间质细胞,通过促进睾酮的合成分泌间接发挥其调节精子生成的作用,但其作用必须有 FSH 同时存在(图 12-10)。

当血中睾酮升高达到一定水平后,便可作用于下丘脑和腺垂体,抑制 GnRH 和 LH 的分泌,产生负反馈作用,使血中睾酮稳定在一定水平。FSH 能刺激支持细胞分泌抑制素,而后者对腺垂体 FSH 的分泌有负反馈作用,从而维持生精过程相对稳定。

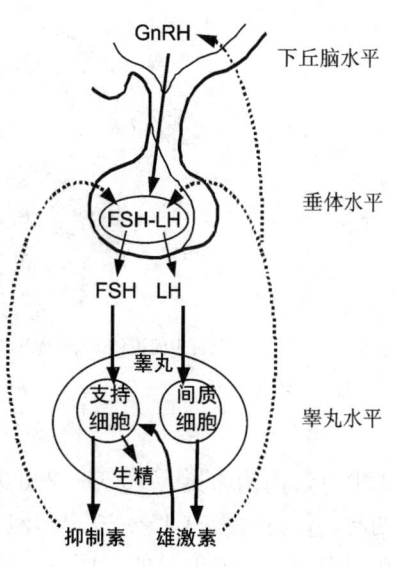

图 12-10　睾丸功能的调节
RH:黄体生成素;FSH:卵泡刺激素;
GnRH:促性腺激素释放激素
——→ 兴奋作用;---→抑制作用

此外,近年实验研究表明,在支持细胞、生精细胞和间质细胞之间还存在着复杂的局部调节机制。

复习思考题

1. 何谓精子发生?简述其过程?可受哪些因素影响?
2. 血-睾屏障如何组成?有何重要作用?
3. 简述雄激素的生理作用。
4. 睾丸的功能是如何受下丘脑-腺垂体-睾丸轴调节的?

(张文霞　王卫国)

第三节　女性生殖功能

女性生殖功能较男性复杂,分别包括:①产生卵子;②分泌性激素;③完成性活动;④受精妊娠;⑤分娩胎儿等过程。卵巢是完成女性生殖功能的关键器官,是女性的性腺或主性器官,其余生殖器官统称为女性的附性器官。

一、卵巢的功能及其调节

1. 卵巢的生卵功能

生卵指卵原细胞发育成为能受精的成熟卵子的过程。卵泡是卵巢的功能单位,由卵母细胞、颗粒细胞和卵泡膜细胞等组成。卵母细胞即卵原细胞,卵原细胞在经历原始卵泡、生长卵泡(初级卵泡→次级卵泡)和成熟卵泡等三个阶段后才最终发育为**卵子**(图12-9、11)。

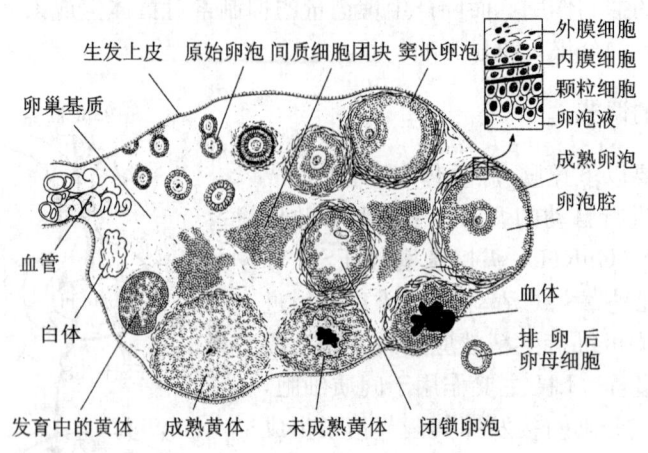

图12-11 卵巢的生卵过程

出生时,两侧卵巢含70万~200万个原始卵泡。但到青春期开始时只剩约4.5万。自青春期起,每月一般有15~20个卵泡开始成长发育,但通常只有一个卵泡发育为成熟卵泡,即**优势卵泡**,其凸向卵巢的表面并排卵。其余的伴随优势卵泡成熟,在各阶段相继闭锁为**闭锁卵泡**(图12-11)。原始卵泡到初级卵泡的发育主要受卵巢内在因素的影响,次级卵泡到成熟卵泡的发育主要受到垂体促性腺激素与卵巢激素的调节。

排卵是指成熟卵泡壁发生破裂,卵泡、透明带与放射冠随同卵泡液一起排入腹腔。卵子排出后的生存时间大约为18~24h。排卵后,卵巢塌陷卵泡内的颗粒细胞与内膜细胞转变为黄体细胞而形成**黄体**。若卵子未受精,黄体称**月经黄体**,维持二周即退化为**白体**,出现月经;如卵子受精,黄体继续生长为**妊娠黄体**,妊娠黄体分泌激素,一直维持到妊娠5、6个月以后,才逐渐退化为白体(图12-11)。

2. 卵巢的内分泌功能 在卵泡生长发育过程中,卵泡的颗粒细胞与膜细胞逐渐成熟并具备了合成激素的能力。卵巢合成的性激素主要有雌激素、孕激素及少量雄激素。雌激素以**雌二醇**(E_2)为主,孕激素主要为**孕酮**(P)。此外,卵巢也能分泌抑制素等。

◆ **雌激素的作用** 雌激素对女性生殖系统的生长发育与功能具有基础性调控作用。主要生物学作用表现为:① 促进女性附性器官,特别是促进子宫的发育,子宫内膜增生,提高子宫平滑肌对催产素的敏感性,有助于分娩;同时促进阴道上皮增生和角化,增强其抵抗力。② 协同FSH促进卵泡发育,诱导排卵前LH峰出现,间接促进排卵。③ 激发与维持女性副性征,刺激乳腺导管和结缔组织增生,促进乳腺发育;并使脂肪和毛发分布具有女性特征,音调较高,骨盆宽大。④ 调节代谢,加速骨生长,促进钙磷沉积、骨骺愈合;促进蛋白质合成,特别是生殖器官的生长发育;降低血浆胆固醇浓度,有抗动脉硬化作用;高浓度雌激素有导致水、钠潴留的趋势，与妇女经前期水肿有关。此外，雌激素还有许多功能，而且并不局限于生殖系统。女性卵巢切除或更年期后，骨质疏松、冠心病等发病率增高均与雌激素减少有关。

◆ **孕激素的作用** 孕激素除了在雌激素作用的基础上发挥增效作用外，也有独特的生物效应。其基本作用是保证受精卵植入和维持妊娠：①使子宫内膜进一步增厚，并发生分泌期的变化，以利于受精卵植入，并为胚泡提供营养和生长的环境；降低子宫平滑肌对催产素的敏感性，减弱其兴奋性，有安胎作用。②促进乳腺腺泡细胞发育，为分娩后泌乳作准备。③具有生热效应，使基础体温在排卵后升高0.5℃左右，并在黄体期一直维持在此水平上，由于体温在排卵前多先短暂降低，排卵后升高，故临床上将基础体温的这一突变作为判断排卵日的标志之一（图12-13）。④通过抑制LH分泌峰阻止排卵发生。

◆ **雄激素的作用** 适量的雄激素可刺激阴毛等生长，维持女性性欲。女性体内的少量雄激素主要来源于肾上腺皮质，当肾上腺皮质异常增生时，雄激素过多，可引起男性化与多毛症等征象。

3. 卵巢功能的调节 卵巢功能受下丘脑-腺垂体-卵巢轴的调节，三者功能联系密切，形成了下丘脑-腺垂体-卵巢轴反馈调节环路（图12-12）。

下丘脑正中隆起释放的GnRH呈脉冲式分泌，促进腺垂体FSH和LH的分泌，FSH是卵泡生长发育的始动激素，促使卵泡发育成熟；在排卵前夕形成的LH峰能诱发成熟卵泡排卵，排卵后LH又可维持黄体生长，继续分泌孕激素及雌激素。

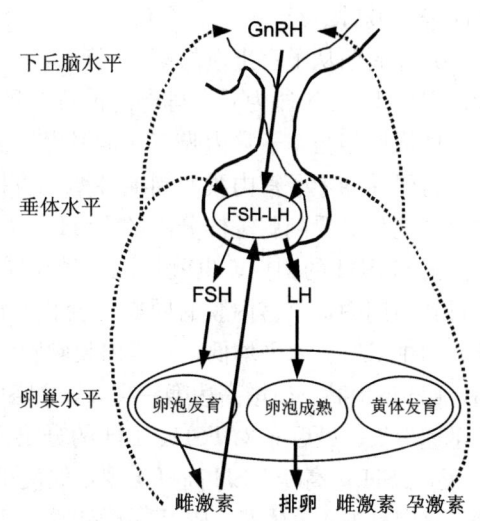

图12-12 下丘脑-腺垂体-卵巢轴调节系统
LH：黄体生成素；FSH：卵泡刺激素；
GnRH：促性腺激素释放激素
⟶ 兴奋作用；---→ 抑制作用

卵巢分泌的雌激素和孕激素都可反馈性地调节下丘脑与腺垂体激素的分泌。雌激素对下丘脑和垂体激素内分泌活动的调节，既有负反馈又有正反馈作用。在排卵前夕，随着卵泡发育成熟，合成雌激素的量大增，血中雌激素水平达到高峰，可促进GnRH释放，引起排卵前LH和FSH释放，尤其是血中LH浓度陡然升高，形成**LH峰**（图12-13）。雌激素促进LH大量分泌的作用即表现为正反馈效应，而孕激素则抑制LH大量分泌。但在月经周期中的大部分时间里，卵巢合成的类固醇激素对于促性腺激素的分泌产生反馈性抑制作用。故当卵巢切除或卵巢功能减退及绝经后，体内性激素水平降低，而LH和FSH水平可明显升高。

二、月经周期

女性从青春期到绝经期，在大脑、下丘脑和腺垂体的神经、体液性因素调节下，卵巢和子宫等都呈现周期性的变化，并与女性生殖功能密切相关，因此称**生殖周期**（性周期）。卵巢的卵泡生长发育、排卵和黄体化，周而复始，形成**卵巢周期**，在人类平均约28天（21～30天）。卵巢周期又与子宫的周期性变化相关，**子宫周期**又称**月经周期**。

进入青春期后，随着下丘脑 GnRH 神经元发育成熟，对卵巢激素反馈抑制作用的敏感性降低，GnRH 分泌增加，LH 和 FSH 增加使卵巢功能开始呈周期性变化。随着卵巢周期，血中卵巢分泌的类固醇激素水平也发生周期变化，致使子宫内膜也发生周期性改变，表现子宫内膜剥脱出血现象，因大约每月一次出现，故称为**月经**，从一次月经到下一次的周而复始变化，也称**月经周期**（图 12-13）。通常，可将月经视为女性生殖功能状态的一个显著信号。

月经是女性自青春期至更年期之间的一种生理现象，一般从 13～15 岁开始出现，第一次月经称为**月经初潮**。初潮后一、二年卵巢功能才完全成熟，可排卵并具有生育能力。女性更年期一般发生在 45～52 岁之间，持续的时间因人而异，少则几月，多则数年。在此期间，卵巢功能逐渐衰退，卵泡不能发育成熟及排卵，同时雌激素的分泌也缓慢下降，表现为经常性闭经，最后绝经。

月经周期从子宫出血的第一日起计算，以卵巢活动为中心将 28 天的月经周期分为两阶段。以第 14 日排卵为界，排卵之前称为**卵泡期**或排卵前期，排卵之后称为**黄体期**或排卵后期。卵泡期相当于子宫内膜变化的月经期和增殖期，黄体期相当于分泌期。

月经周期中子宫内膜的周期性变化直接受卵巢周期性分泌的雌激素与孕激素的作用，而卵巢的变化又受到腺垂体分泌的 FSH 与 LH 的调节，腺垂体分泌 FSH 与 LH 则受到下丘脑分泌的 GnRH 的调控。也就是说，月经周期受到下丘脑-腺垂体-卵巢轴活动的调节。在一次月经周期中，子宫内膜的周期性变化与内分泌活动的主要关系如下：①**月经期**历时 3～4 天，血中 E_2、P 水平均低，子宫内膜剥脱、出血。②**增殖期**历时约 10 天，此期中 FSH 明显增高，LH 略增高、E_2 增高达第一高峰，P 略增高，子宫内膜快速增生、修复，腺体增生，小动脉迅速生长；最后 E_2 对 FSH、LH 的分泌产生正反馈效应。③排卵通常发生在月经周期的第 14 天，FSH 达高峰、LH 高峰出现，促使排卵。E_2、P 水平较高，子宫内膜增生。④在 LH 作用下，卵巢进入黄体期，P、E_2 分泌增加，E_2 达第二高峰。在 E_2 与 P 的作用下子宫内膜进入**分泌期**，历时 14 天，子宫内膜进一步增殖变厚，小动脉继续增长，腺体分泌。P 与 E_2 水平的升高对腺垂体分泌促性腺激素分泌产生负反馈效应。FSH、LH 逐渐降低。⑤未受孕时，促性腺激素分泌水平降低不能继续维持黄体生长，以致其退化，P 与 E_2 分泌减少，导致子宫内膜因血管痉挛、缺血而坏死剥落，开始下一次月经周期（图 12-13）。

三、受精与植入

1. **受精** 受精是成熟精子进入卵子，与卵子融合成受精卵的过程。受精的部位多发生在卵管的壶腹部。正常成年男性一次性活动可射出 2 亿～5 亿个精子，但只有不足百枚活力强的最佳精子能到达受精部位。精子的运行除靠尾部鞭毛的高频运动外，宫颈、子宫和输卵管也起到助力作用。精子从阴道到受精部位，运行最快时只需数分钟，一般需 30～90min。性交后 1～3 天内的精子有受孕能力，但在阴道内的精子受孕能力不超过 8 小时。在女性生殖道内，精子与卵子保持受精能力的时间有限，卵子不到 1 天，精子不超过 2 天。

精子获能是精子在女性生殖道内停留数小时，获得使卵子受精的能力。受精时在女性生殖道内的获能精子游向卵子，当精子的头部与卵子周围的放射冠接触时，精子的顶体释放所含的酶，溶解放射冠与透明带。精子释放顶体酶的过程，称**顶体反应**。精子穿过放射冠与透明带后，精子的胞膜与卵细胞膜融合，这是受精的开始。然后精子的核与胞质进入卵内。精

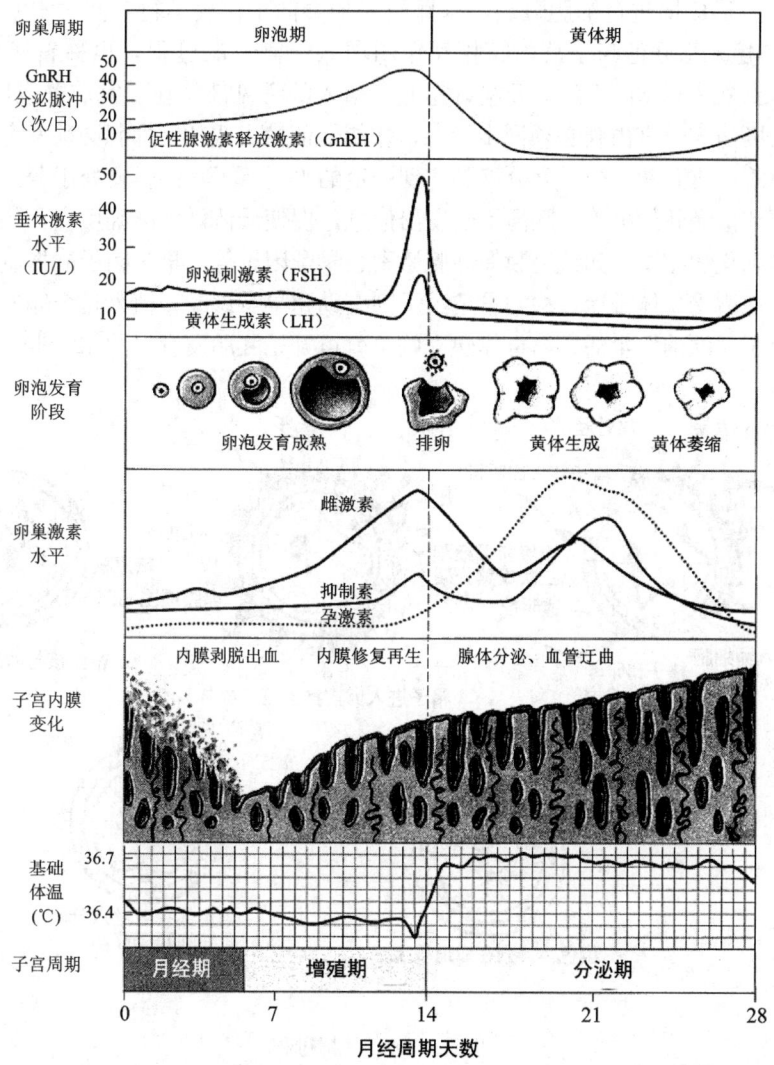

图 12-13 月经周期中下丘脑-腺垂体-卵巢轴激素与卵巢、子宫内膜的变化

子进入卵内可激发卵细胞完成第二次成熟分裂,形成成熟的卵细胞,此时的卵子细胞核称**雌原核(卵原核)**;精子细胞核膨大变圆,称**雄原核(精原核)**。两个原核靠近,核膜消失,染色体互相混合,同源染色体配成 23 对,形成二倍体的受精卵。受精全过程约需 24～30 小时。受精卵一旦形成,即开始细胞分裂。当一个精子进入卵内后,透明带立刻发生变化,阻止其余精子再进入。人卵的受精多为单精受精,若两个精子进入卵内,则形成三倍体胚胎,常致流产,而不能存活。

受精标志新个体生命的开始,其意义在于:①受精卵进入代谢旺盛期,分裂和分化加速。②受精卵的染色体恢复为 46 条,从而保持了人类染色体数目的恒定和物种延续。③受精卵的染色体,分别来自卵子和精子,即接受父母的遗传物质,但这些遗传物质可发生重新组合,故新个体具有与亲代不完全相同的性状。④受精决定性别,胚胎的性别取决于性染色体。含有 Y 染色体的精子与卵子结合,胚发育为男性;含有 X 染色体的精子与卵子结合,胚发育为女性。

受精卵一旦形成即进行细胞分裂，称**卵裂**。随着向子宫腔运行，同时不断地分裂。

2. 植入　植入指胚泡与子宫内膜相互作用埋入子宫壁的过程，也称**着床**。植入始于受精后第 5 天末或第 6 天初，第 11 天左右完成。植入的常见部位在子宫前壁或后壁中上部。

正常植入胚泡与子宫内膜必须同步发育，才能保证植入成功，即胚必须发育到胚泡期；透明带要准时脱落；雌激素、孕激素分泌要达到一定水平；子宫内膜要处于分泌期，而且能够发生蜕膜反应和接受胚的植入。胚泡不断发出信息，促使母体做出准确反应。胚泡能产生多种妊娠所需激素和化学物质，如绒毛膜促性腺激素、早孕因子等。早孕因子能抑制母体淋巴细胞活动，避免胚泡遭受母体排斥，检测早孕因子则有助超早孕诊断。植入是个体发育的重要转折点，胚泡结束了"漂泊"生活，与母体建立联系就可开始胚胎发育（图 12-14）。

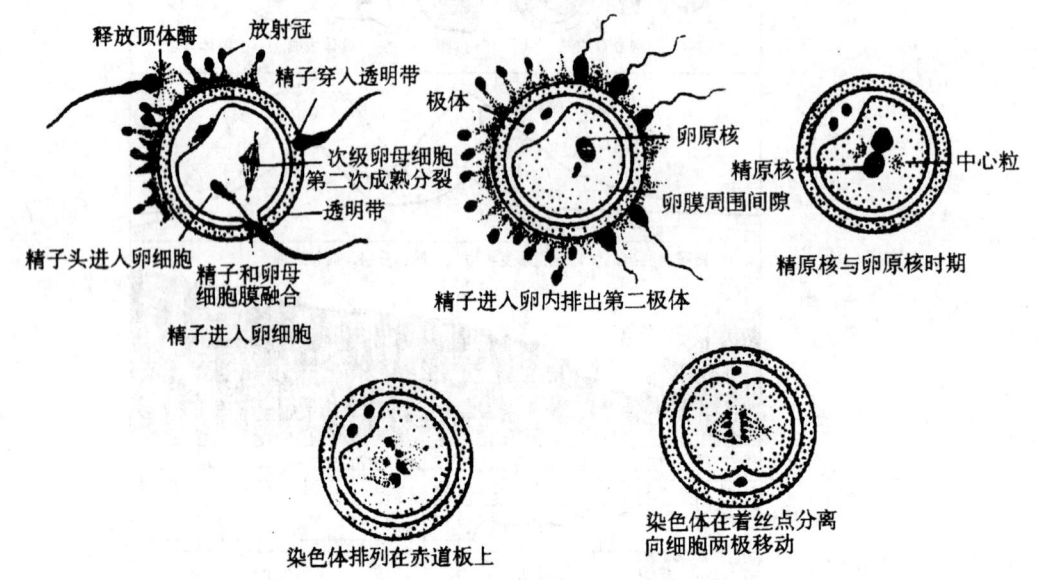

图 12-14　受精过程

人为干扰植入条件，如口服避孕药可使母体内分泌活动紊乱，或在子宫腔内放入避孕环，都将导致胚的发育与子宫变化不同步，干扰植入而达到避孕目的。

四、妊娠与胚胎发育

1. 妊娠　妊娠是胚胎在母体内发育、成长的过程。卵子受精意味着妊娠的开始，人类自然妊娠期约为 265 天（38 周）。为方便推算，临床上以末次月经第一天作为妊娠开始，所以妊娠全程算做 280 天（40 周）。其实受精只能发生在末次月经的两周末。

随着植入，胚泡最外层一部分细胞发展成为**滋养层**；滋养层内细胞群的细胞将发育成胚体，即胎儿。滋养层细胞很快形成**绒毛膜**，其绒毛突起可吸收母体血液中的养分以供给胚胎。同时，子宫内膜也增生成为**蜕膜**。这样属于子体的绒毛膜和属于母体的蜕膜相结合而形成**胎盘**。胎盘形成后，不仅成为胚胎与母体相联系的物质交换途径，如吸收营养物质，进行气体交换、调节体液量和排除代谢产物等，也是妊娠期间重要的内分泌器官，分泌大量蛋白质激素、肽类激素和类固醇激素，在维持妊娠等方面发挥重要作用。

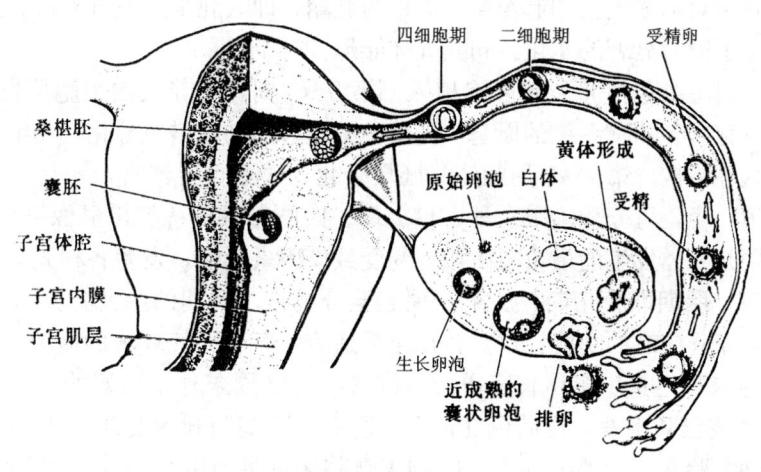

图 12-15 排卵、受精、卵裂与植入过程

内细胞群细胞能分化为成体的各种组织细胞，所以是全能细胞。若将内细胞群的细胞分离，每个细胞都会发育成一个成体，故将其称作**胚胎干细胞**。目前人类已能控制它们的分化，根据需要培养为成体的各种细胞，用以修复和代替损伤的组织和器官。

2. 胚胎发生与发育基本过程　胚胎发生与发育是受精卵演变为新个体的过程，开始于受精，终止于分娩，分胚期和胎期两大阶段（图 12-16）。

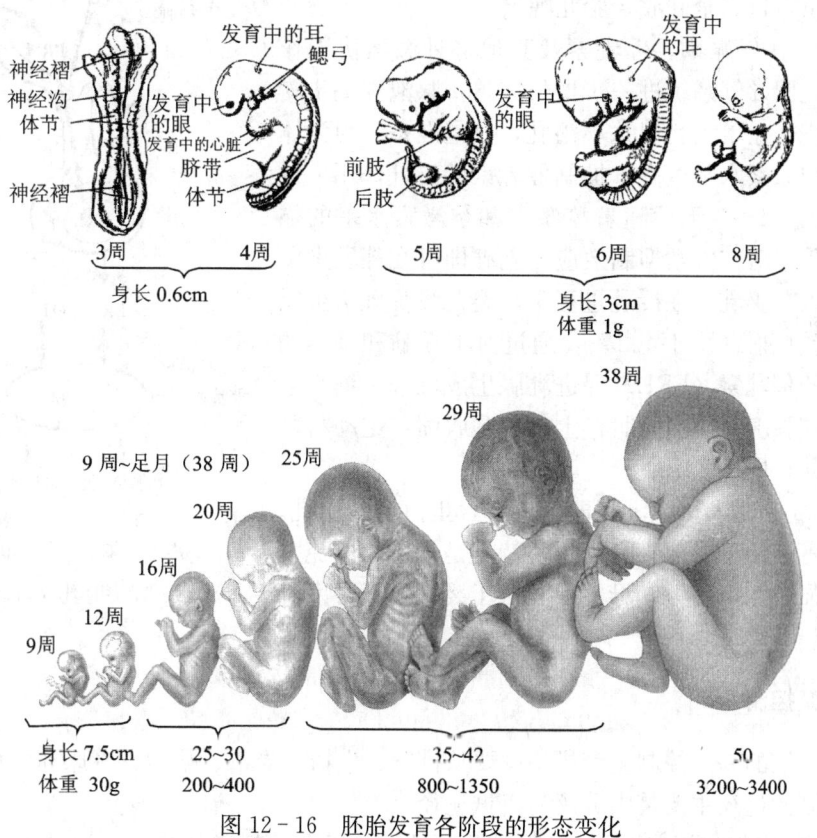

图 12-16 胚胎发育各阶段的形态变化

◆ **胚期发育** 自形成受精卵起至第 8 周末为**胚期**，即人胚早期发育阶段。此间胚体的形态与构造均发生了极为显著的变化，初具人体雏形。

受精后第 1 周主要包括卵裂和胚泡植入。第 2～3 周，滋养层内细胞群发育形成胚层，胚层可进一步发育成各器官系统的原基。随着内细胞群的细胞增殖分化，相继形成二胚层胚盘、三胚层胚盘等结构。第 4～8 周胚体三胚层分化，建立重要器官，初具人形。头的大小几乎占整个胚体一半，可分辨出眼、耳、口、鼻、四肢等雏形；超声显像可见心脏已形成，且有搏动。胚期是人体发生的最重要阶段，易受致畸因素影响，发生各种先天性畸形。

◆ **胎期发育** **胎期**即胎儿期，从第 9 周起至分娩止。胎期的胎儿各器官继续生长和分化，逐渐建立和完善应有的功能，以具备出生后适应生存于大气环境的能力。尤其是第 9～12 周时，胎儿生长极迅速，躯体长度增长一倍以上。12 周末外生殖器的发育，多可分辨出性别。14 周末头皮已长毛发，皮肤色红，光滑透明。16 周脑开始发育。以后胎儿活动加剧，孕妇自觉有胎动，胎儿开始呼吸运动，18 周末在临床可听到胎儿心音。22 周末各脏器均已发育，皮下脂肪开始沉积。后期数周（36～38 周）体重增长加速，出生时身长达 50cm 长，体重可达 3kg 左右，甚至更重些。

五、分娩与哺乳

1. **分娩** 分娩是成熟的胎儿离开母体自子宫产出的过程。在妊娠末期，子宫肌兴奋性逐渐增强，并最终发生子宫强烈的节律性收缩，子宫颈变软并消失，子宫口完全开放，胎儿娩出。

2. **哺乳** 在妊娠期，催乳素及其他多种激素协同作用，使孕妇乳腺导管系统进一步增长完善，腺泡进一步膨大，乳房体积明显增大，但并不泌乳，只是准备。因为体内雌激素和孕激素水平过高，抑制催乳素的泌乳作用。分娩后胎盘娩出，1～3 天后随着雌激素和孕激素水平的显著降低，解除了对催乳素抑制效应，乳腺即可在催乳素刺激下开始并维持泌乳。在授乳过程中，婴儿吸吮乳头可反射性引起射乳反射（图 12-17），通过对下丘脑和垂体的调节，分泌的催乳素（PRL）促进乳腺生成乳汁，缩宫素（OT）则使乳腺腺泡周围的肌样上皮细胞收缩，主动将乳汁排射到婴儿口内。

分娩后 24 小时，母体乳腺即分泌富含蛋白质的初乳。母乳营养丰富，便于婴儿吸收利用，特别是母乳中的免疫球蛋白可增强婴儿免疫力。母乳喂养对于婴儿的正常发育十分重要。

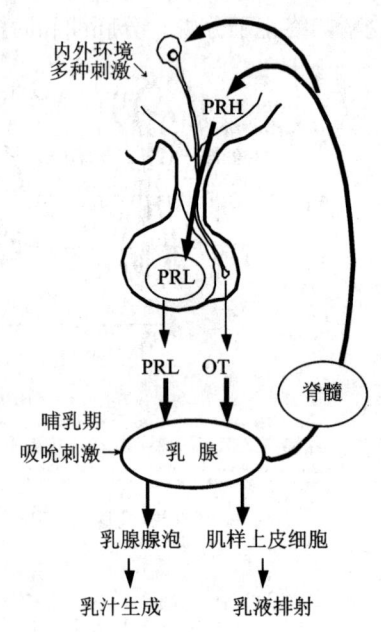

图 12-17 射乳反射调节途径

六、生育控制

人类所采取的一些控制生育措施主要从排卵、生精、受精、早孕、着床和发育等环节着手。生育控制的途径主要是内分泌与机械途径。

1. **生育控制的内分泌途径** 口服避孕药是女性最有效的避孕措施，避孕药的成分多系人工合成的雌激素和孕激素类成分。避孕药阻止怀孕的作用是多环节的，主要是影响下丘脑 GnRH 的产生和干扰腺垂体分泌 FSH 和 LH 的正常周期，以抑制排卵；使宫颈粘液变得粘稠，不利于精子穿透宫颈；干扰子宫内膜的发育和分泌，破坏着床的环境，妨碍受精卵生长与存活。另外，输卵管的蠕动也受影响，孕卵不能在规定时间到达宫腔。一般按规定用药，避孕效果可达 99.6% 以上。

紧急避孕又称**性交后避孕**，是用在无保护性的性交后或采取的避孕措施失败后的临时补救措施。也是利用药物干扰内分泌活动，阻止胚胎着床，避免妊娠。

2. 生育控制的机械途径　**宫内节育器**即"节育环"，是一种安全、有效、经济、简便的避孕工具。一次放置能长期避孕，取出后能很快恢复生育力。我国约半数育龄妇女采用宫内节育器，世界应用者占 70%。宫内节育器作为一种异物，机械性刺激子宫内膜产生非炎性反应，使宫腔和输卵管发生一系列变化，影响精子的活动，使之难以和卵子会合；即使能会合受精，受精卵也不能或不容易在子宫内膜着床。

屏障避孕就是阻止精子进入阴道内，包括男用或女用避孕套、阴道隔膜、宫颈帽等。而且避孕套还具有防止性病和艾滋病传播，降低宫颈癌发病率，经济简便等优点。当今世界，避孕套仍一直为工具避孕方法之首。

输精管（输卵管）结扎术、输精管（输卵管）粘堵、输卵管环、输卵管夹、输卵管电灼及卵巢或输卵管伞端移位等方法各异，但其避孕原理都是阻止精子或卵子进入生殖道，阻止精子与卵子相遇，从而达到避孕目的。这些方法大多数不可逆，因此称为**永久性节育**。

3. 其他途径　进入女性生殖道的精子，最多只能存活 1～3 天。因此，排卵前 4 天和后 4 天之间的 8～10 天，是容易受孕日期，其余时间都是安全期。在此期内性交能避免精子和卵子结合，达到避孕目的，即所谓**安全期避孕法**。除了通过月经周期推算外，还可通过宫颈粘液观察、测定基础体温来估计排卵日（图 12-13）。安全期避孕法具有一定的安全性、无害、简便、经济等优点。但安全期并非绝对安全，排卵有时会受健康状况、情绪状态、性生活的频度和环境变化等因素影响，提前或推后，以致会出现意外排卵，因此失败率较高。

复习思考题

1. 简述雌激素与孕激素的生理作用。
2. 简述月经周期的分期及其形成的基本原理。
3. 下丘脑-腺垂体-卵巢轴如何调节卵巢功能？
4. 排卵的发生都需要什么条件？
5. 简述胚胎发生与发育主要阶段的基本特征。

（张文霞　刘皓　王卫国）

第四节　遗　传

一、遗传的细胞基础——染色质与染色体

染色质是指细胞分裂间期核内被碱性染料染成细丝状的深色物质，散布在细胞核内。染色质由 DNA 和蛋白质组成。DNA 围绕组蛋白构成基本结构单位，称为核小体。

染色体和染色质是细胞周期中不同时期的同一种物质。细胞进入分裂期时，染色质高度螺旋化，变粗、变短，形成条棒状的染色体。每条染色体都盘绕着一个DNA分子，每个细胞中染色体所含的DNA构成两个基因组，每个基因组的DNA约含3.2×10^9个碱基对，分布于23条染色体上。

有丝分裂中期的染色体形态最为清晰（图12-18）。此时的染色体均由两条单体组成，在着丝点处相连。着丝点把染色单体分为长臂和短臂，两臂的长度是鉴别染色体的重要标志。

根据着丝粒的位置不同可将人类染色体分成：中央着丝粒染色体、亚中央着丝粒染色体、近端着丝粒染色体。人类除性细胞外的所有体细胞有46条（23对）染色体，其中1～22号是男女均有的**常染色体**。还有一对与性别相关的染色体，男女不同，称**性染色体**，正常女性为两条X染色体，正常男性为一条X染色体和一条Y染色体。人类性细胞（精子和卵细胞）只含有不配对的23条染色体。

核型是体细胞分裂中期全部染色体形态结构的总称，包括数目、长度、着丝粒的位置、次缢痕及随体的有无等。正常女性核型写作46，XX；正常男性核型写作46，XY（图12-19）。

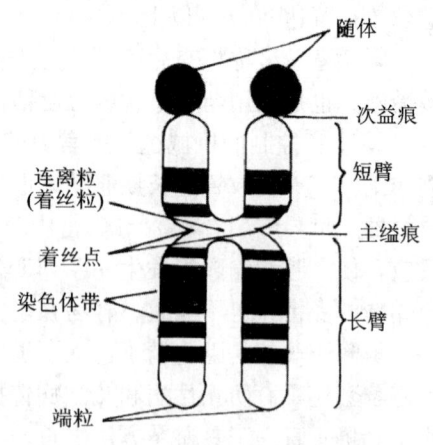

图12-18 人类细胞有丝分裂中期染色体的结构模式

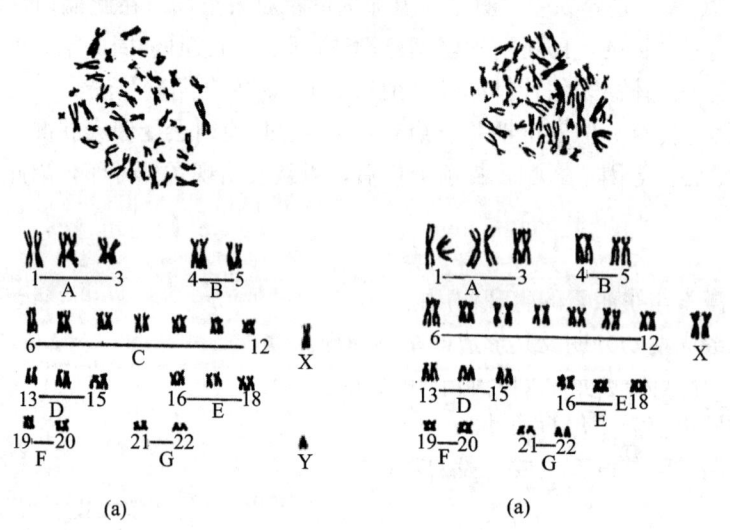

图12-19 人类核型分析图
a：男性核型分析；b：女性核型分析

人类性细胞，即生殖细胞是通过减数分裂产生的。之所以称为**减数分裂**是因为产生的性细胞只含有细胞染色体数目的一半。染色体数目为2n的细胞通过这种特殊的分裂方式产生染色体数为n的精和卵，精卵融合后又恢复2n的细胞。因而，一个个体的遗传物质一半来自父方，一半来自母方。细胞中的同源染色体是指一条来自父方、一条来自母方，大小、结构相似,功能相同的两条染色体。

在减数分裂过程中,每个性细胞只得到成对的同源染色体中的一个,和一条性染色体。每个卵细胞都含有一条 X 染色体,而精子细胞则可分别含有一条 X 染色体或一条 Y 染色体。卵细胞若与含有一条 X 染色体的精子融合,将形成女性;若与含有一条 Y 染色体的精子融合,将形成男性。由于两种精子数目相同,理论上产生不同性别后代的几率相同(图 12-20)。

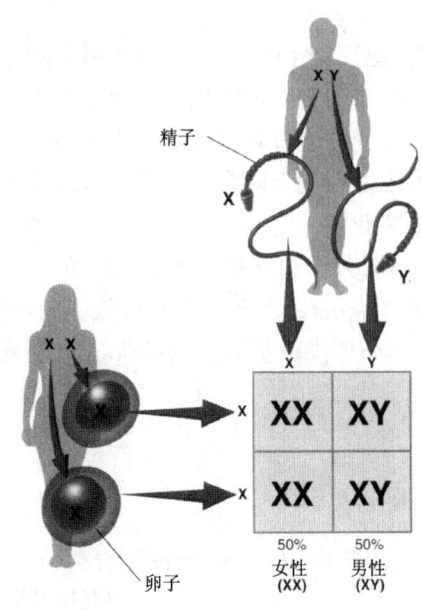

图 12-20　性别遗传

二、遗传的分子基础——基因

基因是遗传的功能单位,是携带特定遗传信息的 DNA 分子片段。每个细胞中含有两个基因组,每个基因组都包含了携带全部遗传信息的一整套基因。基因通过 DNA 的复制而复制,以保持其世代间的稳定传递;通过 DNA 转录为 RNA 并最终决定各种功能蛋白质的形成。基因突变是人类遗传性疾病的发病基础。

1. 结构基因　基因的遗传信息蕴藏在组成 DNA 分子的核苷酸序列中,基因中的结构基因具有翻译与转录的功能,可编码蛋白质,而其他基因不具有翻译与转录的功能。高等真核生物的结构基因多为断裂基因,编码某一种多肽链的各个**外显子**(决定蛋白质合成的编码序列)不连续的排列在一起,被长度不等的**内含子**(与蛋白质编码无关的非编码序列)分隔开,形成断裂形式。其功能是决定合成各种生物功能分子,主要通过合成 mRNA(信使 RNA),编码多肽链中氨基酸种类和顺序。

2. 结构基因的表达　结构基因的表达包括两个步骤:转录和翻译。

◆ **转录**　转录是指在 RNA 聚合酶的催化下,以 DNA 的 3'-5'链为模板,按照碱基互补配对原则,用三磷酸核苷(NTP)为原料合成 mRNA 的过程。转录过程包括起始、延长和终止等三个连续步骤。转录后被释放的 RNA 链未经任何加工和修饰,相当于一个转录单位,称初级转录产物,即 hnRNA(核不均一性 RNA)。它需经过剪接、戴帽和加尾等加工过程才能形成具有功能性的 mRNA，才被输送到细胞质中作为合成蛋白质的模板。

◆ **翻译**　**翻译**是核糖核蛋白体将 mRNA 转录来的遗传信息"解读"为多肽链的氨基酸种类和顺序的过程。翻译过程包括：氨基酸被激活并形成氨基酰- tRNA 复合物、起始、延长和终止几个步骤。

翻译的初始产物大多数只是大分子多肽链，称为蛋白质前体，无功能，必须经过进一步加工才具有生物活性。

3. **基因突变**　**基因突变**是指基因组 DNA 分子某些碱基顺序发生改变，导致原有的遗传性状发生改变或出现新的性状。基因突变可发生在生殖细胞里，也可发生在生物体的任何组织细胞里。生殖细胞里的基因突变可通过有性生殖传递给后代。可引起 DNA 损伤的因素称为诱变剂，人工运用物理方法或使用化学诱变剂引发的基因突变称为**诱发突变**，在自然条件下发生的基因突变则称为**自发突变**。

基因突变的分子机制是 DNA 分子中碱基顺序发生改变，在遗传上产生突变效应。主要有点突变和片段突变两种方式。点突变是一个或一对碱基的改变，它是基因突变的主要形式。片段突变是 DNA 链的某些小片段碱基顺序的缺失、重复或重排而使 DNA 链的碱基顺序产生比点突变更大的变动。

三、人类遗传病

人类遗传病分类如表 12-1。

表 12-1　人类遗传病的分类

遗传病				
基因病	单基因病	常染色体病	显性遗传病	
			隐性遗传病	
		性染色体病	显性遗传病	
			隐性遗传病	
	多基因病			
染色体病	常染色体病	结构畸变遗传病		
		数目异常遗传病		
	性染色体病	X 染色体	结构畸变遗传病	
			数目异常遗传病	
		Y 染色体	结构畸变遗传病	
			数目异常遗传病	

1. **基因病**　从基因水平来看，根据参与控制遗传病的基因数量及其作用，可将基因遗传病分为单基因遗传病和多基因遗传病两类。

单基因遗传病是指由单个基因突变所引起的遗传病。基因的遗传符合孟德尔遗传定律。按照基因的遗传方式不同，可有以下几类：

◆ **常染色体显性遗传病（AD）**　疾病的致病基因位于 1～22 号常染色体上，如果 A 是致病基因，纯合（AA）及杂合（Aa）时都发病，其遗传方式呈显性。

◆ **常染色体隐性遗传病（AR）**　疾病的致病基因位于 1～22 号常染色体上，传递方式是隐性的，即 a 是致病基因，杂合（Aa）时不发病，只有在个体的基因型为纯合隐性（aa）时才发病。

◆ **X 连锁显性遗传（XD）**　疾病的致病基因位于 X 染色体上，其性质是显性的，杂合时（X^AX^a）即发病。

◆ X连锁隐性遗传病（XR） 疾病的致病基因位于X染色体上，其性质是隐性的，杂合时（X^AX^a）并不发病，但是携带者。

◆ Y连锁遗传病（YL） 疾病的致病基因位于Y染色体上，它将随Y染色体的行动而传递。

多基因遗传病的遗传性状是由多对基因控制的。这些基因对该遗传性状或遗传病形成的作用是微小的，称为微效基因，但是多对微效基因累加起来，可以形成明显的表型效应称为加性效应，这种遗传形状的形成除受微效基因的影响外，也受环境因素的影响。这种性质的遗传方式称为多基因遗传。由这种遗传方式遗传的疾病称为多基因遗传病。由于除遗传因素外，环境因素在这类疾病中往往起着重要作用，故又称多因子遗传病。

2. 染色体病　人类**染色体病**是由于染色体异常而导致的疾病，又称**染色体异常综合征**。

常染色体病是指由常染色体的数目或结构异常所引起的疾病。如：唐氏综合征或称21三体先天愚型（47，XX，+21或47，XY，+21），18三体综合征（47，XX（XY），+18），13三体综合征（47，XX（XY），+13）。

性染色体病是指由性染色体的数目或结构异常所引起的疾病。如：先天性睾丸发育不全综合征（47，XXY），先天性卵巢发育不良综合征（45，X），XYY综合征（47，XYY）。

四、遗传咨询

遗传咨询是指应用遗传学和临床医学的基本原理和技术，与遗传病患者及其亲属以及有关社会服务人员讨论遗传病的发病原因、遗传方式、诊断、治疗和预后等问题，解答来访者所提出的有关遗传学方面的问题，并在权衡对个人、家庭、社会利弊的基础上，给予婚姻、生育、防治、预防等方面的医学指导。目的是确定遗传病患者和携带者，并对其后代患病的危险率进行预测，以便商谈应采取的预防措施，减少遗传病患儿的出生，降低遗传病的发生率，提高人群遗传素质和人口质量。

准确诊断是遗传咨询的前提。遗传病主要是通过病史、家族史的咨询和调查来绘制系谱图，分析遗传方式，再通过临床诊断、染色体检查、生化与基因诊断、皮纹检查及辅助性器械检查等方法，做出诊断。

复习思考题

1. 何谓遗传？遗传对人类有何意义？
2. 遗传的分子基础是什么？
3. 何谓染色质与染色体？二者有何区别？

（谷超）

后 记

经全国高等教育自学考试指导委员会同意,由全国高等教育自学考试指导委员会医药学类专业委员会负责高等教育自学考试医药学类专业教材的组编工作。

《医学基础总论》教材由天津医科大学王卫国教授担任主编。参加编写的人员有王卫国教授（主要第一、二、五、七、十章），王雨生教授（第八、九章），王玲副教授（第六章），田德润教授（第一、三章），刘皓教授（第二、三、六、十二章），吕梦翔教授（第十一、十二章），张文霞教授（第十二章），杜建颖副教授（第三、四、七章），杨慧副教授（第三、四、七章），郝洪谦副教授（第十一章），徐淑梅教授（第八、九章）等。此外，李金茹、王俊艳、谷超和王璇等也参与了部分内容的编写。最后王卫国教授统稿。

全国高等教育自学考试指导委员会医药学类专业委员会组织该教材的审稿会。北京大学朱文玉教授担任主审，北京大学吕证宝教授、北京大学于英心教授参加审稿并提出改进意见。

全国高等教育自学考试指导委员会医药学类专业委员会最后审定通过本教材。

全国高等教育自学考试指导委员会
医药学类专业委员会
2006年3月

附

全国高等教育自学考试
营养、食品与健康专业（专科）

医学基础总论自学考试大纲

（含考核目标）

全国高等教育自学考试指导委员会　制定

医学基础总论课程自学考试大纲出版前言

为了适应社会主义现代化建设事业对培养人才的需要，我国在 20 世纪 80 年代初建立了高等教育自学考试制度；经过 20 多年的发展，高等教育自学考试已成为我国高等教育基本制度之一。高等教育自学考试是个人自学，社会助学和国家考试相结合的一种高等教育形式，是我国高等教育体系的一个重要组成部分。实行高等教育自学考试制度，是落实宪法规定的"鼓励自学成才"的重要措施，是提高中华民族思想道德和科学文化素质的需要，也是造就和选拔人才的一种途径。应考者通过规定的专业考试课程并经思想品德鉴定达到毕业要求的，可以获得毕业证书；国家承认学历并按照规定享有与普通高等学校毕业生同等的有关待遇。

从 80 年代初期开始，各省、自治区、直辖市先后成立了高等教育自学考试委员会，开展了高等教育自学考试工作，多年来为国家培养造就了大批专门人才。为科学、合理地制定高等教育自学考试标准，提高教育质量，全国高等教育自学考试指导委员会（以下简称"全国考委"）组织各方面的专家对高等教育自学考试专业设置进行了调整，统一了专业设置标准。全国考委陆续制定了 200 多个专业考试计划。在此基础上，各专业委员会按照专业考试计划的要求，从造就和选拔人才的需要出发，编写了相应专业的课程自学考试大纲，进一步规定了课程学习和考试的内容与范围，有利于社会助学，使个人自学要求明确，考试标准规范化、具体化。

全国考委按照国务院发布的《高等教育自学考试暂行条例》的规定，根据教育测量学的要求，对高等教育自学考试课程的自学考试大纲进行了探索、研究与建设。目前，为更好地贯彻党的十六大和全国考委五届二次会议精神，以"三个代表"重要思想为指导，全国考委办公室及其各个专业委员会在 2003 年开始较大幅度地对新一轮的课程自学考试大纲组织修订或重编。

全国考委医药学类专业委员会在考试大纲建设过程中结合高等教育自学考试工作的实践，参照全日制普通高等学校相关课程的教学基本要求，并力图反映学科内容的发展变化、体现自学考试的特点，组织制定了《医学基础总论自学考试大纲》，现经教育部批准，颁发施行。

《医学基础总论自学考试大纲》是该课程编写教材和自学辅导书的依据，也是个人自学，社会助学和国家考试的依据，各地教育部门、考试机构应认真贯彻执行。

全国高等教育自学考试指导委员会
2006 年 6 月

目 录

Ⅰ 课程性质与设置目的……………………………………………………………（309）
Ⅱ 课程内容与考核目标……………………………………………………………（310）
  第一章　概论………………………………………………………………………（310）
  第二章　细胞与组织的结构与功能………………………………………………（311）
  第三章　支持与运动系统…………………………………………………………（313）
  第四章　神经系统…………………………………………………………………（314）
  第五章　内分泌系统………………………………………………………………（317）
  第六章　血液………………………………………………………………………（319）
  第七章　循环系统…………………………………………………………………（321）
  第八章　呼吸系统…………………………………………………………………（323）
  第九章　消化系统…………………………………………………………………（325）
  第十章　能量代谢与体温…………………………………………………………（327）
  第十一章　泌尿系统………………………………………………………………（328）
  第十二章　生殖系统与遗传………………………………………………………（330）
Ⅲ 关于大纲的说明与考核实施要求………………………………………………（332）
附录　试题类型举例…………………………………………………………………（337）
后　记…………………………………………………………………………………（339）

Ⅰ 课程性质与设置目的

《医学基础总论》课程主要阐述以正常人体形态、结构和功能为主的医学基础知识。课程内容涉及人体各系统和器官的基本形态、结构、位置等；同时要阐明人体各系统和器官在生命活动中基本功能活动规律、发生的原理及其在整体活动中的作用意义等知识。

《医学基础总论》课程知识不仅对于医学专业，其内容与所有涉及人体与人体健康的学科都密切相关，特别是"营养、食品与健康"，既是这些学科专业课程的基础，也是这些学科的应用课程。就课程分工，本课程设置的目的在于通过学习人体的基本形态、结构和功能，使考生应能从整体角度更全面、科学、系统地认识人体，建立人体解剖学和生理学的基本概念，掌握必要的基础医学知识。这样，所建立的有关基本概念，一方面为"临床医学总论"等后续课程的进一步学习作基本铺垫，另一方面也将逐步学会运用所学的知识去分析、预见正常和异常人体的结构与功能变化。

《医学基础总论》课程要求学生系统掌握各系统主要组成器官的重要结构，功能活动规律和原理，建立有关概念，并逐一深入理解支持与运动（骨骼、肌肉和皮肤）、神经（包括特殊感觉器官）、内分泌、循环、呼吸、消化、泌尿、生殖等系统的生理功能及其活动的调节原理，明确各系统在维持机体内环境稳态中的作用和地位。

学习《医学基础总论》课程必须具备一定的学习背景，如生物学、物理学和化学等基础知识。自学者在学习过程中要注意掌握学习的重点，本课程的重点章顺次为循环系统、呼吸系统、消化系统和泌尿系统；次重点章为血液、细胞与组织的结构功能、神经系统、内分泌系统、支持与运动系统；一般章为人体概论、能量代谢与体温、生殖和生长发育与遗传等章。课程重点只是相对的，就知识结构而言难分仲伯，因此学习时要注意整体把握。

Ⅱ 课程内容与考核目标

第一章 概 论

一、学习目的与要求

本章是课程的总论，重点是内环境稳态的概念及稳态维持的基本原理。学习本章要求认识人体生命活动的基本规律。首先了解医学基础的涵义，医学基础课程的基本内容和学习的意义。熟悉人体从分子水平到整体水平的分层次构成；人体生命基本特征。了解机体各系统组成与功能概貌。掌握体液与内环境稳态的概念和生理意义。掌握人体功能调节方式及作用特征，熟悉人体功能调节控制的反馈机制与生理意义。

了解人体的基本形态，标准姿势，轴、面以及描述方位术语。

二、课程内容

1. 医学基础的涵义。
2. 医学基础课程的基本内容和意义。

第一节 人体组成与生命活动基本特征

1. 人体的组成：从分子水平到整体水平的多层次结构；人体各系统的组成与基本功能概貌，人体功能的整体性。
2. 人体生命基本特征：新陈代谢，反应性，生长，生殖和遗传的基本概念。

第二节 内环境稳态及人体功能调节

1. 体液与内环境：体液的分布，内环境及其稳态的概念和生理意义。
2. 人体功能调节：人体功能调节方式及作用特征（神经调节，体液调节，自身调节）。体内功能调节的自动控制原理；反馈的概念。稳态与负反馈调控机制；正反馈的概念与生理意义。

第三节 人体解剖学方位及基本术语

1. 人体解剖学姿势。
2. 轴和面（矢状轴、冠状轴、垂直轴；矢状面、冠状面、水平面）。
3. 方位术语。
4. 体腔与内脏。
5. 胸部标志线和腹部分区。

三、考核知识点

（一）人体组成与生命活动基本特征
（二）内环境稳态及人体功能调节

（三）人体解剖学姿势及基本术语

四、考核要求

（一）人体组成与生命活动基本特征
识记：人体的基本组成；人体生命的基本特征。
领会：各系统的基本组成与功能概貌。
（二）内环境稳态及人体功能调节
识记：体液及其分布；内环境及其稳态的概念。
领会：调节的概念；人体功能调节方式及作用特征；正反馈与负反馈的概念。
（三）人体解剖学姿势及基本术语
识记：解剖学标准姿势。轴和面的概念。
领会：方位术语的概念。
应用：胸部标志线和腹部分区。

第二章 细胞与组织的结构与功能

一、学习目的与要求

本章主要介绍人体细胞和组织的基本结构和主要的功能，重点是细胞膜的跨膜物质转运功能，可兴奋细胞的生物电活动原理和兴奋性的概念。学习本章要求熟悉细胞的基本构造，了解细胞周期的概念。熟悉四种基本组织的结构特点和基本功能。掌握细胞膜的跨膜物质转运功能。了解细胞之间通讯的主要方式；了解跨细胞膜信号传递的基本途径。熟悉细胞的生物电现象，掌握其产生的基本原理。掌握细胞在兴奋后兴奋性的变化及兴奋发生和传导的基本原理。

二、课程内容

第一节 细胞
1. 细胞基本结构：细胞膜的分子组成与结构（液态镶嵌模型）；细胞质（细胞核等主要细胞器）的组成。
2. 细胞增殖周期。
第二节 基本组织
1. 上皮组织：上皮组织的特点和分类；腺上皮和腺的概念。
2. 结缔组织：结缔组织的特点和分类。
3. 肌组织：肌组织的特点和类型。
4. 神经组织：神经组织的特点，神经元的基本形态和类型。
第三节 物质跨细胞膜转运
1. 单纯扩散。
2. 易化扩散（载体和通道易化扩散的概念）。
3. 主动转运：泵蛋白转运机制（钠-钾泵的活动与意义）。
4. 膜泡转运：胞吞和胞吐。

第四节　细胞通讯与信号跨膜传递

1. 细胞通讯：直接通讯与间接通讯。
2. 跨细胞膜信号传递：膜受体的概念。膜表面受体介导的跨膜信号传递；膜内受体介导的跨膜信号传递。

第五节　细胞膜生物电活动

1. 可兴奋细胞电活动：静息电位与极化、超极化的概念；静息电位产生的离子基础。动作电位的组成成分（锋电位和后电位的概念）与去极化、超射、复极化的概念；动作电位产生的离子基础；动作电位的"全或无"现象。
2. 细胞兴奋的引起和传导：阈刺激与阈电位概念；局部电位；兴奋在细胞传导的原理。
3. 细胞兴奋过程中兴奋性的变化：不应期的概念。

三、考核知识点

（一）细胞与组织的基本结构
（二）物质跨细胞膜转运
（三）细胞膜生物电活动
（四）细胞通讯与信号跨膜传递

四、考核要求

（一）细胞

识记：细胞膜的基本结构与主要成分，主要细胞器的构造和功能。

（二）基本组织

识记：上皮组织的特征、种类；肌组织的特征、种类；结缔组织的种类；神经组织的特征与神经元的种类。

领会：细胞周期。四种基本种组织的主要功能。

（三）物质跨细胞膜转运

识记：单纯扩散；易化扩散、载体、门控通道；主动转运、继发性主动转运；胞吞与胞吐的概念和特征。

领会：易化扩散与单纯扩散的异同点；载体易化扩散的特征；易化扩散与主动转运的主要区别；载体和通道蛋白作用的区别。

应用：Na^+-K^+泵跨膜转运Na^+、K^+的重要生理意义。

（四）细胞通讯与信号跨膜传递

识记：膜表面受体介导的跨膜信号传递主要途径（G蛋白耦联受体、酶关联受体、离子通道受体）；膜内受体介导的跨膜信号传递。

领会：电传递与化学传递的概念。

（五）细胞生物电活动

识记：静息电位、动作电位；极化、超射、复极、超极化和锋电位、后电位的概念。动作电位的"全或无"现象。刺激的阈强度和阈值的概念；阈电位的概念；阈下刺激、局部电位、电紧张性扩布、总和的概念。

领会：静息电位和动作电位产生的离子基础；兴奋与兴奋性的区别；阈电位与阈刺激的

概念与关系；可兴奋组织兴奋时兴奋性的变化（不应期的概念与意义）；局部兴奋的特性；比较局部兴奋与动作电位的区别。

第三章　支持与运动系统

一、学习目的与要求

本章主要叙述支持机体和执行运动功能的骨骼、肌肉和皮肤系统，各系统的基本组成、形态结构及主要功能。学习本章要求：①掌握骨的一般形态、构造和功能；了解骨的发育；了解骨和骨连结在人体活动中所起的作用；掌握重点骨及骨连结。②掌握骨骼肌的一般形态、结构和作用；了解全身各部肌群的配布，肌群间的协同作用和拮抗作用；结合关节运动，熟悉各部重点肌的名称和作用；掌握神经-骨骼肌接头处传递兴奋的机制与特点；了解骨骼肌收缩的基本原理及兴奋-收缩耦联的概念；了解骨骼肌收缩的形式和影响收缩的因素。③熟悉皮肤的基本结构和功能；了解皮肤附属器的组成，熟悉毛发、皮脂腺和汗腺的结构特点和功能。

二、课程内容

第一节　人体骨骼
1. 骨学总论：骨的分类、构造、化学成分和物理性质。骨连结。骨发生与发育及其影响因素。
2. 躯干骨及其骨连结：脊柱与胸廓的组成、分部及其功能。
3. 颅骨及其骨连结：颅的组成、分部和功能。颅的连结。颅的整体观。
4. 上肢骨及其骨连结：上肢带骨及连结、自由上肢骨及连结。
5. 下肢骨及其骨连结：下肢带骨及连结、自由下肢骨及连结。

第二节　人体骨骼肌
1. 肌学总论：肌的形态和构造、起止、配布和作用；肌的辅助装置。
2. 头肌：表情肌、咀嚼肌。
3. 躯干肌：颈肌、背肌、胸肌、膈和腹肌。
4. 四肢肌：上肢肌（肩带肌、臂肌、前臂肌、手肌）；下肢肌（髋肌、大腿肌、小腿肌、足肌）。

第三节　骨骼肌收缩的基本原理
1. 骨骼肌细胞兴奋的发生：神经-骨骼肌接头处的兴奋传递过程、特点及影响因素。
2. 骨骼肌收缩的原理：兴奋-收缩耦联。
3. 肌肉收缩的形式：等长收缩和等张收缩，单收缩和强直收缩。
4. 影响肌肉收缩的因素：前负荷、后负荷和肌肉收缩能力。

第四节　皮肤
1. 皮肤的结构：表皮、真皮和皮下组织。
2. 皮肤附属器：毛，皮脂腺，汗腺等。
3. 皮肤的血管、淋巴管和神经。
4. 皮肤的再生与愈合。

5. 皮肤的功能。

三、考核知识点

（一）骨学
（二）肌学
（三）骨骼肌的收缩
（四）皮肤系统

四、考核要求

（一）骨学
识记：颅的组成、分部。脊柱的组成与形态特征。胸廓的组成与形态特征。
领会：骨的分类、构造、化学成分和物理性质。骨连结方式。脊柱的分部和功能。颅的连结与整体观。上肢骨的组成与连结。下肢骨的组成与连结。
应用：骨的形态与功能的关系。

（二）肌学
识记：头肌、躯干肌、上、下肢肌的一般形态、名称和功能。
领会：肌的形态、名称、配布和作用，肌的辅助装置，血管、淋巴管和神经等。
应用：完成躯干与四肢典型运动的肌群。

（三）骨骼肌的收缩
识记：神经-骨骼肌接头处兴奋传递的过程及特征；等长收缩、等张收缩、单收缩、强直收缩的概念。
领会：兴奋-收缩耦联的概念。前负荷、后负荷和肌肉收缩能力对肌收缩的影响。
应用：举实例说明，可阻碍神经-肌接头兴奋传递的物质对肌肉收缩产生影响的原理。

（四）皮肤
识记：表皮和真皮的结构。
领会：皮下组织的结构和功能。皮肤的主要功能。

第四章　神经系统

一、学习目的与要求

本章叙述神经系统的组成与功能活动原理，重点是神经系统的基本组成和功能活动的基本原理和概念。神经系统是起主导调节作用的功能整合系统，学习本章要求全面概要认识中枢神经系与周围神经系最基本的结构与活动原理。了解中枢神经系统的组成，熟悉脊髓的位置、外形特征；熟悉脑干、小脑、间脑的外形形态、分部及内部的主要结构特征；了解大脑半球的主要沟、回与分叶；熟悉大脑皮层功能定位区；了解边缘系统的组成和联系概况。了解脊神经的构成、纤维成分和分支分布概况；了解脑神经的纤维成份以及主要分布与功能概貌。熟悉自主神经系统以及与躯体运动神经系统的主要区别。

熟悉神经纤维传导冲动的特征；了解神经纤维的营养性作用。掌握突触传递的基本过程与特征。了解中枢抑制的概念。了解感受器与感觉器官的一般功能特征；熟悉神经系统对特殊感觉与躯体感觉的分析功能；掌握丘脑感觉投射系统的概念与途径；熟悉内脏痛与牵涉痛，了解大脑皮层的感觉投射定位。了解各特殊感觉器官的基本结构、功能原理与视、听觉传导通路。掌握脊髓牵张反射概念；熟悉脑干对肌紧张的调节作用；熟悉小脑的运动调节功能；了解大脑皮质的运动调节功能。掌握自主神经系统的主要功能及其递质和受体系统。熟悉下丘脑在内脏功能调节中的作用。了解脑的高级功能（学习记忆、语言）、电活动与睡眠的概念。

二、课程内容

第一节 神经系统的组成与形态结构

1. 神经系统概况：神经系统分部与基本结构。

2. 中枢神经系统：脊髓的位置、外形、分节和内部主要结构和功能。脑干（延髓、脑桥和中脑）、间脑与小脑的外形和内部结构等主要特征，脑干网状结构的概念。大脑半球的外形（主要沟、回和分叶）；内部结构（大脑皮质的结构、基底核、内囊的位置及结构；边缘系统的组成）。脑脊髓被膜、脑室与脑屏障。

3. 周围神经系统：脊神经（颈丛、臂丛、胸神经前支、腰丛与骶丛）的构成和分布概况。各对脑神经神经核的位置、发出部位、纤维成分性质、主要分布与功能概貌。内脏神经系统（交感神经与副交感神经）。

4. 感觉与运动传导通路：深感觉传导通路（包括精细触觉）；浅感觉传导通路。视觉、听觉传导通路。运动传导通路（锥体系与锥体外系）。

第二节 神经系统的基本活动

1. 神经纤维的活动：神经纤维的分类、传导速度、传导兴奋的特征和营养性作用。

2. 神经元之间的相互作用：突触的概念；神经递质与受体。

3. 神经反射活动：反射与反射弧；中枢神经元的联系方式与兴奋传布的特征；中枢抑制（突触后抑制与突触前抑制）的原理。

第三节 感觉分析功能

1. 感受器的分类与生理特征：感受器及其分类；感受器的基本生理特性（感受器的适宜刺激、换能作用、编码作用和适应现象）。

2. 特殊感觉功能：

①视觉（眼的折光成像，视网膜结构与感光换能）。

②听觉（耳的基本结构。耳的传音与感音）。

③平衡觉（前庭与半规管的平衡觉功能）。

④味觉与嗅觉。

3. 普通感觉功能：脊髓的感觉功能。丘脑的感觉功能（主要核团，感觉投射系统的概念）。大脑皮质的感觉投射区。痛觉（皮肤痛、内脏痛和牵涉痛）。

第四节 躯体运动控制功能

1. 脊髓对躯体运动的调控：屈反射和对侧伸反射；牵张反射（腱反射和肌紧张）。

2. 脑干对肌紧张的调控：脑干易化区和抑制区。

3. 小脑对运动的调控：调节躯体平衡、维持肌紧张与协调随意运动。

4. 基底核对运动的调控：肌紧张与运动的协调功能。

5. 大脑皮质对躯体运动的调控：大脑皮质运动区，运动传导系统。

第五节　内脏活动调节功能

1. 自主神经系统活动特征：交感神经和副交感神经系统的功能特征与生理意义。

2. 脊髓与低位脑干对内脏活动的调节：初级中枢，生命中枢的概念。

3. 下丘脑对内脏功能的调节：摄食行为，水平衡，体温，内分泌，生物节律，情绪反应等。

4. 大脑皮质对内脏活动的调节：边缘系统和新皮质等的作用。

第六节　脑的高级整合功能

1. 脑的电活动：脑电图。

2. 条件反射：条件反射的概念；记忆的概念。

3. 大脑皮质的语言功能：大脑皮质的语言中枢及大脑半球功能的一侧优势现象。

4. 睡眠：睡眠的分期与生理意义。

三、考核知识点

（一）神经系统的组成与形态结构

（二）神经系统基本活动

（三）感觉分析功能

（四）躯体运动控制功能

（五）内脏活动调节功能

（六）脑的高级整合功能

四、考核要求

（一）神经系统的组成与形态结构

识记：神经元的基本结构；脊髓的位置、外形、分节和内部主要结构和功能。脑干的组成和内部结构。间脑组成和内部结构，小脑和内部结构；大脑半球的主要沟、回和分叶；内部结构（基底核、内囊的位置及结构）。脊神经（颈丛、臂丛、胸神经前支、胸丛、腰丛与骶丛）的构成和分布概况。各对脑神经神经发出的部位、纤维组成性质、主要分布与功能。

领会：脑干网状结构的概念。深（本体）感觉传导通路（包括精细触觉）；浅（痛、温、触等）感觉传导通路；视觉、听觉传导通路；运动传导通路（锥体与锥体外系）。

应用：内囊受损后的表现。

（二）神经系统基本活动

识记：神经纤维的传导速度、传导兴奋的特征和营养性作用。突触传递与突触后电位（兴奋性突触后电位与抑制性突触后电位）的形成原理；神经递质与受体。中枢神经元的联系方式。

领会：神经纤维传导和化学突触传递的区别；兴奋性突触后电位和抑制性突触后电位的区别；中枢抑制的概念。

应用：在体表小手术或拔牙时，局部麻醉为什么能起到止痛的作用？

（三）感觉分析功能

识记：眼折光成像原理；视力、视野、暗适应的概念。声波传导途径。前庭器官感受的刺激形式。味觉与嗅觉器官基本功能。脊髓的躯体深、浅感觉传导通路；脑干网状结构上行激动系统的概念；大脑皮质体表感觉投射区特征；牵涉痛。

领会：眼调节反应与老视；视网膜的感光换能原理。感觉器的基本生理特性。丘脑特异投射系统与非特异投射系统的区别；脑干网状结构上行激动系统。皮肤痛和内脏痛的特征与区别。

应用：①眼折光成像功能异常（近视、远视和散光）及其矫正。②夜盲症与维生素A的关系。

（四）躯体运动控制功能

识记：牵张反射的发生过程。大脑皮质运动代表区分布的特征；运动传导系统的功能。

领会：脑干在协调肌紧张平衡中的作用。小脑、基底核对躯体运动的调控功能。

应用：①脑干如何维持适度的肌紧张？如何用动物实验证明？②基底神经节受损伤后引起的典型病症。③小脑萎缩后可能出现的一些临床症状。

（五）内脏活动调节功能

识记：交感神经和副交感神经的主要区别；交感神经和副交感神经的主要生理功能和相应递质、受体及阻断剂。

领会：下丘脑对内脏功能的调节。其余各级中枢对内脏功能的调节。

应用：①自主神经系统与躯体运动神经系统的区别。②交感神经和副交感神经对循环、呼吸、消化和泌尿四大功能系统分别有哪些调节？有何生理意义？

（六）脑的高级整合功能

识记：条件反射的概念；记忆的概念。睡眠的分期。脑电波。

领会：大脑皮质的语言中枢及半球功能的一侧优势现象。慢波睡眠与快波睡眠的概念、区别和生理意义。

第五章 内分泌系统

一、学习目的与要求

本章介绍内分泌系统各腺体的基本结构与功能，重点是垂体、甲状腺、肾上腺和胰岛的内分泌功能。学习本章要求熟悉内分泌和内分泌系统的概念，掌握重点内分泌腺的形态和位置。进一步明确激素的概念，了解激素作用的一般特性和激素作用机制。熟悉下丘脑与垂体的功能联系和下丘脑调节肽。掌握生长激素的生理作用；了解催乳素与缩宫素的生理作用，各种促激素的作用。掌握甲状腺激素、肾上腺皮质激素与胰岛素的生理作用及其分泌调节。了解肾上腺在应激中的作用。熟悉甲状旁腺激素、降钙素以及维生素D_3的生理作用与分泌的调节。了解胰高血糖素的主要生理作用与分泌的调节。了解其他内分泌腺与激素及其主要作用。

二、课程内容

第一节 激素

1. 内分泌系统：内分泌的概念，内分泌系统的基本组成。

2. 激素：激素的概念；激素的化学分类与作用机制的关系；激素的一般作用及其特征；激素分泌的调节。

第二节 下丘脑-垂体内分泌

1. 下丘脑-腺垂体系统：下丘脑与垂体的位置与结构组成；下丘脑-垂体门脉系统，下丘脑促垂体区和下丘脑调节肽。腺垂体分泌激素的种类，生长激素、催乳素以及促激素的生理作用。

2. 下丘脑-神经垂体系统：下丘脑-垂体束。血管升压素和缩宫素的生理作用。

第三节 甲状腺内分泌

1. 甲状腺：甲状腺的位置、外形与组织结构。

2. 甲状腺激素的生理作用及其分泌的调节。

第四节 甲状旁腺、甲状腺 C 细胞内分泌与维生素 D_3

1. 甲状旁腺：甲状旁腺的位置；甲状旁腺激素的生理作用及其分泌调节。

2. 甲状腺 C 细胞：甲状腺 C 细胞的分布；降钙素的生理作用及其分泌调节。

3. 维生素 D_3 的活化、生理作用及其分泌的调节。

第五节 肾上腺内分泌

1. 肾上腺皮质：肾上腺的位置与组织结构；肾上腺皮质激素的种类；糖皮质激素的生理作用及其分泌调节；盐皮质激素生理作用及分泌调节。

2. 肾上腺髓质：肾上腺髓质激素的种类、生理作用。

第六节 胰岛内分泌

1. 胰岛素：胰岛素的生理作用及其分泌调节。

2. 胰高血糖素：胰高血糖素的生理作用及其分泌调节。

第七节 其他内分泌腺与激素

1. 松果体：松果体位置；褪黑素的主要生理作用。

2. 胸腺：胸腺的主要激素。

3. 前列腺素：部分前列腺素的作用。

4. 功能器官激素：心、肾与胃肠等脏器分泌的主要激素及作用。

三、考核知识点

（一）内分泌系统与激素

（二）下丘脑-垂体内分泌

（三）甲状腺内分泌

（四）甲状旁腺、甲状腺 C 细胞内分泌与维生素 D_3

（五）肾上腺内分泌

（六）胰岛内分泌

（七）其他内分泌腺与激素

四、考核要求

（一）激素

识记：内分泌系统的组成，重要的内分泌腺。激素的概念。

领会：激素的作用及其作用的一般特征。

应用：激素分泌的调节。

（二）下丘脑-垂体内分泌

识记：下丘脑与垂体的形态、部位与结构；下丘脑-垂体门脉系统；下丘脑调节性多肽的概念；下丘脑-垂体束；垂体促激素的概念及各自的生理作用；生长激素的生理作用；催乳素与缩宫素的生理作用与分泌的调节。

领会：下丘脑与腺垂体及神经垂体的功能联系。

应用：生长激素与侏儒症、巨人症和肢端肥大症的关系。

（三）甲状腺内分泌

识记：甲状腺激素的合成环节、生理作用。

领会：甲状腺激素分泌的调节。

应用：①甲状腺激素与呆小症、甲状腺功能亢进和甲状腺功能减退的关系。②食物中长期缺碘为什么会引起甲状腺肿大？

（四）甲状旁腺、甲状腺 C 细胞内分泌与维生素 D_3

识记：甲状旁腺激素、维生素 D_3 与降钙素的生理作用。

领会：甲状旁腺激素与降钙素分泌的调节。

应用：①血中甲状旁腺激素分泌减少为什么会引起手足抽搐？②维生素 D_3 缺乏引起的病症。

（五）肾上腺内分泌

识记：盐皮质激素与糖皮质激素的生理作用。肾上腺髓质激素的生理作用。

领会：糖皮质激素分泌的调节。肾上腺在应激中的作用意义。

应用：临床上长期或大剂量应用糖皮质激素治疗的患者为什么不能突然停药？

（六）胰岛内分泌

识记：胰岛素与胰高血糖素的生理作用。

领会：胰岛素与胰高血糖素分泌的调节。

应用：①糖尿病与胰岛素的关系。②糖尿病患者与垂体性尿崩症患者多尿症的产生机制有何区别？

（七）其他内分泌腺与激素

识记：褪黑素的主要生理作用。前列腺素的主要作用。

领会：功能器官（心、肾、胃肠道等）内分泌功能的概念。

第六章 血 液

一、学习目的与要求

本章阐述血液的基本组成结构与各种成分的作用，重点是血浆渗透压的意义，红细胞与血小板的功能，血液的凝固与血型的概念。学习本章要求掌握血液的组成、血量及血细胞比容的概念，血浆渗透压及其生理意义。熟悉各种血细胞的形态、结构特点、分数计数和基本功能，了解其正常值。了解造血干细胞的基本概念。熟悉红细胞的生理特性，红细胞生成的调节。掌握血小板的功能。掌握生理性止血的基本过程，熟悉血液凝固的过程；了解纤维蛋白溶解系统。熟悉 ABO 血型系统的分类依据，了解 Rh 血型系统临床意义。

二、课程内容

第一节　血液的组成与功能

1. 血液的组成：血量，血细胞比容的概念。血液的理化特性（血浆酸碱度，渗透压）及其意义。

2. 血液的基本功能。

第二节　血浆

1. 血浆的主要成分及正常值。

2. 血浆蛋白质的作用。

第三节　血细胞

1. 红细胞：红细胞的正常值、生理特性与功能；红细胞生成的调节。

2. 白细胞：白细胞的正常值、分类计数和基本功能。

3. 血小板：血小板的正常值和生理功能。

第四节　生理止血

1. 生理性止血：生理性止血的概念及止血过程三个环节。

2. 血液凝固：血液凝固的概念；血液凝固的基本过程（凝血因子；内源性凝血外源性凝血与共同途径）；血液的抗凝因素以及纤维蛋白溶解的概念。

第五节　血型与输血

1. 血型系统：红细胞凝集反应与血型系统。

2. ABO 血型系统：ABO 血型系统的分型依据与输血关系。

3. Rh 血型系统：Rh 血型的分型及其临床意义。

三、考核知识点

（一）血液的组成与功能

（二）血浆

（三）血细胞

（四）生理止血

（五）血型与输血

四、考核要求

（一）血液的组成与功能

识记：全血、血浆、血清的概念，血量及正常值；血细胞比容的概念。

领会：血浆渗透压的生理意义。血液的基本功能。

应用：血量稳定对机体的生理意义。

（二）血浆

识记：血浆主要成分。

领会：血浆蛋白的作用。

（三）血细胞

识记：血细胞基本形态、正常值与功能。

领会：红细胞悬浮稳定性与血沉的关系；低渗溶液与红细胞渗透脆性的关系。红细胞生成的调节。

应用：长期居住在高原的人血液中的红细胞数量为什么会高于平原的居民？

（四）生理止血

识记：生理止血的概念。血液凝固的概念及基本过程。纤维蛋白溶解的概念。

领会：生理止血的三环节。内源性与外源性凝血的概念。

应用：抗凝剂的临床应用。

（五）血型与输血

识记：血型及血型系统的概念，凝集原、凝集素。ABO血型分型。

领会：红细胞凝集反应。Rh血型系统的临床意义。输血的原则与交叉配血试验原理。

应用：①ABO血型的输血关系。②Rh血型的临床意义。

第七章 循环系统

一、学习目的与要求

本章阐述循环系统的器官组成与功能，重点是心脏的构造、血管的分布、心脏的活动原理和动脉血压的形成及其稳态的调节等。学习本章要求掌握心脏的形态和内部结构；心传导系和心脏的血管；熟悉体循环和肺循环系统的动脉系、静脉系主要血管的分支与分布。了解淋巴系统的组成。熟悉心肌细胞的生理特性；掌握心脏泵血过程的相关变化，心脏泵血功能的评价和调节；了解心音和心电图。掌握影响动脉血压的因素；熟悉微循环的血流通路和功能；掌握组织液生成的原理及其影响因素。了解静脉压及影响静脉回流因素。熟悉心血管活动的调节原理，掌握颈动脉窦和主动脉弓压力感受性反射及其生理意义。熟悉冠脉循环的特点和调节，了解脑循环的特点。

二、课程内容

第一节 循环系统器官形态结构

1. 心血管系统与血液循环途径；体循环与肺循环的概念。
2. 心脏：心脏位置、外形；心脏各腔的结构；心传导系和心脏的血管。
3. 血管系：肺循环和体循环系统的动脉系、静脉系血管（动、静脉的主干的组成和主要分支及属支）。
4. 淋巴系统：淋巴系统的组成；淋巴管道（毛细血管、淋巴管和淋巴导胸）；淋巴器官（淋巴解和脾）。

第二节 心肌的生理特性与心脏的泵血功能

1. 心室肌细胞的生物电现象及其原理；静息电位与动作电位及其产生的原理。
2. 心肌生理特性：自律性、兴奋性、传导性与收缩性的主要特征。

3. 心脏的泵血功能：心动周期和心率。心脏的泵血过程中心房与心室内压力、心室容积、心脏瓣膜状态和血流方向的变化。心脏泵功能评价指标（每搏输出量、射血分数、心输出量、心指数、心功）。影响心脏泵血功能的因素（搏出量与心率变化的影响）。

4. 心音与心电图：第一心音、第二心音的成因、特点及意义。心电图主要波形、时段的成因与意义。

第三节　血管与血液的循环

1. 血管的功能性分类：动脉、静脉血管的分级结构与功能特征；各类血管在血流形成中的作用。

2. 血流的形成与影响因素：循环血流形成的基本原理，血流量、血流阻力与血压对循环血流的作用。

3. 动脉血压：动脉血压的形成、正常值及其影响因素。

4. 微循环与组织液生成的原理：微循环的血流通路、基本功能；微循环物质交换的方式及血流的调节。组织液生成和回流的原理、意义及其影响因素。

5. 淋巴的生成与意义。

6. 静脉血压与血流：中心静脉压与外周静脉压，静脉血的回流及其影响因素。

第四节　心血管功能的调节

1. 神经调节：心脏和血管的神经支配（心迷走神经、心交感神经、交感缩血管神经纤维、交感舒血管神经纤维、副交感舒血管神经纤维）；心血管中枢；心血管反射（颈动脉窦和主动脉弓压力感受性反射）。

2. 体液调节：肾上腺素与去去甲肾上腺素，肾素-血管紧张素系统。

3. 自身调节：局部组织血管（血流量）的自身调节。

第五节　器官循环

1. 冠状循环：冠脉血流的特点及其调节。

2. 脑循环：脑血流的特点及其调节。血-脑脊液屏障与血-脑屏障。

三、考核知识点

（一）循环系统器官形态结构

（二）心肌的生理特性与心脏的泵血功能

（三）血管与血液的循环

（四）心血管功能的调节

（五）器官循环

四、考核要求

（一）循环系统器官形态结构

识记：心脏外形；心传导系的组成；心脏的血管。

领会：心、动脉系、毛细血管、静脉系在血液循环中的功能地位。

应用：体循环与肺循环的途径与功能。

（二）心肌的生理特性与心脏的泵血功能

识记：正常起搏点与潜在起搏点，窦性心律与异位心律的概念；心脏内兴奋传导的途径和特点；心肌兴奋性变化，期前收缩和代偿间歇；心肌收缩的特点。心动周期的概念，心率的正常范围；心泵功能评价指标（每搏输出量、射血分数、心输出量、心指数及正常值）；心音的特点及意义；心电图主要波形、时段的意义。

领会：心动周期中心腔内压力、心室容积、心脏瓣膜和血流方向的周期变化。前负荷、后负荷、心肌收缩能力与心率对心输出量的影响。

应用：①心肌为什么不会发生强直收缩？②影响心脏的泵血功能的因素有哪些？③通过哪些途径可增强心脏泵血功能？

（三）血管与血液的循环

识记：动脉收缩压、舒张压、脉压与平均动脉压的概念和正常值。中心静脉压和外周静脉压的概念。微循环的概念、血流通路及其功能；有效滤过压。

领会：各类血管在循环血流形成中的作用。动脉血压的形成原理及其影响因素。影响静脉血回流的因素。组织液的生成和回流原理及其影响因素。

应用：①随着年龄的增长，为何动脉的舒张压增高不如收缩压增高明显？②应用组织液生成与回流的原理分析水肿产生的机制。

（四）心血管功能的调节

识记：心迷走神经、心交感神经、交感缩血管神经纤维支配作用（神经递质、受体、作用和特点）；心血管中枢的概念；颈动脉窦-主动脉弓压力感受性反射；肾上腺素、去甲肾上腺素、血管紧张素、血管升压素的作用。

领会：颈动脉窦-主动脉弓压力感受性反射在维持血压相对稳定中的主要作用和意义；肾上腺素和去甲肾上腺素对心血管活动调节的异同点。血管紧张素在循环功能调节中的作用和意义。

应用：①正常人的动脉血压是如何维持相对稳定的？②临床上为什么常将肾上腺素用作强心剂，而去甲肾上腺素用作升压药？

（五）器官循环

识记：冠脉循环、脑循环的特点及其血流量的调节。

领会：血-脑屏障的概念和生理意义。

第八章 呼吸系统

一、学习目的与要求

本章介绍呼吸系统器官的形态结构和基本功能，重点是肺和通气道的功能结构，肺的通气与换气功能、气体运输以及血液中氧、二氧化碳和氢离子对呼吸运动的调节作用。学习本章要求熟悉呼吸道各部位的位置、形态与结构；掌握气管的位置和构造特点，左右支气管形态差别。了解肺的外形结构和微细结构。掌握胸膜和胸膜腔的概念。了解纵隔的概念、分区及其组成。掌握肺通气的原理，胸膜腔内压的形成原理和生理意义，肺表面活性物质的概念和生理意义。熟悉肺容量和通气量的概念。掌握肺换气的原理及其影响因素。熟悉氧和二氧化碳在血液中的主要运输形式，影响血红蛋白与氧结合的生理因素。了解呼吸中枢和呼吸节律形成，熟悉肺牵张反射对呼吸的调节，掌握化学感受性反射对呼吸的调节作用。

二、课程内容

第一节 呼吸系统器官形态结构

1. 呼吸道：鼻（鼻的形态、结构；鼻腔的分部及各部结构特点）与鼻旁窦；咽（见消化系统）与喉（位置、喉软骨及喉肌，喉腔）。气管与支气管：气管的位置和构造特点，左、右支气管形态。

2. 肺：肺的形态、位置；肺的微细结构与呼吸膜的组成。

3. 胸膜与胸膜腔：胸膜和胸膜腔的概念。

4. 纵隔的概念、区分及其组成。

第二节 肺通气

1. 肺通气原理：肺通气的动力（呼吸运动原理，胸式和腹式呼吸，平静呼吸和用力呼吸）；平静呼吸时肺内压的周期性变化；胸膜腔内压的成因及生理意义。肺与胸廓的弹性阻力，顺应性的概念，肺表面活性物质及其生理意义；呼吸道阻力及其影响因素。

2. 肺通气功能评价：肺容量（潮气量、补吸气量、补呼气量、功能残气量、肺活量、用力呼气量、用力肺活量、肺总量）的概念及正常范围。每分通气量，无效腔的概念和肺泡通气量及其意义。

第三节 气体交换与气体在血液中的运输

1. 气体交换的原理与过程：气体扩散与分压的概念。

2. 肺换气及其影响因素：通气-血流比值的概念，正常值及其生理意义。

3. 氧的运输：血红蛋白运输氧的特点，血红蛋白氧容量、血红蛋白氧含量与血红蛋白氧饱和度的概念；影响血红蛋白与氧结合的因素与生理意义。

4. 二氧化碳的运输：碳酸氢盐的运输形式；氨基甲酰血红蛋白的运输形式。

第四节 呼吸运动的节律与调节

1. 呼吸中枢：延髓和脑桥的呼吸中枢。

2. 呼吸的反射性调节：化学感受性反射（外周和中枢化学感受器，动脉血二氧化碳分压、氧分压和氢离子浓度对呼吸运动的影响）；呼吸的防御性反射（咳嗽、喷嚏）。

三、考核知识点

（一）呼吸系统器官形态结构

（二）肺通气

（三）气体交换与气体在血液中的运输

（四）呼吸运动的节律与调节

四、考核要求

（一）呼吸系统器官形态结构

识记：鼻（鼻腔的分部及各部结构特点），鼻旁窦的位置。咽的位置与形态；喉（位置、喉软骨及喉肌，喉腔）。气管的位置和构造特点，左、右支气管形态。肺的形态、位置。

领会：肺的微细结构与气体交换的关系。胸膜和胸膜腔的概念。纵隔分区。

（二）肺通气

识记：呼吸运动，吸气肌和呼气肌在呼吸运动中的作用；胸式呼吸和腹式呼吸的概念；平静呼吸和用力呼吸的概念；肺通气的原动力和直接动力；平静呼吸时肺内压的周期变化；胸膜腔内压的概念。肺弹性阻力的来源及其与肺表面活性物质的关系；顺应性的概念；非弹性阻力。肺容量、肺容积；肺通气量、肺泡通气量的概念和意义。

领会：胸膜腔内压形成的原理及意义。顺应性与弹性阻力的关系；肺表面活性物质的生理作用及其意义；影响呼吸道阻力的因素。用力呼气量对肺功能测定的意义。

应用：①一侧开放性气胸对肺通气功能有何影响？②肺实变与肺气肿时为什么会发生呼吸困难？③拟肾上腺药物是如何缓解呼吸困难的？

（三）气体交换与气体在血液中的运输

识记：肺与组织的气体交换过程；通气-血流比值的概念；氧与二氧化碳在血液中的运输形式；血红蛋白氧容量、血红蛋白氧含量和血红蛋白饱和度的概念。

领会：气体交换的原理，影响肺换气的因素；通气-血流比值不匹配时对肺换气的影响；去氧血红蛋白与紫绀的关系；影响血红蛋白与氧结合的因素。

应用：①为什么通气-血流比值不匹配时，过度通气对于氧的摄取并无意义？②一氧化碳中毒如何产生毒性作用？

（四）呼吸运动的节律与调节

识记：呼吸运动调节基本中枢的部位与作用；外周和中枢化学感受器的部位及适宜刺激。

领会：动脉血二氧化碳分压升高对呼吸的影响；低氧对呼吸的影响；动脉血氢离子浓度升高对呼吸的影响。

应用：①对于严重慢性支气管炎、肺气肿患者为什么宜采取低浓度持续给氧？②实验中切除双侧迷走神经对家兔的呼吸运动会产生什么影响？③正常人为什么不能长时间屏住呼吸？

第九章 消化系统

一、学习目的与要求

本章介绍消化系统器官的形态结构与各部位的基本功能，重点是掌握胃与小肠和肝、胰的基本结构；胃、肠运动与分泌功能在食物消化中的主要作用，小肠对重要营养成分的吸收。学习本章要求了解口腔的结构，乳牙和恒牙的牙式；熟悉口咽峡的构成，舌的形态和粘膜特征。掌握口腔腺的位置、分部及其开口部位。掌握食管的形态、位置及狭窄部位。掌握胃、肠道的位置、形态及其形态特征。了解消化管壁的构造，掌握肝和胆囊的形态和位置，输胆管道的组成，胆总管与胰管的汇合与开口。熟悉胰的形态与位置。

了解消化管平滑肌的生理特性；熟悉消化管各部位（胃、小肠、大肠）的主要运动形式与生理意义。了解胃排空及其控制。了解大肠的非消化功能与排便反射。掌握各消化腺分泌的消化液（唾液、胃液、胰液、胆汁等）的主要成分、消化功能。熟悉消化系统神经支配的特点与对消化功能的一般调节作用；主要的胃肠激素及其作用。熟悉主要食物中营养物质（糖、蛋白质和脂肪）的消化过程以及重要营养素吸收的基本原理。

二、课程内容

第一节 消化系统器官形态结构

1. 消化管一般结构：粘膜层、粘膜下层、肌层与外膜。
2. 消化管：口腔（分部；乳牙和恒牙的牙式；口咽峡构成）；舌的形态和粘膜特征；腮腺、下颌下腺和舌下腺的位置与形态。咽的位置、分部以及各部形态结构和通路。各扁桃体的位置和功能。食管形态、位置及狭窄部位；食管的构造。胃的形态、位置和胃壁的构造；胃粘膜的组织结构。小肠的分部；十二指肠的形态、分部及其形态特征；空肠、回肠的形态及肠壁构造特点；小肠粘膜的微细结构。大肠的分部及结肠形态特点；结肠的分部及各部的位置；直肠的形态、位置和构造。
3. 消化腺：肝和胆囊的位置、形态；肝血液循环及胆汁通路。输胆管道的组成，胆总管与胰管的汇合及胆汁的排出途径。胰的位置、形态与微细结构。

第二节 消化管的运动与消化腺的分泌

1. 消化管的运动：消化管平滑肌活动的一般特征；咀嚼与吞咽；胃的运动形式与生理意义，胃排空及其控制；小肠的运动形式与生理意义；大肠的运动形式与生理意义，大肠的非消化功能。
2. 消化腺的分泌：消化液的一般作用；唾液的主要成分与作用；胃液的主要成分与作用；胰液的主要成分与作用；胆汁的主要成分与作用。

第三节 消化系统功能的调节

1. 消化系统神经支配：神经支配的特点（外来神经与内在神经）与调节作用。
2. 胃肠激素：主要的胃肠激素及其调节作用。
3. 消化功能的调节：进食期间消化管运动与分泌的神经体液性调节。

第四节 食物消化与营养吸收

1. 食物消化：含淀粉、蛋白质和脂肪等食物在消化管内的化学消化过程。
2. 营养吸收：糖、蛋白质、脂肪消化成分在小肠的吸收形式与原理；水、矿物质和维生素等吸收的基本原理。

三、考核知识点

（一）消化系统器官形态结构
（二）消化管的运动与消化腺的分泌
（三）消化系统功能的调节
（四）食物消化与营养吸收

四、考核要求

（一）消化系统器官形态结构

识记：消化管一般结构。口腔的分部；口咽峡构成；舌粘膜特征；腮腺、下颌下腺和舌下腺的位置。咽的位置、分部以及各部形态结构。食管形态及狭窄部位。胃的形态、位置和胃壁构造；胃粘膜组织结构。十二指肠的形态、分部及形态特征；空肠、回肠的形态及肠壁构造特点。大肠的分部及结肠形态特点；直肠的形态、位置和构造。肝形态与组织结构。胆总管与胰管的汇合及胆汁的排出途径。胰的形态与微细结构。

领会：各扁桃体的位置和功能。消化管各部的特征与功能的关系。

（二）消化管的运动与消化腺的分泌

识记：消化的概念。消化管平滑肌的一般特性；咀嚼与吞咽；胃的运动形式与胃排空及其控制；小肠的运动形式与功能；大肠运动的形式与主要功能。唾液的主要成分与功能；胃液的主要成分与功能；胰液的主要成分与功能；胆汁的主要成分与功能。

领会：消化管各部位运动形式和功能意义。

应用：①胃排空为什么是间断进行的？②内因子缺乏会引起哪种形式的贫血？③大量服用酒精、消炎痛或阿司匹林等药物为何易引起消化性溃疡？④平时胰腺为什么不会发生自身消化，而暴饮暴食时却易引发急性胰腺炎？⑤为什么长期使用口服抗生素会引起某些维生素的缺乏？

（三）消化系统功能的调节

识记：消化系统神经支配的特点与调节作用。主要的胃肠激素及其调节作用。排便反射。

领会：消化管运动的神经体液性调节。

应用：①使用阿托品后为什么会出现口干现象？②进食期间胃液、胰液分泌的调节与胆汁的排放。

（四）食物消化与营养吸收

识记：吸收的概念。营养成分吸收的主要部位。

领会：主要营养成分收吸收的原理。糖、蛋白质、脂肪的吸收形式与途径。

应用：①为什么将小肠看作吸收的主要部位？②糖、蛋白质和脂肪的消化成分、无机盐和维生素是如何经小肠吸收的？

第十章　能量代谢与体温

一、学习目的与要求

本章介绍人体能量代谢和体温稳态的维持。学习本章要求掌握能量代谢的概念，了解测定能量代谢的原理和简便方法；熟悉间接测热法所需参数；掌握影响能量代谢的因素与基础代谢率的概念及临床意义。熟悉体温的概念及正常变动，体热平衡（机体的产热与散热）；了解体温调节基本机制。

二、课程内容

第一节　能量代谢

1. 能量代谢：能量代谢的概念；能量的来源、储备与去路。
2. 能量代谢的测定：测定能量代谢的基本原理；间接测热法所需参数（食物的热价、氧热价和呼吸商）。影响能量代谢的因素（肌肉活动，食物的特殊动力效应，精神活动和环境温度）。
3. 基础代谢：基础代谢和基础代谢率的概念，测定方法，生理变动，正常值和临床意义。

第二节 体温及其调节

1. 体温：体温的概念，正常值和正常变动因素。

2. 体热平衡：产热器官、产热过程调节及影响因素。散热过程，主要的散热方式（辐射、传导、对流和蒸发散热），散热过程的调节。

3. 体温的调节：体温调节方式（自主性调节、行为性调节）；温度感受器；体温调节中枢；体温调节过程，调定点的概念。

三、考核知识点

（一）能量代谢

（二）体温及其调节

四、考核要求

（一）能量代谢

识记：能量代谢的概念。食物的热价、氧热价和呼吸商的概念；食物的特殊动力效应。

领会：能量的来源、储备与去路。影响能量代谢的因素。基础代谢率的概念。

应用：①严重缺氧或低血糖时为什么会出现昏迷？②简便的能量代谢计算方法。③测定基础代谢率的基本方法和临床意义。

（二）体温及其调节

识记：体温的概念。体热平衡的概念；主要的散热途径与方式。温度感受器，体温调节中枢。汗腺的神经支配及汗液的特点；体温调定点的概念。

领会：影响体温正常变动的因素；产热过程及其调节；散热过程的调节；自主性体温调节的过程。

应用：①对于高热患者可采取哪些物理方式的降温措施？②高寒冷环境中人体如何通过自主调节保持体温的相对恒定？

第十一章 泌尿系统

一、学习目的与要求

本章介绍泌尿系统各组成器官的基本形态、结构，重点是肾脏生成尿的基本原理。学习本章要求掌握肾、输尿管、膀胱与女性尿道的形态、位置和构造特点。了解肾的被膜及肾的固定。熟悉肾的功能结构（肾单位）特征，了解肾的血液循环特点和肾血流量的调节。

掌握尿生成的过程及其影响因素，尿生成的调节。了解尿液的浓缩和稀释的基本原理。了解尿量的概念。熟悉排尿反射。

二、课程内容

第一节 泌尿系统器官形态结构

1. 肾：肾的位置、形态和结构；肾的被膜及肾的固定。肾的微细结构（肾单位）。肾内血液循环途径与血流分布的特点。

2. 输尿管：输尿管的形态、分部；各部及其狭窄。膀胱的形态、位置和膀胱壁的构造。尿道的形态特点。

第二节　尿生成过程

1. 尿液：尿液的成分、理化特性和尿量，多尿、少尿和无尿的概念。

2. 肾小球滤过功能：滤过膜的组成及其通透性。有效滤过压。肾小球滤过率和滤过分数。影响肾小球滤过的因素（滤过膜的面积和通透性，有效滤过压，肾血浆流量）。

3. 肾小管和集合管的重吸收功能：肾小管和集合管重吸收 Na^+、HCO_3^-、水和葡萄糖的部位与特点；肾糖阈和葡萄糖吸收极限量的概念。影响重吸收的因素（渗透性利尿、球-管平衡与定比重吸收）。

4. 肾小管和集合管的分泌功能：肾小管和集合管分泌 H^+、K^+ 和 NH_3 的部位、原理与特点。

第三节　尿液浓缩与稀释

浓缩尿与稀释尿的形成过程。

第四节　尿生成过程的调节与尿的排放

1. 尿生成过程的调节：抗利尿激素的调节功能与机体水平衡；水利尿的产生机制。醛固酮的调节功能与血液 Na^+、K^+ 等水平的维持。

2. 尿液的排放：膀胱和尿道的神经支配，排尿反射。

三、考核知识点

（一）泌尿系统器官形态结构

（二）尿生成的过程

（三）尿液浓缩与稀释

（四）尿生成过程的调节与尿的排放

四、考核要求

（一）泌尿系统器官形态结构

识记：肾的位置、形态和结构；肾的被膜及肾的固定。输尿管的形态。膀胱的形态和位置；膀胱壁的构造。

领会：输尿管的狭窄部位。

应用：女性尿道的形态特点和开口部位与泌尿系感染。

（二）尿生成过程

识记：尿液的成分、理化特性和尿量，多尿、广尿和无尿的概念。肾小球滤过膜的组成及其通透性，滤过动力有效滤过压；肾小球滤过率和滤过分数的概念。肾小管和集合管重吸收和分泌的概念；肾糖阈的概念。

领会：影响肾小球滤过的因素。Na^+、水、HCO_3^- 和葡萄糖的重吸收；H^+、K^+ 和 NH_3 的分泌。

应用：①大量失血或晚期高血压患者肾小球病变或血浆蛋白的降低对肾小球滤过功能会产生什么影响？为什么？②速尿等利尿剂为什么能产生利尿作用？③糖尿病患者的尿量为什

么会增多？

（三）尿液浓缩与稀释

识记：浓缩尿与稀释尿的概念与形成过程。

（四）尿生成过程调节与尿的排放

识记：水利尿的概念。

领会：抗利尿激素和醛固酮对肾泌尿的作用及其分泌调节；排尿反射的正反馈调节过程。

应用：①大量饮用清水和生理盐水对尿量的变化的影响及其产生机制。②对于高血压的患者为什么要限制盐（NaCl）的摄入？

第十二章　生殖系统与遗传

一、学习目的与要求

本章介绍生殖系统的形态结构与基本功能，重点是男、女生殖器的形态结构和性腺的内分泌功能。还介绍遗传的基本知识。学习本章要求掌握男、女生殖器的形态、位置、构造。熟悉两性生殖器官的生殖功能。掌握雄激素、雌激素和孕激素的生理作用。了解下丘脑-腺垂体-性腺轴在两性生殖功能中的调节作用。了解遗传和遗传病的基本概念。

二、课程内容

第一节　生殖系统器官的形态结构

1. 男性生殖器：睾丸及附睾的形态、位置和结构；前列腺的形态、位置；尿道球腺的位置和腺管开口。阴囊的形态、构造；精索的组成及分布；阴茎的分部及构造；尿道的分部和形态。

2. 女性生殖器：卵巢的形态、位置及固定；输卵管的位置、分部；子宫的形态、分部、位置和固定，子宫壁的构造；阴道的形态和位置。阴道口和尿道外口的位置。

第二节　男性生殖功能

1. 睾丸的生精功能：生精过程，支持细胞的功能，精液。

2. 睾丸的内分泌功能：雄激素的作用。

3. 睾丸功能的调节：下丘脑-腺垂体-睾丸轴系统的活动。

第三节　女性生殖功能

1. 卵巢的功能及其调节：卵泡的成熟过程与排卵。（雌激素、孕激素的生理作用及其分泌调节），卵巢功能的调节。

2. 月经周期：月经周期与下丘脑-腺垂体-卵巢轴的作用。

3. 受精与植入。

4. 妊娠与胚胎发育。

5. 分娩与哺乳。

6. 生育控制。

第四节　遗传

1. 遗传的细胞基础：染色质与染色体的概念。
2. 遗传的分子基础；基因的概念。
3. 人类遗传病：基因病与染色体病。
4. 遗传咨询。

三、考核知识点

（一）生殖系统器官形态结构

（二）男性生殖功能

（三）女性生殖功能

（四）遗传

四、考核要求

（一）生殖系统器官形态结构

识记：睾丸及附睾的形态、位置。前列腺的形态、位置。阴囊的形态、构造。精索的组成。阴茎的分部及构造；尿道的分部。卵巢的形态、位置；输卵管的位置、分部。子宫的形态、位置和固定，子宫壁的构造。阴道的形态和位置。

应用：为什么结扎输精管、输卵管能起到绝育作用？

（二）男性生殖功能

识记：生精基本过程。支持细胞的作用。雄激素的生理作用。

领会：睾丸下降与生育能力的关系。下丘脑-腺垂体-睾丸轴的调节活动。

（三）女性生殖功能

识记：卵泡的成熟过程与排卵。雌激素与孕激素的生理作用。月经周期的概念及分期；排卵；月经黄体。生育控制的概念。

领会：月经周期与下丘脑-腺垂体-卵巢轴的调节。

应用：①基础体温与安全期避孕法的关系。②生育控制的内分泌途径与机械途径。

（四）遗传

识记：染色质、染色体、基因。

领会：遗传病发生的原因。

Ⅲ 关于大纲的说明与考核实施要求

为了使本大纲在个人自学、社会助学和考试命题中得到贯彻落实，对有关问题作如下说明，并提出具体实施要求。

一、自学考试大纲的目的和作用

本课程自学考试大纲是根据"营养、食品与健康专业（专科）"自学考试计划的要求，结合自学考试的特点而确定。其目的是对个人自学、社会助学和课程考试命题进行指导和规定。

本课程自学考试大纲明确了课程学习的内容以及深度和广度，规定了课程自学考试的范围和标准。因此，考试大纲是编写自学考试教材和辅导用书的依据，是社会助学组织进行自学辅导的依据，是自学者学习教材、掌握课程内容知识范围和程度的依据，也是考试命题的依据。

二、课程自学考试大纲与教材的关系

《医学基础总论》课程自学考试大纲是学习和考核的依据。在教材中所展现的课程内容与大纲基本保持一致，即大纲中的课程内容和考核知识点，教材里一般都要出现；反过来在大纲里就不一定体现教材里有的所有内容。教材的内容是考试大纲所规定的课程内容及考核知识点的展开与具体表述，一定程度上体现学科知识结构的系统性和完整性，是考生需要学习与掌握的课程知识内容和范围。教材所表述的课程内容虽然表现一定的深度或难度，但在大纲中考核要求则以"够用为度"，重点仍为一定量的基础知识和基本概念。

三、关于自学教材

指定教材：王卫国．医学基础总论．北京：北京大学医学出版社，2006
参考教材：柏树令．系统解剖学，第六版．北京：人民卫生出版社，2004
　　　　　刘斌．组织学与胚胎学．北京：北京大学医学出版社，2004
　　　　　朱文玉．医学生理学（普通高等教育"十五"国家级规划教材）．北京：北京大学医学出版社，2003（本书另有配套学习指导书，朱文玉主编《医学生理学要点与自测》）
　　　　　姚泰．生理学，第六版．北京：人民卫生出版社，2004（本书另有配套学习指导书，朱大年主编《生理学习题集》）

《医学基础总论》作为一本特定考试的指定教材，容量有限，不可能面面俱到。因此，在自学过程中自然会遇到一些需要进一步认识和了解的相关知识，可以通过参考教材及其他参考书，或就近向专业教师请教获得圆满解决。

四、关于自学要求和自学方法的指导

（一）自学要求

在本课程中，对各部分内容自学的掌握程度从低到高的要求分为了解、熟悉和掌握三个层次。

- ◆ 了解　为对所学习内容的一般认识，知道有关的名词、基本概念和知识的含义。
- ◆ 熟悉　要求学习后能够清楚基本概念，描述基本知识和理论的完整脉络。
- ◆ 掌握　应在熟悉的基础上，能够对有关知识耳熟能详，甚至进一步利用基本原理解释某些现象。

《医学基础总论》课程共8.0学分，其中含2学分实践课程。

（二）自学建议

1. 《医学基础总论》是针对与人体健康密切相关的专业课程——"营养、食品与健康专业"所编写的教材。现代科学对人体形态结构和功能原理的研究是在不同的层次水平进行的，因此也只有从不同的水平去认识人体，才能更全面、完整地掌握有关人体的基本知识。有关人体结构和功能的知识都来源于科学研究实验和临床实践，学习医学基础也应该理论联系实际。

2. 为便于自考者系统性、整体性地认识人体，全面掌握基本知识和相关概念，各章编写结构如下：

- ◆ 引语　在每一章起首引语中，先分别予以梗概介绍——本系统概念、器官组成、基本功能和大致过程。例如，对于循环系统一章，第一句话就先说明什么是"循环"，然后是系统组成器官的概貌，系统整体的功能和活动过程的概貌。可将引语视作本章内容的高度浓缩，在本章学习过后会进一步深刻领悟其中的内涵。
- ◆ 正文　在正文中分别分节深入阐述人体系统解剖学和生理学基本概念、基本理论知识。即以形态学为基础，进一步阐述各功能器官功能活动的规律和发生原理。例如，在心脏的结构与功能一节中，先介绍心脏的外部形态、内部构造，再分析以心脏自身生理特性为基础的泵血过程活动原理，以及泵血活动的调节机制等。不论形态学还是生理学内容，除了文字的表述外，还有一定量的插图。需要注意的是，插图都是为了相关知识的理解，不是点缀、摆设，特别是解剖学内容。因此，读书学习时要图文结合。此外，各章每一节后都附有相关的学习思考题，作为重点学习的提示。

3. 《医学基础总论》中涉及的形态学和生理学知识基本性质不同。形态学中的人体解剖学和组织胚胎学等剖析和表述各器官的实实在在的形态和构造，主要是要掌握"它叫什么？是什么样子的？……"一类的知识，学习过程注重识别和记忆。学习过程中不仅应该注意读文与看图的结合，还要实际观察标本或模型等，不断建立三维立体空间概念。例如学习心脏的结构，可借助如兔、猪、羊的等十分容易获得的哺乳动物心脏，按照书本的描述和图解，剖开观察其内部结构。而生理学是一门逻辑推理性很强的学科，要解决的是器官系统"有什么功能？这种功能是如何产生的？如何为机体工作的……"一类的问题。因此学习过程中特别需要注重理解，领会知识逻辑内涵，即理解基础上的记忆。

4. 学习中注意形态结构与功能原理的联系和融合。人体的结构与功能本是一体存在与发生的，某种特定的结构是执行某种特定功能的基础，两者密不可分。所以生理学知识建立在形态学基础之上，只有认识了结构，才能理解功能；而对功能的认识又有助于深入理解相关的结构特征。因此，不应该孤立的学习形态学或生理学知识，而应相互结合，这样会事半功倍。

5. 学习过程是应该强化的过程。课程前面的内容多为后面奠定基础，后面的内容又有助于深入理解前面的内容。特别是人体是一个整体，尽管各系统具有独特的功能，但同时各种活动的发生又都不是孤立的，所以各器官和系统的功能并非全然独立。因此学习时要注意前后联系，不仅能起到温故知新的作用，而且有助于前后知识的联系和对人体的全面认识、理解。

6. 生命活动的许多规律符合物理学和化学的一般原理，如血液在心血管内的循环流动过程，呼吸气体的交换过程等；有些规律则是生命活动所特有的，如神经系统的调节过程等，但究其基本过程仍属物理和化学的过程。因此，要学好生理学知识，必须具备一定的生物学、物理学、化学等基础，才能领悟生理学的理论，理解其实质，并在理解的基础上实现识记、领会，最后达到能够应用的程度。必要时应注意复习相关学科的知识。

7. 在生理学中常常遇到诸如心肌的收缩和舒张、肺的呼与吸、神经的兴奋与抑制等许多对立面，但却又和谐地统一在一个器官或整个机体内进行整体性活动，这是对立统一规律在生命科学中的体现。因此，树立辩证的观点观察问题和分析问题，也是学好生理学的一个基本思路。

8. 有关人体的科学知识应用范围很广，不仅对于临床医学专业，也是与人体健康密切相关的"营养、食品与健康"专业的一门重要基础理论课。如果缺乏对人体整个机体、器官、组织和细胞正常形态与功能的了解，很难主动的、高质量的圆满完成针对人体的各项具体工作。可见，人体解剖学和生理学的理论和方法，对于有关工作具有一定的指导意义。奠定坚实的医学基础知识，对于后续课程的学习也大有裨益。

对于自学应考者，充分认识课程的特点将有助于自身学习过程。不仅如此，还应遵循一般的学习规律：①大致浏览全书的内容，对课程全貌形成概要地认识。②从各章的引语入手，根据考核目标，对各章节进行系统深入的学习，记忆应当识记的基本概念、专用名词和术语，深入理解和领会基本理论和基本方法。③找出各章内容间的联系，注意相近概念和类似问题的区分，并掌握它们之间的相互联系。对于看不懂、不理解的内容要及时求教专业教师、社会助学者和先行者，或者参考前面所提供的其他参考书等。④在全面系统学习的基础上，有目的地着力深入掌握重点章节和知识点。切忌在没有全面系统学习教材的情况下孤立地去抓重点。此外，学习和记忆是会被遗忘的，所以学过的内容要反复进行复习，要做到经常化，不能依靠考前突击，要安排好计划。通过复习，可以加深记忆，融会贯通，做到温故而知新。

五、对社会助学的要求

（一）社会助学者应根据本大纲规定的课程内容和考核目标，认真钻研指定教材，明确本课程与其他课程的不同的特点和学习要求，对自学应考者进行切实有效的辅导，引导他们防止和纠正自学中的各种偏向，把握社会助学的正确导向。

（二）社会助学者应该正确把握识记、领会、应用三个能力层次的要求和比重，在全面辅导的基础之上，努力引导考生在"识记"课程知识基本概念的基础上，深刻"领会"人体基本形态、结构和功能活动的基本知识和理论，并注意培养和提高自学应考者分析问题和解决问题的实际"应用"能力。

（三）正确处理重点和一般的关系。课程内容有重点与一般之分，但考试的内容是全面的，而且重点与一般相互密切联系，不能截然分开。社会助学者应指导自学应考者全面系统地学习教材，学习全部课程内容和考核知识点，在此基础上再重点强化学习。助学者要兼顾重点同一般相结合，切忌讳孤立地抓重点，避免误导自学应考者猜题、押题等弊。

（四）为了便于考生能够深入地理解本课程内容，社会助学单位或机构还要注意为考生提供课程实践的基本条件，如人体形态构造的模型、大体与微细结构的标本以及生理学实验的一般条件。

六、对考核内容和考核目标的说明

（一）本课程要求考生学习和掌握的知识点内容都作为考核内容。课程中各章的内容均由若干知识点组成，在自学考试中则均为考核知识点。因此，课程自学考试大纲中所规定的考试内容是以分解为考核知识点的方式给出的。由于各知识点在课程中的地位、作用以及知识自身的特点不同，自学考试将对各知识点分别按照三个能力（或认知）层次确定考核要求。

（二）本课程考核三个能力层次。为使考试内容具体化和考试要求标准化，本大纲在列出学习目的和要求及课程内容的基础上，对各章都规定了考核目标，包括考核知识点和考核要求，使自学应考者能够进一步明确考试的内容和要求，更有目的地系统学习教材。同时也使考试能够更加明确命题范围，更加准确地安排试题的知识能力层次和难易度。

本大纲在考核要求中，按照识记、领会、应用三个能力层次规定了各知识点应能达到的能力层次要求。三个能力层次是由低到高的递进等级关系。各能力层次的含义是：

◆ 识记 能够知道有关的名词、基本概念和知识的含义，并能够正确认识和表述。

◆ 领会 要求在识记的基础上，能够全面把握基本概念、基本原理的内涵以及原理的区别与联系，并能够做出正确的解释、说明和论述。

◆ 应用 要求在领会的基础上能够运用基本概念、基本原理、基本方法分析和解决理论问题和实际问题。

对于同一个知识点，不同的能力层次要求分别可通过不同的题型进行命题考核，而且难度也会有所不同。试卷中的实际命题思路分别体现在如下附录中。

七、关于考试命题的若干规定

（一）本课程的自学考试采用闭卷、笔答形式，考试时间为150分钟。

（二）本课程考试命题根据本自学考试大纲各章所规定的课程内容和考核目标来确定考试范围和要求，涉及各章节各知识点及知识点以下的知识细目。但不应任意扩大或缩小命题考试范围，提高或降低考试的要求。考试命题既应全面覆盖各章节基本知识，也要避免面面俱到。可适度加大重点内容的覆盖程度，突出章节重点和重点内容，以体现本课程的重点。

（三）考试试卷中的命题不应有超出大纲中考核知识点范围的题目，考核目标不得高于大纲中所规定的相应知识点的最高能力层次要求。命题应着重考核自学者对基本概念、基本知识和基本理论是否能够理解和掌握。不应命制与基本要求不符的偏题和怪题。

（四）本课程命题考试试卷中对不同能力层次要求的分数比例一般为："识记"约占50%，"领会"约占35%，"应用"约占15%。

（五）合理安排本课程试卷命题难度结构。试题难易度分为：易、较易、较难、难4个等级。每份试卷中，试题难易度相关分数的分配比例大致为："易"约占20%；"较易"占30%；"较难"占30%；"难"占20%。需要注意的是，试题的难易度与能力层次不是同一个概念。在各能力层次中都会出现不同难度的试题，反之亦然，不应混淆。

（六）本课程考试试卷所采用的题型一般有单项选择题、多项选择题、填空题、名词解释题和问答题等。考试题型的各种具体形式可参见本大纲附录。

命题工作中必须按照本课程大纲规定的题型命制，考试试卷出现的题型可以略少，但不能超出所规定的题型。

（七）本课程8学分中含2学分的实践课程考核，由主考院校或助学单位具体组织实施。

附录　试题类型举例

一、单项选择题（五个备选项中只有一个符合题目要求，请选出并将正确选项前的代码填在题后的括号内，多选、错选均不得分）

1. 机体内环境的稳态是指　　[　　]
   A. 细胞内液理化性质保持不变
   B. 细胞内液化学成分相对恒定
   C. 细胞外液理化性质保持不变
   D. 细胞外液理化性质相对恒定
   E. 细胞外液化学成分保持恒定
   　　[答案]　D。

2. 内囊位于　　[　　]
   A. 丘脑与尾状核之间
   B. 豆状核与尾状核之间
   C. 新、旧纹状体之间
   D. 背侧丘脑、尾状核和豆状核之间
   E. 位于丘脑和豆状核之间
   　　[答案]　D。

二、多项选择题（五个选项中，至少有两个符合题目要求，请全部选出并将正确选项的代码填在题后括号内，多选、少选、错选均不得分）

1. 关于内囊的正确说法是　　[　　]
   A. 内囊位于背侧丘脑、尾状核和豆状核之间
   B. 内囊分为内囊前肢、内囊膝和内囊后肢
   C. 内囊膝部有皮质核束通过
   D. 内囊膝有来自同侧中央前回下部发出的锥体束
   E. 内囊膝有来自对侧中央前回下部发出的锥体束
   　　[答案]　A、B、C、D。

2. 神经调节方式的主要特点为　　[　　]
   A. 反应灵敏、速度快
   B. 作用范围较为精确
   C. 持续作用时间较短
   D. 基本途径为反射弧
   E. 完全通过条件反射
   　　[答案]　A、B、C、D。

三、填空题（请根据题意自拟答案，并将答案填在各题的相应空白内。各题均以每空为单位记分。）

1. 胆总管由_____和_____合成。

［答案］ 肝总管；胆囊管。

2. 血液中_____升高时，可刺激中枢与外周化学感受器，引起呼吸运动增强。

［答案］ CO_2。

四、名词解释题（请解释下列各名词、术语的基本含义）

1. 心动周期

［答案］ 心脏每交替收缩与舒张一次构成的机械活动周期。

2. 胸骨角

［答案］ 胸骨柄和体的连接处，形成微向前突的角，称为胸骨角。与胸骨角侧方连接的是第2肋软骨，是计数肋的标志。

五、问答题（请根据题意，以简练的文字叙述并解答各题）

1. 血液中的红细胞数量是如何维持相对稳定的？

［答案］ 红细胞的数量受红细胞生成素的调节。当机体处于缺氧状态时，可刺激肾脏释放红细胞生成素，红细胞生成素又促进骨髓的造血功能，使血液中红细胞数量增加，结果提高了红细胞运输氧的总量，纠正了机体的缺氧状态。从而，消除缺氧对肾脏的刺激作用，阻止红细胞生成素的继续释放，起到负反馈性抑制作用，使血液中红细胞数量不再继续增加，维持了血液中的红细胞数量的相对稳定。

2. 说出左侧内囊损伤会出现哪些症状？

［答案］ 左侧内囊损伤会出现躯体右侧的三偏症状，表现为右侧偏瘫，右侧感觉缺失，右侧偏盲，还会出现失语症。

后 记

《医学基础总论自学考试大纲》是根据全国高等教育自学考试"食品、营养与健康专业（专科）"考试计划的要求，由全国高等教育自学考试指导委员会医药学类专业委员会组织编写。2006年3月经医药学类专业专家工作组召开会议，对本大纲初稿进行了讨论定稿。

本大纲由天津医科大学王卫国教授编写，吕梦祥教授参与了部分内容的修改与补充。

北京大学医学部朱文玉教授、吕证宝教授和于英心教授参加了本大纲的审定会议，并提出宝贵的修改意见。

全国高等教育自学考试指导委员会
医药学类专业委员会
2006 年 3 月